明清史研究 5

清代新疆布魯特歷史研究

（1758-1864）

張 峰 峰 著

蘭臺出版社

目　　錄

自序

　　西域地區，處於東西方文明的交匯之地，自古以來，民族和文化多元，近代以來，這一地區也激發了無數中外學者的學術熱情，無論是「絲綢之路」概念的提出與相關研究的興起，還是內亞史、中亞史研究的熱潮，抑或是新清史學派所強調的清朝具備「內亞特質」，凡此種種，皆與古代西域地區的特殊地位密切相關。乾隆年間，清朝統一新疆後，「西域」一詞漸為「新疆」所取代，清朝相較於以往歷朝，在該地區治理方面有其特殊之處，中外學者皆就清朝對新疆治理的多個方面進行了解讀。清代西北邊疆少數民族，在清朝的邊疆治理和維護中發揮了重要作用，清朝延續了中國古代王朝所謂的「守在四夷」的治邊思想，又有一定的開拓和創新，其中的歷史經驗值得深入研究和總結。筆者創作本著，即旨在以清代新疆地區的布魯特研究作為個案，以期進一步解讀清朝的邊疆治理制度和經驗。同時，也是為了進一步解析布魯特與清代新疆地區其他民族之間的交融交流過程，以及柯爾克孜族融入中華民族大家庭的歷史過程。

　　布魯特為清朝對今柯爾克孜族的稱呼，柯爾克孜族在我國古代有著悠久的歷史，清代以前，其祖先曾被稱為「堅昆」、「鬲昆」、「黠戛斯」、「乞兒吉思」、「吉利吉思」等，其祖先起源於葉尼塞河流域，在經歷了多個階段的西遷後，最終落居於天山地區，成為該地區的一支重要部族。天山地區的一些布魯特首領，在葉爾羌汗國時期以及所謂的「和卓時代」，即於天山南路地區扮演著重要角色，布魯特部落適時依附周邊政權和勢力，成為其重要特點。乾隆年間，清朝統一新疆的過程中，伊塞克湖周圍、納林河上游、楚河、塔拉斯河流域、費爾干納地區以及喀什噶爾、葉爾羌等城周圍的布魯特部落先後歸附於清朝，

清朝將其劃分為東、西部,且主要將其中的十九個部落名稱載入冊籍。由於布魯特部落數目眾多、分佈地區較廣,不同部落在不同歷史時期與清朝的親疏關係不同,乾嘉年間,希布察克、沖巴噶什、胡什齊、額德格訥、薩爾巴噶什、薩雅克等部與清朝的關係較為親近,部分首領受到清朝重用,享有較高地位:如希布察克部之比阿奇木被授為散秩大臣和四品阿奇木伯克,阿奇木之弟額森被授為軍前侍衛,沖巴噶什部首領阿瓦勒被授予四品頂戴和普爾錢等。乾嘉年間,這些部落及其首領的相關事蹟較具典型性,本著前半部分即主要論述這些部落的主要人物和事件。

嘉慶末年以及道光年間,白山派和卓家族後裔先後在南疆地區發起了多次叛亂,在張格爾之亂、玉素普之亂、七和卓之亂的前後過程中,皆有布魯特部眾參與其中,因而,本著另一部分內容較多討論此間布魯特各部的角色和地位。這一時期,希布察克、沖巴噶什部的固有地位漸為式微,奇里克、胡什齊等部因幫同清朝平定叛亂,在諸部中佔據重要地位。中亞浩罕國,自乾隆年間即欺凌其周邊布魯特部落,道光年間,邁瑪達里汗即位以來,加緊了對外擴張,楚河、塔拉斯河、納林河上游以及色勒庫爾地區的布魯特部落皆受到浩罕的統治,同時,和卓後裔的多次叛亂也皆與浩罕勢力的支持相關,因而,在論述布魯特諸部與清朝間的關係的同時,不可忽視浩罕因素的影響。東布魯特(北方吉爾吉斯)諸部較之於其他布魯特部落,具有更為密切的親緣關係,因此結成了鬆散的同盟,這較具典型性。19 世紀 40 年代以來,東布魯特各部逐漸受到俄國的統治,俄國通過廣泛設立瑪納普,在伊塞克湖周圍、納林河上游的布魯特部落中逐漸建立了統治,這也為其通過不平定條約掠奪清朝西北邊疆的領土奠定了基礎,分析東布魯特與俄國間的關聯,有助於理清俄國對我國西北邊疆的侵略過程。

本著在翻檢清朝滿漢檔案文獻、編年體文獻、方志文獻等文獻的基礎上,結合外文文獻的記載和國內外學者的相關研究成果,對清代新疆布魯特諸部百年間的歷史進行了一定的梳理,其中,布魯特與清

朝、浩罕、俄國及其與和卓家族之間所形成的關係，成為貫穿於文中的多條研究線索，也是所著力研究的問題。布魯特作為清朝西北邊疆的重要屏藩，國內外學界研究多不系統，本著旨在通過這一研究，進一步理清清代新疆布魯特的歷史脈絡、論述前人所未能闡釋清楚的問題，並由此對布魯特在清代西北邊疆的地位和角色做出進一步的評析。儘管本著存在著一定意義的創新性，但也存在著諸多不足之處，這與筆者仍缺乏少數民族文字文獻和外文文獻閱讀能力有關，這突出地表現為滿文檔案閱讀能力的欠缺，文中雖然參閱了一些滿文檔案材料，但所參考的皆為翻譯為漢文的內容，故而，一些歷史細節的考證，仍然有待於日後研習滿文、具備熟練的滿文閱讀能力。同時，更為深入的研究，亦有待於具備托忒文、察合台文、吉爾吉斯文、俄文等方面的文獻閱讀能力。所以，筆者也誠摯歡迎學界同仁批評和指正本著中的不足乃至錯誤之處，期待著與更多同仁共同推動相關研究的進步。

在本著即將付梓出版之際，特別要感謝在我求學過程中給予我諄諄教誨的諸位老師，尤其要感謝我的恩師、蘭州大學的武沐教授，感謝武老師對我多年的栽培和教導，武老師嚴謹的治學態度和誨人不倦的授業熱情，無疑為弟子樹立了學習的榜樣；同時，也要感謝我的博士後合作導師、華南師範大學的張來儀教授，張老師為人熱情、學術成果頗豐，張老師的教誨和引導，也為個人治學帶來了諸多有益的啟發和思考。此外，還要向給予我指導的王希隆教授專門致謝，感謝王老師在選題和寫作方面所給予的無私指導，亦要感謝我在美國留學期間的導師巴菲爾德（Thomas Barfield）教授，感謝他的指導和幫助。對於在本著寫作過程中給予我幫助的圖書館和資料室，也一併致謝，要特別感謝波士頓大學紀念繆格圖書館（Mugar Memorial Library）、哈佛大學哈佛燕京圖書館（Harvard-Yenching Library）、塔夫茨大學提希圖書館（Tufts University，Tisch Library）等波士頓地區圖書館。最後，要感謝父母的養育之恩，感謝諸位親友的鼓勵和幫助，他們的支持和鼓舞，也是我求學之路上不斷奮進的力量源泉。

緒　論

第一節　選題

　　清代，今柯爾克孜族(Kirghiz or Kyrgyz)被稱為布魯特（Burut），這一名稱源自於準噶爾部的稱呼，在俄文文獻被稱為吉科卡門吉爾吉斯（Dikokamenni Kirghiz）或喀拉吉爾吉斯（Kara Kirghiz）等。柯爾克孜族具有悠久的歷史，清代以前，曾先後被稱為「堅昆」、「鬲昆」、「黠戛斯」、「乞兒吉思」、「吉利吉思」等。柯爾克孜族祖先曾生活於葉尼塞河上游地區，後又逐漸向西向南遷徙到天山南北、帕米爾高原、費爾干納等地區。

　　除我國之外，柯爾克孜族現今主要分佈於吉爾吉斯斯坦、烏茲別克斯坦、俄羅斯、哈薩克斯坦等國，在全世界範圍內，其人口大約有450 萬人，根據 2010 年全國第六次人口普查資料，我國的柯爾克孜族有近十九萬人，現今主要聚居於新疆克孜勒蘇柯爾克孜自治州，也散處於南北疆的多個地區，另有小部分居住於黑龍江省富裕縣。在宗教信仰方面，大部分柯爾克孜族人們信仰伊斯蘭教，而新疆額敏縣的柯爾克孜族則信仰喇嘛教，黑龍江富裕縣的柯爾克孜族則信仰薩滿教。柯爾克孜族具有自己的語言柯爾克孜語和文字柯爾克孜文，語言屬於阿勒泰語系突厥語族東匈語支克普恰克語組。

　　布魯特起源於葉尼塞河上游地區，其祖先自漢唐以來即活躍於我國北方民族史上，先後受到匈奴、突厥、契丹、女真、蒙古等周邊民族或政權的統治，並曾建立過黠戛斯汗國，自漢唐時期開始，直至 18世紀初，葉尼塞河流域的吉爾吉斯人經歷了若干階段的西遷後，最終主要落居於天山、帕米爾地區。天山地區的布魯特部落主要在葉爾羌

汗國時期登上歷史舞臺，沖巴噶什、希布察克等部首領也在汗國內部扮演了重要角色，並逐漸與和卓家族發生關聯。1680 年，當葉爾羌汗國被準噶爾政權歸併之後，天山南路的布魯特首領參與到白山派與黑山派和卓的鬥爭之中，布魯特與和卓家族的聯繫由此開始，並一直貫穿於清代新疆布魯特歷史的始終，故而，闡述不同歷史階段中布魯特與和卓家族的關係，也成為本著的一條重要研究線索。天山北路、伊塞克湖周圍、楚河、塔拉斯河流域的布魯特部落，曾受到準噶爾政權的驅逐，遷徙到費爾干納盆地，乾隆年間，準噶爾政權瓦解之後，這些部落才返回到其原遊牧地。

乾隆二十三年至二十四年（1758-1759），在清朝統一新疆的過程中，布魯特多部歸附於清朝，成為清代西北邊疆屏藩之一，並在一定程度上接受清朝治理。《新疆識略》中載：「為我屏藩者，惟哈薩克、布魯特二部而已。」魏源在《聖武記》中言：「新疆南北二路，外夷環峙，然其毗鄰錯壤，作為屏衛者，惟哈薩克、布魯特兩部落而已。」布魯特派遣使臣入覲於朝，布魯特各部之比被授予不同品級的頂戴，南疆近卡布魯特各部之比、阿哈拉克齊，配合地方大臣、伯克治理各部，守衛邊卡。乾隆年間，在清朝平定烏什之亂的過程中，布魯特多部協助清軍平定叛亂。嘉慶、道光時期，因清朝邊吏管理上的失當，布魯特漸離心於清朝，部分屬眾參與了白山派和卓家族後裔在南疆發起的多次叛亂，如張格爾之亂、玉素普之亂、七和卓叛亂等，布魯特多部首領也率領所屬部眾，配合清軍平定了多次叛亂。故而，嘉慶、道光年間，作為外藩的布魯特在維護南疆穩定方面發揮了一定的作用，無論是附和於叛亂者，還是幫同清朝平定叛亂者的角色，皆值得分析。清代布魯特研究，為進一步認知清代西部邊疆之管理與維護提供了極佳的觀察視角。同治年間，沙俄強與清朝政府議界，隨著中俄邊界的劃定，布魯特最終跨居於中俄兩國，成為現代意義的跨國民族。

布魯特由清朝西北外藩最終成為跨國民族的過程，為我們深入理解清代西北邊疆治理制度提供了範例。清代前期，統治者以蒙古等少

數民族為邊疆屏藩,「不專恃險阻」,康熙帝即曾言:「帝王治天下,自有本原,不專恃險阻。秦築長城,漢、唐、宋亦常修理,其時豈無邊患?明末,我太祖統大兵,長驅直入,諸路瓦解,皆莫敢當。可見守邊之道,惟在修德安民,民心悅則幫本得,而邊境自固,所謂眾志成城也。」、「本朝不設邊防,以蒙古部落為之屏藩。」[1]康熙帝這一思想也為其後人所繼承,成為有清一代籌邊政策的指導原則。[2]

如是的守邊思想具體於西北邊疆的治理中,即以哈薩克、布魯特等部作為西北屏藩,但對於哈薩克、布魯特等部的管理畢竟不同於內地,也不同於喀爾喀蒙古部落,如哈薩克部歸附時,乾隆帝即曾降諭:「所謂歸斯受之,不過羈縻服屬,如安南、琉球、暹羅諸國,俾通天朝聲教而已,並非欲郡縣其地、張官置吏,亦非如喀爾喀之分旗編設佐領。」[3]布魯特歸附前,乾隆帝也宣諭於布魯特諸部:「爾等若哈薩克慕化來歸,朕將令照舊安居,不易服色,不授官爵,不責貢賦。」[4]及至乾隆三十六年(1771),當土爾扈特部跋涉萬里回歸祖國之時,乾隆帝亦曾言即:「西域既定,興屯種於伊犁,薄賦稅與回部,若哈薩克、若布魯特,俾為外圍而羈縻之,若安集延,若巴達克山,亦稱遠徼而概置之。知足不辱,知止不殆,朕意亦如是而已矣。」[5]這表明,在乾隆帝眼中,哈薩克、布魯特被視為「外圍」,安集延、巴達克山被視為「遠徼」,或羈縻之、或概置之,從中可見,清朝在西北邊疆管理上針對不同的屬部呈現出不同的層次和差別。

本著以清代新疆布魯特的歷史作為研究主題,研究的時段主要集

---

[1]《承德府志》卷首一,轉引自張羽新:《清代前期的邊疆政策》,馬大正主編:《中國古代邊疆政策研究》,北京:中國社會科學出版社,1990年,第315頁。

[2]張羽新:《清代前期的邊疆政策》,第315頁。

[3]《清高宗實錄》卷543,乾隆二十二年七月丁未。

[4]《清高宗實錄》卷555,乾隆二十三年正月丙辰。

[5]《清高宗實錄》卷892,乾隆三十六年九月乙巳。

中於 1758 至 1864 年之間，即起於乾隆二十三年（1758）東布魯特開始
歸附清朝，迄於同治三年（1864）中俄議界，東布魯特（北方吉爾吉
斯）地區正式劃歸俄國。中外學者研究清代新疆歷史時，也多聚焦於
上述歷史時段[1]，即清朝統一新疆直至清朝於 1864 年失去對新疆的控
制之間的階段，這一時段具有標誌性的意義，象徵著清朝對於新疆不
間斷的統治，1864-1877 年，清朝一度失去對新疆的控制，左宗棠於 1878
率軍平定阿古柏政權，清朝再次收復新疆，1884 年，清朝在新疆建立
行省制度。清朝文獻中記載的主要的布魯特人物和事件皆出現於
1758-1864 年這百年間，1878 年後，清朝文獻中的相關記載也相對較少。

　　本著將研究時段聚焦於 1758 年至 1864 年之間，有助於集中討論
清朝治理下的布魯特歷史的連續性，研究的內容主要包括清朝治理下
的布魯特及各部主要人物和事件、布魯特與和卓家族的關聯性等，19
世紀 20 年代以來，浩罕、俄國相繼建立對布魯特的統治，且在此前，

---

[1]國內外學者多將 1759-1864 年約一百年視為清朝統治新疆的第一個時期，將 1878—
1911 年視為清朝統治新疆的第二個時期，討論清朝治理新疆的政策時多集中於前一
階段，我國臺灣學者羅運治指出，「第一個時期的百年間，統治之策可以說是以乾隆
帝所制定樹立的獨特政策為主，歷經嘉、道、咸、同各朝，奉行不逾。第二個時期
因情勢的改變，致使清朝的治新政策亦隨而改變，第一期的統治政策不復存在。」（羅
運治：《乾隆帝統治新疆政策的探討》，臺北：里仁書局，1983 年，第 467 頁。）林恩
顯先生也有相類觀點，認為前一個時期，清朝統治新疆採取的政策始滿清獨特的統
治政策，與其統治全中國的政策密切相關，其目標在以因地制宜的方式，希望將回
疆隸屬於滿洲君主，成為其直接控制的軍事保留之自治領，故此時期之回疆仍保有
其原有的傳統社會文化色彩，在後一時期，上述政策不復存在，漢人勢力進入回疆，
使得回疆社會文化發生了相當的變化。（林恩顯：《清朝在新疆的漢回隔離政策》，臺
北：商務印書館，1988 年，第 20 頁。）國外學者，如米華健（James Millward）在論
述清代新疆的商貿政策時勞拉・紐比（Laura Newby）在論述清朝與浩罕的關係時，
也都將研究時段集中於第一個時期，參見：James A.Millward ,*Beyond the pass :
Commerce, ethnicity and the Qing Empire in Xinjiang,1759-1864, Stanford University,*
1993；Laura J.Newby,*The Empire and the Khanate : A Political History of Qing Relations
with Khoqand c.1760-1860,* Leiden & Boston : Brill,2005.

浩罕、俄國即與布魯特諸部產生諸多的關聯性，故而，分析布魯特與浩罕、俄國的關係及其中的重要人物和事件，也將是本著的重要討論主題。

布魯特、哈薩克雖同為清代西北邊疆屏藩，但二者的生產、生活方式、社會結構及其所處位置存在著較大的不同，在此基礎上，二者與清朝的關係也不同。國內外學界在清代哈薩克歷史研究方面已經產生了諸多成果，但對清代布魯特歷史的研究則仍不系統，學界所湧現的相關成果相對較少，本著選定以清代新疆布魯特歷史研究為主題，旨在進一步系統梳理布魯特諸部重要人物和事件及其與清朝、浩罕、俄國及和卓家族間的關係，因而，這一選題本身存在著一定的創新性。這一研究，有助於進一步發掘和考證更多相關史實，有助於進一步準確定位布魯特在清朝西北邊疆史上所扮演的角色，也有助於將其與清代哈薩克歷史作進一步的對比。但這一研究也面臨著一些難點，這主要體現在文獻搜集方面，清代漢文文獻中的相關記載雖然較多，但仍不足，故而，在研究中，仍需要盡可能地多方搜集更多相關史料，惟有如此，才能得出更為客觀的結論。因筆者暫不通曉滿文、俄文等文字，這也一定程度上限定了滿文、俄文等文獻的搜集，所以，本著所做的深入討論仍然較為有限，其中的不足惟有寄希望於來日以作彌補。

第二節 文獻綜述

一、基本史料

（一）編年體、紀事本末體、紀傳體、政書類文獻

布魯特作為清朝西北屏藩，是清代新疆歷史上的一個重要民族，

在諸多的歷史事件中皆有涉及，乾隆朝以來，布魯特在清朝統一新疆、平定烏什之亂和平定以張格爾之亂為代表的和卓後裔叛亂中，都曾發揮了一定的作用。

清代文獻對於布魯特事務多有記載，編年體文獻方面，最重要的文獻是《大清歷朝實錄》，其主要價值在於史實記載的系統性，實錄按照年代和日期記載了清帝處理朝政的有關內容，主要記載自上而下的諭令和政令，對於大臣奏摺內容也有部分記載。與布魯特有關的記載，主要集中於乾隆至同治年間的各朝實錄中，即《清高宗實錄》、《清仁宗實錄》、《清宣宗實錄》、《清文宗實錄》、《清穆宗實錄》，其中尤以《清高宗實錄》和《清宣宗實錄》中所載布魯特文獻為多，這與乾隆、道光年間清朝處置的布魯特事務較多有關，實錄中的記載是系統討論新疆布魯特歷史的基本文獻。自東、西布魯特歸附清朝以來，與布魯特有關的人物和事件較多，實錄中所載信息仍然較為零散，故仍需要結合更多檔案文獻來解讀相關史實。《清實錄》內容豐富，卷帙浩繁，新疆社會科學院歷史研究所整理出版的《〈清實錄〉新疆資料輯錄》[①]為閱讀和整理相關文獻提供了極大便利。

清朝立國以來，多以編纂方略的方式來記載歷次戰爭前後處置過程，方略按照時間順序彙集了朝臣的奏摺、前線官員的彙報、清帝的上諭等內容，因此整體上可被視為紀事本末體文獻，其編纂順序則是以編年體的形式來呈現。與清代新疆布魯特歷史記載較為有關的兩部方略即為《平定準噶爾方略》[②]（傅恆等撰，成書於乾隆三十五年（1770））和《平定回疆剿擒逆裔方略》[③]（曹振鏞等撰，成書於道光九年（1829））。

---

①新疆社會科學院歷史研究所編：《〈清實錄〉新疆資料輯錄》（1-12 冊），烏魯木齊：新疆大學出版社，2009 年。

②傅恆等撰：《平定準噶爾方略》，北京：全國圖書館文獻縮微複製中心影印版，1990 年。

③曹振鏞等撰：《欽定平定回疆剿擒逆裔方略》，北京圖書館出版社影印本，2006 年。

　　《平定準噶爾方略》分為前編、正編和續編,其中前編共計54卷,主要為康熙三十九年(1701)至乾隆十七年(1752)間與準噶爾部相關的內容;正編共計85卷,主要記載乾隆朝先後平定準噶爾部和追剿大小和卓的歷史過程;續編共計32卷,內容始於乾隆十八年(1753)、迄於乾隆三十年(1765),記載了清朝統一新疆後對於新疆的管理以及對烏什之亂的處置過程。與布魯特相關的內容主要見載於正編和續編,涉及布魯特自乾隆二十三年(1758)歸附清朝至乾隆三十年(1765)幫同清朝平定烏什之亂的有關歷史,所載內容較為詳盡,是研究清朝統一新疆前後布魯特歷史的重要文獻。

　　《平定回疆剿擒逆裔方略》共計80卷,主要涉及清朝對張格爾之亂的前後處置過程,所載內容起於嘉慶二十五年(1820)、迄於道光九年(1829),由於張格爾之亂是清朝統一新疆後近六十年來南疆地區所爆發的最為重大的叛亂,清朝政府耗費了較大人力、物力平定張格爾之亂,張格爾之亂歷時較長,一些布魯特部落首領及其屬眾也捲入其中,附和張格爾之亂,方略中所載內容較為翔實,對於整理該亂前後過程中布魯特諸部的角色扮演,具有重要幫助。

　　相較於《清實錄》,方略中的記載顯得更為詳盡,既包括朝臣自下而上的奏摺,也包括清帝自上而下的諭令,而實錄對於清朝大臣上奏的內容多僅有簡略敘述,故而,需要同時結合方略與實錄中的材料來解讀相關歷史。通過摘錄和整理,可以發現,乾隆朝以來的歷朝實錄和上述的兩部方略中記載了大量與布魯特相關的內容,它們雖然記載了諸多與布魯特相關的史實,但仍然需要進一步地加以考辨和論證。

　　魏源的《聖武記》[①]成書於道光二十二年(1842),主要敘述清朝開國以來的歷次重要戰爭,因此可以被視為紀事本末體的史料。在卷四《乾隆蕩平準部記》、《乾隆勘定回疆記》、《乾隆綏服西屬國記》、《乾隆新疆事後記》、《道光重定回疆記》、《道光回疆善後記》諸篇章中,

_____

①魏源:《聖武記》,道光二十四年刊印本,早稻田大學圖書館藏。

對於布魯特事務也有記載，對於道光年間布魯特參與張格爾叛亂的緣由也多有議論和闡發，對於南疆地區出現動亂的原因進行了思考，這些內容都有助於從更為宏觀的背景來審視布魯特所處的歷史位置。

《清史稿》[①]為紀傳體類的史著，為趙爾巽等人所纂修，與布魯特相關的史料散佈於清帝本紀、大臣傳記及諸種志書之中，雖然相關材料並不如實錄、方略豐富，但仍然存在著一定的參考價值，屬國傳中專有布魯特傳，西部各屬國傳中也載有與布魯特有關的內容，這些內容有助於理清有關人物、事件的結構和脈絡。

程溯洛、穆廣文先生所編《維吾爾族史料簡編》[②]，從清代編年體、紀事本末體文獻中摘錄了與布魯特有關的部分史料，圍繞著孜牙墩事件、張格爾之亂等整理了相關史料，並對有關史實進行了評論，這些文獻彙編也較具有參考價值，有助於多角度論述相關史實。

政書類文獻記錄了政府各部門的規章制度及政治、經濟、文化政策的實行情況，內容豐富，政書類文獻門類也較為多樣，與本著寫作較為相關的政書類文獻，主要體現為通制類的清會典和詔令奏議類的奏疏。

大清會典在清代經過多次纂修，包括會典、則例、圖說諸部分，會典「以官統事、以事隸官」，即以政府機構為綱，實以各類政事。[③]其中，嘉慶朝大清會典中的理藩院部分，記載了嘉慶年間布魯特各部享有不同品級頂戴的人物數目，所載部落共計十七部[④]，這些內容有助於

---

①趙爾巽等：《清史稿》，北京：中華書局，1977 年。

②程溯洛、穆廣文編：《維吾爾族史料簡編》，北京：民族出版社，1981 年。

③馮爾康：《清史史料學》，瀋陽：瀋陽出版社，2004 年，第 68 頁。

④《嘉慶朝〈大清會典〉中的理藩院資料》，載於中國社會科學院中國邊疆史地研究中心編：《清代理藩院資料輯錄》，全國圖書館文獻微縮中心，1988 年，第 114-115 頁；亦載於趙雲田點校：《乾隆朝內務府抄本〈理藩院則例〉》，中國藏學出版社，2006 年，第 395-396 頁。

與同時期的其他方志文獻形成對比。則例將具體事例附載於法典條下，理藩院所專門制定的《欽定大清會典則例》（嘉慶中期修會典，改「則例」為「事例」）有助於瞭解各藩部地區的具體管理制度，其中的理藩院部分所載回部管理制度有助於本著的寫作，但較少提及與布魯特相關事務。① 《回疆則例》② 係理藩院初於嘉慶年間所編修，張格爾之亂之後，又於道光二十三年（1843）進行了修訂刊印，該書對於回疆各城伯克管理制度進行了詳盡的記載，對張格爾之亂後浩罕、布魯特等入卡貿易免稅的規定也有提及，這些內容有助於與同期其他文獻形成對照。

道光年間，清朝政府平定張格爾叛亂的過程中，那彥成被任命為欽差大臣赴南疆處理善後事宜，那彥成所奏諸多善後事務皆與布魯特、安集延相關，奏明布魯特離心的緣由、安置內附的額德格訥部布魯特的過程、招撫布魯特逃人、嘉獎布魯特首領、驅逐安集延商人並禁止其入卡貿易，產生了較大的影響，這些內容在《清宣宗實錄》、《平定回疆剿擒逆裔方略》中雖有記載，但《那文毅公平定回疆善後事宜奏議》③ 較全面地記載了相關奏摺原文以及道光帝所發上諭，這有助於梳理張格爾之亂後清朝對布魯特的措施。馬大正、吳豐培先生所主編的《清代新疆稀見奏牘彙編》（道光朝卷）④ 也收錄了那彥成的部分善後奏議，同時收錄了長齡、武隆阿、壁昌、奕山等人的奏稿，其中的《奕山奏稿（制勝全策）》收錄了道光二十七年（1847）奕山等人處置「七

---

① 參見趙雲田點校：《欽定大清會典事例 理藩院》，中國藏學出版社，2006年。

② 參見中國社會科學院中國邊疆史地研究中心編：《蒙古律例‧回疆則例》，全國圖書館文獻微縮中心影印版，1988年。

③ 那彥成：《那文毅公籌畫回疆善後事宜奏議》，《那文毅公奏議》卷73-卷80，甘肅省古籍文獻整理編譯中心：《中國西北文獻叢書》（二編）第二輯《西北史地文獻》第8卷，線裝書局，2006年。

④ 馬大正、吳豐培主編：《清代新疆稀見奏牘彙編》（道光朝卷），烏魯木齊：新疆人民出版社，1996年。

和卓之亂」的相關奏摺，這些內容也曾為吳豐培先生所整理，稱之為《奕山新疆奏稿》①，相關奏摺內容對於瞭解「七和卓之亂」的前後過程以及布魯特人物在其中的角色具有重要作用。

（二）方志類文獻

清代民國時期的其他史籍中，有關布魯特的文獻較多體現於方志之中，官修方志中，《欽定皇輿西域圖志》②無疑最為重要，它成書於乾隆四十七年（1782），內容完備、翔實，記載了清代新疆的地圖、疆域、山川、官制、兵防、藩屬等內容，對於包括左右哈薩克、東西布魯特在內的諸多西域藩屬部落皆有記載，有關布魯特的內容，記載了乾隆年間布魯特歸附過程中的一些史實和乾隆帝對布魯特的御製詩文，這有助於理清有關歷史脈絡。

《嘉慶重修一統志》③是在乾隆年間所修《大清一統志》基礎上修成的，成書於道光二十二年（1842），但取材內容僅至嘉慶二十五年（1820），故稱為《嘉慶重修一統志》，該志對於東西布魯特有一定的記載，其中涉及布魯特的輿圖也較有價值。

《皇朝中外一統輿圖》④成書於同治二年（1863），初為胡林翼在湖北巡署任內請鄒世詒、晏啟鎮繪製，圖成，胡林翼死，嚴樹森繼任，遂請李廷簫、汪士鐸校訂，該書以經緯圖的形式將全國輿圖加以展現，其中的《北一卷》、《北二卷》對於布魯特多部及其遊牧的具體位置進行了標注，具有一定的價值，便於結合其他材料進行詳細解讀布魯特

①奕山：《奕山新疆奏稿》，甘肅省古籍文獻整理編譯中心編：《中國西北文獻叢書》（二編）第二輯《西北史地文獻》（第九卷），線裝書局，2006年。

②傅恆等撰：《欽定皇輿西域圖志》，中國西北文獻叢書編輯委員會編：《西北文獻叢書》正編，第一輯《西北稀見方志文獻》第58卷，蘭州古籍書店，1990年；點校本參見：傅恆等撰，鐘興麒等校注：《西域圖志校注》，烏魯木齊：新疆人民出版社，2002年。

③《嘉慶重修一統志》，北京：中華書局影印本，1986年。

④《皇朝中外一統輿圖》，早稻田大學圖書館藏，同治二年刊印本。

屬部的具體位置。

《新疆圖志》[1]為袁大化主持、王樹枬等人編纂而成，成書於 1923 年，該書因對於清代新疆歷史的敘述相對更為全面，故多卷內容皆涉及布魯特的歷史，如《卷四‧建置》對於清朝晚期布魯特諸部所處的位置及其與附近卡倫的關係有詳細的記載；《卷十六‧藩部》不僅對於東西布魯特屬部有詳細說明，還對於清末因沙俄入侵所導致的布魯特多部被劃入俄國的有關歷史也有所說明；《卷五－卷九‧國界》中，對於清末中俄議界過程中哈薩克、布魯特多部的歸屬過程有詳細的記載和論述，總之，該書所載的諸多相關內容和信息皆值得參考和利用。

清代私人所修西北邊疆史地志書，在清代學術史上產生了較大的影響，促進了西北邊疆史地研究的興起，《新疆識略》、《西域聞見錄》、《西陲總統事略》、《西陲要略》等史書，皆對於布魯特諸部的歸附及其所受清朝的管理有著一定的記載。

《西域聞見錄》[2]係椿園七十一所著，成書於乾隆四十二年（1777），該書在《外藩列傳》中對於布魯特有所記載，儘管較為簡略，但仍然較有價值，其有關布魯特內部社會結構和制度的記載雖然簡短，但卻意義重大，其他的文獻並無相類的總結，這些記載也多為國外研究者所引用，以用於分析 18—19 世紀的布魯特諸部的內部社會結構。在流傳和刊刻的過程中，該書又以《西域總志》、《西域記》、《新疆輿圖風土考》等名稱出現，其中內容大略相同。

《西陲總統事略》[3]係松筠主持編纂，成書於嘉慶十三年（1808），該書《卷十一‧布魯特源流》中，記載了布魯特歸附於清朝的過程，對其助剿大小和卓、協助平定烏什回亂之過程都有所描述，對於東西

---

①袁大化、王樹枬等：《新疆圖志》，東方學會，1923 年。
②椿園七十一：《西域聞見錄》，早稻田大學圖書館藏，乾隆四十二年刻本。
③松筠等纂，祁韻士撰：《西陲總統事略》，早稻田大學圖書館藏，刊刻本。

布魯特的分佈有所說明，指出：「大首領稱為比，猶回部阿奇木也，比以下有阿哈拉克齊，大小頭目皆由喀什噶爾參贊大臣奏放給以翎頂，二品至七品有差。」這樣的定性說明，《清實錄》和方略中似未作闡釋，該書所載布魯特各部沿邊散處，共有十七部落，並將嘉慶十二年（1807）所查各部落頭目所受品戴情況加以呈現，這一材料較有價值，值得與同類材料進行對比。《西陲要略》①為祁韻士所編，成書時間與《西陲總統事略》相當，祁韻士亦曾參與了《西陲總統事略》的編纂，所列內容大致相當，但並未載明布魯特各部首領所受頂戴表。

《新疆識略》②為松筠等人所纂，成書於道光元年（1821），該書在《卷十二・布魯特》專門記載布魯特各部的位置，對於乾隆、嘉慶時期布魯特的歸附歷史有所敘述，其所附《布魯特部落頭人表》詳載布魯特十九部落中各部人物及其後代所受頂戴的情況，對諸部主要人物的事蹟進行了說明，這有助於進一步研究乾嘉年間布魯特諸部的具體事務。

《回疆通志》③係和寧所著，成書於嘉慶九年（1804），對南八城的建置、疆域、沿革、卡倫等內容都有記載，對各城與布魯特諸部的貿易交往以及布魯特各部的分佈、頭人所受頂戴品級等都有記載，這些材料可以補充其他材料記載上的不足，為瞭解布魯特與回疆的互動帶來幫助。

《西域水道記》為徐松所著，約成書於嘉慶末年、道光初年，徐松不僅在書中描述西域各主要水系狀況，還在注解中陳明一些重要的歷史人物和事件，他對於乾隆、嘉慶年間重要的布魯特部落如希布察克部、沖巴噶什部的地位及其首領的事蹟有所描述，並做出了一些定性的說明，這有助於與其他方志類文獻形成對比，該書存有多個刻本，

①祁韻士：《西陲要略》，早稻田大學圖書館藏，光緒八年刻本。
②松筠等：《欽定新疆識略》，臺北：文海出版社影印版，1965年。
③和寧：《回疆通志》，臺北：文海出版社影印版，1966年。

本著選擇使用經朱玉麒所整理點校的版本。[①]《漢西域圖考》[②]係李恢垣所著，成書於清代末年，他對於布魯特部落的記載以及東西布魯特的劃分，迥然於其他文獻中的記載，但仍值得參考。

　　上述所提及的諸種方志文獻，也是前人在相關研究中經常引用的文獻，除此之外，另有一部西域方志稿本，係乾隆朝統一新疆之初，由滿族旗人以滿文、漢文合著，具體作者不詳，亦無書名，咸豐年間進士、廣東順德人李文田根據書中內容稱之為《西域地理圖說》，該書後藏於四川師範學院（現西華師範大學）圖書館，1992 年，阮明道、劉景憲兩位先生對之整理、翻譯並加以出版，名之曰：《西域地理圖說注》[③]，據其考證，該書約成書於乾隆二十八年（1763）至二十九年（1764）之間，該書為尚待完善的稿本，但係以漢、滿文字較早記述西域史地而又不可多得的稿本，其中的卷六《外夷情形》，詳載清朝統一新疆之初布魯特各部落的名稱、戶數、住居和遊牧地區等內容，相較於清代其他的官私修史書，該書所載的布魯特部落數目無疑最多，對額德格訥、喀爾提錦、希布察克、薩雅克─薩爾巴噶什部等主要部落所轄具體分支部落的記載也更為詳盡，諸多信息並未見載於其他各類文獻中，因而，對於本著寫作而言，該書具有重要參考價值，有助於進一步理清各部落間的內在關係。

　　以上所提及的方志為記載清代新疆布魯特的主要方志文獻，其他的同類文獻也有助於本著的寫作，在此也就不一一列舉了，正文部分將有引用。

（三）滿漢文檔案文獻和察合台文文獻

　　民國時期，明清故宮檔案即與殷墟甲骨文、河西漢簡、敦煌文獻

---

① 徐松著，朱玉麒整理：《西域水道記》（外二種），北京：中華書局，2005 年。

② 李恢垣：《漢西域圖考》，臺北：樂天出版社影印版，1974 年。

③ 阮明道主編：《西域地理圖說注》，阮明道漢文箋注、劉景憲滿文譯注，延吉：延邊大學出版社，1992 年。

一道，被羅振玉先生稱為四大新史料之發現，在過去近百年的史學史上，其中任何一項新史料，皆在中外學術研究中產生了極大的轟動。中國第一歷史檔案館（簡稱「一史館」）保存了諸多清朝處理民族事務的檔案文獻，檔案資料價值極高，在清代歷史研究中佔有重要地位，有關新疆地區的民族類檔案文獻也常為學者們所引用。

　　近年來，「一史館」已先後就其所藏的多種清代檔案文獻進行了整理、編譯和出版，其中，乾隆朝以來歷朝的漢文《上諭檔》有助於寫作的開展，軍機處的「上諭檔」，綜合記載了皇帝的諭旨，但若就某個專題內容來說，它又可能沒有某些專檔詳盡。[1]故而，通過翻檢，可以發現，漢文《上諭檔》之內容多有關內地事務，有關新疆地區的內容相對較少，對布魯特事務有部分記載，如《乾隆朝上諭檔》就乾隆四十九年（1784）希布察克布魯特之比阿其睦因薩木薩克通信白山派信徒而誣控鄂對之子鄂斯璊一事有部分提及，仍具有重要參考價值。《嘉慶道光兩朝上諭檔》[2]對嘉慶初年清朝追蹤阿其睦之子鄂布拉散的去向、沖巴噶什和希布察克部幫同追索薩木薩克之子玉素普等事務有所記載，對嘉慶年間，圖爾第邁莫特因孜牙墩滋事而被枉殺一事的追查過程也有記載等，這些材料有助於彌補《清仁宗實錄》對相關事務記載的不足。

　　近年來，滿文檔案文獻的價值日益凸顯，中外清史研究者逐漸意識到，滿文檔案不僅有助於清朝開國史的研究，而且有助於歷朝邊疆歷史的研究。這是因為，清代定滿語為國語，稱滿文為清字，從中央到地方的各級滿蒙官員，特別是承辦八旗事務及邊疆少數民族事務的滿蒙官員，一般都用滿文繕寫公文，不得擅自使用漢文，與此相應，有關誥敕、諭旨、寄信及各部院的行文，也都得用滿文書寫。在現存的清代中央國家機關滿文檔案中，滿文月摺包保存較為完整，所謂滿

①中國第一歷史檔案館編：《乾隆朝上諭檔》，《前言》，北京：中國檔案出版社，1998年。
②中國第一歷史檔案館編：《嘉慶道光兩朝上諭檔》，桂林：廣西師範大學出版社，2000年。

文月摺包是軍機處按照已定秩序打包保存的滿文檔案的總稱,其中涉及新疆歷史的檔案較多,滿文月摺包中又尤以錄副奏摺最多,官員呈進的奏摺,經皇帝朱批後,稱為朱批奏摺,經軍機處抄錄存案後為錄副奏摺,錄副奏摺雖為朱批奏摺的抄件,但價值高於朱批奏摺,因為錄副奏摺中除了抄錄奏摺內容,還保存了官員呈進的各種附件。

　　「一史館」、中國社會科學院中國邊疆史地研究中心、中國人民大學清史研究所等單位,通力合作,已就部分清代滿文檔案文獻進行了一定的編譯和整理。其中《清代邊疆滿文檔案目錄》,即就「一史館」所藏「滿文月摺包」中有關各邊疆地區的滿文檔案進行了翻譯、編目,將其結集整理成漢文目錄,各條目錄包納了各奏摺之上奏時間、奏報者姓名、官銜以及上奏的主要內容、各件檔案的檔案號、微縮編號等信息。其中,《清代邊疆滿文檔案目錄》(新疆卷)[①],即主要彙集了雍正至宣統年間「滿文月摺包」中有關新疆事務的滿文錄副奏摺目錄。駐新疆之滿蒙將軍、大臣等多以滿文奏及新疆事務,故而,該卷中有關新疆的滿文檔案內容極為豐富,該目錄無疑有助於瞭解相關檔案的內容,也為學者們翻閱原檔提供了便利。該書雖然僅為目錄文獻,但仍然包納較多的歷史信息,對於清代新疆史的研究具有一定的幫助。通過該目錄,可以知曉滿文錄副奏摺中有關布魯特的事務較多,該目錄有助於獲得其他漢文文獻所未記載的相關歷史細節。需要明確的是,惟有在通曉滿文的基礎上,前往「一史館」查閱滿文原檔,方能得以閱見相關檔案內容之全貌,但筆者現尚不通曉滿文,惟有訴諸於來日了。

　　2012年,經「一史館」和中國邊疆史地研究中心合編、並由廣西師範大學出版社出版了283冊的《清代新疆滿文檔案彙編》[②],這一巨

---

①中國第一歷史檔案館等編:《清代邊疆滿文檔案目錄》第6-10冊,新疆卷1-6,廣西師範大學出版社,1999年。

②中國第一歷史檔案館、中國邊疆史地研究中心合編:《清代新疆滿文檔案彙編》(第1-283冊),桂林:廣西師範大學出版社,2012年。

著將清代有關新疆的滿文檔案原文結集出版，內容豐富，「收錄所有軍
機處滿文月摺包內涉及新疆事宜的錄副奏摺、上諭、寄信、札付、諮
文、呈文以及隨奏摺呈進的履歷、口供、清冊、清單等 72812 件，起
自雍正八年（1730 年），止於宣統三年（1911 年），時間跨度長達 181
年。」①其中，錄副奏摺及其附件占大多數。故而，該書主要將《清代
邊疆滿文檔案目錄》（新疆卷）所列滿文檔案目錄的滿文檔案原文加以
彙編，各冊也列有漢文目錄，筆者試著比較該書各冊目錄與《清代邊
疆滿文檔案目錄》（新疆卷），發現它們所載的布魯特事務內容相當，
但筆者尚無法閱讀該書所彙編的滿文原檔。

　　故而，筆者目前僅能夠借助上述檔案的漢文目錄搜集更多與布魯
特事務相關的材料，但仍然能夠獲得諸多漢文文獻所未記載的內容，
這些材料應多來自於滿文月摺包中的滿文錄副奏摺。相較於此，清朝
軍機處對漢文朱批奏摺進行抄錄，形成漢文錄副奏摺，「一史館」於近
年對其館藏的漢文錄副奏摺進行了電子化編目，並已於近年在其官網
上開通了漢文錄副奏摺目錄的查詢系統②，這無疑為檢索相關文獻體統
了較大便利。筆者借助於該系統，查閱到了部分與布魯特相關的漢文
錄副奏摺檔案目錄，但通過與滿文月摺包中的相關檔案內容作比較，
發現漢文錄副奏摺中的較有價值的相關檔案數量較少，其中乾嘉年間
的相關檔案極少，主要的相關漢文錄副奏摺出現於道光十年（1830）
之後，也有一部分出現於咸豐、同治初年，主要記載布魯特貢馬請安
之事以及查辦布魯特賊犯的事務，因而，這些檔案偏於記載布魯特零
散的社會事務，價值要稍遜於滿文錄副奏摺。同樣地，「一史館」也對
其館藏的漢文朱批奏摺進行了電子化編目，借助於網上查詢系統也可
查閱到一部分與布魯特相關的朱批奏摺，但數量較之於相關漢文錄副
奏摺為少，也偏於記載道光十年（1830）之後的布魯特社會事務，對

───────────────

① 《前言》，《清代新疆滿文檔案彙編》（第 1 冊）。

② http://www.lsdag.com/NETS/lsdag/page/topic/Topic_1697_1.shtml?hv=965　該網上查詢
　系統已於 2016 年 3 月開通，公佈了首批錄副奏摺的電子版目錄。

於研究與布魯特相關的重要事務而言，其價值較為有限。

　　滿文寄信檔乃是清朝滿文檔案中的一種，「寄信檔」係「寄信上諭檔」的簡稱，是雍正七年（1730）清代軍機處設立以來，軍機處專門抄載寄信上諭的重要檔簿，滿文《寄信檔》，乃自軍機處滿文《上諭檔》中分離別立者，軍機處為了存案備查，將上諭原件於發交之前，均抄錄一份備存，因而形成了軍機處之滿文《上諭檔》，自雍正八（1730）年至乾隆二十五年（1760），滿文《上諭檔》按朝年分為「軍務」和「尋常」兩種檔簿，自乾隆二十六年（1761）始，軍機處另立《寄信檔》，專門抄載寄信上諭，原有的軍機處滿文《上諭檔》中的軍務簿冊，至此終止。此時的滿文《上諭檔》，僅剩下以往的「尋常」簿冊的上諭，但加有「明發」字樣的漢字標籤，表明「尋常」簿冊的上諭，即為「明發上諭」。從此以後，軍機處滿文上諭檔簿，即為《寄信檔》與《上諭檔・明發》兩種檔簿並存，滿文《寄信檔》存至同治八年（1869），滿文《上諭檔》直至宣統二年（1910）。明發上諭係由內閣頒降宣示中外的明發諭旨；寄信上諭係軍機大臣奉旨以寄信的方式，密諭或速諭臣工的上諭，因其寄自內廷，又稱做「廷寄」，具有機密不宜公開的性質，乃當時不曾宣示中外的諭旨。[1]

　　《乾隆朝滿文寄信檔譯編》[2]這一套檔案文獻，是近年來由「一史館」編譯、整理的乾隆朝滿文寄信檔案，全書共 24 卷，既收集了乾隆朝滿文寄信檔的原文，又將各條滿文檔翻譯成了漢文，《乾隆朝滿文寄信檔譯編》大多反映了當時西北邊疆以及東北等地政治、軍事、民族、外交等諸多方面的史實，即便在清朝，亦係未曾全部漢譯的諭旨。清代為修方略，曾經擇選漢譯了其中的大約百分之三十左右，《清實錄》

①王小紅：《序言》，中國第一歷史檔案館譯編：《乾隆朝滿文寄信檔譯編》，第 1 冊，嶽麓書社，2011 年。
②中國第一歷史檔案館譯編：《乾隆朝滿文寄信檔譯編》，第 1-24 冊。

中所採用者，亦未過於此，尚有百分之七十左右的密寄上諭從未面世。[1]
「反映了清政府對邊疆地區的治理政策與方式，大部分檔案從未公佈，
具有很高的史料價值。」[2]其中的諸多寄信檔皆有關新疆地區民族事務，
有關布魯特的寄信檔內容也較為豐富，對於乾隆朝處理布魯特事務的
記載甚為詳盡，部分內容雖亦載於《清高宗實錄》之中，但滿文寄信
檔的記載往往更為翔實，包納了更多的歷史細節，這可以補充清代漢
文文獻記載上的不足。這些新近譯編、出版的滿文檔案，多數前輩學
者在布魯特研究中尚無緣閱及，筆者為能夠閱覽該部分文獻而感到慶
幸。

　　中央研究院歷史語言研究所在 1960 年刊行了《明清史料》，所收
錄的檔案多為清朝兵部、刑部、戶部等諸部移會清朝大臣之奏摺，故
而，較為完整地保存了奏摺的內容，有助於從中知曉相關奏摺之原貌，
相關內容較之於方略、實錄中所載更為詳盡，其中的《明清史料　庚編》
（下）[3]對於乾隆至道光年間有關布魯特的事務有所記載，對於東西布
魯特諸部的歸附過程有更為詳細的記載，對於乾隆四十九年（1784）
布魯特散秩大臣阿其睦因通信薩木薩克而誣控鄂對之子鄂斯璊的事件
也有部分記載，還收錄了張格爾的供詞等，這些內容皆與布魯特相關，
有助於從中獲得更多的歷史信息。

　　除此之外，臺北故宮博物院在 1968 年刊行的《清代外交史料》（嘉
慶朝、道光朝），根據軍機處所存檔案，收錄了嘉慶初年至道光十五
年（1835）清朝處理對外事務的檔案，內容主要為相關奏摺以及上諭，
其中的道光朝外交史料[4]，編為一冊，共計四卷，四卷內容中的第三卷、
第四卷所收錄檔案，關涉浩罕事務、玉素普之亂，這較之於《清宣宗

①王小紅：《序言》，《乾隆朝滿文寄信檔譯編》，第 1 冊。

②http://www.lsdag.com/NETS/lsdag/page/article/Article_249_1.shtml?hv=965

③中央研究院歷史語言研究所刊行：《明清史料　庚編》（下冊），臺北中華書局，1960 年。

④臺北故宮博物院輯：《清代外交史料》（道光朝），臺北：成文出版社，1968 年。

實錄》中的記載更為詳細,由於一些布魯特部落及人物牽涉其中,這些檔案中也多提及布魯特事務,這無疑有助於理清布魯特諸部在玉素普之亂中的角色扮演。

除了上述滿漢文檔案文獻外,部分察合台文獻也有助於本著的寫作,苗普生先生主編、被收入國家清史編纂委員會文獻叢刊的《清代察合台文文獻譯注》[①]一書,即收錄了近年來由阿斯卡爾·居努斯、阿不來提·努爾東等學者所譯注的清代察合台文文獻:《編年史》、《和卓傳(附大和卓傳)》、《伊米德史》、《塔蘭奇史》,對於本著而言,除了《塔蘭奇史》,其他三種文獻皆有助於本著的寫作。其中《編年史》係沙·麻赫穆德·朱拉斯(沙·馬合木·楚剌斯)所著,內容有關葉爾羌汗國自拉失德汗至伊斯瑪因汗時期的政治、經濟、社會等,對於葉爾羌汗國時期吉爾吉斯人的歷史事件有一定的敘述,尤其對於阿不都拉哈汗時期與吉爾吉斯人相關的事務有更多提及;另外,米爾咱·馬黑麻·海達爾所著《蒙兀兒史——拉失德史》[②]同樣關涉葉爾羌汗國,同時參考這兩部著作,有助於獲得葉爾羌汗國時期吉爾吉斯人的更多歷史細節。

《和卓傳》係穆罕默德·薩迪克·喀什噶里所著,內容主要關於喀什噶爾和卓家族的歷史,《清代察合台文文獻譯注》所收錄的《和卓傳》,係由察合台文本的《和卓傳》翻譯而出,並參考了此前流行於學界的版本,此前學界較為流行的《和卓傳》,係由沙敖(Robert Shaw)節譯為英文,經伊萊阿斯(N.Elias)注解並發表於《孟加拉亞洲社會雜誌》之上[③],該文後經我國學者陳俊謀、鐘美珠先生翻譯成中文。[①]筆

①苗普生主編:《清代察合台文文獻譯注》,烏魯木齊:新疆人民出版社,2013 年。

②米爾咱·馬黑麻·海達爾著:《蒙兀兒史——拉失德史》,新疆社會科學院民族研究所譯,王治來校注,烏魯木齊:新疆人民出版社,1983 年。

③The Khojas of Eastern-Turkistan,summarized from the Tazkira-I-Khwajan of Muhammad Sadiq Kashghari,by Robert Barkley Shaw,edited with introduction and notes by N. Elias, Published as a supplement to the *Journal of Asiatic Society of Bengal,Vol.* LXVI,

者試著比較察合台文《和卓傳》譯本和之前流行的英、漢譯本，發現
這一察合台文版《和卓傳》的漢文譯本內容顯然更為充實，對吉爾吉
斯部落和相關事務有更多的記載，這無疑有助於進一步探究吉爾吉斯
人與白山派、黑山派和卓家族的關係以及 18 世紀初期吉爾吉斯人的歷
史。《伊米德史》係毛拉木薩・塞拉米所著，內容涉及葉爾羌汗國以及
阿古柏政權的歷史，前半部分有關葉爾羌汗國歷史的敘述中，所提及
的阿不都拉哈汗對於吉爾吉斯人的利用，有助於補充其他文獻記載的
不足。

我國柯爾克孜族也以其本民族文字柯爾克孜文出版了一些史籍[2]，
但這些文獻主要為本民族的部落傳說或者敘事詩，部分內容被譯為漢
文，這些內容主要有助於理解諸部落之間的親緣關係，對清代布魯特
的具體史實記載較少，對於本著的寫作而言，這些文獻的價值並不如
漢文、滿文文獻中的記載。

（四）19 世紀西方學者的考察記錄和研究

19 世紀後期，諸多西方學者遊歷中亞多地和我國新疆地區，並在
記錄其見聞的基礎上進行了一定的研究，布魯特作為這些地區的一個
重要民族，與之相關的歷史記載或研究，多出現於這些西方學者的個
人著作中，這些文獻為補充漢文文獻材料、多角度認識布魯特的歷史
背景創造了條件，以下即就其中的一些文獻進行介紹。

國外文獻中，喬汗・瓦里漢諾夫（Chokan Valikhanov）的記載較具
價值，喬汗・瓦里漢諾夫曾祖父為哈薩克著名的阿布賚汗，他於 1858—
1859 年左右遊歷了中亞、新疆多地，記錄了諸多的部落和民族，形成

Part I ,1897.

①[英]奈伊・伊萊阿斯：《〈和卓傳〉導言評介》，陳俊謀、鐘美珠譯，中國社會科學院
　民族研究所歷史研究資料組：《民族史譯文集》第 8 集，1978 年，第 53-136 頁。

②參見：國家民委全國少數民族古籍研究室編寫：《中國少數民族古籍總目提要・柯爾
　克孜族卷》，北京：中國大百科全書出版社，2008 年。

了一些民族志文獻。我國新疆民族研究所對其著作進行了選譯[1]，選譯內容中有關南疆六城的記載較具有價值，對於喀什噶爾地區的人口構成、政治體制有所描述，對布魯特參與和卓叛亂也進行了一定的分析，較具有文獻價值。

《俄國人在中亞》[2]是由瓦里漢諾夫、維尼科夫（M. Veniukof）及其他俄國探險家在遊歷中亞希瓦、布哈拉、瓦罕等地以及新疆地區的過程中所留下的記錄，原文為俄文，經英國學者翻譯為英文，瓦里漢諾夫深入布魯特部落之中，保存了諸多鮮活的民族志材料，對於布魯特諸部之間的世系關係、布魯特各部的基本情況等內容都有所記載，瓦里漢諾夫等人的考察發生在和卓後裔叛亂之後不久，較為接近事件的發生時間，該書的內容也就較具有價值，有助於獲得更多有價值的材料，進一步補充漢文文獻的不足。

實際上，在瓦里漢諾夫等人考察新疆之前，俄國學者謝苗諾夫（P.Semenov）即率團於 1856-1857 年考察了天山地區，其考察名義上是科學考察，實際上是深入天山地區，調查該地的自然環境及其民族狀況，為俄國統治該地區做準備，他途經伊塞克湖，接觸了該湖周邊的布魯特部落，與布庫部著名首領博鑾拜（Borombay）進行了交流，在此行中，他對於薩爾巴噶什部與布庫部之間的鬥爭有所瞭解，就布庫部的內部事務有所敘述，根據此間的相關經歷，他著有《天山遊記》一書，該書為俄文著作，其中的部分內容在 19 世紀末期即已經由西方學者翻譯成英文發表出來[3]，該書的英文譯本出版於 1998 年。[1]

---

① 新疆維吾爾自治區民族研究所編譯：《喬汗・瓦里漢諾夫著作選集（選譯）》，1975 年。

② Valikhanof, M. Veniukof,etc,*The Russians in Central Asia: Their Occupation of the Kirghiz Steppe and the Line of the Syr-Daria or Their Political Relations with Khiva, Bokhara, and Kokan .Also Descriptions of Chinese Turkestan and Dzungaria,* trans. by John and Robert Michell,London:Stanford 1865.

③ P.P.Semenoff,Djungaria and the Celestial Mountains,trans.by John Michell,*The Journal of the Royal Geographical Society of London*, Vol. 35,1865,pp.213-231;　P.Semenoff,

拉德洛夫（W.Radloff）作為德裔俄國學者，他曾在 19 世紀 60 年代深入薩爾巴噶什部記錄吉爾吉斯人的史詩《瑪納斯》，他曾著有《對吉爾吉斯的觀察》一文②，在該文中，拉德洛夫追溯了吉爾吉斯人的歷史，描述了吉爾吉斯部落的構成以及薩爾巴噶什、布庫、蘇勒圖、奇里克、額德格訥部等部的內部支系，議及比和瑪納普的職能、吉爾吉斯人的文化等。拉德洛夫是 19 世紀後期較早研究吉爾吉斯人的學者之一，其相關論述仍具有一定的參考價值。德國學者哈圖（A.Hatto）對於拉德洛夫所記錄的《瑪納斯》史詩進行了整理和翻譯，並出版了《拉德洛夫的瑪納斯》一書③，該書主要展現了數千行史詩及其譯文，書中的前言部分對於吉爾吉斯人歷史的論述也有助於本著的寫作。

19 世紀 70 年代，部分英國學者由印度至中亞及我國新疆地區進行考察，並將所見所聞整理出版，福賽斯（T.D.Forsyth）所主編的《1873年出使葉爾羌的報告》④一書即收錄了一些英國學者的見聞和研究，對於布魯特相關歷史也有諸多論述，有助於與俄國學者的記載進行對比，貝柳（H.W.Bellew）所著《喀什噶爾史》作為其中一章，貝柳在閱讀多種文字的文獻基礎上，從較長時段敘述了喀什噶爾的相關歷史，對曾與布魯特發生關聯的和卓家族的起源和發展歷程也有過分析，同時討論了和卓家族後裔發動的多次叛亂，這都有助於理清有關歷史背景，從中瞭解西方學者對相關歷史事件的認知。另一位英國學者亨利·藍道爾（Henry Lansdell）也曾遊歷中亞和新疆地區，他所著《俄國的中

Narrative of an Exploring Expedition from Fort Vernoye to the Western Shore of the Issik-Kul Lake, Eastern Turkistan,trans.by E.Morgan, *The Journal of the Royal Geographical Society of London*, Vol. 39,1869,pp.311-338.

①Peter.P.Semenov,*Travels in the Tian'-Shan' 1856-1857*,trans.and edit.by Colin Thomas,etc., London:The Hakluyt Society,1998.

②W.Radloff, *Observations sur les kirghis*, Journal of Asiatique 6,no.2,1863,pp.309-328.

③Arthur T.Hatto,*The Manas of Wilhelm Radloff*,Wiesbaden:Harassowitz,1990.

④T.D.Forsyth, *Report of A Mission to Yarkund in 1873*,Calcutta,1875.

亞：包括伊寧、布哈拉、希瓦和梅爾夫在內》一書[1]，對於布魯特的歷史進行了一定的追溯，對諸部落的分佈、內部社會結構及其與俄國的關係等皆有闡釋。

美國學者尤金・疏勒（Eugene Schulyer）約於 19 世紀 70 年代遊歷過布哈拉、浩罕、新疆等地，其所著《突厥斯坦》一書[2]，對於所見所聞的多個民族皆有記載，對於布魯特的歷史、各部落分佈及相互關聯皆有專門研究，所載的部分族源傳說較為獨特，可以補充其他文獻記載的不足，對於布庫、薩爾巴噶什等部與沙俄的關係也有較多闡述，從中可以瞭解更多歷史細節。

俄國學者庫羅帕特金（A.N.Kuropatkin）所著《喀什噶利亞》[3]一書，較多篇章皆涉及布魯特（喀喇吉爾吉斯）人的歷史，尤其是對 19 世紀 50-70 年代喀什噶爾與浩罕的關係、和卓家族後裔的叛亂、阿古柏政權等多有敘述，這對於研究道光朝及其以後布魯特人的歷史，具有重要的參考意義。

霍渥思（Henry H.Howorth）在 1876 年、1880 年、1888 年先後出版三卷本《蒙古史》，其內容涵蓋較廣，時間跨度較大，以蒙古歷史為中心，兼及中亞地區的多個民族和地區的歷史，所涉內容起於 9 世紀，迄於 19 世紀，全書共計三卷，其中第二卷分為兩冊，這兩冊中的第二冊對於 19 世紀布魯特的歷史有所論及[4]，尤其是在闡述哈薩克歷史與

---

[1] Henry Lansdell,*Russian central Asia including Kuldja, Bokhara, Khiva and Merv, London*, 1885.

[2] Eugene Schulyer, *Turkestan:Notes on a journey in Russian Turkestan,Khokand,Bukhara and Kuldja.* Vol. I & II, London : 1877.

[3] A.N.Kuropatkin,Kashgaria:Historyical and Geographical Sketch of the Country; its Military Strength,Industries and Trade, trans.by Walter E.Gowan,Calcutta:Thacker,Spink and Co.,1882.中文譯本：A.N.庫羅帕特金著，淩頌純等譯：《喀什噶利亞》,烏魯木齊：新疆人民出版社，1980 年。

[4] Henry H.Howorth,*History of Mongols:From 9th to 19th Century*, Part II, Division II,

浩罕歷史的過程中，提及多起與布魯特相關的歷史事件，這對於解析布魯特與哈薩克、浩罕之間的關聯性具有重要幫助。

捷連季耶夫的《征服中亞史》[①]記載了沙俄征服哈薩克、布哈拉、希瓦、浩罕以及我國西北地方的歷史，該書有關哈薩克、吉爾吉斯等民族的文獻材料也有助於瞭解這些民族在中亞地區的歷史。該書與同時期的俄文著作一樣，將布魯特稱為喀喇吉爾吉斯人或野石帳吉爾吉斯人，將哈薩克稱為吉爾吉斯。該書第一、二卷對於俄國征服哈薩克及浩罕的過程有較多記載，對布魯特內部事務的闡述較少，對 18-19世紀哈薩克與俄國之間的互動交往有較多敘述，其中提及的 18 世紀哈薩克中帳、大帳對布魯特的入侵以及 19 世紀 40 年代阿布賚之孫肯尼薩里（克涅薩熱）對俄國的反叛及其對於布魯特的入侵過程，有助於本著在寫作東布魯特相關內容時整理相關背景；第三卷內容主要涉及19 世紀末期俄國在中亞及我國西北地方的相關事務，提及喀喇吉爾吉斯人所參與的事務，但此時中俄議界勘定西北邊界，所提及事務主要為俄國統治下的布魯特所星散參與的中亞事務。

巴布科夫所著《我在西西伯利亞服務的回憶（1859-1875 年）》[②]，對 19 世紀 60 年代中俄議界的過程有一定的記載，從中可以瞭解中俄勘定西北邊界的歷史以及哈薩克、布魯特在議界過程中的歸屬。該書同樣未對布魯特內部事務有過多闡述，提及了布庫、薩爾巴噶什部布魯特被劃入俄國的過程，該書有助於瞭解俄國在 19 世紀以來向清朝伊犁西部地區步步深入、逐漸侵佔清朝在巴爾喀什湖以東以南廣大領土的過程，巴布科夫等人在參與中俄勘界的過程中，堅持以伊犁地區常

London:Longmans,GreenandCo.1880.

① [俄]M.A.捷連季耶夫著：《征服中亞史（第一卷）》，武漢大學外文系譯，北京：商務印書館，1980 年；《征服中亞史（第二卷）》，新疆大學外語系譯，北京：商務印書館，1983 年。《征服中亞史（第三卷）》，西北師範學院外語系譯，北京：商務印書館，1986 年。

② [俄]伊·費·巴布科夫著：《我在西西伯利亞服務的回憶（1859-1875 年）》，王之相譯，北京：商務印書館，1973 年。

駐卡倫線為國界線,並先後通過《中俄北京條約》、《中俄勘定西北界約記》使之合法化,該書有助於瞭解我國西北疆土喪失的過程以及俄國在哈薩克、布魯特建立統治的過程。

二、國內外研究概況

(一)國內相關研究

　　民國時期,學者們對於布魯特有一定的記載和研究,如謝曉鐘即在《新疆遊記》[①]一書中,記載了當時所見布魯特的民俗民風。迪牙科夫在《柯爾克斯族考》一文中,就柯爾克斯族的歷史發展進行了追溯,尤其對於蒙元時期的相關闡述較詳,指出天山南麓、帕米爾高原一帶的柯爾克斯通常被稱為喀爾阿柯爾克斯,也被稱為「布魯特」。[②]曾問吾所著《中國經營西域史》一書指出:「天山南北平定之後,蔥嶺以西各部落,紛紛附求為屬國,當時領地及屬國,以蔥嶺為綱,東為新疆,西為外藩,外藩最著者有二:由天山北路而西北為左右哈薩克,由天山南路而西北為布魯特。」[③]

　　關於柯爾克孜族綜合性的研究,首先應該提及的是國家民委組織編寫的《中國少數民族簡史叢書》中的《柯爾克孜族簡史》[④],該書對於柯爾克孜族的概況進行了說明,以歷史順序對柯爾克孜族的歷史進行了闡述,對漢唐時期的堅昆、點戛斯到遼元時期的乞兒吉思、清代的布魯特以及當代柯爾克孜族的現狀等進行了論述。該書對於清代布魯特自乾隆朝歸附以來所參與的一些重要歷史事件進行了闡釋,對布

①謝曉鐘:《新疆遊記》,蘭州:甘肅人民出版社,2003年。

②[俄]迪牙科夫著:《柯爾克斯族考》,王日蔚譯,《西北民族宗教史料文摘·新疆卷》,蘭州:甘肅省圖書館,1985年。

③曾問吾:《中國經營西域史》,上海:上海書店,1989年,第258頁。

④《柯爾克孜族簡史》編寫組:《柯爾克孜族簡史》,烏魯木齊:新疆人民出版社,1985年。

魯特的經濟結構和社會結構加以歸納，對清代後期布魯特人民反抗外
國入侵的鬥爭以及新疆建省之後對於布魯特的管理進行了說明。該書
對於清代布魯特的研究無疑具有基礎性的作用，對於布魯特諸部名稱、
數目及各部之間相互關係的闡釋為後人進行相關研究奠定了基礎，該
書中所引用的哈薩克文版《瓦里漢諾夫文集》中的內容，對於認識布
魯特各部落之間的關係具有重要作用。該書畢竟只是簡史，有關布魯
特的相關敘述中所引用的材料，主要是源於《新疆識略》、《西域聞見
錄》在內的一些方志文獻，所用文獻並不充分。國家民委組織學者們
編寫的《柯爾克孜族社會歷史調查》[①]一書，係我國學者於 1958-1961
年對新疆多地和黑龍江富裕縣的柯爾克孜族進行調查後所編寫的調查
報告，對於瞭解新中國成立前後我國柯爾克孜族的社會生活概況具有
一定的幫助，提及了柯爾克孜族各部落的分佈情況，這有助於與清代
布魯特諸部的分佈形成一定的對比。

　　王鍾翰先生主編的《中國民族史》一書，對於清代布魯特歷史有
過簡述，敘述了清代新疆布魯特歷史的主要脈絡及其社會經濟概況、
文化生活習俗。[②]楊建新先生在其所著《中國西北少數民族史》中，闡
述了柯爾克孜族的在我國歷史上的發展歷程及葉尼塞吉爾吉斯人的遷
徙過程，並結合清朝文獻，對於清代布魯特主要部落如薩爾巴噶什、
沖巴噶什、希布察克、額德格訥等部落的歷史加以簡要說明，並指出：
「由於布魯特部落當時並不是一個統一的政治實體，因此，對居住在
這些地區的布魯特人在政治上的歸屬，必須進行具體分析。其中有的
部落與清政府的關係並不密切，有的在較短的時期臣服過清朝，有的
則完全是清朝政府管轄下的遊牧部落。」[③]這一總結較具參考價值，指
出了清代布魯特各部與清朝關係的整體情況。

---

① 新疆維吾爾自治區叢刊編輯組、《中國少數民族社會歷史調查資料叢刊》修訂編輯委
　員會：《柯爾克孜族社會歷史調查》（修訂本），北京：民族出版社，2009 年。
② 王鍾翰：《中國民族史》，北京：中國社會科學出版社，1994 年，第 841-849 頁。
③ 楊建新：《中國西北少數民族史》，北京：民族出版社，2003 年，第 459-485 頁。

　　賀繼宏、章光漢所修《中國柯爾克孜族百科全書》，與布魯特相關
的詞條就清代布魯特一些主要的歷史事件進行了解釋，所覆蓋的事件
也較為全面，勾勒了清代布魯特的歷史。[①]萬雪玉、阿斯卡爾・居努斯
所著《柯爾克孜族：歷史與現實》[②]一書，以中國新疆克孜勒蘇柯爾克
孜族和鄰國同源民族歷史發展為線索，論述了其居住地區的自然環境、
人口分佈、民族形成歷史、跨國過程、社會經濟和文化發展狀況等內
容，對柯爾克孜族的歷史、文化發展變遷進行了研究，並與境外的吉
爾吉斯人進行了一些比較研究，該書以跨國民族的視角集中研究柯爾
克孜族，對其歷史的研究主要在於闡述其近代跨國歷史。

　　通過文獻梳理可以發現，國內有關新疆地區和黑龍江地區柯爾克
孜族的具體研究涉及方方面面的內容，包括族源、歷史、文化、宗教
信仰等方面的內容。而專就清代布魯特研究而言，研究者主要結合歷
史文獻就某一方面的內容進行了一定的具體研究。

　　對於清代布魯特的歷史研究，首先體現在對於布魯特社會組織、
制度的研究方面，包括對布魯特部落構成及諸部之間相互關係的研究。
潘志平先生在浩罕史研究過程中，對於布魯特諸部名稱、數目、親緣
關係等內容有所研究。在《布魯特各部落及其親緣關係》[③]一文中，結
合漢文、俄文史料進行了研究，漢文文獻對於布魯特部落數目的記載
有十五部、十七部、十九部、二十部等說，他梳理了多種清代文獻的
敘述，最終總結出了其中一些主要的部落。同時，結合瓦里漢諾夫等
人的調查材料，就布魯特諸部之間的親緣關係進行了討論，結合南北
吉爾吉斯，內、外部，左、右翼等多種分類方法，說明布魯特部落氏
族組織存在著多種層次的分類，並列出布魯特主要部落分支，該文無

---

①賀繼宏、張光漢主編：《中國柯爾克孜族百科全書》，烏魯木齊：新疆人民出版社，
　1998 年。
②萬雪玉、阿斯卡爾・居努斯：《柯爾克孜族：歷史與現實》，烏魯木齊：新疆大學出
　版社，2005 年。
③潘志平：《布魯特各部落及其親緣關係》，《新疆社會科學》，1990 年第 2 期。

疑有助於厘清各部落間的關係。

在《清季布魯特（柯爾克孜）諸部的分佈》[1]一文中，潘志平先生結合清朝晚期中俄劃界之後布魯特分屬於中俄兩國的狀況，根據《新疆圖志》中的有關記載，對於清末新疆布魯特各部所處位置進行了詳細說明，又結合俄文、漢文史料，對分屬於吉爾吉斯的布魯特諸部的地理位置進行了描述，在此基礎上，總結出了布魯特多部之間的血緣關係及部落名稱的歷史淵源，文後所附清季布魯特諸部之地圖也較具有參考價值。

清代布魯特除與清朝關係密切外，還與浩罕存在著重要關聯，乾隆朝統一新疆的過程中，浩罕同其附近的額德格訥部、奇里克部等布魯特部落共同歸附清朝，在其對外擴張的過程中，卻又侵略布魯特部落，乾隆年間，額爾德尼伯克在位時期，浩罕即侵略額德格訥部，佔領該部鄂斯地方，19世紀以來，浩罕繼續對外擴張，迫使額德格訥部於道光初年內附清朝，並在19世紀20年代深入楚河、塔拉斯河流域，在該地區修建軍事堡壘，試圖征服東布魯特（北方吉爾吉斯）諸部落。乾隆年間，胡什齊部布魯特首領伯爾克、希布察克部散秩大臣阿奇木（阿其睦）之子鄂布拉散等皆因不同原因逃往浩罕，嘉慶年間，希布察克部之比圖爾第邁莫特遭枉殺後，其子也逃往浩罕，故而，浩罕作為清朝藩屬，是研究布魯特歷史時不可忽視的重要因素。況且，道光、咸豐年間，浩罕與和卓家族後裔在南疆地區的歷次動亂也存有重要關聯，布魯特在其中也扮演了不同角色，總之，浩罕與清朝的關係、浩罕對布魯特部落的統治等也是本研究的重要內容。

潘志平先生已就浩罕與清朝的關係進行過探討，先後出版了《中

---

[1] 潘志平：《清季布魯特（柯爾克孜）諸部的分佈》，《西域研究》，1992年第3期。該文修訂版被收錄到《浩罕國與西域政治》（烏魯木齊：新疆人民出版社，2006年）一書之附編，另被收錄到《新疆歷史研究論文選編·清代卷（上）》（烏魯木齊：新疆人民出版社，2008年），修訂版主要內容與原文大體相同。

亞浩罕國與清代新疆》及《浩罕國與西域政治》這兩本著作[1]，主要研究浩罕與清朝間的關係，尤其著重探討浩罕與清代新疆的關聯，並較多著墨於浩罕支持下的和卓家族後裔在南疆的多次叛亂。對於布魯特諸部與浩罕的關聯性，潘先生在書中雖有提及，但並不具體和系統，仍有進一步研究的空間。與之相類的是，英國學者勞拉‧紐比（Laura Newby）也圍繞浩罕與清朝的關係展開了研究 她的著作《帝國與汗國：清朝與浩罕關係的政治史（1760-1860）》[2]，是近年來國內外學界在浩罕史研究方面所湧現出來的一部上乘之作，作者精通中文和多種外文，自中國第一歷史檔案館系統收集了與浩罕相關的漢文、滿文檔案文獻，包括軍機處漢文和滿文錄副奏摺、朱批奏摺等，在此基礎上，結合古今多種中外文文獻，就清朝與浩罕百年關係史進行了翔實的研究，相較於潘先生的著作，該著所涉及的內容無疑更為充實和具體，在文獻的搜集方面，勞拉‧紐比女士所搜集的檔案文獻更為系統全面，加之，其本人通曉多種外文，更為熟稔於外文文獻，豐富的中外文文獻，為其進行具體歷史事件的考辨提供了便利，她同其他國外學者一樣，善於進行理論探討，這無疑也為該著增色不少。該著作對相關的布魯特部落、人物、事件也多有討論，值得參考，但部分內容並不準確，筆者在研究中也對其加以考辨。

　　馬文華在《18—19世紀布魯特人的社會經濟概況》[3]一文中，結合漢文史籍材料，參照蘇聯學者的相關研究成果，就布魯特諸部的部落構成、社會組織結構、商貿發展等進行了研究，由於結合中外文獻，尤其對於社會結構的研究較具有價值，如對於布魯特之比分為烏魯克

---

[1]潘志平：《中亞浩罕國與清代新疆》，北京：中國社會科學出版社，1991年；《浩罕國與西域政治》，烏魯木齊：新疆人民出版社，2006年。

[2]Laura J.Newby,*The Empire and the Khanate:A Political History of Qing Relations with Khoqand c.*1760-1860, Leiden & Boston：Brill,2005.

[3]馬文華：《18—19世紀布魯特人的社會經濟概況》，《新疆大學學報》（哲學社會科學版），1990年第3期。

比、阿卡拉克齊比等，對於受統治的布魯特牧民和奴隸如阿拉巴圖、克傑依等也有所闡釋，這些內容在漢文史籍中鮮有記載，這有助於進一步理解布魯特的社會結構。

胡延新所著《十八至十九世紀浩罕汗國同吉爾吉斯人關係初探》一文[1]，結合漢文、俄文文獻，但更多依賴於俄文文獻，對十八世紀下半期至十九世紀上半期浩罕對於吉爾吉斯人的征服和統治過程進行了論述，並論及十九世紀吉爾吉斯人在浩罕汗國的歷史地位，該文論及清代布魯特與浩罕之間關係的梗概，但並不全面，由於作者並未系統整理相關漢文文獻，部分史實的闡述並不準確。

何星亮在《柯爾克孜族的制度文化》[2]一文中，就柯爾克孜族的社會組織制度、政治制度、婚姻制度和親屬制度進行了闡述，結合歷史文獻與實地調查材料，對柯爾克孜族的諸種制度進行了解析，有助於理解柯爾克孜族的多種制度。

艾萊提·托洪巴依在《「散吉拉」和柯爾克孜族部落譜系》[3]一文中，對於柯爾克孜本民族民間流傳的口碑史料「散吉拉」（sanjira）作品進行了闡述，散吉拉意為「一棵樹」，形象表示部族世系，文章對三位「散吉拉」的傳承人「散吉拉奇」的作品進行了介紹，從中獲取諸多關於柯爾克孜族族源及其部族劃分體系方面的內容，為理解布魯特內部、外部，左翼、右翼的劃分提供了重要參考。國內學者在探討布魯特世系關係時通常參考俄文文獻，該文介紹的柯爾克孜本民族口碑史料提供了另一種研究路徑，這些內容往往缺載於漢文文獻中，該文

---

①胡延新：《十八至十九世紀浩罕汗國同吉爾吉斯人關係初探》，《蘭州大學學報》（社會科學版），1991 年第 2 期。

②何星亮：《柯爾克孜族的制度文化》，《西北民族學院學報》（哲學社會版），1995 年第 2 期。

③艾萊提·托洪巴依：《「散吉拉」和柯爾克孜族部落譜系》，《西北民族研究》，1998 年第 2 期。

有助於解讀布魯特各部落之間的關係。

　　苗普生在《略論清朝政府對布魯特統治》[①]一文中,將布魯特自乾隆年間至清朝末年的歷史,分為三個階段,對於清朝管理布魯特的各方面的措施進行了梳理,說明了一些布魯特事務的主要脈絡,分析了清朝統治布魯特的政策變化和發展。該文無疑也具有一定的參考價值,在研究清代布魯特時,清朝政府的管理措施是非常重要的一個方面,通過文獻的查閱,可以發現,相關方面的內容尚有進一步深化研究的空間。苗先生在《伯克制度》[②]一書中,對柯爾克孜族歷史上伯克制度的發展進行了論述,清代布魯特伯克制度體現在比作為各部首領,至清朝末年,新疆建省之後,清朝在布魯特地區實行鄉約制度,伯克制度也就逐漸消失,這有助於縱向理解布魯特內部社會結構變遷過程。

　　阿斯卡爾·居努斯在《關於清朝的布魯特政策》[③]一文中,就清朝政府自乾隆年間至清末時對布魯特的政治、經濟政策進行了概括,對道光年間部分布魯特被脅從加入張格爾之亂的過程、那彥成所實施的相關善後措施進行了說明,反思了大批布魯特人加入張格爾之亂的緣由,將之歸結為:宗教信仰、清朝邊吏的貪贓枉法、懦弱無能以及清朝羈縻政策弊端重重,該文反思了清朝管理布魯特過程中的一些問題,值得參考。

　　馬文娟在《淺析乾隆朝對布魯特的政策及演變》[④]一文中,對乾隆年間布魯特歸附前後清朝對布魯特的政策由「籠絡」轉向「優撫」的過程進行了闡釋,認為其中的轉變主要與清朝平定大小和卓叛亂有關,這樣的轉變也使得邊疆地區得到了長期的穩定,這可以為理解清朝治

---

①苗普生:《略論清朝政府對布魯特統治》,《新疆社會科學》1990 年第 6 期。

②苗普生:《伯克制度》,烏魯木齊:新疆人民出版社,1995 年。

③阿斯卡爾·居努斯:《關於清的布魯特政策》,新疆社會科學院歷史研究所編:《新疆歷史與文化》(2008),烏魯木齊:新疆人民出版社,2010 年。

④馬文娟:《淺析乾隆朝對布魯特的政策及演變》,《昌吉學院學報》2009 年第 6 期。

理布魯特政策的縱向發展過程提供啟發。

　　竇忠平的碩士論文《1697—1760年布魯特與清朝政治關係研究》①，主要以康熙年間準噶爾部噶爾丹被平定至乾隆年間清朝統一新疆為界限，討論這一時期布魯特與清朝政治關係的變化發展過程，並從布魯特在清朝藩屬體系中的地位角度來進行討論，具有一定的價值。其所關涉的時段僅至布魯特歸附於清朝之初，對乾隆朝至同治初年布魯特的歷史並無研究，研究視野較為有限，探討布魯特在藩屬體系中的地位，尚需解讀乾隆、嘉慶、道光及其以後的諸多事件，如此才能更加全面深入。

　　孫喆在其著作《康雍乾時期輿圖繪製與疆域形成研究》②一書中，設有「哈薩克、布魯特的內附問題與清朝疆域」一節內容，討論了哈薩克、布魯特內附之後為何未被列入版圖的問題，作者指出清朝在確定一個地區的疆界時所遵循的總體原則是「詳考志書，兼訪輿論」，繪製西北輿圖、確定疆域範圍時，顧及到兩個因素：一是原準噶爾部的控制範圍，一是漢唐以來各朝的管轄範圍。由於哈薩克、布魯特兩部在清以前「聲教素隔中朝」，又不在準噶爾汗國疆域範圍內，與清廷確定疆域版圖的原則不符。因此，未被列入清朝蒙古札薩克或回部體系中去，而成為清朝的藩屬，清朝統治者的疆域觀念決定了這一結果的出現。這一研究也極具啟發意義，對於分析哈薩克、布魯特諸部在清代西北邊疆中的地位提供了新的認識角度。

　　周軒在《乾隆帝關於布魯特的詩篇》③一文中，對於乾隆朝布魯特使臣進京入覲時乾隆帝所作有關布魯特的詩文內容進行了解讀，結合東西布魯特諸部歸附的歷史，就主要的歷史過程以及詩文的內涵進行了闡述，認為這些詩篇紀實述事，有著鮮明的時代感和深厚的歷史感，

---

①竇忠平：〈1697—1760年布魯特與清朝政治關係研究〉，新疆大學碩士論文，2010年。
②孫喆：《康雍乾時期輿圖繪製與疆域形成研究》，北京：中國人民大學出版社，2003年。
③周軒：《乾隆帝關於布魯特的詩篇》，《新疆大學學報》（哲社版），2008年第6期。

這說明乾隆帝禦製詩文對於研究布魯特的有關歷史也有所幫助。

　　陳超在《布魯特首領車里克齊擁護清朝統一的事蹟》[①]一文中，闡述了薩爾巴噶什部落首領車里克齊在乾隆年間率領所部歸附清朝並進京入覲的歷史，肯定了其歷史作用。此類人物研究顯然在布魯特研究中相對缺乏，而通過文獻的整理可以發現，諸多的布魯特人見載於清代史料之中，這也為具體的人物研究提供了較多的素材。

　　陳海龍、馮颴在《東西布魯特分界考》[②]一文中，綜合了清代文獻中有關東西布魯特分界的多種說法，通過對比相關輿圖，對鄂什地望進行了考證，最終得出結論，東西布魯特分界河為錫爾河源頭之一的塔爾河，該文從側面反映出清代布魯特歷史地理尚存在一定的研究空間，對布魯特歷史地理的深入認知，也是進一步研究布魯特的重要基礎。

　　李畾所著《試析乾隆朝治理南疆政策得失——以阿其睦、燕起事件為中心》一文[③]，係近年來國內學界所出現的少有的圍繞著具體布魯特部落人物和事件所進行的研究，該文以希布察克部之比阿其睦誣控鄂斯璊、阿其睦之子燕起外逃一事為中心，闡述了清朝軍府制度的缺陷以及伯克階層的內部矛盾，認為軍府制與伯克制度在南疆地區結合的過程中，問題逐漸凸顯，軍府制在南疆地區弊大於利，進而又論及清朝處理和卓後裔的問題以及應對浩罕的政策。這一分析，有助於從新的視角認知相關事件，為深入解析相關背景帶來幫助。

　　李琪在《民族學視閾下的柯爾克孜（吉爾吉斯）人及其跨國》[④]一

①陳超：《布魯特首領車里克齊擁護清朝統一的事蹟》，谷苞主編：《新疆歷史人物（第三集）》，烏魯木齊：新疆人民出版社，1990 年。

②陳海龍、馮颴：《東西布魯特分界考》，《清史研究》2013 年第 4 期。

③李畾：《試析乾隆朝治理南疆政策得失—以阿其睦、燕起事件為中心》，《昆明學院學報》，2014 年第 5 期。

④李琪：《民族學視閾下的柯爾克孜（吉爾吉斯）人及其跨國》，《西北民族論叢》，第

文中，主要傾向於借用俄文文獻對柯爾克孜族的族名、歷史、口述傳說、跨國歷史等內容進行解析，其所引用的俄文文獻內容值得參考，在歷史敘述的部分內容中，僅就清代柯爾克孜族的歷史加以簡單的描述，並未深入、具體地加以論述。

　　除上述相關研究外，其他與清代布魯特歷史相關的研究，散佈於同類的專題研究中，如齊清順先生在《那彥成的南疆之行和清朝統治新疆政策的調整》[①]一文中，論及那彥成在善後中安撫布魯特的措施，主要表現在反思治理布魯特措施中的失誤、對布魯特部落首領頒發頂戴、賞食歲俸、優給牧地。在《清朝對新疆沿邊「歸附」各部的「羈縻」政策及其檢討》[②]一文中，齊清順先生反思了清朝對天山南北沿邊各部的政策，指出清朝對各部的羈縻政策，在對待哈薩克、布魯特兩部中表現得最為明顯，對於哈薩克各部，清朝曾經嚴格禁止其越卡遊牧，後來又逐漸接受部分哈薩克內屬；對於布魯特，也允許一部分人進入沿邊境內居住遊牧，將進入中國境內的布魯特分為生、熟兩部分，而是否賞有頂戴，則是重要的區分標準之一。厲聲先生的《清代新疆巡邊制度》[③]一文，有助於知曉清代新疆巡邊制度與清朝對哈薩克、布魯特、浩罕等部的管理密不可分的，清朝通過巡邊制度，限制哈薩克、布魯特等越界遊牧，但這種限制又逐漸發生了變遷，道光年間，通過巡卡會哨制度取代了巡邊制度，這也為清朝在中俄議界過程中的喪失疆土留下了隱患。

　　11 輯，第 112-128 頁。

① 齊清順：《那彥成的南疆之行和清朝統治新疆政策的調整》，《喀什師範學院學報》1988 年第 5 期。

② 齊清順：《清朝對新疆沿邊「歸附」各部的「羈縻」政策及其檢討》，中國民族史學會：《第三次學術討論會論文集》，北京改革出版社，1991 年。

③ 厲聲：《清代新疆巡邊制度》，馬大正等主編：《西域考察與研究》，新疆人民出版社，1994 年。

　　萬雪玉在《近三十年國內柯爾克孜族研究的回顧與反思》①一文中，對近三十年來柯爾克孜族研究進行了總結，就歷史性和現實性的研究分別進行回顧，指出相關政治制度與社會組織的研究缺乏理論上的提煉與方法上的創新，對史實的羅列與轉述構成該研究的主要內容，對史實與表像進行歷史人類學的細緻分析相對缺乏。有關研究取得了諸多成果，研究中也存在若干不足，如國外文化人類學領域出現的一些新理論和新方法，如邊緣研究、歷史記憶和結構性失憶、工具論、歷史人類學研究等少有反映，這一總結無疑有助於促進柯爾克孜族研究的發展。

　　我國臺灣地區學者在清代布魯特歷史方面的專題性研究並不多，相關成果主要散見於一些論著之中，陳慶隆先生在 1975 年即發表《堅昆、點戛斯與布魯特考》一文②，結合中外文文獻，考證了古代柯爾克孜族名稱「堅昆」、「點戛斯」、「布魯特」的詞源，認為三者源自不同的詞源，所指係同一民族，就其在葉尼塞河流域的住居過程及天山、帕米爾吉爾吉斯人的形成過程進行了簡論，結合多種中外文獻，對清代布魯特的部落構成、位置等進行了考辨，陳先生從詞源的角度考證上述名稱之不同，並借鑒了多種中外文獻，該文至今仍具有較大參考價值。陳先生因通曉土耳其文、俄文、英文等多種外文，故其研究多能夠發人深省，如其所著《論白山黨與黑山黨》、《「和卓」考釋：語源及語義的分析》、《喀什噶爾的阿克沙卡爾》③等研究皆能回歸問題的本源，給人以諸多啟迪，這些論文皆在不同程度上有助於本著的寫作。

---

①萬雪玉：《近三十年國內柯爾克孜族研究的回顧與反思》，《西域研究》2010 年第 1 期。
②陳慶隆：《堅昆、點戛斯與布魯特考》，《大陸雜誌》1975 年第 51 卷，第 5 期。
③參見陳慶隆：《論白山黨（Aktaglik）與黑山黨（Karataglik）》，《邊政研究所年報》，1971
　年第 2 卷；《「和卓」考釋：語源及語義的分析》，《中央研究院歷史語言研究所集刊》，
　1969 年第 40 卷（下）；Chen Ching-lung, Aksakals in the Moslem Region of Eastern
　Turkistan, *Ural-Altaische Jahrbücher*, Vol.47, 1975, pp.41-46.

唐屹先生在《19世紀中期由浩罕至清朝的兩件外交文書》[①]一文中，將「七和卓之亂」後浩罕發往清朝的兩件察合台文書進行了翻譯和注解，對「七和卓之亂」的相關歷史背景有所說明，其中部分內容提及布魯特在該亂之前的一些歷史細節，這兩件文書本身也有助於瞭解浩罕對於該亂的態度。陳旺城先生對張格爾之亂後那彥成至南疆處置的善後事宜有所研究[②]，其中部分內容涉及那彥成對布魯特的安撫，這也有助於本著討論布魯特在張格爾之亂前後過程中的地位和角色。陳殷宜以討論我國所出版的《柯爾克孜族簡史》一書的內容及其重要性為切入點，認為我國大陸地區旨在強調柯爾克孜族與境外吉爾吉斯人的不同，他們作為同源跨國民族，該書模糊了跨國民族現象，避免產生相關問題。[③]

通過上述總結，可以發現，近年來，國內學界關於清代布魯特的研究鮮有綜合性的、集中性的研究，20世紀90年代初期，出現了關於布魯特諸部一些基本問題的討論，對於乾隆朝治理布魯特的措施進行了一定的梳理。前人的研究成果無疑為進一步研讀相關文獻奠定了基礎，但國內學界對清代布魯特歷史研究尚存在不足：如對於乾隆朝之後清朝對布魯特政策的專題研究不足，對於布魯特有關的制度性內容研究尚不夠系統，對布魯特諸部人物、事件的研究也不足，在具體研究中，理論性的歸納或許更有助於更新研究視角。

---

①Tang Ch'i〔唐屹〕, Two Diplomatic Documents from the Khokend Khanate to Ch'ing Empire in the Mid-19th century,《國立政治大學學報》，1984年第50期。日本學者小沼孝博（Onuma Takahiro）、新免康（Shinmen Yasushi）、河源彌生（Kawahara Yayoi）對唐屹先生所提及的兩件文書有進行了新的考釋，對於阿克沙克爾與呼岱達的關係也有新的闡述，參見：小沼孝博、新免康、河源彌生：《國立故宮博物院所藏1848年兩件浩罕來文再考》，《輔仁歷史學報》，2011年第26期。

②陳旺城：《那彥成在回疆的歷史評論》，《通識研究集刊》，2008年第13期；《那彥成經略西北評議》（1764-1833），《人文及管理學報》，2008年第5期。

③陳殷宜：《從〈柯爾克孜族簡史〉的撰寫探討「同源民族」之「人」、「族」區分》，《國立臺中技術學院‧人文社會學報》，2002年第1期。

（二）國外相關研究

國外學者的相關研究，首先體現 19 世紀後半期西方學者考察記錄和研究中，上文已經提及相關文獻，這裡主要闡釋的是 20 世紀以來西方學者的一些相關研究，因個人外文能力仍然有限，筆者主要搜集了一些相關的英文文獻。

俄國學者巴托爾德(V.V.Barthold)在中亞史研究方面佔有重要地位，其所著《十八、十九世紀的天山吉爾吉斯人》[①]一文，運用了較多的俄文文獻，敘述了十八、十九世紀布魯特的歷史，文中包含了一些重要的信息點，如俄國人與布魯特諸部之間的互動交往，也引用了喬汗·瓦里漢諾夫等學者的研究成果，對布魯特人的社會組織結構、俄國人對吉爾吉斯進行吞併的過程都有敘述，這也有助於補充相關文獻，進行對比研究。巴托爾德故去之後，蘇聯科學院於 1960 年就巴托爾德生前著作進行整理並結集出版，遂成《巴托爾德文集》，其中第二卷第一分冊第一部分收集了巴托爾德的著作：《七河史綱》、《突厥斯坦史》、《塔吉克簡史》、《吉爾吉斯簡史》、《土庫曼簡史》等，該部分中文譯本已經由蘭州大學出版社出版[②]，其中的《吉爾吉斯簡史》就吉爾吉斯歷史進行了縱向追溯與考察，上述《十八、十九世紀的天山吉爾吉斯人》一文即包含於其中，除此之外，還就十八世紀以前吉爾吉斯人的歷史進行了研究。其敘述脈絡清晰，文獻來源豐富，其他俄國學者在整理該著時也有較多注解，較具參考價值，但該譯本也存有明顯的不足，由於譯者缺乏系統的相關知識背景，對一些專有名稱如人名、地名、部落名稱的翻譯並不準確，直接影響了翻譯的品質。

---

① [俄]B.B.巴爾托里德：《十八、十九世紀的天山吉爾吉斯人》，李琪譯，《西域史論叢》（第 2 輯），烏魯木齊：新疆人民出版社，1985 年。

② [蘇]瓦西里·弗拉基米羅維奇·巴托爾德著，[蘇]B.A.羅莫金、斯塔維斯基整理，張麗譯：《中亞歷史：巴托爾德文集第 2 卷第 1 冊 第 1 部分（上、下）》，蘭州：蘭州大學出版社，2013 年。

　　蘇聯時期的學者在吉爾吉斯人歷史研究研究方面取得了一些成果，由於相關文獻為俄文，筆者因目前暫不通曉俄文而無法系統閱覽相關俄文研究論著，但仍可以通過閱讀一些西方學者的英文研究著作，對蘇聯學者就 19 世紀吉爾吉斯人研究方面的主要結論有一定的瞭解，從中可以發現，相關研究仍主要圍繞著北方吉爾吉斯（東布魯特）諸部來展開，在吉爾吉斯人的部落構成、左右翼的劃分等方面取得的成果值得借鑒，但專就清代新疆布魯特而言，俄國學者似並未深入探究布魯特諸部的具體人物和事件，即便有所涉及，也仍主要圍繞著薩爾巴噶什、布庫等部落來展開。

　　少數相關俄文文獻也被翻譯成了英文，如伯恩斯塔姆（A.Bernshtam）所著《吉爾吉斯人的起源研究》一文[①]，主要討論的是現代吉爾吉斯人的形成歷史，並結合葉尼塞吉爾吉斯人和天山吉爾吉斯人各自的歷史及其遷徙過程，討論了吉爾吉斯人的起源和發展歷程。英國牛津大學聖安東尼（St.Antony）學院下轄的中亞研究中心在 1953—1968 年所辦英文雜誌《中亞評論》（Central Asian Review）是一份文摘型學術期刊，主要就當時蘇聯學者在中亞研究方面取得的成果進行介紹，或翻譯相關成果原文，或就相關成果內容進行簡介，該刊所載的多篇文章有助於本著的寫作。如楚庫巴耶夫（A.A.Chukubayev）和札姆噶契諾夫（B.D.Zhamgerchinov）所著《俄國對吉爾吉斯的社會、經濟、政治影響（1855-1917）》一文[②]，論述了吉爾吉斯部落自 1855 年開始宣誓效忠俄國至 1917 年俄國革命之間的階段中，俄國為吉爾吉斯社會所帶來的各方面的變遷，這有助於進一步理解布魯特的社會發展過程，文章對於其社會各階層的討論，也有助於對瑪納普及其他階層有更多認知。玉

[①]A.Bernshtam, "The Origin of the Kirgiz People", in *Studies in Siberian Ethnogenesis*, edited by H. N. Michael, University of Toronto Press,1962,pp.119-128.

[②]A.A.Chukubayev , B.Dzhamgerchinov, The Social, Economic and Political Effects of Russian Influence in Kirgizia(1855-1917),*Central Asian Review*, 1957,Vol.Ⅴ, No.3, pp.235-246.

丁（V.P.Yudin）論及蒙兀兒（東察合台汗國）人由一個完整的民族群體到逐漸消失在歷史舞臺的過程，其中提及他們與哈薩克、吉爾吉斯等民族的關係時，提到一些吉爾吉斯部落如胡什齊、蒙固爾多爾、諾依古特等部落皆起源於蒙兀兒汗國時期。[1]這對於追溯這些部落的源起具有一定的幫助，從中也可以看出吉爾吉斯人遷至天山後逐漸與其他民族融合的過程。蘇聯著名民族學家亞布拉姆罕（S.M.Abramzon）曾於 1960 年對新疆柯爾克孜族做過田野調查，在此基礎上，著有《中華人民共和國的柯爾克孜族》[2]一文，在該文中，他對北疆和南疆柯爾克孜族的分佈狀況、部落構成及其人數進行了介紹，對一些部落的歷史進行了追溯，對其生產生活方式也有論及，該文有助於對 1949 年後我國的柯爾克孜族的概況有進一步瞭解，也有助於將其與清代布魯特相關情形進行對比。

近年來，在國內外清史研究方面，美國「新清史」學派在國際學界產生了重要影響力，該學派挑戰傳統清史研究以漢族為中心，強調以滿族人的視角來研究清史，主張研究邊疆民族和地區，在文獻使用上尤其推崇使用滿、蒙等少數民族文獻，這對於發掘新文獻、推動清史研究具有一定的積極意義，但部分學者過分推崇滿蒙文獻而忽視了漢文文獻、過多偏於理論建構而非史實考證，這皆不利於研究的客觀性，因而，該學派的研究也引起了一定的爭議。其中，美國漢學家柯嬌燕（Pamela K.Crossley）、歐立德（Mark C.Elliott）、蓋博堅（R.Kent Guy）、衛周安（Joanna Waley Cohen）等皆為該學派重要代表人物。

作為「新清史學派」的代表人物之一，美國學者狄宇宙（Nicola Di Cosmo）在中國邊疆史研究方面頗有建樹，對於清代新疆歷史也有闡發，

---

[1] V.P.Yudin,The Moghuls of Moghulistan and Moghulia, *Central Asian Review,* 1966, Vol. XIV, No. 3,pp.241-251.

[2] S.M.Abramzon,The Kirgiz of the Chinese People's Republic,*Central Asian Review*, 1956, Vol.XI,No.4,pp.196-207.

因其通曉滿文，他曾將嘉慶十一年至十二年（1806-1807）多份滿文奏稿翻譯成英文，奏稿源自喀什噶爾參贊大臣晉昌喀什噶爾幫辦大臣愛星阿等人，這些奏稿本屬佐口透先生私藏，後來狄宇宙訪學日本時，佐口透先生將複印本交與其進行研究，他於 1992-1993 年將其翻譯成英文。奏稿內容涉及邊卡巡查、官員任免、財政事務、民務等，還有布魯特諸部使團之貢馬、貿易、頭目任命等內容。基於此，狄宇宙在《來自西北的報告：喀什噶爾滿文奏摺選編》[1]一書中，結合上述主要事務類別，摘錄其中部分奏稿翻譯出來，這對於瞭解嘉慶朝對布魯特相關事務的處置具有重要參考價值。也正是在這些奏稿的基礎上，其所著《清代邊疆的柯爾克孜遊牧：朝貢、貿易還是禮物交換》[2]一文，堪為國外學者在清代布魯特研究中的上乘之作，該文以布魯特與清朝政府之間的關係為討論對象，辨析了有關朝貢體系的多種說法，結合具體的清代文獻，尤其是滿文奏摺，對於清代管理布魯特的具體措施進行了逐條分析，從中復原相關制度。布魯特自清朝享受貿易、封賞、軍事保護，併入覲於朝，而清朝也通過治理布魯特，創造了一種不同類型的閾限（limina），它並未存在於領土和行政所限定的邊界內，而是存在於經濟和政治層面所及的範圍內。故而，布魯特並未傳統地禮儀性地朝貢於清朝，雙方也並非僅僅出於商貿關係，他們在互動中都有所得，但布魯特又處於相對獨立的狀態中。狄宇宙在該文的研究中顯現出較高的水準，可以為本研究提供一些新的啟發。

同樣地，另一位「新清史學派」代表人物、美國漢學家米華健（James

[1] Nicola Di Cosmo, *Reports from Northwest:A Selection of Manchu Memorials from Kashgar* (1806-1807) , Bloomington:Indiana University, Research Institute for Inner Asian Studies, 1993.

[2] Nicola Di Cosmo, "Kirghiz Nomads on the Qing Frontier :Tribute, trade or gift exchange ? "in Nicola Di Cosmo, Don J. Wyatt(eds.),*Political Frontiers, Ethnic Boundaries and Human Geographies in Chinese History*, Routledge, 2005,pp.351-372.

A.Millward）的博士論文《嘉峪關外：清代新疆的貿易和民族（1759-1864）》[1]，主要以新疆商貿的發展作為線索，討論了 1759—1864 年間，由於清朝政府在新疆地方統治的財政基礎脆弱，逐漸依靠內地漢回商人獲得後勤補給、稅賦收入以及應急籌資，如此也推動了內地移民在新疆的定居，同時也鞏固了清代在新疆的統治。文章涉及新疆同浩罕之間的商貿，對於南疆六城形勢的討論也值得閱讀和參考。其著作《歐亞腹地的十字路口：新疆歷史研究》[2]對於新疆歷史的敘述時段較長，上至八世紀以前的歷史，下迄於 2000 年，在敘述 16—19 世紀新疆歷史時，以「在伊斯蘭教與中國之間」為題，進行了討論，著重強調了新疆在此階段的伊斯蘭化過程，其中的宗教史部分也有助於討論布魯特等民族在宗教史上的聯繫。

其他「新清史學派」學者對清代布魯特歷史鮮有具體研究，但他們在哈薩克研究方面仍極力主張使用滿文文獻，這突出地體現在哈佛大學學者歐立德等學者的倡導之中，這一主張也有助於啟發筆者由滿文文獻中搜集更多相關文獻。

美國哈佛大學學者約瑟夫·弗萊徹（Joseph Fletcher）在《1800 前後清代的亞洲腹地》[3]一文中，對於清代新疆地區的行政管理制度及清代邊疆的治理等內容具有較為詳細的論述，對於新疆地區多個民族有過一定的闡述，在西方學者相關研究中，體現出了較高的水準，在其中提到俄國人將布魯特稱為「石山野人、石山裡人或石山人，或稱喀喇（黑）克勒克孜人（因為與哈薩克人不同，他們的統治者不是王族，即非成吉思汗的子孫）。十九世紀的俄國需要使用這些稱呼來區別柯勒

---

[1] James A.Millward ,*Beyond the pass:Commerce,ethnicity and the Qing Empire in Xinjiang*, 1759-1864, Stanford University, 1993.

[2] James A.Millward,*Eurasian Crossroads:A History of Xinjiang*,New York:Columbia University Press,2007.

[3] [美]約瑟夫‧弗萊徹：《1800 前後清代的亞洲腹地》，[美]費正清編：《劍橋中國晚清史》（1800-1911 年）（上卷），北京：中國社會科學出版社，1993 年。

克孜人和哈薩克人：俄國人稱兩者為克勒克孜─哈薩克人、克勒克孜─凱薩克人、凱薩克人或逕稱柯勒克孜人，以區別於俄國本土的哥薩克人。」在文中也注意到了「喀什噶爾地區的塔什密里克居住著柯勒克孜的土拉吉爾欽察部，該部在十九世紀五十年代約有五百戶。這時清政府唯一允許住在東突厥斯坦而與綠洲定居居民同等看待的柯勒克孜人。」這裡所提的這一布魯特部族就是布魯特散秩大臣阿奇木所在屬部，他擔任塔什密里克阿奇木伯克，在布魯特諸部中具有較高的地位。弗萊徹先生英年早逝，他在中國西北伊斯蘭教方面所取得的研究成果備受西方學界推崇，他對於和卓家族的研究也較具有價值，其部分研究文稿在其離世後由李普曼（Jonathan N.Lipman）、曼茨（Beatrice F.Manz）等學者幫助整理出版，另一部分未刊文稿至今仍存於哈佛大學檔案館，其中的部分研究成果有助於本著的寫作[1]，筆者慶幸於能夠有機會親身專赴該館閱覽這部分文稿。

日本學者佐口透先生(Saguchi Toru)在新疆民族史方面的研究獲得了中外學界的諸多認可，其所著的《新疆民族史研究》[2]一書對於吐魯番、伊犁地區的社會情況進行了敘述，在《伊犁的塔蘭奇社會》一章中涉及「包沁與塔蘭奇」，從「布哈拉人」集團的角度進行闡釋，包沁人為準噶爾部專司炮者，實錄、方略中均提及「包沁乃布魯特回人種類」，從中可見包沁與布魯特人的關聯，這也有助於理解準噶爾部時期布魯特人的歷史。其後文對於哈薩克的研究也較具有參考價值，尤其對於塔爾巴哈台卡倫線的研究、對於哈薩克與清朝之間的關係的研究亦可對研究布魯特提供一些借鑒，卡倫在南疆地區管理布魯特諸部的過程中也起到重要作用。在《18—19世紀的新疆社會史研究》[3]一書中，

---

[1]Joseph F.Fletcher, Altishahr under the Khwajas,Harvard University Archives,HUG FP 100.45,*Joseph F.Fletcher,Jr.Lectures and Manuscripts ca.1977-1984*,BOX 2.

[2][日]佐口透：《新疆民族史研究》，章瑩譯，烏魯木齊：新疆人民出版社，1993 年。

[3][日]佐口透：《18—19 世紀新疆社會史研究》，凌頌純譯，烏魯木齊：新疆人民出版社，1983 年。佐口透先生所著該書原文為日文，出版於 1963 年，其中部分章節的英文譯

佐口透先生在浩罕、和卓家族等研究中，將布魯特具體部落的分析和研究置於更為廣闊的歷史背景中，研究內容較為精細，也較具有參考價值。

在由聯合國教科文組織多國學者共同編寫的多卷本《中亞文明史》中，切羅伊夫（T. Tchoroev）主要就 18—19 世紀吉爾吉斯人的歷史進行了一定的總結[①]，說明了吉爾吉斯人在中亞、天山地區的分佈，就其在準噶爾汗國時期及準噶爾政權覆滅之後的歷史進行了論述，兼及吉爾吉斯人的宗教信仰及文化概況，引用了較多俄文文獻，提及諸多歷史細節，對於其與浩罕、沙俄之間的關係多有討論，從中可以對於俄文文獻中的記載有更多瞭解。塔貝沙利耶娃（A.Tabyshalieva）就 19-20世紀吉爾吉斯人的歷史進行了說明[②]，其中就 19 世紀後半葉沙俄統治下的吉爾吉斯人歷史的介紹，有助於進一步梳理布魯特與沙俄的關係。吉爾吉斯斯坦共和國前總統阿斯卡·阿卡耶夫（Askar Akaev）所著《吉爾吉斯的國家地位以及民族敘事詩「瑪納斯」》[③]一書的前半部分，對於吉爾吉斯歷史的敘述也具有一定的參考價值，其中涉及 18-19 世紀時吉爾吉斯部落中的重要人物和事件，該書對薩爾巴噶什部首領阿提克（Atake）、斡爾曼（Ormon）、占泰（Jantay）以及薩雅克部首領阿坦台

本先於該書的漢譯本刊發而出，如該書《浩罕的東方貿易》係該書第六章、《白山派和卓的復興（1760-1820）：從薩木薩克到張格爾》則包含該書第二章和第七章的部分內容，英文譯本有助於更為直觀瞭解佐口透先生所引外文文獻，參見：Toru Saguchi, "The Eastern Trade of Khoqand Khanate", *Memoirs of the Research Department of the Toyo Bunko*,Vol.24,1965,pp.47-114. "The Revival of the White Mountain Khwajas, 1760-1820(from Sarimsaq to Jihangir)", Acta Asiatica,Vol.14,1968,pp.7-20.

①T. Tchoroev(Chorotegin), The Kyrgyz,in Chahryar Adle and Irfan Habib (eds.) *History of Civilizations of Central Asia*,Vol. V Ⅵ,UNSECO Publishing,2003,pp.109-125.

②A.Tabyshalieva, Kyrgyzstan,in Madhavan K. Palat and Anara Tabyshalieva (eds.) *History of Civilizations of Central Asia*,Vol.Ⅵ, UNSECO Publishing,2005,pp.263-287.

③ Askar Akaev,*Kyrgyz Statehood and the National Epos"Manas"*,New York:Global Scholarly Publications,2003.

（Atantay）和汰劣克（Taylak）等人的事蹟皆有所說明，在一定意義上可以補充漢文文獻記載中的不足。

美國學者丹尼爾·普萊爾（Daniel Prior）於近年來專注於吉爾吉斯社會歷史、史詩等方面的研究，相關論述較為精細，較具參考價值。他的博士論文《吉爾吉斯史詩傳統的暮光時代》[1]即以吉爾吉斯史詩為研究對象，根據史詩在 19 世紀至 20 世紀初期所呈現的不同特點，結合史詩結構、形式、內容，將吉爾吉斯史詩發展劃分為三個階段，並將 19 世紀 60 年代至 1922 年這一階段稱之為史詩的暮光時代，這一階段史詩的變遷與俄國的統治有關。該文對相關歷史背景的論述，對瞭解 19 世紀北方吉爾吉斯的歷史而言較具參考價值，有助於認識俄國對於諸部的統治以及諸部的內部關係。在《英雄、首領和吉爾吉斯人民族主義的根源》[2]一文中，他從多重維度，就 1917 年之前吉爾吉斯人民族意識的源起進行了討論，主要論及作為部落首領的瑪納普（manap）的源起及其對於吉爾吉斯人的意義，結合一些原始文獻加以了分析，並運用吉爾吉斯人的史詩進行了多維度的探討。丹尼爾·普萊爾所著《北方吉爾吉斯中的高階與權力：名稱及其問題（1845—1864）》[3]一文，結合豐富的俄文文獻及吉爾吉斯人的察合台文書信，就 19 世紀中期出現於薩爾巴噶什、布庫等部落的「瑪納普」這一頭銜的起源、內涵進行了較為細緻的考辨，從這一名稱的出現過程，分析了北吉爾吉斯人社會內部因沙俄勢力擴張所帶來的影響，也從中討論了北吉爾吉斯人與哈薩克、浩罕、清王朝的關係等。他所著《沙布丹巴圖魯寫本：史

---

[1] Daniel Prior,*Twilight Age of the Kirghiz Epic Tradition*,Ph.D dissertation, microfiche, Indiana University,2002.

[2] Daniel Prior,Heroes ,Chieftains,and the Roots of Kirghiz Nationalism, *Studies in Ethnicity and Nationalism*, Volume 6, Issue 2, 2006,pp.71-88.

[3] Daniel G. Prior, High Rank and Power among the Northern Kirghiz:Terms and Their Problems,1845-1864,in Paolo Sartori,(ed.)*Exploration in the Social History of Modern Central Asia* (19th to Early 20th Century), Leiden: Brill,2013,pp. 137-179.

詩和北方吉爾吉斯的歷史書寫》[①]一書，則是對多件北方吉爾吉斯史詩寫本的翻譯、闡述和注解，寫本內容包括 1846—1847 年克涅薩熱入侵北方吉爾吉斯、1864 年吉爾吉斯人掠奪土爾扈特等事件、聖桑齊（Saint Sanci）的詩等，丹尼爾・普萊爾對於史詩寫本中的所出現的人物、事件等進行了考釋和注解，這對於瞭解北方吉爾吉斯諸部的世系及諸部與浩罕、俄國、清朝間的關係而言，極具參考價值。

與之相類的是，近年來，日本學者秋山徹（Akiyama Tetsu）主要圍繞著 19 世紀北方吉爾吉斯地區各部部落與俄國之間的關係來開展研究，對 19 世紀 40 年代以來盛行於諸部的瑪納普這一職銜的產生歷程、各部瑪納普在俄國建立統治過程中所扮演的角色等內容皆有討論，成果頗豐。[②]道光朝以來，浩罕開始向楚河、塔拉斯河、納林河流域擴張，東布魯特多部受其統治，俄國自北征服哈薩克汗國後，尤其是薩爾巴噶什部、布庫部幫同俄國平定哈薩克汗國末代汗王克涅薩熱的「叛亂」後，俄國勢力逐漸深入東布魯特諸部，並最終建立了統治，而東布魯特諸部在道光朝後期即逐漸與清朝疏遠，清朝文獻中記載較少。秋山徹在利用俄文檔案的基礎上所做相關研究，無疑有助於瞭解這些部落

---

①Daniel Prior, T*he Šabdan Baatir Codex: Epic and the Writing of Northern Kirghiz History*, Leiden: Brill, 2013.

②參見秋山徹：（1）「20 世紀初頭のクルグズ部族首領権力に　する一考察：シャブダン・ジャンタイの葬送儀式の分析をてがかりとして」，『內陸アジア史研究』,(24) 83-104，2009；（2）「クルグズ遊牧社會におけるロシア統治の成立：部族指導者「マナプ」の動向を手がかりとして」,『史學雜誌』, 119(8) 1-35, 2010；（3）「クルグズ遊牧社會におけるロシア統治の展開：統治の仲介者としてのマナプの位置づけを中心に」,『スラヴ研究』,(58)29-59, 2011；（4）「ロシア統治下におけるクルグズ首領層の権威について：遊牧世界とイスラーム世界の間で」,『東洋史研究』 71(3) 29-57,2012；（5）" Nomads Negotiating the Establishment of Russian Central Asia: Focusing on the Activities of the Kyrgyz Tribal Chieftains",*Memoirs of the Research Department of the Toyo Bunko,No*.71,2013,pp.141-160；（6）"Why Was Russian Direct Rule over Kyrgyz Nomads Dependent on Tribal Chieftains'Manaps'", *Cahiers du monde russe*,56(4),2015,pp. 625-649.

逐漸受俄國統治的過程，也有助於認知諸部間的內部矛盾，如薩爾巴噶什部兩大分支部落提奈（Tinay）和鄂僧古爾（Esengul）之間的內部關係、鄂僧古爾薩爾巴噶什部與博鑾拜所領的布庫部之間的鬥爭等。

法國學者斯瓦特勒娜·雅克森（Svetlana Jacquesson）也著力於 19 世紀天山吉爾吉斯人的研究，她的著作《遊牧主義：天山內部吉爾吉斯一體化進程的歷史人類學研究》①，運用歷史人類學的視角，結合歷史文獻和民族志材料，對於 19 世紀天山吉爾吉斯的歷史進程進行了一定的探究，對於北方吉爾吉斯諸部及其分支部落的譜系結構有較多研究，對於多部歷史也有較為系統的闡述，相較於丹尼爾·普萊爾和秋山徹對 19 世紀北方吉爾吉斯歷史的研究，該著作內容更為充備，其所整理的各部世系結構圖尤具參考價值。

其他一些國外相關研究成果則體現於理論研究之中，如土耳其著名學者伊森比克·圖干（Isenbike Togan）深入地討論了和卓家族白山派、黑山派的產生過程及其變遷，從權力運行和統治方式上的區別、遊牧與定居者價值觀的不同、經濟生產上的差異等角度，論證了和卓家族進入葉爾羌汗國的過程及其所帶來的不同層面的變革，在此基礎上，討論了和卓家族分裂的原因以及白山派和卓家族後裔在 18—19 世紀發動叛亂的內在動力②，作者從更高的理論角度探究了和卓家族在新疆地區的歷史，有助於我們從更為宏觀的視角去認知和卓家族及其後裔的歷史過程，也有益於從理論角度討論布魯特與和卓家族之間的關

---

① Svetlana Jacquesson, *Pastoréalismes : anthropologie historique des processus d'intégration chez les Kirghiz du Tian Shan intérieur*, Wiesbaden : Dr. Ludwig Reichert Verlag, 2010.

②Isenbike Togan,Islam in a Changing Society:The Khojas of Eastern Turkistan,in *Muslim in Central Asia:Expre-ssions of Identity and Change*,ed.by Jo-Ann Gross,Durham and London: Duke University Press,1992,pp.134-148;Isenbike Togan,Differences in Ideology and Practice:The Case of the Black and White Mountain Factions,*Journal of Sufism*, 2001(3), pp.25-38.

聯性。德國學者保羅・蓋斯（Paul G. Geiss）在其著作《前沙俄時代和沙俄時期的中亞：變化中的公共承諾和政治秩序》中[1]，闡述了沙俄在中亞建立統治的過程中，土庫曼、哈薩克、吉爾吉斯等部落社會的政治結構及其變遷，部分內容涉及 19 世紀的北方吉爾吉斯部落，一些理論性的探討也具有一定的參考價值。大衛・施尼斯（David Sneath）在其所著《寡頭國家：遊牧內亞中的貴族秩序、親系社會及其誤解》[2]一書中，對 19 世紀哈薩克、吉爾吉斯等內亞遊牧社會的政治結構進行了解析，在對於吉爾吉斯的貴族階層的分析中，論及吉爾吉斯社會中的比、拜、瑪納普等職務，這些理論分析，有助於深入認知其社會結構。

阿富汗學者哈米德・阿里庫澤（Hamid Alikuzai）在《二十五卷本阿富汗、中亞與印度簡史》之第十卷中[3]，專門敘述了新疆地區吉爾吉斯人的歷史，對於吉爾吉斯人與厄魯特人的關係、吉爾吉斯人的內部社會結構、部落構成及劃分皆有說明，對於布魯特人中的瑪納普階層有諸多論述，對吉爾吉斯人與浩罕、沙俄的關係也多有討論，這些內容，有助於與其他中外文文獻形成對照，進一步理清布魯特人的社會結構。

韓國學者金浩東（Kim Ho-dong）的博士論文題為《新疆穆斯林起義及喀什噶爾酋長（1864-1877）》[4]，該文主要研究同治年間回民起義及與阿古柏相關的問題，其開篇章節涉及清代新疆政局的發展變化及對道光年間南疆地區多次叛亂的研究，也涉及清朝與浩罕之間關係的分

———————————

①Paul George Geiss, *Pre-Tsarist and Tsarist central Asia:Communal commitment and political order in change,*London and New York:Routledge Curzon,2003.

②David Sneath, *The Headless State:Arisocratic Orders, Kinship Society, and Misrepresentations of Nomadic Inner Asia,*New York: Columbia University Press,2007.

③Hamid Alikuzai, *A Concise History of Afghanistan-Central Asia and India in 25 Volumes,*Vol.10, Trafford Publishing, 2015,pp.81-97.

④Kim Ho-dong,*The Muslim Rebellion and the Kashghar Emirate in Chinese Asia*, 1867-1877, Harvard University,1986.

析，與布魯特相關的內容亦出現在其分析中，也很值得參考。他在此博士論文的基礎上出版了專著《中國的聖戰：新疆的穆斯林起義和政權》[1]，同樣也值得參考。

通過梳理國內外相關研究成果，可以發現：

國內外學者在清代新疆布魯特研究方面鮮有系統性的專題研究成果，國內學者主要結合歷朝實錄、方略和官私修方志文獻，對清朝治理布魯特的政策、東西布魯特的歸附及其分界、布魯特部落的構成及其分佈等內容有一定的研究，這些成果無疑為我們瞭解清代布魯特的概況奠定了基礎，但相關研究成果仍然顯得較為零散，所參考的文獻相對單一，整體上仍然顯得籠統，缺乏更為具體、細緻的專題研究。由於諸部落分佈範圍較廣，不同歷史時段各部與清朝的親疏關係實際存在不同，深入的研究更需要結合長時段的綜合分析和具體闡述。國內學者對於相關滿文文獻的利用不足，即便近年來部分滿文文獻已經被翻譯成漢文，國內學者在相關研究中也很少利用相關文獻信息。故而，清代布魯特仍有進一步研究的空間。

國外學者雖然也未能就清代布魯特做相對系統和完整的研究，一些研究成果主要集中於對東布魯特（北方吉爾吉斯）諸部落的研究方面，但這些新近的研究成果仍然推動了清代布魯特歷史的研究進展，具有重要的參考意義，如勞拉·紐比在闡述浩罕與清朝百年間的關係發展史時，即結合一些具體的布魯特部落事件進行了論述，她在系統整理相關檔案文獻的基礎上所做研究，較具參考價值，丹尼爾·普萊爾、秋山徹等在對 19 世紀東布魯特諸部的研究方面所取得的成果，無疑有助於弄清楚這些布魯特部落間的親緣關係及其內部矛盾，也有助於認識俄國在東布魯特建立統治的過程。

---

[1]Kim Ho-dong ,*Holy War in China:The Muslim Rebellion and State in Chinese Central Asia*, 1864-1877,Stanford University Press ,2004.

所以，筆者在參考國內外學者研究的基礎上，進一步發現了相關研究的不足，本著將結合新近出版的文獻以及新近刊佈的研究成果，嘗試著對前人研究力度不足的內容做進一步的探討，力求在清代新疆布魯特歷史研究方面做出更為系統、深入的研究。

第三節　理論闡釋和研究方法

本著的研究重點在於系統論述和考釋清代新疆布魯特的歷史，討論的時段主要集中於乾隆年間清朝統一新疆至同治初年中俄議界之間的階段，在史實考證的基礎上，如何結合相關理論闡述布魯特諸部的歷史過程也是本著的重要課題，這些理論也是貫穿全文的重要線索。

專就布魯特與清朝的關係而言，清代布魯特諸部與哈薩克同為清朝西北邊疆地區的重要部族，清朝官私修文獻對其歸類和稱呼方法不同，分別將其列為「外藩」、「外裔」、「藩屬」、「藩部」等，類似的名稱皆係藩屬體制的表現，我國古代藩屬體制起源於漢、唐時期，在此後的各個時期皆有不同程度的發展。李大龍先生在《漢唐藩屬體制研究》一書中，即以漢、唐時期藩屬體制的具體表現作為研究主題，分別論述了兩漢和唐朝對於藩屬體制的構築和維繫過程，兼及漢、唐藩屬體制的前後發展歷程，他在序論中指出，清代的藩屬源出於先秦時期的藩和屬的概念，「藩」指藩部，專指理藩院下屬的蒙古、新疆、西藏，「屬」指屬國，指稱已不同於漢代，而是專指藩部之外的附屬國，如朝鮮、琉球、安南、緬甸等。[1]這也表明了清代藩屬體制繼承和發展了漢唐藩屬體制，布魯特應被列入藩部之中。

黃松筠女士在其所著《中國古代藩屬制度研究》[2]一書中，結合藩

---

① 參見李大龍：《漢唐藩屬體制研究》，北京：中國社會科學出版社，2006年，序論第3頁。
② 黃松筠：《中國古代藩屬制度研究》，長春：吉林人民出版社，2008年。

屬制度在商周、兩漢、魏晉南北朝、唐朝、元明和清朝的產生和發展
過程，將古代藩屬制度分為形成、確立、創新、強化和完備五個階段，
就與之相關的理論問題進行了專題分析，這一研究體現出藩屬制度在
我國古代史上的一脈相承性，但所論仍顯籠統，並未涉及對於哈薩克、
布魯特等西北邊疆民族的分析。

張永江先生所著《清代藩部研究：以政治變遷為中心》一書，即
將清代藩屬制度分為藩部和屬國兩部分，並專門論述其中的藩部部分，
討論了藩部的形成背景、途徑、政治體制構造及其行政模式等內容，
他注意到了哈薩克、布魯特在藩部體系中的特殊性，將其稱為名義藩
部，認為哈薩克、布魯特在某些時期呈現出藩部的特徵，但又有別於
一般的藩部，在另一些時期，二者呈現出屬國的特徵，但又較屬國關
係緊密。[1]該書集中於討論清代藩屬制度下的藩部，並將哈薩克、布魯
特稱為名義藩部，這是近年來國內學者在清代藩屬制度研究方面湧現
的相對系統和具體的研究，對於理清相關理論具有重要參考意義。

成崇德先生在《論清朝的藩屬國——以清廷與中亞「藩屬」關係
為例》[2]一文中，分析了藩屬、藩部、屬國、外藩等相關概念，認識到
哈薩克、布魯特既被清朝納入藩部範圍，也被納入屬國的範圍，而外
藩的概念則更具有綜合性，並通過分析清朝的外藩體制，將哈薩克、
布魯特列為境外外藩的範疇，在此基礎上，結合清朝與中亞藩屬的關
係，分析了清朝向哈薩克、布魯特、巴達克山、浩罕等部所實行的羈
縻政策，認為哈薩克、布魯特與清朝的關係更為緊密，並指出了兩部
地位的特殊性和相似性，雖然如此，但他並未能注意到哈薩克與布魯
特之間的差異性，籠統地分析了兩部的入境遊牧問題，實際上類似問

---

①參見張永江：《清代藩部研究：以政治變遷為中心》，哈爾濱：黑龍江教育出版社，
　2001年，第155-165頁。
②成崇德：《論清朝的藩屬國——以清廷與中亞「藩屬」關係為例》，《雲南師範大學學
　報》（哲學社會科學版），2014年第4期。

題僅產生於哈薩克各部，這些問題並不適用於對布魯特各部，故而，該文仍然缺乏對布魯特諸部事務的具體研究。

竇忠平在其所著《布魯特在清藩屬體系中的地位》[①]一文中，結合布魯特在清朝統一新疆前後過程中與清朝關係的變化過程，認為布魯特在清朝藩屬體系中經歷了由「永守邊界者」向外藩又轉而向內藩的演變過程，他對所用概念並未詳加論證和考辨，僅結合清朝統一新疆初年的部分布魯特部落與清朝的藩屬關係變化來進行論證，難以觀其全貌，恐有失偏頗。顯然，布魯特部落數目眾多，分佈範圍較廣，各部並未形成統一的政治實體，不同的部落在不同的歷史時期與清朝的親疏關係也不同，論述布魯特在清朝藩屬體系中的地位，無疑應該結合各部落自乾隆至同治年間的完整歷史來進行分析，如此才能得出更為客觀的結論。

清朝治理邊疆的過程中，也繼承了傳統的大一統思想以及「守在四夷」的傳統觀念，即以邊疆民族作為屏藩，「不專恃險阻」，研究布魯特諸部在清朝西北邊疆的地位和角色，無疑可以在清朝藩屬體制的範圍之內進行探討，但不同布魯特部落與清朝的關係存在較大差別，仍需要在史實考證的基礎上進行相關分析，從中討論清代藩屬體制的繼承和發展及其在清朝治理布魯特方面的體現。前人在結合清朝藩屬體制方面所做的相關討論仍顯籠統，並未注意到各部落在不同時期的具體性和複雜性，本著也將注意在此方面進行提升和加強。

布魯特與清朝間的關係無疑是本研究的重要主題，同時也應注意到布魯特諸部與浩罕、俄國之間建立的諸種聯繫，18 世紀中後期，額德格訥、胡什齊以及薩爾巴噶什、薩雅克等部即在不同程度上受到浩罕擴張的影響，19 世紀 20 年代開始，浩罕更加大肆擴張至楚河、塔拉斯河流域以及納林河中游地區，一些布魯特部落逐漸受其統治；俄國自北方而南擴張，在 19 世紀 20 年代兼併哈薩克汗國之後，又於 19 世

---

① 竇忠平：《布魯特在清藩屬體系中的地位》，《新疆地方誌》，2010 年第 1 期。

紀 40 年代逐漸滲透到東布魯特（北方吉爾吉斯）諸部，並通過廣泛設立瑪納普職銜逐步在東布魯特建立了統治，俄國之所以在 19 世紀 60 年代通過中俄劃界侵佔我國大量領土，這與其在東布魯特諸部所建立的統治存在重要關聯。故而，除了討論布魯特與清朝的關係外，也要探討布魯特與浩罕、俄國之間的聯繫，從中可以看出布魯特諸部歷史的多元性，為進一步解析我國西北疆土的喪失奠定基礎。

通過史實的整理，可以發現，清代布魯特諸部之所以在不同歷史階段與清朝的親疏程度不同，這在一定意義上取決於其與和卓家族後裔的關係，如清朝統一新疆之初，希布察克部、沖巴噶什部皆與清朝關係密切，其首領阿奇木（阿其睦）、阿瓦勒皆受到清朝政府的重用，但阿奇木因薩木薩克通信事件誣控鄂斯璊，最終被治罪，並導致其族人外逃、離散，嘉慶年間，圖爾第邁莫特因牽涉黑山派和卓孜牙墩之亂而被枉殺，使得其子弟外逃，阿瓦勒之孫蘇蘭奇因報告張格爾入卡滋事、受到叱逐而附和張格爾，這也使得其部落離散，道光年間，張格爾之亂、玉素普之亂、七和卓之亂的過程中，皆有布魯特部眾附和其中。故而，討論布魯特部落與和卓家族在不同歷史階段所結成的關係，也是本著的一條線索。

布魯特與哈薩克雖然同為清朝西北邊疆的兩大屏藩，但國內外學界對這兩大部族的研究成果和數量存在著較大差別，學者們在哈薩克研究方面的成果顯然要多於布魯特研究，這應與布魯特部落眾多、文獻上對清代布魯特的記載不足有關，近年來，日本學者野田仁（Jin Noda）在清代哈薩克研究方面所取得的成果處於學界前沿，他在其最新出版的英文版哈薩克研究專著中指出，布魯特遊牧民的歷史至少也需要與哈薩克歷史一樣、引起同樣的關注度，兩大民族在與清朝關係方面存在著相似性，在與俄國的關係方面也如此。[1]清代哈薩克、布魯特皆為

---

[1]Jin Noda,*The Kazakh Khanates between the Russian and Qing Empires:Central Eurasian International Relations during the Eighteenth and Nineteenth enturies*, Leiden & Boston: Brill,2016,p.18.

遊牧民族，但二者因所居環境的不同而表現出不同特點，哈薩克因生活於哈薩克大草原，布魯特則主要居於高原、山地之間，二者的遊牧遷徙分別呈現出水平型和垂直型的特點，人類學有關遊牧民族的研究或將有助於相關比較，美國人類學者托瑪斯・巴菲爾德（Thomas J.Barfield）所著《遊牧的抉擇》、《危險的邊疆：遊牧帝國和中國》[1]等理論著作，將有助於本著結合相關理論做出比較研究。

　　本著的研究方法為歷史文獻研究法，在系統整理相關歷史文獻記載的基礎上，就清代新疆布魯特的歷史加以闡釋，並在此基礎上嘗試著做理論上的探討和比較。作為清代新疆布魯特的專題研究，本研究旨在系統闡述和討論清代新疆布魯特的相關問題，在整理相關漢文文獻的基礎上，借助於近年來編譯出版的滿文檔案文獻，在前人研究的基礎上，力求發掘更多相關史實，同時，結合布魯特諸部的歷史發展線索及其與清朝、浩罕、俄國之間的關係等，進行一定的理論闡釋。

---

[1]Thomas J. Barfield,*The Nomadic Alternative*,Englewood Cliffs:Prentice Hall,1993.[美]巴菲爾德著：《危險的邊疆：遊牧帝國與中國》，袁劍譯，南京：江蘇人民出版社，2011 年。

第一章　清朝統一新疆前布魯特（柯爾克孜、吉爾吉斯）的歷史脈絡

第一節　16 世紀前柯爾克孜族祖先的歷史概況及其遷徙

　　柯爾克孜族在清代被稱為布魯特，這一名稱來自於準噶爾蒙古，一般認為，其意為「高山居民」。清代以前，柯爾克孜族在我國北方具有著較為悠久的歷史，且在不同的歷史時期具有不同的名稱：在兩漢時期，被稱為「鬲（隔）昆」、「堅昆」；魏晉南北朝時期，則被稱作「護骨氏」、「契骨」；隋唐時期，在史籍中被載為「紇骨」、「紇扢斯」、「黠戛斯」；遼宋時期，亦被載為「點戛司」、「轄戛斯」、「紇里迄斯」；元明時期，又作「吉利吉思」、「乞兒吉思」等；直至清朝初年，柯爾克孜族受到了準噶爾蒙古的統治之後，被稱為「布魯特」，這一名稱也為清朝所沿用。可以看出，漢唐以來，在我國傳統史籍上，柯爾克孜族名稱豐富多樣，這本身即體現出柯爾克孜族在我國西北地方歷史悠久，也是我國西北民族史上的重要民族之一。

　　陳慶隆先生在《堅昆、黠戛斯與布魯特考》一文中，從語源學的角度，對「堅昆」、「黠戛斯」、「布魯特」三種名稱的詞源和含義進行考釋，對伯希和等西方學者的相關觀點進行了考辨，指出上述三個名稱源自不同語源，堅昆源自 Kem 劍河+kun（匈奴），乃劍河之匈奴之意；黠戛斯則系突厥碑文中的 Qïrqïz 的對音，元史譯為吉利吉思，西方學者將其曲解為 Khakas，既無意義且無事實根據，據其本族傳說，

Qïrqïz 實際為四十女郎之意；布魯特源自蒙古語，係 buru+t（複數接尾語），衛拉特蒙古語、喀爾喀蒙古語、布里亞特蒙古語中 Buru、buruu、buru 皆有貶義，意為錯誤的、不正的、惡劣的、荒謬的等輕蔑之意。[①]這一闡釋雖然顯得不同，但仍具有一定的道理，體現了古柯爾克孜人在不同階段受到不同民族的統治，這也就投射在上述三個不同歷史階段的族稱之中了。

　　柯爾克孜族發源於葉尼塞河上游，關於其族源，存在著多種說法，如「柯爾烏古孜說」稱國王烏古孜汗的一子率眾遷至柯爾（大山）腳下後，與周圍的蒙古、塔塔爾等部族融合，從而被稱為柯爾烏古孜人，即山裏的烏古孜人，並逐漸演變為「柯爾克孜」；「柯爾奧古孜說」稱柯爾克孜起源於柯爾奧古孜人，「柯爾」意為大山、「奧古茲」意為大河，即居於山間河旁的人們，傳說柯爾奧古孜人起源於兩座大山和一條大河，兩座大山中分別流出十條河和三十條河，並最終匯合成一條大河，柯爾克孜族內姓部落及左、右翼的起源與該說相關；「柯爾克居孜」說認為柯爾克孜人由柯爾克居孜人演變而來，傳說一位國王居於大河「艾乃賽河」旁，河周圍四十個部落從四十個方向前來歸順國王，這些人被稱為「柯爾克居孜」，「柯爾克」意為四十，「居孜」即部落或方向；「柯爾蓋孜說」稱烏古孜汗之子卡提什汗即位後下令殺掉所有麻臉人，但他的王后所生一子卻因天花而成麻臉，卡提什汗接受群臣建議，派若干男女陪同麻臉太子至山中繁衍生息，形成一個群體稱為柯爾蓋孜，「柯爾」即山，「蓋孜」即遊動，即山裡遊牧的人，並認為柯爾克孜即源自柯爾蓋孜；「四十姑娘說」傳稱一位叫舍赫的人和其妹因罪而被國王處死，後其屍首被焚成灰後落入河中，皇宮中四十個姑娘由於飲用河水而懷孕，她們遭到國王的驅逐，這些人逐代繁衍生息，被稱為「柯爾克克孜」，「柯爾克」意為四十，「克孜」意為姑娘。[②]

---

①陳慶隆：《堅昆、點戛斯與布魯特考》，《大陸雜誌》1975 年第 51 卷，第 5 期。
②上述族源傳說，引自《柯爾克孜族簡史》編寫組：《柯爾克孜族簡史》，烏魯木齊：

　　可以看出，這些傳說主要圍繞著對族稱的解釋而產生，通過不同的闡述方式，追溯柯爾克孜人這樣一個群體的產生背景。從中可見，柯爾克孜族的起源與大山、大河存在著密切關係，這應與柯爾克孜族的發源地密切相關，同時，族源傳說中多次提及「四十」這樣一個數字，稱柯爾克孜人或起源於四十條河流，或來自於四十個方向和部落，或稱柯爾克孜人為四十個姑娘的後人等，這應與柯爾克孜族分支部落較多有關，這也闡釋了柯爾克孜族諸部間的原始內在關係。今天的柯爾克孜族，是古代柯爾克孜人堅昆、黠戛斯、乞兒吉思等在不同的歷史時段內與其他周邊民族群體不斷融合、發展而來，在歷史上，他們與匈奴、烏孫、鮮卑、柔然、鐵勒、回紇（回鶻）、契丹、欽察、蒙古等都存在著密切關係，並與之相互融合。唐朝時，黠戛斯稱其係漢朝將領李陵之後，楊建新先生指出，漢代柯爾克孜族為匈奴冒頓單于征服後，受匈奴統治，李陵降匈奴後，曾被封為右校王，匈奴以西方為右，當時李陵作為右校王，被單于派為統治柯爾克孜的王，也不是不可能的，而《新唐書》所載柯爾克孜人有黑眼瞳者被認為是李陵之後，這也是李陵曾在柯爾克孜地區為王的佐證。[1]唐時黠戛斯的這種說法，是為了拉近其與唐朝李姓王族之間的關係，但根據推斷，當時的部分柯爾克孜人也確有可能為李陵之後。

　　兩漢時期，堅昆曾經臣屬於匈奴，其後又聯合漢朝軍隊，打擊匈奴，匈奴西遷後，一部分柯爾克孜人已經開始西遷至天山地區。唐代古柯爾克孜人黠戛斯仍生活於葉尼塞河流域，貞觀（627-649）初年，黠戛斯曾受東突厥所轄，隨著東西突厥相互征戰，黠戛斯脫離突厥統治，並遣使至唐朝，隨著唐朝對漠北諸部的征服，貞觀末年，唐朝在黠戛斯地區置堅昆都督府，黠戛斯被納入唐朝版圖。八世紀初，黠戛斯雖曾受後突厥汗國攻襲，但仍然同唐朝關係密切，回紇汗國（822

新疆人民出版社，1985年，第8-12頁。

[1]楊建新：《中國西北少數民族史》，北京：民族出版社，2003年，第461頁。

年「回紇」改稱「回鶻」）建立初期，黠戛斯依然同唐朝保持聯繫，但八世紀中後期，黠戛斯因受回紇汗國進攻，中斷與唐朝的聯繫。九世紀初，黠戛斯復興，開始反抗回鶻汗國，840 年，黠戛斯推翻了回鶻汗國，建立了黠戛斯汗國，迫使回鶻向西、向南遷徙，黠戛斯汗國勢力強盛，統治了蒙古高原及其以西地方，建立了完整的政治制度和相當發達的官制。

十世紀初以來，古柯爾克孜人先後受到了契丹、女真、蒙古等民族的統治，契丹（遼）稱黠戛斯為「轄戛斯」，金朝稱古柯爾克孜人為「紇里迄斯」，整體而言，10 至 12 世紀時，文獻中的相關記載較少。13 世紀初期以來的蒙元時期，漢文文獻中將柯爾克孜族載為「乞兒吉思」或「吉利吉思」，13 世紀初，隨著成吉思汗對蒙古高原諸部的征伐，乞兒吉思首領也臣服成吉思汗，成吉思汗分封諸子後，乞兒吉思地區成為托雷的封地之一，元憲宗蒙哥也派人管理乞兒吉思及謙謙州。忽必烈即位後，諸王混戰中，乞兒吉思地區仍歸元朝政府所管領，元朝派劉好禮任益蘭、乞兒吉思斷事官長達十多年，乞兒吉思地區社會經濟得以發展。明朝時期，柯爾克孜人因受近鄰瓦剌的進攻，在較長時間內於葉尼塞河流域銷聲匿跡。[①]

16 世紀末至 17 世紀初期，葉尼塞河流域的吉爾吉斯人受到喀爾喀蒙古的統治，巴托爾德指出，17 世紀時，葉尼塞吉爾吉斯人沒有形成統一的國家，主要的吉爾吉斯公國有四個：圖瓦公國、耶澤爾公國、阿勒泰爾公國、阿勒泰薩爾公國。[②]清初之時，柯爾克孜族仍居於葉尼塞河上游以及唐努烏梁海，準噶爾部強大之後，柯爾克孜族又隸屬於準噶爾。沙俄在此時向東侵略擴張到了柯爾克孜族地區，並在柯爾克

---

① 以上內容，參考了《中國民族史》、《柯爾克孜族簡史》中的相關論述，參見：王鍾翰主編：《中國民族史》，北京：中國社會科學出版社，1994 年，第 841-842 頁；《柯爾克孜族簡史》，烏魯木齊：新疆人民出版社，1985 年，第 26-32、48-61 頁。

② 《中亞歷史：巴托爾德文集第 2 卷第 1 冊　第 1 部分（下）》，蘭州：蘭州大學出版社，2013 年，第 577 頁。

孜族領地上修建城堡、據點，1703 年，柯爾克孜人奮起反抗沙俄殖民者[1]，正由於沙俄入侵葉尼塞河流域，準噶爾部將葉尼塞流域的柯爾克孜人遷往伊塞克湖，此後，葉尼塞河流域便鮮有柯爾克孜人，柯爾克孜人活動的主要區域也集中於天山、伊塞克湖、楚河、塔拉斯河、費爾干納地區。

值得注意的是，葉尼塞柯爾克孜人是在較長的歷史時期內逐漸移居到天山、伊塞克湖等地區，巴托爾德指出：柯爾克孜人自蒙古高原被驅逐，這與契丹帝國在 10 世紀的建立以及後來蒙古人的征伐有關，另言之，一部分柯爾克孜人早在 10 世紀時已經往南遷徙至現今真正意義上的柯爾克孜人的居住地。[2]這就將柯爾克孜人南遷的時間溯及至 10 世紀。

蘇聯學者伯恩斯塔姆指出，柯爾克孜民族形成的特點即在於其產生於葉尼塞河沿岸和天山這兩個地區，並認為柯爾克孜人遷往天山是一個緩慢的過程，歷史文獻將其劃分為兩個階段：公元前 1 世紀和公元 8—10 世紀，第三個階段則發生於契丹和蒙古統治時期。在此基礎上，他結合考古和文獻資料，將公元前 1 世紀至公元 18 世紀前天山柯爾克孜人的形成劃分成了六個階段：第一個階段，公元前 1 世紀成為匈奴的邊緣群體；第二個階段，公元 5—6 世紀，古柯爾克孜人在楚河、塔拉斯河從事定居農業；第三個階段 8—10 世紀，因受西突厥的影響，進入封建時期；第四個階段，則受制於西遼和喀喇汗王朝的統治；第五個階段，即 15-16 世紀，柯爾克孜人為爭取獨立而與蒙兀兒汗國（東察合台汗國）作鬥爭；第六個階段，16 世紀時，柯爾克孜人由天山遷徙至新疆地區，17 世紀又由天山遷至費爾干納，這就破壞了領土的統

---

① 楊建新：《中國西北少數民族史》，北京：民族出版社，2003 年，第 467-468 頁。

② W.Barthold,"Kirgiz",*Encyclopaedia of Islam*,edited by C.E.Bosworth,etc.Vol. Ⅴ，Leiden:Brill, 1986,p.134.

一性，使得柯爾克孜部落支離破碎，並受制於浩罕、哈薩克等政權。[①]
這一分析，無疑較為細緻地分析了天山柯爾克孜人形成和發展的歷史
過程，說明天山柯爾克孜人的民族形成過程是在較長時段內完成的。

　　杜榮坤、郭平梁先生論及：匈奴西遷過程中，部分柯爾克孜人遷
移到中亞天山地區；9世紀時，點戛斯曾佔領安西、北庭，遼宋時期的
西州回鶻內設轄戛斯或與此相關；耶律大石建立西遼後，曾派兵攻打
柯爾克孜，迫使一部分柯爾克孜人遷徙至天山地區；16世紀東蒙古進
攻瓦剌，迫使瓦剌退居西北，也使得一部分柯爾克孜人向西南遷徙至
天山南北的伊塞克湖和阿克蘇、喀什地區。[②]這表明，早在兩漢時期，
即有部分柯爾克孜人開始遷往天山地區。馬曼麗先生認為，至遲在西
元6—7世紀，已有葉尼塞吉爾吉斯人西遷並留居天山等地，且公元10
世紀前吉爾吉斯人的西遷對後來中亞吉爾吉斯民族的形成具有重要作
用。10世紀之後，葉尼塞吉爾吉斯人的西遷主要分為13至15世紀蒙
古時期和16至18世紀最終遷徙兩個階段，前一階段吉爾吉斯人的西
遷與蒙古汗王的內訌相關，後一階段吉爾吉斯人因沙俄的擴張，被迫
舉部西遷天山，並進入了中亞吉爾吉斯民族的最終形成階段，使得天
山和葉尼塞兩大吉爾吉斯分支最終融合。[③]這也就將葉尼塞柯爾克孜人
開始南遷的時間追溯至公元6—7世紀，並認為多個階段的遷徙最終促
成了現代意義上柯爾克孜民族的形成。

　　前人的相關研究表明，18世紀以前，葉尼塞柯爾克孜人自匈奴時
期即開始向天山、中亞地區遷徙，此後，在不同的歷史背景下，又經
歷了不同階段的遷徙，在這一緩慢過程中，天山柯爾克孜人的形成受

①A.Bernshtam, "The Origin of the Kirgiz People",in *Studies in Siberian Ethnogenesis*,edited
　by H. N. Michael, University of Toronto Press,1962,pp.119-126.
②杜榮坤、郭平梁：《柯爾克孜族的故鄉及其西遷》，《新疆社會科學》，1982年第2期。
③馬曼麗：《葉尼塞吉爾吉斯的西遷與中亞吉爾吉斯民族的形成》，《西北史地》，1984
　年第4期；亦見於馬曼麗主編：《中亞歷史：中亞與中國同源跨國民族卷》，北京：
　民族出版社，1995年，第130-140頁。

到了匈奴、突厥、契丹、蒙古等民族及其政權的影響，也與周邊的民族逐漸融合，清代柯爾克孜諸部名稱的多樣性即體現出此特點，如部落名稱中即有希布察克、奈曼、蒙古什、奈曼、啟台等，這應是柯爾克孜族逐步遷居天山後與周邊民族相融合的結果。[1]

第二節　葉爾羌汗國時期的吉爾吉斯人

葉尼塞柯爾克孜人雖然較早已經開始向天山、中亞等地遷徙，但天山柯爾克孜人正式登上歷史舞臺則主要發生於葉爾羌汗國時期（1514-1680 年）。巴托爾德指出：「吉利吉思人很早以來就被人提到了，雖說不易確定他們是什麼時候和怎樣佔據七河流域的南部和錫爾河流域的東部，我們今天在這裡發現他們有關帖木兒和兀魯伯出征的資料中，人們找不到有關吉利吉思人的任何記載。他們在七河流域是在 16 世紀初第一次被提到的（他們是怎樣在七河地區出現），當時的首領是蒙兀勒汗阿黑麻的一個兒子哈里勒莎勒坦。」[2]這一說法，強調了中亞地區的柯爾克孜人在 16 世紀初被提及，這與東察合台汗國阿黑麻汗之子哈利勒速檀有關。

1504 年，東察合台汗國阿黑麻汗死後，汗國內部產生了分裂，阿黑麻之子滿速兒汗同其弟哈利勒速檀、薩亦德汗等為爭奪汗位而鬥爭，哈利勒速檀逃到了柯爾克孜人處，巴托爾德論及：「他離開曼蘇爾（滿

---

[1]蘇聯學者玉丁（V.P.Yudin）指出，察合台汗和蒙兀兒（東察合台汗國）首領吸引吉爾吉斯部落為其服務，他們與吉爾吉斯人的民族互動過程在此後得以延續，吉爾吉斯的一些部落名稱即顯示出其中的蒙兀兒因素，如胡什齊（Kushchi）、蒙固爾多爾（Mongoldor）、諾依古特（Noygut）等。參見：V.P.Yudin,The Moghuls of Moghulistan and Moghulia,*Central Asian Review*,1966,Vol.14,No.3,p.249.這表明，察合台汗國和蒙兀兒汗國時期，上述的吉爾吉斯部落即開始形成，而這些部落名稱在此後也一直沿用。

[2][蘇]巴托爾德：《中亞突厥史十二講》，羅致平譯，北京：中國社會科學出版社，1984年，第 250 頁。

速兒汗）逃往蒙兀兒斯坦，在那裡歸附了吉爾吉斯人，吉爾吉斯人在當地被認為是『野蠻的獅子』，他們推舉他做了自己的首領……至於吉爾吉斯人，曼蘇爾汗將他們帶到焉耆和吐魯番，吉爾吉斯人被指控為蒙兀兒斯坦所發生的所有騷亂的肇事者，大部分人被殺。只有一小部分幸運地逃到蒙兀兒斯坦。」[①]根據《拉失德史》可知，哈利勒速檀逃往天山柯爾克孜人所居之地，被柯爾克孜人奉為首領，任吉利吉思的監治官，其後，薩亦德汗也逃往柯爾克孜處，同其弟哈利勒速檀共同生活了四年。[②]滿速兒汗在 1508 年從吐魯番進攻薩亦德汗和哈利勒速檀，並將二者徹底擊潰，二者外逃，哈利勒速檀逃至月即別，後被處死，薩亦德汗則逃往其表兄巴布林處。滿速兒汗將一部分柯爾克孜人帶到了焉耆、吐魯番，其中的大部分柯爾克孜人遭受屠殺，小部分柯爾克孜人逃到了天山中部地區。

1511 年，薩亦德汗在巴布林幫助下進攻安集延，楚河、塔拉斯河、伊塞克湖、納林河等地的柯爾克孜人皆歸屬於薩亦德汗，並幫助薩亦德汗攻打阿巴・乩乞兒，先後佔領英吉沙爾、喀什噶爾，攻破葉爾羌，薩亦德汗於 1514 年登上汗位，創立了葉爾羌汗國。其中，馬黑麻・柯爾克孜（Muhammad Kirghiz）被薩亦德指認為柯爾克孜人領袖，1517 年，馬黑麻・柯爾克孜因在與月即別戰後，釋放了阿布都拉速檀，而與薩亦德汗產生矛盾[③]，薩亦德汗率軍討伐並俘獲馬黑麻・柯爾克孜。

---

①《中亞歷史：巴托爾德文集第 2 卷第 1 冊 第 1 部分（下）》，蘭州：蘭州大學出版社，2013 年，第 567-568 頁。

②米爾咱・馬黑麻・海達爾著：《蒙兀兒史——拉失德史》（第一編），新疆社會科學院民族研究所譯，王治來校注，烏魯木齊：新疆人民出版社，1983 年，第 352 頁。

③關於薩亦德汗震怒於馬黑麻・柯爾克孜的原因，馬黑麻・海達爾的前後說法並不一致，他在《拉失德史》（第一編）中論及：「黑麻・吉利吉思（馬黑麻・柯爾克孜）侵入突厥斯坦和費爾干，搶掠穆斯林。速檀・賽德汗（薩亦德汗）有意保衛伊斯蘭教，他把這一行動看做是對自己的侮辱。因此，他出兵攻擊馬黑麻・吉利吉思，將其擒獲並投入獄中囚禁了十五年。」（引自《蒙兀兒史—拉失德史》（第一編），新疆人民出版社，1983 年，第 356 頁。）在第二編中，指出：「28 年〈西元 1522 年〉，速

1522 年，薩亦德汗因進攻蒙古斯坦而釋放馬黑麻‧柯爾克孜，並使之隨軍前往，陪同薩亦德汗之子拉失德‧速檀。當時哈薩克塔喜爾汗（Tahir）正進入蒙古斯坦中部地區，馬黑麻因欲投奔塔喜爾汗而再次被囚禁，直至薩亦德汗離世。1525 年，塔喜爾汗建帳於庫什卡爾（Qochqar），拉失德‧速檀所領的柯爾克孜人中的一半投奔塔喜爾汗，另一半柯爾克孜人也欲投奔塔喜爾汗與其他人匯合，但被拉失德‧速檀帶往阿特巴什（Atbash）。1526 年，薩亦德汗令拉失德‧速檀率軍出擊柯爾克孜人，在「羊師之役」擄取柯爾克孜人近十萬隻綿羊，次年春，塔喜爾汗至阿特巴什，將部分柯爾克孜人以及葉爾羌汗國所遺留的馬群帶走。此後，「七河地區」成為哈薩克、柯爾克孜人的天下，彼此結盟，長達三十年。①

　　魏良弢先生指出：「從 15 世紀末，隨著東察合台汗國的衰微，吉利吉思在蒙古斯坦中部地區逐漸成為一支政治力量，以後同進入這一地區的哈薩克結盟，他們基本上控制了蒙古斯坦中部地區。」②這表明，柯爾克孜人在東察合台汗國衰敗之後逐漸崛起，並與哈薩克結盟、與葉爾羌汗國相抗衡，成為一支不可忽視的政治力量。16 世紀 20 年代以來，柯爾克孜人同哈薩克結盟之後，拉失德汗曾聯合月即別，全力對

檀‧賽德汗計畫要進攻蒙兀兒斯坦，征服吉利吉思人。他的這一行動有幾種理由。首先，上面已經談到，他於 923 年囚禁了馬黑麻‧吉利吉思，因為這人在戰爭中俘獲了阿布都剌，而又將他放了，事後他在汗面也不能『為自己的行為』提出站得住腳的理由，所以他被囚禁了五年。」（引自《蒙兀兒史—拉失德史》（第二編），第 300 頁。）這一說法雖不同於前一種說法，但可以看出，馬黑麻‧柯爾克孜擅自出兵發動搶掠，應是引起薩亦德汗不滿的誘因，前引文稱馬黑麻‧柯爾克孜被囚禁十五年，應該有誤，後引文已經指出五年後他即被釋放，並指出了相關背景。

① 參見《柯爾克孜族簡史》編寫組：《柯爾克孜族簡史》，烏魯木齊：新疆人民出版社，1985 年，第 65-70 頁；《蒙兀兒史—拉失德史》（第二編），烏魯木齊：新疆人民出版社，1983 年，第 330-333 頁。V.V.Barthold, "History of the Semirechye",in Four Studies *on the History of Central Asia*,translated from the Russian by V. and T. Minorsky, Vol. , Leiden : E.J. Brill,1962,pp.154-157.

② 魏良弢：《葉爾羌汗國史綱》，哈爾濱：黑龍江教育出版社，1994 年，第 93 頁。

付哈薩克和柯爾克孜，以期恢復對蒙古斯坦中部的統治，1556 年，拉失德汗發兵，一度追擊哈薩克、柯爾克孜聯軍直至額敏河，並勝利返回。拉失德汗之後的葉爾羌汗王阿布都‧哈林、馬黑麻速檀歷經多次征伐，但並未能佔領柯爾克孜人的土地。柯爾克孜、哈薩克等部族，同葉爾羌汗國以天山山脈為界，成為蒙古斯坦的重要政治勢力之一，是葉爾羌汗國的可怕敵人。[1]王治來先生也曾論及，16 世紀時，柯爾克孜人經常進行反抗察合台後王的鬥爭，被視為動亂之源，還與農業地區的穆斯林為敵，並經常進攻賽蘭、塔什干地區，並侵入費爾干納和喀什噶爾。[2]

　　這種局面在阿不都拉哈汗在位時期，發生了轉變，柯爾克孜人逐漸移居天山以南，並成為汗國內部的重要勢力。阿不都拉哈汗即位初期，也同柯爾克孜人進行過多次戰鬥，伊斯蘭曆 1050 年（1640-1641），阿不都拉哈汗在征服博羅爾、巴達克山后，出師費爾干納的奧什（Osh），他率軍進入奧什後，卻令其人馬大肆搶掠洗劫該城，他自己則退居科特曼圖伯（Ketmen Tope），隨後，尾隨阿不都拉哈汗的柯爾克孜人軍隊抵達後，同汗軍投入戰鬥，「他們廝殺了五天五夜，最後，汗軍失敗了，而吉爾吉斯人成了勝利者。」[3]次年，阿不都拉哈汗再次領軍征討柯爾克孜人，「齊拉克比（Tilekbey）之子科依沙雷（Qoy Sari）和玉爾‧巴爾登（Yol Boldi）來到阿克賽（Aqsay）加入戰鬥，那次戰役被稱為阿克賽之戰。」[4]該役中，柯爾克孜軍隊一度佔據上風，但由於和田軍隊的勇敢衝殺和和卓沙迪的親臨指揮，葉爾羌軍隊轉敗為勝，凱旋而歸，

---

① 同上，第 93-94 頁。

② 王治來：《中亞通史‧近代卷》，烏魯木齊：新疆人民出版社，第 37 頁。

③ 沙‧麻赫穆德‧朱拉斯著：《編年史》，阿不來提‧努爾東譯，苗普生主編：《清代察合台文文獻譯注》，烏魯木齊：新疆人民出版社，2013 年，第 81 頁。

④《編年史》，《清代察合台文文獻譯注》，第 82 頁。

這也是葉爾羌軍隊對柯爾克孜多次作戰中很難取得的一次勝利。[1]

　　此後，在阿不都拉哈汗於伊斯蘭曆 1053 年（1643-1644）第二次征伐費爾干納時，部分柯爾克孜人也隨軍出征，此後柯爾克孜人便移居天山以南，成為葉爾羌汗國重要軍事力量。當阿不都拉哈汗開始削弱汗國內部的蒙古諸氏族異密勢力後，柯爾克孜氏族異密也深感不安，其中一些人開始逃跑，汗召集會議，異密們一致同意消滅柯爾克孜人，結果，近萬名柯爾克孜人被殺，在此過程中，沖巴噶什部（江·巴格什）和希布察克部（克普恰克）首領塔瓦庫里拜（Tawakkul Bey）和努爾·塔伊拉克（Nur Taylaq）及其整個部眾均被捕獲。然而，此事並未徹底鎮壓柯爾克孜人。兩年後，由於柯爾克孜人被烏瑪特米失伯克錯怪冤枉，柯爾克孜首領可帕克伯克、伊得里斯伯克等人一起離開，隨後，阿不都拉哈汗親切接見了可帕克伯克等人，關切地對待他們，並懲治了肇事者，此後柯爾克孜異密在汗國內部勢力進一步發展，發揮重要作用。[2]這些事件表明，阿不都拉哈汗時期，柯爾克孜人雖然同葉爾羌汗國經過了多次戰、和，雙方也互有勝負，但柯爾克孜人正是在此時逐漸落居天山南路地區，也可以看出，沖巴噶什部、希布察克部當時已經成為葉爾羌汗國的重要勢力。

　　伊斯蘭教蘇菲派納克什班底教團於 16 世紀初即已在東察合台汗國具有廣泛影響力，其第五世教長瑪哈圖木阿雜木曾至喀什噶爾，其子伊斯哈克瓦里和瑪木特·額敏（依禪卡蘭）及其後裔長期相互鬥爭，逐漸產生了黑帽派（黑山派）和白帽派（白山派）。16 世紀後期，黑帽派進入葉爾羌，逐漸由世俗政權的支持者變為世俗政權的操縱者，17世紀 20 年代白帽派進入葉爾羌汗國後[3]，兩派之間的鬥爭更加激烈。

---

① 《葉爾羌汗國史綱》，第 130 頁。

② 《編年史》，《清代察合台文文獻譯注》，第 88-89 頁，相關背景闡述參考了《葉爾羌汗國史綱》，第 133 頁。

③ 劉正寅、魏良弢先生指出，現有材料看不出依禪卡蘭本人曾到過天山以南地區的任何跡象，他的生涯主要在河中地區度過，白山派和卓東徙葉爾羌汗國主要始於依禪

阿不都拉哈汗即位後，因支持黑帽派，並依靠柯爾克孜人鎮壓白帽派，任命柯爾克孜部落頭人擔任各個地方的統治者，《伊米德史》即記載了阿不都拉哈汗任命柯爾克孜人擔任各地阿奇木的情況：

> 他不相信任何人，甚至連自己的兒子都加以懷疑。總之，他任命了很多吉爾吉斯人作阿奇木，如庫依沙里比（Qoy Sari Bey）被任命為喀什噶爾阿奇木，吾里加台比（Oljatay Bey）被任命為阿克蘇阿奇木，和卓雅爾比（Khoja Yar Bey）被任命為庫車阿奇木，阿里塔庫爾特比（Alte Qurtqa Yar Bey）被任命為烏什阿奇木，奇熱克比（Cherik Bey）被任命為布古爾阿奇木，阿拉雅爾比（Alla Yar Bey）被任命為和田阿奇木。可是，不久，他又懷疑庶民和吉爾吉斯人企圖暗殺他，於是想去朝覲。[1]

　　庫依沙里、吾里加台、和卓雅爾等皆為擔任「比」職，他們應係不同柯爾克孜部落的首領，這些柯爾克孜首領被任命為葉爾羌汗國多地阿奇木伯克，應促使大量柯爾克孜人落居天山以南地區。庫依沙里又被譯為「科依沙雷」、「闊伊薩雷」、「卡維薩雷」，魏良弢先生即指出：「阿不都拉哈汗任命吉利吉思人闊伊薩雷為阿奇木，從此崇巴吉什氏族在喀什噶爾定居下來，但同當地居民發生了矛盾，社會極不穩定。」[2]該材料源自於《編年史》：「訥剌丁速檀告人世後，汗派米爾咱圖拉克·朱拉斯為喀什噶爾阿奇木，不久他便死了，指派卡維薩雷（Qawi Sari）擔任這一空缺職位，於是瓊巴噶什（Chong Baghash）就雄據喀什噶爾了。阿帕克伯克（Apaq Beg）和克普恰克部的一些人，在該地頗有影

卡蘭之子瑪木特·玉素布，並指出和卓玉素布於 17 世紀 20 年代進入葉爾羌汗國，在 30 年代末 40 年代初方定居喀什噶爾。參見：劉正寅、魏良弢《西域和卓家族研究》，北京：中國社會科學出版社，1998 年，第 154-155 頁。

① 毛拉木薩·賽拉米：《伊米德史》，《清代察合台文獻譯注》，烏魯木齊：新疆人民出版社，2013 年，第 380 頁，上述材料也曾為《柯爾克孜族簡史》所引用，參見：《柯爾克孜族簡史》，第 72 頁。

② 《葉爾羌汗國史綱》，第 93 頁。

響，這些人和崇巴噶什部、喀什噶爾居民之間產生了較深的敵意。」①
這表明，庫依薩里係沖巴噶什部首領，前文提及阿不都拉哈汗在征討
柯爾克孜人的阿克賽之戰時，齊拉克比之子科依沙雷也曾加入戰鬥，
科依沙雷即庫依薩里，說明庫依薩里曾敵對於葉爾羌汗國，但後來又
受到阿不都拉哈汗的任用，這也使得其所領沖巴噶什部雄踞於喀什噶
爾，但與喀什噶爾周圍的人產生了矛盾，阿帕克伯克有可能為希布察
克部首領，該部也在當時落居喀什噶爾地區。乾隆年間，沖巴噶什部、
希布察克等部同清朝關係密切，這應與這些部落在葉爾羌汗國時期即
落居喀什噶爾地區有關。

　　葉爾羌汗國末期，白山派首領阿帕克和卓聯合阿不都拉哈汗之子
尤勒巴爾斯汗，發展白山派信徒，並將阿不都拉哈汗趕出葉爾羌，阿
不都拉哈汗最終前往麥加朝覲，當尤勒巴爾斯汗率軍向喀什噶爾進發
時，阿不都拉哈汗即已準備去麥加朝覲，海達爾伯克向其進言不用懼
怕其子，但他並未聽從，「在這之前，汗身邊基本上都是吉爾吉斯人，
汗已經不信任任何人了。」②這也表明了柯爾克孜人在當時具有重要影
響力。1670 年，衛拉特軍隊幫助阿不都拉哈汗之弟伊斯瑪業勒殺死尤
勒巴爾斯汗，在黑山派擁立下登上汗位，伊斯瑪業勒對白山派展開血
腥鎮壓，阿帕克和卓被迫出逃，並輾轉至西藏拜見達賴喇嘛，在達賴
喇嘛的幫助下爭取到準噶爾部領主噶爾丹的支持，準噶爾部率軍佔領
喀什噶爾、葉爾羌，俘獲伊斯瑪業勒，1680 年，葉爾羌汗國滅亡，阿
帕克和卓在南疆建立了依附於準噶爾部的白山派政權，葉爾羌汗國的
柯爾克孜人也就因此受到準噶爾部的統治，在此之後，直至乾隆朝統
一新疆，南疆地區的柯爾克孜人又捲入白山派與黑山派間的鬥爭之中，
後文將論及相關歷史背景的梗概。

---

① 《編年史》，《清代察合台文文獻譯注》，第 100 頁。
② 《編年史》，《清代察合台文文獻譯注》，第 101 頁。

第三節 準噶爾汗國時期的布魯特及其歷史角色

一、準噶爾部對天山北路布魯特的統治

厄魯特（衛拉特）蒙古源自於元明時期的斡亦剌和瓦剌，準噶爾部本為厄魯特蒙古四部之一，該部在 17 世紀 40 至 50 年代受巴圖爾琿台吉統治的時期，日漸勃興，統轄了包括額爾齊斯河中上游、葉尼塞河上游和伊黎河流域等廣大地區，逐漸成為衛拉特諸部的政治中心，準噶爾部逐漸由厄魯特蒙古其中一個遊牧部落的名稱，演化為準噶爾蒙古貴族統治下的、包括厄魯特蒙古各部和一些突厥部落在內的民族政權和地區統一名稱，故清代把厄魯特各部也統稱為準噶爾。[①]準噶爾部在此時期的對外發展過程中，與哈薩克、布魯特、諾蓋等族發生過衝突，巴圖爾琿台吉曾「下令派人到吉爾吉斯人那裡徵收實物稅和馬匹」[②]；十七世紀，喀爾喀蒙古的阿勒坦汗也多次以武力強迫吉爾吉斯封建主繳納實物貢賦，「1667 年阿勒坦汗王朝的第三個代表人物羅卜藏台吉又一次入侵吉爾吉斯牧區，旨在鞏固吉爾吉斯人的克什提姆從屬地位，並徵收他們的實物稅。僧格本也貪求統治吉爾吉斯，得此消息之後，遂猛攻阿勒坦汗，並擊潰了他。」[③]可見僧格時期，準噶爾部為統治布魯特，與阿勒坦汗發生過衝突。僧格死後，噶爾丹即位，他在 17 世紀 70 至 80 年代，多次發動了對周邊哈薩克、布魯特的戰爭，巴托爾德指出，噶爾丹在 1682、1684 和 1685 年同吉爾吉斯人和費爾干納人作戰，並在此後獨霸於七河地區，18 世紀時，布魯特（柯爾克孜）

---

① 《準噶爾史略》編寫小組：《準噶爾史略》，北京：人民出版社，1985 年，第 1 頁。

② [蘇]伊·亞·茲拉特金著，馬曼麗譯：《準噶爾汗國史（1635-1758）》，北京：商務印書館，1980 年，第 216 頁。

③ 同上，第 232 頁。

是唯一一種仍遊牧於伊塞克湖周圍的突厥人。[①]噶爾丹統治時期，準噶爾部統治範圍包括天山南北廣大地區並擴及中亞撒馬爾罕、布哈拉等地，這些地區的哈薩克和吉爾吉斯人都受其統治。

準噶爾部對吉爾吉斯人的遷徙產生了重要影響，先是準噶爾部將葉尼塞吉爾吉斯人大舉遷至伊塞克湖地區，其後，伊塞克湖及楚河、塔拉斯河的布魯特又受到準噶爾部的驅逐，遷至安集延。18 世紀初，沙俄入侵葉尼塞河流域，遭到了當地吉爾吉斯人的抵抗，策妄阿喇布坦為避免引起衝突，便將葉尼塞河流域的吉爾吉斯人遷至伊塞克湖地區。茲拉特金即論及：

> 1703 年元月 10 日，阿卜杜爾葉爾克宰桑從莫斯科返回托博爾斯克，根據俄國政府的指示，由這裡被尊榮地送回國去。正在這時期，策妄阿喇布坦為了消滅衝突的策源地，派出了自己的一支大軍到南西伯利亞的吉爾吉斯地區，借助這支軍隊把所有吉爾吉斯人從這裡帶走，遷到了伊塞克湖地區。[②]

關於此，巴托爾德稱：「1703 年秋，俄羅斯人得到消息，有 2500 名卡爾梅克人來到了吉爾吉斯人的土地上，他們把所有的吉爾吉斯人都趕到自己那裡，現在吉爾吉斯人的土地上連一個吉爾吉斯人都沒有了……不管怎樣，葉尼塞吉爾吉斯人作為一個民族已經不存在了，甚至當地的傳說也把這一事實解釋為吉爾吉斯人的絕大部分已經從肉體上消失了。」[③]這表明，葉尼塞吉爾吉斯人從此不復存在，策妄阿喇布坦對吉爾吉斯人的遷徙成為其中的重要動因，之所以如此，這與當時葉尼塞河流域的吉爾吉斯人較少有關，胡延新指出，「十七世紀末，在

---

① V.V.Barthold, "History of the Semirechye",in *Four Studies on the History of Central Asia*,translated from the Russian by V. and T. Minorsky,Vol.I,Leiden:E.J.Brill,1962,p.161.

② 《準噶爾汗國史（1635-1758）》，第 334 頁。

③ 《中亞歷史：巴托爾德文集第 2 卷第 1 冊 第 1 部分（下）》，蘭州：蘭州大學出版社，2013 年，第 581-582 頁。

準噶爾同喀爾喀、清王朝發生戰爭時期，已經有大批葉尼塞吉爾吉斯人隨噶爾丹來到了天山地區。正因為如此，1703 年後最後西遷的葉尼塞吉爾吉斯人數不多，一般認為只有 6000—7000 人。」[①]故而，從此之後，吉爾吉斯人的歷史舞臺主要由葉尼塞河上游轉至天山地區。

策妄阿喇布坦、噶爾丹策淩統治準噶爾部的過程中，布魯特受到奴役，「他們還把戰爭中俘虜來的戰俘當奴隸，喀爾喀、布魯特、維吾爾等族人民均有被劫掠淪為奴隸的。」[②]這說明，部分布魯特曾被准部擄為奴隸。王希隆師曾就準噶爾統治時期天山北路農業勞動者的來源進行了考證，其中提及一部分布魯特人被準噶爾部俘獲和奴役，他們同被掠取的維吾爾人、布哈兒人、哈薩克人、漢人和蒙古人一樣，成為天山北路的農業勞動者，根據《軍機處錄副奏摺》，在戰爭中，布魯特人因受到準噶爾人俘獲從而充當奴隸或者種地，雍正年間、乾隆初年，布魯特人麻木特爾、托克托、沙喇克等人投奔清營，據其所供，他們皆被擄獲而為奴。[③]這也進一步證明了確有布魯特人受到了準噶爾部的奴役。

準噶爾部也迫使伊塞克湖地區的布魯特遷往費爾干納地區，東布魯特諸部歸附時，薩雅克布魯特之比圖魯啟拜稱：「又薩喇巴哈什鄂拓克亦有五百餘戶，係瑪木特呼里、拜鄂庫分管，舊在右部安集延遊牧，去歲聞大兵平定準噶爾，招服哈薩克，我等亦欲投降。」[④]這說明，薩爾巴噶什部、薩雅克部之所以在安集延地區遊牧，是因為受到準噶爾部的驅逐，兆惠也曾告知車里克齊：「爾等曾被厄魯特驅逐，借安集延等處遊牧。」[⑤]這說明，清朝對布魯特受準噶爾部驅逐之事有所瞭解。

---

①胡延新：《十七世紀葉尼塞吉爾吉斯及其西遷》，《甘肅民族研究》，1986 年第 4 期。

②《準噶爾史略》編寫小組：《準噶爾史略》，北京：人民出版社，1985 年，第 139 頁。

③王希隆：《準噶爾時期天山北路農業勞動者的來源和族屬》，《民族研究》，1993 年第 5 期。

④《平定準噶爾方略》正編卷 56，乾隆二十三年五月甲寅。

⑤《平定準噶爾方略》正編卷 58，乾隆二十三年七月壬辰。

前吉爾吉斯斯坦總統阿斯卡爾・阿卡耶夫（Askar Akaev）在其著作中指出，「1718-1722 年，準噶爾汗國掠奪了吉爾吉斯位於伊塞克湖周圍以及楚河、塔拉斯河沿岸的領地。喬汗瓦里漢諾夫描述當時的事件時寫道：『吉爾吉斯人處處被暴怒的準噶爾人所追逐……吉爾吉斯人逃往南方，拋棄財產、老幼、室內物品以及瘦弱的牲畜。』吉爾吉斯部落由阿提克（Atake）之父提奈比（Tynai Biy）所領導，他們受到準噶爾人的追剿，定居於今南吉爾吉斯斯坦安集延市的錫爾河沿岸，他們在那裡從事農耕。」①這表明，康熙末年之時，布魯特部落因受到準噶爾部的驅逐，最終遷徙到安集延地區。

巴托爾德認為，十八世紀以來的俄文文獻曾將哈薩克人稱為吉爾吉斯人，使得相關術語含混不清，給相關資料的使用造成了困難，通過引述文科夫斯基等學者的研究，認為伊塞克湖附近的布魯特人約有五千帳、三千精良部隊，並受到了策妄阿喇布坦的統治，布魯特可能曾被衛拉特人趕出天山並遷至費爾干納、錫爾河以南，直到清朝平定準部之後才返回到了天山地區。②

準噶爾部的官制中，專設有德墨齊一職，「內則佐台吉以理家務，外則抽收牧廠稅務，差派徵收天山南回部徭賦，接待布魯特使人。」③說明德墨齊的職務之一即為接待布魯特使人，也表明布魯特受準噶爾部的統治。準噶爾部二十四鄂拓克中的部分屬眾可能與布魯特人相關，其中包沁的構成中可能有布魯特，在準噶爾諸鄂拓克中，包沁為「專司炮者」④，與「防守邊界、坐卡倫、巡查訪察一切事務」的札哈沁較為相近，為準噶爾部管理邊疆事務，班第即曾稱「札哈沁、包沁等在

---

① Askar Akaev,*Kyrgyz Statehood and the National Epos"Manas"*,New York:Global Scholarly Publications,2003,p.129.

②《中亞歷史：巴托爾德文集第 2 卷第 1 冊　第 1 部分（下）》，第 585 頁。

③《欽定皇輿西域圖志》卷 29，官制一。

④同上。

準噶爾時，因駐防邊境，每年進獻獸肉。」①祁韻士曾就札哈沁、包沁
的職責加以說明：

> 瑪木特，號庫克辛，初為準噶爾之札哈沁宰桑，札哈沁譯言汛
> 卒也，以宰桑領之，瑪木特守阿爾台汛，遊牧布拉罕察罕托輝，
> 其東為喀爾喀，有烏梁海界之，其西為準噶爾，有包沁及噶勒
> 雜特、塔本集賽界之，烏梁海凡數種，業打牲，分隸喀爾喀及
> 準噶爾，包沁為回族，準噶爾呼炮曰包，以回人司炮，故名之。
> 噶勒雜特、塔本集賽，皆準噶爾鄂拓克也。②

這說明，札哈沁、包沁分別守汛、司炮，居於準噶爾部邊境地區，
且包沁由維吾爾人所構成。

乾隆二十年（1755），在清朝政府平定達瓦齊政權的過程中，定邊
左副將軍阿睦爾撒納曾奏稱：「查包沁乃布魯特回種，與烏英齊、博東
齊近。」③他又另奏「新降包沁係回種，若仍選厄魯特人為翼領，教殊，
易生事。」④《平定準噶爾方略》載：「包沁之人，係回子種類，別為
一教，若仍由厄魯特內，選人為翼領，今其管轄，恐其教各殊，易生
事端。」⑤乾隆二十年（1755）二月，定北將軍班第亦曾奏稱「至包沁
人等，俱係回子種類，若令厄魯特駐彼照管，鈐束較難，故未令阿玉
錫駐包沁地方。」⑥烏什阿奇木伯克霍集斯協助清軍擒拿達瓦齊之後，
霍集斯之兄阿卜都伯克曾告稱：「葉爾羌、喀什噶爾，將偕包沁、希卜

①《清高宗實錄》卷483，乾隆二十年二月丙寅。

②祁韻士：《皇朝藩部要略》卷11，中國西北文獻叢書編輯委員會編：《西北文獻叢書》
正編第三輯，《西北史地文獻》，第二十卷，蘭州古籍書店，1990年。

③《清高宗實錄》卷480，乾隆二十年正月甲申。

④《清高宗實錄》卷481，乾隆二十年正月壬辰。

⑤《平定準噶爾方略》正編卷5，乾隆二十年正月壬辰。

⑥《平定準噶爾方略》正編卷7，乾隆二十年二月丁巳。

察克眾襲庫車、阿克蘇、賽里木、多倫諸回城，請遣舊和卓歸。」[1]阿卜都伯克另告稱：「大皇帝撫綏准夷，遣兵平定，俾群生樂業，今聞葉爾羌、喀什噶爾將欲興兵，而包沁、奇卜察克、和碩齊等，又欲會合搶擄阿克蘇、圖爾璊、多蘭、賽里木人眾，如果前來，此處兵少力弱，難與抵敵。求與酌量發兵，將我舊伯克和卓木一併遣來拯救等語。」此時，天山南路葉爾羌、喀什噶爾等處尚處於黑山派和卓的掌控之中，此處提及黑山派將偕包沁、希布察克人攻襲庫車、阿克蘇等地，阿卜都伯克故請旨迎請舊和卓即白山派大、小和卓歸來收復喀什噶爾、葉爾羌。此處的希布察克部眾即為希布察克（乞卜察克）布魯特人，此時，一部分包沁、希布察克布魯特人皆為黑山派所用，表明包沁人與希布察克部存在著某些聯繫。

　　這些材料表明，包沁與布魯特、維吾爾存在著一定的關聯性，但其中僅有阿睦爾撒納曾稱「包沁乃布魯特回種」，其本人及班第皆多稱包沁為「回種」，因而，包沁的主體可能為維吾爾人，布魯特在包沁人中所占比例及其具體人數，難以確知。關於此，日本學者羽田明認為包沁人為塔蘭奇人的一部分，成為了準噶爾汗國的炮手[2]；佐口透先生則稱，「包沁是布魯特（柯爾克孜）人或回人（布哈拉人或維吾爾人），總之，廣義解釋的話他們的主體是定居在中亞的突厥語民族。」[3]他也就包沁與塔蘭奇人進行了區別，「如果說，包沁是被強制移住在準噶爾領域的『布哈拉人』的戰鬥員兼牧民，那麼塔蘭奇就可以說是非戰鬥員的耕作者或農奴。」[4]這就從二者的職能上進行了區分，包沁中可能確有一部分布魯特人，策妄阿喇布坦、噶爾丹策淩統治時期，準噶爾

---

① 《外藩蒙古回部王公表傳》卷 116，文淵閣四庫全書，第 454 冊，史部 212，臺灣商務印書館影印版。

② 轉引自趙毅：《清代「包沁」小考》，《西部蒙古論壇》，2013 年第 4 期。

③ [日]佐口透著，章瑩譯：《新疆民族史研究》，烏魯木齊：新疆人民出版社，1993 年，第 223 頁。

④ 同上書，第 224 頁。

部擄掠多個民族的人民為奴，部分維吾爾、布魯特人有可能被準噶爾部遷至邊境地區，專司炮務，形成了包沁鄂拓克，同札哈沁一同駐防邊疆。另外，奇爾吉斯為準噶爾部鄂拓克之一，「奇爾吉斯，四宰桑，人四千戶，為一鄂拓克。」[①]「奇爾吉斯」與「吉爾吉斯」音近，一些學者認為，奇爾吉斯即吉爾吉斯，但由於文獻記載較少，故仍然待考。

二、葉爾羌汗國滅亡後布魯特在天山南路參與的政教鬥爭

準噶爾部於 1680 年歸併葉爾羌汗國之後，並未實行直接統治，而是扶持葉爾羌汗國汗室成員作為汗王對天山南路實行間接統治，白山派阿帕克和卓卻參與權力鬥爭，與所立汗王相對抗，這也增加了天山南路的內亂。17 世紀末至 18 世紀初期，布魯特乘準噶爾部陷於戰爭、天山南路汗室成員內鬥，再次參與到天山南路的政治、宗教勢力的鬥爭之中，準噶爾政權末期，布魯特首領如胡什齊部庫巴特米爾咱、希布察克部烏瑪爾·米爾扎等在白山派、黑山派鬥爭之中扮演了一定的角色，這主要表現在黑山派玉素普和卓返歸葉爾羌以及白山派大和卓布拉呢敦奉清朝之命收復天山南路的過程中。

噶爾丹征服葉爾羌汗國後，立汗室成員巴拜汗長子阿卜都·里什特作為代理人統治天山南路，每年向天山南路收取十萬騰格的貢賦，但阿帕克和卓卻發起叛亂，迫使阿卜都·里什特逃亡，後被準噶爾政權囚禁多年。此後，阿卜都·里什特之弟馬哈瑪特·額敏受立為汗，阿帕克和卓與之對抗，並在 1692 年的叛亂中殺死馬哈瑪特·額敏，立其子雅雅和卓為汗。其後的兩年間，阿帕克和卓、雅雅和卓先後亡故，天山南路再次陷入混亂，巴拜汗第三子馬哈麻特·木明被吐魯番和葉爾羌伯克擁立為汗，即為阿克巴什（錫）汗。阿克巴什汗血腥鎮壓了白山派，驅逐阿帕克和卓子孫，但喀什噶爾白山派勢力深厚，長期與

---

① 《欽定皇輿西域圖志》卷 29，官制一。

葉爾羌汗廷作鬥爭，為受到阿克巴什汗這位由東部伯克擁立的汗所統治而感到不滿，故而，很快擁立阿克巴什汗之子素檀‧阿合瑪特為汗，與葉爾羌相對抗。[①]約瑟夫‧弗萊徹議及相關歷史過程時指出，吉爾吉斯人在塔里木盆地的權力鬥爭中看到了空缺，並步入其中，17 世紀 90 年代初，隨著白山派掌握的世俗權力的減弱，而準噶爾政權又無暇顧及，吉爾吉斯人代表了天山西部惟一發揮作用的遊牧力量，他們掌握了實際的權力。[②]吉爾吉斯首領阿爾祖穆罕默德等人，就是在此背景下參與了天山南路的權力鬥爭之中。

阿克巴什汗為了鞏固其在葉爾羌的統治，並打壓白山派，故迎請曾被驅逐的黑山派達涅爾和卓，使黑山派勢力重新出現在葉爾羌等地。沙敖先生節譯的《和卓傳》載：「達涅爾動身，受到了吉爾吉斯人良好接待。然而，喀什噶爾人民堅持認為他是他們自己的宗教領袖。這樣吉爾吉斯人就把他送到葉爾羌，他在那裡被接納為宗教領袖。」[③]察合台文本的《和卓傳》中提及和卓達涅爾（達尼雅爾）與其妻一同返回喀什噶爾，以阿爾祖穆罕默德為首的吉爾吉斯人前去迎接，但他們卻沒能進入喀什噶爾，喀什噶爾的百姓以他們有自己的和卓、不需要他們為名，不歡迎他們，此後吉爾吉斯人將其送往葉爾羌，受到當地阿奇木伯克等大小官吏的歡迎。[④]吉爾吉斯人阿爾祖‧穆罕默德等控制了喀什噶爾的實權，約瑟夫‧弗萊徹指出，阿爾祖穆罕默德實際上試圖

---

①上述歷史背景，參考了《葉爾羌汗國史綱》第 144-147 頁、《西域和卓家族研究》第 206-220 頁。

②Joseph F.Fletcher, Altishahr under the Khwajas,Harvard University Archives,HUG FP 100.45,*Joseph F.Fletcher,Jr.Lectures and Manuscripts c*a.1977-1984,BOX 2 ,p.187.

③[英]奈伊‧伊萊阿斯：《〈和卓傳〉摘要》，陳俊謀、鐘美珠譯，中國社會科學院民族研究所歷史研究資料組：《民族史譯文集》第 8 集，1978 年，第 102 頁。

④穆罕默德‧薩迪克‧喀什噶爾著：《和卓傳》，艾力‧吾甫爾、阿斯卡爾‧居努斯譯注，苗普生主編：《清代察合台文文獻譯注》，烏魯木齊：新疆人民出版社，2013 年，第 158 頁。

邀請達涅爾建立以黑山派和卓為傀儡的政權。[1]沙敖節譯的《和卓傳》僅提及：「在喀什噶爾，和卓阿哈瑪特只是名義上的汗，而真正的統治者卻是幾個對葉爾羌不斷進行侵略的吉爾吉斯首領。」[2]察合台文本的《和卓傳》則載：「喀什噶爾人讓和卓艾和買德和卓（和卓阿哈瑪特）坐在自己的寶座上，吉爾吉斯人阿爾祖穆罕默德任大汗，喀喇占格伯克任伊沙噶伯克，汗國大權落入他們之手。」[3]這一記載更為詳盡，指出了阿爾祖穆罕默德掌握了實權。

此後，阿克巴什汗西征喀什噶爾，但卻被阿爾祖穆罕默德殺害於英吉沙爾，阿爾祖穆罕默德還同其敵對勢力即希布察克部之比卡瑪特比（Camat Bi）相互鬥爭。[4]劉正寅先生援引佚名氏所著《喀什噶爾史》，指出此後喀什噶爾人和吉爾吉斯人乘勝佔據葉爾羌，宣佈速檀阿哈瑪特為葉爾羌汗[5]，然而，《編年史》載：「阿爾祖·穆罕默德伯克、庫什·庫拉克伯克、和卓雅爾伯克等吉爾吉斯首領召集軍隊，統率喀什噶爾和英吉沙爾人包圍了葉爾羌。」、「奇普恰克（希布察克）、庫什齊（胡什齊）、乃蠻（奈曼）、瓊巴噶什（沖巴噶什）等吉爾吉斯部落都是勇敢和有膽量之人，他們兩次包圍了葉爾羌城。」[6]瓦里漢諾夫也指出，喀什噶爾人在吉科卡門吉爾吉斯人（布魯特）的協助之下，包圍了葉爾羌，以捉拿達涅爾和卓為目的。[7]約瑟夫·弗萊徹指出，葉爾羌受到

---

①Joseph F.Fletcher, Altishahr under the Khwajas, Harvard University Archives,HUG FP 100.45,*Joseph F.Fletcher,Jr.Lectures and Manuscripts ca*.1977-1984,BOX 2 ,p.201.

②《〈和卓傳〉摘要》，《民族史譯文集》第 8 集，第 102 頁，劉正寅先生指出，引文中的和卓·阿哈瑪特有誤，應該係速檀阿哈瑪特，參見：《西域和卓家族研究》，第 218、225 頁。

③《和卓傳》，《清代察合台文文獻譯注》，第 158 頁。

④H.W.Bellew,*History of Kashgar,in Report of A Mission to Yarkund in 1873*,edited by T.D.Forsyth,Calcutta, 1875,p.178，該部分內容實際係貝柳所譯的《伊達雅圖傳》。

⑤《西域和卓家族研究》，第 225-226 頁。

⑥《編年史》，《清代察合台文文獻譯注》，第 118-119 頁。

⑦Valikhanof, M. Veniukof,etc,*The Russians in Central Asia: Their Occupation of the*

達涅爾和卓所領的黑山派托鉢僧（dervish）組織和葉爾羌城內貴族的掌控，吉爾吉斯人並未成功攻破該城。阿爾祖穆罕默德掌控了喀什噶爾和塔里木盆地北緣，反復襲擊葉爾羌，但達涅爾所領黑山派與貴族合作，吉爾吉斯人並不足以佔據葉爾羌城。[①]上述說法存在著不同，後幾種說法皆認為吉爾吉斯人僅僅包圍了葉爾羌，並未攻破該城，故而，吉爾吉斯人當時是否佔據了葉爾羌城，似乎仍然存疑。

阿克巴什汗被殺之後，阿爾祖穆罕默德所率吉爾吉斯人又包圍了葉爾羌，其中希布察克、胡什齊、奈曼、沖巴噶什等部亦參與其中。吉爾吉斯人在上述階段廣泛地參與到政教鬥爭中，學界中的一些觀點即認為白山派、黑山派和卓家族的名稱即為這一時期吉爾吉斯人分別與兩派結盟所產生，國外學者多持此論，後文將專門論及，我國學者潘向明也指出，由於柯爾克孜人的大量參與，兩派和卓及其各自信徒便有了白山派、黑山派的正式名稱，即白、黑兩派的名稱正式起源於阿帕克於 17 世紀 90 年代死後的兩派大規模鬥爭中，亦即 17 世紀末和 18 世紀初期之事。[②]1700 年，策妄阿拉布坦在葉爾羌伯克的請求下，進軍葉爾羌，吉爾吉斯人西走，策妄阿喇布坦對天山南路實行了直接統治。此後，以喀什噶爾為據點的白山派和以葉爾羌為據點的黑山派分別受阿哈瑪特和卓、達涅爾和卓所領導，1713 年，策妄阿喇布坦再次發兵天山南路，俘獲阿哈瑪特和達涅爾，並將其分別囚禁於額林哈畢爾噶和伊犁。此後，達涅爾和卓於 1720 年被放回天山南路，協助諸城伯克管理該地區，達涅爾和卓奉噶爾丹策凌之命將喀什噶爾、葉爾

Kirghiz Steppe and the Line of the Syr-Daria or Their Political Relations with Khiva, Bokhara, and Kokan .Also Descriptions of Chinese Turkestan and Dzungaria, trans. by John and Robert Michell,London:Stanford,1865,p.171.

① Joseph F.Fletcher, Altishahr under the Khwajas, Harvard University Archives,HUG FP 100.45,*Joseph F.Fletcher,Jr.Lectures and Manuscripts ca.1977-1984*, BOX 2 , p.204, p.212.

② 潘向明：《清代新疆和卓叛亂研究》，北京：中國人民大學出版社，2011 年，第 54-55 頁。

羌、和闐、阿克蘇分封於其諸子。

　　葉爾羌汗國滅亡後，準噶爾政權雖然在天山南路扶立葉爾羌汗國汗室成員為汗，但以阿帕克為代表的和卓家族卻在左右著南疆地區的政治，汗室成員實際上成為了政治傀儡，自1680年葉爾羌汗國滅亡直至1759年清朝統一新疆之間的年代，也多被學者們稱為「和卓時代」。伊森比克‧圖干指出，阿帕克通過與「黃金家族」成員的通婚獲得了合法統治權，這也是白山派和卓這一脈後裔在此後近兩百年時間內號召平民發動反叛的源泉，這是因為，她將研究視野置於1679—1867年之間，即上起於阿帕克在噶爾丹幫助下返回南疆，下迄於阿古柏在南疆建立政權後白山派和卓後裔不再具有廣泛的號召力時為止。她認為，和卓們集權化的統治雖然使其獲得了合法性，但並未造就集權化的政權，而是更多在意識形態方面影響深遠，這樣的統治，並無加強完全集權化的官僚系統的手段，也並無用於抵禦或進攻的集權性的軍事力量，正因為缺乏軍事力量，使得這一「伊斯蘭政權」任由那些擁有權力的人擺佈，如吉爾吉斯人或準噶爾部。[1]正是基於這樣的背景，「和卓時代」裡，無論是白山派還是黑山派在天山南路建立統治時期，吉爾吉斯首領都受到兩派的籠絡，但正因為和卓家族本身缺乏軍事力量，故而，他們會求助於吉爾吉斯人，因而，其命運會受到吉爾吉斯人的控制，下文中，吉爾吉斯人適時選擇所支援和依附對象的過程就體現上述特徵。

　　1745年，準噶爾部噶爾丹策淩去世後，其內部因權位而展開了激烈鬥爭，直至1753年，達瓦齊成為統治者。達涅爾之子玉素普仍被羈於伊犁，他乘準噶爾政權內亂之際返回天山南路，並爭取到了正在伊犁牧場度夏的希布察克部吉爾吉斯首領烏瑪爾米爾扎（Umar Mirza，或

①Isenbike Togan,Islam in a Changing Society:The Khojas of Eastern Turkistan,in *Muslim in Central Asia:Expressions of Identity and Change*,ed.by Jo-Ann Gross,Durham and London：Duke University Press,1992,pp.140-142.

譯作烏買爾米爾咱）[1]的支持，促使其領眾返歸和闐。約瑟夫·弗萊徹指出，和卓玉素普所領黑山派的合作同盟，由準噶爾部轉向了吉爾吉斯人，而這正與綠洲貴族利益相左，黑山派為掌握權力，不得不依靠吉爾吉斯人和大眾的支持，而他們也正是白山派和卓立足的基礎，然而，當被準噶爾部所拘的白山派和卓以競爭者的身份重新出現於塔里木盆地的時候，黑山派就會遭遇困境。[2]這實際上總結了當時的歷史背景及此後兩派間鬥爭的形勢及其走向。

　　其後，玉素普和卓也正是以吉爾吉斯人謀搶喀什噶爾為由，向準噶爾部告知相關情形，準噶爾部因無暇顧及天山南路而派遣玉素普和卓前往喀什噶爾防禦吉爾吉斯人，並向其言：「回喀什噶爾後請帶上您的士兵防備吉爾吉斯人，也許吉爾吉斯人畏懼您，不敢擅自出兵。」[3]這也正順應了玉素普和卓的本意，他迅即動身返回了喀什噶爾。乾隆二十年（1755），清朝乘準噶爾政權內亂之際，決定派兵遠征達瓦齊政權，烏什霍集斯伯克幫同清軍擒獻達瓦齊，清朝就此平定了達瓦齊政權。隨之，清朝派遣白山派和卓布拉呢敦即大和卓隨同清軍，前往收服為黑山派所統治的天山南路。

　　玉素普和卓返回天山南路之後，即在烏瑪爾·米爾扎所率領的希布察克部吉爾吉斯人的幫助之下，驅逐了葉爾羌、喀什噶爾、和闐各城伯克，建立了統治，由此黑山派統治了上述諸城，並試圖向烏什、阿克蘇方向進攻，同時向安集延地區的胡什齊部吉爾吉斯首領庫巴特

①Mirza，譯為米爾扎或米爾咱，係源自於波斯的一種頭銜，最初意為生而為王公的人，後用於指稱貴族或　者其他出身較好的人。參見：*The Encyclopaedia of Islam*,ed.by C.E.Bosworth,etc.Leiden:Brill,1993,Vol.Ⅶ,p.129.根據《和卓傳》，希布察克部有首領烏瑪爾·米爾扎、蘇皮米爾咱、阿奇木米爾咱、依克米爾咱，胡什齊部有首領名為庫巴特·米爾咱等，根據米爾扎這一頭銜，可以推斷出這些布魯特首領地位較高。

②Joseph F.Fletcher, Altishahr under the Khwajas, Harvard University Archives,HUG FP 100.45,*Joseph F.Fletcher,Jr.Lectures and Manuscripts ca.1977-1984*,BOX 2,p.239.

③《編年史》，《清代察合台文文獻譯注》，第 176 頁。

米爾咱（Qubat Miza）[①]求助，根據察合台文本《和卓傳》，玉素普和卓
在平定了喀什噶爾的內亂後，「派使者去南部吉爾吉斯人那裡，要他們
協助振興伊斯蘭」、「庫什齊（胡什齊）部落有一個叫庫巴特米爾咱的
頭目，他因勇敢而獲『巴哈都爾』（巴圖魯）的稱號。」[②]這裡的南部
吉爾吉斯即指的是費爾干納地區的吉爾吉斯人，乾隆二十四年（1759）
清朝在平定大小和卓叛亂過程中，該地吉爾吉斯人歸附清朝，被稱為
西布魯特。

　　玉素普和卓專門致信庫巴特·米爾咱，在信中曰：「庫巴特米爾咱·
您的祖輩是我的祖輩的教徒，您父親阿立切比（Alche Bey）是我父輩
海則萊提·和卓哈桑和卓（Hasan Khoja）的軍事首領，曾經將伊斯蘭的
利劍刺向敵人，使敵人聞風喪膽……如有可能，請率領您部落的人參
加聖戰，在今世和來世求得尊敬。」[③]這表明，庫巴特·米爾咱之父阿
力切比即曾擔任軍事首領服務於和卓家族，至於此處的哈桑和卓，察
合台文的《和卓傳》稱其係「安集延的阿里係後裔」[④]，該人物的具體
事蹟尚待考證，應係和卓家族成員，察合台文《和卓傳》載瑪哈圖木
阿雜木十三子中的第九子名為穆罕默德·阿里[⑤]，兩處所指的阿里是否

---

① 結合察合台文本的《和卓傳》、乾隆年間清朝文獻的記載、國外學者的研究，可以推
　斷，該庫巴特·米爾咱即為《清高宗實錄》中所提及的胡什齊部布魯特的呼瓦特，其
　弟為納喇巴圖，伯爾克則係納喇巴圖從弟，具體論述，見後文中的相關章節。瓦里
　漢諾夫在敘述相關歷史背景時，也多次提及庫巴特·米爾咱，稱其為安集延吉爾吉斯
　人首領。參見：Valikhanof, M. Veniukof,etc,*The Russians in Central Asia,1865*, pp.
　177-183.
② 《和卓傳》，《清代察合台文文獻譯注》，第 190 頁。
③ 《和卓傳》，《清代察合台文文獻譯注》，第 190-191 頁。
④ 《和卓傳》，《清代察合台文文獻譯注》，第 191 頁。
⑤ 《和卓傳》，《清代察合台文文獻譯注》，第 137 頁，劉正寅先生曾考證過瑪哈圖木阿
　雜木諸子的情況，比較了多種文獻對於其子的記載，其中，《西域同文志》、《渴望真
　理者之談伴》、《玄妙大全》皆載有十三子，其中《西域同文志》載其第八子名為瑪
　木特阿里，《渴望真理者之談伴》載其第九子名為伊禪和卓瑪木特·阿里，《玄妙大
　全》載其第十子名為和卓瑪木特·阿里，故而，以上多種文獻皆說明瑪哈圖木阿雜木

即為同一人，仍然有待考證，但可以看出，庫巴特·米爾咱與和卓家族之間的互動已久，玉素普因而求助於他攻襲烏什、阿克蘇等地。

巴托爾德也提及，在 18 世紀衛拉特汗國覆亡之前，喀什噶爾的吉爾吉斯人已經增加，部分希布察克吉爾吉斯人取道庫車來到了和田，吉爾吉斯人還參加了喀什噶爾和卓司迪克從和田前往葉爾羌的征戰，不論是當地的吉爾吉斯人，還是安集延吉爾吉斯人，即以庫巴特·米爾扎為首的費爾干納吉爾吉斯人，都參加了白山派和卓與黑山派和卓的後來的內訌。[1]巴托爾德即注意到庫巴特·米爾扎（咱）來自於費爾干納，他所領的吉爾吉斯人參與了白山派、黑山派的鬥爭，希布察克部吉爾吉斯人也隨同黑山派和卓征戰。

正當黑山派準備進攻烏什、阿克蘇之時，玉素普和卓突然離世，其侄雅赫雅率軍向烏什進發，兵臨烏什城下時，布拉呢敦已經隨同清軍抵達城內，此時，雅赫雅派遣吉爾吉斯人為使者入城探聞烏什阿奇木伯克霍集斯等人的態度，使者中，除了由喀什噶爾、葉爾羌的兩位伯克，還有「烏買爾米爾咱的一個吉爾吉斯將領，蒙古什（Monggush）部落的一個將領」，他們帶信與霍集斯，在信中奉勸霍集斯「棄暗投明」，向其許以高官禮遇，否則，將對其提出威脅：

> 如果你不答應，那麼我們從葉爾羌、喀什噶爾、英吉沙爾及幾個吉爾吉斯—克普恰克部落、撒里卡勒帕克、乃蠻、瓊巴噶什等帶來的眾多人馬，庫巴特米爾咱帶領的幾千士兵也正趕往這裡，我們將蕩平這裡。[2]

確有一子名為瑪木特·阿里，但對他在諸子中的順序記載不一。參見劉正寅：《喀什噶爾和卓家族世系》，《元史及北方民族史研究集刊》，第 12-13 期，1989-1990 年。

[1] [俄]B.B.巴托爾德：《十八、十九世紀的天山吉爾吉斯人》，李琪譯，《西域史論叢》第 2 輯，新疆人民出版社 1985 年，第 204-227 頁。

[2] 《和卓傳》，《清代察合台文文獻譯注》，第 196 頁。沙教所節譯的《和卓傳》並未具體提及此處的引文，美國學者約瑟夫·弗萊徹在其未刊稿《和卓統治下的六城》中，

上述引文表明，當時黑山派其實爭取到了希布察克、胡什齊、蒙古什、奈曼、沖巴噶什等吉爾吉斯部落的支持，這些部落的吉爾吉斯人加入到黑山派的軍隊中。然而，黑山派使者在入城後，見到了布拉呢敦，當時陪同布拉呢敦在座的人，有來自喀什噶爾、阿克蘇、烏什、庫車等地的伯克，吉爾吉斯人阿布都拉伯克（Abdulla Beg）、卡爾梅克人（準噶爾蒙古人）、清軍將領托倫泰等，布拉呢敦等知曉信件內容後，對使者進行了嘲笑，並對使者說明了達瓦齊被俘獲以及清朝正託付他們抓捕伊斯哈克耶派（黑山派）和卓的情形，如此以來，多位使者反而倒戈，其中的數位使者直接投奔布拉呢敦，另外，「托呼提艾孜尼齊和吉爾吉斯使者保證回去以後策應卡爾瑪克人」[①]，這說明，來自希布察克部的烏瑪爾・米爾扎部下以及來自蒙古什部的另一位使者皆轉而效力於布拉呢敦和清軍。

葉爾羌軍隨後對烏什發起了進攻，但那些使者回歸葉爾羌軍隊後，卻勸降葉爾羌軍，這使得葉爾羌軍中的眾多人投靠布拉呢敦，儘管遠征軍一度猛烈攻擊烏什城，迫使布拉呢敦和托倫泰所率軍隊多次返回城內，但其中有幾個「叛徒」提議後退以引誘敵軍，在後退過程中，「蒙古什部落的吉爾吉斯人乘機倒戈，加入了烏什軍隊」[②]，最終葉爾羌軍隊受到烏什軍隊猛烈攻擊，丟盔棄甲地逃往喀什噶爾、葉爾羌。回到

也引用了上述文獻，表明弗萊徹在寫作中參閱了其他版本的《和卓傳》譯文或者《和卓傳》原文，他指出，當時黑山派所組織的聯合軍隊向烏什進發，包括了來自於喀什噶爾、葉爾羌、和闐、英吉沙爾等綠洲城市的居民以及來自於布察克、薩里克卡爾帕克（Sariq Qalpaq）、奈曼、沖巴噶什和奧特茲兀勒（Otug Oghul）等九個部落的遊牧民。這與上引文提及的布魯特（吉爾吉斯）部落稍有不同，奧特茲兀勒即三十子部落」，為布魯特部譜系中的外部，見後文所載表 2-1，弗萊徹的引文表明，更多的布魯特部落在當時為黑山派所籠絡。參見：Joseph F.Fletcher, Altishahr under the Khwajas,Harvard University Archives,HUG FP 100.45,*Joseph F.Fletcher,Jr.Lectures and Manuscripts ca.1977-1984*,BOX 2 ,p.272.

① 《和卓傳》，《清代察合台文文獻譯注》，第 197 頁。
② 《和卓傳》，《清代察合台文文獻譯注》，第 198 頁。

葉爾羌後，和卓加罕的部下建議其俘獲蒙古什部的殘餘部眾，「蒙古什部落分佈在諸山上，我們假稱他們此次功勞不小，要重賞他們，誘引他們來此，將他們俘獲，並派兵攻打他們的阿寅勒，以此報仇。」[①] 和卓加罕聽從了建議，並派人送信與蒙古什部落，誘引他們來到葉爾羌，「俘虜了四百人投入了監牢，並派兵搶掠了他們的阿寅勒。有的被俘，有的人得以逃入深山中。這裡分佈的幾個部落，大部分逃脫，他們也趁夜搶掠了葉爾羌的幾個村莊，烏買爾米爾咱的手下感覺到這種事情早晚會降臨到自己頭上就逃跑了，但他們沒有搶掠村莊。」[②] 這說明，葉爾羌軍攻打烏什失敗後，由於蒙古什部之人倒戈，該部殘餘部眾被黑山派和卓俘獲，其村莊被毀，導致鄰近的吉爾吉斯部落部眾四處逃離，烏瑪爾米爾扎所領希布察克部眾感受到危機，因此逃脫。

　　玉素普和卓在世時，即聯絡安集延的胡什齊部吉爾吉斯首領庫巴特·米爾咱等人，他們接到信後即前往喀什噶爾，但抵達後，玉素普和卓已經離世，見到了玉素普和卓之兄阿布都拉和卓。但喀什噶爾一位叫阿布都里瑪吉德的人卻背叛了阿布都拉和卓，他阻止阿布都拉和卓所派之人與庫巴特·米爾咱見面，並鼓動庫巴特·米爾咱投靠布拉呢敦：「您與其投靠阿布都拉和卓而當喀什噶爾阿奇木，不如投靠和卓包爾罕尼丁，他也會讓您不費吹灰之力就可以做喀什噶爾阿奇木伯克，宮中許多柯帕克伯克等人搜刮的金銀財寶，這些都將是您的，宮中一切權力都歸您。」[③] 庫巴特·米爾咱聽聞後，「背叛之心愈發堅定」，隨之，他對阿卜都拉和卓所派之人答覆道：「你們是先知穆罕默德的後裔瑪合圖木·阿雜木的子孫，各派都不是我們的敵人，我們將保持中立。」故而，正是這位庫巴特·米爾咱暫時以中立的姿態，表明既不支持白山派和卓，又不支持黑山派和卓，但沙敖先生所節譯的《和卓傳》卻

① 《和卓傳》，《清代察合台文文獻譯注》，第 198-199 頁。

② 《和卓傳》，《清代察合台文文獻譯注》，第 199 頁。

③ 《和卓傳》，《清代察合台文文獻譯注》，第 200 頁。

稱：「入侵者經過商量，由於吉爾吉斯人的友好和守軍的崩潰，決定馬上到喀什噶爾去。他們到達該城時，地方上的一些擁護者設法疏通了警衛某城門的乞卜察克——吉爾吉斯人，所以他們同意在不援助任何一方的情況下，讓敵對的和卓們去決一雌雄。這些人就是達涅爾時代自伊犁逃到和闐的那群乞卜察克人。有一個名叫阿布都馬吉德的人，是入侵者首領的支持者。」[1]沙敖先生此說可能將庫巴特·米爾咱與烏瑪爾米爾扎加以混淆，認為當時是烏瑪爾米爾扎所領的吉爾吉斯人因受到疏通而選擇保持中立，然而，察合台文本《和卓傳》所載內容顯然較詳，對於庫巴特·米爾咱受到勸說並最終表示中立的過程有明確記載，這表明，沙敖所言並不準確，應該是胡什齊部吉爾吉斯人受到疏通並宣佈保持中立。

土耳其學者伊森比克·圖干指出，在時局改變的前夜，在面臨準噶爾部瓦解和中國軍隊逼近的態勢之下，沒有人對於加入和卓的哪一派別表示明確，正如當時的一位貴族所言，現在更適合於靜觀兩支和卓世系是如何互相殘殺的。[2]當時，以庫巴特·米爾咱為代表的吉爾吉斯首領同其他的伯克一樣，都在靜觀時局的變化，表示中立。正是庫巴特·米爾咱的這一態度，使得阿布都拉和卓不得不選擇撤退至葉爾羌，布拉呢敦很快進入喀什噶爾，隨之，布拉呢敦在阿布都瓦哈甫（霍集斯之弟阿卜都伯克）的建議之下，乘勝追擊，攻打葉爾羌，「庫巴特米爾咱答應向和卓包爾罕尼丁提供援助，和卓包爾罕尼丁答應待拿下葉爾羌後讓其做喀什噶爾的阿奇木伯克，並讓庫巴特米爾咱做先鋒部隊的指揮官，這樣由喀什噶爾、烏什、阿克蘇、庫車、多浪等地部隊組成的大軍向葉爾羌浩浩蕩蕩進發。」[3]這表明，庫巴特米爾咱此時正式投靠了布拉呢敦，並擔任先鋒部隊指揮官向葉爾羌進攻，沙敖節譯

---

① 《〈和卓傳〉摘要》，《民族史譯文集》第 8 集，第 115 頁。

② Isenbike Togan,Differences in Ideology and Practice:The Case of the Black and White Mountain Factions, *Journal of Sufism*,2001(3),p.35.

③ 《和卓傳》，《清代察合台文文獻譯注》，第 202 頁。

的《和卓傳》中所稱庫巴特比即為庫巴特米爾咱。庫羅帕特金指出，
布拉呢敦所率軍隊未遇抵抗便佔領了喀什噶爾，其本人在喀什噶爾短
暫逗留之後，即繼續向葉爾羌進軍，並任命吉爾吉斯人卡必德（Kabid）
為喀什噶爾統領者（阿奇木伯克）。[1]該卡必德應即為庫巴特米爾咱，
庫氏的說法也並非完全正確，布拉呢敦當時僅向庫巴特米爾咱承諾，
攻克葉爾羌後由其擔任喀什噶爾阿奇木伯克。

　　布拉呢敦一行率軍到達葉爾羌後，不久就包圍了葉爾羌：

> 和卓包爾罕尼丁那裡從伊犁、阿克蘇、庫車、烏什、喀什噶爾、
> 多浪、吐魯番、英吉沙爾來的士兵以及吉爾吉斯庫什齊部落的
> 庫巴特、克普恰克部落的蘇皮米爾咱、依克木米爾咱、烏買爾
> 米爾咱、瓊巴噶什部落等眾多士兵都已將葉爾羌團團包圍。[2]

　　這表明，隨同布拉呢敦的吉爾吉斯士兵，不僅包括庫巴特米爾咱
所領士兵，還包括烏瑪爾米爾扎（烏買爾米爾咱）等所領的希布察克
部人以及沖巴噶什部人等，烏瑪爾米爾扎所領希布察克部曾幫助過玉
素普和卓，由伊犁返歸和闐，此時，他也順應了形勢，選擇投順於布
拉呢敦。雙方對峙多日，葉爾羌對布拉呢敦的進攻進行了頑強抵抗，
布拉呢敦也曾向葉爾羌派遣使者遞信於和卓加罕，勸令其率部投降，
和卓加罕隨即憤然燒毀信件，並稱絕不屈服，他也慨歎：「蒙古什部落、
蘇皮米爾咱、吾買爾等由我們提供了大量裝備，卻加入了敵人的隊伍」、
「海則萊提・玉素甫和卓帕迪夏派德爾維希巴卡吾里帶著眾多禮物請
來了庫巴特米爾咱，他也背叛了我們，敵人聯合了各地各部的力量包
圍了葉爾羌。」[3]這從另一角度說明，吉爾吉斯部落成為黑山派和卓的

---

[1] A.N.Kuropatkin, *Kashgaria:Historyical and Geographical Sketch of the Country;its Military Strength,Industries, and Trade*, trans. by Walter E.Gowan, Calcutta:Thacker, Spink and Co.,1882,p.110.

[2]《和卓傳》,《清代察合台文文獻譯注》，第 202 頁。

[3]《和卓傳》,《清代察合台文文獻譯注》，第 204 頁。

重要拉攏對象，這些部眾投靠布拉呢敦，對黑山派和卓形成了重要打擊。隨之，黑山派陣營內部發生了分裂，哈孜伯克等人投靠布拉呢敦，布拉呢敦率軍攻陷了葉爾羌，幫助清朝收服了天山南路地區。

　　自1680年準噶爾部歸併葉爾羌汗國及至清朝派遣布拉呢敦於1755年招撫天山南路間的七十多年間，吉爾吉斯部落在天山南路的政治、宗教鬥爭中均發揮了重要作用，吉爾吉斯人的作用見諸於一些主要事件的節點之上，在白山派、黑山派陣營鬥爭的過程中，吉爾吉斯人也成為雙方共同的拉攏對象，黑山派所爭取到的吉爾吉斯部落則逐漸投靠於布拉呢敦陣營，如庫巴特・米爾咱、烏瑪爾米爾扎所領的胡什齊部、希布察克部等皆如此，這也表現出吉爾吉斯部落善於根據時局變化而選擇投順對象，這或許也是吉爾吉斯人被稱為「無信仰者」（unbeliever）的重要歷史原因。再者，在此期間，具體的吉爾吉斯部落的活動逐漸趨於明晰，希布察克部、胡什齊部、沖巴噶什部、蒙古什部等部活躍於天山南路，並逐漸在喀什噶爾、葉爾羌乃至安集延地區建立了自己的勢力，並積極加入布拉呢敦陣營，幫助清朝招服天山南路，這也就是清朝統一新疆後，希布察克部、沖巴噶什部、胡什齊部布魯特與清朝關係親近的重要因素。

三、布魯特與和卓家族關聯性的發端：白山派、黑山派名稱的起源

　　伊斯蘭教蘇菲派納克什班底（Naqshbandi）教團在新疆地區的傳播過程中，瑪哈圖木阿雜木及其後裔形成了著名的和卓家族，其子嗣因在葉爾羌汗國受到不同的政教勢力的影響，最終產生了白山派與黑山派，或稱白帽派、黑帽派等，布魯特在選擇其所支持的和卓派系的過程中即產生了分野，「白山派」（Aqtaghliq）與「黑山派」（Qarataghliq）名稱的由來即與布魯特（吉爾吉斯）有重要關聯，學界對於白山派、黑山派名稱的源起存在著較多的說法，對於其與布魯特是否相關也仍存爭議。如韓中義先生在論及黑山派名稱的起源時，即曾指出了多種

相關說法①，或稱源於山名、地名，或稱源於所戴冠帽的顏色，或因反對蒙古人統治而來，還有一種說法與吉爾吉斯人相關，國內學者在整理相關說法時也多注意到該說，如安瓦爾·巴依圖爾、馬汝珩、陳慶隆、潘向明等學者皆對此有不同的闡釋和說明。

西方學者仍多認為和卓家族派系的名稱起源於布魯特，他們認為，本來定居於天山西麓、喀什噶爾以北的布魯特部落被稱為白山派，定居於帕米爾、喀喇昆侖山以及昆侖山脈的布魯特部落被視為黑山派，隨著和卓家族與不同區域的布魯特部落結盟，上述名稱則用於指代不同的和卓派系。在這裡，主要專就國內外學者的相關說明做出一定的整理和總結。

翻閱清代文獻，可以發現，白山派、黑山派或白帽派、黑帽派等相類名稱鮮見於乾隆、嘉慶年間的漢文文獻中。我國臺灣學者陳慶隆先生即指出：

> 事實上，白山黨（Aktaglik）及黑山黨（Karataglik）的名稱，最早見於 Mir Izzet Ullah 1825 年的著作中，至於明清史料則未見此等名稱，只在道光年間，和卓家族中的張格爾入寇回疆（1825-1827），乃有「白帽回子」、「黑帽回子」或「白回」、「黑回」等字眼的出現。據此看，白山黨及黑山黨的名稱首見於十九世紀。②

然而，這一說法並不準確，這僅是根據漢文文獻所得出來的結論，乾隆年間的滿文文獻不僅提及了「白山」、「白山人」，還根據讀音記載了阿克塔哈里克（Aqtaghliq）和喀喇塔哈里克（Qarataghliq）這兩個名稱，乾隆朝滿文寄信檔載：「再，伊等摺內所奏，我卡倫地方增添回子

①韓中義：《略論新疆黑山派早期發展史（16-18 世紀）》，《西北史地》，1999 年第 1 期。
②陳慶隆：《論白山黨（Aktaglik）與黑山黨（Aktaglik）》，《邊政研究所年報》，1971 年第 2 卷，第 215 頁。

兵丁日久後，不可欺壓勞累阿克塔哈里克及喀喇塔哈里克人等之處，則更為錯謬。」①這裡的阿克塔哈里克、喀喇塔哈里克應即上述兩個名稱的直接「音譯」，分別指稱白山派和黑山派信徒，這很可能是當時的清朝人根據維吾爾語發音所進行的記載。

除此之外，乾隆朝滿文寄信檔還提及「白山人」、「白山地方之人」，如「回子文內寫有駐喀什噶爾之白山人（shanyan alin i niyalma），捎信給薩木薩克之詞語」②、「據庫奇哈奇稱，去年，自喀什噶爾前來貿易之伊布賴姆、伊斯麥勒等二人，原為白山（shanyan alin）地方之人」③，滿文中以 shanyan alin 來指代白山，白山人則譯為 shanyan alin i niyalma，實際上，在滿文中，shanyan alin 本來意指長白山、niyalma 即指人④，這顯示出滿文檔中以「意譯」的方式，借用原指稱長白山的名詞來指稱喀什噶爾地區的白山派教徒。又如，乾隆五十三年（1788），清朝在招撫大和卓布拉呢敦之子薩木薩克時，令浩罕伯克納爾巴圖交出薩木薩克，乾隆帝在諭令中指出：「惟薩木薩克本人及阿克達哈里克之人，均係爾仇敵。爾既已緝獲薩木薩克，將其責打釋放，伊必定與爾結仇、日後於爾大為不力，爾亦不加考慮乎？」⑤此處的「阿克達哈里克」應即阿克塔哈里克，指的就是白山派之人。

這說明，乾隆朝時，白山派、黑山派的概念已經為清朝所熟知，

---

① 《寄諭大學士阿桂等著賞賜額森緞匹並令其當差等情形》，乾隆五十年九月二十七日，《乾隆朝滿文寄信檔譯編》，第十八冊，第 562 頁。

② 《寄諭伊犁將軍奎林等申飭保成等並派伊犁索倫官兵前往喀什噶爾換防》，乾隆五十年八月二十日，《乾隆朝滿文寄信檔譯編》，第十八冊，第 534 頁。

③ 《寄諭伊犁將軍奎林等著若有薩木薩克之消息即刻派兵緝拿等情》，乾隆五十年九月初二日，《乾隆朝滿文寄信檔譯編》，第十八冊，第 540 頁。

④ 胡增益主編：《新滿漢大詞典》，烏魯木齊：新疆人民出版社，1994 年，第 649 頁、第 585 頁。

⑤ 《寄諭喀什噶爾參贊大臣明亮等著酌情妥辦接交薩木薩克事》，乾隆五十三年十二月十四日，《乾隆朝滿文寄信檔譯編》，第二十一冊，第 471 頁。

滿文檔中所出現的「阿克塔（達）哈里克」、「喀喇塔哈里克」，顯係音譯，這更可表明類似名稱已經為清朝所知曉，白山派、黑山派被譯為阿克塔哈里克（Aqtaghliq）、喀喇塔哈里克(Karataghliq)，可能源自維吾爾語。

　　陳慶隆先生認為，白山黨與黑山黨之名稱，與阿帕克（Apak）之名有關，其中的 ak 意為白的或者白色，引申為清潔的、榮譽的，ap 則係加強語氣，表示強調，Apak 則表示非常白、雪白、純白之意。白山、黑山及白山黨、黑山黨，分別衍生自尚白、尊黑，尚白之人戴白帽，所據之山曰白山，所屬之黨稱白山黨，尊黑之人戴黑帽，所據之山是黑山，所屬之黨稱黑山派。[1]這一說法僅根據阿帕克之名的內涵進行推斷，可能並不準確。實際上，「阿克塔哈里克」、「喀喇塔哈里克」應源自於突厥語，關於阿克塔什（aq-tagh），沙敖先生（Robert Shaw）曾有解釋：

> 書面意思為白山，也就是被雪覆蓋的山脈（即與喀喇塔什（Qaratagh）相區別，它代表著那些沒有永久性積雪的山脈），在局部，該詞通常被用作一個專有名稱，用於指代鄰近的特定雪山，但它被用作通用的地理概念時，需要補充內容，在地方性的運用中，需要加上某一地點的名稱，就像英語中的布萊頓郡、威爾特郡一樣，對於此點的忽視會引起混淆，導致地理上的錯誤，同樣也有一個地名被稱為阿克塔什，源自於其岩石的顏色。[2]

　　關於喀喇塔什（Qaratagh），他則指出，「喀喇意為黑色，喀喇塔什

---

①陳慶隆：《論白山黨（Aktaglik）與黑山黨（Aktaglik）》，《邊政研究所年報》，1971 年第 2 卷，第 216-218 頁。

②Robert Shaw, *A Sketch of the Turki Language as Spoken in Eastern Turkestan(Kashghar and Yarkand)*, Calcutta:Bapist Mission Press,1880,Part 2.p.11.

通常用於定名未被永久積雪覆蓋的山脈。」[1]這說明，阿克塔什、喀喇塔什的字面含義分別為白山、黑山，用於指代是否被常年的積雪所覆蓋的山脈，故而，阿克塔哈里克、喀喇塔哈里克的名稱很可能源自於突厥語。新疆地名中也分別有阿克塔什山、喀爾鐵蓋山，雖然並不能斷言上述名稱即與這兩座山相關，但應該可以推斷這兩座山的名稱應該源自於突厥語。

國外學者也有著用其他譯法指稱白山派和黑山派，其中，有分別將阿帕克、伊斯哈克名稱融入其中者，分別將兩派稱之為阿帕其耶（Afaqiyya）和伊斯哈其耶（Ishaqiyya）；19世紀60年代，瓦里漢諾夫指出了兩派的產生並非因教義上的區別，而是因為各自首領的不同，「依禪卡蘭的追隨者被稱為伊禪其耶（Ishkia），伊斯哈克瓦里的追隨者則指稱為伊薩其耶（Isakia）。後來，前者選擇以山中居民的名義來稱呼他們自己為蒙特阿爾巴尼安（Mont-Albanians）或者白山人（White Mountaineers），後者稱呼自己為門的內哥羅人（Montegegrins），或者黑山人（Black Mountaineers），這樣的區別延存至今。」[2]

白山派、黑山派名稱的產生與不同布魯特部落的支持存在關聯的說法，較早產生於英國學者貝柳（H.W.Bellew）所著《喀什噶爾史》這一長文中，載於福賽斯（T.D.Forsyth）所組織編寫的《1873年出使葉爾羌的報告》一書中，其中提及：

---

[1]*Ibid.*p.141.

[2]Valikhanof, M. Veniukof,etc,*The Russians in Central Asia*,1865,pp.167-168.該書的英文譯者將指稱和卓家族白山派、黑山派的詞，分別譯為巴爾干半島上與阿爾巴尼亞及黑山國相關的詞彙，顯係意譯，在俄文中，白山、黑山實際分別寫作 Bielogortsi（Белогорцы）和 Chernogortsi（Черногория），上述英文翻譯受到了斯坦福德（V. Strangford）的詬病，認為譯者本欲通過翻譯中的優雅轉換，來傳遞原文信息，並通過複合的外文組合來翻譯，而非僅僅是平白的英文，結果正適得其反。參見 *A Selection from the Writings of Viscount Strangford on Political,Geographical,and Social Subjects*,edited by the V. Strangford, Vol. Ⅱ,p. 182.

支持位居阿圖什的依禪卡蘭，即瑪木特・額敏（瑪哈圖木阿雜木的長子，其母為薩義德・玉素普的女兒）的一派，被稱為阿克塔哈里克（白山派），源自於北方的阿克塔什或者白山，他們在那裡尋求到吉爾吉斯人的外部支持。支持瑪哈圖木阿雜木幼子伊斯哈克的一派，被稱為喀喇塔哈里克（黑山派），源自於其所在地罕愛里克（Khanaric）西部的喀喇塔什或黑山，他們向此地的吉爾吉斯人尋求幫助。[1]

貝柳先生較早闡述白山派、黑山派的產生，係和卓後裔與不同地方的吉爾吉斯人進行合作的結果，這一說明也多為後來的西方學者所引用和闡述。美國學者約瑟夫・弗萊徹在其未刊稿《和卓影響下的六城》中，認為貝柳的闡釋雖然沒有文本的支援，但存在可能性，他也指出，白山與黑山名稱的起源並不能夠確定，一些闡釋將其與白羊、黑羊相聯繫，另一些人則將其與八世紀下半葉的阿拔斯王朝和阿爾穆坎納（al-Muqanna）（即呼羅珊戴面紗的先知）相聯繫，但這些闡釋的可能性較低，他認為貝柳的闡釋或為正解。[2]

英國學者奈伊・伊萊阿斯在《〈和卓傳〉導言》中指出：

其中的一些人對歷史有某些關係，因為他們表明了在瑪哈圖

---

[1] H.W.Bellew,History of Kashgar,in *Report of A Mission to Yarkund in 1873*,edited by T.D.Forsyth,Calcutta, 1875,p.174.罕愛里克，又作汗阿里克，喀什噶爾所屬回莊之一，《西域圖志》卷十七《疆域十》載：「汗阿里克，在赫色勒布伊南六十里，赫色雅、雅璊雅爾河兩河之間，有小城，西北距喀什噶爾城一百四十里。」

[2] Joseph F.Fletcher, Altishahr under the Khwajas,Harvard University Archives,HUG FP 100.45,*Joseph F.Fletcher,Jr.Lectures and Manuscripts ca.1977-1984*,BOX 2 ,pp.122-124. 陳慶隆先生也指出類似的說法與和卓家族分立為白山派、黑山派無關，並指出，阿拔斯王朝因與著白衣的倭馬亞王朝相對抗而選擇著黑衣，這是權力鬥爭的結果，穆坎納（Mukanna）係中亞本地人，之所以被稱為「蒙紗先知」並選擇穿白衣，是中亞本地人對抗阿拔斯統治者的結果，和卓家族的白山派、黑山派也與之無關。（陳慶隆：《論白山黨與黑山黨》，第 219-220 頁。）

木‧阿雜木死時，和卓中如何發生了分裂，結果是一派成為瑪哈圖木的長子伊善卡蘭的追隨者，而另一派則依附於他的小兒子伊斯哈克瓦里（Ishaq Wali）。看來伊善汗這一派獲得了阿克塔赫里克的名稱，或稱之為白山派；而伊斯哈克這一派則獲得了卡拉塔赫里克的名稱，或稱之為黑山派，但這些稱呼對其信徒所居住的地區並無什麼關係。他們都是東土耳其斯坦城市和平原的居民，但各派都和鄰近山裡的吉爾吉斯人結為同盟並顯然給以資助，使之為他們去打派仗。位於喀什噶爾以北的天山山脈西部的吉爾吉斯部族，以「白山派」而聞名，而在帕米爾一帶的吉爾吉斯人則被稱為「黑山派」，這樣和卓們開始以他們吉爾吉斯盟友的名字為名稱。

這表明，瑪哈圖木阿雜木離世後，和卓家族產生了分裂，「白山派」「黑山派」本來分別為天山西部的布魯特和帕米爾一帶的布魯特的名稱，因瑪哈圖木阿雜木之子依禪卡蘭和伊斯哈克瓦里分別與兩部分布魯特結盟，這就導致兩派和卓家族各以其布魯特盟友的名字來命名，依禪卡蘭一派被稱為白山派，伊斯哈克瓦里一派被稱為黑山派。

陳慶隆先生認為，瑪哈圖木阿雜木之後，其子依禪卡蘭（穆罕默德‧額敏）（Isan Kalan）與伊斯哈克瓦里（Ishak Vali）之間即產生了分歧，在追隨二者的信徒中分別產生了 Isaniye 和 Ishakiye 兩派，並認為兩派的最大差異為，前者是保守的、傳統的，後者屬於自由的、修正的，並指出：

> 和卓家族自 Apak 起，Isaniye 及 Ishakiye 兩黨的鬥爭漸趨激烈，再加上 Apak 家族的內鬥，遊牧民族吉爾吉斯、哈薩克的介入，準噶爾的從中挑撥，故有一連串的鬥爭而流血不止。如白山黨 Ahmed 和卓對黑山黨 Daniyel 和卓的傾軋。白山黨大、小和卓對黑山黨 Yusuf 兄弟的纏鬥，這流血的鬥爭並不象徵宗教思想的分歧，而是表現著政治權力的爭奪。故象徵宗教分裂的 Isaniye 及 Ishakiye 乃不被沿用。而代之以白山黨和黑山黨的名稱。當然

在本質上是不容混淆的。Isaniye 及 Ishakiye 的對立，是宗教重於政治的，白山黨與黑山黨的對立，是俗世重於精神的。[1]

這一說明無疑較具參考價值，他認為瑪哈圖木阿雜木之後的和卓家族所產生的分裂分為不同的階段，且不同階段中兩派的名稱也不同。Isaniye 與 Ishakiye 兩派間的對立，主要表現為宗教思想上的分歧，而自阿帕克所處時代起，因受兩派鬥爭的加劇、吉爾吉斯等遊牧部落的支持、準噶爾政權的挑撥等因素的影響，上述兩派間俗世的、政治權力的鬥爭逐漸居於主導地位，偏於政治鬥爭的名稱白山派和黑山派也就逐漸取代了上述象徵宗教思想分立的名稱。

西方學者也指出了白山派、黑山派名稱的產生時間，如亨利·史華慈（Henry G. Schwarz）指出：「多數研究已認可這些名稱源自於兩個吉爾吉斯部落，在其內部鬥爭中，他們各自支持一支和卓派系。」他也闡明了白山派、黑山派名稱的適用範圍，認為並不能夠以此指稱阿哈瑪特、達涅爾對立時代之前的和卓先祖：

> 儘管先前的和卓世代可能已與這些高山居民產生聯合，但沒有任何現存文獻提及之。所以，我們推斷，直到白山派阿哈瑪特與黑山派達涅爾這一代人之時，吉爾吉斯人才為了其所支持的和卓派系而相互鬥爭。故而，如大多數敘述中將白山派、黑山派用之於早些時代的和卓家族，這從歷史上說，並不準確。[2]

史華慈也指出了白山派、黑山派本為不同布魯特派別的名稱，和卓家族內部派別的分裂源自於此，但僅在阿哈瑪特、達涅爾相互對立時，布魯特才與兩派和卓家族成員分別結盟，這就從時限上，對和卓

①陳慶隆：《論白山黨（Aktaglik）與黑山黨（Aktaglik）》，《邊政研究所年報》，1971 年，第 2 卷，第 222、224 頁。

②Henry G.Schwarz,The Khwajas of Eastern Turkestan,*Central Asiatic Journal*, Vol.20, No.4, 1976,pp.280-281.

家族白山派與黑山派的產生時間進行了考辨。根據阿哈瑪特、達涅爾所處時代，可以推斷史華慈所強調的時間應該為 18 世紀初期，這一說法正與陳慶隆先生的上述說法存在著契合之處，強調白山派、黑山派的產生與阿哈瑪特、達涅爾的鬥爭相關。前文提到了吉爾吉斯人參與白山派、黑山派之間的鬥爭過程，史華慈、陳慶隆等學者強調達涅爾這一代人才產生了白山派、黑山派的名稱，很可能與吉爾吉斯人迎回達涅爾和卓最終將其安置於葉爾羌有關，這也促使白山派所據的喀什噶爾與黑山派所據的葉爾羌之間相互鬥爭，這一過程中，吉爾吉斯人發揮了重要作用，白山派、黑山派名稱可能正式產生於這一時期，前文提及，潘向明先生也有類似的說明。

　　約瑟夫・弗萊徹也曾指出白山派、黑山派產生於 18 世紀早期，且與布魯特（吉爾吉斯）部落的支持相關，並從詞源的角度考證了白山派、黑山派的內涵：

> 約在 18 世紀初的某個時期，伊斯哈其耶派（Ishaqiyya）被稱為喀喇塔哈里克（黑山派），顯然是因為伊斯哈克派在喀喇塔什（帕米爾）的吉爾吉斯人中勢力較強，出於對比，阿帕其耶派（Afaqiyya）被稱為阿克塔哈里克（白山派），阿克塔什是阿圖什北部天山山脈中一座山的名稱，阿帕克派享有該地吉爾吉斯眾人的支持。另一種說法的出現或許較晚，認為這兩個名稱中的第二個詞根（tagh），並非源自突厥語塔什，意為「山」，而是阿拉伯詞源中的一個詞，塔克（taqi），它表示了來自不同神秘修行路徑的謝赫所戴的法冠（mitres），因此兩派分別被命名為「黑帽」和「白帽」，這一解釋的可能性雖然低於與山脈相關的解釋，但瑪哈圖木阿雜木確曾戴過這樣的法冠。[1]

---

[1] Joseph F.Fletcher,The Naqshbandiyya in Northwest China,edited by Jonathan N.Lipman , in *Studies on Chinese and Islamic Inner Asia*,edited by Beatrice Forbes Manz, Variorum, 1995,XI,pp.10-11,note 3.該文係約瑟夫·弗萊徹的遺作，生前並未發表，他1984年離世後，

　　弗萊徹也闡明，其中一種說法認為，18 世紀初時阿帕克派與伊斯哈克派因受到不同地區布魯特的支援，分別被稱為白山派和黑山派，這種說法主要基於將兩派名稱中的關鍵字根視為突厥語詞匯；另一種說法，將該詞根視為阿拉伯語詞彙，解釋為冠、帽之意，如此也就將兩派分別稱為白帽派和黑帽派，且通過文獻知曉納克什班底教團確曾強調過佩戴冠帽。

　　勞拉·紐比認為，「在 18 世紀初，阿帕克一派和伊斯哈克一派分別被視為阿克塔哈里克（白山派）和喀喇塔哈里克（黑山派），通常認為，他們因與之相聯繫的吉爾吉斯人而採納這些名稱，其中一部分吉爾吉斯據稱起源於帕米爾（喀喇塔什），另一部分則源自阿圖什北方的山脈（阿克塔什）。」[1]她也指出了學界多認為白山派、黑山派名稱源自於與之結盟的吉爾吉斯人，並將其產生的時間追溯至 18 世紀初期。

　　伊森比克·圖干將 1679—1759 年這八十年間視為和卓統治時期，她認為這一時期南疆地區的統治者由成吉思汗後裔轉至和卓家族及地方貴族，蒙兀兒斯坦因城市據點的破壞和天山北麓商貿路線的漸衰而失去了團結的動力並變得支離破碎，吉爾吉斯和哈薩克在這種分解的政治結構中發揮作用，並成為了塔里木盆地政治中不可或缺的構成部分。而對於白山派、黑山派的分立及其相互鬥爭，她則認為，這是因

相關文稿藏於哈佛大學檔案館，經李普曼整理後刊出。關於瑪哈圖木阿雜木戴法冠一事，弗萊徹提請閱讀其論文《納克什班底和吉克爾》（*The Naqshbandiyya and the dhikr-i-arra*），發表於《土耳其研究》（Journal of Turkish Studies），1977 年第 1 卷，第 117-118 頁，在該文中，他通過援引相關阿拉伯文獻，表明瑪哈圖木阿雜木通過自己的體驗，不允許哲合忍耶（Jahriyya）高念（vocal）吉克爾，而是通過戴冠低念(silent)吉克爾。弗萊徹也認識到漢文文獻中將兩派稱為白帽回、黑帽回，但這些稱呼並不僅僅與阿帕克派和伊斯哈克派之間的區別相互關聯，因為漢文中與帽相關的用法同樣適用於區分西藏的藏傳佛教教派。19 世紀的漢文文獻也稱呼黑山派和白山派，中國傳統的史籍將阿拔斯王朝稱為黑衣大食，將倭馬亞王朝稱為白衣大食。

[1] Laura J.Newby,*The Empire and the Khanate:A Political History of Qing Relations with Khoqand c.1760-1860*, Leiden & Boston : Brill,2005,p.22,Footnote 1.

為塔里木盆地周圍的草原價值觀與綠洲文化的持續，使得物質生活和文化形式間的衝突日漸凸顯，這種鬥爭的解決方案最終通過政治衝突來凸顯。白山派和黑山派實際代表了兩種價值觀下的不同統治模式，黑山派強調權力共用與再分配的價值體系並與貴族精英合作，而白山派則基於大眾的支持，在累積式的經濟模式中壟斷權力。[①]這一分析，注意到了吉爾吉斯人在和卓統治時期政治鬥爭中扮演了重要作用，更為深入地解析了白山派與黑山派在爭取世俗統治權力方面所呈現出來的不同，並結合經濟實踐的過程，說明了兩派政治鬥爭的大背景，這也表明了白山派、黑山派參與世俗政治鬥爭的背後，蘊藏著諸多複雜的因素。

我國學者組織編寫的《柯爾克孜族簡史》結合察合台文《和卓伊斯哈克傳》，指出了白山派、黑山派的名稱源自於兩派所戴的白帽、黑帽，故又稱為白帽派、黑帽派，在 17 世紀初，葉爾羌汗國阿布都‧拉提甫汗在位時期，鎮壓伊斯哈克瓦里信徒，於是汗國內的蘇菲派分化、對立，「伊斯哈克‧瓦里派信徒在公共場合常戴黑帽，故又稱為黑帽派，或黑山派；卡蘭派的信徒常戴白帽，故又稱為白帽派，或白山派。在黑帽派、白帽派相互鬥爭時，柯爾克孜族大都支持黑帽派，反對白帽派。」[②]柯爾克孜族學者安瓦爾‧巴依圖爾認為，葉爾羌汗國蘇菲派分立為兩派，與柯爾克孜人的支持毫無關聯，兩派名稱實際起源於不同派系黨羽所佩戴的黑帽、白帽或腰間所系黑色、白色布腰帶而產生，馬汝珩先生根據清代漢文文獻，推斷以佩戴的顏色不同來區別兩派的說法，近乎真實。[③]安瓦爾‧巴依圖爾在《論阿帕克和卓》一文中，認

①Isenbike Togan,Differences in Ideology and Practice:The Case of the Black and White Mountain Factions,*Journal of Sufism*,2001(3),pp.25-37.

②《柯爾克孜族簡史》編寫組：《柯爾克孜族簡史》，新疆人民出版社，1985 年，第 71 頁。

③馬汝珩：《略論新疆和卓家族勢力的興衰》（上），《寧夏社會科學》，1984 年第 2 期，章節附註 26。

為「白帽回」一詞源自阿拉伯語「阿克達斯塔爾」[1]，意為白帽，也被稱為白山派、白蠡派、白柳派等；「黑帽回」也被稱為「伊斯哈克耶」，意為黑帽，也被稱為黑山派、黑蠡派、黑柳派等。[2]

　　對於上述認為兩派名稱因兩派所戴帽子的顏色不同而產生的觀點，潘向明先生進行了考辨，他通過整理清代史籍中對南疆地區人們所戴帽子情形的記載，發現人們並未戴純然的白色或黑色帽子，一般戴花紅色之帽，即使阿訇，也僅以白布纏頭，並未見其以黑布裹首。隨之，他又指出，阿克塔克里克、喀喇塔克里克兩名詞中的「塔克里克」為山巒之意，維吾爾語帽子的發音為「特克依」，當快讀「塔克里克」時，人們可能將其誤認為帽子，清朝官方文獻以白帽回、黑帽回來指稱兩派。[3]顯然，他反對那種認為兩派因所戴帽子顏色不同而得名的觀點。前文提及，他實際較為認同兩派因柯爾克孜人的大量參與政治鬥爭而正式得名。

　　通過中西方學者的一些相關闡釋，可以看出，僅通過漢文文獻中所載的白山派、黑山派或白帽派、黑帽派，難以確定相關詞彙的來源，通過滿文文獻和國外學者的闡釋可知，這些詞彙應源自於突厥語。瑪哈圖木阿雜木故去之後，其子依禪卡蘭和伊斯哈克瓦里即已產生宗教上的分歧，其所屬教徒因而產生兩個不同派別，分別稱為伊禪其耶（Isaniye）或阿帕其耶（Afaqiyya）和伊斯哈其耶（Ishakiye）或伊薩其耶（Isaqiyya），此時，兩派已經產生了分裂，但主要基於宗教上的差異性。十八世紀初期以來，由於政治權力鬥爭的加劇，兩派逐漸由宗教思想上的差異轉變為世俗政治上的鬥爭，白山派（Aqtaghliq）和黑山派

---

①有關「達斯塔爾」，《皇朝藩部要略》載：「回部不詳其世系，大部二，曰哈密回部，曰吐魯番回部……以白布蒙頭，故稱曰纏頭回，又稱曰白帽回，回人自呼白帽曰達斯塔爾，別有紅帽回、輝和爾哈拉回諸族，然以纏頭回為著。」（祁韻士：《皇朝藩部要略》卷十五，《回部要略一》。）

②安瓦爾·巴依圖爾：《略論阿帕克和卓》，《民族研究》，1982年第5期。

③潘向明：《清代新疆和卓叛亂研究》，北京：中國人民大學出版社，2011年，第57-58頁。

（Karataghliq）的名稱因此正式產生，在此過程中，布魯特（吉爾吉斯）部落的介入，助推了兩派間的政治鬥爭，白山派、黑山派名稱的產生，應與布魯特部落對兩派的支持存在一定的關聯。

　　學界關於白山派、黑山派名稱的產生原因，仍存分歧，但從中可見，布魯特在和卓家族後裔兩派間的鬥爭中，成為了和卓家族的親密盟友，布魯特由此與和卓家族產生了密切聯繫，一些布魯特首領成為白山派、黑山派共同的籠絡對象，他們善於根據時局變化選擇依附的對象，清朝統一新疆後，白山派和卓後裔在仍為追求合法性統治而展開一系列叛亂，他們的熱情直至阿古柏統治時期方才消退①，在和卓後裔一系列叛亂中，皆有部分布魯特人附和於其中，這也成為影響諸部落與清朝政治關係親疏的重要因素，故而布魯特與和卓家族間的聯繫貫穿於清代新疆布魯特歷史的始終。

---

① Isenbike Togan,Islam in a Changing Society:The Khojas of Eastern Turkistan,in *Muslim in Central Asia:Expressions of Identity and Change*,ed.by Jo-Ann Gross,Durham and London : Duke University Press,1992,pp.134-148.

第二章　乾隆年間東西布魯特的歸附及諸部的分類

　　乾隆二十年（1755），準噶爾部達瓦齊政權瓦解之後，清朝政府即著手於收服天山南路地區，先是派遣白山派大和卓布拉呢敦（波羅尼都）前往天山南路，擊敗了黑山派和卓，使得清朝政府暫時統一了新疆天山南北。但乾隆二十一年（1756），當準噶爾部舊台吉阿睦爾撒納在天山北路發動叛亂後，小和卓霍集占趁機逃至天山南路發動了叛亂，原本效忠於清朝政府的布拉呢敦也被捲入其中。隨之，乾隆二十三年至二十四年（1758-1759），清朝政府平定大小和卓之亂，並最終統一了天山南北兩路。

　　布魯特作為天山南路的重要民族，在清朝收服天山南路、平定大小和卓的過程中皆扮演了一定的積極角色，東、西布魯特多部也先後歸附於清朝。上述的歷史過程，有助於分析布魯特與和卓家族所產生的關聯，認識布魯特人在清朝統一新疆的過程中所發揮的積極作用。

第一節　東布魯特的歸附

一、相關背景及歸附過程

　　乾隆二十年（1755），當大和卓布拉呢敦與清軍招撫了天山南路之後，阿睦爾撒納即在天山北路發動了叛亂，招納降人、公開叛清，定

邊左副將軍班第兵敗自殺,清朝一度失去對天山北路廣大地區的控制。乾隆二十一年(1756)初,清朝發兵進剿,平定了阿睦爾撒納之亂,再定伊犁。小和卓霍集占一度幫同清軍平定叛亂,但他卻於清軍進剿之時,乘亂逃至天山南路地區,侍衛托倫泰一度被回人擒獲,霍集占至天山南路後,釋放被執的托倫泰,但托倫泰遲遲未歸,兆惠又派遣副軍統阿敏道率兵收服天山南路,未料霍集占並無意歸服於清朝,並於乾隆二十二年(1757)三月戕害阿敏道及數百名清軍,由此霍集占在天山南路發動了叛亂,其兄布拉呢敦本來對霍集占加以勸阻,但在霍集占的拉攏之下最終附和其中,由此,大小和卓發動叛亂。此後,清朝準備發兵天山南路,統一新疆。乾隆二十三年(1758)正月,當清朝政府正舉兵前往南疆平定大小和卓叛亂之時,因清軍將由天山北路經由特木爾圖淖爾(伊塞克湖)沿岸前往南疆,乾隆帝宣諭於布魯特部落:

> 爾布魯特,本不與準噶爾相涉,但舊為鄰國,今準噶爾全部平定,則爾土地即與朕疆界毗連。爾等若如哈薩克慕化來歸,朕將令照舊安居、不易服色、不授官爵、不責貢賦,惟遣使來請朕安,即加恩賞賚。其或爾等,以外藩習俗,與中國異宜。不欲投誠降服,亦惟爾便,但能約束所部,永守邊界,不生事端,朕亦不加兵騷擾。倘爾等不安常分,或越界遊牧,肆行盜竊,則係自啟釁端,斯時問罪興師,爾悔將何及。朕仁愛為心,不惜開示利害,尚其熟思審處。[1]

這表明乾隆帝以哈薩克歸附為例來宣諭於布魯特,由布魯特選擇投誠與否,並闡明了其中的利害關係:如若投誠,即令其照舊安居,「不易服色、不授官爵、不責貢賦」,若不投誠,則要求其「約束所部,永守邊界,不生事端」,這就將布魯特作為「外藩」來看待,此時宣諭布魯特,旨在要求其配合清軍追剿大小和卓。

---

[1]《清高宗實錄》卷555,乾隆二十三年正月丙辰。

當年四、五月間，定邊將軍兆惠即招服了東布魯特多部，四月三十日，當兆惠領兵至善塔斯嶺[①]處時，其屬下之探哨士兵行至特木爾圖淖爾岸邊時，見百餘騎兵，因清軍沒收其遊牧馬群，產生了衝突，「伊等放槍救護，我兵射殺三人，傷一人」[②]，後經清軍中之厄魯特人齊里克齊告稱其為清朝大兵，方才有一名布魯特騎兵告知：「我等是布魯特，聞大兵在和落霍澌等處剿滅厄魯特，今因馬群被收，一時不識，情願投順等語。」

隨之，齊里克齊招服薩伊克（薩雅克）鄂拓克頭目圖魯啟（起）拜、鄂庫開（另作鄂庫拜）及其所屬六十餘人，圖魯啟拜將薩雅克、薩喇巴哈什（薩爾巴噶什）兩鄂拓克的基本情況告之於清軍：

> 我布魯特右部十鄂拓克，左部五鄂拓克，我等居右，今遷於哈爾哈里固勒米、圖古斯塔老；其左部呼車、薩老、賀泰三鄂拓克，共千餘戶。距右部有十五日之程，俱可令其頭目來見，其餘左部二鄂拓克在安集延，右部八鄂拓克與喀什噶爾相近。[③]

這對於瞭解布魯特諸部的基本情況具有重要作用，聽聞圖魯啟拜的陳述之後，兆惠向其說明清軍之來意，「今大兵征討回部，士馬糧餉甚足，不須協助資給，但選派熟識道路，及招服各部落之人，隨軍效力。至厄魯特等盡已殲滅，惟布庫察罕、哈薩克錫喇等脫逃，如在爾

---

①善塔斯嶺，位於伊塞克湖東北方向，伊犁鄂爾果珠勒卡倫西南約一百三十里處，《伊江集載・山川》載：「善塔斯達巴罕在惠遠城西南八百里。」兆惠此時率軍自伊犁前往喀什噶爾，選擇經由善塔斯嶺、巴爾琿嶺，渡納林河，再往東南方向行至喀什噶爾，該線路為伊犁前往南疆的四條古道之一，「西南出鄂爾果珠勒卡倫，一百三十里，逾善塔斯嶺，五百五十里，逾巴爾琿山，一百八十里渡納林河，四百五十里，至烏蘭烏蘇河，以達塔什噶爾，路可行車，即三冬亦無雪阻之虞。清乾隆時，兆惠由此追討大小和卓木至巴達克山。」（謝曉鐘著：《新疆遊記》，薛長年、宋廷華點校，蘭州：甘肅人民出版社，2003年，第119頁。）

②《平定準噶爾方略》正編卷56，乾隆二十三年五月甲寅。

③同上。

境內自當擒獻，據稱並無投入之人。」即不要求布魯特供給糧餉，只要求其選派熟識道路之人作為嚮導、隨軍效力，並要求其留意協助抓取厄魯特人哈薩克錫喇等；隨即，兆惠將上文中乾隆帝於當年正月所發諭令「譯讀宣示」於圖魯啟拜等人，圖魯啟拜跪拜，並告稱「大皇帝仁恩如此，我布魯特婦人孺子，無不歡感」，這也標誌著乾隆帝有關布魯特的諭令正式宣告於布魯特人，圖魯啟拜等人則表示誠服於清朝。

布嚕特頭目

布嚕特頭目婦

圖 2-1　布魯特頭目形象圖[1]

隨後，兆惠派人同圖魯啟拜一起前往招撫其他布魯特各部，五月初四日起程，十二日，至圖魯啟拜遊牧地珠木罕[2]，次日，宣召其所屬各部，各部屬眾及在此地的塔拉斯頭目邁他克之子額什博托亦在此跪拜、聽聞乾隆帝諭令。額什博托告稱「塔拉斯有四千餘戶，係瑪木特

①傅恆等撰：《皇清職貢圖》，卷二，乾隆朝內務府刻本，哈佛大學哈佛燕京圖書館藏。
②珠木罕，又作珠穆翰，位於伊塞克湖西部，喀喇河上游地區。

呼里比總管，哈喇博托、邁塔克、阿克拜分領。由此處行走，五六日可至。」①侍衛托倫泰於五月十四日起程前往塔拉斯，招撫該地各部，侍衛烏爾登亦於此時起程，十八日至圖固斯塔老②，見到薩爾巴噶什頭目車里克齊，並於次日向該部宣示諭令，車里克齊則敬獻牛羊百頭，願赴京入覲，並於六月初三、四日行至軍營，定邊將軍兆惠要求其協助擒拿厄魯特逃人及大小和卓。當時，鄂庫之弟那雜爾、車里克齊之弟懇遮等人也隨車里克齊等人至軍營，「六月初三、四等日，那爾遜等帶領薩拉巴哈什之車克齊（車里克齊）、鄂庫之弟那雜爾、車里克齊之弟懇遮，塞伊克鄂拓克之圖魯起拜並伊叔柏圖拜等陸續到營。」③

「又詢以入覲人數，據稱我瑪木特呼里比，年九十餘，身體過胖，坐時腹垂至地，不能乘馬，惟車里克齊、圖魯起、尼沙三人赴京等語。」、「初九日，派三等侍衛達桑阿照看，車里克齊等赴京。」④這說明，車里克齊等人於六月初九日左右起程赴京入覲，是為首批入覲的布魯特首領。關於此，《清高宗實錄》載：「定邊將軍兆惠等疏報，布魯特部落薩喇巴哈什頭目車里克齊、圖魯起、尼沙等歸誠。」⑤車里克齊為薩爾巴噶什部屬人，此處的圖魯起即為薩雅克之比圖魯啟拜，參贊大臣富德於當年七月至塔拉斯，曾奏「又詢邁塔克等云，從前圖魯起等告稱，塔拉斯有三鄂拓克」，此處說明圖魯起即為此前告稱布魯特基本情況的圖魯啟拜，而尼沙則實際為蘇勒圖部之比，《欽定新疆識略》載：「泥沙於乾隆二十三年入覲，賞戴三品頂花翎。」⑥

---

① 《平定準噶爾方略》正編卷 58，乾隆二十三年七月壬辰。

② 圖固斯塔老，又作圖古斯塔老，位於納林河中游之南岸，位於珠木罕南部，西部界連安集延。

③ 《吏部內閣抄出兆惠等奏移會》，中央研究院歷史語言研究所刊行：《明清史料庚編》（下冊），臺北中華書局，1960 年，第 1915 頁。

④ 《平定準噶爾方略》正編卷 58，乾隆二十三年七月壬辰。

⑤ 《清高宗實錄》卷 566，乾隆二十三年七月壬辰。

⑥ 《欽定新疆識略》卷 12《布魯特》。

圖 2-2 布魯特民人形象圖[1]

　　其後，瑪木特呼里比因其年事已高，且不便遠行，遣其弟舍爾伯克等入覲，「十九日，烏爾登率舍爾伯克及其族弟呼岱巴爾氏來營，查瑪木特呼里比遣弟入覲，甚屬恭順，應即派烏爾登伴送赴京。」[2]乾隆帝降諭，要求厚待舍爾伯克等人：「烏爾登伴送入覲之布魯特等，行至巴里坤、肅州等處，俱著優加宴賚，以示慈惠。」[3]舍爾伯克等人入覲，他們也成為了第二批入覲的布魯特首領。六月二十三日，前往塔拉斯的侍衛托倫泰奏報，已招撫霍索楚[4]鄂拓克頭目邁塔克、啟台鄂拓克頭

---

① 傅恆等撰：《皇清職貢圖》，卷二，乾隆朝內務府刻本，哈佛大學哈佛燕京圖書館藏。
② 《平定準噶爾方略》正編卷 58，乾隆二十三年七月癸卯。
③ 同上。
④ 即胡什齊部，清朝統一新疆後，該部在楚河、塔拉斯河流域有所分佈，在烏什卡外也有分佈，但乾隆年間與清朝關係緊密的胡什齊部，主要為烏什地區的胡什齊部。

目喀喇博托等，「因喀喇博托年百歲餘，兩目失明，邁塔克年已望七，亦難行走。邁塔克遣其弟舒庫爾，喀喇博托遣其侄哈畢啟來至軍營。」[1]隨即，舒庫爾、哈畢啟由托倫泰伴送入覲，他們成為當年第三批入覲的布魯特首領。

兆惠後奏稱：「臣等兵抵索勒屯、薩里等處，招服布魯特人等，遣其頭目，分為三起入覲。」[2]上述三批次的布魯特頭目入覲，即為兆惠所稱「分為三起入覲」，此處的索勒屯即為蘇勒圖部，薩里即薩婺部，蘇勒圖部頭目尼沙之所以隨同車里克齊、圖魯啟拜一起入覲，是因為兆惠所遣侍衛也招服了蘇勒圖部。當年九月初，三起入覲者分別抵京，九月三日，「布魯特使臣車里克齊等來朝，賜宴」[3]；九月六日，「賜布魯特使臣舍爾伯克宴」[4]；九月八日，「布魯特使臣舒庫爾來朝，賜宴」[5]。

七月初，參贊大臣富德正率兵追捕厄魯特逃人哈薩克錫喇，並辦理西哈薩克事宜，當其行抵塔拉斯時，霍索楚頭目邁塔克、哲野木，啟台頭目喀喇博托之弟喀喇們都、子阿薩木等人皆來求見，並提及侍衛托倫泰招撫之事。隨即，富德追問，「從前圖魯起等告稱，塔拉斯有三鄂拓克，今惟科索楚、啟台兩處，其薩婺鄂拓克之阿克拜，何以未來？」[6]布魯特人告稱阿克拜等人「相距頗遠，且與回人額哲伯特相攻。故前此未導侍衛前往，今阿克拜過夏之地，去此只四五日程期」，其後，富德遣人至阿克拜所居之地，阿克拜之子伯勒克、愛達爾伯克之弟諾奇來見，本欲赴京入覲，但因忙於追捕哈薩克錫喇，即令「阿克拜等使人，今且回遊牧」，故並未遣人伴送該部使人入京。

---

① 《平定準噶爾方略》正編卷 59，乾隆二十三年七月丙午。

② 《平定準噶爾方略》正編卷 59，乾隆二十三年八月甲寅。

③ 《平定準噶爾方略》正編卷 61，乾隆二十三年九月丙戌。

④ 《清高宗實錄》卷 570，乾隆二十三年九月己丑。

⑤ 《平定準噶爾方略》正編卷 61，乾隆二十三年九月辛卯。

⑥ 《平定準噶爾方略》正編卷 60，乾隆二十三年八月辛巳。

清朝文獻將乾隆二十三年（1758）歸附清朝的布魯特諸部統稱為東布魯特，上述薩爾巴噶什、薩雅克、蘇勒圖、霍索楚、啟台、薩婁等部皆被劃入東布魯特的範圍之內，東布魯特這一名稱，係清朝根據眾多布魯特部落地理位置的不同所做出的界定，與之相對應的是西布魯特，東布魯特諸部親緣關係較近，各部間的統一性更強，並形成了鬆散的聯盟關係，後文將有更具體的論述。

二、東布魯特諸部歸附清朝的動因

在清乾隆年間統一新疆的過程中，東布魯特多部相繼歸附於清朝政府，這些部落曾被準噶爾部驅逐至費爾干納盆地，他們在此時得以返回其位於伊塞克湖沿岸的遊牧地，並向清朝政府奏請賞與其遊牧地。

富德在乾隆二十三年（1758）七月行至塔拉斯，招撫諸部布魯特時，啟台頭目喀喇博托提出了返回被厄魯特所占牧場一事，根據滿文檔案，八月初四日，富德奏「布魯特人喀拉博托率屬請求遷回其被厄魯特所占之牧場摺」[1]，富德率軍行經塔拉斯時，喀喇博托提出返回其原遊牧地，這樣的現實訴求應是布魯特諸部順勢歸附清朝的重要動因。薩爾巴噶什頭目車里克齊拜見兆惠時，提出：「我等舊遊牧地，求給賞為業」，兆惠則告知，準噶爾部平定之後，清朝將在格根、喀爾奇喇[2]、

---

① 《清代邊疆滿文檔案目錄》，第 6 冊新疆卷 1，第 250 頁。

② 格根、喀爾奇喇（哈爾奇喇）本均為河流名稱，大體位於伊犁西南鄂爾果珠勒卡倫西南方向，善塔斯嶺的東北地方，清朝統一新疆後沿河設置格根、喀爾奇喇卡倫，《西域水道記》載：「鄂爾果珠勒水東流，匯沙喇雅斯。沙喇雅斯挾以北流，達鹽池口水。鹽池口水西流四五十里，經格根卡倫北，（格根，明也，見《元史語解》。格根卡倫東南距鄂爾果珠勒卡倫七十里。）是為格根河。又西流四十餘里，哈爾奇喇水來匯。水發自鄂爾果珠勒山南五十餘里，西北流，經哈爾奇喇卡倫北。（卡倫東距沙喇雅斯卡倫七十里。）又西北流，南匯尼楚袞哈爾奇喇水，折而北流，經齊齊罕圖小卡倫東，東距格根卡倫六十里。匯於格根河。格根及哈爾奇喇水側向為東布魯特

特木爾圖淖爾等處安設卡倫，並稱：「伊犁有大兵駐防，若爾等遊牧狹隘，惟抒誠懇請恭候大皇帝指賞，不可私行遷徙」[1]，兆惠告知車里克齊不得擅自遷徙，這說明準噶爾部統治之時，布魯特遊牧地多被準噶爾部領主所佔領，及至準噶爾政權瓦解，歸附於清朝的布魯特，將返歸其舊遊牧地作為重要訴求。

乾隆二十三年（1758）十月，車里克齊、舍爾伯克、舒庫爾等人入覲時，又向乾隆帝提出了賞給其舊遊牧地一事，乾隆帝當時言及：「雖爾等舊遊牧，久被準噶爾所侵，豈可仍視為爾土，但爾等既為臣僕，此地頗屬寬閑，或附近遊牧之處，酌量賞給，以裨生計，尚屬可行，俟交將軍大臣等查奏後，再降諭旨。」[2]這說明乾隆帝對布魯特的訴求仍然保持著審慎的態度，稱待將軍大臣查勘之後，酌量賞給。隨即，乾隆帝又降諭於兆惠、富德，「若遇布魯特使人，即遵照宣示，兆惠等，若知此地原委，即指明具奏，如未深悉，可派員詳悉查勘，除附近伊犁及尚可屯田之處，斷不輕與。或附近伊等遊牧，荒廢無用者，酌量指給，仍須詳定邊界。」根據布魯特的相關訴求，詳細查勘土地邊界，除了伊犁附近及用於屯田的土地之外，可將鄰近於布魯特的寬閑遊牧之地酌情賞與。該諭令很快得到了執行，當年十一月，參贊大臣富德「奏報特穆爾圖諾爾一帶地形、地貌、物產，以便確定布魯特遊牧邊界」[3]。

清朝政府平定準噶爾部之後，將準噶爾部土地劃入清朝版圖之內，這些土地與內地具有同等的地位，故而，並未輕易許諾賞給布魯特土地，而是需要在詳細查勘之後，賞給其「荒廢無用者」，同哈薩克部相

牧地，準噶爾侵秩，故西邊焉。」（徐松著，朱玉麒整理：《西域水道記》（外二種），北京：中華書局，2005 年，第 261-262 頁。）

[1]《平定準噶爾方略》正編卷 58，乾隆二十三年七月壬辰。

[2]《平定準噶爾方略》正編卷 62，乾隆二十三年十月丁巳。

[3]《清代邊疆滿文檔案目錄》，第 6 冊新疆卷 1，第 270 頁。

類，布魯特多部雖經歸附，但清朝政府仍視之為外藩，此前，乾隆帝在頒給布魯特人的諭令中即言：「爾等若如哈薩克慕化來歸，朕將令照舊安居，不易服色、不授官爵、不責貢賦，惟遣使來請朕安，即加恩賞賚。其或爾等，以外藩習俗，與中國異宜。」[1]並未將其納入版圖或在其地設郡置縣，清朝儼然與布魯特保持著一定的界限，即「藩界」。《西陲總統事略》載，「邊界者，係指卡倫外接界處所而言」[2]。

　　乾隆二十五年（1760）七月，副都統豐瑞亨奏稱，「布魯特一千餘戶，移來阿特巴什居住」[3]，有厄魯特侍衛稱「阿特巴什原系厄魯特遊牧」，鑒於此，乾隆帝言「準噶爾蕩平，凡有舊版圖，皆我版圖，布魯特曾經歸附，豈可妄行逾越？即應體察驅逐。」但據霍集斯所知，該地「原係布魯特之地，為準噶爾所侵，大兵平定之後，布魯特等已移居三四年」，這說明此地曾為布魯特所有，後來為準噶爾人所掠奪，故而，乾隆帝諭令曰：「其或此地原非準噶爾所有，又在特穆爾圖淖爾及巴勒琿嶺之外，自當聽其遊牧。即係準部之地，而遠處邊末，與我界不相聯附者，亦不必張惶遣兵驅逐。」即如同此前的要求一樣，仍令大臣調查清楚該地之原委，若無關緊要，即不必驅逐布魯特人。

---

①《清高宗實錄》卷 555，乾隆二十三年正月丙辰。

②祁韻士：《西陲總統事略》，卷六《訓練》。

③《平定準噶爾方略》，續編卷 4，乾隆二十五年七月辛酉，下引文同出此條文獻。

圖 2-3　伊塞克湖周圍地區示意圖[1]

　　其後，參贊大臣舒赫德查閱此前富德所繪特木爾圖淖爾地圖，地
圖中並無阿特（克）巴什[2]之名，又有厄魯特人稱「此地係布魯特那林
郭勒之西山，從前準噶爾曾奪取為沙喇斯遊牧，似非越界」[3]，故而，
乾隆帝稱：「舒赫德既查閱地圖，阿克巴什原係布魯特遊牧，雖經準噶
爾佔據，而離伊犁甚遠，即應以無庸辦理具奏，何必再行質詢？」同
時，他命令阿桂「於巡查之便，再行質詢明白」。這說明，阿特巴什本
來即為布魯特遊牧之地，後來為準噶爾人所侵略，此時，布魯特人移

①譚其驤：《中國歷史地圖集》，第八冊（清時期），北京：中國地圖出版社，1996 年，
　第 52 頁。

②位於納林河上游地區，今吉爾吉斯斯坦阿特巴施，圖 2-3 中有標注。

③《平定準噶爾方略》，續編卷 5，乾隆二十五年七月丁卯，下引文同出此條文獻。

居阿特巴什，並未「越界」，這裡的「界」，當為清朝治理下的土地與外藩之間的邊界。

其後，參贊大臣阿桂派人查勘特木爾圖淖爾、阿特巴什等地，至特木爾圖淖爾，即遇見車里克齊屬人在該地采鐵，其後，「由巴勒琿嶺，行八百里，至納林河，河兩岸俱有布魯特等遊牧、耕種，隨有阿特巴什賞孔雀翎三品頂之布魯特頭目車里克齊等率眾接見，呈送口糧羊隻。」[①]曉諭車里克齊等人「至納林北岸，阿特巴什東岸，則斷不可逾越」，阿桂言「臣謹遣查阿特巴什等處，舊係布魯特之地，又在巴勒琿嶺之外，去伊犂甚遠，誠如聖主洞鑒，可以不須驅逐，臣等每年巡查，即以納林、阿特巴什為界，禁止侵越，至該處，距喀什噶爾雖近，尚隔大山，而附近之布魯特遊牧更多，亦可無庸辦理。」故而，阿桂遣人查勘納林、阿特巴什及其附近地理形勢之後，確定阿特巴什遠離伊犂、喀什噶爾，無需驅逐遊牧於此的布魯特。

對照上附地圖，可以發現，阿特巴什正居於伊犂、喀什噶爾、烏什三地結合之地，阿特巴什河流經阿特巴什之後，匯入納林河，伊犂與喀什噶爾、烏什三地，正以阿特巴什河和納林河為界，據阿桂所奏，清朝限定布魯特不得逾越納林北岸、阿特巴什東岸，鑒於兩河之流向，根據阿桂等人的說明，清朝將布魯特遊牧範圍限定於納林河與阿特巴什河之間以及喀什噶爾東北、烏什西北的山地之中，清朝政府與該地布魯特之間的「藩界」，主要基於這種地理上的劃分而產生。

---

① 《平定準噶爾方略》續編卷 7，乾隆二十五年十月丙申。

第二節 布魯特在清軍平定大小和卓叛亂中的貢獻

一、布魯特與黑水營解圍

在東布魯特多部歸附之時，正值清朝政府發兵平定大小和卓叛亂的過程中，在此，應該就布魯特與和卓家族所產生的關聯進行一定的說明，以從中知曉布魯特在清朝平定大小和卓叛亂過程中所扮演的角色。

在清軍平定大小和卓叛亂的過程中，布魯特從多方面協助清軍進剿和卓叛軍。乾隆二十三年（1758）十月中旬至次年正月中旬，定邊將軍兆惠因冒進攻擊葉爾羌的和卓叛軍，其所率清軍被陷於黑水營（黑水，即葉爾羌河，又稱喀喇烏蘇）長達三個多月之久，史稱「黑水營之圍」，當時，清軍深陷於此地，援兵尚未至，參贊大臣舒赫德則試圖通過徵調布魯特兵攻擊喀什噶爾以擾亂叛軍，「舒赫德奏稱，有居住烏什之布魯特特穆爾占，與布魯特頭目等熟識，擬派侍衛布瞻泰同往，發兵攻擾喀什噶爾，以分賊勢。」[1]隨即，「貝子玉素布（富）調取布魯特之特穆爾占，隨侍衛布占泰往布魯特發兵，攻剿喀什噶爾，今特穆爾占，遣其族子烏魯特、特穆爾等前來，玉素富辦給馬匹，又賞緞匹茶葉，養贍家口，伊等欣感起程。」[2]這裡的布魯特人特穆爾占為薩雅克部首領明伊勒哈之弟，乾隆二十三年（1758）十一月，特穆爾占因熟識布魯特頭目，同侍衛布瞻（占）泰一起被派往徵集布魯特兵，以攻取被和卓叛軍佔領的喀什噶爾城，特穆爾占派遣族子烏魯特、特穆爾隨同布瞻泰前往布魯特。但當布瞻泰等人抵達布魯特邊界阿特巴

---

[1]《清高宗實錄》卷 575，乾隆二十三年十一月辛丑。

[2]《平定準噶爾方略》正編卷 65，乾隆二十三年十一月辛亥。

什時，「聞逆賊霍集占，差人請兵」[1]，即和卓叛軍當時也欲拉攏布魯特，至該地請兵。當布瞻泰經薩爾巴噶什部首領車里克齊之弟策里木伯特的引導，前往明伊勒哈處時，明伊勒哈則稱：「來人已經逃走，遊牧人少，不便調撥。」明伊勒哈向其說明和卓所派之人已經離開，以布魯特兵少為由未向清朝發兵援助。

實際上，此時清軍雖然到明伊勒哈處請兵未果，但反抗大小和卓的和卓家族成員額色尹、圖爾都等，攜布魯特胡（呼）什齊部長納喇巴圖，率布魯特攻襲喀什噶爾、英吉沙爾等地，這使得和卓叛軍誤以為清軍與布魯特部落有約，從而暗中幫助了兆惠所率清軍逐步由黑水營解圍：

> 有回人托克托默特自葉爾羌來投，詢據大兵至葉爾羌，布拉呢敦自喀什噶爾領馬步五千人，霍集佔領馬步萬人，合圍大兵三十餘日，因聞喀什噶爾所屬英吉沙爾城，忽被布魯特搶掠，二賊狩謀禦敵。是日薄暮，將軍領兵縱火，奪賊營二，劫殺看守人眾過半。二賊相謂：此必將軍與布魯特有約，即圍守經年，諒難取勝，且力亦不支，莫若議和，因遣所屬及厄魯特各一人通信。[2]

兆惠所率軍隊已被和卓叛軍圍困三十餘日後，當布魯特人搶掠英吉沙爾時，和卓叛軍倉促應戰，兆惠也乘機反攻，使得大小和卓產生議和之念，促使清軍逐步解圍。實際上，清朝最初並不知曉具體何部落布魯特屬眾攻襲喀什噶爾、英吉沙爾，「據布瞻泰所告，是布魯特人等，並未出兵，前搶掠喀什噶爾所屬之英吉沙爾城，係何處之兵，可傳諭兆惠等訪察，遇便奏聞。」[3]

---

① 《平定準噶爾方略》正編卷 67，乾隆二十四年正月壬寅。

② 《清高宗實錄》卷 577，乾隆二十三年十二月壬午。

③ 《平定準噶爾方略》正編卷 67，乾隆二十四年正月壬寅。

乾隆帝對於布魯特暗中協助清軍攻擊叛軍之事，給予了肯定，他在發與車里克齊的敕諭中有言：

> 再我大兵，昨進剿逆回，傳聞布魯特人等，曾搶掠喀什噶爾之英噶薩爾城，波羅泥都轉回救應，今爾遊牧，並無發兵之說，則此舉又係何人，我兵正在攻取賊城，此等布魯特，發兵搶掠，以分賊勢，甚屬可嘉。朕欲加恩獎勵，爾等亦查明具奏，此等布魯特皆爾同類，伊受朕恩。[①]

當清軍就此詢問車里克齊時，車里克齊也並不知曉：「至搶掠喀什噶爾屬城，布魯特人必不敢如此，不知係何遊牧，亦於歸日查訪稟報。」[②]直至乾隆二十四年（1759）四月，兆惠奏稱：「自安集延前來之布魯特和碩噶爾，稟稱從前搶掠喀什噶爾之英噶薩爾城，係布魯特呼什齊部落之納喇巴圖。」[③]此時，清朝從和碩噶爾的敘述中方才知曉幫助清軍解圍的布魯特，係胡（呼）什齊部首領納喇巴圖，關於這一人物，後文將有專論。

二、布魯特對和卓家族後裔的收容

除了上述布魯特人與和卓家族產生的聯繫之外，在清朝平定大小和卓叛亂的過程中，和卓家族其他成員如額色尹、圖爾都等逃匿於布魯特人中，「他們也屬白山派，但不像波羅泥都兄弟那樣出身於阿帕克和卓系、在白山派中處於領導地位。他們是阿帕克兄弟喀喇瑪特和卓的後人，在白山派和卓中處於從屬地位。」[④]當霍集占乘阿睦爾撒納叛亂歸至天山南路時，額色尹因不從於霍集占，「避徙布魯特、霍罕、瑪

---

① 《平定準噶爾方略》正編卷 67，乾隆二十四年正月丁未。
② 《平定準噶爾方略》正編卷 69，乾隆二十四年二月癸酉。
③ 《平定準噶爾方略》正編卷 71，乾隆二十四年四月癸丑。
④ 劉正寅、魏良弢：《西域和卓家族研究》，第 277 頁。

爾噶朗、納木干、塔什干諸部，弟帕爾薩及兄子瑪木特、圖爾都從之。霍集占與布魯特仇，以兵索之不得。」[1]這說明，額色尹及其弟佂因避霍集占而逃入布魯特、浩罕、那木干等地。

> 乾隆二十三年，大軍討霍集占，抵葉爾羌，額色尹聞之，偕圖爾都及布魯特之胡什齊鄂拓克長納喇巴圖，以兵攻喀什噶爾，襲英吉沙爾諸邑。時霍集占抗大軍於喀喇烏蘇，哈密札薩克貝子玉素卜遣侍衛布占泰徵兵布魯特，抵阿特巴什，其長曰明伊勒哈，以兵寡辭，布占泰歸，諜霍集占兄布拉呢敦自喀什噶爾援葉爾羌，聞布魯特兵襲其邑，疑與我軍應，懼不敢逼喀喇烏蘇圍，則未知為布魯特何鄂拓克也。[2]

乾隆二十三年（1758）十月，當兆惠所率軍隊在黑水營被叛軍圍困時，額色尹及其佂圖爾都，同胡什齊部布魯特首領納喇巴圖攻襲喀什噶爾、英吉沙爾等地，使得大小和卓以為布魯特兵與清軍有所接應，不敢進一步逼近喀喇烏蘇，圖爾都「聞大軍征霍集占，抵葉爾羌，霍集占抗諸喀喇烏蘇，陰以布魯特兵從額色尹攻喀什噶爾分賊勢」[3]，這也說明額色尹等人此舉正與清軍遙相呼應。次年，額色尹派其佂瑪木特同布魯特使者，主動向清軍歸降，兆惠奏：

> 在布魯特居住之回人鄂托蘭珠和卓瑪木特，與布魯特之瑪木特呼里、納喇巴圖等所遣屬人，同來投見。據稱伊等皆霍集占等一族，從前大兵平定伊犁，原欲歸附，因逆賊復叛，隨潛匿於布魯特遊牧。去年聞大兵抵葉爾羌，伊叔額爾克和卓額色尹，伊弟圖爾都和卓曾領兵搶掠喀什噶爾之四處村堡，今仍在布魯

---

① 《外藩蒙古回部王公表傳》卷一一七。
② 同上。
③ 同上。

特納喇巴圖處，候進兵信息，情願效力等語。[①]

瑪木特呼里為薩爾巴噶什部布魯特頭目，納喇巴圖則為胡什齊部布魯特頭目，二者遣使同瑪木特一起向清軍歸降，兩部或皆曾收留過額色尹及其族人。對於額色尹、瑪木特等白山派和卓家族成員的主動歸降，清朝政府最初持以審慎的態度。

> 其布魯特，若有似瑪木特呼里效力之人及額爾德尼伯克，若有歸誠信息，或降旨慰諭，著一併查奏；但布魯特、回人等，既係逆賊一族，又曾在伊犁居住，此次投見，或乘我平定回城後，窺伺徼幸，亦未可深信，我兵盪平回部，不可仍令藏匿，即酌量送京安插，亦宜豫籌辦理。[②]

乾隆帝以為額色尹、瑪木特畢竟係大小和卓同一族，也曾被準噶爾部拘執於伊犁，他們雖然主動歸降，但仍存潛在的威脅，故要求將其送至京城居住。

布魯特人積極收納避徙霍集占的額色尹、帕爾薩等人，並拒絕將之交與霍集占，而胡什齊部布魯特納喇巴圖配合額色尹率兵攻襲喀什噶爾、英吉沙爾，其實暗中幫助了兆惠從黑水營解圍，可以推斷，額色尹等人曾避徙於胡什齊部布魯特處。[③]額色尹在布魯特具有一定的威信，乾隆二十四年（1759），大小和卓外逃之後，仍有布魯特兵圍攻喀什噶爾地方，額色尹遣人制止，「霍集占等既竄，有布魯特兵攻喀什噶爾之布喇村，額色尹亟遣屬從侍衛成果檄止之，曰：「葉爾羌、喀什噶

---

①《平定準噶爾方略》正編卷74，乾隆二十四年六月戊寅。

②同上。

③胡什齊部之所以收容額色尹等和卓家族成員，這是因為胡什齊部與和卓家族在較早前已經建立聯繫，此時的胡什齊部尚居於費爾干納盆地，鄰近於浩罕、安集延。納喇巴圖之兄呼瓦特（庫巴特·米爾咱）曾受到白山派、黑山派的拉攏，庫巴特·米爾咱之父曾作為將領服務於瑪哈圖木阿雜木之子瑪木特·阿里的後人哈桑和卓，這在前文已有論及。

爾已定，若復進兵，是抗大軍也。布魯特兵乃還。」[1]布魯特聽從了勸告，表現出布魯特對於額色尹的敬重。帕爾薩「從額色尹走匿布魯特境，布魯特稱曰和卓」、圖爾都「從額色尹走匿布魯特境，布魯特稱曰和卓」，這說明帕爾薩、額色尹皆因跟隨額色尹避徙布魯特，被布魯特稱為和卓，和卓信仰在布魯特產生了一定的影響。

阿卜都爾璊作為和卓家族成員，並不歸屬於白山派或黑山派和卓家族，而是屬於多斯和卓[2]後人，他也曾避居布魯特，其祖父為伊克和卓，伊克和卓曾接任布拉呢敦、霍集占之父阿哈瑪特而被立為和卓，但後遭到大小和卓戕害：

> 乾隆二十年，大軍定準噶爾，釋布拉呢敦歸葉爾羌，伊克和卓不即納，聞我軍至，乃迎入。已而霍集占萌叛志，偕布拉呢敦分據葉爾羌、喀什噶爾城，戕伊克和卓，阿卜都爾璊避走布魯特，霍集占捕禁之。[3]

大小和卓叛亂後，伊克和卓被害，阿卜都爾璊避居布魯特，但被霍集占拘捕，後被清軍救出，清朝授其為二等台吉，將其留於京師。

另一位回部人物和什克也曾逃至布魯特，「初為喀什噶爾阿奇木伯克，隸準噶爾，大軍既定準噶爾，遣布拉呢敦自伊犁歸，和什克偕諸伯克不納，聞我軍至，乃迎入。布拉呢敦尋偕弟霍集占謀逆，和什克避走布魯特，依阿特巴什鄂拓克長明伊勒哈。」[4]清軍平定準噶爾部之後，和什克並未主動迎納布拉呢敦，當清軍到來之後，才進行迎請，而當大小和卓叛亂之後，和什克避徙布魯特，依託於明伊勒哈，此處

---

① 《外藩蒙古回部王公表傳》卷一一七。

② 多斯和卓係瑪哈圖木阿雜木第二子，多種文獻所載瑪哈圖木阿雜木諸子順序中，多斯和卓皆為第二子，參見：劉正寅：《喀什噶爾和卓家族世系》，《元史及北方民族史研究集刊》，第 12-13 期，1989-1990 年。

③ 《外藩蒙古回部王公表傳》卷一一七。

④ 同上。

言及明伊勒哈為布魯特阿特巴什鄂拓克長，其實明伊勒哈為薩雅克部之首領。此時，和什克正避居於明伊勒哈之處，乾隆二十四年（1759），當清軍由喀喇烏蘇解圍後，「布占泰復赴布魯特，和什克乃偕明伊勒哈至阿克蘇，謁定邊將軍兆惠請降。」[①]此時，和什克同明伊勒哈至阿克蘇，主動向清軍請降。

在清軍平定大小和卓叛亂的過程中，布魯特曾迎納和卓家族成員及回部長官，並通過軍事行動暗中幫助清軍解圍，為清朝統一新疆做出了一定的貢獻，也可以看出，和卓家族在布魯特人之中享有較高的威望，以胡什齊部為代表的布魯特多部也與和卓家族產生了根深蒂固的聯繫，這或許也是布魯特成為額色尹、圖爾都等人避徙之處的重要動因。

三、其他布魯特屬眾的積極作用

清朝政府要求布魯特在緝拿厄魯特逃人及和卓叛軍時予以協助，前已說明，乾隆二十三年（1759）十一月，當侍衛布瞻泰前往薩雅克部明伊勒哈處請兵之時，明伊勒哈以「遊牧人少，不便調撥」為由未予以發兵，而且霍集占亦遣人至明伊勒哈處「派人請兵」，後明伊勒哈言及霍集占所遣之人已經逃走，乾隆帝對此心生不滿，乾隆二十四年（1759）正月，乾隆帝知曉布瞻泰至布魯特處調兵的過程後，即降諭令於車里克齊，重申相關事宜「爾等以極邊藩部，慕義歸誠，特欲共用安樂，且將軍大臣，此時應已成功，爾等派兵與否，無甚關係，但逆賊波羅泥都、霍集占及附和之回人、厄魯特等，為大兵攻剿，有逃入爾等遊牧者，務將著名首惡，查拿縛送，即可見感恩效力之忱。」、「哈薩克錫喇係負恩背叛之賊，不可寬宥者，今逃入爾等遊牧，似屬

---

① 《外藩蒙古回部王公表傳》卷一一七。

實情，爾等自應曉示該鄂拓克人等，將逃賊夫婦，即行拿送。」[1]

　　當年二月，對於派兵協剿和卓叛軍一事，車里克齊答以「行至遊牧後，情願量力出兵，協助將軍大臣」[2]，對於車里克齊之允諾，乾隆帝並未篤定，「今雖據伊等懇請自效，但所言亦恐無。惟視我之情形，我兵力精銳，則踴躍隨性；或稍覺平常，即從中觀望。此亦外藩情勢之必然者。伊等既有此言，若果踐前約，兆惠等亦酌量獎勵調用，如可以不需，自當相機發遣。」[3]故而，清朝僅僅視時機酌量調遣布魯特兵。當年五月，兆惠欲遣維吾爾人偵探情報，布魯特也參與其中，「至派出回人等，偵探聲息，捉生詢問等事，曾與額敏和卓相商，有烏什所屬之布魯特四十戶，可以酌量差遣，已將伊等挑選十人豫備。」[4]這表明烏什所屬布魯特受到了派遣，在偵探軍情方面產生了作用。

　　實際上，此前即有布魯特屬眾為清軍所利用，積極配合清軍進剿和卓叛軍，乾隆二十三年（1758）十月，「伯克霍集斯將烏什所屬之布魯特頭目噶第，喚至軍營，報告稱，從前霍集佔領眾三千經過，隨行人等，俱甚困憊，有毀軍器者，宰殺馬駝者，怨聲載道等語。」[5]這說明布魯特首領噶第及時告知其所見叛軍情形；十一月，布魯特首領烏默爾，因奮勇剿賊，同伯克托克托之弟總管阿卜都賚、伯克霍集斯之屬人阿里木等人一起，被賞與翎頂緞匹[6]。乾隆二十四年（1759）三月，當清軍再度整兵平定和卓叛軍之時，乾隆帝再次令兆惠曉諭布魯特發兵：

　　　　大兵初攻葉爾羌時，曾令爾等派兵協助，爾等以冬寒雪盛為詞，

---

① 《平定準噶爾方略》正編卷67，乾隆二十四年正月丁未。

② 《平定準噶爾方略》正編卷68，二十四年二月乙丑。

③ 同上。

④ 《平定準噶爾方略》正編卷72，乾隆二十四年五月癸巳。

⑤ 《平定準噶爾方略》正編卷63，乾隆二十三年十月癸亥。

⑥ 《平定準噶爾方略》正編卷64，乾隆二十三年十一月壬寅。

尚非無故。後大兵雖稍稽捷奏，而剿賊頗多。今復整兵大舉，逆賊等，無難計日就擒。爾等歸順天朝，蒙大皇帝厚恩，自當派兵協助，以抒誠悃，且為將來受恩之地；或不願發兵，甚至欲助回人，亦惟爾便，但爾等遊牧，距喀什噶爾不遠，我兵攻取葉爾羌、喀什噶爾後，再行定奪可耳。爾等若仍以力量不足為詞，亦並不強爾協助。惟霍集占等，倘被迫投入爾境內，則自當速為縛獻，若再漠然坐視，必行根究矣。[①]

此次敕諭之中雖未強制布魯特人發兵，但將其中利害關係予以說明，相較此前所發諭令，其言詞更為嚴厲，強令布魯特將逃入其境內的和卓叛軍縛送而來，否則必將追責到底。

或許，正是基於這樣的背景，額色尹等人集結布魯特兵，自布魯特至阿克蘇，歸附清朝，當年六月，「兆惠等奏，在布魯特居住之回人鄂托蘭珠和卓瑪木特，與布魯特之瑪木特呼里、納喇巴圖等所遣屬人，同來投見。」[②]「祁木特自布魯特赴阿克蘇，謁定邊將軍兆惠，以故告，且稱額色尹集兵納喇巴圖，待我軍檄。兆惠傳旨獎給幣，令祁木特達額色尹書。額色尹以兵至，道遇賊百餘擊之，獲纛一，獻軍門，請內附，兆惠慰諭之。」[③]這說明額色尹之侄祁（瑪）木特先行至兆惠處，表明歸附之意，跟隨其來訪的，還有東布魯特頭目瑪木特呼里和胡什齊布魯特頭目納喇巴圖之屬人，兆惠令祁木特傳書與額色尹，額色尹最終率布魯特兵內附，並且在途中擊敗百餘和卓叛軍，兆惠對其加以撫慰。

① 《平定準噶爾方略》正編卷 70，乾隆二十四年三月庚子。

② 《平定準噶爾方略》正編卷 74，乾隆二十四年六月戊寅。

③ 《外藩蒙古回部王公表傳》卷一一七。

第三節　西布魯特的歸附

　　乾隆二十四年（1759）閏六月，為堵截和卓叛軍，兆惠派遣侍衛達克塔納等傳檄霍罕、安集延、瑪爾噶朗、那木干及額德格訥、伊什奇里克部布魯特，在安集延，達克塔納得知「為首伯克四人，俱係額德格訥之阿濟比總統，與霍罕額爾德尼伯克交好」[1]，隨之見到額德格訥部頭目阿濟比，阿濟比云：「將軍大人，今遣使前來，我等不勝歡欣，願為大皇帝臣僕，逆賊霍集占，並未到此，我等現在領兵遮截，仍往告知額爾德尼。」故阿濟比積極配合清軍堵截和卓叛軍，並告之於霍罕伯克額爾德尼，額爾德尼則稱：「阿濟比既投誠，我亦同心歸順，並迎來使」。阿濟比呈書云：

> 謹呈天普覆，廣大無外，如愛養眾生素賚瑪佛之鴻仁，如古伊斯干達里之神威，如魯斯塔木天下無敵之大勇，富有四海，乾隆大皇帝欽命將軍軍前，額德格訥布魯特小臣阿濟比恭祝大皇帝萬壽。今將軍自喀什噶爾遣人傳諭我等，所給印文，謹以奉到，不勝歡喜踴躍，適合我等心願，布哈兒以東，我等二十一萬人，皆為臣僕。今來使侍衛，到我等部落日久，恐煩將軍大人遠懷，敬遣使同侍衛差人至將軍前稟明，侍衛等不久回營，為此將鈐記文書齎呈等語。

　　這說明額德格訥部布魯特頭目阿濟比率領布哈兒以東二十一萬人歸順清朝，以額德格訥部為首的「西布魯特」由是投順清朝，《西域圖志》載：

> 西布魯特，在喀什噶爾西北三百里，道由鄂什逾蔥嶺而至。與東布魯特相望。部落凡十有五。最著者四：曰額德格納鄂拓克，曰蒙科爾多爾鄂拓克，頭目阿濟比兼轄之，戶七百有奇。曰齊

---

[1]《平定準噶爾方略》正編卷 78，乾隆二十四年九月庚申，下同。

里克鄂拓克，頭目由瑪特，戶二百有奇。曰巴斯子鄂拓克，頭
目噶爾住，戶千三百有奇。部落雖分而駐牧同地，東南扼蔥嶺，
西迄於布哈爾諸部落，共二十萬人。[①]

在此，清人列舉了西布魯特中較為著名的四個部落：額德格訥、
蒙科爾多爾、齊里克、巴斯子，東、西布魯特的稱呼其實源自於清人，
布魯特則將其自身劃分為左、右兩翼，有關布魯特諸部的分類方式，
後文將有論及。在上述諸布魯特部落歸附清朝之後，浩罕伯克額爾德
尼所屬四城（霍罕、安集延、瑪爾噶朗、那木干）及奇卜察克（希布
察克）布魯特[②]，也向清朝表達歸附之意。

乾隆二十四年（1759）十月，浩罕及額德格訥、齊里克部布魯特
皆遣使入覲，「據呼達呼里等告稱，我等共四千餘戶，頭目優瑪特因未
出痘，令我等入京等語，請俟額爾德尼恭進馬匹及阿濟比來使到日，
即交達克塔納等帶領入覲，計來年正月上旬至京師。」[③]乾隆二十五年
（1760）正月，霍罕額爾德尼伯克及額德格訥、齊里克布魯特所遣使
臣至京，額爾德尼伯克遣使托克托瑪哈瑪特、齊里克頭目優瑪特遣其
兄呼達呼里[④]，額德格訥部頭目阿濟比遣使人錫喇噶斯相繼入朝覲見乾
隆帝。[⑤]

七月初，富德、明瑞、阿里袞三路清軍會合後，先後於七月初九
日、初十日在阿爾楚爾山和伊西洱庫爾淖爾擊潰叛軍，和卓兄弟潰逃
至巴達克山，後被巴達克山汗素勒坦沙處死，大和卓之屍被盜，巴達

---

① 《欽定皇輿西域圖志》卷 45 藩屬二，《東西布魯特》。
② 此處的希布察克部布魯特應屬於浩罕所管領的布魯特部落，與喀什噶爾、英吉沙爾
　 附近的希布察克部布魯特不同。
③ 《平定準噶爾方略》正編卷 82，乾隆二十四年十一月戊午。
④ 《平定準噶爾方略》正編卷 84，乾隆二十五年正月乙卯。
⑤ 《平定準噶爾方略》正編卷 84，乾隆二十五年正月丁巳。

克山將小和卓首級呈獻清朝。[①]至此，清朝平定了大小和卓叛亂，統一了天山南北，並在新疆建立了軍府志和札薩克旗制相結合的治理制度，專就南疆地區而言，清朝既在回城駐紮大臣，又保留了固有的伯克制度，總體而言，清朝政府在回部所建立的有效統治體系，在較長時間內保證了邊疆地區的穩定。

在清軍平定和卓叛軍之後，其他布魯特部落首領相繼遣使入覲，當年十一月，喀爾提錦布魯特頭目遣使表達歸誠入覲之願，「又安集延相近之哈爾塔金布魯特頭目納底爾瑪特，遣其弟伯克頗拉特告稱，我兄管領有一千五百戶，呼圖和卓管領有五百戶，情願歸誠入覲等語。臣等即令與奇布察克之畢阿奇木同來報聞。」[②]沖巴噶什部之比阿瓦勒也進京入覲，「據海明奏，布魯特沖巴噶什之五品頂帶阿瓦勒比，來京入覲，回抵遊牧。」[③]《欽定新疆識略》載：「阿瓦勒，乾隆二十四年入覲，賞戴五品頂花翎。」[④]這表明，阿瓦勒可能於乾隆二十四年入覲，阿瓦勒作為沖巴噶什部之比，在乾隆年間諸部人物之中也曾享有重要地位，後文在論及沖巴噶什部時，將有更多討論。

第四節　東西布魯特諸部譜系分類再考

乾隆二十三年至二十四年（1758-1759），在清朝統一新疆的過程中，東西布魯特先後歸附，實際上，清人主要根據其地理位置將諸部落劃分為東、西兩部；布魯特自身則將其劃分為左、右翼；另根據俄國學者的記載和研究，布魯特諸部也將自身歸屬為內部和外部等。上述的多種劃分方法，都是基於不同的標準，就部落數目眾多的布魯特諸所

---

① 劉正寅、魏良弢：《西域和卓家族研究》，第272-277頁。

②《清高宗實錄》卷601，乾隆二十四年十一月癸酉。

③《清高宗實錄》卷499，乾隆二十五年十一月辛酉，頂帶即頂戴，清朝文獻記載不一致。

④《欽定新疆識略》卷12《布魯特》。

部進行的歸類，在此，有必要在總結相關文獻及前人研究成果的基礎上，進一步理清其中的問題。

一、相關文獻中所載的諸部名稱和數目

在討論諸部構成之前，首先應就布魯特諸部的構成問題進行分析，一些漢文文獻記載了布魯特各部的文獻。

《西域圖志》言及東布魯特五部、西布魯特十五部，東布魯特最著者為薩雅克、薩拉巴哈什、塔拉斯，西布魯特最著者為額德格訥、蒙科爾多爾、齊里克、巴斯子四鄂拓克[①]，除此之外，並未具體列出其他諸部名稱。《平定準噶爾方略》、《清高宗實錄》中的文獻，雖然並未就布魯特各部名稱進行專門總結，但多種部落的名稱散處於相關記載中，乾隆四十九年（1784），乾隆帝在諭令中提及，「布魯特十九鄂拓克」[②]，這說明，清朝官方認定布魯特共計十九部。

和寧所著《回疆通志》，就喀什噶爾、烏什等城邊外所屬布魯特部落進行了記載，主要部落居於喀什噶爾卡外，分別為：沖巴噶什、胡什齊、蒙古爾多爾、薩爾巴噶什、薩雅克、察哈爾薩雅克、岳瓦什、提依特、喀爾提金、奈曼、希布察克、薩爾特、圖爾愛格、色呼庫勒。在介紹烏什山川時，提及布魯特布庫部、蒙古多爾部、沖巴噶什部和胡什齊部，並將奇里克部和胡什齊部作為烏什主要外藩部落，在記載阿克蘇城時，提及該城所屬的諾依古特部落，故而，該著所載布魯特共十七部。

祁韻士所著《西陲總統事略》，載布魯特諸部為：齊里克、希布察克、圖爾額伊格爾、薩爾特、沖巴噶什、蒙古勒多爾、巴斯奇斯、額

---

① 傅恆等撰：《欽定皇輿西域圖志》卷 45 藩屬二，《東西布魯特》。

② 《清高宗實錄》卷 1206，乾隆四十九年五月辛酉。

德格訥、薩爾巴噶什、蘇勒圖、察哈爾薩雅克、薩雅克、胡什齊、岳瓦什、奈曼、提依特、喀爾提錦，共計十七部。

　　嘉慶朝《大清會典》的理藩院資料，稱布魯特附牧於回城諸卡倫之外，「凡二十部落，不相統屬」[1]，喀什噶爾所屬部落為：沖巴噶什、胡什齊、奇里克、薩爾巴噶什、薩雅克、察哈爾薩雅克、岳瓦什、提依特、喀爾提金（錦）、奈曼、希布察克、薩爾特、圖爾愛格、巴斯奇斯、額德格訥、素勒團（蘇勒圖）、色呼庫勒，烏什屬部為：胡什齊、奇里克。故而，其所列布魯特諸部主要分佈於喀什噶爾所屬卡倫之外，雖然說明共計二十部，但僅列出了其中的十七部。

　　《欽定新疆識略》約成書於道光元年（1821），其中載布魯特部落共計十九部落[2]，分別為：沖巴噶什、希布察克、薩爾特、奈曼、喀爾提錦、提依特、圖爾額伊格爾、蘇勒圖、岳瓦什、額德格訥、察哈爾、薩雅克、蒙額勒多爾、巴斯起斯、色勒庫爾、奇里克、胡什齊、薩爾巴噶什（亦名布庫）、諾依古特，其中，將薩爾巴噶什部與布庫部等同為一部。其中的記載相對更為全面，也多為後人所引用。

　　道光八年（1828），清軍平定張格爾之亂以後，那彥成前往南疆地區處理善後事宜，曾奏報布魯特諸愛曼頭目受賞銀兩、緞布數目，其中所列布魯特部落為：喀拉提錦、岳瓦什、額提格訥、奈曼、喀拉提依特、提依特、托拉爾根、沖巴噶什、布格依（布庫）、薩爾巴噶什、霍什奇（胡什齊）、蒙古里多爾、蘇勒圖、奇里克、薩雅克、巴錫奇斯、察喀爾、希皮察克，共計十八部。[3]

　　成書於 1923 年的《新疆圖志》，其中所載諸部名稱與數目幾與之

---

[1]《嘉慶朝〈大清會典〉中的理藩院資料》，參見趙雲田點校：《乾隆朝內務府抄本〈理藩院則例〉》，中國藏學出版社，2006 年，第 395-396 頁。

[2]《欽定新疆識略》卷 12《布魯特》。

[3]那彥成：《那文毅公奏議》卷 80《收撫外夷》，甘肅省古籍文獻整理編譯中心編：《中國西北文獻叢書》（二 編）第二輯《西北史地文獻》第 8 卷，線裝書局，2006 年。

相同。「其遊牧阿克蘇、烏什西北者，曰奇里克，曰胡什齊，曰諾依古特、曰薩爾巴喝（噶）什，凡四部；遊牧喀什噶爾北與西及葉爾羌西南者，曰沖巴噶什，曰希布察克，曰薩爾特，曰奈曼，曰喀爾提錦，曰提依特，曰圖爾格依格爾，曰蘇勒圖，曰岳瓦什，曰額德格訥，曰察哈爾薩雅克，曰薩雅克，曰巴斯奇斯，曰蒙額勒多爾，曰色勒庫爾，凡十五部。」[1]

可以看出，上述主要漢文文獻所記載的諸部名稱多數相同，但對諸部之間的關係並未明確加以說明，如薩爾巴噶什部和布庫部之間的關係到底如何，為何會將兩部同等相待？前文在議及東布魯特多部歸附之時，塔拉斯地方即有霍索楚、啟台、薩婁三部，但這些名稱均未出現在上述的各種記載之中，這些部落與後人所總結的各部之間又有怎樣的關聯？這些問題都需要做進一步的考證和說明。或許，正因為布魯特部落數目眾多，故而，無論是清朝政府還是布魯特內部，均就各部進行了一定的分類和劃分，在解決上述問題之前，首先應就東西布魯特及左右翼布魯特的劃分方法及其關聯進行分析。

有關布魯特的分類問題，國外學者的研究中，首先應該提及俄國學者瓦里漢諾夫的研究，他將布魯特人稱為吉科卡門吉爾吉斯人（Dikokamenni Kirghiz），並將各部落劃分為左右兩翼[2]。

> 吉科卡門吉爾吉斯人分為翁（On.）和索爾（Sol.），即右翼和左翼，分別與蒙古人的巴倫噶爾（Borongar）和準噶爾（Dzungar）相對應，右翼由額德格訥（Adgene）和塔蓋伊（Tagai）兩部構成，後者作為最大一部，被分為同源但又相互敵對的部落：

---

① 《新疆圖志》卷16，《藩部一》。

② 丹尼爾‧普萊爾指出，多數吉爾吉斯部落按其宗譜被劃分為右翼和左翼，這顯示了後成吉思汗時代的准軍事編隊，但這一系統並沒有並沒有太大意義，因為吉爾吉斯人在記憶中並未在普遍的軍事行動中作戰。參見：Daniel Prior:*The Twilight Age of the Kirghiz Epic Tradition*, Ph.D. dissertation, Indiana University, Bloomington,2002,p.49.

薩爾巴噶什、布庫、蘇勒圖、薩雅克、奇里克、沖巴噶什、巴斯子，共八個部落。

左翼由頻繁出沒於塔拉斯的三個部落構成，其首領與具有吉爾吉斯血統的浩罕汗存有母系血親關係，該國住居著遊牧於此的部落奈曼（Naiman）、希布察克(Kipchak)、啟台(Kitai)，這些部落已經融合於吉爾吉斯人之中了，分佈於由奧什沿著帕米爾高原直至巴達克山地區，後擴展至喀喇昆侖山的範圍之內。同樣，伊什奇里克以及額德格訥部的一些世系也同其一起遊牧。[1]

除此之外，瓦里漢諾夫還就右翼諸部具體遊牧地及其生計進行了一定的描述。故而，左翼和右翼分別被稱為「索爾」和「翁」，其中左翼由塔拉斯三部構成，雖然瓦里漢諾夫並未明確指出三部的名稱，但結合漢文文獻，可知遊牧於塔拉斯附近的三部為霍索楚、啟台、薩婁；右翼則由額德格訥及塔蓋伊組成，塔蓋伊包括薩爾巴噶什、布庫、蘇勒圖、薩雅克、奇里克、沖巴噶什、巴斯子諸部。

同樣在《俄國人在中亞》一書中，維尼科夫（M. Veniukof)也對布魯特左右翼各自屬部有其自己的說明，他通過援引吉爾吉斯人族源傳說，指出吉科卡門吉爾吉斯人認為他們為吉爾吉斯伯克（Kyrgyz Beg）的後人，吉爾吉斯伯克有兩個孫子分別名為阿布林（Abl）和柯吾爾（Kovl)，後者即為左翼部落胡什齊、薩婁、蒙杜斯和啟台部的創立者，阿布林後人發展為十個部落，構成了右翼，即布庫、薩爾巴噶什、蘇勒圖、奇里克、薩雅克、額德格訥、巴噶什、蒙固爾多爾、哲提格和通古特（Tungatar）。[2]這一說法與瓦里漢諾夫的說法存在著一定的契合之處，但又不盡相同，他們關於左翼的構成基本相同，但維尼科夫還提及了蒙杜斯部，他們所提及的右翼部落，均包括以下六部：薩爾巴

①Valikhanof, M. Veniukof,etc,*The Russians in Central Asia*,1865,pp.102-104.

②*Ibid*.pp.274-276.

噶什、布庫、蘇勒圖、奇里克、薩雅克、額德格訥。

　　巴托爾德在引用瓦里漢諾夫記載的基礎上，對於左翼和右翼中具體的部落進行了研究，提及拉德洛夫將右翼分為布庫、薩爾巴噶什、蘇勒圖、額德格訥、沖巴噶什和奇里克六個部落，拉德洛夫並未提到巴塞子部。[①]實際上，拉德洛夫的記載正是如此，他提及右翼部落正由上述六部所構成，在此基礎上，他還指出了這六部各自的分支部落或族譜，其中布庫部分支部落有 17 部，薩爾噶什部下轄 11 個分支，蘇勒圖和沖巴噶什部各有 7 個分支部落，額德格訥、奇里克分別有 7 個和 2 個分支部落。除此之外，他認為左翼包括七部：薩婁、胡什齊、蒙杜斯、哲提格、通古特（Teungteurup）、比伯倫（Beche Beren）、克克倫（Kurkuren）。[②]

　　美國學者尤金·疏勒認為布魯特右翼包括布庫、薩爾巴噶什、蘇勒圖、薩雅克、沖巴噶什、奇里克、巴斯子諸部，主要分佈於天山地區特克斯河、伊塞克湖、納林河和楚河流域。左翼則包括薩婁（Saru）、蒙杜斯（Munduz）、胡什齊（Kutchu）、啟台（Ktai），主要分佈於阿賴和帕米爾高原。[③]他對右翼構成部落的說明與瓦里漢諾夫基本相同，但並未提及額德格訥部，他對左翼的說明與維尼科夫相同。

　　上述記載以及前文所提及的漢文文獻，對於左、右翼各由哪些部落構成的說明並不相同，但結合這些記載，可以推斷，胡什齊、薩婁、啟台應屬於左翼，額德格訥、布庫、薩爾巴噶什、蘇勒圖、薩雅克、奇里克應屬於右翼。漢文文獻對左、右翼各自的部落構成的記載並不明確，仍需要依靠國外學者的記載來進行討論。

---

①[俄]B.B.巴爾托里德：《十八、十九世紀的天山吉爾吉斯人》，李琪譯，《西域史論叢》（第 2 輯），烏魯木齊：新疆人民出版社，1985 年。

②W.Radloff, *Observations sur les kirghis*, Journal of Asiatique 6,no.2,1863,pp.318-320.

③Eugene Schulyer, *Turkestan:Notes on a journey in Russian Turkestan,Khokand,Bukhara and Kuldja*. Vol.Ⅱ, London：1877，p.137.

　　由於東、西布魯特與左、右翼布魯特源自於不同的區分標準，前人在相關研究中也就相關劃定標準進行了一定的說明。《柯爾克孜族簡史》指出布魯特以天山為界，天山以北的為東布魯特，稱天山以南的為西布魯特，提及柯爾克孜族保留著氏族和部落組織的殘餘，分為「伊奇克里克」（內部）和「奧托孜吾兀勒」（三十姓部落），前者又分為四大部落，後者分為左翼和右翼二部，並結合相關傳說進行了說明。[①]《中國民族史》指出，東、西布魯特以納倫河和天山為界，天山北為東布魯特、天山南為西布魯特，並認為各部落以南疆克孜爾河為界，分為外部或北部柯爾克孜人、內部或南部柯爾克孜人，而北部各部落又有左翼與右翼之分。[②]

　　潘志平先生提及，俄國史料將吉爾吉斯人劃分為南北兩部，北部和南部吉爾吉斯人大體分別等同於清人所稱的東布魯特和西布魯特。「只是東西部基本上以那林河為界，而南北人分界地則在那林河稍南的卡拉河。」[③]這說明俄國人也是根據地理位置來進行劃分的，他還認為上述兩種劃分方法有助於理清布魯特人的地理位置，但不能本質地反映其間的親緣關係。並提出內、外部和左右翼是布魯特親緣關係縱橫兩個方向的基本劃分，布魯特人首先劃分為內、外部，內、外部又各自劃分為左、右翼。[④]這無疑為深入認識布魯特部落的劃分增加了更多的維度。馬文華在援引蘇聯學者研究成果的基礎上，認為左、右翼仍然是擁有一定地域的政治集團，在十八世紀時，布魯特左翼和右翼分別是佔據了納林河南北的南、北吉爾吉斯。他還就清代漢文文獻以東、西布魯特取代左、右翼的原因進行了定探討，認為東、西布魯特以納林河下游及支流博什伯勒齊水為界。[⑤]苗普生先生認為布魯特以天

---

① 《柯爾克孜族簡史》，烏魯木齊：新疆人民出版社，1985 年，第 77 頁、第 21-25 頁。

② 王鍾翰主編：《中國民族史》，北京：中國社會科學出版社，1994 年，第 842、845 頁。

③ 潘志平：《布魯特各部落及其親緣關係》，《新疆社會科學》，1990 年第 2 期。

④ 潘志平：《清季布魯特（柯爾克孜）諸部的分佈》，《西域研究》，1992 年第 3 期。

⑤ 馬文華：《18—19 世紀布魯特人的社會經濟概況》，《新疆大學學報》（哲學社會科學

山和納林河為界，界北為東布魯特、界南為西布魯特。[1]周軒在研究乾隆帝的布魯特詩篇時，提及「清代以天山為界，稱天山以北的為「東布魯特」（曾稱右翼布魯特），天山以南的為「西布魯特」（曾稱左翼布魯特）。」[2]如此，就簡單地將東、西布魯特分別等同於右翼和左翼布魯特了。陳海龍、馮甜結合清代輿圖，對東西布魯特的界線進行了考證，通過對比相關輿圖對於東西布魯特界線的標注，並就「鄂什」這一重要地點的地望進行了考查，最終說明東西布魯特以塔爾河為界，印證了鐘興麒先生的觀點。[3]但該文僅為純粹的歷史地理考證，並未說明具體哪些部落分屬於東西部。

　　前人就東、西布魯特及左、右翼布魯特的劃分標準及相互界線等問題進行了探究，也注意到南、北吉爾吉斯人的劃分方法以及布魯特內、外部的問題，這說明清朝文獻、俄文文獻以及布魯特自身皆以不同標準對各部落進行歸類，但前人就相關問題的整理尚不夠系統，其中的部分觀點也存在偏差、尚需修正。這裡有必要綜合相關文獻，在借鑒前人研究成果的基礎上，就諸種歸類方法及其相互關聯進行系統歸納，並就其中的一些觀點進行考辨。

二、布魯特部落分類的多維視角及其相互關係

（一）東、西布魯特屬部及其與左右翼的關係再考

　　乾隆二十三年（1758）六月，兆惠追剿哈薩克錫喇的過程中，途經伊塞克湖時，遊牧於此地區的布魯特部落薩雅克、薩爾巴噶什等部歸附於清朝，隨後，侍衛托倫泰、烏爾登又招撫了塔拉斯河流域的霍

[1]苗普生：《略論清朝政府對布魯特統治》，《新疆社會科學》，1990 年第 6 期。

[2]周軒：《乾隆帝關於布魯特的詩篇》，《新疆大學學報》（哲社版），2008 年第 6 期。

[3]陳海龍、馮甜：《東西布魯特分界考》，《清史研究》，2013 年第 4 期。

索楚、啟台、薩婁等部，內附於清朝的布魯特諸部派遣使臣入京朝覲，由此，清人稱「東布魯特」歸附。

　　「左」、「右」部（翼）的劃分方法源自於布魯特人的自稱，薩雅克鄂拓克之比圖魯啟拜稱：「我布魯特右部十鄂拓克，左部五鄂拓克，我等居右，今遷於哈爾哈里固勒米、圖古斯塔老，其左部呼車、薩老、賀泰三鄂拓克，共千餘戶。距右部有十五日之程，俱可令其頭目來見，其餘左部二鄂拓克在安集延，右部八鄂拓克與喀什噶爾相近。」[1]這說明，布魯特人將其自身劃分為左右兩部，左、右兩部分別有五鄂拓克和十鄂拓克，圖魯啟拜所在的薩雅克部及其鄰近的薩爾巴噶什部屬於右部，右部其餘八鄂拓克則鄰近於喀什噶爾；而塔拉斯三部霍索楚（呼車）、薩婁（薩老）、啟台（賀泰）則歸屬於左部，另有左部二鄂拓克則位於安集延。

　　圖魯啟拜的上述說法，是清代漢文文獻對於左、右部布魯特的較早記載。不久之後，托倫泰於塔拉斯招撫霍索楚、啟台等部時，啟台鄂拓克頭目喀喇博托之侄哈畢啟稱：「我布魯特分左右翼，右翼係瑪木特呼里管領，左翼係喀喇博託管領。」[2]此亦可強調左、右翼的劃分方法源自於布魯特的自稱。

　　清人最初也以左、右翼代表相關部落，乾隆二十三年（1758）七月，當烏爾登招降布魯特並伴送瑪木特呼里比之弟舍爾伯克入覲之時，定邊將軍兆惠即疏奏「右翼布魯特歸誠」[3]，此處的右翼布魯特當為瑪木特呼里所管領的薩雅克、薩爾巴噶什部。當托倫泰招撫霍索楚、啟台兩部並伴送兩部使臣入覲之時，兆惠則又奏「東布魯特歸誠」[4]，這是清代漢文文獻就東布魯特進行的最早記載，說明清人眼中的東布魯

---

① 《平定準噶爾方略》正編卷56，乾隆二十三年五月甲寅。

② 《平定準噶爾方略》正編卷56，乾隆二十三年七月丙午。

③ 《平定準噶爾方略》正編卷56，乾隆二十三年七月癸卯。

④ 《平定準噶爾方略》正編卷56，乾隆二十三年七月丙午。

特包含了此間歸附的薩雅克、薩爾巴噶什、霍索楚、啟台、薩婁等部。
乾隆二十四年（1759）八月，清軍在追剿大小和卓的過程中，兆惠派
遣侍衛達克塔納傳檄霍罕、瑪爾噶朗、安集延、那木干等城及布魯特
額德格訥、伊什奇里克部，此時，額德格訥部之首領阿濟比率眾歸附
於清朝，「布哈兒以東，我等二十一萬人，皆為臣僕」[①]，但《平定準
噶爾方略》並未直接稱呼此時歸附的布魯特諸部為西布魯特。

　　成書於乾隆四十七年（1782）的《西域圖志》則將阿濟比所統領
的額德格訥等部統稱為西布魯特，「乾隆二十四年，將軍兆惠既定喀什
噶爾，追捕餘孽，道經諸部，遮道籲請內附。乃遣二等侍衛達克塔納
等往撫。阿濟比奉將軍書曰：額德格納布魯特小臣阿濟比，恭祝大皇
帝萬萬壽……當率諸部，自布哈爾迤東二十萬人眾，皆作臣僕。兆惠
嘉其誠，表於朝。詔受之。由是十五部落皆內附。」[②] 除此之外，記
載了東西布魯特的基本情況，關於東布魯特，載曰：

> 其部有五，最著者三：曰薩雅克鄂拓克，頭目不一，而圖魯起
> 拜為首，戶一千有奇；曰薩拉巴哈什鄂拓克，頭目不一，而車
> 里克齊為首，戶亦千有奇。又一部舊居塔拉斯，頭目不一，而
> 邁塔克為首，戶四千有奇。

　　這說明該書的編者認為東布魯特有五部，薩雅克、薩爾巴噶什、
塔拉斯為其中較為著名的三部，其實，塔拉斯並非單獨一部，而是由
霍索楚、啟台、薩婁三鄂拓克所構成。關於西布魯特，又載曰：

> 西布魯特，在喀什噶爾西北三百里，道由鄂什逾蔥嶺而至。與
> 東布魯特相望。部落凡十有五。最著者四：曰額德格納鄂拓克，
> 曰蒙科爾多爾鄂拓克，頭目阿濟比兼轄之，戶七百有奇。曰齊
> 里克鄂拓克，頭目由瑪特，戶二百有奇。曰巴斯子鄂拓克，頭

---

①《平定準噶爾方略》正編卷78，乾隆二十四年八月庚申。
②傅恆等纂：《欽定皇輿西域圖志》卷45藩屬二，《東西布魯特》。

目噶爾住，戶千三百有奇。部落雖分而駐牧同地，東南扼蔥嶺，西迄於布哈爾諸部落，共二十萬人。①

清人認為西布魯特共有十五部，與東布魯特相望，可以想見，清人劃定東西布魯特時，諸部地理位置及其歸附的先後順序，成為了重要的劃分標準。

然而，乾隆朝之後的相關方志和典籍，多未明確東、西布魯特各有哪些部落，對布魯特部落數目的記載也並不相同，《西域圖志》說明東布魯特五部、西布魯特十五部，即共計二十部，但僅列舉了主要部落的名稱；《西陲總統事略》籠統地說明了東、西布魯特的劃分依據，即遊牧伊犁西南及阿克蘇、烏什西北一帶的布魯特為東布魯特，遊牧喀什噶爾西北與西及葉爾羌西南者，為西布魯特。《新疆識略》載明布魯特共計十九部，在所附《布魯特頭人表》，詳載諸部名稱、位置、受頂戴人物等，但並未說明這些部落分屬於東、西布魯特的情況。②

①此處所稱齊里克部人數共二百餘戶，疑記載有誤，應為二千餘戶，齊里克等部歸附時，侍衛達克塔納向齊里克部首領由瑪特之兄呼達呼里詢問諸部人戶，《平定準噶爾方略》僅載：「達呼里等告稱，我等共四千餘戶」，並未說明諸部各自人戶數目。《明清史料庚編》（下冊）載：「據呼達呼里告稱，我等齊里克鄂托克共有二千餘戶，蒙固爾多爾鄂拓克有七百餘戶，又巴斯子鄂托克有一千三百餘戶，通共有四千餘戶。」（《兵部〈為內閣抄出兆等奏〉移會》，《明清史料庚編》（下冊），臺北中華書局影印版，1960 年，第 1953 頁。）這一記載僅有齊里克部戶數與上引文不同，故而，上述三部人口應共計四千餘戶，其中，齊里克部二千餘戶、蒙固爾多爾部七百餘戶、巴斯子部一千三百餘戶。

②潘志平先生在《布魯特各部落及其親緣關係》一文中，列表比較多種文獻對於東、西布魯特的劃分，他認為《新疆識略》將薩雅克、察哈爾薩雅克、薩爾巴噶什劃分為東布魯特，其他十六部為西布魯特，但《新疆識略》中實際並未做相關說明，僅在卷 12《外裔》中說明布魯特分東西兩部，僅簡要說明喀什噶爾附近部落的地理位置，並未明確哪些部落分屬東部和西部。在該文發表之前，我國臺灣學者陳慶隆在《堅昆、點戛斯與布魯特考》（《大陸雜誌》，1975 年第 51 卷，第 5 期）一文中，也曾列表格，展現多種清代文獻對於布魯特東西部的劃分，他即注意到，《新疆識略》同《大清會典》、《西陲總統事略》一樣，僅列出了各部名稱，並未說明哪些部落分

　　李恢垣在清末所修《漢西域圖考》一書中，認為沖巴噶什、希布察克、薩爾巴噶什、蒙額特多爾、奇里克、胡什齊、巴雅什諸部為東布魯特，岳瓦什、喀爾提錦、額德格訥、哈卜齊克、薩爾特、奈曼諸部為西布魯特。[①]其所載的布魯特部落總計僅為十三部，但對於東、西布魯特進行了明確的劃分，而劃分標準卻迥然於乾隆年間的劃分方法。

　　民國年間編纂的《新疆圖志》，所載布魯特諸部名稱與《新疆識略》相一致，其所言東布魯特諸部為：奇里克、胡什齊、諾依古特、薩爾巴噶什，共計四部，其餘諸部則為西布魯特：沖巴噶什、希布察克、薩爾特、奈曼、喀爾提錦、提依特、圖爾額伊格爾、蘇勒圖、岳瓦什、額德格訥、察哈爾薩雅克、薩雅克、巴奇斯、蒙額勒多爾，色勒庫爾，共計十五部。[②]但應該注意的是，《新疆圖志》劃分東、西布魯特的標準，類似於《西陲總統事略》中的說法，也並未參照乾隆年間的相關史籍，而是將遊牧於阿克蘇、烏什西北的四部視為東布魯特，將遊牧於喀什噶爾北與西及葉爾羌西南的十五部視為西布魯特，這顯然與乾隆年間清人所認為的東、西布魯特屬部大相逕庭。

　　乾隆朝以後的漢文文獻，雖提及布魯特分為東西部，但多未能明確東、西部各自統領哪些布魯特部落，即便有所劃分，其劃分標準也完全不同於乾隆年間，說明乾隆年間的相關規定已漸為後人所淡忘。乾隆年間，在清朝統一新疆的過程中，東西布魯特的稱呼，係清朝根據諸部的地理位置和歸附順序，強加於不同地區布魯特部落的名稱，「東布魯特」顯係乾隆二十三年（1758）歸附清朝的諸部落，位於納林河上游、伊塞克湖周圍及楚河、塔拉斯河流域；而「西布魯特」則

屬於東、西部，《新疆識略》載明布魯特共計十九部，後兩者所載部落數目皆為十七部且各部名稱相同。

① 李恢垣：《漢西域圖考》卷 5《蔥嶺諸國沿革考》，臺北：樂天出版社影印版，1974年。

② 袁大化、王樹枬等：《新疆圖志》卷 16，《藩部一》，東方學會，1923 年。

係乾隆二十四年（1759）年歸附於清朝的額德格訥、蒙科爾多爾部、齊里克、巴斯子等部落，位於費爾干納盆地、阿賴山地區。

　　清代漢文文獻中，清人多以東、西布魯特的稱呼取代了布魯特人所自稱的左、右翼的劃分方法，關於此，馬文華先生曾撰文探討，「18世紀中葉以後的漢文文獻並沒有採用左、右兩翼這一傳統的說法，而是以東、西布魯特取而代之。清人為什麼要把布魯特分為東、西兩部分至今尚無資料能予說明，這種說法應與布魯特左、右翼政治集團的劃分有關。」[①]事實也正如此，清代漢文文獻並未就為何以東、西布魯特來取代左、右翼進行專門說明，他還注意到東布魯特歸附之後、西布魯特尚未歸附之前，即有人用布魯特的東、西部取代了「左、右」兩翼，並認為「此人不是別人，正是乾隆皇帝自己，於是，懾於「欽定」的威力，布魯特左、右翼一詞從此便在漢文文獻中銷聲匿跡了。」

　　馬文華先生並未就此做過多的闡釋，關於此，我們可以在乾隆帝的御製詩集中找到一定的答案，當布魯特人入覲之時，乾隆帝在《御製布魯特使臣至宴賜即席得句》中有言：「七戎舜教遠難稽，布露通唐付狄鞮。部昔兩王稱大小，人今一派別東西」，並自注云：「布魯特自古未通中國，考《唐書‧西域傳》始載布露，或云勃律，有大小兩王，其時雖稱內屬，不過羈縻勿絕而已。」、「布魯特有東西之號，在東者分鄂拓克為五，在西者分鄂拓克為十五。」[②]可以看出，乾隆帝將布魯特分為東西兩部，正參照了唐時大小勃律[③]，其自注內容也能體現出古今對比的寓意，認為唐代大小勃律雖稱內屬，不過受羈縻而已，此時，僅有東布魯特人歸附，西布魯特多部至次年方才內附，說明他理所當

---

①馬文華：《18—19世紀布魯特人的社會經濟概況》，《新疆大學學報》（哲學社會科學版），1990年第3期。

②《欽定皇輿西域圖志》卷45藩屬二，《東西布魯特》。

③乾隆帝理想當然地認為布魯特與唐代勃律、布露存在關聯，實際不然，布魯特祖先在唐時被稱為點戛斯，與大小勃律毫無關係，勃律係唐時位於今喀什米爾東部的古國，分為大、小勃律，依附於吐蕃王朝，曾多次遣使於唐朝。

然地認為布魯特人各部落本為一體，只是區分為東、西兩部，將布魯特人劃分為東、西部，僅這無疑是一種主觀臆測，並非布魯特自身的劃分方法。乾隆帝的這一說法，也為後人所沿用，如《嘉慶朝重修一統志》即基本沿襲了《西域圖志》中的說法，對東西布魯特的地理位置進行了介紹。[①]

乾隆帝本人稱東、西布魯特分別有五部和十五部鄂拓克，《西域圖志》沿用了這一說法，但清人所稱的東、西部是否就與布魯特自稱的左、右翼相對應呢？要理清其間的相互關係，就需要弄清楚上述兩種劃分方法各自指代的內容。前文提及圖魯啟拜稱布魯特左、右部分別有五鄂拓克和十鄂拓克，而乾隆帝及《西域圖志》等漢文文獻則稱東、西布魯特分別有五鄂拓克和十五鄂拓克，故而，它們對布魯特部落總數的說明並不一致，前者所言布魯特共有十五部，而後者則稱布魯特共計二十部。雖然如此，但所提及的左部及東布魯特部落數目皆為五部，然而，左部與東布魯特是否就可以相對應呢？

這就需要結合具體的部落進行分析，圖魯啟拜稱「其左部呼車、薩老、賀泰三鄂拓克，共千餘戶」、「其餘左部二鄂拓克在安集延」，說明霍索楚、薩婁、啟台這三個位於塔拉斯部落歸屬於左部，左部另有兩鄂拓克則位於安集延，「我等居右」、「右部八鄂拓克與喀什噶爾相近」，說明薩雅克、薩爾巴噶什歸屬於右部，右部其餘八部則鄰近於喀什噶爾。關於東布魯特所屬部落，《西域圖志》中言及，東布魯特五部以薩雅克、薩爾巴噶什、塔拉斯三鄂拓克為著，而塔拉斯實際並非布魯特諸部落中的單獨一部，而是指代了霍索楚、薩婁、啟台三部。

[①]後文將論及，清朝所稱的布魯特東、西部分別相當於蘇聯學者所稱的北方吉爾吉斯和南方吉爾吉斯，清朝所稱的東、西部，其內在含義可能就是現在通認的東、西方向，但也可能受蒙古文化或突厥文化的影響，因為在蒙古文化和突厥文化中，「東」、「西」的含義皆分別指稱現在通常意義上的「北」、「南」。參見馬大正、成崇德主編：《衛拉特蒙古史綱》，北京：人民出版社，2012年，第7-8頁；麻赫默德‧喀什噶里：《突厥語大辭典》，第一卷，北京：民族出版社，2002年，扉頁所附圖例。

　　潘志平先生亦曾討論過上述的「塔拉斯鄂拓克」,「塔拉斯是地名而非族名」、「所謂『舊居塔拉斯』部即霍索楚部,塔拉斯部是不存在的」[①]。筆者的闡釋稍有不同,筆者認為,上述的兩種清代文獻所指的塔拉斯部本身即包括了霍索楚、啟台、薩婁三部,並非只代表了霍索楚一部。《柯爾克孜族簡史》僅結合《西域圖志》和《清史稿》中的相關材料,認為薩婁與薩爾巴噶什為同一部,並認為東布魯特有五部之說較為可信,五部分別為薩雅克、薩爾巴噶什、塔拉斯、霍索楚、啟台。[②]然而,薩婁與薩爾巴噶什並非同一部:一方面,薩婁同霍索楚、啟台歸屬於左翼,而薩爾巴噶什則屬於右翼,二者的歸屬並不同;另一方面,清代漢文、滿文文獻分別單獨提及兩部人物和事件,並未將二者混為一談。

　　乾隆二十三年(1758),東布魯特諸部歸附之後,清代文獻除了直接提及與薩雅克、薩爾巴噶什兩部相關的事宜外,還直接提及了薩婁(薩老、薩魯)部的相關事宜,如乾隆二十七年(1762)十一月,浩罕商人沙薩伊特之馬匹被薩婁部人搶掠,薩婁部頭目沙巴圖知曉後,盡行取出交還。[③]乾隆五十四年(1789),有安集延和喀什噶爾商人之馬匹被布魯特人搶掠,在查拿搶掠之布魯特人的過程中,喀什噶爾參贊大臣明亮奏請:「向薩魯部比沙巴圖、占頗拉特索要,令其查拿。」[④]這說明,清朝統一新疆後,薩婁部仍為布魯特中的一部,但乾隆朝之後的官修或私修史書在羅列諸部名稱時,皆未將該部載入其中。

　　所謂的東布魯特不僅包括左翼中的塔拉斯三鄂拓克,還至少包括右翼中的薩雅克和薩爾巴噶什,從此角度而言,東布魯特的指代對象

---

①潘志平:《布魯特各部落及其親緣關係》,《新疆社會科學》,1990 年第 2 期。

②《柯爾克孜族簡史》,烏魯木齊:新疆人民出版社,1985 年,第 91-92 頁。

③《清高宗實錄》卷 674,乾隆二十七年十一月戊午。

④《寄諭喀什噶爾參贊大臣明亮等著將追回之安集延被盜馬匹給還一半》,乾隆五十九年九月十三日,《乾隆朝滿文寄信檔譯編》,第二十一冊,第 527-528 頁。

既包括左翼又包括右翼中的一部分，故而，「右翼」與「東布魯特」所代表的部落也並不完全相同。

　　實際上，《西域圖志》所言的東布魯特五部至少包括了七部，乾隆二十三年（1758）七月八日，定邊將軍兆惠奏稱「布魯特部落薩喇巴哈什頭目車里克齊、圖魯起、尼沙等歸誠」[①]，其中車里克齊係薩爾巴噶什部落頭目，圖魯起即為薩雅克頭目圖魯啟拜，而尼沙則為另一鄂拓克之頭目。車里克齊等人隨後同瑪木特呼里比之弟舍爾伯克、霍索楚頭目邁塔克之弟舒庫爾、啟台頭目喀喇博托之侄哈畢啟等人分為三起入覲。七月二十一日，兆惠即奏東布魯特歸誠，這說明，此間歸附並遣人入覲的布魯特各鄂拓克皆被納入了「東布魯特」的範圍之內，尼沙所在的鄂拓克應該也在此時臣服於清朝，《新疆識略》記載其為蘇勒圖部首領。[②]潘志平先生提及，蘇勒圖位於那林河北，似應屬東布魯特，但《新疆識略》將其歸入西布魯特。[③]事實上，結合上述歷史背景，可以確定蘇勒圖即為東布魯特的一部。該部地理位置與薩爾巴噶什部相鄰，故而，同薩雅克、薩爾巴噶什等部共同歸附於清朝。

　　《西域圖志》另載：「二十六年，其別部酋長額木爾貝亦率所部內遷，遣弟穆魯特歸誠，願受安插，貢匕首。詔嘉美之，賜額木爾貝三品頂帶。」[④]這說明額木爾貝所在的部落亦被列入東布魯特「別部」。額木爾貝可能即為希布察克部額穆爾比，額穆爾先前同侍衛托倫泰、大和卓布拉呢敦一起攻取葉爾羌，「後聞布拉呢敦欲相殺害，因率四百

───────────────

① 《清高宗實錄》卷 566，乾隆二十三年七月壬辰。

② 松筠纂：《欽定新疆識略》卷 12《布魯特》。

③ 潘志平：《布魯特各部落及其親緣關係》，《新疆社會科學》，1990 年第 2 期，在《浩罕與西域政治》一書中，潘先生似並未注意到筆者此處提及的相關歷史細節，仍將蘇勒圖部劃入西布魯特，並不準確，參見《浩罕與西域政治》，烏魯木齊：新疆人民出版社，2006 年，第 187 頁。

④ 《欽定皇輿西域圖志》卷 45 藩屬二，《東布魯特》。

餘戶逃往安集延。」①乾隆二十六年（1761），因與安集延產生矛盾，率眾自安集延歸附。額穆爾派遣其弟穆魯特「貢獻土物」，被賞與三品頂戴，因其與布魯特阿奇木同族，被派往一處安插遊牧。②故而，清人將額穆爾所領的希布察克部作為東布魯特「別部」。

關於西布魯特，《西域圖志》載其中共十五部，其中額德格訥、蒙科爾多爾、齊里克、巴斯子為其中較著者，除此之外，阿瓦勒所領部落被列為「別部」：「二十八年，其別部阿瓦勒比，願以其部供內地遊牧，並悉心經理牧群事宜。帝嘉之，賜四品頂帶。」③說明阿瓦勒比所屬部落亦為西布魯特之別部，阿瓦勒比實際為沖巴噶什部之頭目，被置於西布魯特的範圍之內，可見除了上述已經推論出的東、西布魯特屬部之外，其他的多數布魯特部落也可能屬於西布魯特。結合瓦里漢諾夫等人的記載，西布魯特中的額德格訥、齊里克、巴斯子、沖巴噶什部皆屬於右翼，左翼中的霍索楚、啟台、薩婁屬於東布魯特，故而，不能理所當然地認為西布魯特等同於左翼布魯特。

從上述的論述中可以看出，清人所稱的東、西布魯特與布魯特人自稱的左、右翼布魯特之間並不存在一一對應的關係，這兩種劃分方法各基於一定的標準，所指涉的對象存在一定的重疊，東布魯特既包括一部分左翼，又包括一部分右翼，西布魯特也包納了右翼中的大部分部落，左翼中位於安集延的兩部很可能也歸屬於西布魯特。所以，周軒分別將東、西布魯特與右翼、左翼布魯特相對應，這一觀點並不正確，並未明晰各自的包納對象和指涉範圍。蘇聯時期的學者伯恩斯塔姆在討論布魯特歷史時，雖然也注意到了漢文文獻《西域圖志》和《西域聞見錄》對於布魯特的有關記載，但並未能夠弄清楚清朝文獻所稱的東、西布魯特的各自含義，認為漢文文獻中將布魯特劃分為西

---

① 《清高宗實錄》卷 632，乾隆二十六年三月辛丑。
② 《清高宗實錄》卷 634，乾隆二十六年三月戊辰。
③ 《欽定皇輿西域圖志》卷 45 藩屬二，《西布魯特》。

部和東部集團，分別與額德格訥（Adygene）和塔蓋伊（Tagay）的劃分相一致。[1]即認為清朝文獻中的西部和東部布魯特分別與額德格訥和塔蓋伊相對應，但根據前文的分析，額德格訥和塔蓋伊均係右翼中的兩大構成部分，與清人所認為的東西部布魯特含義不同，指涉對象並不一致，並不存在簡單的對應關係。

筆者在上文中主要結合乾隆時期的相關文獻，就清人所言的東、西布魯特及左、右翼布魯特各自的指代對象及其相互關係進行了考辨。需要指出的是，相較於其他清代漢文文獻，《西域圖志》及《平定準噶爾方略》就上述問題的說明相對更為明確，乾隆朝之後，清人所著文獻，並未再就左、右翼布魯特進行更多闡釋，而有關東、西布魯特的分類或依據《西域圖志》中的記載，或僅列出諸部名稱、並未就其進行分類。

（二）有關布魯特諸部分類的更多維度

以上的分析中，筆者就清人所稱的東、西布魯特與布魯特自稱的左、右翼布魯特之間的關係進行了一定的考辨，可以看出，兩種類型的劃分並不存在一一對應的關係。從前人相關研究中，可知俄國人將布魯特分為南北兩部，布魯特也將其自身劃分為內外兩部，這也就增加了分類方法的多元性，這就有必要結合這些維度進行更為全面的對比和總結。

《柯爾克孜族簡史》論及，過去柯爾克孜族保留著部落和氏族組織的殘餘，分為「伊奇克里克」（內部）[2]和「奧托孜吾兀勒」（三十姓

---

[1] A.Bernshtam,The Origin of the Kirgiz People,in *Studies in Siberian Ethnogenesis*,edited by H. N. Michael, University of Toronto Press,1962,p.126.

[2] 乾隆二十四年（1759）西布魯特歸附時，《平定準噶爾方略》（正編卷 78，乾隆二十四年九月庚申）載：「達克塔納等傳檄霍罕、安集延、瑪爾噶朗、那木干及額德格訥、伊什奇里克部布魯特」，此時，清人誤以為伊什奇里克為布魯特其中一部，很可能因為當時清軍尚不知內部的譜系劃分，將之作為部落名稱，此後清代其他文獻並未再將其作為單獨的部落名稱，清軍亦有可能已經知悉其實際為費爾干納地區多個布魯

部落），伊奇克里克分為克普恰克、乃蠻、太依提、凱賽克等四大部落。
奧托孜吾兀勒分為左翼和右翼二部，下面再分為巴斯孜、蒙杜孜、撒
魯、庫秋、克太依、額德格、塔阿依、蒙古什、蒙古杜爾、切里克、
布谷、沖巴格什、撒爾巴格什、撒雅克、蘇勒托等部落。這說明，布
魯特基於一定的標準劃分為「內部」和「三十姓部落」，而後者又分為
左、右翼，且左、右翼共計十五部。[1]

　　這源於柯爾克孜族的一種族源傳說，傳說從北方有兩座大山，從
其中一座大山中流出十條河，從另一座大山中流出三十條大河，彙聚
成了「艾乃賽河」，居於大山及河兩岸的居民被稱為「柯爾奧古孜人」，
柯爾奧古孜有一個名叫布彥汗的國王，他的直係後裔居住在那十條河
的兩岸，稱作「伊奇克力克」（內姓部落）。國王的其他臣民則居住在
那三十條河的兩岸，稱作「奧托孜吾兀勒」（三十姓部落）。布彥汗封
兩位王子為左右大將軍，分管三十姓部落，左大將軍管的部落叫「蘇
勒」（左翼），右大將軍管的部落叫「翁」（右翼）。[2]這一族源傳說即為
布魯特劃分為「內姓部落」和「三十姓部落」奠定了基礎，前者係國
王的直系後裔，後者則為國王的其他臣民，二者體現了血緣上的親疏
關係。而左、右翼則主要指稱三十姓部落內部的區分，左、右翼因分
別受國王兩位王子的管轄而享有同等的地位。

　　瓦里漢諾夫指出，柯爾克孜人世系傳統構成了口頭傳說中的最重
要部分，一個部落與另一個部落之間的關係取決於部落首領之間的親
密程度。一個支系之於另一支系的世襲優越性取決於長子繼承權，這
一自然傳統至今仍非常重要，因為它們代表著人們的血統以及社會的
構成。其中的凱薩克、烏茲別克、諾蓋世系表，體現出他們是在金帳

特部落的統稱《西域圖志》所載的東西布魯特分界圖中也標注有「伊斯克里克鄂拉」，
該地的命名很可能與該名稱指涉該地區多部布魯特有關，伊什奇里克亦作伊什克里
克、伊斯克里克、伊奇克里克、伊奇克力克等。

[1]《柯爾克孜族簡史》，烏魯木齊：新疆人民出版社，1985年，第6頁。
[2]《柯爾克孜族簡史》，烏魯木齊：新疆人民出版社，1985年，第9-10頁。

和察合台汗國沒落之後，由不同的突厥和蒙古部落所形成的混合體，
同時，柯爾克孜人的世系顯示出人們主要由突厥化的柯爾克孜部落構
成，並最終加入了兩個異己部分，在這其中，第一部分由希布察克、
奈曼、啟台構成，他們對於柯爾克孜族屬的訴求，通過他們在世系上
擁有共同的首領來表達出來，這一首領宣稱為柯爾克孜—白之子。伊
什奇里克（Tchilik），或者第二部分，雖然聲稱擁有一個共同祖先亦為
柯爾克孜—白之子，但並未得到其他部落的認可。第三等級構成了當
前的柯爾克孜人，被劃分為兩翼，翁（Ong.）和索爾（Sol.），如今這
一代被劃分為無數的分支，每一分支又被屢次再劃分。[1]瓦里漢諾夫就
柯爾克孜族的世系起源及其構成進行了分析和說明，可見柯爾克孜人
由突厥化的柯爾克孜人、「兩個異己部分」及被劃分為左、右翼的柯爾
克孜人這三部分構成，而第三部分柯爾克孜人即被稱為吉科卡門吉爾
吉斯人，即清代布魯特的主要構成部分，前兩部分即構成了內姓部落，
而左、右翼則構成了三十姓部落。

　　故而，從上述相關傳說和記載可以看出，布魯特內、外部（三十
姓部落）之分實際反映了布魯特的世系親疏關係，而左、右翼則共同
構成了「外部」，相互對等，左、右翼的產生也是基於一定的世系關係。

　　馬文華參考了俄國學者的研究，指出16世紀中葉時，布魯特人的
祖先通過和平談判將居民劃分為南、北兩部分，並各自推舉出一位統
治者，每一統治者擁有各自的領土。故而，認為布魯特的左右翼還是
一個擁有一定地域的政治集團。蘇聯學者的研究成果反映出18世紀時
布魯特左翼佔據了南吉爾吉斯地區（納林河以南）、右翼佔據了北吉爾吉
斯地區(納林河以北)。[2]這也就將左、右翼的屬性進一步加以明晰，並
就其地理位置進行了說明，即左、右翼分別位於南、北吉爾吉斯地區。

---

[1]Valikhanof, M. Veniukof,etc,*The Russians in Central Asia*，pp.97-98.

[2]馬文華：《18—19世紀布魯特人的社會經濟概況》,《新疆大學學報》（哲學社會科學
　　版），1990年第3期。

　　潘志平先生認為南北吉爾吉斯同清人所稱的東西布魯特一樣，也是按照遊牧地域進行劃分的，並認為北吉爾吉斯人相當於東布魯特、南吉爾吉斯人相當於西布魯特，東、西布魯特以那林河為界，南北吉爾吉斯人則以卡拉河為界，而左右翼的劃分反映了布魯特各部的親緣關係。潘先生注意到西特尼亞科夫斯基提出南吉爾吉斯人分成「內部」和「三十個兒子」兩部，且兩部皆劃分成「右翼」和「左翼」，這也就從縱橫兩方面來就南吉爾吉斯各部落親緣關係進行劃分。他還專就伊什克里克、塞爾特克的含義及相關問題進行了闡述，他結合蘇聯學者捷尼科夫的研究及我國《柯爾克孜族社會歷史調查》中的資料，認為二者所提出的伊什克里克、賽爾特克意義對等，其意分別為「內部」和「外部」，但《柯爾克孜族社會歷史調查》將左翼等同於內部、將右翼等同於外部，不符合實際，並舉例證明內、外部皆分為左、右翼，提出左、右翼和內、外部是對布魯特各部親緣關係縱橫兩個方向的基本劃分。[①]在《清季布魯特（柯爾克孜）諸部的分佈》一文中，潘先生也就上述觀點進行了進一步總結，布魯特首先劃分為內部和外部，而內、外部各自又有左、右翼之分，並指出塔蓋伊、額德格訥、奧托孜吾兀勒則是布魯特較低層次的局部上的劃分。[②]

　　其研究為我們進一步理清布魯特的分類體系奠定了重要基礎，布魯特的分類方法多元，既有源自於布魯特人的「自稱」，如左、右翼，內、外部；又有源自於清代文獻、俄國文獻的「他稱」，如東、西布魯特，南、北吉爾吉斯人，布魯特的族源傳說以及瓦里漢諾夫的記載和研究，也為認知相關問題提供了更為豐富的觀察視角。可以發現，「他稱」主要體現出對布魯特諸部所處地理位置的劃分，「自稱」則反映了布魯特諸部的親緣關係，二者為認識布魯特諸部之間的地理和親緣關係提供了更多的思考維度，需要深入其中進行分析，不能簡單地將「自

①潘志平：《布魯特各部落及其親緣關係》，《新疆社會科學》，1990 年第 2 期。
②潘志平：《清季布魯特（柯爾克孜）諸部的分佈》，《西域研究》，1992 年第 3 期。

稱」與「他稱」中的分類概念進行對應。前人有關布魯特的研究成果中，多存在著這樣的問題，應該予以更正。

　　實際上，清代文獻對於布魯特內部譜系、血緣關係的記載極為有限，布魯特內部各部落存在著諸多的支系，國內學者的相關論述較少，潘志平先生在《布魯特各部落及其親緣關係》一文中，結合俄文文獻，以附錄形式展現了布魯特主要部落分支，可以發現，這些部落分支極為複雜，不同的部落產生了不同的支系，即使同一部落之下，也產生了諸多的分支及次級分支，清代文獻的有限記載中，雖未加以明確說明，但從布魯特頭人的說明中，可以推斷出各部支系較多的客觀現實。本著重點研究那些與清朝密切相關的主要部落的人物和事件，並不過多涉及諸部的分支部落問題，但後文在闡述東布魯特中的薩爾巴噶什、布庫等部時會有一定的涉及，東布魯特多部實際上結成了鬆散的聯盟，在抗擊哈薩克、浩罕的侵略中，產生了重要作用。現結合西方學者的一些研究，將布魯特諸部構成表列於下（表 2-1），該表係保羅‧蓋斯結合俄國學者的相關研究成果整理而出，所列部落數目眾多、記載較為全面，這有助於進一步明晰各部間的關係。

表 2-1　吉爾吉斯部落結構圖

表 2-1-1　右翼構成部落

奧特茲兀勒（三十子）-翁喀納特（右翼）Otuz Uul(Thirty sons)-Ong Kanat(Right wing)		
塔蓋伊（Tagai）	**額德格訥（Adigine）**	**蒙古什（Mungh sh）**
薩爾巴噶什（Bagysh Sary）、布庫（Bugu）、蘇勒圖（Solto）、（Tynymseiit）提依姆薩伊特、塞阿克（Saiak）、察哈爾薩雅克（Saiak Chekir）、奇里克（Cherik）、哲提格（Jediger）、阿孜克（Azyk）、巴噶什（Bagysh）、（Mongoldor）蒙古爾多爾、蘇木倫（Suu Murun）	巴鄰（Baaryn）、孔古拉特（Kongurat）、喬里（Jory）、布魯（Boru）、巴濟（Bargy）、喀喇巴噶什（Kara Bagysh）、薩爾塔（Sarttar）	（Jagalmai）扎噶爾瑪依、庫什塔木喝（Kosh Tamga）

表 2-1-2　左翼、伊什奇里克構成部落

索爾喀納特（左翼）Sol Kanat(left wing)	伊什奇里克（Ichkilik）
胡什齊（Kushchu）、薩妻（Saruu）、蒙杜斯（Munduz）、哲提根（Jetigen）、啟台（Kytai）、巴斯子（Basyz）、圖伯伊（Toboi）、沖巴噶什（Bagysh Chong）	希布察克（Kypchak）、奈曼（Naiman）、提依特（Teiit）、凱薩克（Kesek）、朱凱薩克（Joo Kesek）、康迪（Kangdy）、博斯塔尼（Boston）、諾依古特（Noigut）、（Agagat Abat）阿巴噶特（阿巴特）、朵洛斯（Doolos Toolos）

表2-1-3　其他構成部落

非吉爾吉斯族源的混合群體 （Mixed group of non-Kyrgyz origin）						
薩爾特卡爾梅克（Sart Kalmak）	卡爾吉斯（Kyrgyz Kalmak-）	卡爾梅克吉爾吉斯（Kalmak）	查喇哈薩克（Chala Kazak）	科爾迪克（Keldike）	克克魯（Kurkuroo）	古倫（Kuron）

資料來源：Paul George Geiss，*Pre-Tsarist and Tsarist central Asia:Communal commitment and political order in change*，London and New York:Routledge Curzon，2003，p.266.

　　美國印第安那大學（Indiana University）學者尤里・布列格（Yuri Bregel）在其所著的《中亞歷史地圖集》中，對於布魯特部落的譜系劃分進行了總結，並列出了主要部落的住居地（參見下文圖2-4），他認為，布魯特部落劃分為三部分，其中的兩部分共同被稱為奧特茲兀勒（三十子），被劃分為左右兩翼，右翼部落多於左翼，被劃分為塔蓋伊（Tagay）、額德格訥（Adigine）和蒙古什（Mungush），塔蓋伊支系佔據了天山地區的絕大部分，它包括了住居於楚河上游和伊塞克湖周圍及更東邊的最大的布魯特部落，如布庫、蘇勒圖和薩爾巴噶什；歸屬於額德格訥和蒙古什的部落住居於塔蓋伊支系的西南部，在費爾干納和阿賴山脈的山麓中，以及費爾干納盆地和阿賴谷地的東部；左翼的

較小部落則佔據了塔拉斯河谷和查特卡爾（Chatkal）山的山麓地區；第三部分被稱為伊什奇里克，佔據了布魯特領土的南部，包括帕米爾高原直至瓦罕。[1]上述地圖集相較於蓋斯所列的諸部落名稱（參見表2-1），尤里・布列格所列出的左翼、右翼以及伊什奇里克三部分所屬部落的名稱與之相同[2]，只是前者在此三部分之外尚列出了第四部分「非起源於布魯特的混合群體」，後者並未提及這一部分部落。

　　上述國外學者的研究成果表明，布魯特部落數目眾多，達四十多個，但主要仍分為左翼、右翼和內部三大主要部分，然而，多數清代文獻中主要記載了歸附於清朝且被清朝載入冊籍的近二十個部落，另有二十多個部落並未見載於常見的清代文獻中。值得一提的是，《西域地理圖說》中的記載則尤顯特殊[3]，該書記載了清朝統一新疆之初浩罕所統領的八個布魯特部的名稱、列出了額德格訥部下轄的八個部落的名稱、詳細說明了喀爾提錦部和希布察克部首領阿奇木所統領的各分支部落的名稱、首領、屬民戶數及其冬夏住牧地方等內容，另將薩雅克和薩爾巴噶什部視為同一個部落聯盟，並詳載其中九個部落的具體情況，等等。該書記載的布魯特部落名稱更為多樣、數目更為眾多，其中的諸多細節並未見載於其他清代官私修文獻中，但卻能夠與上述西方學者所列出的布魯特部落名稱形成一定的對應關係，這在後文相關章節的寫作中將會加以論及，這些內容也可以進一步凸顯該著對於促進相關研究意義和價值。

---

①Yuri Bregel ,*An Historical Atlas of Central Asia*,London&Boston:Brill,2003,p.78.

②*Ibid.*p.79.

③參見阮明道主編：《西域地理圖說注》，阮明道漢文箋注、劉景憲滿文譯注，延吉：延邊大學出版社，1992年，第 121-165 頁。

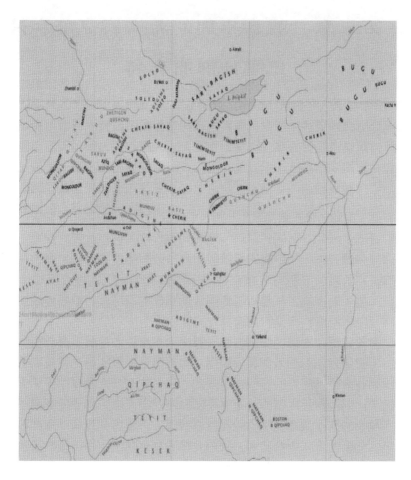

圖 2-4　布魯特部落分佈圖[1]

①Yuri Bregel, An Historical Atlas of Central Asia,London&Boston:Brill,2003,p.79.

第三章　乾嘉年間的希布察克部和沖巴噶什部布魯特

　　通過上文的論述，可以發現，布魯特部落數目眾多，諸部間的親緣關係不同，實際上，清朝文獻記載的各部落在不同歷史時期與清朝的親疏關係也不同，這直觀地表現在清朝史籍所記載的各部事務的多寡方面。楊建新先生曾議及：「由於布魯特各部當時並不是一個統一的政治實體，因此，對居住在這些地區的布魯特人在政治上的歸屬，必須進行具體分析。其中有的部落與清政府的關係並不密切，有的在較短的時期臣服過清朝，有的則完全是清朝政府管轄下的遊牧部落。」[①]這一論述，即總結了布魯特各部與清朝關係的特點，對於闡述諸部在不同時段內與清朝關係的親疏具有啟發意義。

　　由於諸部在與清朝關係方面呈現出不平衡性，這就更需要對那些與清朝關係密切的部落做深入研究。本著自這一章開始，就乾嘉時期與清朝關係較為親近的多個部落及其主要人物的歷史做專題研究，這包括喀什噶爾附近地區的希布察克部和沖巴噶什部，起源於費爾干納地區並與浩罕產生重要關聯的額德格訥部、奇里克部及胡什齊部，以及天山北路的東布魯特諸部。國內外學者在相關研究中，雖然提及過這些部落及其首領的事蹟，但鮮有學者做過專題性研究，本著結合相關文獻，嘗試著對這些部落主要人物及其事蹟做系統整理，旨在從中發掘更多歷史細節，對清朝政府治理布魯特的措施以及諸部與周邊政權或民族所建立的關係有新的認識。

---

①楊建新：《中國西北少數民族史》，民族出版社，2003 年，第 477-478 頁。

第一節　乾嘉年間希布察克部布魯特

一、阿奇木與希布察克部的角色定位

（一）費爾干納地區的希布察克部及希布察克布魯特的歸附

希布察克（Kipchak）本為中亞歷史上的一個著名部族，史書中又作可弗叉、欽察、乞卜察兀等，為突厥之一支。原在額爾齊斯河流域，十一世紀向西擴展，達黑海、裏海以北廣大地區，這一廣大地區亦稱欽察草原。[1]希布察克部在歷史發展的過程中逐漸融合於中亞地區的多個部族之中，蒙古、柯爾克孜、烏孜別克等民族中皆有其分支。潘志平先生指出，布魯特諸部之中，「奈曼和希布察克可能與中亞古老的乃蠻、欽察（克普恰克）部族有歷史淵源關係，克普恰克人在中亞浩罕國歷史上起過重要作用。」[2]清代布魯特有多部構成，希布察克部為其中一部，在清代文獻中又作「克布察克」、「奇卜察克」、「吉布察克」[3]等，該部主要於清朝政府統一新疆的過程中登上歷史舞臺。

保羅·蓋斯在其著作中，對希布察克部在中亞地區的分佈進行了總結，指出希布察克部部落集團主要由三部構成，第一部分的花剌子模希布察克人（Qipchoqs of Khorezm），位於費爾干納谷地的札拉夫尚

---

① 馮承鈞原著，陸峻嶺增訂：《西域地名》（增訂本），北京：中華書局，1982 年，第 53 頁。

② 潘志平：《布魯特各部落及其親緣關係》，《新疆社會科學》1990 年第 2 期。

③ 清代文獻中也提及過哈卜齊克部布魯特，但多數文獻所列部落名稱並不包括該部，哈卜齊克與希布察克名稱相近，但應屬於不同的部落。《平定準噶爾方略》提及：「色勒固勒向北，經過哈喇庫勒，其地係布魯特之哈卜齊克等部落遊牧。」（正編卷 76，乾隆二十四年八月己卯）徐松也提及哈卜齊克部遊牧於哈喇庫勒附近，但他將本著此處所指的希布察克部稱為吉布察克部。（參見：徐松著，朱玉麒整理：《西域水道記》（外二種），北京：中華書局，2005 年，第 29、34 頁。）文獻中對哈卜齊克部記載較少，其具體細節仍然待考。

（Zarafshan）谷地；第二部分為克台希布察克人（Ktai-Qipchoq），他們沿著札拉夫尚谷地，與克台人結盟，在布哈拉王國扮演了重要的政治角色；第三部分為費爾干納谷地的希布察克人，他們留居該地相對較晚，本來遊牧於哈薩克至錫爾河中游地區，屬於哈薩克中帳的一部分，但後來因無以抗擊厄魯特的侵襲而大量遁居費爾干納谷地，並在安集延、納曼干周圍過冬，因缺乏遊牧地，他們多數人生活貧窮、迫於生計，但那些成為布魯特伊什奇里克（Ichkilik）聯盟的希布察克人生活則較為富足。[①] 可以看出，希布察克人為費爾干納地區的重要部族，本節所研究的希布察克部布魯特人即為蓋斯所指的第三部分希布察克人的構成者，他們為布魯特伊什奇里克的構成部分，伊什奇里克即為內部之意，前文在討論布魯特內部的親緣關係和譜系劃分時，曾有提及，布魯特內部劃分為右翼（On.）左翼（Sol.）和內部（Ichkilik），相較於費爾干納谷地的其他希布察克人，其生活境遇則相對較好，他們一部分移居喀什噶爾附近地區，另一部分仍然歸由浩罕所管領，19 世紀中期，浩罕統治下的希布察克部一度左右了浩罕政局，其重臣阿里木庫里（Alimqul）即來自於希布察克部布魯特。[②]

勞拉·紐比（Laura Newby）也指出，18 世紀時，希布察克人同薩爾特（Sart）、布魯特共為費爾干納谷地的三大主要部族，但單獨將希布察克人列出也存在問題，「因為早在 16 世紀時，希布察克人中的一支即與烏茲別克人融合，成為了半定居的人，而另一支則向東遷徙，並保持著本來的遊牧生活方式，18—19 世紀時，清朝文獻將後者稱為希布察克布魯特。」[③] 這表明，18 世紀後，費爾干納地區的希布察克人

① Paul George Geiss, *Pre-Tsarist and Tsarist central Asia:Communal commitment and political order in change*,London and New York:Routledge Curzon,2003,p.44.

② *The Life of 'Alimqul:A Native Chronicle of Nineteenth Century Central Asia*,edit. and trans. by Timur K.Beisembiev,London and New York:Routledge Curzon,2003,p.18.

③ Laura J.Newby,*The Empire and the Khanate:A Political History of Qing Relations with Khoqand c.1760-1860*, Leiden & Boston : Brill,2005,p.211.

並非獨立的部族，逐漸融合於烏茲別克、布魯特人之中，本節所討論的希布察克布魯特，即為希布察克與布魯特相融合而產生的布魯特支系部落。

前文論及清朝統一新疆前的布魯特歷史時，提及葉爾羌汗國阿不都拉哈汗在位時，吉爾吉斯人開始大量遷至天山南路地區，並任命了多位吉爾吉斯首領擔任各地阿奇木伯克，希布察克部吉爾吉斯人也見載於史籍，並與當時定居於喀什噶爾的沖巴噶什部產生了一定的矛盾，有理由推斷該部當時即與沖巴噶什部同時落居喀什噶爾。在準噶爾部歸併葉爾羌汗國後，希布察克部吉爾吉斯人也屢次參與到一些重要事件之中，準噶爾政權覆滅後，在布拉呢敦與清軍招撫天山南路的過程中，該部首領烏瑪爾·米爾扎先是為黑山派玉素普和卓所利用，後又轉向布拉呢敦一派。布拉呢敦所領隊伍中，蘇皮米爾咱、依克米爾咱等皆屬於希布察克部吉爾吉斯人，而蘇皮米爾咱、阿奇木米爾咱屬於托庫孜希布察克部（Toqquz Qipchaq），烏瑪爾·米爾扎則屬於塔孜希布察克部（Taz Qipchaq）[1]，托庫孜與塔孜應係希布察克部吉爾吉斯的兩個分支部落。乾隆二十六年（1761），希布察克部布魯特額穆爾比率部自安集延歸附內遷，額穆爾即稱：「前隨侍衛托倫泰，同布拉呢敦等攻取葉爾羌，後聞布拉呢敦欲相殺害，因率四百餘戶逃往安集延。」[2]這說明，額穆爾也曾隨同托倫泰、布拉呢敦招撫天山南路。上述人物的事蹟表明，在清朝統一新疆之前，希布察克部布魯特既已落居喀什噶爾地區多年。

乾隆二十一年（1756），阿睦爾撒納叛亂後，小和卓霍集占乘機逃回天山南路，說服其兄布拉呢敦發動了叛亂。乾隆二十三（1758）初，清朝政府舉兵天山南路、平定大小和卓叛亂，當年四月，定邊將軍兆惠在經由伊塞克湖前往喀什噶爾、葉爾羌的過程中，招服了東布魯特

---

[1]《和卓傳》,《清代察合台文文獻譯注》，第 212 頁。
[2]《清高宗實錄》卷 632，乾隆二十六年三月辛丑。

薩雅克、薩爾巴噶什等部。乾隆二十四年（1759）六月，清軍在經歷
呼爾璊大捷及黑水營解圍之後，由定邊將軍兆惠、定邊右副將軍富德
分別率軍，兵分兩路，再次征討和卓叛軍，於閏六月中旬順利佔據喀
什噶爾、葉爾羌兩城。明瑞於閏六月十五日起程，受布魯特牧民及當
地居民的引導，於霍斯庫魯克山殲敵五百餘人、生擒三百餘人，叛軍
逃遁。閏六月十八日，富德安撫葉爾羌居民之後，率軍追趕逃敵，原
駐紮葉爾羌、喀什噶爾兩城之間要隘的清軍，則在阿里袞帶領下追剿
叛軍。七月初，富德、明瑞、阿里袞三路清軍會合後，先後於七月初
九日、初十日在阿爾楚爾山和伊西洱庫爾淖爾擊潰叛軍，和卓兄弟潰
逃至巴達克山，後被巴達克山汗素勒坦沙處死，大和卓之屍不慎被盜，
巴達克山遂將小和卓首級呈獻清朝。[1]

　　此間，希布察克布魯特之比阿奇木（阿其睦）被派往軍中作為嚮
導，引導清軍，「積極協助清軍作戰，進行帶路、偵察、阻擊、追剿、
圍殲等等」。[2]從滿文檔案中得知，閏六月二十日，「定邊將軍兆惠等奏
賞阿齊木五品頂戴，並派往阿里袞軍中作為嚮導。」[3]七月三日，「參
贊大臣阿里袞等奏賞阿齊木五品頂戴，並用作嚮導追剿霍集占。」[4]這
說明，阿奇木於閏六月下旬被派往阿里袞軍中作為嚮導，並對清軍追
剿和卓叛軍產生了積極影響，因而也被奏賞五品頂戴。阿奇木此時受
到清軍重用，說明此前其本人在此前即具有一定的地位，結合希布察
克部在布拉呢敦招撫天山南路過程中的發揮的積極作用，阿奇木本人
或許也曾隨同布拉呢敦與黑山派和卓做鬥爭，上文提及，察合台文版
的《和卓傳》載托庫孜希布察克部吉爾吉斯的蘇皮米爾咱、阿奇木米
爾咱即跟隨布拉呢敦招撫天山南路，其中的阿奇木米爾咱與此處的阿

①劉正寅、魏良弢：《西域和卓家族研究》，第 272-277 頁。

②王鍾翰主編：《中國民族史》（增訂本），中國社會科學出版社，1994 年，第 870 頁。

③中國第一歷史檔案館等編：《清代邊疆滿文檔案目錄》，第 6 冊新疆卷 1，廣西師範大
　學出版社，1999 年，第 321 頁。

④《清代邊疆滿文檔案目錄》，第 6 冊新疆卷 1，第 324 頁。

奇木名字相近、個人歷史背景相近，但究竟二者是否為同一人，尚難以完全斷定，但至少存在著這樣的可能性。

乾隆二十四年（1759）八月，巴達克山呈獻霍集占首級，阿奇木與霍集斯等人參與到接收霍集占首級的過程中，他們與濟爾噶勒、呢雅斯索丕等人識認霍集占首級，富德奏稱：「三十日，額爾登額等到營，臣等與領隊大臣、侍衛官員，及伯克霍集斯、摩羅、郭波和卓、布魯特阿奇木，令其識認。俱云，詳看首級，視生前雖覺稍變，但面龐可識，其發跡右太陽創痕，鬢角及唇頦微須，實係霍集占首級無疑。」[①]這說明，此前阿奇木與霍集占相熟識，這也表明了阿奇木與大小和卓曾經存在密切關係。這也可以通過阿奇木親屬與大小和卓間的的關係來推斷，當年九月十四日，兆惠奏波羅泥都之出妻一事：

> 又據提督董孟查報，托和齊係英噶薩爾舊阿奇木呢雅斯之妻，為波羅泥都所奪，後復離異。托和齊係奇卜察克布魯特比阿奇木之從妹，應遣人往取等語。查布魯特阿奇木早經歸附，現為阿里袞嚮導，若遠取伊妹，恐新降人等，妄生疑懼，是以檄令停止，並將阿奇木效力免其查取之處，曉示伊遊牧。[②]

托和齊為阿奇木之從妹，為波羅泥都之出妻，同時，阿奇木之姐濟爾噶勒亦係波羅泥都屬人，為波羅泥都屬下蘇朱克圖之妻。[③]這表明準噶爾政權統治南疆時，阿奇木即在回部具有一定的地位，他與和卓家族及回部上層皆交往密切。阿奇木此時作為阿里袞的嚮導，其本人

---

① 《平定準噶爾方略》正編卷 81，乾隆二十四年十月庚子。

② 《平定準噶爾方略》正編卷 78，乾隆二十四年九月辛酉。

③ 《平定準噶爾方略》正編卷 81，乾隆二十四年十月庚子。波羅泥都另有一妻名為額爾克揚，她也是布魯特人，但她究竟屬於布魯特哪一個部落，尚不明確。佐口透先生在研究波羅泥都各妻、子的過程中，論及過額爾克揚，且其生子巴布敦。[日]佐口透：《18-19 世紀新疆社會史研究》（上），淩頌純譯，新疆人民出版社，1983 年，第100 頁。

及其希布察克部為「新降人等」，兆惠考慮到，若此時抓捕托和齊，會引起希布察克部的騷動，因而，奏及停止查拿托和齊，並將免責於阿奇木之事告諸其眾。

　　阿奇木因嚮導清軍而被嘉獎，乾隆二十四年（1759）八月初一日，富德等「奏請獎賞於西路軍營效力之布魯特比阿齊木等」[①]，九月初四日，乾隆帝根據富德等人的奏請，降諭嘉獎霍集斯、鄂對、阿奇木等人：

> 貝勒品級伯克霍集斯，公品級鄂對，散秩大臣阿什默特，頭等侍衛噶岱默特，於阿勒楚爾、葉什勒庫勒等處，奮勇剿賊；布魯特畢阿奇木嚮導大軍，亦屬效力；員外郎赫倫、留保住，筆帖式金保，屢經戰陣，且盡心辦事；又藍領侍衛賽神保、伊什，收降布魯特……大臣官員等，剿賊奮勉，殊屬可嘉，除伯克霍集斯已封貝勒外，著加恩封鄂對為貝子，阿什默特、噶岱默特俱封為公，畢阿奇木授為散秩大臣……[②]

　　阿奇木被授為散秩大臣，侍衛賽神保、伊什因收降布魯特而被嘉獎，這表明阿奇木作為軍中嚮導之時，其部眾也同時歸附於清朝。啟泰也因招降希布察克部而被授為三等侍衛，「兆惠等奏稱：藍領侍衛啟泰招降奇卜察克布魯特，在阿勒楚爾、伊西洱庫爾淖爾擊賊，直至拔達克山，俱屬奮勉效力等語。啟泰著加恩授為三等侍衛。」[③]這表明希布察克部的歸附，就發生在阿勒楚爾、伊西洱庫爾淖爾大戰的過程中。王希隆師指出，蔥嶺北部的阿賴谷地為布魯特希布察克部牧地、阿賴谷地以南的和什庫珠克嶺、阿喇楚勒、伊西洱庫爾淖爾等蔥嶺西部地區，也都是希布察克部遊牧地。[④]阿賴谷地及其以南地區分佈著眾多希布察克部屬部，

---

① 《清代邊疆滿文檔案目錄》，第 6 冊新疆卷 1，第 330 頁。

② 《清高宗實錄》卷 596，乾隆二十四年九月辛亥。

③ 《平定準噶爾方略》正編卷 83，乾隆二十四年十二月己卯。

④ 王希隆：《中俄關係史略》，蘭州：甘肅文化出版社，1995 年，第 239 頁。

阿奇木本人率領其屬部嚮導清軍，這些部落也正是在清朝追剿大小和卓的過程中歸附清朝，阿奇木本人也受到了清朝嘉獎。

乾隆帝在為阿勒楚爾之戰的題詩中有言：「蕃部勤王隨契苾（時布魯特皆隨軍為向道），旗軍勵志定堅昆。」[①]「契苾」所指即唐朝契苾何力，「契苾」為鐵勒之一部，契苾何力本為鐵勒可汗，後率軍歸順唐朝，成為唐朝名將，「堅昆」即布魯特的舊稱，該詩句強調阿勒楚爾之戰中，以阿奇木為代表的布魯特人效力於清朝政府、嚮導清軍並率部歸附的過程，以契苾何力歸附唐朝為典故，由此喻指布魯特人歸附於清朝的現實意義。

（二）布魯特散秩大臣阿奇木的多重角色

清朝在平定準部、回部的過程中，準噶爾各鄂拓克來降宰桑及回部各城歸附伯克多被授為內大臣、散秩大臣等職銜。《清朝通志》載：「國初以八旗將士平定海內，鑲黃、正黃、正白三旗皆天子自將，爰掄其子弟，命曰侍衛，用備隨侍宿直，而宗室之秀，外藩之侍子，亦得預選，統以勳戚大臣，以重環衛之職焉。」[②]清朝為重環衛，無論是八旗之弟，還是宗室之秀、外藩之侍子，皆可以被選用。阿奇木因嚮導清軍被授為散秩大臣，散秩大臣本為侍衛處職官，無定員，秩從二品，輔助領侍衛內大臣、內大臣統率侍衛親軍翊衛扈從，遇皇帝出巡時，可與內大臣、前鋒統領、護軍統領兼任前引內大臣，前引後扈，以供導從。[③]

在清朝統一新疆的過程中，歸附於清朝的準噶爾部、回部上層人物多被授予侍衛處職官如內大臣、散秩大臣、侍衛等，阿奇木被清朝授予散秩大臣，表明清朝將之與其他回部貴族同等看待，同時，阿奇

---

① 《欽定皇輿西域圖志》卷首 3《天章三》，中國西北文獻叢書編輯委員會編：《西北文獻叢書》正編，第一輯《西北稀見方志文獻》第 58 卷，蘭州古籍書店，1990 年。

② 《清朝通志》卷 68《職官略五》，商務印書館影印版，1935 年。

③ 鄭天挺、戴逸主編：《中國歷史大辭典·清史卷》（上），上海：上海辭書出版社，1992 年，第 484 頁。

木之弟額森被授予三等侍衛，在乾隆年間多次受到委派，幫同處置邊疆事務。除了阿奇木，鮮有布魯特首領被授予散秩大臣，另有額德格訥部布魯特之比葉爾提拜，因於乾隆四十九年（1784）追捕阿奇木之子燕起有功，乾隆帝雖一度欲授其散秩大臣銜、二品頂戴[①]，但後來因其屬人放走燕起，所賞各項最終被撤銷。故而，阿奇木應是惟一被授為散秩大臣職銜的布魯特首領。

　　清朝政府任命阿奇木為布魯特散秩大臣，自有其深意。乾隆四十九年（1784），阿奇木因誣控鄂斯璊而被解京治罪，上諭中提及，「阿其睦已獲罪解京，著傳諭保成，於布魯特十九鄂拓克人內各放一比管轄，分其權勢。」[②]滿文檔案載：「布魯特之阿其睦，係來投朕效力之舊屬，節次升用至散秩大臣，自然總督眾布魯特。」[③]由此推斷，在此之前，阿奇木一直受命於清朝政府，擔任布魯特十九鄂拓克之總比，管轄布魯特十九部，但清代漢文文獻中並未直接說明此事。布魯特部落數目較多，各部並未形成統一的政治實體，諸部之比「各君其地、各子其民，力敵勢均，不相統轄」[④]，布魯特諸部歸附之後，清朝政府將阿奇木授為散秩大臣，設定由其督撫布魯特諸部並擔任總比，這是布魯特各部歸附之後，清朝政府為治理布魯特而設定的一種政策。

　　乾隆二十五（1760）年九月，阿奇木被授為喀什噶爾所屬地方阿喇古之阿奇木伯克：

> 臣新柱面奉諭旨，命與舒赫德酌量將散秩大臣阿奇木補授阿奇木伯克，但現在回部各城阿奇木伯克俱補授有人，今阿奇木係布魯特人，若於布魯特附近回城補授，庶為人地相宜。查阿喇

---

① 《清高宗實錄》卷 1207，乾隆四十九年五月辛巳。

② 《清高宗實錄》卷 1206，乾隆四十九年五月辛酉。

③ 《寄諭伊犁將軍伊勒圖等著分別設比管轄布魯特並去文索取伯爾克》，乾隆四十九年五月初七日，《乾隆朝滿文寄信檔案譯編》第 17 冊，第 555 頁。

④ 椿園七十一：《西域聞見錄》卷 3《外藩列傳上》，日本早稻田大學圖書館藏。

古尚無阿奇木伯克，請以布魯特阿奇木補授，可以外防布魯特，內輯阿斯騰阿喇圖什等處。至阿喇古有回人三百戶，從前阿奇木伯克定為六品，阿奇木係散秩大臣，即以原銜管理阿奇木伯克事務。[①]

此時適值阿喇古阿奇木伯克一職暫缺，阿奇木被補授為阿喇古之阿奇木伯克，此前，阿喇古阿奇木伯克察拉瑪子弟參與邁喇木之亂，察拉瑪因入覲來京、並不知情，而被從寬治罪、解送來京。[②]阿喇古阿奇木伯克因此暫缺，從上述引文可以看出，較早於此，乾隆帝即諭令將阿奇木補授為回城阿奇木伯克，惟此時才出現空缺職位，布魯特首領阿奇木擔任該職，正可使其兼管布魯特和回部地方事務。

乾隆二十六年（1761）正月，阿奇木則由阿喇古阿奇木伯克調授為塔什密里克之阿奇木伯克，海明曾質疑舒赫德等人有關該事的奏議，認為塔什密里克「並非要路」，對溝通商貿而言，阿喇古之位置更為重要，上諭指出：「以塔什密里克等處與布魯特接壤，而散秩大臣阿奇木係布魯特人……俟有布魯特接壤之伯克缺出補授，是舒赫德等所奏，原不因布魯特等往來行走之多寡也。」[③]這說明，塔什密里克與布魯特接壤，較之於阿喇古，更便於阿奇木兼理布魯特與回部事務。

回部蕩平之後，清朝在回部設立阿奇木伯克之城共計三十一，阿喇古、塔什密里克係喀什噶爾所屬小城。阿喇古位於喀什噶爾城東北一百四十里處，為喀什噶爾之東界，與烏什相鄰。塔什密里克則位於雅瑪雅爾諤斯騰東南、喀什噶爾城西南一百四十里[④]，地處喀什噶爾、英吉沙爾兩城之間。阿奇木之所以先後被任命為兩城之阿奇木伯克，

---

① 《平定準噶爾方略》續編卷6，乾隆二十五年九月壬子。

② 《清高宗實錄》卷619，乾隆二十五年八月壬辰。

③ 《清高宗實錄》卷629，乾隆二十六年正月己巳。

④ 《欽定西域圖志》卷17《疆域十》，該書載「（塔什密里克）西北距喀什噶爾城一百四十里」，有誤，喀什噶爾應位於塔什密里克東北方向。

清朝政府應主要著眼於治理布魯特的戰略需要，當阿奇木被授為散秩大臣之時，清朝政府就已經設想使其在回部地方擔任阿奇木伯克之職，便於清朝治理布魯特諸部。

椿園載，「（塔什密里克）與布魯特密邇，設四品阿奇木伯克為散秩大臣布魯特阿奇木也，霍吉占亂，阿奇木效力行間有功，上以此地賜之，回子亦歸其管轄。」[①]椿園強調阿奇木因軍功而被授予散秩大臣銜，後又被任命為塔什密里克之四品阿奇木伯克。成書於乾隆二十八年（1763）的《欽定西域同文志》就將阿奇木列入喀什噶爾職官系統中，「阿奇木，以散秩大臣銜，官四品阿奇木伯克，按阿奇木本布魯特人，舊亦稱布魯特阿奇木云。」[②]這也可表明，阿奇木作為布魯特人，以散秩大臣銜兼任喀什噶爾所屬回城之阿奇木伯克，在喀什噶爾所屬地方職官系統中佔有一席之地，較具典型性。乾隆年間，其他的布魯特人物如額德格訥部比阿濟比、沖巴噶什部比阿瓦勒、薩爾巴噶什部比車里克齊等，雖也多次受到清朝政府賞賚，但並未被納入回部職官系統中。

阿奇木因任阿奇木伯克，每年享有二百騰格的養廉之資，《回疆志》載：「四品他什密里克散秩大臣布魯特阿奇木伯克一員，每年養廉普爾二百騰格。」[③]同時，阿奇木作為布魯特之比，另被賞與一百騰格，而

---

① 椿園七十一：《西域聞見錄》卷 2《新疆紀略下》。

② 《欽定西域同文志》卷 13《天山南路回部人名三·喀什噶爾官屬》，文淵閣四庫全書影印版，經部第 229 冊，臺灣商務印書館，1986 年。

③ 永貴撰，蘇爾德增補：《回疆志》卷 4，成文出版社影印版，1968 年，同條內容亦載於蘇爾德：《新疆回部志》卷 3，收入《西北文獻叢書》正編第四輯《西北民俗文獻》，第 2 卷，蘭州古籍書店，1990 年。

其中曰：「品他什密里克散秩大臣布魯特阿奇木伯克一員，每員養廉二百騰格。」佐口透先生在研究伯克制度時，通過整理《回疆志》中的記載，列出表格，他列出布魯特阿奇木同南疆其他地區的一些伯克一樣，未被撥給養廉土地和種地人（燕齊），但他在該表格中並未列出阿奇木所享有的養廉之資。參見：[日]佐口透：《18-19 世紀新疆社會史研究》（上），淩頌純譯，新疆人民出版社，1983 年，第 151 頁。

沖巴噶什部之比阿瓦勒、阿奇木之弟額森各被賞與五十騰格，「各外夷伯德爾格住喀什噶爾貿易者，每年交納普兒四百騰格，內奏明賞給喀什噶爾阿奇木二百騰格，布魯特阿奇木一百騰格，布魯特阿克爾（阿瓦勒）、額森，每人各五十騰格。」①這表明，阿奇木每年共被賞與三百騰格普爾錢。同時，阿奇木同阿瓦勒，以及其他回部伯克一起被賞與果園，這些果園曾經為波羅泥都所有，後經核實數目後，喀什噶爾參贊大臣永貴奏請將其進行分賞：「臣等酌量賞給阿奇木伯克果園三處，伊沙噶以下伯克四處，又希卜察克布魯特散秩大臣阿奇木、英噶薩爾阿奇木伯克素勒坦和卓、沖噶巴什布魯特阿瓦勒比等，各給一處，以為來城住宿之地。」②這也得到了乾隆帝的批准。阿奇木、阿瓦勒同為布魯特首領，他們與其他伯克一起被賞與果園，以作為來喀什噶爾之駐地，這體現出二者享有較高的體恤待遇。

佐口透、劉義棠、林恩顯、苗普生、勞拉·紐比等學者在清代伯克制度研究中③，多未提及阿奇木這樣一位布魯特首領擔任阿奇木伯克一事，一般僅認為阿奇木伯克由維吾爾族人擔任，佐口透指出：「總之，伯克們是經辦事大臣具奏挑選的順從清朝而且有能力的維吾爾人。」④劉義棠指出：「到清乾隆平定西域後，命大臣前往辦事，因其舊俗，設立伯克等官，以維吾爾人簡任之，並區分其品秩，猶古鄉官之制。」⑤

---

① 永貴撰，蘇爾德補：《新疆回部志》卷 4《賦役第三十二》。

② 《平定準噶爾方略》續編卷 17，乾隆二十七年閏五月癸亥。

③ 參見：[日]佐口透：《18-19 世紀新疆社會史研究》（上），凌頌純譯，新疆人民出版社，1983 年，第 121-222 頁；劉義棠：《伯克制度研究》，《國立政治大學學報》，1965 年第 11 期；林恩顯：《清朝在新疆的漢回隔離政策》，臺北：商務印書館，1988 年，第 68-109 頁；苗普生：《伯克制度》，烏魯木齊：新疆人民出版社，1995 年；Laura J.Newby,The Begs of Xinjiang:Between Two Worlds, *Bulletin of the School of Oriental and African Studies*,Vol.61,No.2,1998,pp.278-297.

④ [日]佐口透：《18-19 世紀新疆社會史研究》（上），凌頌純譯，新疆人民出版社，1983 年，第 143 頁。

⑤ 劉義棠：《伯克制度研究》，《國立政治大學學報》，1965 年第 11 期，第 371 頁。

張永江則在清代藩部研究中提及：「伯克均由維族所擔任。」[1]通過阿奇木這一個案，可以看出，認為伯克均由維吾爾人所擔任的說法並不準確，這也有助於進一步認識清代伯克制度。結合布魯特在天山南路的歷史，阿奇木擔任喀什噶爾所屬回莊之阿奇木伯克一事也並不為奇，前文論及，葉爾羌汗國阿不都拉哈汗在位時期，即有多位吉爾吉斯首領擔任喀什噶爾、阿克蘇、庫車等地的阿奇木伯克，在和卓時代，胡什齊部首領庫巴特·米爾咱被白山派、黑山派所籠絡，玉素普和卓、布拉呢敦皆曾允諾由其擔任喀什噶爾阿奇木伯克。清朝在統一新疆之初，即將有功於清軍的布魯特首領阿奇木授為阿奇木伯克，既是對阿奇木功勞的肯定，也是清朝著眼於治理布魯特諸部的需要。

　　阿奇木也參與到邊疆事務之中，乾隆二十六年（1761）四月，舒赫德奏言：

> 葉爾羌、喀什噶爾為回部大城、外藩要路，兩城之間，有英噶薩爾城，距拔達克山隘口甚近，布魯特散秩大臣阿奇木及阿奇木伯克素勒坦和卓俱能熟悉外藩情形，其葉爾羌所屬沙爾呼勒（色勒庫爾）附近之布魯特等，俱係阿奇木舊管。兩城聲息相通，不可自分畛域，尋常該管事宜，猶可自行辦理，再為知會；其關係外藩事務、或委員、或移文，宜會同商酌，至事體較重，則兩城大臣，應會於英噶薩爾，虛衷商榷。[2]

　　可以看出，阿奇木同英吉沙爾阿奇木伯克素勒坦和卓皆熟悉外藩事務，他們在外藩交易處理中具有重要作用，故而，舒赫德要求葉、喀兩城大臣會同商酌相關外藩事務，阿奇木在回疆事務中的角色由此可見一斑。李晶認為，阿奇木作為布魯特遊牧貴族，他同吐魯番封建主額敏和卓、庫車封建主鄂對一起，成為清政府重用的南疆高級伯克

---

①張永江：《清代藩部研究：以政治變遷為中心》，哈爾濱：黑龍江教育出版社，2001年，第 257 頁。

②《平定準噶爾方略》續編卷 11，乾隆二十六年四月乙未。

的三個主要來源。[1]這一分析，肯定了阿奇木的角色和地位。

乾隆二十八年（1763）三月，因素勒坦沙攻佔奇特喇爾一事，清朝政府派薩里前往巴達克山曉示素勒坦沙，阿奇木也參與了是否發兵於素勒坦沙的決策過程，「俟薩里等返回後，素勒坦沙若仍抗拒不從，即照布魯特散秩大臣阿其睦所稱，於五月二十日後，領兵前往剿辦素勒坦沙。」[2]乾隆三十年（1765），阿奇木同沖巴噶什部比阿瓦勒等率布魯特兵，幫助清軍平定烏什之亂[3]，因奮勉效力、著有勞績而受到嘉獎。[4]翻檢《清代邊疆滿文檔案目錄》（新疆卷），可以發現，阿奇木管領邊疆事務諸多，包括樹立紀功碑、安置自外歸附的布魯特人、牧放官牛、查拿搶掠牲畜罪犯、前往什克南交涉等。這說明，阿奇木在回部邊疆事務管理中扮演了重要角色。

布魯特侍衛額森（阿森）為阿奇木之胞弟[5]，他因出征巴達克山被授予五品頂花翎，並被補放三等侍衛，故而，額森在布魯特人物中也具有較高的地位，多受清朝政府重用。乾隆三十七年（1772），額森被

①李晶：《試析乾隆朝治理南疆政策得失——以阿其睦、燕起事件為中心》，《昆明學院學報》，2014 年第 5 期。

②《寄諭理藩院尚書新柱等酌辦素勒坦沙攻佔奇特喇爾事不可輕易出兵》，《乾隆朝滿文寄信檔譯編》第 4 冊，第 471 頁。

③烏什之亂，又稱烏什事件，乾隆三十年（1765）二月所發生的烏什維吾爾人民反抗清朝統治的事件，該事件以維吾爾人運送沙棗樹事件為導火索，烏什小伯克賴和木圖拉率眾殺害清兵、佔據城池，短時間內聚集了大量反叛者，迫使烏什辦事大臣素誠自盡，事發之後，清朝著手平定叛亂，直至七月初才完全平定該亂。該事件實際是由於烏什維吾爾人民受到素誠及烏什阿奇木伯克阿布都拉欺壓、搜刮所致，加之素誠荒淫無度，這也激化了當地人民和地方統治者之間的矛盾，該事件後，清朝調整了回疆統治政策，將總理回疆事務參贊大臣治所由喀什噶爾移往烏什。相關內容，參考了王力：《清代治理回疆政策研究》，北京：民族出版社，2011 年，第 80-91 頁。

④《清高宗實錄》卷 738，乾隆三十年六月己酉。

⑤《清代邊疆滿文檔案目錄》，第 6 冊新疆卷 1，第 500 頁，額森（阿森）本為希布察克部屬人，清朝授予其軍前侍衛職銜，但後因與阿奇木之子產生矛盾，遷徙至烏什卡外奇里克部，成為該部屬人，有關於此，後文在討論奇里克部的章節中有詳論。

賞與普爾錢，成為少有的享有養贍之資的布魯特首領之一：「富森布等奏稱，希布察克部落布魯特阿森、沖巴噶什部落布魯特阿瓦勒比，奮勉當差，並無養贍之資，懇恩賞給等語。阿森、阿瓦勒前俱在軍營出力奮勉，既無養贍之項，著加恩於喀什噶爾庫貯賞餘一百騰格普爾內，每年各賞給五十。」[1]

色勒庫爾部布魯特之比巴克提亦係阿奇木之弟[2]，《新疆識略》載巴克提於乾隆三十三年（1768）被賞與四品頂花翎，庫楚克（昆楚克）、綽瑪克（楚瑪克）兄弟二人為巴克提之子，二者皆「原係希布察克布魯特」。這說明巴克提及其子本為希布察克部屬人，因色勒庫爾部舊係阿奇木所管，故阿奇木將該部交與巴克提管轄，阿奇木派遣巴克提至該部後，又曾遷徙部分希布察克部屬眾至色勒庫爾地方，根據滿文檔案，乾隆三十九年（1774）六月，喀什噶爾辦事大臣福森布曾奏及：「希布察克部比請求移三十戶往沙爾渾」[3]，當年八月，葉爾羌辦事大臣瑪興阿等奏：「查收希布察克部移來布魯特兵駐守要隘」[4]，根據這些信息推斷，當時希布察克部比阿奇木很可能將其屬眾三十餘戶遣往沙爾渾即色勒庫爾駐守要隘，這說明，阿奇木將其所領部眾遷往色勒庫爾，存在定例。

實際上，根據乾隆朝統一新疆之初滿族旗人所著的《西域地理圖說》，阿奇木本人在色勒庫爾地區所統領的部落多達十一部或十二部，其中的漢文部分載阿奇木屬下共十一部落六百餘戶人，滿文部分載其所領部落為十二個，其中的漢文文獻載：

> 喀什噶爾往西南葉爾羌屬沙爾胡爾。事見前部。入山往西北去
> 三、五日路（不一），所有烏曲、巴雜拉特、塔爾素斯、塔噶爾

① 《清高宗實錄》卷 923，乾隆三十七年十二月丁亥。

② 《清代邊疆滿文檔案目錄》，第 7 冊新疆卷 2，第 968 頁。

③ 《清代邊疆滿文檔案目錄》，第 8 冊新疆卷 3，第 1200 頁。

④ 《清代邊疆滿文檔案目錄》，第 8 冊新疆卷 3，第 1206 頁。

拉嗎、烏撙塔爾、卜斯塘特勒克、渾都遜、塔爾噶朗等八山溝
內，皆我屬希布察克阿奇木屬下喀拉薩達克、啻依特、科子拉
雅克、托賴噶爾、奈滿、薩爾塔哈布察克、喀拉哈布察克、科
子哈布察克、梛雅古特、雅滿啻依特等十一部落六百餘戶（人）
之遊牧。[1]

　　上述部落皆為阿奇木所領，這些部落皆位於葉爾羌屬地沙爾胡爾
即色呼庫勒或色勒庫爾，他們身處於山地之間，儘管文中稱阿奇木屬
部為十一部落，但實際僅列出了其中十部，共計六百餘戶，這也就是
阿奇木之派遣其弟巴克提至色勒庫爾的重要原因。其中的喀拉薩達克、
科子拉雅克應分別即《平定準噶爾方略》中所記載的哈喇薩達克、哈
咱拉雅克[2]，啻依特應即提依特，雅滿啻依特應即雅滿提依特，托賴噶
爾應即托拉爾根，又稱圖爾額伊格爾，哈布察克即希布察克，薩爾塔
哈布察克、喀拉哈布察克、科子哈布察克或皆為希布察克部分支部落，
梛雅古特應即諾依古特。

　　除此之外，《西域地理圖說》中的滿文內容中還詳載了阿奇木所在
部落及其所領上述諸部的人口戶數、各部首領、遊牧種田之地等內容，
其中阿奇木所領希布察克部屬民一百五十餘戶[3]，其他部落相關記載表
列如下：

---

① 阮明道主編：《西域地理圖說注》，阮明道漢文箋注、劉景憲滿文譯注，延吉：延邊
　大學出版社，1992 年，第 132 頁。原文中「梛」寫作「氵那」，現代漢語中似並無該
　字，此處暫以「梛」代替之。
② 《平定準噶爾方略》正編卷 77，乾隆二十四年九月辛亥，有載曰：「又布魯特阿勒達
　什等告稱，我等哈喇薩達克、哈咱拉雅克布魯特，共七十戶，雖舊屬葉爾羌，而無
　貢賦，惟承辦博羅爾、拔達克山、痕都斯坦各路往來差使，聞沙爾呼勒歸降，特來
　求見，情委大皇帝臣僕等語。」這表明，上述兩部落也是清朝在平定大小和卓叛亂的
　過程中歸附清朝的。
③ 阮明道主編：《西域地理圖說注》，第 163 頁。

表 3-1　阿奇木所領希布察克部及其屬部戶數

序號	部落名稱		首領	屬民戶數
	漢文	滿文		
1	啟布察克（希布察克）	kibcak	阿起木（阿奇木）	150
2	喀拉薩達克（哈喇薩達克）	karasadak	薩依特	110
3	托賴噶爾（圖爾額伊格爾）	toraigar	噶岱	40
4	喀拉克布察克	karakebcak	木魯特	20
5	奈曼	naiman	啟伯克	30
			克伯克	15
6	科子拉雅克（哈咱拉雅克）	kedzilayak	阿克布塔	60
7	克子兒奈曼	kedzil naiman	克伯克	30
8	薩爾塔克布察克	sart takebcak	綽諾	30
9	克子兒哈布察克	kedzil habcak	肯吉拜	20

10	諾依果特	noigot	拜託巴特	20
11	碩蘭泥曼	soranniman	舒布爾格	20
12	雅滿梯依特	yaman tiit	巴巴克	20
合計				565

資料來源：阮明道主編：《西域地理圖說注》，第 163-164 頁。

　　巴克提應在色勒庫爾地區具有一定的地位，他曾幫同伯克穆喇特處理地方事務，乾隆三十五年（1770），因巴達克山與愛烏罕產生衝突，巴達克山首領素勒坦沙向清朝請求援兵，因這些部落鄰近於葉爾羌地區，乾隆帝在諭令中指出：「又以不可妄動等語曉諭沙爾呼勒伯克管穆喇特、布魯特之巴克提等」[1]，沙爾呼勒即色勒庫爾，管穆喇特應即穆喇特[2]，這表明穆喇特、巴克提在色勒庫爾共同管理該地區事務。乾隆四十九年（1784），阿奇木因誣控鄂斯瑞而被治罪，查辦該案之時，喀什噶爾辦事大臣保成試圖緝拿阿奇木之侄昆楚克，乾隆帝否定了保成的做法，並令大臣安撫昆楚克，「安撫曉諭昆楚克，即放回原遊牧，仍辦理伯克事務」，此前，葉爾羌辦事大臣阿揚阿也奏及：「現為曉諭色呼庫勒管轄之布魯特之頭人：將昆楚克緝拿送來後，即由伊等頭目等內揀選二人前來，補授副伯克管轄。」[3]這表明，昆楚克本來即在色勒

---

①《寄諭葉爾羌辦事侍郎期成額等著查特呼巴斯是否素勒坦沙之弟》，乾隆三十五年四月十八日，《乾隆朝滿文寄信檔譯編》，第九冊，第 530 頁。

②清朝統一新疆前後，穆喇特任色勒庫爾（沙爾呼勒）伯克，《清高宗實錄》載：「又招撫之沙爾呼勒伯克穆喇特告稱，我等所管五百戶，僅餘二百餘戶。」《清高宗實錄》卷 603，乾隆二十四年十二月丁酉。

③《寄諭葉爾羌辦事大臣阿揚阿設法誘來阿其睦之弟昆楚克》，乾隆四十九年五月十三日，《乾隆朝滿文寄信檔譯編》，第 559 頁，清朝滿漢文獻中多處文獻稱昆楚克係阿其睦之弟，顯然有誤，昆楚克係巴克提之子，應係阿其睦之侄。

庫爾處置辦理伯克事務，擔任副伯克，由此推斷，其父巴克提此前有可能也擔任該地副伯克職務。

　　前文提及的希布察克部之比額穆爾亦為阿奇木之弟，額穆爾曾跟隨托倫泰、波羅泥都收服天山南路，大小和卓叛亂之後，逃往安集延，乾隆二十六年（1761）年三月，因與浩罕額爾德尼伯克發生矛盾而率部內附清朝，清朝政府授予其三品頂戴，其弟穆魯特同回部伯克一起進京入覲。[①]當時，清朝文獻中僅提及「額穆爾比與布魯特阿奇木同族」，並未直接說明其為阿奇木之弟，直至乾隆四十九年（1784），在阿奇木誣控鄂斯璊事件中，文獻中才提及額穆爾係阿奇木之弟。阿奇木諸弟皆享有不同品級頂戴、統領部分屬眾，阿奇木之子燕起於乾隆四十五年（1780）被授予六品頂戴。[②]無論如何，從阿奇木個人及其子、弟的身份來看，阿奇木家族應具有較強的勢力，堪為布魯特望族。

（三）作為「熟布魯特」的希布察克部

　　希布察克部所處位置較為特殊，《回疆通志》載：「希布察克部落，在伊勒古楚卡倫內庫納薩爾地方，距城二百餘里。」[③]《新疆識略》載：「布魯特則希布察克部落在喀什噶爾之南，為最近。」、「希布察克部落在英吉沙爾城東南鐵列克卡倫至西北圖木舒克卡倫以外，及喀什噶爾西南伊勒古楚卡倫內一帶，遊牧拔達克山、布哈兒等地方。」[④]說明希布察克部距離喀什噶爾較近，並有一部分人居於伊勒古楚卡倫以內。

　　伊勒古楚卡倫位於喀什噶爾西南一百五十里，其所處即今新疆疏附縣塔什米里克鄉政府附近。[⑤]塔什米里克鄉即為清代文獻所載的塔什

---

① 《清高宗實錄》卷 633，乾隆二十六年三月戊辰。

② 《清代邊疆滿文檔案目錄》，第 8 冊新疆卷 3，第 1477 頁。

③ 和寧：《回疆通志》卷 7《喀什噶爾》，臺北文海出版社，1966 年。

④ 松筠纂：《欽定新疆識略》卷 12《外裔》，臺北文海出版社，1965 年。

⑤ 鐘興麒編著：《西域地名考錄》，國家圖書館出版社，2008 年，第 1097 頁。

密里克，由於阿奇木被授為該地阿奇木伯克，其所領希布察克部因此具有在伊勒古楚卡倫內遊牧定居的權利。喬汗·瓦里漢諾夫記載了塔什密里克附近的布魯特人，他將該部稱為圖拉伊吉爾希布察克：「布魯特人的首領阿奇木，因在 1758 年戰事期間為帝國建立了功業，被中國人授封為塔什密里克城的當權者（阿奇木伯克）……薩底克別克（阿奇木的後代——引者注）所管轄的布魯特人屬圖拉伊吉爾—希布察克部族，薩底克別克管轄的布魯特人是完全屬中國的吉爾吉斯民族的唯一代表，與土耳其斯坦人享同等權力。」[①]瓦里漢諾夫提及阿奇木之職務，所指的圖拉伊吉爾—希布察克布魯特人應指居於卡內的希布察克布魯特，他們與回疆居民同樣完全受清朝管理。

　　希布察克部與其他部落存在統屬關係，上文提及《西域地理圖說》中載明阿奇木在色勒庫爾地區即統領數十個部落，喀什噶爾卡外地方的薩爾特、圖爾額伊格爾（圖爾愛格）部也均屬於希布察克部，《新疆識略》載薩爾特部「係希布察克所屬，在喀什噶爾西南伊勒古楚卡倫外遊牧」，《回疆通志》載圖爾額伊格爾係希布察克部所屬，除了上述兩部，巴克提所領色勒庫爾部布魯特也間接從屬於希布察克部管轄。徐松指出，布魯特「種人數十部，吉布察克為之首」[②]，這就表明了希布察克部在布魯特諸部之中居於首位，這一直延續到嘉慶二十年（1815），徐松又提及：「嘉慶二十年，圖爾第邁瑪特伏誅，部落離散，今則沖巴噶什最強。」

　　關於卡內希布察克布魯特之人數，嘉慶二十年（1815），松筠查辦孜牙墩事件時奏及：

　　　　查卡倫以內遊牧布魯特，於乾隆二十四年，經前參贊舒赫德等奏，聞住牧者僅二百餘戶。迨至乾隆五十二年，經前參贊明亮

---

①新疆維吾爾自治區民族研究所編譯：《喬汗·瓦里漢諾夫著作選集（選譯）》，1975 年，第 104 頁。

②徐松：《西域水道記》卷 1《羅布淖爾所受水》（上）。

等查明，約有三百餘戶布魯特住牧卡倫以內，嚴禁不准卡外之布魯特私入遊牧，辦理在案。今查卡倫以內住牧布魯特約有五百餘戶，因生齒日繁所致，恐卡外之布魯特私行潛入遊牧，亦未可定。[1]

　　這說明，乾隆年間卡倫以內僅有二三百戶布魯特人，上文提及，《西域地理圖說》載阿奇木所領希布察克部約有一百五十戶，正與舒赫德所奏卡內約二百餘戶的數字相差無幾[2]，至嘉慶二十年（1815）大約有五百餘戶，這些布魯特主要應即卡倫以內的希布察克布魯特人。瓦里漢諾夫則稱，據乾隆朝代的統計數字，塔什密里克的吉爾吉斯人為五百戶。[3]二者雖均提及卡內居住約五百戶布魯特人，但所指稱的時間不盡一致，乾嘉年間塔什密里克的希布察克布魯特人約由二三百戶逐步增至五百戶人左右。

　　布魯特部落眾多，不同文獻對於其部落數目的記載不同，如分別有十七部、十九部、二十部等說法。內附布魯特諸部首領則被賞以不同品級的頂戴，並受到喀什噶爾參贊大臣節制，「首領稱為比，猶回部阿奇木伯克也，比以下有阿哈拉克齊，大小頭目皆由喀什噶爾參贊大臣奏放，給以翎頂二品至七品有差。」[4]、「每部有長曰比，理其部之事者曰阿哈拉克齊。內附者各給以銜，布魯特之內附者，無論其長與其屬，視其恂誠效力，量給銜頂。」[5]以下表格就各部享有頂戴的人物數目進行了統計（參見表 3-2 和 3-3）。

---

[1] 松筠：《松筠新疆奏稿》，《中國西北文獻叢書》（二編）第二輯《西北史地文獻》第 9 卷，線裝書局，2006 年，第 48 頁。

[2] 似乎由此可以推斷《西域地理圖說》的作者可能係參贊大臣舒赫德之屬下，作者應參與了新疆統一之初清朝對布魯特的社會調查，掌握了當時較多的一手官方文獻。

[3] 新疆維吾爾自治區民族研究所編譯：《喬汗·瓦里漢諾夫著作選集（選譯）》，第 105 頁。

[4] 祁韻士：《西陲總統事略》卷 11《布魯特源流》，日本早稻田大學圖書館藏。

[5]《嘉慶朝〈大清會典〉中的理藩院資料》，參見趙雲田點校：《乾隆朝內務府抄本〈理藩院則例〉》，中國藏學出版社，2006 年，第 395-396 頁。

　　其中，表 3-2 根據祁韻士所載嘉慶十二年（1807）之布魯特各部落享有頂戴的人物統計而出，表 3-3 根據《嘉慶朝〈大清會典〉中的理藩院資料》所載整理而成，嘉慶朝《大清會典》成書於嘉慶二十三年（1818）。布魯特諸部之首領之職父子相繼，「每部落之首領無額數，以曾經出力者為之，亦父子相繼，有罪則除。」[①]故而，布魯特各部首領所受頂戴亦多父子相承，嘉慶四年（1799），清朝政府規定「布魯特內，如有軍功者，原戴頂翎，著賞伊子冠戴，若無軍功者，降級賞戴。」[②]頂戴繼承政策雖有變更，但上述表格仍可反映出乾嘉時期諸部首領所受封賞的情況。二者皆載希布察克部有十八人享有不同品級的頂戴，多於其他各部落，這說明，乾嘉年間，該部有功之人較多，表明希布察克部在乾嘉年間居於各部前列，故徐松所言「希布察克部為之首」也是有根據的。

---

①松筠等纂：《欽定新疆識略》卷 12《布魯特》。

②《清宣宗實錄》卷 94，道光六年正月甲辰。

表 3-2　《西陲總統事略》所載布魯特各部享有頂戴之人數表

品級＼部落（人數）	齊里克	希布察克	圖爾額伊格	薩爾特	冲巴噶什	蒙古勒多爾	巴斯奇斯	額德格訥	薩爾巴噶什	蘇勒圖	察哈爾爾薩	薩雅克	胡什齊	岳什什	奈曼	提依特	爾提錦	總計
二品	1				1													2
三品									1	1	1							3
四品					1							1					4	6
五品		4			1				3			1						9
六品	3	8	1		6										3	2	1	24
七品																		
金頂	1	5			3	2	1							1				17
藍翎					1								1					2
總計	4	18	2	2	12	2	1	1	4	1	1	2	1	1	3	2	5	63

表 3-3　嘉慶朝《大清會典》所載布魯特各部享有頂戴之人數表

品級＼部落（人數）	喀什噶爾所屬																烏什所屬		總計
	冲巴噶什	胡什齊	奇里克	薩爾巴噶什	察哈爾薩雅克	岳瓦什	提依特	喀爾提錦	奈曼	希布察克	薩爾特	圖爾愛格	巴斯奇斯	額德格訥	蘇勒圖	色爾庫勒	胡什齊	奇里克	
二品	1										1								2
三品			1		1									1					3
四品	1			1					4									1	7
五品	1			3	1						3					2	4		15
六品	2	1	2				1	2	1	3	9						4	2	27
七品	1																		1
無品金頂	2		1			1					5	2	1	1	1		1	1	16
總計	8	1	4	4	2	1	1	2	5	3	18	2	2	1	1	2	9	4	71

二、乾嘉之際希布察克部的歷史轉折

（一）阿奇木誣控鄂斯璊事件及其影響

　　阿奇木（阿其睦）[①]在清朝治理回疆事務中佔有一定的地位，但在乾隆四十九年(1784)薩木薩克通信一案中，阿奇木卻夥同額穆爾、阿里木等人誣控鄂斯璊，阿奇木最終被解至京，額穆爾等人也被獲罪。事發後，阿奇木之子燕起畏罪外逃，後被拿獲，另一子鄂布拉三（散）也逃至浩罕，嘉慶初年，為浩罕伯克那爾巴圖囚禁，故該事件成為阿奇木家族命運與希布察克部歷史的轉折點。

　　在此之前，阿奇木也曾受到過主事烏爾袞的欺淩，並與喀什噶爾阿奇木伯克噶岱默特產生過衝突。乾隆三十年（1765），當喀什噶爾副都統柏琨查辦喀什噶爾參贊大臣納世通之罪責時，時任護軍參領的保成稱：「烏爾袞曾管布魯特回人隊伍，竟將布魯特散秩大臣阿奇木毆辱，阿奇木深為怨恨。其毆辱之由大約因索物不遂等語。」柏琨也奏及：「烏爾袞仗勢淩辱回人，索取財物，甚至毆辱散秩大臣阿奇木，情殊可惡。」針對於此，乾隆帝在上諭中指出：「再回部伯克，俱係恩賞職銜品級之人，該管大臣固不可過於優容，亦不可任意淩賤，至官員等，尤非大臣可比。烏爾袞不過一主事耳，竟敢將散秩大臣阿奇木毆辱，實出情理之外，此皆大臣等平日過於寵信所致，若不重治其罪，何以示懲？」[②]故而，毆辱阿奇木成為烏爾袞的重要罪責之一。乾隆四十年（1775），阿奇木與噶岱默特發生矛盾，烏什參贊大臣綽克托奏及：「喀什噶爾阿奇木伯克噶岱默特與散秩大臣阿奇木不和，現訓導說和。」[③]阿奇木受到淩辱、與喀什噶爾阿奇木伯克產生矛盾，表明了阿奇木作為布魯特

---

①乾隆四十九年（1784）後，《清高宗實錄》將阿奇木寫作阿其睦，為與前文一致，除引文外，行文中仍寫 作阿奇木。
②《平定準噶爾方略》續編，卷30，乾隆三十年五月甲辰。
③《清代邊疆滿文檔案目錄》，第8冊新疆卷3，第1229頁。

上層，在日常生活中即與喀什噶爾地方權力階層發生了摩擦和衝突，這是否引發阿奇木誣控鄂斯璊，雖難以確定，但至少存在一定的關聯。

乾隆四十九年（1784）三月，落居撒馬爾罕的大和卓波羅泥都之子薩木薩克生活窘迫，「同行十餘人，求乞度日」，他暗遣白山派信徒托克托素丕、巴爾哈特素丕寄書信於喀什噶爾維吾爾人默羅色帕爾等五人，獲取物件。鄂對之子、喀什噶爾阿奇木伯克鄂斯璊訪得此事，喀什噶爾辦事大臣保成將此事進行上奏。乾隆帝要求其立即審訊默羅色帕爾等人，經審訊，得知通信一事緣由，鄂斯璊也議及欲借機將薩木薩克誘來剿除。乾隆帝認為：「將伊用計剿除，則非天朝體統」，主張將其誘來送京，照霍集斯例、賞給職銜。然而，阿奇木之弟額穆爾卻要求暫緩辦理，並隱匿薩木薩克所遣之人，乾隆帝言：「布魯特性最愚蠢，不可使其驚擾生疑，設復逃竄遠方，更屬不成事體，暫且不必辦理，尤不可顯露，誠能得薩木薩克，則他事皆易辦理。」[1]說明乾隆帝最初以拿獲薩木薩克為首要任務，暫將額穆爾之事擱置。

隨後，阿奇木、額穆爾及英吉沙爾阿奇木伯克阿里木等，卻轉而控告薩木薩克與鄂斯璊通信，經保成審訊，「俱屬誣妄」，阿奇木等不服，又至烏什參贊大臣綽克托處控告。[2]乾隆帝知曉後，認為應將阿奇木、阿里木、額穆爾解京，方為妥當。閏三月至五月，乾隆帝反覆降諭，多次密令保成、綽克托及伊犁將軍伊勒圖，將阿奇木等人拿解至京，但保成、綽克托一度未能果斷執行諭令，乾隆帝責備保成「將伊等縱放」，綽克托自烏什親率阿奇木等人前往喀什噶爾與鄂斯璊質對，乾隆帝指斥其欲消弭此事，綽克托也因「未能妥速剖斷，一味調停姑息」而被革職。[3]四月初，保成將阿奇木緝拿，解送至熱河。

該案源自額穆爾私自留宿薩木薩克所遣托克托素丕等人，後被鄂

---

① 《清高宗實錄》卷 1202，乾隆四十九年閏三月丙辰。
② 《清高宗實錄》卷 1203，乾隆四十九年閏三月辛未。
③ 《清高宗實錄》卷 1207，乾隆四十九年五月甲戌。

斯瑪查出，額穆爾懼鄂斯瑪查辦，又私將托克托素丕打死，阿奇木庇護其弟，為脫罪責，合謀於阿里木等人，誣控鄂斯瑪亦曾受過薩木薩克書札。[①]七月，阿里木、額穆爾等被即行正法，阿奇木因曾有功且已年老，被判斬監候。[②]實際上，乾隆帝對阿奇木進行了積極的安撫，「僅因額穆爾犯罪，甚是憐愛阿其睦等，解到京城後，仍賞與伊生計及住房，又將伊等家口解送京城，令爾等骨肉完整。」[③]

阿奇木被拿解送京後，其子燕起卻於當年四月下旬攜眾外逃，沖巴噶什、額德格訥、喀爾提錦、奈曼等多部布魯特均協助清軍抓捕燕起，五月，額德格訥部首領葉爾提拜將其擒獲，但該部阿哈拉克齊穆拉特卻將燕起釋放，直至乾隆五十二年（1787）八月，清朝最終將燕起擒獲。[④]燕起被擒獲後，其弟鄂布拉三（鄂布拉散）仍在外逃，乾嘉之際，雖經阿奇木之侄昆楚克等協助追捕，但並未將其直接拿獲。嘉慶二年（1797），一度有傳聞稱鄂布拉散與薩木薩克相糾集，試圖謀搶喀什噶爾，但清朝經調查後，發現這只係訛傳，鄂布拉散因喀爾提錦部曾經擒獻其兄燕起，「心懷忿恨，希圖搶掠，以為報復之計」[⑤]，故而，他糾眾搶掠喀爾提錦部牲畜、人戶。此後，清朝並未能直接拿獲鄂布拉散，浩罕伯克那爾巴圖最終將其鎖禁。[⑥]

佐口透先生認為阿奇木誣告鄂斯瑪的事實本身沒有特別的意義，但可以推斷出額穆爾、阿奇木是薩木薩克的黨羽，阿奇木住在喀什噶

---

① 《清高宗實錄》卷 1215，乾隆四十九年九月丙子。

② 《清高宗實錄》卷 1211，乾隆四十九年七月癸未。

③ 《寄諭喀什噶爾辦事副都統銜保成等著將阿其睦並家口解京給予生計》，乾隆四十九年五月初七日，《乾隆朝滿文寄信檔案譯編》第 17 冊，第 557 頁。

④ 《清高宗實錄》卷 1287，乾隆五十二年八月癸丑。

⑤ 中國第一歷史檔案館編：《嘉慶道光兩朝上諭檔》第 2 冊（嘉慶二年），廣西師範大學出版社影印版，2000 年，第 246 頁。

⑥ 《嘉慶道光兩朝上諭檔》第 2 冊（嘉慶二年），第 321 頁。

爾的塔什密里克莊附近，可能是屬於和卓派的人物。[①]這一分析有一定的根據，在清朝政府平定回部之前，阿奇木家族與大小和卓關係密切，額穆爾留宿薩木薩克所遣之人，應出於對薩木薩克的憐憫。阿奇木的隨從艾三供稱，阿奇木曾說：「我今前往烏什，俟回來時相機舉事。」阿奇木之妻弟默羅畢里雅克也供稱，阿奇木曾言：「大人們若不將我等之事如此善為完結，阿里木之事如何能了？我們且著阿里木暫且罷手，俟八月馬肥時，再另行藉端生事。」[②]他們皆供認阿奇木產生過舉事之念，儘管阿奇木身為散秩大臣，卻因該事件誣控鄂斯璊，甚至欲起事，阿奇木、額穆爾舊時與白山派和卓所建立的關係，應是該事件的重要誘因。

王希隆師在分析乾嘉兩朝對白山派和卓後裔招撫過程的得失中，提及過上述事件，將嘉慶年間玉努斯追查薩木薩克之子玉素普卻遭反控的情況與該案相進行對比，認識到兩案的結果完全不同，額敏和卓之孫玉努斯追查玉素普寄信斂財一案，拿獲為玉素普斂財的白山派信徒，但松筠卻指認玉努斯與浩罕汗愛瑪爾通好致使愛瑪爾試圖在喀什噶爾設哈子（哈孜）伯克，玉努斯因此被摘取頂翎、加以看守，終釀成冤案，而鄂斯璊受阿其睦誣控後，乾隆帝及時查明真相，盡可能使鄂斯璊不受該案影響，並授予其貝子爵位。[③]故而，兩案結果的對比，成為乾隆、嘉慶兩朝在相關事務處置中得與失的縮影。

李皛認為，清政府辦理阿奇木誣控鄂斯璊及其子燕起外逃一案的過程中，所暴露的問題並非南疆伯克與薩木薩克串通的問題，而是顯示出軍府體制因自身所存在的缺陷以及因伯克階層的內部矛盾而難以

---

① [日]佐口透：《18-19世紀新疆社會史研究》（上），淩頌純譯，新疆人民出版社，1983年，第105頁。

② 中國第一歷史檔案館編：《乾隆朝上諭檔》第12冊，中國檔案出版社影印版，1998年，第156-159頁。

③ 王希隆：《乾隆、嘉慶兩朝對白山派和卓後裔招撫政策得失述評》，《蘭州大學學報》（社會科學版），2014年第2期。

有效運行，清朝政府過於依賴額敏和卓家族、鄂對家族、阿其睦家族這幾個封建主家族所壟斷的伯克體系，以致於乾隆末期，南疆治理體系弊端凸顯，軍府制與伯克制相結合的治理模式出現了危機。[1]這一分析，主要從清朝大臣保成、綽克托等人在處理該事件程序中應變不力的角度來進行解析，以該事件為中心來認識軍府制與伯克制相結合過程中所顯現的問題，為進一步理解相關歷史背景提供了新的視角。

道光年間，張格爾以阿奇木之事蠱惑布魯特屬眾，「據向布魯特等探問，能否出力，皆言前散秩大臣阿奇木曾經出力，屢次拿人，至今不過數十年，而子孫無一存者，報應相尋，及時榜樣，是顯為張逆所惑，殊難望其出力殲擒。」[2]可以看出，張格爾以阿奇木獲罪一事來煽惑布魯特人，這也就是部分布魯特參與張格爾之亂的原因之一。

阿奇木本人被拿解後，清朝政府調整了對布魯特的統治政策，希布察克部的首領也發生了變更。前人在討論清朝政府治理布魯特的政策時，多以布魯特諸部作為整體來進行討論，並未注意到相關政策的變遷過程。乾隆四十九年（1784）閏三月，清朝政府即著手調整對布魯特的治理政策：

> 再阿其睦等拿獲來京後，布魯特遊牧事務，亦須妥協分晰辦理，方能永遠寧謐，朕思於布魯特中，如察罕雅素者，揀派數人，作為比銜，分設遊牧，各自管理，則事權已分，即有事亦易辦理。[3]

此時，乾隆帝令在布魯特各部落分設比銜，管理諸部遊牧，說明清朝此時已經意識到阿奇木管理布魯特權力集中之弊，布魯特諸部雖

---

① 李皛：《試析乾隆朝治理南疆政策得失——以阿其睦、燕起事件為中心》，《昆明學院學報》，2014 年第 5 期。

② 《平定回疆剿擒逆裔方略》卷 11，道光六年四月庚申。

③ 《清高宗實錄》卷 1203，乾隆四十九年閏三月戊寅。

然各有其比，但上述事件之前，清朝政府設定由阿奇木擔任總比，管理各部，該事件之後，清朝政府顯然是要加強對各部首領的直接管轄。五月，乾隆帝又降諭令：

> 今阿其睦犯罪，是以拿獲護解京城，遂即將布魯特之十九鄂拓克之人，分別設比管理，分權互不統轄，尚斷眾布魯特盼顧之心，可永無事……於布魯特之十九鄂拓克，每鄂拓克各設一比，分別管理。設此等比時，由保成所奏換頂戴之布魯特多連、拜你澤爾等可授比者內，即具奏補授本鄂拓克之比，各自管理，其餘鄂拓克均同樣於其鄂拓克內，依伊等屬下布魯特等心願，各選一人為比管理。[①]

這說明此前的諭令得到了執行，強調在各部落分設比職，互不管轄，多連、拜你澤爾（拜呢雜爾）即為希布察克部中的「察罕雅素」者（caganyasu，蒙語，意為骨血純潔），多連於此時被授為希布察克部之比。

（二）多連及其子圖爾第邁莫特

清代漢文文獻，包括《清實錄》及相關官修或私修方志，均鮮少提及多連，今人研究亦未重點關涉該人物，乾隆朝滿文寄信檔有助於進一步瞭解此人物。

乾隆四十九年（1784）五月十八日保成奏：「阿其睦次子燕起逃遁後，卡倫內所駐多連屬下布魯特驚懼，亦避往卡倫外，多連往追帶回駐地。」[②]燕起外逃之後，卡倫內希布察克部屬人被驚擾，向卡外逃避，多連追索了這部分布魯特人。乾隆五十年（1785）十月二十九日，乾隆帝又提及該事：「去歲，多連於燕起等出逃時，因駐卡倫外布魯特等

---

① 《寄諭伊犁將軍伊勒圖等著分別設比管轄布魯特並去文索取伯爾克》，乾隆四十九年五月初七日，《乾隆朝滿文寄信檔譯編》第 17 冊，第 555-556 頁。

② 《寄諭喀什噶爾副都統銜保成著賞綢緞與追回外逃屬下之布魯特多連》，乾隆四十九年五月十八日，《乾隆朝滿文寄信檔譯編》第 17 冊，第 567 頁。

亦畏懼而逃之際，即前往追截，使其平安返回，並安撫其屬下人等，故此，施恩多連加級，賞四品頂戴花翎，授其為比，管理鄂拓克事務。今多連又因奮勉效力，施恩多連加級，賞戴三品頂翎。」[1]這表明，乾隆四十九年（1784）時，多連追索逃往卡外的布魯特人之後，即被授為希布察克部之比，並被賞與四品頂戴花翎，次年，多連又因奮勇效力，被加級賞與三品頂戴花翎。

　　乾隆四十九年（1784）十月，保成奏請將阿奇木僕人賞與布魯特比多連[2]，說明多連被授為希布察克部之比後，正逐漸取代阿奇木的職位。乾隆五十年（1785）十月，多連被授予三品頂翎時，上諭有載：「嗣後，誠能如此奮勉效力，訪得並緝拿燕起、伯爾克等，體恤爾不僅如同先前之阿奇木，而且尤加施恩於汝。」[3]說明多連受到了重用，乾隆帝以更優於阿奇木之待遇來勉勵其效力。乾隆五十一年（1786）正月，上諭提及：「茲加恩將從前賞給阿其睦之一塊土地、回子房屋賞之可也，並每年賞給一百五十騰格養育額份。」[4]如此，阿奇木之僕人、土地、房屋皆賞與多連，多連享有了更高的體恤待遇，地位進一步提升。

　　需要指出的是，嘉慶年間的希布察克部之比圖爾第邁莫特即為多連之子，他因孜牙墩事件而被枉殺。《清高宗實錄》僅提及「多連之子圖爾第」，除此之外，並未就圖爾第邁莫特相關事宜進行更多記載。根據滿文檔案，可以確定圖爾第即為圖爾第邁莫特即為多連之子。乾隆四十九年（1784）十月，保成奏：

①《寄諭陝甘總督福康安等著賞賜多連等並派兵嚴加防守卡倫》，乾隆五十年十月二十九日，《乾隆朝滿文寄信檔譯編》第 18 冊，第 580-581 頁。
②《清代邊疆滿文檔案目錄》，第 9 冊新疆卷 4，第 1692 頁。
③《寄諭陝甘總督福康安等著賞賜多連等並派兵嚴加防守卡倫》，乾隆五十年十月二十九日，《乾隆朝滿文寄信檔譯編》第 18 冊，第 581 頁。
④《寄諭喀什噶爾辦事副都統銜保成著賞賜多連》，乾隆五十一年正月十四日，《乾隆朝滿文寄信檔譯編》，第 19 冊，第 490 頁。

為安撫布魯特等，已向宣召前來之各比等賞賜頂戴，其尚未前
來之呼蘭部鄂拓克比托克托庫勒等畏懼遷徙，布魯特多連之子
圖爾第邁瑪特追之喚回原處。又呼喚尚未來會之數名鄂拓克比、
阿哈拉克齊等，俱賞給頂戴。[1]

　　此處直接說明圖爾第邁莫特為多連之子，說明他直接參與了召喚
諸部之比並賞給其頂戴之事，從中也可以看出，於各部落分設比銜的
諭令得到了進一步執行，清朝政府在各部挑選合適人選擔任比職，並
賞給其頂戴。苗普生先生曾認為圖爾第邁莫特為希布察克布魯特比額
森之後裔[2]，他主要根據漢文文獻推斷而出：乾隆三十七年（1772），
額森與阿瓦勒比被賞與普爾錢，《回疆通志》正記載了阿瓦勒之子玻什
輝及圖爾第邁莫特皆享有賞錢，推測圖爾第邁莫特承繼了額森的歲俸，
故推斷圖爾第邁莫特為額森之後裔。然而，上述滿文檔案材料則直接
證明這一推論並不準確，圖爾第邁莫特並非額森後裔，而是多連之子，
多連亦享有一百五十騰格（即普爾錢七千五百文）的養贍之資，後由
圖爾第邁莫特繼承。

　　成書於嘉慶四年（1799）的《回疆通志》載「每年外賞阿奇木伯克
伊斯堪達爾錢十千文，賞布魯特比博什惠七千五百文，賞圖爾第邁莫特
七千五百文。」[3]乾隆五十三年（1788），玻什輝繼承了阿瓦勒所遺之比，
圖爾第邁莫特也有可能在《回疆通志》成書之前繼承了多連的比職。乾
隆五十七年（1792）四月，明亮等奏「希布察克布魯特比多廉（連）病
故其子承襲其職」、「請將希布察克布魯特比多廉（連）之房屋轉賞其子」
[4]，這表明多連約於乾隆五十七年四月前病故，圖爾第邁莫特於此時承

---

① 《寄諭伊犁將軍伊勒圖等著布魯特之事毋庸插手》，乾隆四十九年十月十九日，《乾
　隆朝滿文寄信檔譯編》第 17 冊，第 643 頁。
② 苗普生：《略論清朝政府對布魯特的統治》，《新疆社會科學》，1990 年第 6 期。
③ 和寧：《回疆通志》卷 7《喀什噶爾》。
④ 《清代邊疆滿文檔案目錄》，第 10 冊新疆卷 5，第 2020 頁。

襲其職，並繼承了其土地及普爾錢，根據《西陲總統事略》所載，圖爾第邁莫特在嘉慶十二年（1807）享有二品頂戴花翎。①

然而，嘉慶二十年（1815），圖爾第邁莫特因捲入孜牙墩事件而被枉殺，此事之後，希布察克部地位就進一步衰落，布魯特部眾也漸離心。孜牙墩本為塔什密里克黑山派阿訇，他因娶白山派之女為妻，欲將其妻室搬至塔什密里克，卻受阻於喀什噶爾阿奇木伯克玉素普和卓，因而決定起事。孜牙墩此前曾與圖爾第邁莫特抱經發誓、結為兄弟，圖爾第邁莫特後曾供言：「孜牙墩說，阿奇木玉素普不准搬取新娶此房妻室，想要鬧事。我說卡倫以外，直至阿賚地方布魯特，俱屬我管。許以臨期帶人幫助。」②

嘉慶二十年（1815）八月，孜牙墩即攜眾焚燒馬廠、戕害官兵，永芹帶兵出卡追捕，拿獲部分逆匪，據供，孜牙墩欲奪南八城作王子。③嘉慶帝專委松筠辦理此事，並令圖爾第邁莫特配合追剿。九月十七日，成寧即奏「逆回孜牙墩就擒，回莊照常安業。」④其後，松筠在審訊過程中，澄清了一些事實，如查明孜牙墩奪南八城作王子即係虛構之言，但松筠在辦案過程中，卻將圖爾第邁莫特處以極刑，松筠知曉圖爾第邁莫特曾與孜牙墩抱經發誓，事發當天又欲協同孜牙墩，故而深信圖爾第邁莫特有同謀之罪，奏請將其定擬斬梟。嘉慶帝閱覽其奏，認為松筠所奏疑竇重重，殊難憑信，並密令長齡復行審訊查辦。「如訊明圖爾第邁莫特實係助逆，自應照松筠原擬奏明辦理，不可疏縱，若該比並無同謀助逆情事，且曾協同官兵查拿逆黨，今以疑似之情，置之重

①祁韻士：《西陲總統事略》卷11《布魯特源流》。

②程溯洛、穆廣文編：《維吾爾族史料簡編》（下），民族出版社，1981年，第148-149頁。

③《清仁宗實錄》卷310，嘉慶二十年九月辛卯。

④《清仁宗實錄》卷310，嘉慶二十年九月己亥。

辟。」^①然而，松筠未待上述諭令之執行，便將圖爾第邁莫特淩遲處死，嘉慶帝深為震驚，將松筠革職治罪。^②

其後，經長齡查辦，圖爾第邁莫特雖然曾應允幫助孜牙墩滋事，但受到了其妻、子的勸止；事息之後，他因欲佔有孜牙墩之田產而未遂，心懷怨恨，又有不甘心定行鬧事之言，嘉慶帝認為松筠「辦理實屬草率。」^③圖爾第邁莫特死後，其妻外逃，嘉慶二十一年（1816）九月，其妻自行投回，受到清朝政府安置，「將其希布察克部落圖爾第邁莫特原有隨比田地房間，賞給該回婦等俾資養贍，至希布察克總比之缺，本非額制，著即裁撤，毋庸請補。」^④這同時說明圖爾第邁莫特被處極刑之後，希布察克布魯特總比這一職銜被裁撤。

雖然圖爾第邁莫特之妻木巴喇克、子阿則依受到了安置，但尚有其子阿仔和卓、熱仔、胡則等逃至浩罕^⑤。嘉慶二十五年（1820）八月，

---

① 《清仁宗實錄》卷 312，嘉慶二十年十一月戊申。

② 《清仁宗實錄》卷 313，嘉慶二十年十二月辛酉。

③ 《清仁宗實錄》卷 317，嘉慶二十一年三月庚寅。

④ 《清仁宗實錄》卷 322，嘉慶二十一年九月戊辰。

⑤ 勞拉·紐比認為阿仔、阿則依、胡則、霍則依皆指同一人（Laura J.Newby,*The Empire and the Khanate:A Political History of Qing Relations with Khoqand c.1760-1860*, Leiden & Boston：Brill,2005,p.57,Footnote 52），這並不準確，長齡曾提及「圖爾第邁莫特之第三子阿則依」（長齡：《長文襄公自定年譜》卷 2，《續修四庫全書》第 557 冊，上海古籍出版社，第 54 頁。）說明圖爾第邁莫特至少有三子，且阿則依為其第三子，阿則依並未出逃，他曾經被拘禁於喀什噶爾，後交由其母領回，而根據圖爾第邁莫特之堂弟岳哈西第之供述，阿仔逃至浩罕，並服侍於浩罕汗（Laura J.Newby,pp.88-89），這至少表明阿仔與阿則依並非同一人，後文將提及，那彥成處置善後事宜的過程中，受那彥成之招撫，阿仔之弟熱仔、鄂斯曼至喀什噶爾表明歸順之意，且稱他們並未參與張格爾之亂，而圖爾第邁莫特另一子胡則於嘉慶二十五年（1820）八月，同張格爾、蘇蘭奇等人搶掠圖木舒克、伊斯里克卡倫，故而，圖爾第邁莫特之子至少包括阿仔和卓、熱仔、阿則依、胡則、鄂斯曼五者。道光十年（1830），清朝平定「玉素普之亂」後，清朝查辦「伊薩克案」的過程中，伊薩克護衛胡達雅爾愛薩曾有相關供述，其中提及「又有吐爾第買莫特之孫共十五口人，由浩罕出來，安置卡內，

白山派和卓後裔、薩木薩克之子張格爾糾眾三百餘人侵犯圖舒克塔什卡倫，殺傷卡倫官兵，搶掠卡倫馬匹，圖爾第邁莫特之子胡則、沖巴噶什部之比蘇蘭奇也與張格爾相糾集。此時，繼位不久的道光帝，對於蘇蘭奇參與滋事頗為不解，對於張格爾其人之真偽，尚表懷疑，但對於胡則參與其中，並未感到意外：

> 惟是蘇蘭奇係布魯特比，因何遽爾生心，謀為不軌，欲佔據喀什噶爾城池，其中必有起釁根由。薩木薩克之事，傳聞異詞，張格爾是否果係薩木薩克之子，虛實未定。圖爾第邁莫特前因孜牙墩謀逆案內凌遲處死，其子胡則數年來逃往何處，此次帶兵前來，其意可知。[①]

其後，道光帝雖令人查拿胡則、蘇蘭奇等人，但並未能將其拿獲。

道光四年至七年（1824-1827），張格爾又多次糾集布魯特人、安集延人等，侵入卡倫，佔據「西四城」達半年之久，清朝經多方調兵，最終於道光七年底（1828），擒獲張格爾，平定了叛亂，此後，那彥成奉命處理善後事宜。道光八年（1828），那彥成奏准收撫外逃來歸的布魯特人事宜，稱其至喀什噶爾以後，即令伊薩克差人傳諭圖爾第邁莫特之子阿仔（孜）和卓及蘇蘭奇族叔拜莫拉特等人，以表收撫之意。當年十月，阿仔和卓遣其弟熱仔來喀什噶爾獻馬投誠，熱仔稱其父獲罪後，他們即攜眷逃往霍罕，且張格爾犯事時，他們並未助逆，「我哥哥阿孜和卓先差我來請安遞馬，只求恩典仍賞我們的地方居住，再與大皇帝出力」，那彥成認為，「其助逆與否，原雖難深信，此時兵威之

吐爾第買莫特之次子噶則仍在浩罕，我們聽見噶則同安集延來此會合」。（《伊薩克護衛胡達雅爾愛薩供詞》，臺北故宮博物院輯：《清代外交史料》（道光朝四），臺北：成文出版社，1968 年，第 367 頁。）該噶則很可能即為胡則，他為圖爾第邁莫特之次子。綜合以上信息，可以推斷，胡則（噶則）、阿則依分別為圖爾第邁莫特之第二子和第三子，阿仔（阿仔和卓）為長子，熱仔和鄂斯曼分別為第四子和第五子。
① 《清宣宗實錄》卷 4，嘉慶二十五年九月甲子。

後，招之即來，其恭順情形，實無虛詐」，[1]因此，奏請賞與熱仔六品翎頂，遣令其速回，並告之於阿仔和卓：「作速來城，再行賞給原住地方，並奏明大皇帝仍賞給伊父吐爾第邁瑪特二品翎頂」，[2]那彥成上奏此事時，熱仔已經回至其兄所居之處，但因雪大封山，尚未到來。清宣宗批准了那彥成的奏請，「既據那彥成等先行宣示朕恩，賞給熱仔六品翎頂」，[3]其後，那彥成並未言明後續事宜，阿仔和卓及其弟有可能於次年天氣轉暖之時，攜眾返回了喀什噶爾。

此後，希布察克布魯特地位遠不及從前，正如徐松所言，「嘉慶二十年，圖爾第邁瑪特伏誅，部落離散，今則沖巴噶什最強。」[4]該事件實為清朝「失布魯特之心」的重要源起，那彥成言：「自嘉慶二十一年孜牙墩事一案，松筠以誤聽人言，誤將希皮察克愛曼世襲二品翎頂布魯特比吐爾第邁瑪特淩遲處死，以致該比之子阿仔和卓率其兄弟眷口逃往浩罕，各布魯特因而離心。」[5]此後，希布察克部式微，道光年間，因協助清朝政府平定張格爾叛亂，奇里克、沖巴噶什等部勢力崛起，希布察克部的地位漸為他部所取代。

乾嘉年間，在布魯特各部之中，希布察克部與清朝政府關係尤為密切，該部之比阿奇木因嚮導清軍平定大小和卓叛亂，被授為散秩大臣，回部平定之後，他受到清朝政府的器重、身兼多職，管理布魯特和回部邊疆事務，同時，其子弟也多享有頂戴，因而，阿奇木家族堪為布魯特之望族。希布察克部因於卡內遊牧、居住，被稱為「熟布魯特」，該部諸多人物被清朝政府授予不同品級的頂戴，享有頂戴的人物數目居各部之首，在諸部之中具有特殊地位。

---

①那彥成：《那文毅公奏議》（四）卷 80《收撫外夷》，第 553 頁。

②那彥成：《那文毅公奏議》（四）卷 80《收撫外夷》，第 554 頁。

③《清宣宗實錄》卷 150，道光九年正月丁未。

④徐松：《西域水道記》卷 1《羅布淖爾所受水上》。

⑤那彥成：《那文毅公奏議》卷 80《收撫外夷》。

然而，乾隆四十九年（1784），阿奇木等人誣控鄂斯璊事件卻成為阿奇木家族及希布察克部歷史的轉折點，該事件也促使清朝政府調整了對布魯特的治理政策，此後，多連及其子圖爾第邁莫特先後任該部之比。圖爾第邁莫特於乾隆末年承襲父職，但卻在嘉慶年間因孜牙墩事件而被枉殺，此後，希布察克部地位漸衰。阿奇木誣控鄂斯璊及圖爾第邁莫特被枉殺，為道光年間布魯特人參與張格爾叛亂埋下了隱患。因而，闡述乾嘉年間希布察克部的典型地位、人物和事件，可以為推動布魯特歷史的研究帶來一些新的啟發。

第二節 乾嘉年間沖巴噶什部地位和角色變遷

乾隆、嘉慶年間，沖巴噶什部在布魯特諸部之中佔有重要地位，與希布察克部同樣在回疆事務中扮演了突出角色，希布察克部隨著阿其睦誣控鄂斯璊事件的發生以及圖爾第邁莫特被枉殺，逐漸失去了原有的地位，如此以來，沖巴噶什部於諸部之中居於首位。然而，嘉慶末年，蘇蘭奇因奏報張格爾等人叛亂，受到章京綏善之斥責，憤然而去，並加入到張格爾的叛亂行動中，如此，該部勢力和地位也漸衰。在道光朝平定張格爾叛亂的過程中，附居於烏什卡倫內外的奇里克部首領和屬眾，為平定張格爾叛亂做出了重要貢獻，成為了道光年間地位突出的布魯特部落。在此，圍繞著乾嘉年間沖巴噶什部的相關人物和事件來進行分析。

一、乾隆年間阿瓦勒及沖巴噶什部的地位

（一）阿瓦勒及其所領沖巴噶什部

前文曾提及，葉爾羌汗國時期，阿不都拉哈汗任命沖巴噶什部吉爾吉斯人首領庫依薩里（闊伊薩雷）為喀什噶爾阿奇木伯克，從此之後沖巴噶什部便開始雄踞於喀什噶爾。1755 年，在布拉呢敦、托倫泰

等招撫黑山派所掌領的天山南路的過程中，沖巴噶什部眾也加入布拉呢敦一派，為清朝收服天山南路做出過貢獻。有理由推斷，在清朝統一新疆前，沖巴噶什部正式落居於喀什噶爾地區已達近百年之久，該部首領庫依薩里擔任喀什噶爾阿奇木伯克，這也促使沖巴噶什部在諸部之中佔有重要地位。

　　沖巴噶什部緊鄰喀什噶爾，位居喀什噶爾北部卡倫之外，《新疆識略》載：「在喀什噶爾城東北巴爾昌卡倫至西北喀浪圭卡倫以外一帶遊牧，通霍罕。」[①]乾隆二十三年（1758），在清朝平定和卓叛軍的過程中，該部之比烏默爾曾因有功於清軍而受到嘉獎，「兆惠奏稱，伯克托克托之弟總管阿布都賚、伯克霍集斯之屬人阿里木、布魯特烏默爾、額敏和卓之護衛沙丕、呢雅斯等，奮勇剿賊，已分別獎賞翎頂緞疋等語。」[②]這說明烏默爾有功於清朝平定大小和卓叛亂，但乾隆二十六年（1761），烏默爾因搶掠安集延貿易之人而被治罪，「本年六月，邁喇木作亂時，沖噶巴什之烏默爾比，率屬搶掠安集延商人牲隻銀兩遠遁，及阿瓦勒比自京轉回，臣委令查緝。」[③]當時，烏默爾比因趁邁喇木之亂搶掠安集延商人，此事交由沖巴噶什部阿瓦勒比查拿。海明奏：「請將烏默爾比之職銜革去，或交阿瓦勒比管轄，或交奇布察克布魯特散秩大臣阿奇木管轄。」但乾隆帝不以為意，認為海明「所辦非是」：

> 沖噶巴什之布魯特，乃喀什噶爾所屬，與外藩回人不同，必宜賞罰嚴明，始足以昭懲勸。即如阿瓦勒比抒誠效力，既經加恩獎賞，而烏默爾比，乘亂搶掠，自應正法示懲，乃僅請革職管

---

① 《欽定新疆識略》卷 12《布魯特》。

② 《清高宗實錄》卷 575，乾隆二十三年十一月壬寅。

③ 《清高宗實錄》卷 628，乾隆二十六年正月癸丑。根據《清實錄》，沖巴噶什部在乾隆前期和中期寫作「沖噶巴什」，後期作「充巴噶什」，乾隆朝之後，則作「沖巴噶什」，為了統一，本文除引文外，具體論述中統一寫作「沖巴噶什」。徐松對沖巴噶什之含義加以了解釋，「沖（回語），大也」、「巴噶什，布魯特語，手腕也」，徐松著，朱玉麒整理：《西域水道記》（外二種），北京：中華書局，2005 年，第 26 頁。

　　束，甚屬姑息。著將烏默爾比，派員看守送京。

　　這說明，乾隆帝強調沖巴噶什部之不同，「乃喀什噶爾所屬，與外藩回人不同」，並下令嚴懲烏默爾比，將其送京治罪。烏默爾比被送京之後，其家屬亦被分賞與各城阿奇木伯克，「烏默爾比，係恩賞遊牧、附卡安插之人，仍不改舊習、肆行搶掠，應如所奏，將家口分賞各城伯克為奴。阿瓦勒比，聞知烏默爾比不法，即行呈報，甚屬恭順。」[1]較之於前文所提及的東西布魯特諸部歸附清朝的過程，清朝文獻並未就沖巴噶什部如何歸附清朝做專門的說明，這應與沖巴噶什部在喀什噶爾落居已久並早已融入該地區有關，清朝統一新疆後，沖巴噶什部自然歸由清朝統治，故而，乾隆帝會強調沖巴噶什部的特殊之處，烏默爾比被送京治罪。

　　阿瓦勒比作為沖巴噶什部的首領，清朝文獻雖並未說明其在清朝統一新疆過程中的功勞，但其本人及其後人玻（博）什輝、蘇蘭奇仍在布魯特諸部首領中佔有重要地位。《西域地理圖說》載：「沖巴噶什布魯特阿瓦兒（awal）之屬民近二百戶，於托勇（toyung）地方種田遊牧，於托岳魯克（toyoluk）地方養牧。」[2]這裡的阿瓦兒即阿瓦勒，托勇即托庸或稱托雲，清代有托庸河，今新疆烏恰縣境內有托雲鄉。托岳魯克又名托依洛克、佟魯克，烏魯克卡倫所領小卡倫之一。[3]這說明，阿瓦勒在上述地方住牧。《新疆識略》載：「阿瓦勒，乾隆二十四年，入覲，賞戴五品頂花翎，嗣於二十八、三十等年因照料官馬廠並烏什出兵，奏賞三品頂戴，阿瓦勒病故，將原品頂翎，賞博什輝。」[4]這說

① 《清高宗實錄》卷 639，乾隆二十六年六月甲午。

② 阮明道主編：《西域地理圖說注》，阮明道漢文箋注、劉景憲滿文譯注，延吉：延邊大學出版社，1992 年，第 164 頁。

③ 新疆維吾爾自治區地方誌編委會編：《新疆通志·文物志》，烏魯木齊：新疆人民出版社，2007 年，第 390 頁。

④ 《欽定新疆識略》卷 12《布魯特》。

明，阿瓦勒於乾隆二十四年（1759）即進京入覲，並被賞與五品頂戴，
後因管理官牧及出兵烏什而被賞與三品頂戴，他病故後，其子玻什輝
繼承其頂翎。阿瓦勒效力於清朝政府，被賞與較高品級的頂戴，乾隆
年間，布魯特諸部首領中，除了阿其睦、額森，鮮有其他布魯特首領
能夠與其地位相當。

　　阿瓦勒之弟為默德特，乾隆二十四年（1759），默德特率眾由安集
延歸附清朝，滿文檔案載：「定邊將軍兆惠等奏布魯特伯克默德特請求
率部眾由安集延遷回托庸地方」[①]，乾隆二十六年（1761），喀什噶爾
參贊大臣舒赫德奏：「布魯特沖巴噶什部阿旺比之弟默德特率眾返回其
舊遊牧居住」[②]，此處的阿旺比應即阿瓦勒比，故而，可以推斷，默德
特係阿瓦勒之弟，在清朝統一新疆前擔任伯克職務，清朝統一新疆後
則率眾由安集延歸附於清朝。乾隆三十四年（1769），舒赫德奏請：「賞
布魯特比阿瓦爾之弟默德特六品空頂翎」[③]，這表明，默德特同為沖巴
噶什部的重要首領。

　　乾隆二十五年至乾隆二十六年（1760-1761），阿瓦勒因奉命查拿搶
掠牲隻、銀兩的布魯特而逐漸凸顯其地位和角色，上述烏默爾比搶掠
安集延商人一事，即為其中的案件之一。乾隆二十五年（1760）十一
月，海明奏言：

> 布魯特沖噶巴什之五品頂帶阿瓦勒比，來京入覲，回抵遊牧，
> 聞伊屬人等搶掠安集延之物，即查出銀兩馬匹等物交還。而安
> 集延人等，反云尚短少銀馬若干，仍令阿瓦勒比酌量辦理呈報
> 等語。阿瓦勒比，感激恩賚，查還搶掠鄰封物件，甚屬可嘉，

---

① 《清代邊疆滿文檔案目錄》，第 6 冊新疆卷 1，第 339 頁。
② 《清代邊疆滿文檔案目錄》，第 6 冊新疆卷 1，第 434 頁。
③ 《清代邊疆滿文檔案目錄》，第 6 冊新疆卷 1，第 899 頁。

著賞緞二端。[①]

這說明，當阿瓦勒由京入覲返回後，即著手處理沖巴噶什部屬人搶掠安集延人物品之事，阿瓦勒查出被搶掠的銀兩、馬匹，將之歸還，並受到嘉獎。隨之，阿瓦勒又拿獲搶掠牲隻之布魯特人烏朗噶，「查烏朗噶，係布魯特種類，為霍集斯所信用，今聞霍集斯留京，恐續行解送，遂起意潛逃。」[②]烏朗噶為布魯特人，他本曾為回部望族霍集斯所任用，但因霍集斯被清朝政府送京安置，他因擔心亦被送京而蓄意外逃。阿瓦勒比受命追拿烏朗噶，並最終將之追拿歸案：

> 海明奏布魯特沖噶巴什之阿瓦勒比，查出伊屬人搶掠安集延什物給回，此次又查拿盜馬回人烏朗噶等，擒獲賊黨，甚屬奮勉等語。阿瓦勒比，著再加恩賞緞二端。所差屬人等、各賞銀三兩。仍以加恩獎賞之處，傳諭知之。[③]

阿瓦勒對於上述案件的處理，為進一步彰顯其角色奠定了基礎，乾隆二十七年（1762）五月，阿瓦勒同希布察克布魯特之比、散秩大臣阿其睦以及南疆伯克一道，各被賞與喀什噶爾果園一處，這些果園本為舊時波羅泥都所有，此時，永貴乘再次核實果園數目，奏請將其分賞各方：

> 永貴等奏言，從前喀什噶爾查出波羅泥都等果園，因伯克等初次呈報，不無遺漏，臣等曉示，令其首出免罪。續據阿奇木伯克噶岱默特等，於賞給官兵之果園十三處外，續報出二十九處，自應全行入官，但念該伯克等，始雖瞻徇，一奉曉示，即盡行呈首，情有可原。臣等酌量賞給阿奇木伯克果園三處，伊沙噶以下伯克四處，又希卜察克布魯特散秩大臣阿奇木、英噶薩爾

阿奇木伯克素勒坦和卓、沖噶巴什布魯特阿瓦勒比等，各給一
處，以為来城住宿之地。其餘入官，仍交回人看守採取，賞給
官兵。再此等果園內，尚有喂馬之苜蓿草，每年可得二萬餘束，
定額徵收以供飼牧，俱造具印冊，永遠遵照。奏入，得旨，如
所請行。[1]

永貴奏言中指出，賞與阿其睦、阿瓦勒等果園各一處，作為其來
喀什噶爾的住宿之地，這反映出他們雖作為布魯特首領，但與喀什噶
爾、英吉沙爾之伯克同樣享受優待，阿瓦勒與阿其睦的地位由此可見
一斑。嘉慶二十五年（1820），阿瓦勒之孫蘇蘭奇糾同張格爾侵犯卡倫，
清代文獻有載：「蘇蘭奇係布魯特比，在沖噶巴什愛曼居住，每年貿易
來城一二次，伊祖父出力時，曾給有本城及阿爾圖什莊上焉齊回戶，
俾作來城棲止之地。」[2]這說明，阿瓦勒被賞與的果園，或位於阿爾圖
什回莊，該地作為其來喀什噶爾時的棲息之地，同時，他還掌控部分
燕齊[3]以供役使，這實際上與伯克所享待遇相當。

前文討論阿其睦之地位與角色時，曾經提及阿其睦、阿瓦勒與回
部伯克一同按班入覲，乾隆二十八年（1763）三月，時任禮部尚書的
永貴奏請回部伯克入覲事宜：「噶岱默特、鄂對、阿其睦、阿瓦勒四人，
除阿其睦業經第一班入覲外，其餘三人本年均應入班朝覲。但伊等現
俱有承辦事務，是以本年暫停遣派，下一班再行遣往。伊等若請以其
子弟近親代往，宜令入班赴京。」[4]乾隆帝在寄信檔中告知永貴：「自

---

① 《平定準噶爾方略》續編卷 17，乾隆二十七年閏五月癸亥。

② 《平定回疆剿擒逆裔方略》卷 2，嘉慶二十五年十一月丙寅。

③ 燕齊，又譯為顏齊、煙齊，維吾爾文音譯，意為種地人，地位相當於農奴。主要從事
種地、手工勞動及充當跟隨、僕役等。不拿貢賦。清乾隆統一新疆後，規定了各級伯
克的品級，按品級高低額定役使燕齊戶數，如最高品阿奇木伯克為一百戶，嘉慶時略
有減少。各級伯克利用職權濫行挑派，有超出額定數倍者。新疆建省後廢。——《中國
歷史大辭典》（清史卷·上），上海：上海辭書出版社，1992 年，第 574 頁。

④ 《寄諭禮部尚書永貴著宜派稍大伯克等帶領每班回子等入覲》，乾隆二十八年三月十

本年起，將四品以上伯克等以四年一次分班，五品以下伯克等不必入班……今永貴即稱噶岱默特、鄂對、阿其睦、阿瓦勒等，皆有承辦事務，本年暫不遣派，則如所請。」阿其睦當時即任塔什密里克之四品阿奇木伯克，阿瓦勒係沖巴噶什部之比，其雖然未擔任回部地方之阿奇木伯克，但當時已經享有五品頂戴，回部伯克輪班入覲時，阿瓦勒能夠與阿其睦及其他回城伯克一同入覲，這也是對其個人身份的認可和肯定，一定意義上講，阿瓦勒雖無伯克之名，但卻有伯克之實。故而，從阿瓦勒、阿其睦被賞與果園及其被要求輪班入覲，可以看出，二者作為布魯特首領，其駐牧之地鄰近喀什噶爾，清朝政府安插二人，既為治理布魯特諸部，亦為兼理回部事宜而考慮。

乾隆二十八年（1763）九月，阿瓦勒因主動要求照管官牧而受到嘉獎：

> 永貴等奏稱，回地水草，不宜遊牧，因布魯特阿瓦勒比情願移於該部落，派人照管，伊復親身督率辦理。已量給伊屬人羊隻茶封，阿瓦勒比甚屬奮勉，可否加賞頂帶等語。阿瓦勒比夙著恭順，茲復照管牧群，俾得蕃息，甚屬可嘉。著加恩賞給四品頂帶，以示鼓勵。[1]

阿瓦勒主動選擇將其屬部遷移於回部，照管牧群，乾隆帝准予授其四品頂戴，相較於前所享有的五品頂戴有所升級，阿瓦勒因照管官牧而受到獎賞，其屬部也被賞與羊隻和茶葉。滿文錄副奏摺中也對此有所提及，乾隆二十八年（1763）七月二十八日，喀什噶爾參贊大臣奏請「令布魯特阿奇木阿瓦爾牧放官牛」、「給布魯特阿奇木阿瓦爾加

五日，《乾隆朝滿文寄信檔譯編》，第 4 冊，490-491 頁。

[1] 《平定準噶爾方略》續編卷 22，乾隆二十八年九月丁巳；同條材料亦見於《清高宗實錄》卷 694，乾隆二十八年九月丁巳，只不過後者將「已量給伊屬人羊隻茶封」載為「已量給伊屬人羊茶」，「隻」、「封」皆為量詞，分別用於指稱「羊」、「茶」之數量，茶葉每五斤為一封。

級」①，此處的阿瓦爾即為阿瓦勒比，阿瓦爾係譯者根據滿文文獻而音譯。

乾隆三十年（1765），阿瓦勒也領兵幫助清朝平定烏什之亂，「又希布察克布魯特散秩大臣阿奇木、沖噶巴什布魯特比阿瓦勒，各領布魯特兵前來，呼什齊部落納喇巴圖之侄，亦願隨軍效力，當加獎諭，令與我兵一體支給行糧。」②乾隆三十七年（1772），阿瓦勒同希布察克部之布魯特侍衛額森一同被賞與普爾錢，作為養贍之資：

> 富森布等奏稱，希布察克部落布魯特阿森、沖噶巴什部落布魯特阿瓦勒比，奮勉當差，並無養贍之資，懇恩賞給等語。阿森、阿瓦勒比，前俱在軍營出力奮勉，既無養贍之項，著加恩於喀什噶爾庫貯賞餘一百騰格普爾內，每年各賞給五十。③

其他布魯特諸部落首領，鮮有人物能夠被清朝政府賞與普爾錢，上述材料明確載明額森、阿瓦勒每年被賞與五十騰格之普爾錢，前文提及，阿其睦作為塔什密里克四品阿奇木伯克及布魯特比，每年被賞與三百騰格的普爾錢，故而，阿其睦、額森、阿瓦勒作為布魯特上層，與清朝關係極為密切，直接參與回部事務的管理。

阿瓦勒及其沖巴噶什部鄰近於喀什噶爾，阿瓦勒為幫助清朝政府管理官牧而受到嘉獎，在布魯特交易處理中，也發揮了一定的作用。乾隆四十八年（1783），阿瓦勒因稟報伯爾克外逃之消息，在途中離世：

> 又諭，據保成奏，充巴噶什部落，賞給三品頂戴花翎之布魯特比阿瓦勒，於八月二十六日病故等語。阿瓦勒前於烏什出征，頗屬效力，一切職事，皆辦理妥協，朕曾施恩賞給三品頂戴花翎，伊昨聞伯爾克遷徙之信，即遣伊子玻什輝，追趕伯爾克等，

---

① 《清代邊疆滿文檔案目錄》，第 6 冊新疆卷 1，第 572 頁。
② 《清高宗實錄》卷 731，乾隆三十年閏二月乙亥。
③ 《清高宗實錄》卷 923，乾隆三十七年十二月丁亥。

詢訪消息，親赴大臣處稟告，在途病故，實屬可憫，著交保成
等，由彼處庫銀內動用五十兩，與玻什輝辦理喪事，並施恩將
阿瓦勒所遺比，即著玻什輝補授，仍賞給三品頂戴花翎。至令
瑚幹特、哈爾噶齊同玻什輝，辦理遊牧事件，著照保成等所請
行。①

　　阿瓦勒在離世前享有三品頂戴花翎，這說明，乾隆二十八年（1763）
至乾隆四十八年（1783）之間，阿瓦勒又因功被賞與三品頂戴，他離
世之後，其子玻什輝繼承其比職和頂戴，繼續辦理官牧事宜。

　　由於布魯特並未形成統一的政治實體，故而，各部落首領對於其
屬眾的管理具有重要作用，阿瓦勒作為沖巴噶什部首領，其所參與的
上述各項事務都有其部眾的功勞，所以，沖巴噶什部的諸多屬眾也因
功被清朝賞與不同品級的頂戴，通過前文所附表格 3-2 和 3-3 即可顯見，
嘉慶年間沖巴噶什部屬眾享有頂戴的人物數目僅次於希布察克部，這
些人物或在乾隆年間即被授予頂戴，或繼承其父兄所享有的頂戴，
這說明，該部屬眾積極效力於清朝，參與諸多邊疆事務。

　　《新疆識略》記載了阿瓦勒屬眾所參與的事務②：蒙烏爾於乾隆二
十四年（1759）同阿瓦勒一同入覲，被賞與六品頂藍翎；噶爾密雜克、
薩賓拜、托落拜因在乾隆三十年（1765）出兵烏什，被賞與六品頂戴
和金頂；圖里雅克、托克托拜因於乾隆四十九年（1784）追蹤外逃的
胡什齊部首領伯爾克③而被賞與六品頂戴；伯格什、木拉特、噶岱因參
與嘉慶二年（1797）清朝招撫薩木薩克一事，皆被賞與六品頂藍翎。

---

① 《清高宗實錄》卷 1189，乾隆四十八年九月甲寅。

② 《欽定新疆識略》卷 12《布魯特》。

③ 伯爾克係胡什齊部首領，乾隆四十八年（1783），伯爾克突然率屬外徙浩罕，清朝政
　府對此殊為不解，一度試圖加以追索，終無果。伯爾克係納喇巴圖之從弟，納喇巴
　圖則係庫巴特‧米爾咱（呼瓦特）之弟，後文有詳論。

　　胡（忽）瓦特[①]於乾隆四十年（1775）因幫辦遊牧事務，被賞與六品頂藍翎，於乾隆四十九年（1784）、五十四年（1789）參與拿獲雅依奇（燕起）和占頗拉特[②]，被賞與四品頂花翎。嘉慶二年（1797），胡瓦特幫同清朝追蹤薩木薩克之子玉素普，玉素普曾向胡瓦特差送書信，試圖與胡瓦特相糾約，胡瓦特收到書信後，及時向清朝大臣呈報書信，嘉慶帝令胡瓦特領其所管沖巴噶什部布魯特一百餘名、並令希布察克部布魯特引路，前往哈拉庫爾（哈喇庫勒）地方查看玉素普是否仍在該地藏匿。[③]這說明，嘉慶初年，沖巴噶什部與希布察克部配合清朝追蹤白山派和卓後裔，這也表明兩部受到了清朝政府的任用，凸顯了兩部的地位。

二、玻什輝、蘇蘭奇及沖巴噶什部的式微

　　阿瓦勒離世之後，其子玻什輝、其孫蘇蘭奇繼承了阿瓦勒所受封賞，在乾隆末年與嘉慶年間仍然具有較高的地位，但嘉慶末年，蘇蘭奇因受綏善叱逐而附和張格爾，這成為沖巴噶什部命運轉折的重要節點，使得該部部落離散，失去了其原有的地位。

　　乾隆四十八年（1783）十二月，喀什噶爾辦事大臣保成奏請，「賞賜已故布魯特比阿瓦勒之子玻什輝園圃」[④]，此項園圃，即為阿瓦勒生前所被賞賜的果園，該條材料表明玻什輝繼承了阿瓦勒之果園。玻什

---

①胡瓦特很可能即係默德特之子華特，根據滿文檔案，乾隆四十年（1775），默德特去世，將其所戴六品空頂翎賞給伊子華特，這正與胡瓦特被賞給六品頂翎的時間相應，且華特與呼瓦特讀音相近。

②占頗拉特係察哈爾薩雅克部阿哈拉克齊，乾隆五十四年（1789），占頗拉特搶掠安集延人和喀什噶爾人的近千匹馬而受到追剿，布魯特多個部落屬眾皆參與其中，最終將其拿獲。

③《嘉慶道光兩朝上諭檔》第 2 冊（嘉慶二年），2000 年，第 278、285、289 頁。

④《清代邊疆滿文檔案目錄》，第 9 冊新疆卷 4，第 1627 頁。

輝同樣繼承了阿瓦勒所享有的普爾錢份額，乾隆五十一年（1786），保成奏請嘉獎當時的希布察克部布魯特之比多連時，曾提及「布魯特多連去年以來，效力頗多，可否將先前賞給阿其睦之一塊入官閑地、數間房屋賞之，並照阿瓦勒之子玻什輝每年賞給一百五十騰格養育額份之例賞賜之處，請旨。」[①]這表明，玻什輝每年被賞給一百五十騰格普爾錢，要遠多於其父每年所享有的五十騰格之份額。前文提及，《回疆圖志》載：「每年外賞阿奇木伯克伊斯堪達爾錢十千文，賞布魯特比博什惠七千五百文，賞圖爾第邁莫特七千五百文。」[②]博什惠即為玻什輝，圖爾第邁莫特即為多連之子，普爾錢七千五百文即為一百五十騰格，多連離世後，圖爾第邁莫特繼承了多連所享有的普爾錢份額。

　　乾隆四十九年（1784），玻什輝參與追剿燕起；乾隆五十四年（1789），察哈爾薩雅克布魯特阿哈拉克齊占頗拉特等人，搶掠安集延人及喀什噶爾回人之馬匹，玻什輝因幫助清軍拿獲占頗拉特等，被賞給二品頂戴。[③]這是布魯特諸部之首領所享有的最高品級的頂戴，《西陲總統事略》僅載明玻什輝和圖爾第邁莫特享有二品頂戴花翎。[④]這也表明，乾隆朝末期至嘉慶朝中期，沖巴噶什部與希布察克部在諸部之中仍然佔據突出的地位。這一時期，玻什輝擔任沖巴噶什部之比，他也多次前往喀什噶爾請安貢馬，直至嘉慶十六年（1811）八月，玻什輝離世，其子蘇蘭奇（齊）繼承其比職，「喀什噶爾參贊大臣鐵保等奏報，崇巴噶什部布魯特比病故，請由伊子蘇蘭奇襲爵。」[⑤]嘉慶二十年（1815），孜牙墩事件之後，蘇蘭奇因幫同擒剿孜牙墩受到嘉獎，「以剿辦孜牙墩

①《寄諭喀什噶爾辦事副都統銜保成著賞賜多連》，乾隆五十一年正月十四，《乾隆朝滿文寄信檔譯編》，第十九冊，第 490 頁。

②和寧：《回疆通志》卷 7，《喀什噶爾》。

③《清高宗實錄》卷 1346，乾隆五十五年正月乙未。

④松筠等纂：《西陲總統事略》卷 11，《布魯特源流》。

⑤《清代邊疆滿文檔案目錄》，第 10 冊新疆卷 5，第 2401 頁。

出力，賞布魯特比蘇蘭奇二品頂帶。」[1]直至此時，蘇蘭奇方被賞與二品頂戴，這說明儘管玻什輝享有二品頂戴，但蘇蘭奇最初承襲的頂戴品級可能為三品，因為嘉慶四年（1799）時，嘉慶帝有旨言：「布魯特內，如有軍功者，原戴頂翎，著賞伊子冠戴，若無軍功者，降級賞戴。」[2]或許，正因為此緣故，蘇蘭奇最初被授予三品頂戴。

　　前文對於圖爾第邁莫特被枉殺一案已有說明，該案對於希布察克部產生了較大影響，該部之地位亦受牽連，徐松即在《西域水道記》中言，「大軍之追霍集占，涉其界，酋豪曰圖魯起拜者請內附，種人數十部，吉布察克為之首。嘉慶二十年，圖爾第邁瑪特伏誅，部落離散，今則沖巴噶什最強。」[3]這表明，該案之前，希布察克部居於諸部之首，該案之後，該部人眾分離，《西域水道記》約成書於道光元年，這表明嘉慶末年時，沖巴噶什在諸部之中最為強盛。

　　然而，嘉慶二十五年（1820），蘇蘭奇與薩木薩克之子張格爾相糾集，最終促使張格爾之亂進一步演變和發展，這也是部分布魯特勾結張格爾發動叛亂的原因之一。當年九月，喀什噶爾參贊大臣斌靜奏：

> 圖舒克塔什卡倫外之沖巴噶什愛曼布魯特比蘇蘭奇，串通薩木薩克之子張格爾滋事，賊眾約有三百餘人，業將圖舒克塔什卡倫官兵殺傷，並將伊斯里克卡倫馬匹搶去，其呈報公文紙馬兵二名，已被賊匪殺害。色普征額帶同官兵追捕，殺賊五十餘名，生擒賊八十餘名，賊即紛紛逃竄出卡。現調葉爾羌官兵三百名，烏什官兵三百名，伊犁預派兵二千名，俟官兵到來，即帶兵進剿等語。[4]

---

①《清仁宗實錄》卷 317，嘉慶二十一年三月癸卯。

②《清宣宗實錄》卷 94，道光六年正月甲辰。

③徐松：《西域水道記》卷 1《羅布淖爾所受水》（上），第 25 頁。

④《清宣宗實錄》卷 4，嘉慶二十五年九月庚申。注：嘉慶帝顒琰於嘉慶二十五年七月

此時，斌靜得知蘇蘭奇串通薩木薩克之子張格爾，殺傷圖舒克塔什卡倫官兵、搶劫伊斯里克卡倫馬匹，隨即派兵進剿叛眾。道光帝要求拿辦相關賊匪，按律嚴辦，對於蘇蘭奇與張格爾串通一事，頗為不解，要求伊犁將軍慶祥據實參奏，「再此次蘇蘭奇等滋事，究因何起釁，是否係內地官兵，因事激變，並著慶祥到彼後，詳細察訪，如有激變情事，據實參奏，勿得稍有瞻徇。」[1]此中提及「如有激變情事，據實參奏」，道光帝可能已感知蘇蘭奇或因受刺激而生變。

其後，斌靜審理安集延人邁瑪特里提普後得知：「張格爾於本年五月內，曾向霍罕伯克愛瑪爾借兵，來搶喀什噶爾，未允，遂糾同蘇蘭奇，向圖爾第邁莫特之子胡則，會集三百餘人前來滋事。」[2]這說明，張格爾向浩罕借兵未果之後，才夥同蘇蘭奇、胡則等人於卡倫處滋事。道光帝對於胡則參與其中之原因，尚可知曉，「圖爾第邁莫特前因孜牙墩謀逆案內凌遲處死，其子胡則數年來逃往何處，此次帶兵前來，其意可知。」但仍舊困惑於蘇蘭奇參與其中之原因，「惟是蘇蘭奇係布魯特比，因何遽爾生心，謀為不軌，欲佔據喀什噶爾城池，其中必有起釁根由。」

此後，道光帝再次令慶祥查辦其中原因，結合蘇蘭奇之身世，難以想見其滋事之緣由，況且僅僅三百餘人竟敢於謀亂，更無法理解：

> 斌靜原奏內稱，係蘇蘭奇串通張格爾滋事，蘇蘭奇係阿瓦勒之孫，博碩輝之子，阿瓦勒在乾隆三十年平定烏什叛回時，曾經出力，博碩輝並曾賞給二品翎頂，蘇蘭奇襲職受封，安居已久，何以此次忽萌異志，且僅有眾三百人，遽思搶掠城池，謀為不軌，亦覺太不自量，恐斌靜前奏，尚多不實不盡，慶祥須詳加

駕崩，其子旻寧於八月繼位，是為道光帝，故而，《清仁宗實錄》所載內容迄於嘉慶二十五年七月，嘉慶二十五年八月至十二月內的相關內容載於《清宣宗實錄》。

[1] 同上。

[2] 《清宣宗實錄》卷4，嘉慶二十五年九月甲子，下同。

> 訪察，並訊獲犯供詞，如內地官兵有激變情事，或別有起釁之
> 由，即行據實參奏，不可稍有隱飾。[①]

此處，道光帝提及阿瓦勒、玻什輝之功名，乃在於將其與蘇蘭奇突然謀反一事形成對比，並質疑究竟係內地官兵激變所致，還是因另有起釁緣由。

然而，色普征額帶兵追拿滋事賊匪過程中，擒獲二十餘名，並解交斌靜八十餘名，但斌靜卻將之全行正法，道光帝亦怪罪之：「前此色普征額所獲活賊二十餘名，及解交斌靜八十餘名，正可根訊確供，又何以全行正法，究竟所殺是否逆賊，抑係無辜布魯特，或係無辜回民，斌靜等一味濫殺，以期滅口。」[②]當時，清朝對張格爾之身份尚存疑問，對蘇蘭奇突然參與謀亂仍然不解，「現在逆首張格爾、蘇蘭奇，杳無下落。張格爾，是否實有其人。從前屢傳薩木薩克滋事，均屬子虛烏有。此次，張格爾稱係其子，恐亦係謊播之詞。至蘇蘭奇，自其祖父向化已久，嘉慶二十年孜牙墩案內，蘇蘭奇頗為出力，何以忽生叛志，均屬可疑。」[③]

當年十一月，據伊犁將軍慶祥所奏：

> 蘇蘭奇係布魯特比，在沖噶巴什愛曼居住，每年貿易來城一二次，伊祖父出力時，曾給有本城及阿爾圖什莊上焉齊回戶僱作來城棲止之地，七月初十日晚間，貿易來城，遂煽惑阿爾圖什莊內回子七八十名，往迎張逆，即於是夜燒毀卡倫、戕害官兵，勢敗竄逸，是蘇蘭奇久蓄逆志，狡獪異常，次方藉貿易之名，以為窺探之計。[④]

---

①《清宣宗實錄》卷4，嘉慶二十五年九月丙寅。

②《清宣宗實錄》卷7，嘉慶二十五年十月辛丑。

③《清宣宗實錄》卷7，嘉慶二十五年十月壬寅。

④《平定回疆剿擒逆裔方略》卷2，嘉慶二十五年十一月丙寅。

該條材料顯示了更多的細節，指出了阿瓦勒被賞與家園所在之地，以及蘇蘭奇謀亂過程。此後，慶祥亦說明，「此案逆裔張格爾，欲圖搶復喀什噶爾，與蘇蘭奇潛通消息，糾結謀逆，蘇蘭奇煽惑回眾，首先接應，燒毀卡倫，殘害官兵，是該逆等久蓄逆謀，尚無激變枉殺情事。」[①]故而，此時慶祥認為蘇蘭奇並非因激變而謀逆，乃在於其煽惑回眾、侵擾卡倫，並與張格爾相接應。

同時，又有奏摺提及斌靜被眾伯克所控訴的情況：「又另摺參奏，斌靜被眾伯克公同控告行止不端，並回務章京綏善、廢員賈炳，與斌靜家人張得幅結拜弟兄，倚勢婪索，凌辱伯克等款。朕早已料及，實為可惡，大幹法紀。斌靜、綏善，均著革職拿問，交慶祥嚴行審訊。」這說明斌靜、綏善當時即因仗勢欺辱回部伯克而受到控訴，道光帝令將其革職訊問。十二月之時，慶祥審理後，追責於斌靜、色普征額及回部多名伯克，「第斌靜縱容委員家人等、苦累回眾。前據慶祥等訪察。並該回人控告。已有端倪。」、「斌靜前已降旨革職拿問，色普征額將捕獲各犯，不問名姓，全行正法，辦理乖謬之至，並著革職拿問，歸案審辦。」[②]斌靜前已被拿問，色普征額將拿獲的賊匪全行殺害，道光帝斥其草率，故而對之追責，同時，專管回莊之伯克多人亦被革職或降級。

嘉慶二十五年（1820），張格爾、蘇蘭奇等相糾集侵犯卡倫一事，當為張格爾之亂的發端，該事之後，道光帝雖令慶祥等人查明緣由，並追責於斌靜、色普征額及回部伯克，但並未就蘇蘭奇突然參與謀亂的真正原因核查明白，也未能將張格爾、蘇蘭奇拿獲歸案，此後，張格爾逃往浩罕，一度為浩罕所拘執，後再次逃脫，並聯合薩雅克部阿坦台、汰劣克等人，發動了更大規模的叛亂，佔據西四城，清朝政府耗費了較大的精力，多處調兵，方最終將張格爾拿獲，有關張格爾之

①《清宣宗實錄》卷9，嘉慶二十五年十一月庚辰，下同。
②《清宣宗實錄》卷10，嘉慶二十五年十二月壬辰。

亂的更多細節以及布魯特的參與情況，後文將專門論及。張格爾、蘇蘭奇侵犯卡倫之後，清朝並未查明蘇蘭奇參與其中的真實原因，此後，清朝政府在查辦該事的過程中，雖多次提及蘇蘭奇之前後轉變過程中的反差，並要求將之拿獲，但並未能將其擒剿。在張格爾後來所發起的多次襲擊中，清朝文獻再未提及蘇蘭奇，其下落也不明。

　　道光元年（1821），蘇蘭奇因隨同張格爾滋事，其家產被抄沒，其所享有的普爾錢以及田園皆被查抄入公：

> 秀堃奏，查明逆產分別辦理一摺，蘇蘭奇從逆滋事，其從前所給普爾錢、官園及伊在內地所置私產，自應分別裁撤入官。著照所議，每年支給普爾錢七串五百文及官園一處，均即停撤，其官園租息，准其作為印務處公費。阿爾圖什回莊，蘇蘭奇所置私產房十五間，地六察拉克。即作為該莊六品哈資伯克、七品明伯克官房公產，俾資辦公。[1]

　　這表明蘇蘭奇每年即享有普爾錢七千五百文、擁有一處官園，同時，他於阿爾圖什莊置房產十五間，地六察拉克，這些資產可能多由其祖父阿瓦勒、其父玻什輝處繼承而來，這也進一步表明蘇蘭奇在布魯特人物中具備相當的地位，但該事件之後，其家產被充公，沖巴噶什部的亦受到較大衝擊。勞拉・紐比指出，蘇蘭奇祖父曾被賞與燕齊回戶及在阿圖什擁有房屋，以作為來城住居指出，但並不確定這些財產是否由蘇蘭奇繼承。[2]但上述文獻對於蘇蘭奇之田產、房屋的記載，可以表明蘇蘭奇正繼承了阿瓦勒傳承下來的資產。

　　直至道光九年（1829），那彥成在善後事宜處置中，才奏及蘇蘭奇參與張格爾之亂的真正原因，當時，蘇蘭奇之族叔拜莫拉特、蘇蘭奇

---

①《清宣宗實錄》卷16，道光元年四月甲午。

②Laura J.Newby,*The Empire and the Khanate:A Political History of Qing Relations with Khoqand c.1760-1860*, Leiden & Boston：Brill,2005,p.87.

之侄拜爾第阿里雅，先後投誠，並被賞與翎頂。「至嘉慶二十五年張格爾糾眾犯卡，布魯特比蘇蘭奇入城報信，被已革回務章京綏善斥罵趕逐，以致該比遠颺助逆，現據彼時印房當差之回子玉努斯，與布魯特拜莫拉特等所供相符，是綏善任性乖謬，貽誤軍機，本應按律治罪，姑念事屬已往，著發往黑龍江充當苦差，以昭炯戒。」[1]這表明，在張格爾來犯卡倫之時，蘇蘭奇本來欲入城報信，但卻受到了回務章京綏善的斥罵和驅逐，蘇蘭奇憤而外逃，並參與到張格爾叛亂行動中。

乾隆後期以來，清朝政府官員在邊疆事務中的處置不當，最終導致布魯特人參與謀亂，《清史稿》有載：

> 然布魯特人貧而悍，輕生重利，喜虜掠。乾隆以後，邊吏率庸材，撫馭失宜，往往生變。嘉慶十九年，孜牙墩之案，枉誅圖爾第邁莫特，其子阿仔霍逃塞外，憤煽種類圖報復。二十五年，叛回張格爾糾布魯特數百寇邊，有頭目蘇蘭奇入報，為章京綏善叱逐。蘇蘭奇憤走出塞，遂從賊。道光四年，張格爾屢糾布魯特擾邊。五年九月，領隊大臣色彥圖以兵二百，出塞四百里掩之，不遇，則縱殺遊牧之布魯特妻子百餘而還。其酋汰列克恨甚，率所部二千人追覆官兵於山谷，賊遂猖獗。於是有八年重定回疆之役。[2]

這一總結，言明布魯特先後受圖爾第邁莫特被枉殺、綏善叱逐蘇蘭奇、巴彥巴圖濫殺布魯特屬眾等事件的影響，參與到了叛亂之中，這也是導致張格爾之亂最終爆發並產生惡劣影響的重要因素。

在乾隆、嘉慶年間，希布察克部與沖巴噶什部在諸部之中具有重要地位，在地理位置上，兩部皆鄰近於喀什噶爾，兩部首領人物享有較高的體恤待遇，被授予了較高品級的頂戴，從前文的敘述中，可以

---

① 《清宣宗實錄》卷150，道光九年正月丁未。

② 《清史稿》卷529，《列傳三百一十六·屬國四》。

看出兩部在諸部之中地位極高。但嘉慶年間，隨著圖爾第邁莫特的被枉殺，以及蘇蘭奇被邊吏叱逐而參與到張格爾之亂中，兩部之首領皆遭遇到不公，如此，也驚擾了兩部落屬眾，致其離散，這兩部之固有地位受到動搖。隨之，在道光年間平定張格爾之亂的過程中，鄰近於烏什的奇里克部，逐漸顯現其角色，取代了希布察克和沖巴噶什兩部自乾隆年間所享有的優越地位，後文將專就奇里克部進行專門討論。

第四章　乾嘉年間胡什齊、額德格訥、奇里克部布魯特及其與浩罕的關係

　　乾隆年間，浩罕對於一些布魯特部落產生了重要影響，其中胡什齊、額德格訥、奇里克部皆源起於費爾干納地區，與浩罕相鄰，但都受到了浩罕的欺凌，這也是促使這些部落遷徙和變遷的重要因素，本章即主要討論這些部落在浩罕影響下所產生的相關事務及其部落的變遷。

第一節　胡什齊部與清朝、浩罕的關係

　　乾隆年間，胡（呼）什齊部布魯特在布魯特諸部之中也具有重要地位，乾隆二十三年（1758），在清朝政府平定大小和卓叛亂的過程中，該部首領納喇巴圖曾攜手額爾克和卓等人暗中幫助兆惠由喀喇烏蘇解圍；清朝政府統一新疆之後，該部以納喇巴圖、伯（博）爾克為代表的重要人物，既曾幫助過清軍平定烏什之亂，但又因屢次向霍罕地區遷徙而受到清朝追剿。乾隆四十八年（1783）至嘉慶初年，伯爾克外逃事件，恰與清朝政府招撫薩木薩克以及阿其睦誣控鄂斯璊、阿其睦之子外逃等事件相重疊，成為該時期清朝政府所重點關注的事宜，對於乾隆朝末期治理回疆產生了一定的影響。相關事件也有助於進一步分析布魯特與霍罕之間的關聯。

一、納喇巴圖的貢獻及其與浩罕的關係

前文提及，乾隆二十三年（1758）末，在清軍平定大小和卓叛亂的過程中，定邊將軍兆惠及其所率清軍因冒進而被困於喀喇烏蘇，當時，「大軍討霍集占，抵葉爾羌，額色尹聞之，偕圖爾都及布魯特之胡什齊鄂拓克長納喇巴圖，以兵攻喀什噶爾，襲英吉沙爾諸邑。」[①]喀喇瑪特係和卓家族成員額色尹、圖爾都偕同胡什齊部首領納喇巴圖攻襲喀什噶爾、英吉沙爾，使得和卓叛軍誤以為布魯特與清軍有約，兆惠乘機率眾突圍，由喀喇烏蘇解圍。次年，及至清軍再次重整旗鼓追剿和卓兄弟時，「額色尹集兵納喇巴圖」[②]，額色尹由納喇巴圖處徵調布魯特兵，並率軍至阿克蘇，拜謁兆惠。其後，乾隆二十四年（1759）七月，將軍兆惠奏言：「聞霍集占兄弟，約於色呼庫勒之齊里袞巴蘇相會，若兵至，即可擒獲等語。臣等一面檄知布魯特納喇巴圖等，截賊人前往色呼庫勒、投霍罕額爾德尼伯克之路，一面盡力尾追。」[③]這說明，納喇巴圖配合清軍堵截和卓叛軍。大小和卓發動叛亂之後，額色尹及其子弟多人皆避徙於布魯特，從額色尹與納喇巴圖的軍事行動中，可以看出，以納喇巴圖為代表的胡什齊部布魯特對額色尹等人進行了接納，配合清軍的追剿行動，為清軍的平叛過程做出了貢獻。

雖然胡什齊部的活動與清軍遙相呼應，但清朝統一新疆之後，居於浩罕的胡什齊部直至乾隆二十七年（1762）才內附清朝，當年十一月，該部投歸清朝：

> 據永貴等奏，呼什齊部落之布魯特比納喇巴圖等因為額爾德尼
> 侵凌，率領遊牧人眾前來，懇賞給遊牧安置等語。納喇巴圖等
> 既已率眾來投，著傳諭永貴，即照伊等所奏，將納喇巴圖等移

---

① 《外藩蒙古回部王公表傳》卷一一七。
② 同上。
③ 《清高宗實錄》卷 592，乾隆二十四年七月己酉。

　　於阿拉克圖呼勒等處，仍嚴行曉諭，務將遊牧人眾妥為約束，
　　令各安靜居住，不得滋生事端。[①]

　　這說明，此時，納喇巴圖因不堪霍罕伯克額爾德尼之欺壓，率眾
內附，而乾隆帝亦令將其安置於阿拉克圖呼勒[②]等地遊牧。其後，清朝
政府得知，「呼瓦特係呼什齊布魯特，舊為喀什噶爾阿奇木，後被額爾
德尼殺害，伊弟納喇巴圖，近日來投，曾奏准安插。」[③]這說明，納喇
巴圖之兄呼瓦特曾擔任喀什噶爾之阿奇木伯克，但後來遭到額爾德尼
殺害，這或許即為納喇巴圖率眾來投的重要原因，也可以推知，胡什
齊部呼瓦特、納喇巴圖等人在清朝統一新疆之前即在喀什噶爾享有一
定的政治地位。

　　結合前文相關論述，可以推斷，呼瓦特很可能即為前文論及的庫
巴特·米爾咱，察合台文本的《和卓傳》對其事蹟有所說明，他為安集
延地區的胡什齊部的首領，其父阿立切比曾為哈桑和卓軍事將領，故
而，黑山派玉素普和卓曾向他請求援軍，但後來他又轉向了布拉呢敦
一派。保羅·蓋斯則論及，浩罕額爾德尼（Irclana Biy）在位時期（1751—
1770），延續了前任首領阿卜都爾噶里木[④]（Abdalkarim）與布魯特部落
結盟以對抗準噶爾部威脅的政策，他與胡什齊部首領庫巴特比（Kubat
Biy）結盟，庫巴特比所領的巨大的胡什齊布魯特部落聯盟，活動於費

---

①《清高宗實錄》卷674，乾隆二十七年十一月戊辰。

②阿拉克圖呼勒，清朝文獻似僅有該條文獻提及該地，具體地點待考，清代新疆與之
　最為接近的地名為阿拉克圖古勒淖爾，又稱圖古勒池，位於塔爾圖哈台西南地區，
　今稱阿拉湖（Ala-Kol），屬哈薩克斯坦。但如果阿拉克圖呼勒即為阿拉克圖古勒淖爾，
　意味著清朝將納喇巴圖及其屬眾安置於塔爾圖哈臺地區，遠離喀什噶爾、烏什，這
　難以解釋納喇巴圖、伯爾克等所領胡什齊部為何於此後住居於烏什卡外地區並幫同
　清朝平定烏什之亂，故而，兩地是否為同一地點，尚待考證。

③《清高宗實錄》卷676，乾隆二十七年十二月戊戌。

④該譯名參考了潘志平先生的翻譯，參見：潘志平：《中亞浩罕國與清代新疆》，北京：
　中國社會科學出版社，1991年，第177頁。

爾干納谷地、天山和新疆地區，阿濟比（Khaji Biy）作為額德格訥部聯盟的首領，與伊什奇里克（Ichkilik）聯盟形成了結盟。1762 年，額爾德尼正利用了上述兩大同盟之間的矛盾，佔據了鄂斯，吞併了其堡壘及周邊土地。[①]胡延新也指出，吉爾吉斯人在額爾德尼執政初期，開始參與浩罕汗國的政治生活，庫巴特在汗國佔據了顯赫的位置。[②]

　　顯然，這裡的庫巴特比即為《和卓傳》中的庫巴特·米爾咱，這表明，1762 年時，浩罕額爾德尼侵略了額德格訥部和胡什齊部。而《清高宗實錄》記載：「呼瓦特係呼什齊布魯特，舊為喀什噶爾阿奇木，後被額爾德尼殺害，伊弟納喇巴圖，近日來投，曾奏准安插。」[③]該事正發生於乾隆二十七年（1762），說明呼瓦特在當時被額爾德尼所殺害，且其「舊為喀什噶爾阿奇木」，應係清朝統一新疆前發生的事，而前文正專有論及，無論是玉素普還是布拉呢敦，皆曾向庫巴特·米爾咱許諾，將其任命為喀什噶爾阿奇木伯克，納喇巴圖也正因其兄呼瓦特被殺而選擇內附清朝。

　　綜合上述信息，可以推知，清朝文獻中的呼瓦特即為《和卓傳》中的庫巴特·米爾咱，他所率領的胡什齊部在費爾干納地區具有較強的勢力，故而成為黑山派和白山派共同的拉攏對象。乾隆二十年（1755），在布拉呢敦招撫天山南路的過程中，他曾率領所部轉向了布拉呢敦和清軍這一派，為清朝收服天山南路做出了貢獻。而大小和卓發動叛亂後，他又回到了費爾干納地區，其所率領的胡什齊部與阿濟比所領的額德格訥部皆在該地區具有重要影響力，但他們卻受到了浩罕首領額爾德尼的打壓，乾隆二十七年（1762），額德格訥部受到浩罕的侵略，而胡什齊部庫巴特·米爾咱則被殺死，這也就迫使其弟納喇巴圖內附清朝。

---

①Paul George Geiss, *Pre-Tsarist and Tsarist central Asia:Communal commitment and political order in change*,London and New York:Routledge Curzon,2003,p.133-134.

②胡延新：《十八至十九世紀浩罕汗國同吉爾吉斯人關係初探》，《蘭州大學學報》（社會科學版），1991 年第 2 期。

③《清高宗實錄》卷 676，乾隆二十七年十二月戊戌。

佐口透先生曾論及：「柯爾克孜族的呼什齊部，原在費爾干納的奧什以東阿拉萬地方遊牧，因受浩罕的侵掠，後移牧到阿克蘇方面去了。」[1]納喇巴圖及其屬眾最初被安置於阿拉克圖呼勒，其後，又遷徙到烏什卡外，《新疆識略》載：「胡什齊部在烏什城東巴什雅哈瑪卡倫外哈克沙勒地方遊牧，通喀什噶爾。」[2]哈克沙勒，亦作喀克善山、哈克善、廓克沙勒等，該山脈位於烏什西北，說明胡什齊部最終被安置於烏什西北卡外喀克善山之內。

　　乾隆三十年（1765），維吾爾人賴和木圖拉在烏什發動了叛亂，布魯特多部頭目率領布魯特兵幫助清軍平定叛亂，「又希布察克布魯特散秩大臣阿奇木、沖噶巴什布魯特比阿瓦勒，各領布魯特兵前來，呼什齊部落納喇巴圖之侄，亦願隨軍效力，當加獎諭，令與我兵一體支給行糧。」[3]這說明上述諸部首領皆率軍前來，納喇巴圖之侄同阿奇木、阿瓦勒一同參與其中，並且「呼什齊之布魯特納喇巴圖及其從弟博爾克，曾效力軍前，由將軍、大臣等賞給翎頂。」[4]滿文寄信檔記載：「伯爾克前因效力，大聖主加恩賞給四品頂戴」[5]，這說明納喇巴圖及其從弟伯爾克也在烏什之亂的處置中效力，伯爾克被賞與四品頂戴。

　　然而，烏什回亂被平定之後，納喇巴圖卻又率眾逃往浩罕、安集延：

　　　據柏琨奏，呼什齊之布魯特納喇巴圖及其從弟博爾克，曾效力軍

---

①[日]佐口透：《18-19世紀新疆社會史研究》（下），淩頌純譯，新疆人民出版社，1983年，第 425 頁。佐口透先生雖提及胡什齊部曾在阿拉萬地方遊牧，但並未注明相關史料的出處。阿拉萬（Arawan）現為吉爾吉斯斯坦奧什（Osh）州下轄區，但位於奧什西部，並非奧什東部，北與烏茲別克斯坦鄰近。

②《欽定新疆識略》卷 12《布魯特》。

③《清高宗實錄》卷 731，乾隆三十年閏二月乙亥。

④《清高宗實錄》卷 744，乾隆三十年九月戊寅。

⑤《給霍罕伯克納爾巴圖之札文稿》，《乾隆朝滿文寄信檔譯編》，第十六冊，第 644 頁。

前，賞給翎頂，博爾克之兄額拜都拉，又與將軍駐紮地方相近，伊恐烏什事竣，令額拜都拉統轄，因唆令往霍罕、安集延，額拜都拉不從，伊即領所屬二百餘戶，度葉提葉木嶺而去，業遣人往額德格訥查訪，俟得確信，即報明瑞、阿桂等辦理等語。前因納喇巴圖為額爾德尼所擾，加恩指賞遊牧，俾得安居，今膽敢唆聳額拜都拉，並帶所屬徑赴霍罕、安集延，情實可惡，若不捕執，無以示戒。著傳諭明瑞、阿桂，如額德格訥人等將伊獻出，即行治罪，如已逃往霍罕安集延，即遣人向額爾德尼索取。[①]

這說明，納喇巴圖雖與其從弟伯爾克一起被賞與翎頂，但由於伯爾克之兄額拜都拉（額貝都喇）所居之地距離清軍更近，納喇巴圖深恐額拜都拉在此後奪其權勢，唆令額拜都拉外徙至浩罕、安集延，由於額拜都拉並未從之，納喇巴圖本人反而率眾而去。乾隆帝令大臣前往額德格訥部布魯特及浩罕額爾德尼處，追訪其蹤，將其拘捕。根據滿文奏摺，可以知曉，乾隆三十年（1765）八月，納喇巴圖即已遷往浩罕、安集延，乾隆三十年（1765）八月初十日，「喀什噶爾幫辦大臣柏堃奏，布魯特胡什齊部比納拉巴圖率眾至安集延浩罕」[②]，其後，「伊犁將軍明瑞等奏，諮令喀什噶爾幫辦大臣阻止布魯特胡什齊部比納拉巴圖投奔安集延等處」[③]，九月初六日，「軍機大臣傅恆等寄信伊犁將軍明瑞，為著設法阻止布魯特胡什齊部比納拉巴圖投奔浩罕安集延」[④]。這些滿文奏摺表明乾隆三十年（1765）八月，納喇巴圖即已率眾外遷，明瑞等雖曾令大臣阻止之，但納喇巴圖終究率屬離去。

隨後，阿桂、永貴奏及：「呼什齊布魯特納喇巴圖，同額爾德尼在

①《清高宗實錄》卷744，乾隆三十年九月戊寅。葉提葉木嶺，即鐵葉爾里葉克嶺，亦名鐵列克、貼列克嶺，是清代新疆通往浩罕的重要隘口。
②《清代邊疆滿文檔案目錄》，第7冊新疆卷2，第702頁。
③《清代邊疆滿文檔案目錄》，第7冊新疆卷2，第705頁。
④《清代邊疆滿文檔案目錄》，第7冊新疆卷2，第707頁。

阿克霍爾罕地方遊牧，已札付額爾德尼，令將納喇巴圖獻出，若有別詞推託，即嚴行辦理。」[1]這說明，納喇巴圖已經率眾遷至浩罕地方，同時，永貴主動請罪，認為「布魯特習俗甚惡，此等事件屢經辦理，終不能革其陋習，從前辦理不善，伊難以辭咎，請交部治罪。」乾隆帝則認為「所奏殊屬乖謬，且復取巧」、「今阿桂、永貴同在一處辦事，既聯名具奏，永貴又復自行請罪，特以前奉旨催辦，又恐掣肘，故佯設此法，朕若將永貴交部，則納喇巴圖之事即可不辦，此皆阿桂之意，特欲嘗試朕耳。」乾隆帝認為永貴請罪乃為阿桂遷延納喇巴圖之事，以此責之，並再次曉諭之：「且納喇巴圖毫無難辦之處，伊等應先行文，如有別詞，即遣人索取，額爾德尼焉敢抗違，倘仍復推託，應作何辦理之處，臨時盡可酌定，何必先存畏難之意。」這也就進一步明確了要向額爾德尼索取納爾巴圖的要求。

其後不久，阿桂將送交額爾德尼的文稿及額敏和卓致額爾德尼的書稿進行呈奏，乾隆帝則認為「阿桂等所辦，又復姑息」、「阿桂等文內並無嚴厲之詞，僅謂額爾德尼豈有容留之例？有似祈求，豈有此理？如此額爾德尼又豈肯聽命？伊等欲索取納喇巴圖，即嚴詞行文則已，何必令額敏和卓另行寄書。而額敏和卓書內稱將軍欲帶兵前往，經伊阻止之語，不但威嚇不了額爾德尼，反啟驕蹇之意，於事何益？」[2]這就更加明確了向額爾德尼索取納喇巴圖的強硬態度，斥責阿桂等所寄書信尚存姑息之意。

此後，《清高宗實錄》中對納喇巴圖的下落並無更多的記載，《清代邊疆滿文檔案目錄》（新疆卷）所載相關滿文奏摺反映了清朝政府仍

---

[1]《清高宗實錄》卷748，乾隆三十年十一月癸未，阿克霍爾罕應係浩罕所屬地方，清朝文獻中並未詳細說明該地位置，浩罕地名中有烏克庫爾干（Utch-Kurgan）與之讀音相近，該地位於那木干東北方向、納林河下游沿岸，不知是否即為此地，難以確知。

[2]《寄諭內大臣阿桂等申飭索取納喇巴圖一事辦理未善》，乾隆三十年十一月二十二日，《乾隆朝滿文寄信檔譯編》，第六冊，第655頁。

繼續向額爾德尼伯克追索納喇巴圖，如乾隆三十一年（1766）正月初九日，「烏什參贊大臣永貴奏遵旨妥善處理布魯特納爾巴圖事宜並謝申飭之恩」[①]；四月初五日，「烏什參贊大臣永貴等奏再次諮文浩罕額爾德尼伯克送拿胡什齊部比納爾巴圖」[②]；六月二十七日，「喀什噶爾辦事大臣綽克托等奏行文浩罕額爾德尼伯克拿送胡什齊布魯特比納爾拉巴圖等情」[③]。這說明，永貴、綽克托反復奏及追拿納喇巴圖之事，並反復諮文於浩罕額爾德尼伯克。此後，滿文檔奏摺中較長時間內未再提及該事進展，直至乾隆三十七年（1772），「烏什參贊大臣安泰為趕往安集延之胡什齊部納拉巴圖屬下布魯特生活困難仍請回來」[④]，這表明居於安集延的納喇巴圖及其屬眾生活困難，並申請回遷，但究竟其詳情如何，從該滿文檔案目錄中難以知曉，且此後的滿文目錄中並未再提及納喇巴圖之事。

　　直至乾隆四十八年（1783），伯爾克也率眾外逃之時，滿文寄信檔則再次提及了納喇巴圖的下落，「伯爾克乃從前於烏什軍前效力，加恩賞給頂戴之人。茲雖率其屬逃往霍罕、安集延等處，然從前其父霍什齊前往霍罕後，為安集延所害，結有父仇；繼而又有伊兄納爾巴圖去霍罕後，在彼病故之事。」[⑤]此處所提及的納爾巴圖應即為納喇巴圖，伯爾克為其從弟，這說明納喇巴圖遷至浩罕後，清朝政府並未能將之索回，納喇巴圖最終於浩罕去世。

　　納喇巴圖之所以逃赴浩罕，這應與胡什齊部在費爾干納盆地所建立的根深蒂固的關係有關，納喇巴圖之兄呼瓦特即庫巴特·米爾咱，

---

① 《清代邊疆滿文檔案目錄》，第 7 冊新疆卷 2，第 727 頁。

② 《清代邊疆滿文檔案目錄》，第 7 冊新疆卷 2，第 742 頁，納爾巴圖應指納喇巴圖。

③ 《清代邊疆滿文檔案目錄》，第 7 冊新疆卷 2，第 754 頁，納爾拉巴圖應即納喇巴圖。

④ 《清代邊疆滿文檔案目錄》，第 8 冊新疆卷 3，第 1066 頁。

⑤ 《寄諭烏什參贊大臣綽克托著速辦伯爾克外逃事宜》，乾隆四十八年九月二十四日，《乾隆朝滿文寄信檔譯編》，第十六冊，第 641 頁。

呼瓦特之父阿立切比曾為安集延地區的阿里系和卓後裔哈桑和卓擔任軍事將領，正是這樣的關係使得呼瓦特曾受到黑山派和白山派和卓的拉攏，並最終轉向白山派，為清朝在平定準部後收服天山南路做出了貢獻並收容喀喇瑪特系和卓家族成員。根據國外學者的研究，呼瓦特也曾與浩罕伯克額爾德尼建立聯盟，共同對抗準噶爾政權，但在清朝統一新疆後，胡什齊部卻又受到浩罕欺凌。這都表明胡什齊部在費爾干納地區具有一定的根基，這也是促使納喇巴圖在憂懼額拜都拉對其權勢產生威脅的背景下逃往浩罕，表明其所成長和生活過的費爾干納地區仍對其有相當的吸引力，這也是其從弟伯爾克在此後步其後塵逃往浩罕的重要原因。

二、伯爾克及其外逃事件

（一）伯爾克與清朝的關係及其外逃過程

納喇巴圖外徙至伯爾克外逃之間的時段內，即乾隆三十年（1765）至乾隆四十八年（1783），清代漢文文獻多未就胡什齊部事務有過多記載，但根據《清代邊疆滿文檔案目錄》（新疆卷），我們仍可以得知滿文奏摺中記錄了該部的更多事務，同時，《欽定新疆識略》所載《布魯特部落頭人表》也記載了該部的重要人物及其事蹟。從滿文檔案目錄中，可以看出，伯爾克在此階段擔任了胡什齊部之比，並遣使或親自前往喀什噶爾、烏什等地請安獻馬，表列如下：

表4-1　伯爾克朝貢記錄

時　間	內　容
乾隆三十三年（1768） 十月初一日	喀什噶爾辦事大臣安泰等奏，胡什齊部布魯特比博爾克等人來喀什噶爾請安獻馬。
乾隆三十四年（1769） 十二月二十一日	喀什噶爾辦事大臣福森布等奏，胡什齊部布魯特比伯爾克遣人至喀什噶爾請安獻物。
乾隆四十年(1775) 八月十八日	喀什噶爾辦事大臣申保等奏，布魯特比伯爾克等派人到喀什噶爾獻馬請安。
乾隆四十二年（1777） 十月十一日	烏什參贊大臣綽克托等奏，胡什齊部布魯特比伯爾克等到烏什問安。
乾隆四十四年（1779） 二月十四日	烏什參贊大臣永貴奏，布魯特比伯爾克兄弟來烏什問候互贈禮品。
乾隆四十四年（1779） 五月二十日	烏什參贊大臣永貴奏，布魯特比伯爾克來阿克蘇問安互贈禮品。
乾隆四十四年（1779） 九月二十五日	喀什噶爾辦事大臣瑪興阿等奏，胡什齊部布魯特比伯爾克遣使來喀什噶爾問安貢馬。
乾隆四十四年(1779) 十一月初九日	烏什參贊大臣申報等奏，胡什齊部布魯特比伯爾克等來烏什問安貢馬片。
乾隆四十六年（1781） 十一月二十六日	喀什噶爾辦事大臣景福等奏，布魯特胡什齊部比伯爾克派員來喀什噶爾請安貢馬並回賞。
乾隆四十八年（1783） 正月二十八日	烏什參贊大臣綽克托奏報，胡什齊部布魯特比伯爾克等陸續來烏什請安並進貢馬匹。

資料來源：《清代邊疆滿文檔案目錄》第7—9冊（新疆卷2-4）

　　從中可見，自乾隆三十三年（1768）直至乾隆四十八（1783）年初，伯爾克擔任胡什齊部之比職時，多次派遣使臣或親身前往喀什噶爾、烏什、阿克蘇貢獻馬匹，其中尤以乾隆四十四年（1779）為甚，

當年，伯爾克本人及其兄弟多次前往上述三地問安、貢馬，這一直延續到乾隆四十八年（1783）初。然而，就在這一年，伯爾克卻效仿其從兄納喇巴圖，攜眾外遷至浩罕、安集延地方，該事件在乾隆朝末期產生了一定的影響，無論對於布魯特諸部還是對於南疆，此事皆較具典型性，此事也有助於解析伯爾克及其家族成員與浩罕之間的關聯。

乾隆四十八年（1783）九月，「據法靈阿奏稱，呼什齊部布魯特比伯爾克，肆意率數百戶布魯特，逃離其原遊牧之地，至崇武巴什（沖巴噶什）遊牧，遇見哈兒噶齊所遣之人盤問，竟敢動手，將人畜劫擄而去，已派官兵前往追拿。」①伯爾克率屬下百餘戶逃離原遊牧之處，即位於烏什西北卡外的遊牧地，沖巴噶什部人哈爾噶齊雖然勸阻之，但伯爾克卻於該部搶掠人畜而逃，法靈阿雖派兵追拿之，但此時乾隆帝認為法靈阿「略屬冒失」、「布魯特俱賴游獵為生，即與哈薩克同屬一類。今其率部向外遷徙，定視作逃人，派官兵捉拿，亦屬過分。然事既如此，就此罷手不管，亦為不可。（亦追之莫及矣。）」同時，令綽克托調查其中緣由：

> 著將此速寄綽克托，令其將布魯特比伯爾克向外遷徙之情由，詳細核查，倘無別故，則派人趕赴撫慰，以彌事端，其派往追緝之官兵速行撤回。比伯爾克若有蓄意逃往何處滋事之勢，綽克托惟依理而行，詳度可否，或使息弭，或予嚴懲，酌量而定，（辦理具奏。）且布魯特等，俱如出生，以四處游獵為生。即便向外遷徙，亦聽其自便遊牧，不過如此耳，又何必定要拿辦耶？（不可與我回子相比也。）此間，所遣官兵若已追拿緝獲，具奏請旨，示懲辦理，固然好；若其業經遠遁，避往何處，亦

---

① 《寄諭烏什參贊大臣綽克托著查明速奏布魯特比伯爾克遷徙情形》，乾隆四十八年九月二十二日，《乾隆朝滿文寄信檔譯編》，第 16 冊，第 639 頁，下同；該條內容亦見於《清高宗實錄》卷 1189，乾隆四十八年九月庚戌（二十二），二者所載內容大體相當，但前者所載略詳於後者，後文多條材料皆如此，後將直接引用同條文獻記載更詳者，不再專做說明。

不必深究矣。為此區區小事而動兵戈，實不值得。

　　這說明，對於興師動眾追剿伯爾克一事，乾隆帝此時不以為意，要求綽克托前往查問、撫慰，撤回所派官兵，並根據布魯特遊牧生活特點，認為對於其外遷之事聽其自便，不必追拿，前所遣官兵抓獲則已，未獲也不必深究之，不值為此大動兵戈。但對於伯爾克率眾外徙，乾隆帝也深為不解：

> 伯爾克乃從前於烏什軍前效力，加恩賞給頂戴之人。茲雖率其屬逃往霍罕、安集延等處，然從前其父霍什齊前往霍罕後，為安集延所害，結有父仇；繼而又有伊兄納爾巴圖去霍罕後，在彼病故之事。伯爾克無故投往仇家地方，有是禮乎？[1]

　　伯爾克之父霍什齊先前即因赴浩罕、安集延而被殺害，前所提及的其從兄納喇巴圖在逃往浩罕之後病故、納喇巴圖之兄呼瓦特也被浩罕伯克額爾德尼殺害，據此而言，伯爾克及其家族應與浩罕、安集延人結下了深仇，此時，伯爾克卻逃往仇家之地，令人費解。

　　其後，伊犁將軍伊勒圖、烏什參贊大臣綽克托、喀什噶爾辦事大臣保成等人皆奏及伯爾克之事，且相互會商，認為應暫緩派兵索取，「據理修書，派人送交霍罕伯克納爾巴圖及伯爾克」，乾隆帝命「著一面查詢伯爾克出逃情由，一面派人訪查烏什哈達率兵追往之情，酌情阻止，從緩辦理。」、「保成、敦福、鄂斯璊遣人訊問伯爾克，其情若何，霍罕伯克納爾巴圖接到伊等之書，有何言語，俟有消息，亦以六百里馳奏。」[2]烏什哈達所率之兵即為之前法靈阿所遣往追蹤伯爾克之兵，乾隆帝令人尋訪該隊人馬，阻止其繼續追剿伯爾克，同時，也認可保成

---

① 《寄諭烏什參贊大臣綽克托著速辦伯爾克外逃事宜》，乾隆四十八年九月二十四日，《乾隆朝滿文寄信檔譯編》，第16冊，第641頁。

② 《寄諭伊犁將軍伊勒圖等著伯爾克出逃一有消息速即奏聞》，乾隆四十八年九月二十五日，《乾隆朝滿文寄信檔譯編》，第16冊，第642頁。

等言寄書於浩罕伯克納爾巴圖以及伯爾克本人，俟回信到達之後再行定奪。對寄與納爾巴圖的書信，乾隆帝稱：「況所修書內，將伯爾克寫作重罪之犯，殊屬錯誤。伯爾克乃無故脫逃耳，又非我大臣欲拿辦之。」這也為伯爾克外逃之事定下了基調，並令「如果已將伯爾克帶回，則將其押送來京；萬一拒不獻出，伊勒圖等即令所遣之人，攜書徑赴納爾巴圖遊牧，將曉以利害之書交付之，毋得輕舉妄動。」[①]

滿文寄信檔附有保成等所擬的上述文書，告知納爾巴圖伯爾克逃往浩罕之事，並曉諭其中之利害關係，「伯爾克前因效力，大聖主加恩賞給四品頂戴，今一時糊塗出逃，與獲罪脫逃尚不可比。」、「伯爾克之父，從前為安集延所害之事，納爾巴圖爾豈有不知。今伯爾克此去，乃念其父仇，伺機報仇，亦未可料。此情而知之則好。爾且思之，爾若將伯爾克窩留，拒不交出，我等奏明大聖主後，豈能輕饒於爾。」、「爾係樂受大聖主恩撫之舊僕，為窩留一愚昧之布魯特比伯爾克爾獲罪，願否乎？爾今若將伯爾克恭順交出則已，如果拒不交出，我等一面奏明大聖主，一面動用伊犁、烏什等地大軍，一舉將爾執拿，闔部之人瞬息可滅。如此，爾能獨自承擔抵擋乎？彼時，爾將無地自容，再應允，恐亦不及矣。」[②]顯然，要求納爾巴圖交出伯爾克，並向其闡明了是否交出伯爾克的後果。

隨之，乾隆帝根據伯爾克率眾遷徙的更多細節，問責於法靈阿是否有延誤查報之處，據胡什齊布魯特部之邁瑪特的奏報：「伯爾克已率布魯特五百餘口，於八月十二日從科克克依雅勒啟程，向其原居之安集延而去。」、「此事，法靈阿冒昧飭令烏什哈達領兵往追伯爾克，緣其未曾經歷此類之事，朕尚可寬恕之。但伯爾克原遊牧之阿克沖闊爾處，

---

① 《寄諭伊犁將軍伊勒圖等著派員往納爾巴圖遊牧索要伯爾克》，乾隆四十八年九月二十六日，《乾隆朝滿文寄信檔譯編》，第 16 冊，第 643 頁。

② 《附件：給霍罕伯克納爾巴圖之札文稿》，《乾隆朝滿文寄信檔譯編》，第 16 冊，第 644 頁。

距烏什四站；科克克依雅勒地方，又距阿克沖闊爾四站。伯爾克既於八月十二日，自科克克依雅勒外徙，看來伯爾克早即離開原遊牧之阿克沖闊爾，至達科克克依雅勒矣。此事若係早經覺察，而法靈阿並未留意，疏忽未查，致伯爾克乘機遠逃，而後方才派人往追，其即法靈阿延誤矣，法靈阿即難逃其咎。」①

　　乾隆四十九年（1784）正月，保成曾奏及伯爾克派其弟克依米雅克前來喀什噶爾，「克依米雅克告稱雪融化後可以遷移回來，故將誘伯爾克返回之處，擬以札付交與克依米雅克遣回。」②乾隆帝准其所奏並推斷：「伯爾克如此差遣其弟克依米雅克會見保成呈文，諒其業已窮困力竭，雪化後即行遷回，亦不可料定。」但隨後的文獻記載中再未提及後續情形，說明伯爾克遷回之事只係流言。其後的二月、三月間，乾隆帝多次降諭，要求伊犁將軍伊勒圖、喀什噶爾辦事大臣保成等人去文，嚴諭浩罕伯克納爾巴圖，令其查拿伯爾克。其中議及納爾巴圖容

---

① 《寄諭烏什參贊大臣綽克托著查奏伯爾克出逃法靈阿是否失察事》乾隆四十八年九月二十九日，《乾隆朝滿文寄信檔譯編》，第16冊，第645頁。這裡的「阿克沖闊爾」顯然為一個地名，這一寫法，應係譯者根據滿文拼寫音譯而成，似難以在其他漢文文獻中直接找到阿克沖闊爾這一地名，此前，伯爾克應隨同納喇巴圖由浩罕歸附於清朝後先是被安插遊牧於阿拉克圖呼勒，後又被遷徙至阿克沖闊爾地方，但阿克沖闊爾與阿拉克圖呼勒是否為同一地點？如果不是同一地點，二者相距多遠？這些問題仍然待考。科克克依雅勒的具體位置，尚待考證，結合滿文寄信檔的記載，該地應位於烏什和喀什噶爾之間，伯爾克率屬由烏什卡外地方遷徙至浩罕，先後經由阿克沖闊爾和科克克伊雅勒。《新疆圖志》卷4記載了清末中俄劃界後留在新疆境內的五個布魯特部落的主要遊牧地（遊圖），其中沖巴噶什的一個遊牧地名為科科雅，潘志平先生考證後，認為科科雅又作克科雅或科爾雅爾，今作科科克牙，潘先生在其所繪圖例中標出該地，位居伊斯里克卡倫以北不遠處，正位於胡什齊部以西地方，上述科克克依雅勒很可能即為科科雅，應為沖巴噶什部遊圖之名稱，由此推斷，阿克沖闊爾亦為遊圖名稱。參見潘志平：《清季布魯特（柯爾克孜）諸部的分佈》，《西域研究》1992年第3期。

② 《寄諭伊犁將軍伊勒圖等著毋庸另辦出逃之布魯特伯爾克遷回一事》，乾隆四十九年正月初六日，《乾隆朝滿文寄信檔譯編》，第16冊，第649頁。

留伯爾克一事之非，對於綽克托姑息納爾巴圖之態度進行指責。①

（二）清朝政府追剿伯爾克及其影響

　　乾隆四十九年（1784）閏三月以來，住居撒馬爾罕的薩木薩克，因生活窘困，遣人通信於喀什噶爾，最終引起了阿其睦誣控鄂斯璊事件，該事一定程度上轉移了清朝政府追捕伯爾克的注意力，但相關追查工作仍在進行之中，伯爾克外徙之事也為乾隆帝處置阿其睦等人提供了借鑒：

> 倘諭旨送到前，綽克托抵達喀什噶爾，因循質審，意欲消弭安撫完結，已將阿其睦等放回遊牧，則非事矣，阿其睦係糊塗布魯特，伊已與鄂斯璊結仇，驚懼之中，斷無靜呆遊牧之理。即伊等屬下布魯特等[因]（為）不隨意，阿其睦[等]不能舉動，獨似伯爾克，率婦孺親近之人遠逃，亦難以預料？伯爾克一案尚未完結，又致阿其睦等遠逃，索取之事，終不能告結，伊勒圖等竟不能思及此情乎？②

　　在阿其睦一案審辦初期，乾隆帝即援引伯爾克遠逃之事來進行告誡，防止阿其睦因該案而率眾遠逃。即便如此，當將阿其睦等人解京治罪之時，其子燕起、鄂布拉三卻仍因阿其睦一事而領眾外逃，前文已經提及清朝政府對於二者的追剿過程，乾隆五十二年（1787）八月，方將燕起抓獲，而鄂布拉三也一直於浩罕、安集延等地遊蕩，自乾隆朝末期直至嘉慶朝初年，清朝政府一直追索鄂布拉三，最終，浩罕伯克納爾巴圖將其囚禁。

---

①《寄諭伊犁將軍伊勒圖著複行嚴諭納爾巴圖索回所逃布魯特人伯爾克》，乾隆四十九年二月十九日，《乾隆朝滿文寄信檔譯編》，第 16 冊，第 656-657 頁；《寄諭大學士阿桂著就所辦伯爾克一事陳明意見據實奏聞》，乾隆四十九年三月十四日，《乾隆朝滿文寄信檔譯編》，第 16 冊，第 666 頁。

②《寄諭伊犁將軍伊勒圖等著遵旨將阿其睦等拿解送來京城》，乾隆四十九年四月初十日，《乾隆朝滿文寄信檔譯編》，第 17 冊，第 541-542 頁。

　　相較於伯爾克外逃初期，乾隆帝認為不值得興師動眾追剿伯爾克，當阿其睦誣控鄂斯璊事件發生之後，乾隆帝似乎更為重視治罪於伯爾克，也更加要求大臣繼續追索之。乾隆四十九年（1784）五月，伯爾克遣人欲取走其原遊牧馬畜，乾隆帝斷言「由此看得，伯爾克不欲回返之意已定」，並要求保成等人將伯爾克所遣之人與納爾巴圖所派使人拜默特留作人質，由此敦促納爾巴圖交付伯爾克。[①]可見乾隆帝仍主要寄希望於納爾巴圖，要求其能夠積極配合清朝政府擒獲伯爾克。隨後，納爾巴圖並未能將伯爾克交出，而是遣使臣鄂布勒格色木並帶領伯爾克之弟庫爾班伯克，隨同清朝大臣德祿一同返回，「納爾巴圖云：伊甚難拿獲伯爾克，差鄂布勒格色木帶伯爾克之弟庫爾班伯克會同德祿等一同前來。」[②]乾隆帝對納爾巴圖深為不滿，要求以伊勒圖之口吻再次嚴行曉諭於納爾巴圖，向其闡明利害，並將鄂布勒格色木、庫爾班伯克、拜默特俱留為人質。爾後，乾隆帝亦令伯爾克之弟庫爾班和卓寄信與伯爾克，並要求其向伯爾克說明：「今倘自行來投，大聖主必定加恩不治罪；倘不前來，斷缺糧石、牲畜之後，亦不僅饑餓導致死亡，我亦在此難以活命必死無疑。爾宜感激大聖主之恩，又念兄弟之道，承認己錯前來後，我等尚可同沐大聖主之恩。」[③]

　　當年五月末，在額德格訥部布魯特首領葉爾提拜、阿爾體拜等人的協助之下，阿其睦次子燕起首次被擒獲，但不久之後卻被額德格訥部阿哈拉克齊穆拉特釋放，再度外逃。當燕起此次被擒獲之時，乾隆帝再次要求伊勒圖嚴諭納爾巴圖索取伯爾克，經那旺等調查，時有布魯特人言：「納爾巴圖與伊等四沙爾為首伯克商議，不可容留該等之

---

① 《寄諭伊犁將軍伊勒圖等著申飭保成等辦理伯爾克一事欠妥》，乾隆四十九年五月初六日，《乾隆朝滿文寄信檔譯編》，第 17 冊，第 554-555 頁。

② 《寄諭伊犁將軍伊勒圖等著分別設比管轄布魯特並去文索取伯爾克》，乾隆四十九年五月初七日，《乾隆朝滿文寄信檔譯編》，第 17 冊，第 556-557 頁。

③ 《寄諭伊犁將軍伊勒圖著與納爾巴圖交涉索要伯爾克》，乾隆四十九年五月十七日，《乾隆朝滿文寄信檔譯編》，第 17 冊，第 566 頁。

人，差人往告伯爾克曰：仍回爾等地方，不可住在我處。伯爾克遂遷至山內恒闊勒地方。」[1]乾隆帝據此斷定，「看來，納爾巴圖並非不能擒拿伯爾克，乃有意支吾推諉。」同時，令將伯爾克之弟庫爾班伯克由伊犁解往京城治罪，並再次以札書曉諭納爾巴圖，闡明治罪庫爾班伯克及以鄂布勒克色木為質之事，並曉諭納爾巴圖：「伯克爾仔細思之，為一不重要之伯爾克，致累罪責，以往恭順所行，徒然盡棄而身罹禍患。」

儘管清朝多次敦促納爾巴圖擒獲伯爾克，但仍然未能收到納爾巴圖及伯爾克的直接回應，但跟隨伯爾克外遷的部分屬眾，卻脫離伯爾克而返回原遊牧地，當年八月，即有胡什齊布魯特比阿里雅爾伯克與伯爾克反目，阿里雅爾伯克「請求率其百餘戶布魯特等，居於哈克沙勒（haksal）原遊牧處」，乾隆帝予以准許，「布魯特阿里雅爾伯克今與伯爾克反目，帶百餘戶布魯特等外投，聽額森所言，即順從喀什噶爾，請求於哈克沙勒地方遊牧，甚佳。」[2]同時，賞與阿里雅爾伯克藍翎，要求他「將其鄂拓克百餘戶布魯特等，妥善管束，不得滋事，安靜居住。」《新疆識略》對此事進行了記載：「阿里雅爾伯克於乾隆四十八年被伯爾克逼迫同逃，復乘間率領百餘戶投誠奏賞六品頂藍翎。」[3]

乾隆五十年（1785）年五月，海祿奏浩罕伯克納爾巴圖掠取伯爾克之兄額貝都喇，「其妻子、馬匹盡被劫擄，情形窘迫」，額貝都喇被納爾巴圖搶掠，說明他也率屬跟隨伯爾克外徙。鑑於額貝都喇之窘境，乾隆帝即曉諭，若額貝都喇誠心投誠，「著額貝都喇帶領其屬下人等，前往邁瑪特、舒庫爾處所，與其親戚等一併居住。誠然，伯爾克聞知未給其兄額貝都喇治罪，並仍安置於原遊牧地方，或亦前來投誠，

① 《寄諭伊犁將軍伊勒圖著嚴詞札飭納爾巴圖拿解伯爾克》，乾隆四十九年五月二十九日，第 596 頁，《乾隆朝滿文寄信檔譯編》，第 17 冊，下同。

② 《寄諭伊犁將軍伊勒圖等侍衛額森招撫布魯特有功著予獎賞》，乾隆四十九年八月初九日，第 632 頁，《乾隆朝滿文寄信檔譯編》，第 17 冊，下同。

③ 《欽定新疆識略》卷 12《布魯特》。

亦未可定。今以額貝都喇作為誘餌，然後以此計抓捕伯爾克，有何定準？」[1]說明，乾隆帝對其進行安撫，令其返回原遊牧之處，並以此誘取伯爾克返回。但上述諭令僅為一種假設，如果額貝都喇來投，則將其進行安置，但後來並未見其來投，漢文文獻未就相關後續事宜進行說明，根據滿文檔案目錄，乾隆五十年（1785）九月，「烏什參贊大臣海祿奏布魯特伯爾克之兄額貝杜喇未來額森遊牧」[2]，此額貝杜喇應即為額貝都喇，這說明，額貝都喇投順一事，終未果。

　　當年八月，自安集延傳言，「燕起、伯爾克、薩木薩克，邀約呼達雅爾之兵，欲搶掠喀什噶爾」，燕起、伯爾克、薩木薩克此時尚皆遊蕩於浩罕、安集延等地，呼達雅爾即係浩罕所屬霍占[3]地方之伯克。乾隆帝對此進行甄別，認為「此等倘若確圖喀什噶爾，亦必先掠納爾巴圖、葉爾提耶拜二遊牧後，才可抵我喀什噶爾；斷無越此二遊牧，而到我喀什噶爾之理。我等惟應靜候，暗中留意防範。納爾巴圖若以此等人掠其遊牧，而請我援兵，斷不可派遣。」同時，要求布魯特率屬阻截上述人等，「我卡倫外（各布魯特）額森、葉爾提耶拜、阿里雅爾伯克等，令伊等帶領屬下，於伯爾克等所經之路迎擊伊等，誠能阻截此等人等，並能拿獲人犯後，不僅可得伯爾克等所有家產，朕必令施厚恩加以賞賜。」[4]其後，亦重申上述信息尚需探聞真偽，「雖不可信，然不可不探實消息，暗中防範。」[5]

　　乾隆帝仍篤定其為納爾巴圖所編造謠言，仍要求納爾巴圖拿獲伯

---

① 《寄諭伊犁將軍伊勒圖等著札飭納爾巴圖等儘快拿獲逃犯伯爾克等》，乾隆五十年五月初六日，《乾隆朝滿文寄信檔譯編》，第 18 冊，第 508 頁。

② 《清代邊疆滿文檔案目錄》，第 9 冊新疆卷 4，第 1734 頁。

③ 霍占，又作忽氊等，今塔吉克斯坦霍占特。

④ 《寄諭伊犁將軍奎林等著嚴加防範伯爾克等前來搶掠》，乾隆五十年八月十四日，《乾隆朝滿文寄信檔譯編》，第 18 冊，第 529 頁。

⑤ 《寄諭伊犁將軍奎林著速派那旺率領厄魯特兵丁巡查布魯特遊牧》，乾隆五十年八月十八日，《乾隆朝滿文寄信檔譯編》，第 18 冊，第 533 頁。

爾克等人，並令保成等傳諭於納爾巴圖：

> （爾若拿獲伯爾克、燕起，呈獻大皇帝，大皇帝必施恩於爾，
> 我亦體恤爾等。不然，）此等人前往爾處搶掠遊牧，與我無干，
> 即先前爾等搶劫伯爾克之兄額貝都喇之舉，乃爾等希圖額貝都
> 喇家產而已。若是為我出力，何不呈現所掠家產？亦何不解送
> 拿獲之額貝都喇？（而有錯而無功，豈能援助爾等？）今此等
> 人搶掠爾等遊牧，並非我等所管之事。[①]

　　這說明乾隆帝待納爾巴圖極為冷落，認為納爾巴圖搶掠額貝都喇，
不過是為了奪其家產，並非真正為了協剿伯爾克。據鄂斯璊追訪，從
喀什噶爾維吾爾人伊布賴姆（伊布喇伊木）處得知，薩木薩克曾致信
於伯爾克之兄額貝都喇、薩爾巴噶什部為首之伯克艾三庫勒（愛三呼
勒）[②]等七人，海祿因此奏請增兵於烏什、喀什噶爾、葉爾羌，「請增
調伊犁、烏魯木齊等處官兵二千名至喀什噶爾，增調伊犁官兵一千名
至烏什，增調烏魯木齊官兵一千名至葉爾羌。」[③]乾隆帝以海祿前奏薩
木薩克等人攻襲喀什噶爾消息不實，今卻又奏請增兵於諸回城，「前後
不一、迥然不同」，斥責海祿「心意已亂」，並分析了相關傳言並無甚
關礙，要求海祿「著其巡查所在地方，抵達喀什噶爾後，與保成等商
議，暗中探訪確實消息，務必如同無事一般處置，斷不可過於聲張。」

①《寄諭伊犁將軍奎林等申飭保成等並派伊犁索倫官兵前往喀什噶爾換防》，乾隆五十
　年八月二十日，《乾隆朝滿文寄信檔譯編》，第 18 冊，第 534 頁。

②結合西方學者學者的研究，該艾三庫勒可能即為薩爾巴噶什部瑪木特呼里（Mamatqul）
　之孫、波羅特（Bolot　Biy）之子，英文寫法為 Esengul，或譯為鄂僧古爾，他與阿提
　克（Atake）一系分屬於薩爾巴噶什部的兩個不同分支部落，其所在分支最終以其名
　為名，而阿提克所在分支以阿提克之父提奈（Tinay）之名為名，後文在東布魯特相
　關章節中將有更多論及。

③《寄諭伊犁將軍奎林等著若有薩木薩克之消息即刻派兵緝拿等情》，乾隆五十年九月
　初二日，《乾隆朝滿文寄信檔譯編》，第 18 冊，第 540 頁，下同。

隨之，也要求葉爾羌辦事左都禦史阿揚阿核實相關消息之真偽。[①]

　　有關伯爾克、燕起、薩木薩克糾集一處並欲攻襲喀什噶爾的謠言，促使清朝政府在南疆人事任用方面做出了一定的調整，如將原本分別擔任葉爾羌和喀什噶爾阿奇木伯克的色提卜阿勒氏和鄂斯璊互調，由鄂斯璊擔任葉爾羌阿奇木伯克，由色提卜阿勒氏擔任喀什噶爾之阿奇木伯克。同時，專門派遣陝甘總督福康安前往喀什噶爾處置相關事宜，也指令慶桂專赴烏什，「福康安抵達喀什噶爾，更換鄂斯璊，妥善辦理該處所有事宜後，慶桂再赴烏什，靜心整飭一二年，想必可寧息無事。再，色提卜阿勒氏原本住於喀什噶爾，鄂斯璊之父鄂對原居葉爾羌，現若將此二人如此互調，對伊等亦有益耳。」、「福康安抵達喀什噶爾後，調換鄂斯璊，以此安撫眾心，一切事務務須妥善辦理，使之對邊界地方更為有益。」[②]這說明，乾隆四十八（1783）、四十九年（1784）以來，伯爾克外逃、阿其睦誣控鄂斯璊及燕起等外逃、清朝招撫薩木薩克等相關事件相結合，促使清朝政府加強了對於回疆治理的重視，因而，首先從回部各城官員的任免方面做出調整，以整飭相關事件。隨著對相關傳言的進一步調查，綜合保成、額森、海祿等遣使追蹤的結果，從中得知，伯爾克、燕起、薩木薩克糾集一處並謀搶喀什噶爾之事全係子虛烏有，清朝隨即也就停止增兵事宜。

　　然而，根據布魯特蘇勒圖部落比尼沙之子多里雅特之奏報，「薩木薩克、伯爾克等確已會集一處，前往呼達雅爾處，薩木薩克仍派人向其請求派兵，眾比、阿哈拉克齊等，深知承蒙朕恩，數年安居樂業，斷無派出援兵之理，並將其駁回。」[③]這表明伯爾克、薩木薩克糾集一

---

①《寄諭葉爾羌辦事左都禦史阿揚阿等查報薩木薩克等是否劫掠喀什噶爾等情》，乾隆五十年九月初二日，《乾隆朝滿文寄信檔譯編》，第18冊，第542頁。

②《寄諭大學士阿桂等著福康安可否調換鄂斯璊等情形》，乾隆五十年九月十一日，《乾隆朝滿文寄信檔譯編》，第18冊，第551頁。

③《寄諭陝甘總督福康安著查辦調任鄂斯璊並籌謀防備薩木薩克等進犯》，乾隆五十年十月十七日，《乾隆朝滿文寄信檔譯編》，第18冊，第573頁。

事屬實，並有薩木薩克遣人向布魯特多部請兵援助，但布魯特之首領並未應之。上述消息也促使乾隆帝確信，「此等流言倘非係鄂斯璊所編造而使眾人畏懼者，將其留於喀什噶爾，謂之尚為有利，則絲毫不可洩露調離鄂斯璊一事，即毋庸議論，不可拘泥於朕屢降之諭旨。」故暫停將鄂斯璊調往葉爾羌，並告之不得洩露任何有關調離鄂斯璊的信息。

乾隆五十年（1785）十一月，乾隆帝即令此時的伊犁將軍奎林籌畫派兵追剿伯爾克：「先前曾聞得伯爾克居於奇特曼杜伯（克特滿圖伯）、吹塔拉斯地方，此奇特曼杜伯為伊犁南面大山之名，至此山之末端，即吹塔拉斯地方。倘若伯爾克藏匿在外布魯特地方，我等不行前往緝拿，尚可；（若確實）藏匿於我伊犁所屬空曠之地[矣]，若不予理睬，並非是事。」、「若伯爾克此間（確實）藏匿吹塔拉斯地方，則派伊犁官兵，備辦妥當，前往剿捕，相繼若能拿獲伯爾克，甚佳；即便不能拿獲，亦將其家口，屬下布魯特等及家畜，盡行殺戮劫掠，亦可足以令伯爾克心驚膽戰。」[①]故而，令奎林準備派兵前往吹、塔拉斯地方進行剿捕，即便未能拿獲伯爾克，搶掠其人畜，也可震懾伯爾克。

次年初，據奎林訪問得知，伯爾克所居之地已離伊犁稍遠，且追剿伯爾克尚需經由布魯特地方，可能會使沿途之人妄生疑懼，故而，乾隆帝奏准奎林根據當地情形，相機辦理。[②]其後，奇里克部布魯特侍衛額森奏請：「玉默特並伯爾克親族布魯特人托霍瑞等，執額森之信，遣往招撫伯爾克」，乾隆帝准許之，「茲既照額森所請，差遣玉默特等前往招撫。」並告知若伯爾克來投，則將其妻、子送回原遊牧處，將伯

---

① 《寄諭伊犁將軍奎林著妥善籌謀派遣官兵前往吹塔拉斯地方緝拿伯爾克》，乾隆五十年十一月初十日，《乾隆朝滿文寄信檔譯編》，第 18 冊，第 587 頁。克特滿圖伯即中亞地名 Ketmen Töbö（Ketman Tepa），現位於吉爾吉斯斯坦賈拉拉巴德州（Jalal Abad）北部，托克托古爾（Toktogul）水庫東南岸，清朝時，該地屬於浩罕東北邊境地區，北鄰伊犁地區，因居於費爾干納谷地的東北方向，克特滿圖伯也具有重要戰略意義。

② 《寄諭伊犁將軍奎林著相機派兵緝拿伯爾克》，乾隆五十一年正月初九日，《乾隆朝滿文寄信檔譯編》，第 19 冊，第 490 頁。

爾克送入京城。①

　　相較於伯爾克外逃初期，此時乾隆帝對於伯爾克外逃之事的態度發生了巨大的轉變，這應與當時追剿燕起、薩木薩克等人的背景相關，最初，伯爾克外逃之時，僅將其視為單獨個案，並未太在意其或將產生的影響，並將追索伯爾克一事寄希望於霍罕伯克納爾巴圖，儘管多次以嚴詞曉諭納爾巴圖且扣留其所遣使人為質，但追拿伯爾克始終未能獲得實質進展。況且，隨著阿其睦誣控鄂斯璊、燕起外逃，更有傳言伯爾克、薩木薩克、燕起糾集一處並謀劃攻襲喀什噶爾，此時的邊疆環境顯然已經發生了一定的變遷，而適值有消息稱伯爾克藏匿於吹、塔拉斯地方，故而，乾隆帝借機令伊犁將軍奎林籌畫發兵追剿之事。

　　清朝政府雖然籌畫諸種舉措追剿伯爾克，但並未能夠將其索回，並將更多精力投入於對燕起的追剿以及對於薩木薩克的招撫上，並最終於乾隆五十二年（1787）八月間，將燕起再次拿獲，雖一度欲收撫薩木薩克，但並未果。此後，在漢文文獻中未見其他有關伯爾克的記載，不知其所終。乾隆五十七年（1792）七月，伯爾克之弟額德格訥帶領一戶布魯特人投誠，富尼善奏請，將其交原遊牧處安置，「交胡什齊部長等，領回原遊牧安置。並照邁瑪特等所請，准其暫隨學習辦事，如果奮勉。再行奏請賞給頂戴。永令協辦遊牧事務等語。額德格訥前隨伊兄伯爾克逃亡，今因伯爾克肆行，不能忍耐，自行投出，尚無別項情事，均著照富尼善所請行。」②乾隆帝對安置伯爾克之弟一事予以准許，將其交由胡什齊部首領邁瑪特管理、安置。《欽定新疆識略》載：「額德格訥，伯爾克之從弟，乾隆四十八年，伯爾克脫逃，額德格訥率領一戶十口投誠，又幫同邁瑪特辦理遊牧，五十八年奏賞金頂。」③這

①《寄諭烏什參贊大臣明亮著若伯爾克來投即押解至京》，乾隆五十一年二月二十四日，《乾隆朝滿文寄信檔譯編》，第 19 冊，第 493 頁。

②《清高宗實錄》卷 1241，乾隆五十年十月癸巳。

③《欽定新疆實錄》卷 12，《布魯特》。

體現了更多的細節，說明額德格訥為伯爾克之從弟，此次脫離伯爾克並率領十餘口人來投，並於次年被賞與金頂。此後，仍有伯爾克屬人，陸續脫離伯爾克、前來投順，直至嘉慶初年，仍可見相關記載，如嘉慶七年（1802）十月，「烏什辦事大臣伊崇阿奏將自伯爾克脫出之布魯特等安置情形」[①]，這表明，直至此時，仍有伯爾克屬下脫離伯爾克並受到了安置。

通過《新疆識略》，還可得知乾隆四十八年（1783）伯爾克外逃之時，胡什齊部尚有多人未並未隨伯爾克外逃，如邁瑪特、沙巴克、舒庫爾、托霍碩依等，前文所提及的阿里雅爾伯克伯克雖同伯爾克一起外逃，但後來又率百餘戶人投誠，這些人物，在胡什齊部布魯特歷史上扮演重要角色，他們也因輔助清朝政府管理布魯特及回部事務而受到嘉獎。

三、乾隆年間胡什齊部的角色與地位總結

從以上論述中可以發現，乾隆年間，胡什齊部布魯特部與和卓家族關係密切，該部首領庫巴特·米爾咱（呼瓦特）曾服務於和卓家族後裔，並受到白山派和黑山派的拉攏，大小和卓發動叛亂以後，胡什齊部曾收納向外避徙的和卓家族成員額色尹、圖爾都等人，該部首領納喇巴圖也曾率軍偕同額色尹攻襲喀什噶爾、英吉沙爾諸邑，客觀上促使定邊將軍兆惠從「黑水營之圍」中解圍。其後，額色尹又於該部徵集布魯特兵，前往阿克蘇，幫助清軍追剿和卓叛軍。清朝政府統一新疆之後，納喇巴圖因受浩罕伯克額爾德尼欺凌，率眾歸附清朝，並受到了安置。在烏什之亂中，胡什齊部納喇巴圖、伯爾克等人參與清軍平定叛亂而受到嘉獎。然而，其後，納喇巴圖唆令伯爾克之兄額貝都喇外徙，未果，最終選擇率眾前往浩罕，清朝政府雖追蹤之，但並

---

① 《清代邊疆滿文檔案目錄》，第 10 冊新疆卷 5，第 2244 頁。

未將其追回,納喇巴圖也最終病故於浩罕。

在此之後,納喇巴圖之從弟伯爾克擔任胡什齊部之比,乾隆四十八年(1783)前,多次按照定例前往喀什噶爾、烏什等地貢馬,並幫助清朝政府處理回部事宜。但就在當年,伯爾克卻步納喇巴圖之後塵,亦率眾外徙至浩罕,其中原因難以確知,此後直至乾隆末年,清朝政府多次遣人追查其下落,並再三督促浩罕伯克納爾巴圖將其縛獻,在此過程中,跟隨伯爾克外徙的屬人阿里雅爾伯克率屬脫離伯爾克而投順清朝政府,伯爾克之弟額德格訥亦如此,其兄額貝都喇也一度欲擺脫伯爾克來投,但終未成行。針對伯爾克之外徙,乾隆帝並未大舉發兵前往追剿,主要寄希望於納爾巴圖將其追拿送交清朝政府,雖以嚴詞札諭納爾巴圖並扣押其所遣使人為質,但追拿伯爾克之事始終未能獲得實質進展,伯爾克本人之最終下落無以確知。

況且,伯爾克外逃之後,薩木薩克通信事件,致使阿其睦誣控鄂斯璊,也使得阿其睦之子燕起外逃,此時,有關伯爾克、燕起、薩木薩克糾集謀事的傳聞也不斷,雖未導致惡劣的後果,但這些事件的結合,卻成為乾隆末期影響南疆安危的重要因素,也成為乾隆帝及地方將軍、大臣在決策中的重要考慮因素,對於南疆伯克、大臣的任用調動也產生了一定的影響。相關事件,也最終促成總理回疆各地事務參贊大臣的駐地,由烏什遷往喀什噶爾。

伯爾克及其家族成員在費爾干納盆地落居已久,與浩罕關係密切,納喇巴圖之兄呼瓦特(庫巴特‧米爾咱)遭受浩罕伯克額爾德尼殺害,納喇巴圖也因受到額爾德尼欺淩而投順清朝政府,但被安置不久卻又再次投往浩罕;伯爾克之父霍什齊亦為浩罕伯克所殺戮,但其卻也最終率屬眾向浩罕遷徙,納喇巴圖、伯爾克先後遷往浩罕,這與胡什齊部在費爾干納盆地所打下的基業有關。結合其他布魯特部落與浩罕之間的關聯,可以發現,布魯特部落往往成為浩罕擴張過程中的侵略對象,清朝統一新疆之後,希布察克部額穆爾、胡什齊部納喇巴圖等人皆因受到浩罕欺淩而率屬內附,受到了清朝政府的安置,額德格訥部

阿濟比雖在清軍平定和卓叛軍過程中表達投順之意，但並未率屬內遷，其部落居於浩罕東南方向，與浩罕相鄰近，乾隆二十七年（1762），額爾德尼侵略額德格訥部在鄂斯之耕地，亦可反映出浩罕對於布魯特的侵襲。而在相關事件發生之後，乾隆帝往往僅以諭令形式督令浩罕伯克幫同清朝政府追剿布魯特逃人，並未付諸實質的軍事行動。這樣的處置方式和態度，也可為理解清朝對外藩管理制度帶來一定的啟發。

　　布魯特諸部被清朝政府視為「外藩」，其中大多數部落居住和遊牧於喀什噶爾、烏什、葉爾羌等地卡倫以外的山地之中，楚河、塔拉斯河流域也有分佈，再有部分部落居於霍罕、安集延地區，他們或因受到準噶爾部驅逐而落居霍罕、安集延。在清朝統一新疆過程中，清朝政府雖籠統言及東、西布魯特同左、右哈薩克皆「歸附」，但這種「歸附」顯然流於形式，並無實質性的內容。乾隆帝雖告之於布魯特諸部不責貢賦、不授爵秩，僅將其視為外藩部落，但為何納喇巴圖、伯爾克以及燕起的外逃卻一度引起清朝政府的不安呢？這應該與這些人物所在的胡什齊、希布察克部落的所處位置和地位有關，前文提及，胡什齊部主要居於烏什西北巴什雅哈瑪卡倫外的哈克沙勒山地方，希布察克部居於喀什噶爾西南伊勒古楚卡倫以內，以及英吉沙爾東南鐵列克卡倫至西北圖木舒克卡倫以外，如前文所論，該部地位更為特殊。

　　同樣，其他諸多部落也皆附卡而居，《欽定新疆識略》在說明諸部位置之時，即多以南疆各城邊外諸卡倫為參照對象來進行闡釋，這表明附卡而居成為了布魯特諸部的一大重要特點。相較於其他邊遠部落，希布察克、沖巴噶什、胡什齊等部，顯然更加鄰近於諸回城，而這些部落首領也具有更強的影響力。伯爾克、燕起率屬外逃，之所以引起清朝政府的重視，乃因為伯爾克、燕起本皆為有功之臣，但卻擅自率領屬眾外逃，相對而言，清朝政府在追剿燕起的過程中，大舉發兵，直接追索，而對於伯爾克，則並未如此。或許因為燕起因其父阿其睦誣控鄂斯璊一案而逃，伯爾克則係無端外逃，故而，清朝政府對之採取了不同的措施。

第二節　乾嘉年間額德格訥、奇里克部布魯特及其

相關活動

一、　額德格訥部與奇里克部的歸附

　　在清代文獻中，額德格訥部和奇（齊）里克等部布魯特同屬於西布魯特，相較於希布察克、沖巴噶什等附卡居住的布魯特部落，這些鄰近浩罕、安集延的布魯特部落，距離喀什噶爾較遠，與浩罕、安集延之間的關係更為密切。乾隆年間，額德格訥部與浩罕在土地事務上發生衝突，清朝政府在其中進行了一定的調解，額德格訥部的相關史實，有助於分析清朝與浩罕的關係，也有助於理解額德格訥部的角色。

　　在清朝追剿大小和卓的過程中，額德格訥部雖然呈書投誠，但並未內遷，直至道光初年，額德格訥部才因不堪忍受浩罕的統治而分批內附清朝。奇里克部本來也鄰近於額德格訥部，與浩罕、安集延相近，同額德格訥部一同歸附於清朝，但該部後來則居住於烏什卡外，顯然，奇里克部的遊牧地發生了遷移。同時，根據相關史實可知，奇里克部首領應該存在兩個系統，一者為額森及其後人，額森本為希布察克部屬人，後來遷居烏什卡外，成為了奇里克部之人，額森離世後，其後人繼承其位；二者，該部首領為昭瑪拉特及其後人，昭瑪拉特本來居於浩罕地方，後遷至烏什卡外，其後人繼承了其位。額德格訥、奇里克等部的遷徙歷程，有助於進一步認知布魯特部落的內部變遷。

　　前文提及，乾隆二十四年（1759）閏六月，侍衛達克塔納奉命前往浩罕、安集延等地及布魯特額德格訥等部，安集延為首四伯克俱係額德格訥部首領阿濟比所統領，阿濟比呈書投誠：「布哈兒以東，我等

二十一萬人，皆為臣僕。」①由此，以額德格訥部為首的西布魯特諸部投順清朝，阿濟比所領的範圍，不僅僅包括額德格訥部布魯特，還包括安集延、那木干、瑪爾噶朗。根據《西域圖志》，西布魯特共計十五部，「最著者四：曰額德格納鄂拓克，曰蒙科爾多爾鄂拓克，頭目阿濟比兼轄之，戶七百有奇。曰齊里克鄂拓克，頭目由瑪特，戶二百有奇。曰巴斯子鄂拓克，頭目噶爾住，戶千三百有奇。部落雖分而駐牧同地，東南扼蔥嶺，西迄於布哈爾諸部落，共二十萬人。」②這些部落皆分佈於布哈兒以東、蔥嶺以西，據奇里克頭目優（由）瑪特之兄呼達呼里所稱，「我等共四千餘戶」③，這一數字應該指布魯特四部之總戶數。

　　額德格訥部首領在清朝追剿大小和卓的過程中，曾效力清軍，道光年間，那彥成曾奏稱：「竊查浩罕所屬之布魯特額提格訥愛曼，在各愛曼布魯特中為最強，從前乾隆年間，該比海提邁特等，隨同官兵剿滅霍集占最為出力。」④此處提及的額德格訥部之比海提邁特，似並未見載於乾隆年間的相關文獻之中，但從中可知，海提邁特應為清軍做出了一定的貢獻。

---

① 《平定準噶爾方略》正編卷 78，乾隆二十四年九月庚申。
② 《欽定皇輿西域圖志》卷 45 藩屬二，《東西布魯特》。
③ 《平定準噶爾方略》正編卷 82，乾隆二十四年十一月戊午。
④ 《欽定平定回疆剿擒逆裔方略》卷 75，道光八年十二月癸巳。

圖 4-1　額德格訥、奇里克部所處位置圖

　　關於額德格訥部的具體位置,《新疆識略》載:《新疆識略》載:「(岳瓦什部落)在喀什噶爾城西北喀浪圭卡倫外遊牧,通瑪爾噶浪、霍罕等地方。」、「(額德格訥部落)與岳瓦什同在喀浪圭卡倫外,兩部落相去八站。」[1]這一描述並不夠具體,僅僅稱其於喀浪圭卡倫外遊牧,通往浩罕、瑪爾噶朗。徐松則有更為具體的說明:「又六十里至塔爾噶拉克,又三十里至圖巴爾拉克塔木,有敗城,周里許,為額德格訥部布魯特地。」[2]故而,此處指出額德格訥部位於圖巴爾拉克塔木,該地位於鄂斯東南方向,屬於喀什噶爾所領之地。祁韻士在《西陲要略》有

①《欽定新疆識略》卷 12《布魯特》。
②徐松:《西域水道記》卷 1《羅布淖爾所受水》(上)。

載：「塔爾噶拉克至圖巴爾拉克塔木三十里，有水草，無柴，有坍塌土城、牆圈，周圍一里之地，此處是峨德格訥所管阿塔布托遊牧、修橋路之十餘戶布魯特。」[1]這說明，該地所居額德格訥部布魯特僅有十餘戶。徐松另載：「霍罕與回部分界處有二嶺，曰噶布蘭，曰蘇提布拉克，額德格訥部布魯特居之，嶺東為回部，嶺西為霍罕。」[2]從中可知，額德格訥部即居於浩罕與喀什噶爾分界之處。

額德格訥部實際作為右翼部落中的一個較大部落同盟，這從 20 世紀時蘇聯學者的相關研究結論中就可以看出（參見前文表 2-1），從表 2-1-1 中可知，額德格訥部作為右翼中的分支之一，統領了孔古拉特（Kongurat）、喬里（Jory）、布魯（Boru）、巴濟（Bargy）、喀喇巴噶什（Kara Bagysh）、薩爾特（Sarttar）這幾個部落，多數漢文文獻似並未記載上述除了薩爾特之外的其他部落。然而，《西域地理圖說》中的記載則可與上述研究結論形成一定的對照：

> 自喀什噶爾往西北去十八日路，至鄂斯地方，平川三百餘里，有小土城一座，大莊四處，園廣田多，地界大河一道，乃自納林等處流往之水歸安集彥，該處種田小水九股，俱歸此水，柴草俱好，南北皆山，乃新來投誠之額德格訥部落之布魯特，帶領屬下胡魯木什、覺里、阿爾達木那克、卜依勒、伯爾格依、哈爾巴噶什、岳瓦什、孔阿拉特等八部落之三千餘戶遊牧之處[3]

此處的覺里應即喬里、卜依勒可能即布魯、伯爾格依即巴濟、哈爾巴噶什即喀喇巴噶什、孔阿拉特即孔古拉特，根據表 2-1-1，這五部應屬於受額德格訥部所統領的右翼部落，該引文所提及的受額德格訥部統領的其他三部分別為胡魯木什、阿爾達木那克、岳瓦什，胡魯木

---

①祁韻士：《西陲要略》卷 4，《霍罕路程記》，日本早稻田大學圖書館藏。

②徐松：《西域水道記》卷 1《羅布淖爾所受水》（上）。

③阮明道主編：《西域地理圖說注》，阮明道漢文箋注、劉景憲滿文譯注，延吉：延邊大學出版社，1992 年，第 129-130 頁。

什、阿爾達木那克仍然待考，表 2-1-1 中並未列出這兩部落；岳瓦什部
被諸多相關漢文文獻所載，上文即提及《新疆識略》載岳瓦什與額德
格訥部相去八站，而此處的引文表明岳瓦什部受到額德格訥部統領，
然而，表 2-1-1 中並無岳瓦什部，說明國外學者在研究中並未注意到該
部，因而，難以斷定其究竟從屬於左翼、右翼抑或內部。上述記載具
體體現了額德格訥部統領上述八個部落、屬民多達三千餘戶，這也就
進一步表明額德格訥部具有重要地位。

額德格訥、奇里克部歸附之後，兩部首領阿濟比、優瑪特皆遣使
入覲，優瑪特派遣呼達呼里進京入覲，「據呼達呼里等告稱，我等共四
千餘戶，頭目優瑪特因未出痘，令我等入京等語。」[1]「優瑪特」又作
「卓爾瑪特」，「霍罕額爾德尼伯克使人陀克塔瑪特、車里克卓爾瑪特
使人呼達呼里等至京，入覲。」[2]車里克即奇里克，卓爾瑪特應即為優
瑪特。同時，阿濟比遣使錫喇噶斯入覲，「布魯特額德格訥阿濟比使人
錫喇噶斯等至京，命入宴時，坐於霍罕使人之次。」[3]乾隆二十五年（1760）
二月，當呼達呼里、錫喇噶斯等使人居京入覲之時，乾隆帝即賜敕書
於霍罕、額德格訥、博洛爾、奇里克等：

> 敕諭霍罕額爾德尼伯克，爾遠處邊陲，聞大兵平定回城，逆賊
> 逃匿信息，即慕化歸誠，請擒賊自效，遣使入覲，深可嘉尚……
> 今來使等，並無所請，朕故未有他諭，但爾部落素被準噶爾侵
> 擾，今既為朕臣僕，自必加恩撫恤，爾其約束所部，永享無疆
> 之福，護送爾使之索諾木車淩等，仍有面傳諭旨，特諭。其敕
> 諭額德格訥阿濟比略同。

> 又敕諭博洛爾沙呼沙默特，爾遠處邊陲，聞大兵平定回部，拔

---

① 《平定準噶爾方略》正編卷 82，乾隆二十四年十一月戊午。

② 《平定準噶爾方略》正編卷 84，乾隆二十五年正月乙卯。

③ 《平定準噶爾方略》正編卷 84，乾隆二十五年正月丁巳。

達克山呈現逆賊屍首，即慕化歸誠，遣使沙伯克入覲，深可嘉尚……爾部落素被準噶爾侵擾，今既為朕臣僕，自必加恩撫恤，爾其約束所部，永享無疆之福。在代爾入覲之沙伯克，諸凡妥協，爾其知之，當加以愛惜，特欲。其敕諭齊里克兆瑪喇特比略同。①

根據這些敕書，阿濟比所受敕書內容與浩罕額爾德尼伯克的敕書內容相當，奇里克兆瑪喇特比所受敕書則與博洛爾沙瑚沙默特的敕書內容相當，提及諸部在大軍平定回部的過程中歸誠並遣使入覲，清朝政府對其予以嘉獎，賞給物品，並要求其約束所部，受恩於清朝。乾隆帝僅將額德格訥、奇里克部視為外藩部落，在敕書中絲毫未單獨強調額德格訥、奇里克部的布魯特族屬身份，視其地位與浩罕、博洛爾相當，這裡的奇里克昭（兆）瑪喇特比應即上文中的卓爾瑪特、優瑪特，確定該人物的身份，有助於後文討論奇里克部的遷徙和發展歷程。

乾隆二十八年（1763）正月，額德格訥部和奇里克部也同愛烏罕、巴達克山、浩罕一樣遣使入覲，乾隆帝分別賜敕書於額德格訥部首領阿濟比和奇里克首領昭瑪拉特：

又賜額德格訥阿濟比衣敕書曰：汝遣使色哩庫楚克入覲，朕加恩宴賚，賜汝緞疋綢綾、器什，又賞汝使器什、銀兩各有差。汝受朕重恩，應奉守法度，約束屬人，和睦鄰對，一切事務，俱遵駐紮喀什噶爾、葉爾羌大臣等節制，毋得抗違。庶祇受隆恩於勿替。特諭。

又賜齊里克照瑪喇特比衣、沙藏比衣敕書曰，汝遣使諾海圖瑪入覲，朕加恩宴賚，賜汝緞匹、綢綾、器什，又賞來使緞匹、器什、銀兩各有差。汝受朕恩，應謹守天朝法度，約束屬人，和睦鄰封，一切事務，俱遵駐紮喀什噶爾、葉爾羌大臣等節制，

①《平定準噶爾方略》正編卷85，乾隆二十五年二月丙子。

慎毋抗違，庶永邀朕恩於勿替。特諭。①

敕書中的「比衣」即布魯特首領職銜「比」，「照瑪喇特」應即前文所提及的「兆瑪喇特」、「卓爾瑪特」、「優瑪特」等，所指代的對象為同一人，「沙藏」為奇里克部另一首領。兩部首領所受敕書內容相當，乾隆帝在其中除了提及賞賜物品之外，主要要求其遵守法度，約束屬人：「一切事務，俱遵駐紮喀什噶爾、葉爾羌大臣等節制」，說明其內部事務要受到清朝大臣管理，該條內容同樣見諸巴達克山首領素勒坦沙和浩罕伯克額爾德尼所受敕書之中，這表明，無論是額德格訥部，還是奇里克部，仍作為外藩向清朝朝貢，乾隆帝在敕書中也並未強調其布魯特族屬和身份。

這說明，清朝統一新疆之初，將額德格訥部與奇里克部布魯特與浩罕、博羅爾、巴達克山等藩屬同等看待，並未將這兩部與其他布魯特部落相聯繫，這兩部因遠離喀什噶爾、烏什等南疆回城，其地位與沖巴噶什、希布察克部並不同，前文提及，清朝在處置沖巴噶什部烏默爾比的時候，乾隆帝強調「沖巴噶什之布魯特乃喀什噶爾所屬，與外藩回人不同」，由此推測，希布察克部也「與外藩回人不同」。顯然，額德格訥部、奇里克部並不屬於「喀什噶爾所屬」的範疇，清朝將其視為「外藩回人」，這也體現出不同布魯特部落與清朝的親疏關係不同。

二、額德格訥部與浩罕的擴張

（一）浩罕對布魯特多部的侵襲

乾隆二十六年（1761）至乾隆二十七年（1762），浩罕侵襲費爾干納、阿賴地區的布魯特部落，包括額德格訥、奇里克、胡什齊、希布察克等部落在內的布魯特部落皆受浩罕欺凌，這也引起了上述部落首

---

① 《清高宗實錄》卷 678，乾隆二十八年正月己巳。

領率屬內遷。佐口透先生即曾就浩罕額爾德尼的向外擴張進行了分析，注意到浩罕雖然未對清帝國的邊疆採取積極的侵略行動，但卻對費爾干納東部、喀什噶爾西北的柯爾克孜部落，採取了積極的行動，征服這些柯爾克孜部落，是浩罕汗國在 19 世紀發展的原動力之一。西部柯爾克孜中，與浩罕政權關係最為密切的即為額德格訥部，浩罕將征服其附近的柯爾克孜人作為其向東方發展的第一個階段。[1]上述部落即在此背景下受到浩罕不同程度地侵略和欺凌。

　　乾隆二十四年（1759），在清朝平定大小和卓叛亂的過程中，當浩罕同其附近地區的額德格訥部、奇里克等部布魯特歸附清朝時，浩罕伯克額爾德尼即通過侍衛達克塔納，向清朝請求賞給璽書以制約布魯特，額爾德尼面見達克塔納時稱：

> 霍集占弟兄並未前來我等地方……願將所屬安集延、瑪爾噶朗、那木噶、和罕等四城人眾輸誠效力，均為大皇帝臣僕，但我附近之布魯特生性不常，難以憑信，如大皇帝賞給鈐印、黃札一道，我等約束屬下，及防範鄰近部落，更為有益，即布哈兒以東之人聞之，亦必同心歸誠大皇帝，我等欲即敬遣頭目，恭請大皇帝聖安。[2]

　　引文中的「和罕」即浩罕，額爾德尼在該信函中，請求乾隆帝賞給印札以約束和管制其附近的布魯特部落，這顯然是為了利用清朝的威信管控布魯特，這顯現出浩罕在歸附清朝之初即欲向附近的布魯特部落擴張。其後，額爾德尼遣使臣跟隨達克塔納收服齊里克部落、查看浩罕所屬各城生計請款，浩罕使臣再次代表額爾德尼，向達克塔納說明，請求清朝賞給印札以約束布魯特：

---

①[日]佐口透：《18-19 世紀新疆社會史研究》（上），凌頌純譯，新疆人民出版社，1983 年，第 423-425 頁。

②《兵部「為內閣抄出兆惠等奏」移會》，中央研究院歷史語言研究所刊行：《明清史料庚編》（下冊），臺北中華書局，1960 年，第 1951-1952 頁。

> 再布魯特等情性不常，專事搶奪，且喜侵犯鄰近部落，聞得伊
> 等皆已為大皇帝臣僕，我欲與伊等剖斷是非，又恐上煩天聽，
> 懇求大皇帝憐憫，賞一鈐印、黃札，約束布魯特等，則布哈爾、
> 薩瑪爾罕等別部落統歸大皇帝屬下等語。臣等諭以額爾德尼伯
> 克感慕大皇帝仁德，率領和罕等四城回眾投誠，願為臣僕，甚
> 屬可嘉，各布魯特部落內，前歲即有投誠之人，今亦有在額爾
> 德尼伯（克）之先來此投誠者，同係大皇帝臣僕，爾額爾德尼
> 伯克只應將伊屬下和罕、瑪爾噶朗、安集延、那木噶等城回眾
> 並伊屬下之布魯特等加意管轄，令與別部落布魯特彼此和睦、
> 不生事端，大皇帝自必加厚恩。[1]

這表明額爾德尼因布魯特諸部好搶奪，請求清朝賞給璽書以約束
諸部，達克塔納則以布魯特已歸附清朝、同為大皇帝臣僕為由，要求
管理好其所屬四城及其所管領的布魯特，並與周邊布魯特部落和睦相
處，故而否定了其請求。額爾德尼反復請求賞給印札以約束其附近的
布魯特部落，是為了利用清朝的威信管控布魯特，再次體現出浩罕欲
向其附近布魯特部落擴張的企圖。此後，額穆爾、納喇巴圖的率屬內
附，也與浩罕的欺凌有關。

乾隆二十六年（1761），希布察克比額穆爾率屬內附，額穆爾稱：
「願率所部來歸，適與伯克額爾德尼，有貿易之約，遣弟阿瑪前往，
忽為所拘。今決意歸誠，懇請指地遊牧等語。」[2]額穆爾因遣其弟阿瑪
前往浩罕開展貿易，但阿瑪卻被霍罕伯克額爾德尼所拘，故而，額穆
爾率屬來投，最終受到了安置。與此相類，胡什齊部之比納喇巴圖也
因為受到額爾德尼之欺壓，於乾隆二十七年（1762）率其所部內附，
這在前文已有提及，納喇巴圖本來居於霍罕、安集延地方，額爾德尼
的擴張和欺凌，促使納喇巴圖率屬內遷。

---

①同上，第1953頁。
②《清高宗實錄》卷632，乾隆二十六年三月辛丑。

　　額德格訥部阿濟比和奇里克部比昭瑪拉特也受到浩罕的侵襲，額德格訥部因與浩罕相鄰，兩部之間多有摩擦。如乾隆二十六年（1761）十月，左都禦史永貴即奏兩部之衝突事宜：

> 從前，額德格訥阿濟畢等與霍罕額爾德尼伯克，因搶掠貿易人等成釁。嗣霍罕搶割額德格訥田禾，額德格訥人等，又乘霍罕與霍集雅特部落相攻，搶掠報復，續因畏勢，遣額勒韜第，請往諭霍罕。經臣等據理斥責，並檄霍罕：令各守疆界，不得滋事。[①]

　　這說明額德格訥部與浩罕本來即因搶掠貿易之人而結怨，繼而，因浩罕搶掠額德格訥部之莊稼，額德格訥部進行報復。鑒於此，永貴遣人曉諭浩罕各守疆界、不得滋事。

　　乾隆二十七年（1762）時，東布魯特部首領瑪木特呼里等欲舉兵進攻浩罕伯克額爾德尼，但被薩爾巴噶什部首領車里克齊、薩雅克部明伊勒哈之弟特穆爾占阻止，「據永貴等奏稱，布魯特比瑪木特呼里、阿爾雜默特欲合兵往攻額爾德尼，遣人會商齊里克齊、特木爾占，齊里克齊阻回等語。」[②]瑪木特呼里、阿爾雜默特之所以欲往浩罕發兵，也是因為薩爾巴噶什、薩雅克等東部魯特部落先曾受到了浩罕的侵襲，這表明，乾隆二十七年（1762）年左右，在浩罕伯克額爾德尼的擴張過程中，不僅鄰近於浩罕的布魯特諸部受到了欺凌，即使遠至伊塞克湖湖畔、楚河和塔拉斯河流域的布魯特部落也受到了威脅。

　　除了上述事件表明浩罕對其周邊一些布魯特部落進行欺凌和侵略

---

① 《清高宗實錄》卷 646，乾隆二十六年十月己巳。

② 《清高宗實錄》卷 664，乾隆二十七年六月壬寅。瑪木特呼里係薩爾巴噶什部首領，前文已有提及，阿爾雜默特也係布魯特首領，但其所領部落不明，滿文檔案中所提及的阿爾租默特應即阿爾雜默特，他於乾隆四十年（1775）七月至喀什噶爾請安獻禮（《清代邊疆滿文檔案目錄》，第 8 冊新疆卷 3，第 1248 頁。）其具體身份、事蹟仍待考。

外，另有一些部落受到了浩罕的直接統治，《西域地理圖說》載：

> 自喀什噶爾往正西去十餘日路，至阿賴地方，乃霍罕屬布魯特
> 托羅斯、哈布察克、阿紫克、卜斯坦、滿哆斯、巴噶什、奈滿、
> 巴斯啟斯等八部落之七千戶（人）遊牧處，平川約二千里，南
> 北皆山，山泉渠水柴草俱好。[①]

上述多個部落受到了浩罕的直接統治，其中的多數部落並未載於其他的漢文文獻，因而，上述記載也較俱價值。這些部落來自於布魯特左翼、右翼及內部（伊什克里克 Ichkilik），其名稱皆能與前文所載表 2-1 即 20 世紀蘇聯學者對於吉爾吉斯屬部的研究成果形成對照，其中的托羅斯、哈布察克、卜斯坦、奈滿即分別為表 2-1-2 中的朵洛斯（Toolos）、希布察克（Kypchak）、博斯塔尼（Boston）、奈曼（Naiman），這幾個部落皆屬於內部部落；阿紫克、巴噶什即分別為表 2-1-1 中的阿孜克（Azyk）、巴噶什（Bagysh），屬右翼中的部落，滿哆斯、巴斯啟斯即分別為表 2-1-2 中的蒙杜斯（Munduz）、巴斯子（Basyz），屬左翼部落。從中可見，浩罕實際上統治了布魯特內部部落中的多個部落，少數左右翼部落也歸其直接統轄，這應與浩罕所處的地理位置相關，內部部落正主要處於喀什噶爾與浩罕之間的山地之間，故而，其中一些部落會受到浩罕的直接統治。上述八部人口多達七千餘戶，且住牧環境優越，這實際表明浩罕所控制的布魯特部落人數眾多，其統治對於布魯特產生了較大影響力。或許，這也刺激了浩罕向其周邊那些歸附於清朝的布魯特部落進行進一步的擴張和侵略。

（二）浩罕侵佔鄂斯事件及清朝的調解

鄂斯[②]本為額德格訥部所屬遊牧地，但浩罕額爾德尼伯克卻發兵侵

---

① 阮明道主編：《西域地理圖說注》，阮明道漢文箋注、劉景憲滿文譯注，延吉：延邊　　大學出版社，1992 年，第 129 頁。

② 該鄂斯應即為現今中亞城市奧什（Osh），有學者將其與南疆城市烏什混為一談，如　　英國學者愛德華·帕克（Edward H.Parker）在 1899 年所發表的《浩罕與中國》一文

佔之，乾隆二十七年（1762）七月，永貴奏稱額爾德尼侵佔阿濟比所屬鄂斯之事：

> 永貴等奏稱：額德格訥阿濟畢所屬鄂斯等處，為額爾德尼佔據，親來懇請遣使持書往諭，因酌給印文，令其自行傳送等語。額爾德尼，自恃力強，侵擾鄰部，若將額德格訥所屬，佔據不還，未免滋事。永貴等措詞未為嚴厲，伊等豈能警動。此時額爾德尼，若將所據之地給回，固善，如稍涉遊移，永貴等即派幹員，諭以致書係我等私意，欲保全爾等遊牧，尚未陳奏，今欲視為無足重輕，則當奏聞請旨。夫以強淩弱，乃大皇帝所深惡，萬一天威不測，命我等興師問罪，雖後悔無及矣。似此剴切曉示，伊等自必信從，所遣使人歸日，即將該部落情形具奏。[1]

阿濟比在其所屬鄂斯被額爾德尼佔據後，懇請清朝發給印文，遣使曉諭額爾德尼，乾隆帝認為永貴措辭不夠嚴厲，難以警示額爾德尼，並令永貴致書額爾德尼，剴切曉示其中利害關係。

關於此，滿文寄信檔亦有載之，所敘內容更詳：「永貴等奏，額德格訥阿濟比所屬鄂斯等處，為額爾德尼佔據，人亦扣留不還。」[2]額爾德尼不僅侵佔阿濟比所屬鄂斯等地，還扣留其屬人，滿文寄信檔載永

中，雖然指出了額爾德尼侵犯額德格訥部鄂斯一事，但卻誤以為鄂斯為阿克蘇附近之烏什，顯然有誤，參見：E.H.Parker,Khokand and China, *The Imperial and Asiatic Quarterly Review and Oriental and Colonial Record*,Series 3,Vol.8(1899),p.114.　另有喀什噶爾西北所屬地名曰「鄂什」也易與安集延附近之鄂斯即今奧什相混淆，因為奧什也在清朝文獻中被標注為鄂什，陳海龍、馮颴在考證東、西布魯特分界時，曾就鄂什、奧什、烏什三地進行區分，認為鄂什是討論東西布魯特分界的重要地點，該地以西之河為清朝文獻中東西布魯特的界河，該地實際處於費爾干納山和蘇約克山之間，它與今中亞著名城市奧什並非同一地名，參見陳海龍、馮颴：《東西布魯特分界考》，《清史研究》，2013 年第 4 期。

① 《清高宗實錄》卷 666，乾隆二十七年七月乙亥。

② 《寄諭禮部尚書永貴等著嚴詞致書額爾德尼將所占地方給還阿濟比》，乾隆二十七年七月十五日，《乾隆朝滿文寄信檔譯編》，第三冊，第 512-513 頁，下同。

貴將所擬文書進行了上奏,乾隆帝指明永貴措辭不甚嚴厲的問題:「永貴等致書額爾德尼尚可,惟措詞未為嚴厲。外番事宜,不管則已;若非管不可,即應果敢致書,嚴詞示儆,伊等方能畏懼施行。永貴等致書額爾德尼,措詞理應嚴厲,而其如此溫和,伊等豈能撼動。既然如此致書,就看額爾德尼如何回復。」同時,責令額爾德尼交還阿濟比之鄂斯及屬人,「爾接到此書,應將阿濟比之鄂斯等處及其所屬人等,即行給還,以昭恭順大皇帝之誠悃,亦可謂盡鄰邦友好之意。」

乾隆二十七年(1762)十二月,「永貴等奏,霍罕額爾德尼伯克遣使呈書,敘述前後事情,故嚴詞復書,遣扡穆齊圖等往諭。額爾德尼伯克若將鄂斯地方全部給還,或以言語有理而相應給還,則致書嘉勉;若支吾搪塞,拒不給還,即請備兵征討問罪。」[1]永貴認為,如果額爾德尼歸還鄂斯,將對其進行嘉勉,若拒不給還,則將對其興師問罪。乾隆帝認為,「霍罕額爾德尼伯克,與布魯特等雜處,互相侵奪,亦所時有。額爾德尼伯克自內歸以來,尚屬恭順,此並非要事,永貴等若諭以情理,伊自必遵行,可以無須用兵。萬一必須兵力,永貴亦只首辦軍務,不諳征戰。前已調愛隆阿,伍岱等前往伊犁,如若用兵,則派愛隆阿等自伊犁前往,尚屬近便。」即仍然要視情形而定,若額爾德尼遵行敕諭,則無須用兵,若要用兵,則可由伊犁發兵。

額爾德尼之所以四處擾掠布魯特部落,這應與其本人的權力慾望膨脹有關,他甚至自稱為「汗」,並與清朝劃分邊界,乾隆二十七年(1762)十二月十四日,永貴等奏稱:「霍罕額爾德尼伯克所復回文書札,據譯稱,前遣使人,奉有大皇帝諭旨,稱伊為汗,且以喀什噶爾嶺以外歸伊所屬,以內歸我所屬。」[2]對於額爾德尼宣稱曾有諭旨稱其為汗並以

---

① 《寄諭禮部尚書永貴等著致書霍罕額爾德尼伯克給還鄂斯等處地方》,乾隆二十七年十二月初十日,《乾隆朝滿文寄信檔譯編》,第三冊,第559—560頁。

② 《寄諭禮部尚書永貴等著發書嚴斥額爾德尼伯克妄自稱汗》,乾隆二十七年十二月十四日,《乾隆朝滿文寄信檔譯編》,第三冊,第561頁,下同。

喀什噶爾嶺為界的說法，乾隆帝予以斥責：「似此種種謬妄，皆永貴等從前給伊之書，詞氣懦弱，伊方如此張狂，肆意胡言。」認為額爾德尼之所以如此張狂，蓋因永貴在寄與額爾德尼的書信中措辭軟弱所致。由此，乾隆帝令永貴再次寄書於額爾德尼：

> 大皇帝所降諭旨，凡由本處寄爾之書，據稱汝作額爾德尼伯克，何時稱作額爾德尼汗？何時降旨以喀什噶爾嶺為界，其外歸汝，其內歸我所屬乎？大皇帝乃天下一統之君，汝係大皇帝臣僕，布魯特亦係臣僕，又豈能以你我之分降旨於汝？此皆為爾妄行編造，爾意以大皇帝所頒諭旨，我等拒不得見。豈知凡大皇帝所頒有關外番部落之諭旨，俱抄發原稿，傳諭我等知之，何得為汝所騙。嗣後，額爾德尼伯克，凡事汝當恭順而行，以永沐大皇帝恩典，不可仍蹈前轍，致取罪戾。

乾隆帝要求永貴直接向額爾德尼說明，向來稱其為伯克，從未稱其為汗，以喀什噶爾嶺為界之事，更屬荒謬，並向其說明當恭順而行，不可自取罪戾。對於額爾德尼侵佔鄂斯一事，清朝本欲發兵於額爾德尼，但因巴達克山之素勒坦沙侵襲博羅爾，博羅爾首領沙瑚沙默特請兵求救，故而，永貴、新柱等人經商議後，請求暫緩辦理出兵霍罕之事，乾隆帝諭曰：「所見尚是」[1]。

乾隆二十八年（1763）正月，及至巴達克山、浩罕遣使入覲之時，乾隆帝向浩罕使臣詢問額爾德尼侵佔額德格訥所屬地方之事，「又詢額爾德尼伯克何以搶掠額德格訥地方人等，據霍罕使人巴巴什克稱，從前額德格訥人等，曾經搶掠安集延商人，額爾德尼搶掠伊等，乃為報復。且俱云，喀什噶爾大臣等如若致書，額爾德尼必會從命。」[2] 這說

---

① 《寄諭禮部尚書永貴等著由伊犁調取進剿巴達克山等處》，乾隆二十七年十二月二十七日，《乾隆朝滿文寄信檔譯編》，第三冊，第 569 頁。

② 《寄諭禮部尚書永貴等著酌情辦理巴達克山霍罕等搶掠鄰部一事》，乾隆二十八年正月初三日，《乾隆朝滿文寄信檔譯編》，第四冊，第 470 頁。

明，額爾德尼搶掠額德格訥部土地、人口，是為了報復額德格訥部搶掠安集延商人一事。隨即，乾隆帝在賜予額爾德尼的敕書中即言：

> 汝受朕恩深重，應謹守法度，約束屬人，和睦鄰封。一切事務，俱遵駐紮喀什噶爾、葉爾羌大臣等節制。再額德格訥之人，去歲侵掠汝等安集延商人，汝因報復，掠彼鄂斯等地。但額德格訥，係與汝一體內附之人，汝雖有仇怨，亦不可妄肆攻奪。前經喀什噶爾大臣移諮，令汝給還所掠額德格訥土地人民，今朕已面諭汝使。汝奉到此旨，即遵奉歸還，慎勿延緩，則可以永邀隆恩；若遲延不給，駐紮喀什噶爾大臣等，必具奏請旨，發兵問罪，悔無及矣。特諭。[①]

在此敕諭中，要求額爾德尼受喀什噶爾、葉爾羌大臣等節制，其中的主體內容即要求其應該儘快歸還額德格訥部鄂斯地方之土地和人民，並再次說明了其中的利害關係，以發兵問罪相威脅。

此後，當年三月，清朝派遣扢穆齊圖至浩罕向額爾德尼曉示利害關係，額爾德尼最終歸還鄂斯等地，並最終交與阿濟比，「頃據永貴等奏，扢穆齊圖等前往霍罕，以利害曉示額德爾尼伯克，額德爾尼伯克當即謹遵交付，將所侵阿濟比原居之鄂斯等處以及所有耕地水域俱行給還。又派安集延阿奇木伯克鄂坦布昆隨扢穆齊圖等，自霍罕前往會面阿濟比，並將土地給還。」[②]對於額爾德尼最終歸還鄂斯地方一事，乾隆帝予以肯定，「額爾德尼伯克遵從扢穆齊圖所言，立即將所侵地方田地交還阿濟比，甚屬恭順。伊等感恩，尤當嘉許；伊將來若能如此，可以永荷朕恩。」

由此，浩罕伯克額爾德尼侵佔鄂斯一事，最終宣告完結，額德格

---

①《清高宗實錄》卷 678，乾隆二十八年正月己巳。

②《寄諭參贊大臣納世通著果決辦理外藩事務不可茍且塞責》，乾隆二十八年三月十六日，《乾隆朝滿文寄信檔譯編》，第四冊，第 491 頁，下同。

訥部首領阿濟比在此事處理的前後過程中，並未懼於額爾德尼，而是始終訴求於清朝政府，乾隆帝反復曉諭額爾德尼，陳明其中利害關係，最終，遣使面見額爾德尼，促使其歸還鄂斯。該事件雖然直接源起於額爾德尼為了報復阿濟比搶掠安集延商人，但若結合前文所提及的布魯特多部皆受浩罕欺凌的背景，可以推知，當時額爾德尼正大舉向外擴張，以致於其本人甚至自稱為汗，並試圖與清朝劃分疆界，乾隆帝對此加以嚴厲斥責。畢竟，清朝統一新疆之後，正值盛世，清朝政府對於西北邊疆諸外藩的權威性不容挑戰，這也最終阻止了額爾德尼的擴張步伐。

　　該事過後，乾隆二十九年（1764），又有傳言稱額爾德尼拘留阿濟比以及收取鄂斯賦稅之事，當時的喀什噶爾參贊大臣納世通，派遣維吾爾人阿克伯克前往問詢，並由額爾德尼所遣使臣努爾默特比處得知事情原委：「因阿濟比與鄂斯人等不睦，代為和解，至鄂斯布魯特等並無頭目，恐其離散，暫遣五十戶前往居住，雖一普爾，不敢私取。」[①]額爾德尼調解了阿濟比與鄂斯人之間的關係，因恐鄂斯人離散，派遣了五十戶人前往鄂斯居住，並未向其收取稅賦。阿濟比也呈文與納世通，證實了上述說法：「且稱額爾德尼已將所耕水田給還，所遣五十戶亦經撤回等語。」這表明，額爾德尼最終退還了鄂斯地方所耕水田，並將所遣五十戶人撤回。因此，乾隆帝也認為，「今既給還鄂斯水田，撤去移住人戶，似可暫免深求。」這表明，額爾德尼仍因鄂斯與阿濟比產生些微的衝突，但額爾德尼終將阿濟比之地給還，衝突並未進一步升級。

　　額德格訥部雖然也受到了浩罕的欺凌，其所屬鄂斯地方和人口被額爾德尼搶掠，後經清朝政府干涉，額爾德尼最終將其交還阿濟比。雖然受到了額爾德尼的欺壓，但阿濟比及其屬眾並未向南疆遷徙，直至道光年間，當時的額德格訥部首領方才率領額德格訥部內遷，並受

---

① 《清高宗實錄》卷710，乾隆二十九年五月癸亥，下同。

到了安置，阿濟比之所以未向內遷徙，應與其所在部落勢力較強、浩罕的擴張暫未威脅到該部的生存相關，同時，這也說明阿濟比敢於與浩罕相抗衡，清朝政府對於浩罕的威懾力也是阿濟比及其屬部求得生存的重要保障。

乾隆四十九年（1784），阿濟比之子葉爾鐵拜（葉爾提耶拜）協助清朝拿獲阿其睦之子燕起，清朝政府一度欲授予葉爾鐵拜二品頂戴和散秩大臣職銜，但其屬下將燕起釋放，使得燕起再次逃脫，清朝賞與葉爾鐵拜的職銜、頂戴及相關物件最終被撤銷。此後，烏什參贊大臣綽克托將葉爾鐵拜之弟沙米爾扎暫留為質，促使葉爾鐵拜幫同清朝拿獲燕起，葉爾鐵拜至烏什探望其弟，要求釋放其弟、以己為質，乾隆帝知曉後降諭將沙米爾扎釋放，令其與葉爾鐵拜一同擒拿燕起，但他們並未再次拿獲燕起，直至乾隆五十二年（1787），清軍終將燕起擒獲。此後，清朝文獻對於葉爾鐵拜相關事務並未再加記載。乾隆末年、嘉慶年間，額德格訥部首領托里雅什及其弟薩柯依巴什作為該部首領，因功受到清朝嘉獎，二者與葉爾鐵拜的關係不明。

嘉慶二年（1797），葉爾鐵拜之弟沙米爾扎（沙彌爾雜）試圖乘鄂布拉散搶掠喀爾提錦部落時謀搶沖巴噶什部，拿獲沖巴噶什部屬人多斯莫特，據多斯莫特告稱，浩罕伯克納爾巴圖聽聞之後，「差傳沙彌爾雜」，沙彌爾雜應即沙米爾扎，沙米爾扎因懼怕，不敢親自前往，派遣其子阿撒前往，「那爾巴圖一見，即行詈罵，並說：『你們何嘗是要搶沖巴噶什，我早已聽見你們要跟著薩木薩克去搶喀什噶爾，你們部落都在我左近，如敢生事，我必抄滅你們巢穴。』即將阿撒逐回。」[1]此後，沙米爾扎因受到納爾巴圖之威脅釋放了多斯莫特，也並未搶掠沖巴噶什部。納爾巴圖因堵截沙米爾扎而受到清朝的嘉獎，清朝獎賞納爾巴圖松石金盒一個、縛蟒緞一匹、大緞二匹、黃瓣珊瑚豆大荷包一對、小荷包四個。道光初年，阿濟比之孫愛散因不堪於浩罕統治，率

---

[1]《嘉慶道光兩朝上諭檔》第 2 冊（嘉慶二年），第 235-236 頁。

屬內附，清朝將其安置於阿特巴什，愛散很可能即為上文中的沙米爾扎之子阿撒，後文將有詳論。

嘉慶、道光年間，浩罕逐漸加速了向外侵略的步伐，也加強了對其相鄰布魯特部落的統治和剝削，額德格訥部因不堪浩罕汗國欺淩，先後於道光元年（1821）和道光八年（1828）向內地遷徙，內附清朝，清朝政府將其安置於卡倫以外地方。額德格訥部的內附過程，直接反映了浩罕政權在費爾干納盆地的擴張，這一內附顯然不同於乾隆年間該部的歸附，在內附過程中，該部遷徙到了南疆回城邊卡之外。

三、乾隆年間奇里克部的遷徙

（一）照（昭）瑪喇特及其屬眾的遷徙

乾隆年間，奇里克部本鄰近於浩罕，同額德格訥部一同歸附於清朝，但清代文獻所載奇里克部的活動範圍主要在烏什地區，這說明奇里克部住居地發生了一定的遷徙，滿文檔案中的信息有助於進一步瞭解相關過程。

清朝統一新疆之初，照瑪喇特係奇里克部首領，根據滿文錄副奏摺，乾隆二十六年（1761）四月，「喀什噶爾參贊大臣舒赫德等奏聞布魯特奇里克部昭瑪拉特比遣使到喀什噶爾請安情形」[①]，此處的昭瑪拉特即照瑪喇特，是滿文檔案翻譯者根據滿文音譯而成，此時，照瑪喇特尚遣使至喀什噶爾納貢，但當年十月，喀什噶爾參贊大臣永貴等奏：「布魯特齊里克部昭瑪拉特比等屬下人眾暫住愛蘭蘇地方」[②]，這表明照瑪喇特攜眾內遷，從而被暫時安置於愛蘭蘇地方，愛蘭蘇即阿依浪蘇，今烏恰縣東北下轄有阿依浪蘇一地，位於蘇約克河沿岸，托雲鄉西北方向，在清代時，該地應屬於喀什噶爾西北地方；另有阿依浪蘇

---

① 《清代邊疆滿文檔案目錄》，第 6 冊新疆卷 1，第 433 頁。
② 《清代邊疆滿文檔案目錄》，第 6 冊新疆卷 1，第 458 頁。

位居現今我國與吉爾吉斯斯坦第五界點附近[①]，該界點應大致位於清代阿克蘇北部地方，遠離喀什噶爾。相比較而言，上引文中的愛蘭蘇更有可能指代前一阿依浪蘇，奇里克部內附之後，很可能被暫時安置於喀什噶爾西北地方。在照瑪拉特被安置之時，喀什噶爾參贊大臣永貴同時奏：「布魯特木拉特等由安集延率眾來歸併賞地安置」、「布魯特托克瑪哈默特率眾來歸」[②]，說明木拉特、托克瑪哈默特皆內附清朝，至於他們是否與奇里克部有關，仍然需要參閱滿文檔案原文，但可知曉的是，木拉特由安集延率屬內遷，托克瑪哈默特也可能來自於浩罕、安集延地區，在當時的背景之下，諸多布魯特部人皆由浩罕、安集延內遷至喀什噶爾、烏什等城邊卡外，這應與浩罕伯克額爾德尼的擴張有關。

乾隆二十六年（1761）十二月，照瑪拉特又遷徙至阿特巴什地方，「永貴等奏布魯特昭瑪拉特等移居阿特巴什地方並納貢」、「永貴等奏將布魯特昭瑪拉特等所貢馬匹派人解送京城」[③]，這說明奇里克部之比昭瑪拉特等人最終遷徙到了阿特巴什，並派人進貢馬匹。乾隆二十七年（1762）四月，永貴呈報照瑪拉特等進貢馬匹事宜，「為布魯特齊里克部比進貢馬匹等物事諮呈」[④]。

乾隆二十七年（1762），照瑪拉特受到封賞，「喀什噶爾參贊大臣永貴等奏報布魯特齊里克部比昭瑪拉特等因得賞謝恩」[⑤]，這說明他內遷之後，因有功而受到了清朝政府的認可。乾隆三十年（1765），照瑪拉特再次遣人至喀什噶爾納貢，「喀什噶爾幫辦大臣柏堃奏布魯特奇里

① http://www.npc.gov.cn/wxzl/gongbao/1996-12/30/content_1481398.htm
②《清代邊疆滿文檔案目錄》，第 6 冊新疆卷 1，第 458 頁。
③《清代邊疆滿文檔案目錄》，第 6 冊新疆卷 1，第 470 頁。
④《清代邊疆滿文檔案目錄》，第 6 冊新疆卷 1，第 488 頁。
⑤《清代邊疆滿文檔案目錄》，第 6 冊新疆卷 1，第 506 頁。

克部比昭瑪拉特派人請安送禮」[①]； 乾隆三十一年（1766）十一月，「喀什噶爾辦事大臣綽克托等奏齊里克部落布魯特比派人到喀什噶爾請安貢馬」[②]，此處並未提及布魯特比之名，很可能仍為照瑪拉特；乾隆三十二年（1767）七月，「喀什噶爾參贊大臣綽克等奏齊里克布魯特比沙藏請安獻馬」[③]，這裡的沙藏亦為奇里克布魯特之比，前文中，乾隆帝在賜與奇里克部的敕書中即提及沙藏比，這表明，沙藏作為奇里克部的首領之一，同樣至喀什噶爾貢馬。此後的多年間，奇里克部皆遣使貢馬，甚至一年之內多次遣使至喀什噶爾，這應該為照瑪拉特、沙藏所主導。

乾隆四十年（1775）二月，呼圖魯克因被補放為奇里克部布魯特之比而向清朝謝恩[④]，根據布魯特比職多為父子相繼的規定，呼圖魯克很可能由其父照瑪拉特或者沙藏處繼承了比職，究竟其由照瑪拉特還是沙藏處繼承該職，雖難以直接知曉，但可由以下信息推知：乾隆四十二年（1777）十二月，「喀什噶爾辦事大臣雅德等奏奇里克部布魯特比沙藏等遣人獻馬請安」[⑤]，這表明，此時奇里克部另一比沙藏此時仍然在世，故而，呼圖魯克很可能為照瑪拉特之子，照瑪拉特於乾隆四十年（1775）二月之前離世，其子呼圖魯克故而繼承其所遺比職。《新疆識略》中所提及的奇里克部之「胡圖魯克」與「呼圖魯克」為同一人，但僅就胡圖魯克之後人進行了記載：「阿達克，胡圖魯克之孫，胡圖魯克因拿獲搶奪回子之呼依木，奏賞五品頂花翎，胡圖魯克病故，賞阿達克六品頂藍翎。」[⑥]滿文檔案中多次提及呼（胡）圖魯克前往喀什噶爾貢馬請安事宜，他也因協助追拿搶奪馬匹之察哈爾薩雅克占頗

①《清代邊疆滿文檔案目錄》，第 7 冊新疆卷 2，第 691 頁。

②《清代邊疆滿文檔案目錄》，第 7 冊新疆卷 2，第 774 頁。

③《清代邊疆滿文檔案目錄》，第 7 冊新疆卷 2，第 806 頁。

④《清代邊疆滿文檔案目錄》，第 8 冊新疆卷 3，第 1228 頁。

⑤《清代邊疆滿文檔案目錄》，第 8 冊新疆卷 3，第 1354 頁。

⑥《欽定新疆識略》卷 12《布魯特》。

拉特而受賞,「齊里克部落之布魯特比呼圖魯克,著賞大緞一匹。」[1]

(二)額森由希布察克部遷往奇里克部的過程

自乾隆三十七年(1772)開始,奇里克部的屬眾來源更為豐富,這主要源於希布察克部的額森遷往烏什地方,成為奇里克部之人,額森及其屬眾的遷徙,無疑增加了奇里克部屬人的多元性。前文提及,額森(阿森)本為希布察克部屬人,為希布察克部之比阿奇木之弟,他被授為侍衛職銜,應屬於軍前侍衛,耿琦指出,駐守新疆的軍前侍衛,除了由京城選調或由臨時被派往新疆執行任務的侍衛獲准轉為軍前侍衛效力於新疆之外,「也有少數軍前侍衛選取自新疆駐防官兵或厄魯特、布魯特與回部投誠人員。他們多因立有軍功或當差奮勉被特旨拔擢為軍前侍衛,在新疆效力。」[2]額森作為布魯特首領,即屬於這一類軍前侍衛。在邊疆和外藩事務中,額森多被委以重任,因而,他在布魯特諸部人物中享有較高地位。《新疆識略》載其生平曰:「額森於乾隆二十四年兩次出征拔達克山,賞五品頂花翎、補放三等侍衛。後,二十七年,入觀,賞四品頂戴;三十年,出征烏什奮勉,奏旨賞二品頂戴。」[3]漢文文獻對其所參與事務的記載仍顯簡略,根據滿文寄信檔和滿文錄副奏摺,可以對其所參與的回部事務有更多瞭解。

乾隆二十五年(1760)七月,阿克蘇辦事大臣舒赫德奏:「派布魯特三等侍衛額森隨額勒登額等出使巴達克山」[4]額勒登額係永常之子,此時,額勒登額享有頭等侍衛職銜,額森則為三等侍衛,舒赫德奏請派遣額森出使巴達克山,表明額森被委以重任。乾隆二十七年(1762)六月,希布察克部之比阿奇木奏請額森進京入觀,「布魯特散秩大臣阿

① 《清高宗實錄》卷 1346,乾隆五十五年正月乙未。

② 耿琦:《清代駐守新疆「侍衛」職任考述》,《清史研究》,2015 年第 4 期。

③ 《欽定新疆識略》卷 12《布魯特》。

④ 《清代邊疆滿文檔案目錄》,第 6 冊新疆卷 1,第 391 頁。

齊木請准其胞弟額森進京陛見」[1]，這正可體現出額森係阿奇木之胞弟；乾隆三十二年（1767）十月，葉爾羌辦事大臣旌額理等人奏：「布魯特侍衛額森等奪回巴達克山所屬什克南伯克額米爾所略人口」、「將額森等奉命赴什克南索取額米爾所略人地之事諮照綽克托等人」[2]，這表明，額森奪回了什克南伯克額米爾所掠奪的回部人口，旌額理將此事進行了上奏，並將此事告之於綽克托等人；隨之，綽克托等奏：「侍衛額森等奪回什克南伯克額米爾所略布魯特」[3]。什克南係巴達克山所屬，與清朝回部邊界相鄰，什克南伯克額米爾掠奪了回部土地、人口，額森奉命將之索回，此次所處理事務仍係外藩事務。

此外，額森亦管理喀什噶爾官牧事宜，乾隆三十四年（1769）九月，額森即因管理官牧受到獎賞：「喀什噶爾辦事大臣安泰等奏獎賞牧放喀什噶爾牛隻之布魯特侍衛額森等人」[4]；當年十月，額森受喀什噶爾辦事大臣安泰等委派，「護送浩罕使臣並向布魯特索還被搶財物」[5]，這表明，額森也受委派處理布魯特事務。與此相類的是，乾隆三十五年（1770）四月，烏什參贊大臣舒赫德委派額森查拿奇里克部偷盜案犯，「烏什參贊大臣舒赫德等奏派布魯特三品頂戴額森往奇里克部查拿偷盜案犯」[6]。鑒於額森的貢獻，乾隆三十七年（1772）十二月，額森被賞與普爾錢：

> 富森布等奏稱，希布察克部落布魯特阿森、沖噶巴什部落布魯特阿瓦勒比，奮勉當差，並無養贍之資，懇恩賞給等語。阿森、阿瓦勒比前俱在軍營出力奮勉，既無養贍之項，著加恩於喀什

---

① 《清代邊疆滿文檔案目錄》，第 6 冊新疆卷 1，第 500 頁。
② 《清代邊疆滿文檔案目錄》，第 7 冊新疆卷 2，第 821 頁。
③ 《清代邊疆滿文檔案目錄》，第 7 冊新疆卷 2，第 822 頁。
④ 《清代邊疆滿文檔案目錄》，第 7 冊新疆卷 2，第 906 頁。
⑤ 《清代邊疆滿文檔案目錄》，第 7 冊新疆卷 2，第 910 頁。
⑥ 《清代邊疆滿文檔案目錄》，第 7 冊新疆卷 2，第 932 頁。

噶爾庫貯賞餘一百騰格普爾內，每年各賞給五十。[1]

此處的阿森即係額森，他本係希布察克部之比阿奇木之胞弟，係希布察克部之屬人，並多次受到了清朝回部大臣的委派，處置外藩和布魯特事務，此處的引文表明，直至此時，額森仍為希布察克部屬人，但乾隆朝以後的漢文文獻皆將其列為奇里克部之人，這主要由於額森率其所屬遷徙到了奇里克部所屬地方。其中的原因，可以據以下信息推知，乾隆三十六（1771）年六月，「喀什噶爾辦事大臣福森布等奏布魯特侍衛額森與散秩大臣阿齊木之子不和將其移居他處」[2]，這表額森即因與阿奇木之子產生矛盾，被喀什噶爾辦事大臣福森布遷往他處。

希布察克部本居於喀什噶爾邊外，伊勒古楚卡倫以內也有分佈，喀什噶爾所屬地方塔什密里克即為該部的主要聚居區。額森遷徙到了烏什所屬地方，乾隆四十年（1775）十月，烏什參贊大臣綽克托奏：「布魯特三品花翎額森恭謝准伊移牧烏什卡外鄂伊塔勒地方之恩」[3]，這說明，額森本人即請准其遷徙於烏什卡外鄂伊塔勒地方，鄂伊塔勒即《新疆識略》所載的鄂斯塔勒，該地即為《新疆識略》所載奇里克部所處的位置，奇里克部「在烏什城東南沙圖卡倫外鄂斯塔勒地方遊牧通伊犂」[4]，故而，鄂斯塔勒位於烏什城附近沙圖卡倫外。根據《西域圖志》，烏什所屬卡倫中，巴什雅克瑪卡倫位於烏什西境，古古爾魯克卡倫、必特克里克卡倫、沙圖卡倫，位於烏什西北境。[5]《烏什直隸廳鄉土志》記載更詳，「有布魯特兩部落在西北沙圖卡倫外者為奇里克，在西南巴什雅哈瑪卡倫外者為胡什齊。」、「西北二座曰沙圖卡倫、伊布拉引卡倫。」、「廳城西北行五十里至沙頭卡倫，又西北行百九十里至伊布拉

---

① 《清高宗實錄》卷 923，乾隆三十七年十二月丁亥。

② 《清代邊疆滿文檔案目錄》，第 7 冊新疆卷 2，第 986 頁。

③ 《清代邊疆滿文檔案目錄》，第 8 冊新疆卷 3，第 1275 頁。

④ 《欽定新疆識略》卷 12《布魯特》。

⑤ 《欽定西域圖志》卷 31，兵防。

引卡倫，又西北行八十里至別疊里山口。」①「沙頭」即「沙圖」卡倫，位於烏什城西北五十里處，這些記載表明沙圖卡倫位於烏什西北方向，惟有《新疆識略》載沙圖卡倫位於烏什東南，該說並不準確，沙圖卡倫位於今新疆阿合奇縣。②由此，即可知額森由希布察克部遷徙到了烏什西北約五十里處的沙圖卡倫外，清代文獻最終將其列為奇里克部之屬人，額森由喀什噶爾地區遷徙至烏什所屬地方，很可能因為與其侄發生了矛盾。

乾隆三十七年（1772）十二月，額森受賞普爾錢時，其尚為希布察克部屬人，乾隆三十九年（1774）正月，喀什噶爾辦事大臣福森布奏：「奇里克布魯特侍衛請求隨年班回子伯克入京朝觀」③，該布魯特侍衛應即為額森，額森係當時少有的擔任侍衛職銜的布魯特首領，說明此前額森已經遷徙至烏什所屬地方，據此推測，額森很可能於乾隆三十八年（1773）遷徙到了烏什西北方向的鄂斯塔勒。基於此背景，乾隆四十二年（1777）十一月，「烏什參贊大臣綽克托等奏布魯特侍衛額森遊牧歸烏什參贊大臣管轄」④，這表明，額森遷徙到烏什附近之後，受到烏什參贊大臣的直接管理。

額森在布魯特人物中地位顯要，滿文寄信檔有助於對其個人有更多瞭解，乾隆四十六年（1781）正月，額森因會同蘇勒圖部之比尼沙查拿盜馬賊而受到獎勵：

> 據申保等奏，前來貿易之安集延回人麥詹等，於蘇勒圖部布魯特等處住宿時，因馬貨被盜，派遣布魯特侍衛額森等前往蘇勒

① 《烏什直隸廳鄉土志》，《西北文獻叢書》第一輯《西北稀見方志文獻》第 61 卷，蘭州：蘭州古籍書店，1990 年。

② 克孜勒蘇柯爾克孜自治州史志辦編：《克孜勒蘇柯爾克孜自治州志》，烏魯木齊：新疆人民出版社，2004 年，第 1161 頁。

③ 《清代邊疆滿文檔案目錄》，第 8 冊新疆卷 3，第 1180 頁。

④ 《清代邊疆滿文檔案目錄》，第 8 冊新疆卷 3，第 1350 頁。

　　圖部，會同該部落比尼沙、阿哈拉克齊等，現已將被盜馬貨悉
　　數查出，給還麥詹等；其盜竊之人，眼同尼沙比等，俱予以重
　　懲。仍請嚴加申飭尼沙比、阿哈拉克齊等，分別嘉獎；執掌翼
　　長圖記之布魯特侍衛額森等，賞賜緞匹，以示鼓勵。等語。①

　　這裡指出，額森會同尼沙查出盜馬賊，並將所盜物品歸還，並指
出額森作為布魯特侍衛，「執掌翼長圖記」，這表明額森擔任翼長之職，
翼長為清代官名，「清代八旗之武職官員。初名翼領，乾隆後期更名翼
長，健銳、火器、善撲等營及陵寢、圍場、駝馬廠多設之，然品秩懸
殊，執掌不一。」②雖然翼長一職設立較為普遍，但額森作為布魯特人
擔任該職，仍較具有典型性。

　　乾隆四十九年（1784），當額森之兄阿奇木誣控鄂斯璊一事發生之
後，在查拿阿奇木的過程中，烏什參贊大臣綽克托也將額森、阿散拜
進行了拿解，乾隆帝對綽克托予以指責，令其釋放額森、阿散拜③，並
賞與額森、阿散拜緞匹：「傳額森、阿斯喀拜等放回後，即將朕嘉獎諭
旨，詳諭額森等，由伊等現有品級晉升一級更換頂戴，著伊等惟感激
朕恩，一如既往，勤奮效力，等語，安撫放回遊牧。」④阿斯喀拜即為
阿散拜，他應與額森一同遷徙至烏什地區，「阿散拜於乾隆二十四年入
覲，賞六品頂翎，四十三年因阿散拜辦公出力，奏賞五品頂花翎，又
四十九年特旨賞阿散拜四品頂戴，嘉慶十三年，阿散拜病故，賞噶勒
察五品頂花翎。」⑤這表明，阿散拜也曾入覲，乾隆四十九年（1784）

①《寄諭烏什參贊大臣申保等著加賞蘇勒圖部比尼沙等》，乾隆四十六年正月二十三日，
　　《乾隆朝滿文寄信檔譯編》，第十五冊，第 546 頁。

②《中國歷史大辭典·清史卷》（上），上海：上海辭書出版社，1992 年，第 583 頁。

③《清高宗實錄》卷 1206，乾隆四十九年五月辛酉。

④《寄諭欽差大學士阿桂等著據實速奏如何辦理燕起逃遁一事》，乾隆四十九年五月十
　　九日，《乾隆朝滿文寄信檔譯編》，第十七冊，第 574 頁。

⑤《新疆識略》卷 12《布魯特》。

因特旨被賞與四品頂戴，在上述事件中，額森、阿散拜一同被加級賞與頂戴，額森本擁有三品頂戴，也在此過程中被賞與二品頂戴，乾隆四十九年（1784）八月，額森因安撫與伯爾克反目之阿里雅爾伯克，受到了嘉獎，其中上諭中提及，「布魯特侍衛額森，因阿其睦一事並未治罪，且格外恩賞二品頂戴，深為感激。」[1]這表明，額森因上述特旨晉升一級頂戴而被賞與二品頂戴。

《新疆識略》指出，額森「（乾隆）三十年，出征烏什奮勉，奏旨賞二品頂戴。」該書認為額森因乾隆三十年（1765）參與平定烏什之亂而被授予二品頂戴，此說存在錯誤，實際直至乾隆四十九年（1784）時，額森方享有二品頂戴。此後，額森及其弟玉默特在清朝追拿伯爾克、燕起以及招撫薩木薩克等事件中受到了差遣，在乾隆末期，他們繼續受命處理相關布魯特事務。乾隆五十二年（1787）二月，額森病故，「烏什參贊大臣明亮等奏報奇里克部布魯特侍衛額森病故請賞伊子花翎」[2]，額森病故後，其子伊斯拉瑪被賞與五品頂戴花翎，乾隆五十五年（1790），伊斯拉瑪病故，清朝將五品頂花翎賞與其弟庫圖魯克霍（和）卓，當年四月，「烏什辦事大臣毓奇奏布魯特庫圖魯克和卓謝賞五品頂翎之恩」[3]，此後，庫圖魯克和卓應多次前往烏什進獻馬匹，直至嘉慶中期仍如此，如嘉慶十六年（1811）正月，「烏什辦事大臣納爾松阿奏報布魯特庫圖魯克和卓等進獻馬匹」[4]。

額森、阿散拜及其後人自遷徙到烏什地區後，起初似並未擔任奇里克部之比，該部之比仍由昭瑪拉特、沙藏及其後人擔任，故而，清朝政府始終以布魯特侍衛稱呼額森。額森在布魯特諸部人物中地位顯

---

①《寄諭伊犁將軍伊勒圖等侍衛額森招撫布魯特有功著予獎賞》，乾隆四十九年八月初九日，《乾隆朝滿文寄信檔譯編》，第十七冊，第 633 頁。

②《清代邊疆滿文檔案目錄》，第 9 冊新疆卷 4，第 1807 頁。

③《清代邊疆滿文檔案目錄》，第 9 冊新疆卷 4，第 1939 頁。

④《清代邊疆滿文檔案目錄》，第 10 冊新疆卷 5，第 2389 頁。

赫，多次受命於清朝政府，處置外藩和布魯特事務，阿奇木誣控鄂斯璊一案中，額森並未受到牽連，反而受到嘉獎，並被賞與二品頂戴。乾隆末年，額森病故後，其後人之地位顯然不及其本人，在奇里克內部，奇里克部之比呼圖魯克及其後人影響力漸增，在道光年間，清朝政府平定張格爾之亂的過程中，該部之比托依莫特等人受到了重用，奇里克之地位也逐漸凸顯，後文將結合相關歷史背景進行分析。

第五章　乾嘉年間東布魯特及其他部落的主要活動

第一節　東布魯特主要人物及諸部間的關聯性

　　前文已經提及，清代文獻中的「東布魯特」，相當於今天的北方吉爾吉斯，至少包括薩雅克、薩爾巴噶什、布庫、霍索楚（胡什齊）、啟台、薩婁、蘇勒圖等部，其中薩雅克、薩爾巴噶什、布庫主要位居伊塞克湖湖畔，是清軍在追剿大小和卓的過程中最早接觸到的部落，也是較早歸附於清朝的布魯特部落，薩雅克部頭目圖魯啟拜介紹了布魯特部落的一些基本情況，正是在其引導之下，「東布魯特」歸附於清朝政府。霍索楚、啟台、薩婁、蘇勒圖諸部居於楚河、塔拉斯河流域，霍索楚、啟台兩部名稱似僅於當時出現於清代文獻之中，其後的清代文獻並未直接提及霍索楚、啟台相關事宜，薩婁、蘇勒圖兩部則見諸清代文獻之中，清代文獻並未直接言明蘇勒圖部屬於東布魯特，筆者根據其首領尼沙隨同其他東布魯特部落使臣入覲的記載，推斷出蘇勒圖部屬於東布魯特。[①]

---

①清朝文獻未直接說明蘇勒圖部於此時歸附，但通過該部之比尼沙與薩爾巴噶什部、
　薩雅克部之比車里克齊、圖魯起共同進京入覲的記載，可以推斷蘇勒圖部也於此時
　歸附於清朝，《新疆識略》載尼沙為蘇勒圖部首領。潘志平先生在《清季布魯特（柯
　爾克孜）諸部的分佈》一文中，認為清史料中將該部劃為西布魯特、俄文文獻則將
　其列入北吉爾吉斯，存在矛盾之處，其實不然，蘇勒圖部同薩雅克、薩爾巴噶什一
　同歸附清朝，乾隆朝時即被列入東布魯特。

在本章中，筆者主要就清朝統一新疆之後，上述諸部的重要人物和事件進行研究，其中的主要人物如薩爾巴噶什部車里克齊、薩雅克部明伊勒哈、特穆爾占、蘇勒圖部尼沙等皆曾在清朝邊疆事務中扮演了一定的角色，儘管這些人物之地位不如前文所提及的阿其睦、阿瓦勒等人，但仍可以通過分析與之相關的事務，對上述部落的典型特點有更多認知。

一、乾隆年間東布魯特主要首領及其事蹟

（一）車里克齊、明伊勒哈

　　薩爾巴噶什部首領車里克齊，於乾隆二十三年（1758）進京入覲，被賞與三品頂戴。[1]在清朝平定大小和卓叛亂的過程中，乾隆帝反復曉諭車里克齊，雖未強令其發兵，但要求其拿獲霍集占派往布魯特部的使臣，因為在侍衛布瞻泰於乾隆二十三年（1758）十一月至其部請兵之前，即有和卓派人前往請兵，乾隆帝對於布魯特未能及時拿獲和卓使臣，深為不滿。「爾等若仍以力量不足為詞，亦並不強爾協助。惟霍集占等，倘被迫投入爾境內，則自當速為縛獻，若再漠然坐視，必行根究矣。」[2]前文提及，車里克齊在歸附清朝之後，多次向清朝政府請求賞給其位於阿特巴什附近的遊牧地，乾隆帝多次令將軍、大臣查勘該地是否「越界」，最終以該地為邊遠之地，將其賞與車里克齊等布魯特首領作為遊牧地。

　　明伊勒哈（敏什拉哈）係薩雅克部布魯特之比，「敏什拉哈於乾隆二十六年入覲，賞三品頂花翎。」[3]清軍曾遣布瞻泰至明伊勒哈處請兵，但明伊勒哈「以兵寡辭」，明伊勒哈接納了向外避徙的回部人物和什克，

---

①《新疆識略》卷 12《布魯特》。

②《平定準噶爾方略》正編卷 70，乾隆二十四年三月庚子。

③《新疆識略》卷 12《布魯特》，下同。

並於乾隆二十四年偕和什克，拜謁將軍兆惠。特穆（木）爾占係明伊勒哈之弟，「特木爾占於乾隆二十四、二十七等年，因差赴布魯特地方並截回征討額爾德呢之布魯特人等，出力兩次，奏賞五品頂花翎。」特穆爾占本居於烏什，因而，舒赫德奏請令其同布瞻泰往布魯特處請兵，以攻襲喀什噶爾。「舒赫德奏稱，有居住烏什之布魯特特穆爾占，與布魯特頭目等熟識，擬派侍衛布瞻泰同往，發兵攻擾喀什噶爾，以分賊勢。」①隨之，特穆爾占遣其族子烏魯特、特穆爾前來，「玉素富辦給馬匹，又賞緞匹茶葉，養瞻家口，伊等欣感起程」②。

薩雅克、薩爾巴噶什部同屬於「右翼」且關係密切，乾隆二十三年（1758），圖魯啟拜即「係薩伊克鄂拓克之比……與比舍爾伯克分管五百餘戶」、「又薩喇巴哈什鄂拓克亦有五百餘戶，係瑪木特呼里拜、鄂庫分管。」③舍爾伯克作為薩雅克部之比，同時，他亦為薩爾巴噶什部瑪木特呼里之弟：「准富德諮稱，侍衛烏爾登，招降布魯特，瑪木特呼里比遣其弟舍爾伯克等入覲。」④鄂庫為薩爾巴噶什部首領之一，當兆惠率軍與布魯特人初步接觸時，作為侍衛的厄魯特人齊里克齊，招撫圖魯啟拜與鄂庫所領之六十餘布魯特人，並從圖魯啟拜口中得知更多信息。

明伊勒哈雖為薩雅克部首領，但薩雅克、薩爾巴噶什兩部遊牧事務或皆係明伊勒哈所管領，乾隆二十四年（1759），布瞻泰前往布魯特請兵之時，從薩爾巴噶什部首領車里克齊之子策里木伯特處得知：「伊等遊牧，係明伊勒哈辦理，及前往曉示。又據稱，來人已經逃走，遊牧人少，不便調發。」⑤這表明，上述兩部應作為一個整體，共同處理

---

① 《清高宗實錄》卷 575，乾隆二十三年十一月辛丑。

② 《平定準噶爾方略》正編卷 65，乾隆二十三年十一月辛亥。

③ 《平定準噶爾方略》正編卷 56，乾隆二十三年五月甲寅。

④ 《平定準噶爾方略》正編卷 58，乾隆二十三年七月癸卯。

⑤ 《清高宗實錄》卷 579，乾隆二十四年正月壬寅。

要務。

　　乾隆三十年（1765），在清朝政府平定烏什賴和木圖拉叛亂的過程中，薩爾巴噶什部車里克齊及其弟海蘭達爾等，為清軍平定叛亂做出了較大貢獻。當年閏二月，納世通在指揮清軍平定叛亂的過程中，「傳諭布魯特十四部落，令其拿送逸賊，毋得容留」[①]，隨之，乾隆帝降諭：「看來賊勢窮蹙，聞我兵陸續前往，必畏懼潛逃，今卡倫防範既嚴，縱有逃脫者，不過往布魯特等部落，伊等焉敢容留，倘稍有抗違，自可一併辦理。」滿文寄信檔載納世通所奏，「故令翼長亮福，率三百餘兵丁，截堵逆回逃路，又知會齊里克等布魯特十四部。」[②]這裡所指的布魯特十四部，應該即為西布魯特之十四部，此時曉諭這些部落，也是為了堵截叛亂者。

　　喀什噶爾阿奇木伯克噶岱默特所遣使人愛伊特默特至薩爾巴噶什部曉示相關訊息後，車里克齊即派遣其弟海蘭達爾前來打探消息，聽候調遣，車里克齊及其弟也因此受到賞賜，「噶岱默特前往額德格訥、薩爾巴噶什偵探回人愛伊特默特，路遇烏什回人等，揚言布魯特俱已疑貳，伊前至車里克齊等遊牧曉示，車里克齊即遣伊弟海蘭達爾前來求見，又請示聽候調遣等語。車里克齊素稱恭順，茲復知奮勉，懇請自效，甚屬可嘉，著加恩賞緞四端，伊弟著賞緞二端。」[③]這些散佈謠言的「烏什回人」，其實正是賴和木圖拉遣往浩罕求援的巴布敦、瑪瑪達布拉，車里克齊最終擒獲二者，並令其弟喀喇們都[④]交與清軍，「據

---

① 《平定準噶爾方略》，續編卷28，乾隆三十年閏二月壬申，下同。

② 《寄諭伊犁將軍明瑞等著將烏什被害官兵查明具奏分別優恤》，乾隆三十年閏二月二十七日，《乾隆朝滿文寄信檔譯編》，第五冊，第635頁。

③ 《清高宗實錄》卷732，乾隆三十年三月乙酉。

④ 關於喀喇們都，乾隆二十三年七月，富德率兵至塔拉斯地方之時，曾提及「至布魯特之塔拉斯，其頭目邁塔克、哲野木，又喀喇博托之弟喀喇們都、子阿薩木及分管三百餘戶之納蘇卜呼里，俱來求見，言及侍衛托倫泰招撫情事。」（《平定準噶爾方略》正編卷60，乾隆二十三年八月辛巳）該處所言啟台首領喀喇博托之弟喀喇們都與此

柏琨奏稱，布魯特車里克齊拿獲烏什逆賊派去額爾德尼處之兩回子，將銀兩、緞匹搶奪均分，另將布魯特三名經商回子等自行遣回。拿獲之回子巴布敦、瑪瑪達布拉，已派其弟喀喇們都等，解至喀什噶爾。」乾隆帝因此曉諭車里克齊：「該車里克齊曾來覲見，朕熟知伊。伊感戴朕恩如此行事，甚屬可嘉。喀什噶爾大臣等，雖已賞賜伊等，著施恩再賞緞四匹，即由該地方取緞四匹賞之。」①

車里克齊因此而立功，清朝文獻多有記載，乾隆帝作詩講述平定烏什回亂前後過程時，專列有《獻諜》篇，詩言：

> 遊牧東西勃律連，不同回部列氓編。負城既叛賴黑木，間道潛通安集延。布魯適居路徑過，駒隻驀遇計擒全。們都解送喀什噶，外域輸衷意實虔。②

乾隆帝所附注解對其內涵做出了闡釋，該詩指出了布魯特不同於回部之人，但仍將布魯特與勃律相聯繫，存在錯誤，前文已有提及，布魯特與唐時的大小勃律毫無關係，同時，說明布魯特雖向化內附，但清朝並未將其編戶入籍，賴和木圖拉遣人求助於安集延，路經布魯特人處，布魯特比車里克齊擒獲巴布敦等人，並交由其弟喀喇們都解送喀什噶爾。該詩所言，正與上文所言史實相應。巴布敦等人被拿獲後，清朝政府通過審訊，獲得了更多信息，對於烏什之亂的起因和過程有了更多的瞭解：

> 前據明瑞查奏，烏什回人一事，實由素誠等狂縱妄行，以致激成事變，及納世通之妄自尊大、淩辱回眾，卜塔海之輕率攻城，

處提及的車里克齊之弟喀喇們都，二者姓名寫法一致，但究竟是否為同一人，難以確知，若為同一人，更可表明東布魯特諸部之間的關聯性。

① 《寄諭伊犁將軍明瑞等車哩克齊拿獲烏什所派求援回子著賞緞匹》，乾隆三十年四月初十日，《乾隆朝滿文寄信檔譯編》，第六冊，第 562 頁。

② 《欽定西域圖志》卷十七，《疆域十‧天山南路四》。

掩飾敗狀，均為法所難宥，已將伊等分別治罪示懲，茲復據柏
琨奏，訊取巴布敦等供詞，則素誠在烏什姦淫婦女，苦累回人
各款，俱與明瑞前奏相同，是其情真罪當，實屬眾口如一，著
諭眾知之。[1]

　　這說明，烏什之亂乃因素誠、納世通、卞塔海等地方官員胡作非
為所致，巴布敦之供詞有助於對素誠之罪責有進一步的瞭解。烏什之
亂的產生，促使總理回疆事務參贊大臣駐地由喀什噶爾轉至烏什。

（二）阿提克

　　乾隆朝中後期，薩爾巴噶什部分支提奈（Tinay）部的首領阿提克
（Atake）在東布魯特佔有重要地位，他領導諸部抵禦哈薩克的入侵，
成為首個遣使於俄國的布魯特首領。前文提及，康熙末年，伊塞克湖
周圍、納林河上游、楚河、塔拉斯河流域的布魯特部落受到了準噶爾
部的驅逐，阿提克之父提奈率領這些部落逃往費爾干納谷地，在當地
從事農耕，準噶爾政權瓦解後，阿提克則在肅清天山的厄魯特人勢力
方面發揮了領導作用。乾隆朝中後期，清代文獻對於阿提克略有所記
載，乾隆三十九年（1774），哈薩克搶掠布魯特，阿提克即曾率軍反攻
哈薩克：

伊勒圖奏，據哈薩克推索克稟稱，阿布賚、阿布勒比斯率領多
人至哈拉巴勒丹，與布魯特打仗，搶掠布魯特男婦牲畜甚多，
布魯特阿提克等追至塔拉斯地方，又復敗績陣亡一千餘人，又
被擄去千餘人，內有許多頭人，等語。[2]

　　此處的「哈勒巴勒丹」即為哈喇巴勒圖，《西域圖志》載：「哈喇
巴勒圖，在吹郭勒南岸，索郭魯克西三十里支河之間，逾烏蘭烏蘇至

---

①《平定準噶爾方略》，續編卷30，乾隆三十年四月乙卯。

②《清高宗實錄》卷958，乾隆三十九年五月丁卯。

其地。」[1]此處哈薩克人所搶掠的布魯特，應係東布魯特諸部，阿提克雖然反攻哈薩克人，但又復戰敗，損失慘重，這反映了當時哈薩克與東布魯特處於對立狀態。東布魯特多部欲聯合突襲哈薩克，受到了阿提克的阻止，乾隆四十二年（1777）七月，「據伊勒圖奏，布魯特薩爾巴噶什鄂拓克比阿提克派布魯特多羅特等前來告稱：布呼鄂拓克之布魯特比齊里克齊等五部布魯特，邀阿提克夥同往掠哈薩克等，被阿提克回絕制止。」[2]

阿提克即為俄國學者所記載的 Atake Bi 或 Atake Tynay Biy Uulu（Атаке Тынай бий уулу），該人物在清代文獻中記載較少，他是布魯特諸部落中首位向俄國派遣使臣的布魯特首領，俄國學者伊萬·安德列耶夫（Ivan Andreev）指出，在哈薩克侵略布魯特的背景之下，布魯特諸部出現了權力的集中化，「吉爾吉斯人並無汗或者蘇丹，但他們擁有一位王子或比，即阿提克……阿提克是全帳的首領，他在屬部中心擁有遊牧地，被劃分為十部，各部分擁有自己的頭目」。丹尼爾·普萊爾在援引上文的過程中，指出，阿提克至少對於安德列耶夫所知的那些布魯特部落行使了至高的統治權，這也表明了一些部落之比有能力為適應政治環境而調整其權力和威信。[3]這突出了阿提克的角色，表明哈薩克入侵的特殊背景，促使布魯特在一定範圍內權力集中化，阿提克於此時擔任首領。

18 世紀後半期，阿提克實際上是東布魯特諸部的重要首領，他曾經參加過對準噶爾部的戰爭，在其主導之下，薩爾巴噶什、布庫、蘇勒圖、薩婁、胡什齊等部聯合，共同抗擊哈薩克阿布賫的入侵，霍渥

---

① 《欽定西域圖志》卷 13，《疆域六·天山北路三》。

② 《寄諭伊犁將軍伊勒圖著用心辦理遣回布魯特事》，乾隆四十二年七月二十日，《乾隆朝滿文寄信檔譯編》，第 12 冊，第 554 頁。

③ Daniel G.Prior,High Rank and Power among the Northern Kirghiz:Terms and Their Problems, 1845-1864,in Paolo Sartori,(ed.)*Exploration in the Social History of Modern Central Asia (19th to Early 20th Century)*, Leiden: Brill,2013,pp. 143-144.

思（Howorth）則指出，早在 1760 年的時候，哈薩克中帳即攻襲布魯特，阿布賚率領哈薩克軍隊劫掠布魯特，甚至俘獲部分布魯特人至中帳北部地方。[1]俄國人捷連季耶夫在其所著《征服中亞史》中也提及阿布賚對於布魯特的侵略，他提及大量被俘的布魯特人被阿布賚遷徙到西伯利亞草原的北部，有一段時間他們被稱為賈（新的）吉爾吉斯人。[2]哈薩克中帳汗阿布賚在 1767 年（乾隆三十二年）呈遞與乾隆帝的奏書中指出，當清朝平定大小和卓後，額爾德尼招募了一部分逃亡的布魯特，1765 年（乾隆三十年）時，浩罕伯克額爾德尼即聯合布魯特洗劫了哈薩克大帳，因而，阿布賚試圖向乾隆帝請兵幫助哈薩克制服額爾德尼等人。[3]這樣的請求並未得到清朝的允准，上述事件也應是哈薩克與布魯特發生戰爭的原因之一。

　　哈薩克對東布魯特的入侵，主要發生於關於 18 世紀 70 年代，關於其原因，秋山徹指出，哈薩克、布魯特曾受到準噶爾政權的驅逐，被迫向西遷徙至費爾干納地區，在準噶爾政權末期內亂不斷之時，哈薩克、布魯特乘亂向東遷徙，返回原遊牧地，此間，雙方在為保衛各自遊牧地的過程中結下矛盾，並在 1770 年爆發了戰爭，戰爭以布魯特慘敗於阿布賚所領的哈薩克軍隊告終，其後，雙方達成和平協定，劃定各自界線。[4]該役後不久，哈薩克中帳蘇丹巴拉克（Baraq）洗劫了

①Henry H.Howorth,*History of Mongols:From 9th to 19th Century*,Part Ⅱ,Division Ⅱ, London:Longmans, Green and Co.1880,p.648,p.650.

②[俄]M.A.捷連季耶夫著：《征服中亞史（第一卷）》，武漢大學外文系譯，北京：商務印書館，1980 年，第 103 頁。

③Noda Jin（野田仁）,Onuma Takahiro,*A Collection of Documents from the Kazakh Sultans to the Qing Dynasty*,TIAS:Department of Islamic Area Studies, Center for Evolving Humanities, Graduate School of Humanities and Sociology, The University of Tokyo, 2010, pp.118-119.

④Akiyama Tetsu(秋山徹), *Nomads Negotiating the Establishment of Russian Central Asia: Focusing on the Activities of the Kyrgyz Tribal Chieftains*,Memoirs of the Research Department of the Toyo Bunko,No.71,2013,p.144.

布魯特的聖地，為了加以報復，在薩爾巴噶什部鄂僧古爾・波羅特（Esengul Bolot uulu）的領導之下，由薩爾巴噶什、蘇勒圖、薩雅克部布魯特所組成的軍隊，突襲巴拉克營帳，將其擊敗，剿殺巴拉克和他的眾多追隨者。[1]

阿布賚於 1779 至 1780 年，在其生平最後一役中，再次入侵布魯特，率軍向塔拉斯河地區的布魯特薩雅克部和蘇勒圖部發動了大規模突襲，並帶走大量戰俘和戰利品，使得薩雅克和蘇勒圖部損失慘重，幾乎摧毀了一些布魯特部落及其支系。蘇勒圖部首領賈伊爾巴圖爾（Jayil Baatir）及他的兩個兒子死於戰場，薩底爾汗（Sadir Khan）作為薩雅克卡巴（Qaba）世系中有權勢的首領，其權威性在整個北方吉爾吉斯皆受認可，他本人被逮捕並遭殺害。戰後，鄂僧古爾薩爾巴噶什部向南遷徙到費爾干納和喀什噶爾間的山地中，布庫部東遷至特克斯河谷，阿布賚向那些仍處於其掌控中的布魯特徵稅，鄂僧古爾薩爾巴噶什部、阿里克（Ariq）布庫部，以及阿孜克（Aziq）部皆委質於阿布賚。[2]阿布賚於 1781 年離世後，所領哈薩克部落鄰近於清朝邊疆的中帳首領伯迪和卓（Berdi Khoja），仍然頻繁地與布魯特作戰，在 1785 年雖然贏得了一場關鍵性的勝利，但後來卻因貿然行軍而被布魯特人所執，並最終慘死，其兒子和兄弟仍然繼續與布魯特發生戰爭。[3]捷連季耶夫也指出，大帳汗也經常掠奪卡拉吉爾吉斯人[4]，這表明，阿布賚死後，哈薩克仍然長期侵略東布魯特。

---

[1]Daniel Prior, *The Šabdan Baatir Codex: Epic and the Writing of Northern Kirghiz History*, 2013,pp.34-35.鄂僧古爾之父為波羅特比（Bolot），波羅特之父則為瑪木特呼里（Mamatqul），該分支後稱為鄂僧古爾，*Ibid*.p.244.

[2]Ibid.,p.35.鄂僧古爾、阿里克分別係薩爾巴噶什和布庫部的分支部落，阿孜克係右翼中的一部。

[3]Henry H.Howorth,*History of Mongols:From 9th to 19th Century*,Part Ⅱ,Division Ⅱ, London: Longmans, Green and Co.1880,pp.650-651.

[4][俄]M.A.捷連季耶夫著：《征服中亞史（第一卷）》，武漢大學外文系譯，北京：商務印書館，1980 年，第 107 頁。

　　哈薩克的入侵導致東布魯特遭受重創，諸部雖然在與哈薩克的對抗中緊密聯合，但並未形成統一的政治單元，根據俄國學者所記載的一些布魯特口述史料，儘管阿提克在肅清厄魯特殘餘勢力方面、鄂僧古爾在擊潰巴拉克蘇丹方面取得了勝利，但這都未能帶來北方吉爾吉斯權力的統一。[①]

　　關於阿提克遣使俄國，切羅伊夫指出：

　　　　吉爾吉斯首領早期與俄國建立聯繫的嘗試，發生於 18 世紀末期。薩爾巴噶什部落首領阿提克比，於 1785 年派遣其使臣阿布都喇曼·庫楚克至俄國，使臣面見了沙俄女皇葉卡捷琳娜二世。然而，其出使終告失敗，因為沙俄西伯利亞當局懷疑吉爾吉斯人在新疆搶掠了其商隊，阿布都喇曼因而被拘於歐姆斯克，並於 1789 年 6 月 20 日亡故。對沙俄而言，彌補其過，為時已晚，阿提克比也絕不會原諒其聰慧、博識的使臣之死。其他北吉爾吉斯首領也試圖與沙俄建立外交和商貿關係，實際上，19 世紀 20 年代以來，吉爾吉斯首領的這些努力，通常是為了順應沙俄的主動要求。[②]

　　阿提克是最早遣使與沙俄建立政治聯繫的布魯特首領，但此次遣使並未取得成功，其使臣因被俄國拘留而最終客死他鄉。

　　關於阿提克遣使俄國的原因，有說法表明這與東布魯特部落受到浩罕的欺凌有關。吉爾吉斯斯坦共和國前總統阿卡耶夫（Askar Akaev）在其著作中提及，18 世紀末期，浩罕首領納爾巴圖曾試圖征服北方吉爾吉斯諸部，並多次邀請阿提克至浩罕，試圖令阿提克向其表達效忠

---

①Daniel Prior, *The Šabdan Baatir Codex: Epic and the Writing of Northern Kirghiz History*, 2013,p.36.

②T. Tchoroev(Chorotegin), The Kyrgyz,in Chahryar Adle and Irfan Habib (eds.) *History of Civilizations of Central Asia*,Vol. V Ⅵ,UNSECO Publishing,2003,p.120.

之意，但並未果，阿提克返回布魯特的過程中，浩罕所遣百餘士兵至布魯特，宣稱要在布魯特諸部徵收貢賦，但阿提克堅決加以抵制。為保證北方吉爾吉斯諸部安定、和平，他期望尋求強有力的庇護，因而，集中多部組織忽勒台（kurultay），即議事會，除了阿提克，其他多部代表皆來與會，薩雅克的喀岱比（Kadai）、胡什齊部的伊瓦達比（Ivada）、布庫部的沙巴克比（Shapak）、蘇勒圖部的畢爾納札比（Birnazar）、啟台部的木薩比（Musa）、薩妻部的沙巴圖比（Sary Batyr）等，皆參與此次會議，當時，阿提克對於伊塞克湖周圍、珠穆翰、納林、阿特巴什、托古斯托羅、克特滿圖伯等地的布魯特部落皆具有統領權，各位代表全體一致同意阿提克向聖彼得堡派遣布魯特使團。[1]季米特里·庫茲涅佐夫（Dmitry Kuznetsov）也有相類的觀點，他指出，18 世紀時，當阿提克領軍驅逐了塔拉斯和楚河河谷的入侵者後，浩罕卻構成了新的威脅，浩罕統治者向其索求貢賦並試圖吞併布魯特領地，正在此時，阿提克召集會議向俄國遣使、尋求保護。[2]這表明，自 18 世紀中後期，東布魯特即受到浩罕擴張的威脅，這也促進了東布魯特諸部間的團結，並成為阿提克向俄國遣使的動因之一。

　　總之，阿提克在 18 世紀下半葉的東布魯特中發揮了領導作用，他率部抗擊哈薩克的入侵，並與浩罕相對抗，這在一定程度上促進了東布魯特諸部間的團結和統一，但東布魯特並未形成統一的政治實體。

二、東布魯特鬆散聯盟雛形的形成

　　乾隆年間所指的「東布魯特」主要部落中，薩爾巴噶什、布庫、

---

[1] Askar Akaev,*Kyrgyz Statehood and the National Epos"Manas"*,New York:Global Scholarly Publications,2003,pp.132-133.

[2] Dmitry Kuznetsov,*Kyrgyzstan:Fight for Democracy,First President Askar Akayev's Vision and His Opponents' Policy*,trans.by Anna Trusevich and Veronica Geminder, Berlin: CorInA, 2011,p.80.

薩雅克、蘇勒圖，屬右翼中「塔蓋伊」，主要分佈於伊塞克湖周圍和納林河上游地區，霍索楚、薩婁、啟台等，均屬左翼，主要分佈於楚河、塔拉斯河流域。清朝布魯特諸部總體分佈較為零散，諸部間關聯性較少，而東布魯特各部則可被視為一個整體，諸部間的親緣性更強，結成了鬆散的聯盟。

　　東布魯特各部間的聯繫，體現在漢文文獻中。薩雅克、薩爾巴噶什部同屬於右翼，圖魯啟拜本人為薩雅克部之比，與舍爾伯克比分管五百餘戶，薩爾巴噶什五百餘戶，由瑪木特呼里、鄂庫分管。[①]舍爾伯克既為薩雅克部之比，也是瑪木特呼里之弟，他曾代表瑪木特呼里入覲。[②]年長的瑪木特呼里在東布魯特諸部中享有較高威望，這不僅體現在他與舍爾伯克對薩爾巴噶什、薩雅克部的管領方面。薩爾巴噶什部另一首領車里克齊稱：「我瑪木特呼里比，年九十餘，身體過胖，坐時腹垂至地，不能乘馬，惟車里克齊、圖魯起、尼沙三人赴京。」[③]圖魯起即為圖魯啟拜，尼沙為蘇勒圖部之比，薩爾巴噶什、薩雅克、蘇勒圖三部，或皆認同於瑪木特呼里的權威性；霍索楚首領邁塔克之子額什博托稱：「塔拉斯有四千餘戶，係瑪木特呼里比總管」[④]，表明塔拉斯三部也由瑪木特呼里總管；啟台首領喀喇博托之侄哈畢啟則稱：「我布魯特分左右翼，右翼係瑪木特呼里管領，左翼係喀喇博託管領」[⑤]，僅表明右翼係瑪木特呼里所管領；《西域圖志》指出「諸頭目不相統屬，推一年長者有事則告，俾與聞而已。頭目之長瑪木克呼里，則兼轄諸部。」[⑥]瑪木克呼里即瑪木特呼里，表明東布魯特各部首領彼此雖不相統屬，僅推舉年長者傳告事務，但瑪木特呼里作為主要首領兼轄各部。

---

① 《平定準噶爾方略》正編卷 56，乾隆二十三年五月甲寅。

② 《平定準噶爾方略》正編卷 58，乾隆二十三年七月癸卯。

③ 《平定準噶爾方略》正編卷 58，乾隆二十三年七月壬辰。

④ 同上。

⑤ 《平定準噶爾方略》正編卷 59，乾隆二十三年七月丙午。

⑥ 《西域圖志》卷 45，《藩屬二·東布魯特》。

　　上述不同說法，對瑪木特呼里個人角色的描述不盡相同，哈畢啟指出右翼諸部受其統領，額什博托及《西域圖志》闡明東布魯特中的左翼也受其總管，但仍可說明東布魯特諸部形式上認同於共同的首領，各部間的親緣關係可以由此體現，而歸附清朝的其他地區的布魯特部落則並無此特點。維尼科夫（Vinnikov）即曾指出，相較於南方各吉爾吉斯部落，北方吉爾吉斯部落之間存在著更多內在的宗譜關係。[1]

　　這樣的關係，也體現在具體事務中。乾隆二十三年（1758），在清軍追剿大小和卓的過程中，侍衛布瞻泰曾至薩爾巴噶什部請兵，並根據車里克齊之子策里木伯特所言，認為「伊等遊牧，係明伊勒哈辦理。」[2]明伊勒哈係薩雅克部首領，他在兩部用兵事宜上具有一定的統領權，即體現出兩部間的密切關係。乾隆二十七年（1762），布魯特比瑪木特呼里、阿爾雜默特欲聯合發兵攻襲浩罕伯克額爾德尼，車里克齊、特穆爾占阻止之，並因此受賞：

> 薩爾巴噶什比齊里克齊、特木爾占皆係新附之人，瑪木特呼里等欲與額爾德尼搆兵，遣人會商，伊等開諭阻止，和睦鄰封，甚屬可嘉，永貴雖經各賞緞一匹，為數過少，齊里克齊從前業經賞戴三品翎頂，著加恩再加賞緞二匹，特木爾占已賞給五品頂帶，著加恩賞換花翎，所賞緞匹即由彼處所存緞匹賞給。[3]

　　車里克齊、特穆爾占皆被賞與緞匹，且特穆爾占被換賞五品頂花翎。從該行文，可以看出，將車里克齊、特穆爾占皆視為薩爾巴噶什部之人，其實特穆爾占為薩雅克部之人、明伊勒哈之弟，清朝政府遣人與二者會商，亦可表明兩部之間存在著一定的同盟關係。此時，瑪木特呼里、阿爾雜默特之所以試圖聯合發兵於浩罕，這與浩罕在乾隆

---

[1] Daniel Prior, *Heroes,Chieftains,and the Roots of Kirghiz Nationalism*, Studies in Ethnicity and Nationalism, Vol.6(2),2006,p.74.

[2]《清高宗實錄》卷 579，乾隆二十四年正月壬寅。

[3]《清高宗實錄》卷 664，乾隆二十七年六月壬寅。

二十七年（1762）左右對外擴張有關，前文中的額德格訥部受到浩罕侵略、胡什齊部納喇巴圖等率屬內附，也都是基於額爾德尼欺凌布魯特部落這一大背景。

更為典型的是，《西域地理圖說》將薩雅克、薩爾巴噶什部歸為同一個大的部落，稱其為薩雅克錫爾巴喀什（薩雅克—薩爾巴噶什）：「薩雅克錫爾巴喀什（sayak sirbagasi）布魯特瑪瑪庫里（mamahukuli）之屬民近二千戶，於闊馬克圖伯（komak tube）地方遊牧，其所屬九個部落內……」[1]瑪瑪庫里應即瑪木特呼里，闊馬克圖伯有可能為前文提及的克特滿圖伯，這裡提及瑪木特呼里作為該部落首領，統轄了九個部落，根據相關記載，表列如下：

---

①阮明道主編：《西域地理圖說注》，阮明道漢文箋注、劉景憲滿文譯注，延吉：延邊大學出版社，1992 年，第 164-165 頁。

表 5-1 《西域地理圖說》所載薩雅克—薩爾巴噶什屬部一覽表[①]

序號	部落名稱	首領	戶數	住牧地
1	薩雅克（sayak）	錫爾伯克	500	於碩曼蘇（soman su）地方種田遊牧
2	阿什克薩雅克（asik sayak）	哈布肯	400	
3	察喀（哈）爾薩雅克（cak'ar sayak）	圖里克依	400	於朱木干（珠穆翰jumgan）地方種田遊牧
		明依兒哈（伊勒哈）	200	於帖爾哲札克（tiyerjejak）地方種田遊牧
		特木爾札（特穆爾占）	100	於圖玉胡雅爾（tuyuhuyar）地方種田遊牧
4	薩爾巴噶什（sargagasi）	坡拉特	2000	於克特瑪兒（ketmal）地方種田遊牧
5	布黑（布庫）（buhei）	齊里克齊	600	於玉楚海克（yucuhaike）地方種田，夏季遊牧於沙爾噶爾拉木（sargarlam）地方種田度冬，於雅木布拉克（yambulak）地方養牧

---

①該表格中所提及的多數住牧地名難以明確考證，其中，朱木干即珠穆翰，前文有所提及；
庫木什塔克（Kumushtak）應即清代文獻中的庫穆什山地區，該地有庫木什塔克山和庫木
什塔克河，位於塔拉斯河上游地區，也是清朝統一新疆後清朝的西部邊境地區，南鄰浩
罕，在哈喇布拉嶺與額得默克嶺之間，自古即為產銀地區，現為吉爾吉斯斯坦銀礦區；
克特瑪兒可能即克特滿山脈，位於伊黎河及其支流察林河之間，其他地名仍然待考。

6	巴噶什	巴雅斯坦	500	於玉魯瑪拉兒（yurumaral）地方種田遊牧
7	薩魯(saru)	闊岳胡里	500	於塔拉斯(talas)庫木什塔克（kumusi tak）地方種田遊牧
		沙巴圖	400	
		禮木巴拉兒	400	
8	巴什啟斯（巴斯奇斯）(baskis)	木拉特	400	於阿拉布古（alabugu）地方種田遊牧
9	蒙古多爾（蒙額爾多爾）(munggudor)	額齊拜	300	——
合計戶數			6700	——

資料來源：阮明道主編：《西域地理圖說注》，第 164-165 頁。

　　《西域地理圖說》將瑪木特呼里視為薩雅克—薩爾巴噶什部落聯盟的首領，上引文稱其所領屬民二千餘戶，而通過該表可知，其所屬九個部落人口戶數實際共計六千七百戶，而這些部落應包納了東布魯特的多數部落。該著所提及的多數部落見載於前文所提及的漢文文獻中，但其他文獻似並未記載阿什克薩雅克部，且它將明伊勒哈、特穆爾占皆載為察哈爾薩雅克部首領，這一說法與《新疆識略》中的記載並不相同；同時，還記載了巴噶什部及其首領巴雅爾斯坦，《清高宗實錄》就巴噶什、巴雅爾斯坦有所記載：「納世通奏，准明瑞諮，巴噶什、巴雅爾斯坦之布魯特搶掠哈薩克人口一事，隨查投誠布魯特各部落冊籍，並無來諮名目，恐係傳聞等語。」[1]這說明，當時納世通等人並不知曉巴噶什、巴雅爾斯坦的具體情形，清朝也並未將該部布魯特列入

---

① 《清高宗實錄》卷 724，乾隆二十九年十二月己丑。

冊籍，而上述文獻則表明巴噶什部實際係瑪木特呼里下屬部落，巴雅爾斯坦則為該部首領，其戶數約五百戶。總的來說，上述記載進一步表明了東布魯特多個部落間的存在著緊密的親緣關係並以薩雅克、薩爾巴噶什部為核心，在瑪木特呼里的領導下組成了一個部落同盟。

以薩雅克、薩爾巴噶什部為核心的東布魯特多部之間親緣關係較近、分佈範圍相對較為集中，各部間的內在關聯性較強，這體現在上述相關事務的記載之中。

東布魯特西鄰哈薩克與浩罕，且又遠處清朝邊外，與南疆喀什噶爾、烏什等城距離較遠，故而，東布魯特諸部與清朝關係並不如希布察克、沖巴噶什與清朝的關係親近，在抵禦外敵入侵的過程中並未能從清朝獲得足夠的幫助。在此情境下，東布魯特諸部為了求得生存和發展，加強了內部的團結和統一，這樣的聯合性，在這些部落受到準噶爾部的統治和驅逐過程中即已開始結成。故而，東布魯特歸附之初，清朝得知瑪木特呼里對於左、右翼多個部落皆有統領權，薩雅克、薩爾巴噶什部也共同處理內部事務。

清朝統一新疆後，受到驅逐的東布魯特諸部得以返回其原遊牧地，這也是其歸附清朝的重要原因，但清朝經勘界後，僅將邊遠之地賞給其遊牧，並嚴令其不得越界，這在前文中已有提及。乾隆朝中後期，東布魯特面臨哈薩克的入侵和浩罕的威脅，阿提克再次湧現出來，加強諸部的團結和統一，率領諸部抵禦外敵的侵犯，並於 1785 年首次向俄國遣使，成為布魯特與俄國建立聯繫的開端。乾隆年間，東布魯特各部雖然一度緊密團結，但諸部落仍主要各自為政，並未形成統一的政治實體，僅形成了鬆散聯盟的雛形。19 世紀 40 年代，薩爾巴噶什部在諸部中的核心地位進一步凸顯，該部分支鄂僧古爾部的首領幹爾曼一度獨自稱汗，但因各部間的內部矛盾而並未成功，諸部進一步結成了鬆散的聯盟，這在後文將有論及。

三、薩爾巴噶什與布庫的關係

關於薩爾巴噶什部與布庫部（布呼、布扈），清代文獻多僅提及前者，《新疆識略》載：「（薩爾巴噶什部）亦名布庫部落，在伊犁西南鄂爾果珠勒卡倫外特木爾圖淖爾南岸遊牧。」[1]潘志平先生也注意到清代多數相關漢文文獻皆只載有薩爾巴噶什部，惟有《新疆識略》提及了兩部名稱，並將其作為同一部落，他結合俄文史料，認為「它們早期或為同一部，後發展成經常發生衝突的兩個部落。」俄文文獻以地理位置的不同來進行區分，兩部分列伊塞克湖左右，布庫占其東部、薩爾巴噶什占其西部。[2]

乾隆年間的清代文獻較少提及記載布庫部事務：

一者，乾隆五十四年（1789），察哈爾薩雅克部占頗拉特及其子伯爾克搶掠安集延、喀什噶爾商人馬匹，博斌經布魯特幫助，拿獲了占頗拉特等人：「巴斯起斯、蒙郭勒多爾、薩爾巴噶什、布庫等遊牧比等，既各派出阿哈拉克齊等，為博斌引路，俱應施恩。」[3]此處也將薩爾巴噶什與布庫兩部並列。

二者，乾隆五十五年（1790）九月，布庫部之比圖里拜病故，「據永保奏稱，布扈鄂拓克五品頂戴賞戴花翎之布魯特比圖里拜病故等語。圖里拜前於緝拿布魯特賊匪時，曾經帶道出力，且於一切委派事件，亦屬奮勉，今伊病故，殊堪憫惻，著加恩將圖里拜翎頂賞給伊子胡魯拜戴用，以示眷念之意。」[4]這說明，圖里拜作為該部之比，曾被賞與五品頂戴花翎，他曾參與捉拿布魯特賊匪，乾隆四十六年（1781），圖

---

①《新疆識略》卷 12《布魯特》。

②潘志平：《清季布魯特（柯爾克孜）諸部的分佈》，《西域研究》1992 年第 3 期。

③《寄諭喀什噶爾參贊大臣明亮等將拿獲盜馬賊各官回子等分別賞賜》，乾隆五十五年正月十四日，《乾隆朝滿文寄信檔譯編》，第二十二冊，第 510 頁。

④《清高宗實錄》卷 1363，乾隆五十五年九月甲辰。

里拜因拿獲偷盜馬匹之布魯特而被賞與五品頂戴花翎。[①]圖里拜故去後，其子胡魯拜繼承其頂戴。《新疆識略》所載圖里葉拜應即為圖里拜，「圖里葉拜，乾隆三十四、四十六等年，因布魯特泥雜爾事內出力，並拿獲偷竊馬匹之布魯特兩次，奏賞五品頂花翎。」[②]雖然此處將其列為薩爾巴噶什部，但上述乾隆年間的文獻卻明確稱之為布庫部之比。

三者，乾隆五十九年（1794）十一月，「喀什噶爾參贊大臣永保等奏，請定回民出卡貿易章程，喀什噶爾貿易回人，如往充巴噶什、額德格訥、薩爾巴噶什、布庫、齊里克等處貿易者，給於出卡執照，如往各處遠部落，俱不得給與，違則拿獲發遣。」[③]其中所列部分布魯特部落名稱時，將薩爾巴噶什與布庫並列，這表明，直至乾隆末年，兩部之間仍然存在著區別，並非同一部落。

關於車里克齊，清代文獻多明確記載其為薩爾巴噶什部之比，前文提及，乾隆二十三年（1758），兆惠也稱車里克齊為薩爾巴噶什頭目，但滿文寄信檔又稱其為布庫部之比，說明清朝對於薩爾巴噶什部與布庫部仍存在混淆。根據滿文寄信檔，乾隆四十二年（1777）七月，「據伊勒圖奏，布魯特薩爾巴噶什鄂拓克比阿提克派布魯特多羅特等前來告稱：布呼鄂拓克之布魯特比齊里克齊等五部布魯特，邀阿提克夥同往掠哈薩克等，被阿提克回絕制止。」[④]此處文獻將薩爾巴噶什部與布庫部並列，且稱車里克齊為布庫部之比，阿提克為薩爾巴噶什部之比，滿文寄信檔中如此說明，表明此時兩部之間確實存在著一定的區別。該條滿文寄信檔，同時提到了阿提克在奎屯庫勒圖耕種田地一事，「阿提克於奎屯庫爾圖地方少耕田畝，請秋季收割後再外遷。」鑒於阿提

---

① 《寄諭伊犁將軍伊勒圖等著賞擒賊之布魯特比圖里拜五品頂戴花翎》，乾隆四十六年八月，《乾隆朝滿文寄信檔譯編》，第十五冊，第591頁。

② 《欽定新疆識略》卷12《布魯特》。

③ 《清高宗實錄》卷1464，乾隆五十九年十一月乙酉。

④ 《寄諭伊犁將軍伊勒圖著用心辦理邊回布魯特事》，乾隆四十二年七月二十一日，《乾隆朝滿文寄信檔譯編》，第十二冊，第554頁，下同。

克阻止車里克齊等人攻襲哈薩克一事，乾隆帝令伊勒圖曉諭多羅特：

> 爾等之人私越邊界於奎屯庫爾圖地方耕田，實屬不當。案例即
> 行將伊等驅逐，但阿提克等回絕制止齊里克齊等往掠哈薩克，
> 甚善，事宜現免驅逐伊等，俟收割後，即應回遷，來年我遣人
> 巡查，若尚在彼棲留，則斷然不可。

　　這表明，乾隆帝應允阿提克在秋收之後遷出奎屯庫爾圖。此處的奎屯庫爾圖即為奎屯庫勒圖，《西域同文志》載：「奎屯郭勒圖，蒙古語。奎屯，冷也；郭勒，河也；謂冷水河，其地有之，故名。」[①]《西域圖志》載：「奎屯郭勒圖，在額林樁集西北五十里，地饒水草。」[②]鐘興麒先生等注曰：「奎屯郭勒圖，位於新疆巴里坤縣博爾羌吉鎮東官炭窯和紅柳泉以北一帶區域。」[③]可以看出，奎屯庫勒圖在現今巴里坤縣境內，距離伊塞克湖甚遠，阿提克為何遠至該地耕種田地，其中原因難以確知。

　　乾隆五十年（1785），車里克齊病逝，滿文寄信檔載：「據海祿奏，布呼部比齊里克齊病故，將所賞頂翎，因希里木伯特年邁，照其所請，將頂翎傳襲給其弟鄂霍拉克，故將齊里克齊頂翎，賞戴額霍拉克及授比而管理實務，並賞賜緞匹。」[④]此處仍然指明車里克齊為布庫部之比，車里克齊死後，應由其子策（希）里木伯特繼承，但策里木伯特因年老，將車里克齊之頂翎讓與其弟鄂霍拉克，由鄂霍拉克擔任比職。乾隆帝由此責怪海祿，「海祿更加錯矣！若將齊里克齊之翎頂，賞給額霍拉克並授其為比辦事，應亦朕施恩之諭旨，曉諭伊等才是，何以在奏摺內並未陳明此事？」這說明，乾隆帝責備海祿未待聖諭下發，即同

---

① 《欽定西域同文志》卷一，《天山北路地名》。

② 《欽定西域圖志》卷9，《疆域二·安西北路一》。

③ 鐘興麒等校注：《西域圖志校注》，烏魯木齊：新疆人民出版社，2002年，第188頁。

④ 《寄諭伊犁領隊大臣著賞賜布魯特布呼部希里木伯特等緞匹事》，乾隆五十年九月十八日，《乾隆朝滿文寄信檔譯編》，第十八冊，第555頁，下同。

意車里克齊之頂翎轉由鄂（額）霍拉克繼承，其後，乾隆帝正式降諭：

「齊里克齊之兄希里木伯特，理應承襲比一職，因其年邁，自願傳襲給其弟，甚佳；亦賞戴五品花翎，以示朕之體恤。仍開誠曉諭希里木伯特、額霍拉克二人，伊等感戴朕恩，好生管束下屬人等。」車里克齊本來享有三品頂戴，此後，由其子鄂霍拉克承襲該項頂翎，策里木伯特則被另賞五品花翎，需要指出的是，此處文獻稱「齊里克齊之兄希里木伯特」，顯然有誤，策里木伯特應為車里克齊之子。《新疆識略》對此也有記載：「鄂霍拉克，奇里克齊之子，奇里克齊，乾隆二十三年入觀，賞三品頂花翎，奇里克齊病故，將原品頂翎賞鄂霍拉克。」、「薩里木伯特，奇里克齊之子，乾隆五十年，奇里克齊病故，薩里木伯特情願將翎頂讓給伊弟鄂霍拉克，奏奉特旨，賞五品頂花翎。」[1]

根據瓦里漢諾夫的記載，布庫、薩爾巴噶什、蘇勒圖、薩雅克、奇里克、沖巴噶什、巴斯子同屬於右翼中的塔蓋伊（Tagai），「布庫自1855 年開始臣服於沙俄，共計六部，他們耕種於伊塞克湖南岸，夏季遊牧於格根河和特克斯河上游。」、「薩爾巴噶什部，共計十帳，沿楚河和伊塞克湖東岸遊牧。」[2]瓦里漢諾夫強調布庫臣服於沙俄，說明二者皆屬於「塔蓋伊」部，並根據住居、遊牧地點來進行了區別。

尤金•疏勒從族源傳說的角度來說明了兩部的關係，這些族源傳說多與動物相關，多個布魯特部落皆將其源起與英雄塔蓋伊相聯繫，蘇勒圖、薩爾巴噶什、布庫皆稱其為塔蓋伊正室所生之後人，而薩雅克人卻為塔蓋伊之妾所生，因此，薩雅克人為其他部落所蔑視，以致於頻頻淪為他部所奴役，布庫人中盛行以下傳說：

據布庫人所言，現今的納林堡附近有一座名為阿拉米沙克（意為花貓）的山，其中有一條隧道。某日，一位正獵取山鹿的薩

---

① 《欽定新疆識略》卷 12《布魯特》。

② Valikhanof,etc.*The Russians in Central Asia*,p.102.

爾巴噶什部吉爾吉斯人，偶然行至此地，他看到隧道另一端發
出光亮，就涉險進入其中。當行程過半時，他遇到了一隻有觸
角的動物，他誤以為是鹿，就將其獵殺，但將其拖出入口時，
發現原來這是一個形似鹿（布庫）且有觸角的男人。很快，一
位長有相類觸角的女人跑來，伏屍而泣，並稱那是她的弟弟。
那個薩爾巴噶什人不知所措，為其無意的謀殺而悔恨，他就提
出通過與她結婚來贖罪，其後，布庫部落就產生於他們。[①]

這一族源傳說表明，布庫部族源與鹿有關，鹿或為該部之圖騰，
說明布庫部源自於與鹿與薩爾巴噶什部的結合，或許，正因為兩部存
在著密切的聯姻關係，以致於漢文文獻將兩部視為同一部落。

俄國學者巴托爾德也就布庫、薩爾巴噶什部與沙俄之間的聯繫進
行了說明，「一些吉爾吉斯人感到接受俄國的保護可能更有利一些，於
是承擔起了護送俄羅斯商隊前往喀什噶爾的義務。居住在伊塞克湖東
岸和特克斯河之間的吉爾吉斯人最東邊的布谷（鹿）部與俄羅斯人交
往的時間早於其他部落。」[②]這表明，布庫部較早與沙俄產生了聯繫，
巴托爾德指出的布庫人居住於伊塞克湖東岸和特克斯河之間，這與瓦
里漢諾夫所言相當。1824 年，喀山韃靼人法伊祖拉·賽富林「勸說布
谷部落 3 個氏族（吉爾丹、阿雷克圖庫姆、比利亞克）的比承認自己
是俄羅斯臣民，並為此派出了一個代表團。代表們要求允許他們去見
最高統治者，但他們只在塞米巴拉斯克和鄂木斯克受到了接待。」[③]這
表明，19 世紀 20 年代，沙俄政府進一步向布庫部落滲透，要求其不同
氏族宣稱其為俄羅斯臣民，「在國籍方面走得最遠的是比利亞克氏族，
他們甚至請求俄羅斯派軍鎮壓襲擊商隊的搶劫者。當時比利亞克人的

① Eugene Schulyer, *Turkestan:Notes on a journey in Russian Turkestan,Khokand,Bukhara and Kuldja*. Vol. II, London : 1877，p.138.

② [蘇]巴托爾德著，張麗譯：《中亞歷史（下）》， 2013 年，第 588 頁，下同。

③ [蘇]巴托爾德著，張麗譯：《中亞歷史（下）》，第 588 頁。

首領可能還是以前曾到過俄國的科伊奇伯克。」[1]這說明布庫部中的比利亞克氏族最終加入了沙俄國籍，「1855 年擁有 10000 帳人口的布谷部落的最高馬那普布蘭巴依或布拉姆巴伊表示歸順俄羅斯人。」[2]此說，對於前文所引瓦里漢諾夫所言「布庫自 1855 年開始臣服於沙俄」進行了更具體的闡釋，說明當年布庫部之瑪納普（Manap）布蘭比(Buranbay)或布拉姆比(Burambai 博鑒拜)正式歸順於沙俄，這二者與沙俄關係密切，受到了沙俄委任，瑪納普這一頭銜的出現，正與布庫、薩爾巴噶什等部在 19 世紀中期受到沙俄的統治密切相關，有關細節，後文將有專論。

　　通過中外文文獻的對照，可以發現，乾隆年間，清朝文獻確曾同時記載了薩爾巴噶什部和布庫部，這表明，二者確係存在著一定的區別，但清朝政府也並未能明確說明二者不同之處，以車里克齊而言，清代滿漢文獻中，既有稱其為薩爾巴噶什部屬人者，又有稱其為布庫部屬人者，但道光年間，卻將兩部視為同一部。從瓦里漢諾夫、巴托爾德等人的記載和研究中，可以發現，俄國學者對於兩部之地理位置進行了區分，但也闡述了二者之間的關聯，兩部在族源上關係密切，且又在先後於 18 世紀末期至 19 世紀中期受到了沙俄的滲透，促使兩部歸附了沙俄。由於布魯特人遊牧、遷徙頻繁，其部屬也經常發生變遷，丹尼爾·普萊爾（Danier Prior）即指出：

> 吉爾吉斯人歸屬於某一部落或另一部落的身份，不是固定的或一成不變的，如其中一人僅僅由薩爾巴噶什地方遷至蘇勒圖部，那麼他就不再被稱為薩爾巴噶什人，而是蘇勒圖人；遷至薩雅克，他就變成薩雅克人，但這只針對於普通大眾而言。瑪納普嚴格維持諸部之劃分，諸多部落的形成時間非常近——就一兩代人，即使今天，新的部落仍在形成中。[3]

---

① [蘇]巴托爾德著，張麗譯：《中亞歷史（下）》，第 589 頁。

② [蘇]巴托爾德著，張麗譯：《中亞歷史（下）》，第 592 頁。

③Daniel G.Prior,High Rank and Power among the Northern Kirghiz:Terms and Their

　　這表明，布魯特人的部落身份歸屬並非絕對的，因諸部之間的遷徙、相互往來以及聯姻，故而使得薩爾巴噶什部與布庫部之間關係密切，這也是使得清代學者以兩部為一部的重要原因。同時，東布魯特諸部也是基於這樣的背景，實際上形成了一個鬆散聯盟，相較於南疆喀什噶爾、烏什、英吉沙爾、葉爾羌等地附卡而居的布魯特諸部，東布魯特諸部之間的關聯更為密切。由於其在地理位置上與沙俄、哈薩克更為接近，故而，較早受到了沙俄的政治滲透，在 19 世紀中期的時候，布庫部即完全歸附於沙俄。

第二節　乾嘉年間其他布魯特部落的主要活動

　　以上的章節中，筆者主要論述了乾嘉年間與清朝關係較為密切、文獻中記載較多的多個部落的主要人物及其活動，其中，希布察克部、沖巴噶什部與清朝關係尤為親近，其首領阿奇木、阿瓦勒在布魯特首領中地位較高，受到清朝優待；胡什齊部雖也與清朝關係密切，但由於其首領納喇巴圖、伯爾克先後率屬逃往浩罕，令清朝政府頗為不解，這也影響了該部與清朝的關係；額德格訥部的活動受浩罕影響的程度較深，這突出地體現在阿濟比所領鄂斯地方受到浩罕侵略方面，同時，奇里克部的遷徙也可能受到了浩罕的影響，而額森率屬由希布察克部遷往奇里克部則增加了奇里克部部落構成的多元性；東布魯特諸部本身即存在更為密切的親緣關係，諸部間的關聯性較強，這一特點也是其他地區的部落所不具有的，這些內容皆值得做專題性的分析。

　　從中可見，對這些主要部落相關活動的梳理，可以將乾嘉年間與布魯特相關的主要事務囊括其中，如對阿奇木、阿瓦勒、多連、玻什輝、圖爾第邁莫特、蘇蘭奇等人物事蹟的整理，有助於我們知曉阿奇

Problems, 1845-1864,in Paolo Sartori,(ed.)*Exploration in the Social History of Modern Central Asia (19th to Early 20th Century)*, Leiden: Brill,2013,p. 140,note 3.

木及其家族的影響力，認識阿奇木誣控鄂斯瑞事件的前後過程；對於多連及其子圖爾第邁莫特身世的分析，有助於進一步理解圖爾第邁莫特因孜牙墩事件被枉殺所造成的影響；對於阿瓦勒及其子孫地位的解析，也有助於瞭解蘇蘭奇加入張格爾之亂所造成的影響。同時，對於車里克齊、明伊勒哈、阿提克等東布魯特部相關人物及其活動的總結，有助於進一步認識東布魯特的特殊性，等等。

相較於上述諸部，清朝滿漢文獻對於其他較小部落所參與活動的記載相對較少，《新疆識略》所載《布魯特頭人表》即描述了十九個部落中的主要人物所受頂戴及其參與的主要活動，通過對比，可以發現，其他較小部落所參與的事務多與上述主要事件相關，如乾隆四十九年（1784），阿奇木因誣控鄂斯瑞被治罪，其子燕起（雅依奇）外逃，在清朝緝拿阿奇木、追剿燕起的過程中，多個部落的人物參與其中，如薩爾特部多斯莫特、努庫里參與拿獲阿奇木，奈曼部色提、托克塔胡爾皆曾幫同追剿燕起，同樣地，散處喀什噶爾邊卡外的喀爾提錦部、提依特部、圖爾額伊格爾部、岳瓦什部等部人物皆曾參與上述事務，部分人物還幫同清朝處置孜牙墩事件及招撫薩木薩克一事，這些人物都被清朝賞給不同品級的頂戴。同時，巴斯奇斯部岳勒達什、蒙額勒多爾部列別斯，於乾隆五十四年（1789）幫助清朝拿獲盜馬賊占頗拉特，受到清朝的嘉獎。總之，乾嘉年間，這些較小部落的所扮演角色極為有限。

另有諾依古特部較為特殊，因為該部是惟一一支落居於阿克蘇地區的部落，也是清朝文獻所載的十九部中位置最為偏東的部落，《新疆識略》載該部「在阿克蘇城東木雜喇特河東岸遊牧」[①]，該部之比噶岱密爾雜於乾隆二十三年（1759）投附清朝，清朝授其五品頂戴，他病

①松筠等纂：《新疆識略》卷12《布魯特》，木雜喇特河即穆雜喇特河，《回疆通志》載其位於阿克蘇城東一百七十里，穆雜喇特（Musart）又作穆札（扎）爾特、穆（木）素爾嶺，即冰嶺，穆素爾達阪係清代伊犁通往阿克蘇的重要通道，今我國在此地設有木札爾特口岸。

故後，其子額木爾受五品頂戴，額木爾因幫同平定烏什之亂，出兵受傷，被賞與四品頂戴，後因幫同處置搶掠安集延之布魯特，清朝賞給其三品頂戴，額木爾之子鄂斯曼、孫邁瑪特斯第克相繼承襲三品頂戴。《回疆通志》載，阿克蘇額設「諾伊古特布魯特畢一名，金頂布魯特六名」[1]。

徐松在《西域水道記》中載：「諾伊古特者，布魯特部也，乾隆二十三年，布魯特噶岱密爾雜內附，授牧地於斯，今四品比邁瑪第利，其曾孫也，轄布魯特八十五戶。莊在木咱喇特河北岸十餘里。」[2]邁瑪第利應即邁瑪斯第克，係噶岱密爾雜之曾孫，其所轄布魯特人口僅八十五戶。

徐松言及噶岱密爾雜歸附之初即被安置於阿克蘇地方遊牧，然而，根據滿文檔案，乾隆二十四年（1759）五月，定邊將軍兆惠奏及：「將烏什布魯特人等遷至阿克蘇地方」[3]，這部分被遷居阿克蘇的布魯特很可能即為諾依古特部布魯特，這表明，諾依古特部是清朝統一新疆的過程中被遷徙至阿克蘇的。瓦里漢諾夫所提及的牛格伊特人應即諾依古特部，「牛格伊特人，半遊牧民族。據說其祖先是布魯特人。住在穆札爾特山麓，屬烏什州管轄，從事畜牧業，夏季住氈帳篷。清朝政府規定，牛格伊特人要清除穆札爾特山口的冰塊積雪，以此支差服役。」[4]除此之外，根據《西域地理圖說》的記載，喀爾提錦部也較為典型，該著載喀拉梯金（喀爾提錦）共有九個部落、屬民二千餘戶：「喀拉梯金布魯特和卓米雅爾之屬民二千餘戶。喀拉梯金有城，種田遊牧。近處山中盡是牲口群、大部落。其所屬九個部落內……」前文提及，多種

---

① 和寧：《回疆通志》卷9，《阿克蘇》。

② 徐松著，朱玉麒整理：《西域水道記》（外二種），北京：中華書局，2005年，第93頁。

③ 《清代邊疆滿文檔案目錄》，第6卷新疆卷1，第308頁。

④ [俄]喬汗·瓦里漢諾夫：《六城狀況或南路（小布哈拉）中國省轄的東部六城狀況》，新疆維吾爾自治區民族研究所編譯：《喬汗·瓦里漢諾夫著作選集（選譯）》，1975年，第103頁。

漢文文獻所載的部落皆將喀爾提錦作為單獨一部，並未提及其所統領的其他部落，故而，顯然是以喀爾提錦這一地理概念指代了該地區的多個布魯特部落，《西域地理圖說》對於喀爾提錦部屬部的記載表列如下（見下表 5-2）：

　　該表中的一些人物見載於《新疆識略》所附的《布魯特部落頭人表》[①]中喀爾提錦部的相關內容中，如克得爾沙首領薩滿齊曾於乾隆五十二年（1787）效力於擒獲燕起，清朝賞給其四品頂戴；鄂克啟部首領沙尼（泥）雅斯、納（訥）底爾默特也參與拿獲燕起且皆被賞給四品頂花翎。同時，值得說明的是，該表中所列的喀爾提錦部各分支部落名稱，除了梯依特（提依特）、奈滿（奈曼）之外，其他名稱似未見載於其他漢文文獻中，但這些名稱可以與蘇聯學者的相關研究結論形成一定的對照，前文表 2-1 所列的吉爾吉斯部落結構圖即為蘇聯學者的研究成果，通過將表 5-2 和表 2-1 形成對比，可以推測，喀爾提錦部的這些屬部多從屬於布魯特譜系分類中的內部（Ichiklik 伊什克里克）和右翼（Ong.）部落，表 5-2 中的梯依特、奈滿、卜斯坦、啟薩克即表 2-1 內部部落中的提依特（Teyit）、奈滿（Naiman）、博斯坦尼（Boston）、凱薩克（Kesek），札大格爾即右翼中的哲提格（Zhediger），其他四部克得爾沙、鄂克啟、阿克塔啟、沖啟爾格斯難以與表 2-1 中的所列部落形成對應，仍有待考證。這至少表明喀爾提錦部實際上統領了內部部落中的多個部落，實際上，前文所列希布察克部所領的十二個屬部中的希布察克部及其多個分支、提依特、奈曼部分支、諾依古特皆從屬於內部部落的範疇，這表明清朝所記載的喀爾提錦部、希布察克部應同為兩大同盟，包納了內部部落中的多數部落。

①松筠等纂：《欽定新疆識略》卷 12《布魯特》。

表 5-2　喀爾提錦部屬部情況一覽表[①]

序號	部落名稱	首領	戶數	住牧地方
1	克得爾沙（kederga）	薩滿齊（samanci）	1200	於博倫齊塔拉（boronci tala）地方種田，夏季於烏魯克（uruk）地方遊牧，於合什和爾干(hesihorgan)地方度冬
2	梯依特（tiit）	伯克墨特(bekmet)	700	於托爾博斯（torbos）地方種田、夏季遊牧，於碩爾布拉克（sorbulak）地方度冬，於額木金（emgin）地方養牧
3	卜斯坦（bostan）	呼圖和卓（hutuhojo）	400	於吹托博（ts'uitobo）地方種田，夏季遊牧，於蘇蘇克蘇地方養牧，於額依格斯葉爾（eigesyer）地方度冬
4	鄂克啟（okci）	沙尼雅斯（saniyas）	200	於岳兒博斯塔拉（yolbos tala）地方種田，於依拉克（irak）地方牧馬、夏季遊牧，於庫兒楚兒魯克（kulculluk）地方度冬
		納達爾墨特（nadarmet）	200	

①該表中的多數住牧地方的具體位置也難以考證清楚，整體而言，它們應位於浩罕東南與喀什噶爾西北地方之間。其中，烏魯克應即今烏恰縣烏魯克恰提地方；碩爾布拉克具體地點待考，《清高宗實錄》提及過該地，此地應係銅礦產區；庫庫蘇係喀什噶爾通往浩罕的要路之一，《西陲總統事略》卷十一《霍罕路程記》中載：「庫庫蘇至鐵葉爾里葉克達巴罕下三十里」，表明庫庫蘇位於鐵列克達阪以東三十里處。其他地名仍然待考。

5	札大格爾（jadager）	和吉米雅爾（hojimiyar）	100	於里雅木噶爾（liyamgar）地方種田，夏季於多羅特衮(dolot gou)地方遊牧，於托羅克彥 (tolokeyan)地方度冬
6	啟薩克（kisak）	哈兒瑪墨特（halmamet）	100	
7	阿克塔啟（aktaki）	和什萬（hosiwan）	100	
8	沖啟爾格斯（cungkirges）	魯子瑪哈默特（ruzimahamet）	100	於依什兒楚木布斯（isil cumbus）地方種田，夏季於庫庫蘇（kukusu）地方遊牧，於章噶爾克（janggarkeyan）地方度冬。
9	奈滿（naiman）	伯克木拉特（bekmurat）	100	
合計戶數		3200	——

資料來源：阮明道主編：《西域地理圖說注》，第 162-163 頁。

　　故而，總體而言，這些部落所參與的清朝事務相對較少，《清代邊疆滿文檔案目錄》（新疆卷）中零散地提及了一些布魯特部落的人物及其活動，但該目錄所涵蓋的信息畢竟較為有限，僅僅根據這些零散的信息難以做出更為系統的論述，故而，對於這些較小部落的研究仍有待閱讀滿文檔案原文，但個人能力畢竟有限，現階段仍無力閱讀滿文原檔，所以惟有寄希望於來日再做詳論。

第六章　乾嘉年間布魯特與清朝的社會、經濟互動

　　上述的多個章節，結合乾嘉年間主要布魯特部落的活動展開論述，這些專題性的研究有助於發掘更多的歷史細節，也有助於進一步認識布魯特與清朝間的互動過程，本章內容主要在上文具體分析的基礎上進行一定的總結，從中論及布魯特與清朝在政治上的關係以及布魯特的社會經濟生活。

第一節　清朝的治理政策及布魯特在西北邊疆的地位

一、清朝對布魯特的政治政策

　　我國學者對於清朝治理布魯特的政策已有一定的論述，如苗普生先生論及，乾隆朝以來，清朝通過任免部落首領、賞給品戴、入覲與進貢、酌給養廉、徵收賦稅統治布魯特，但嘉慶末年及道光初年，浩罕的擴張、張格爾之亂，使得清朝的治理政策發生了變化，並以道光八年（1828）、光緒三年（1877）作為兩個主要節點，將清朝對布魯特的統治劃分為了三個階段。[1]王鍾翰先生主編《中國民族史》總結了清朝對布魯特的政策：對整個布魯特稽查約束，由喀什噶爾參贊大臣專

---

①參見苗普生：《略論清朝政府對布魯特統治》，《新疆社會科學》1990 年第 6 期。

管，並實行封官賜爵和優厚政策，冊封首領、選人進京朝覲、允其自由放牧、不改變原有風俗、貿易減稅，然而，十九世紀初以來的孜牙墩事件、張格爾之亂、浩罕的擴張則使布魯特的歷史發生了改變。[1]阿斯卡爾·居努斯也有一定的總結，認為清朝並未改變布魯特原有統治政策、冊封頭人，喀什噶爾參贊大臣直接管轄布魯特人，清朝政府向其收取一定賦稅，並著重指出了商業貿易在布魯特與清朝關係間的重要地位。[2]馬文娟則指出，布魯特在歸附於清朝前，清朝對布魯特實行籠絡政策，在歸附後，清朝對之實行優撫政策。[3]

這是近些年來，國內學者對乾嘉年間清朝治理布魯特政策所做出一些總結，大體內容相當，這主要表現在清朝任免布魯特首領、賞給頂戴、入覲朝貢、賞給養廉之資以及減免貿易賦稅方面，這些內容也體現在了前文的具體分析中。類似的總結，主要基於將布魯特諸部視為一個整體，乾嘉年間，清朝治理布魯特諸部也主要表現在這些方面。前文中的相關分析以及清朝文獻中的記載，有助於進一步理解相關政策的一些具體性和差異性。

1、建立冊籍

乾隆年間，在清朝平定回部的過程中，布魯特諸部相繼歸附，從乾隆年間的記載，可以推斷，清朝應就各個歸附的部落建立了一定的檔案，以供稽查之用。乾隆二十九年（1764），時有傳聞稱巴噶什、巴雅爾斯坦部布魯特人搶掠哈薩克人口，當時，喀什噶爾參贊大臣納世通奏稱：「巴噶什、巴雅爾斯坦之布魯特搶掠哈薩克人口一事，隨查投誠布魯特各部落冊籍，並無來諮名目，恐係傳聞」[4]。當時，納世通即

---

[1]參見王鍾翰：《中國民族史》，北京：中國社會科學出版社，1994 年，第 843-845 頁。

[2]參見阿斯卡爾·居努斯：《關於清朝的布魯特政策》，新疆社會科學院歷史研究所編：《新疆歷史與文化》（2008），烏魯木齊：新疆人民出版社，2010 年，第 231-239 頁。

[3]參見馬文娟：《淺析乾隆朝對布魯特的政策及演變》，《昌吉學院學報》2009 年第 6 期。

[4]《清高宗實錄》卷 724，乾隆二十九年十二月己丑。

核查了投誠各部落冊籍，布魯特並無巴噶什和巴雅爾斯坦部[1]，這表明，此前，清朝已經為諸歸附部落建立冊籍，清代文獻所稱的布魯特共計十九部的說法很可能也源自於該冊籍中的記載。

2、重用布魯特望族

乾嘉年間希布察克部首領阿奇木及其弟額森、巴克提等皆受到清朝的任用，清朝統一新疆的過程中，阿奇木、額森皆被授予侍衛處職官，阿奇木被授為散秩大臣、額森擔任三等軍前侍衛，阿奇木又曾先後擔任阿喇古、塔什密里克的阿奇木伯克，阿奇木、額森皆受委任處置邊疆、外藩事務，巴克提及其屬眾被阿奇木派往色勒庫爾，駐守關隘，巴克提本人還幫同色勒庫爾阿奇木伯克穆喇特辦理伯克事務。沖巴噶什部阿瓦勒及其子玻什輝、孫蘇蘭奇皆享有較高地位，阿瓦勒幫同清朝辦理遊牧事務，受到了清朝的肯定。前文討論阿奇木誣控鄂斯璊事件時，提及阿奇木、多連、圖爾第邁莫特曾經先後擔任希布察克部比職，皆曾被清朝委命為布魯特總比，直至圖爾第邁莫特被枉殺，該職務才被取消，這說明，清朝統一新疆之後，試圖以希布察克部首領統領布魯特十九部，但布魯特各部並未形成統一的政治實體，這一職務的影響力畢竟有限。

他們也受到了清朝的封賞，被賞與果園、房屋、土地、普爾錢等，前文在分別論及希布察克部和沖巴噶什部時即有所說明，如希布察克部散秩大臣阿奇木作為該部之比，同時擔任塔什密里克之四品阿奇木伯克，他每年享有二百騰格的普爾錢作為養廉銀，同時，阿奇木作為布魯特之比，另被賞與一百騰格。沖巴噶什部之比阿瓦勒、阿奇木之弟額森各被賞與五十騰格，除此之外，阿瓦勒離世後，其子玻什輝繼承了阿瓦勒之職，後享有二品頂戴，每年被賞與一百五十騰格普爾錢，玻什輝死後，其子蘇蘭奇襲其職，並於嘉慶二十一年（1816）享有二

---

[1]前文已有提及，《西域圖志圖說》中載明巴噶什部相關信息，巴雅爾斯坦係該部首領。

品頂戴。當阿奇木被解京治罪之後，希布察克部之比多連被授予三品頂戴，每年享有一百五十騰格的養贍之資，並被賞與曾為阿奇木擁有的土地、果園等資產，多連死後，其子圖爾第邁莫特繼承了多連的普爾錢、田產和房屋，並在嘉慶年間被授予二品頂戴，嘉慶二十年（1815），當圖爾第邁莫特因孜牙墩之亂而被枉殺後，清朝從圖爾第邁莫特家中抄沒的家產有被抄沒的家產有：「田 260 餘畝，馬 40 匹、駝 6 峰，大小牛 78 頭，羊 571 隻。」[1]這表明圖爾第邁莫特生前家中資產較為富足，由此推測，阿奇木在被治罪之前也曾享有如是的財富。

3、部落首領及其頂戴的傳承

布魯特諸部以比、阿哈拉克齊作為首領，椿園論及布魯特時提及：

> 稱其君曰比，或有管領一二十愛曼者，或有管領二三十愛曼者，愛曼人戶即其阿拉巴圖，雖皆為布魯特，而其比不一，各君其地，各子其民，力敵勢均，不相統轄，不蓄一須，如其比死，立其比之子，若弟他人，不得與也。[2]

諸部首領稱為「比」，各部之內又分為若干愛曼，「愛曼」即蒙語「愛馬克」、「愛麻」、「阿亦麻黑」等，含有部落分支、胞族之意，即彼此有親族關係的氏族集團、家庭或氏族聯盟，阿拉巴圖即平民或奴役，而諸部之比各自管理其屬民，互不管轄，並未形成統一的政治實體，比銜由父子相承。祁韻士載：「大首領，稱為比，猶回部阿奇木伯克也，比以下有阿哈拉克齊，大小頭目皆由喀什噶爾參贊大臣奏放，給以翎頂，二品至七品有差。」[3]他指出，布魯特諸部之中的大首領稱

---

[1]軍機處錄副奏摺，民族類·維吾爾項，卷 1341，中國第一歷史檔案館，轉引自馬文華：《18—19 世紀布魯特人的社會經濟概況》，《新疆大學學報》（哲學社會科學版），1990 年第 3 期。

[2]《西域聞見錄》卷三，《布魯特》。

[3]《西陲總統事略》卷十一，《布魯特源流》。

為比，比以下亦有首領稱為阿哈拉克齊，由喀什噶爾參贊大臣奏請，賞給諸頭目不同品級的頂戴。《新疆識略》所載《布魯特頭人表》即反映了乾嘉年間各部首領被賞與頂戴的情況，其所受頂戴多父子相繼。[①] 嘉慶四年（1799），清朝對於布魯特人的頂戴繼承政策有所調整，「嘉慶四年奉旨，布魯特內，如有軍功者，原戴頂翎，著賞伊子冠戴，若無軍功者，降級賞戴。」[②]這表明，自此，清朝依據繼承者是否有軍功來確定其所繼承的頂戴品級。如沖巴噶什部玻什輝享有二品頂戴，玻什輝病故後，即賞其子蘇蘭奇三品頂戴，直至嘉慶二十一年（1816），蘇蘭奇因幫同追剿孜牙墩，蘇蘭奇被賞與二品頂戴。[③]

布魯特之比實際分為不同的類型，且布魯特社會結構深受厄魯特蒙古的影響，根據馬文華先生的研究，布魯特左、右翼每年推選出的各自之比，被稱為喬次比，他行使各翼內部公共管理權，烏魯克比則是布魯特各部落的最高統治者，由其管理屬於自己的氏族部落；厄魯特人即稱部落為鄂拓克、部落分支為愛馬克、愛馬克分支為阿寅勒，受此影響，布魯特同姓或近親人戶組成阿寅勒、阿寅勒組成愛曼、愛曼組成鄂拓克。[④]有理由推斷，布魯特的社會組織在其發展過程中，在很大程度上受到了厄魯特的影響。

4、任用布魯特人當差

乾嘉年間，住居於喀什噶爾、英吉沙爾邊卡內外的布魯特人，通常與回部之間的關係更為密切，亦有布魯特人在卡倫效力，《回疆通志》即載：「喀什噶爾各處通事回子十七名，各軍台應差回子二十名，刨挖硝磺回子十五名，防守卡倫、牧羊、看船橋、種菜、炭廠回子，卡倫

---

① 《欽定新疆識略》卷 12《布魯特》。

② 《清宣宗實錄》卷 94，道光六年正月甲辰。

③ 《清仁宗實錄》卷 317，嘉慶二十一年三月癸卯。

④ 馬文華：《18—19 世紀布魯特人的社會經濟概況》，《新疆大學學報》（哲學社會科學版）1990 年第 3 期。

當差布魯特，共二百一十二名。」、「英吉沙爾四品阿奇木伯克一員，部頒銅圖記一顆，六品哈孜伯克一員，七品明伯克一員，金頂回子四名，通事回子二名，各軍台應差回子四十名，防守卡倫、牧羊回子、布魯特七十九名。」[①]這表明，喀什噶爾、英吉沙爾邊外，皆有布魯特在卡倫處當差，他們同當地的維吾爾人一樣，防守卡倫、牧放羊隻，或幫同照看船橋、種菜等事務。這體現出布魯特融入了當地社會生活之中，並在清朝邊卡謀求差事，這些布魯特人很可能為居住於卡倫內的布魯特人，他們與回部的維吾爾人完全歸屬於清朝管轄，故而被稱為熟布魯特人。他們主要來自於希布察克部和沖巴噶什部，二部與喀什噶爾距離最近，其屬人與當地社會的融合程度也更高。道光初年，鄰近於烏什的奇里克部之人，大量入居烏什卡倫以內地方，這相較於乾嘉年間布魯特人的分佈情況，有所變遷，後文將有專門論及。

二、布魯特在西北邊疆的地位

　　清朝立國之後，繼承了我國歷史上各朝一脈相承的大一統觀，這也是促使其開疆拓土的重要動因，同時，清朝在邊疆治理上，繼承了我國自古即有的二元乃至多元的邊疆結構體系，這種結構體系也是區分內地與邊疆的重要標準。劉迭先生認為，我國古代的傳統邊疆觀就是古人對不同範圍與層次的內外關係認識的總結，表現為服事觀和華夷觀；[②]楊軍先生指出，我國古代藩屬在與中原的互動中產生了雙重邊疆；[③]孫宏年先生指出，清朝繼承了傳統的邊防戰略，分為內、外兩圈，內圈通過駐紮軍隊建立防禦線，外圈依託周邊藩屬形成了防線；[④]瑪爾

---

① 《回疆通志》卷 7，《喀什噶爾》。

② 劉迭：《我國古代傳統治邊思想初探》，馬大正主編：《中國古代邊疆政策研究》，北京：中國社會科學出版社，1990 年，第 354-365 頁。

③ 楊軍：《雙重邊疆：古代中國邊疆的特殊性》，《史學集刊》2012 年第 2 期。

④ 孫宏年：《清代藩屬觀念的變化與中國疆土的變遷》，《清史研究》2006 年第 4 期。

科姆・安德森（Malcom Anderson）認為，帝制中國存在著內外兩條邊疆，外邊疆是中國人所想像出來的，也是中國影響力所及的邊限，但這並不意味著中國人有將領土擴及此邊界的意圖。[①]正是在類似邊疆治理思想的影響下，清朝自初期起即樹立了以蒙古等少數民族為屏藩的籌邊指導思想，康熙帝強調：「不專恃險阻」、「本朝不設邊防，以蒙古部落為之屏藩」，康熙帝的這種指導思想為其繼承者們所繼承，成為有清一代籌邊政策的指導原則。[②]故而，乾隆年間清朝統一新疆之後，西北邊疆地區的哈薩克、布魯特、浩罕、拔達克山、博羅爾等部皆歸附清朝，清朝將其列入藩屬系統之中，並以哈薩克、布魯特作為兩大重要屏藩，魏源即指出：「新疆南北二路，外夷環峙，然其毗鄰錯壤，作為屏衛者，惟哈薩克、布魯特兩部落而已。」[③]這就表明了哈薩克、布魯特作為清朝屏藩，在新疆南北兩路佔有重要地位。

乾隆年間，清朝將布魯特視為外藩，乾隆二十三年（1758）初，乾隆帝向布魯特所發諭令中稱：「其或爾等，以外藩習俗，與中國異宜。」[④]在布魯特多部歸附之後，清朝則將哈薩克、布魯特並稱為外藩，相關方志文獻或將布魯特列入藩屬的範疇，或稱其為外藩（番），如《西域圖志》將東、西布魯特與左、右哈薩克，霍罕、安集延、那木干、瑪爾噶朗、塔什罕、拔達克山、博羅爾等部共列為藩屬；《嘉慶重修一統志》也將布魯特、哈薩克稱為藩屬；《西域聞見錄》在《外藩列傳》中記載哈薩克、布魯特的歷史；《新疆識略》將哈薩克、布魯特稱為外裔；《回疆通志》則將安集延、布魯特部落稱為外番；《新疆圖志》將哈薩克、布魯特列為藩部，等等。總之，清朝文獻多將布魯特籠統地

①Malcom Anderson.*Frontiers Territory and State Formation in the Modern World*. Blackwell Publishers Ltd.,1996,p.88.

②張羽新：《清代前期的邊疆政策》，馬大正主編：《中國古代邊疆政策研究》，北京：中國社會科學出版社，1990 年，第 315- 316 頁。

③魏源：《聖武記》卷四《乾隆朝綏服西屬國記》。

④《清高宗實錄》卷 555，乾隆二十三年正月丙辰。

稱為外藩或者藩屬，這應源自於清朝延續了我國古代起源於漢唐時期的藩屬體制，但藩屬體制在清朝已經發生了一定的變遷，「藩」和「屬」的概念得以進一步明晰，李大龍先生即指出，其中的藩為藩部，指的是西藏、蒙古、新疆等部，屬則是指屬國，包括安南、暹羅、朝鮮、琉球等。清代給予了「藩」、「屬」新的內容，這一含義和前代「藩」、「屬」的用法並沒有完全割裂，而是繼承和發展了前代的用法。[①]

　　張永江先生則在研究清代藩部的過程中，將哈薩克、布魯特稱為名義藩部，他認為：哈薩克、布魯特具有藩部的特徵，但又有別於一般的藩部，呈現出屬國的性質，但又較屬國關係緊密，布魯特、哈薩克同清朝的關係大同小異，布魯特是名義上歸附清朝，清朝的布魯特政策也是矛盾的，一方面，將其作為屬國，將其安置在界外；另一方面，對布魯特實行一種類似榮譽官銜的制度，布魯特所受銜頂既非封爵又非官職，只是一種榮譽銜號，用於獎勵對清廷忠誠者。布魯特由於處於清廷有效管轄的邊緣地帶，界處回部、浩罕之間，又與兩者屬同一個歷史文化區，歷史的、政治的和宗教文化傳統都一致，故每有回部反叛或浩罕入侵事件發生，該部都會不同程度的捲入。[②]這一分析，強調了哈薩克、布魯特部的特殊性，因而將其單獨歸為名義藩部，以此區別於西藏、蒙古、回部等藩部，指出了清朝對待布魯特政策的矛盾性，既將其視為屬國，也用榮譽官銜制度對之進行籠絡。

　　之所以如此，這與布魯特部落眾多、分佈範圍廣泛且與回部地區雜處有關。希布察克部、沖巴噶什部自葉爾羌汗國時期即已經開始世居於喀什噶爾地區，阿奇木、阿瓦勒在清朝統一新疆之處即受到重用，這並不僅僅是因為他們有功於清朝平定大小和卓之亂，也與他們在喀什噶爾地區固有地位有關，因而，他們所在部落與喀什噶爾較為鄰近，

---

①參見李大龍：《漢唐藩屬體制研究》，北京：中國社會科學出版社，2006年，序論第3頁。

②張永江：《清代藩部研究：以政治變遷為中心》，哈爾濱：黑龍江教育出版社，2001年，第155-165頁。

甚至部分屬眾有權居於卡內地方。前文提及，乾隆二十六年（1761），沖巴噶什部首領烏默爾因搶掠安集延商人被治罪，乾隆帝即要求對之嚴懲：「沖噶巴什之布魯特乃喀什噶爾所屬，與外藩回人不同，必宜賞罰分明，始足以昭懲勸，即如阿瓦勒比，抒誠效力，既經加恩獎賞，而烏默爾比，乘亂搶掠，自應正法示懲。」[①]乾隆帝在此處明確強調了沖巴噶什部乃喀什噶爾所屬，與外藩回人不同，說明清朝並未將沖巴噶什部列入外藩的範圍之內，由此推論，希布察克部也未被列入外藩的範疇。

相較於這兩個部落，清朝對其他部落的態度與之不同，如乾隆二十八年（1763）正月，當額德格訥部、奇里克部遣使入覲時，清朝向兩部首領阿濟比、照瑪拉特所賜敕書的內容，與清朝賜予巴達克山、浩罕首領的敕書內容相當，皆提及：「汝受朕恩，應謹守天朝法度，約束屬人，和睦鄰封，一切事務，俱遵駐紮喀什噶爾、葉爾羌大臣等節制。」[②]佐口透先生在援引上述引文的基礎上，認識到清朝對浩罕及額德格訥等部的敕書內容相同，且均受喀什噶爾、葉爾羌大臣節制，由此認為，清朝作為宗主國，將浩罕政權、布魯特、哈薩克同樣列為所謂的不定期朝貢國之列。[③]實際上，這僅針對此時位於費爾干納地區的額德格訥部和奇里克部，兩部鄰近於浩罕，奇里克部尚未向烏什地區遷徙，故而，清朝將這兩個布魯特部落與巴達克山、浩罕同等視之，要求他們嚴守法度，一切事務受喀什噶爾、葉爾羌大臣節制，將其作為屬國來看待，清朝對待不同布魯特部落的政策實際存在不同。

成崇德先生在分析清朝藩部、屬國、外藩等相關概念的基礎上，認識到清朝將布魯特視為外藩部落，但外藩的概念又具有廣泛的綜合

①《清高宗實錄》卷 628，乾隆二十六年正月癸丑。

②《清高宗實錄》卷 678，乾隆二十八年正月己巳。

③[日]佐口透：《18—19 世紀新疆社會史研究》（下），淩頌純譯，烏魯木齊：新疆人民出版社，1983 年，第 477 頁。

性，包含了藩國、屬國、藩服、藩部等相關稱謂的內涵，在進一步分析清朝外藩體制的基礎上，他將哈薩克、布魯特、安南、暹羅等列為境外外藩，即傳統習慣邊界線以外的部族與國家，與之相對的則是新疆、西藏、蒙古等內屬外藩。在分析中亞藩屬國與清朝關係的過程中，他認識到，哈薩克、布魯特比浩罕、巴達克山等部與清朝關係更為緊密，他雖然提請注意哈薩克、布魯特所處地位的特殊之處，但並未能明晰二者間的區別，將乾隆年間哈薩克越界遊牧所產生的問題轉嫁於布魯特，認為乾隆後期，大批哈薩克、布魯特進入新疆遊牧，尤其是自乾隆三十一年（1766）後，清朝改變了相關政策，使用抽稅的辦法允許其越境遊牧，布魯特也因種種原因在同時期進入新疆遊牧，因此對清朝邊疆產生了不利後果，導致邊卡線內縮、對於境內哈薩克和布魯特管理不力、在邊界談判中處於不利地位。[①]

　　成先生指出了哈薩克、布魯特地位的特殊性，但主要分析的是哈薩克越境遊牧的問題，理所當然地認為清代布魯特也存在這樣的問題，通過閱讀相關文獻，可以發現，乾隆年間，哈薩克越境遊牧的問題，主要與清朝在伊犁西部地區所置移設卡倫的春展秋撤有關，哈薩克諸部主要遊牧於哈薩克大草原，其遊牧方式主要為水準遷徙遊牧，哈薩克遊牧民在冬夏轉場之間，時常因為未能及時按照清朝卡倫的展撤來遷徙，因而居留於卡內地方，久而久之，逐漸產生了越境遊牧的問題，清朝因此漸漸改變了一些政策，對卡內遊牧民進行安置。然而，布魯特諸部主要落居於天山、帕米爾地區以及南疆各城邊外的山地之中，過著半遊牧半定居的生活，其遊牧方式則主要表現為垂直遷徙遊牧，布魯特諸部較少發生過類似哈薩克越境遊牧的問題。況且，清朝對於布魯特越境遊牧有所防備，如乾隆四十三年（1778），布魯特首領瑪木伯特試圖率眾請求於伊塞克湖等處遊牧時，乾隆帝即加以拒絕，他在上諭中指出：

---

① 成崇德：《論清朝的藩屬國——以清廷與中亞「藩屬」關係為例》，《雲南師範大學學報》（哲學社會科學版），2014 年第 4 期。

> 哈薩克非布魯特可比。哈薩克地方雪大,過冬牲畜多傷,故居
> 於邊界周圍之哈薩克等,雪大時避入我邊內,其所牧牲畜百中
> 貢一。令其遊牧交春雪化,仍令各回牧所。此乃避雪暫居者,
> 尚可准行。布魯特非此可比,伊等平時即潛入邊內耕種,今若
> 准伊等所請遊牧於特木爾圖淖爾等處,則伊等又以春耕秋收又
> 避冷為名,必至終年居住。伊等牲畜少,雖令進貢,不甚要緊,
> 尚屬細事。若經年居住數載,或居不寧靜,或別生事端,彼時
> 再行逐回,則伊等愚意以為此地係伊等之遊牧,反難免埋怨。[1]

乾隆帝比較了哈薩克、布魯特生活方式之不同,指出了容納哈薩克於邊內遊牧的原因,防備布魯特在邊內終年耕種、遊牧,因而拒絕布魯特越境遊牧。此類的問題主要發生於東布魯特部落,相較於東布魯特,天山南路的布魯特因處於溝通浩罕與清朝的商路之上,因而,清朝統一新疆後,時常發生布魯特搶掠安集延或維吾爾商人的問題,此類的問題對布魯特而言較為典型,嘉慶末年以來,布魯特部眾附和白山派和卓家族後裔的叛亂,這則成為另一個階段的新問題。

19世紀60年代,俄國學者拉德洛夫也比較了哈薩克和吉爾吉斯人在遊牧、住居形式上所呈現出的不同,他指出,哈薩克人通常沿著廣闊的大草原分散各帳,很難在同一個地點發現二十個以上的帳篷,與之形成對照的是,吉爾吉斯人將各帳同時落居於同一山谷內,並在數俄里之內綿延成一條直線,很難發現孤立的帳房。[2]這表明,哈薩克與布魯特因所處環境的不同,其居所分佈呈現出不同特點。

美國人類學學者巴菲爾德(Thomas J.Barfield)在其著作《遊牧的抉擇》一書中,即比較了歐亞大陸腹地遊牧民族哈薩克和柯爾克孜在遊牧方式上的區別,他指出,歐亞腹地的遊牧民遷徙週期(migratory

---

①《寄諭伊犁將軍伊勒圖著勿准布魯特於特穆爾圖淖爾等處遊牧》,乾隆四十三年六月十九日,《乾隆朝滿文寄信檔譯編》,第十三冊,第567頁。

②M.Radloff,Observations sur les Kirghis,*Journal Asiatique 6*,no.2, 1863,p.323.

cycle）採用兩種模式，即跨越草原的水準運動和出入於山地間的垂直運動，那些利用平整大草原所進行的遷徙耗時更長，因為他們需要前往更高緯度去尋找夏牧場，然而，他們的鄰居即居於山地間的遊牧民只需要改變其營地的海拔即可達到上述目標。在裏海和鹹海之間的草原遊牧的哈薩克遊牧民來往遷徙所需路程在 500 公里以上，而帕米爾高原的柯爾克孜牧民的遷徙距離不足 100 公里，這是因為他們位於河谷的冬季營地距離其位於雪線的夏季牧地更為接近。[1]儘管巴菲爾德所論及的為當代哈薩克、柯爾克孜族遊牧民在遷徙遊牧方面所呈現出的不同，但這種差異顯然也適用於清朝時哈薩克、布魯特，清朝也正是基於這樣的差異，才對哈薩克、布魯特採取了不同的治理措施，而清朝時遊牧民越境遊牧的問題主要來自於哈薩克而非布魯特。

　　布魯特雖與哈薩克同在清朝西北藩屬體系中處於重要地位，但二者的歷史起源和發展背景、生存環境、生活方式、內部社會結構等皆存在著差異。哈薩克起源於西域歷史上的塞種、月氏、康居等民族，並在發展過程中與突厥、蒙古多部相融合，在 15 世紀時形成了統一的哈薩克汗國，主要遊牧於哈薩克草原，在 16 世紀 60 年代形成了大中小三玉茲或稱大帳（右部）、中帳（左部）、小帳（西部）。布魯特起源於葉尼塞河流域，並自漢唐時期開始了向天山地區的遷徙過程，最終在 18 世紀初期主要活動於天山、帕米爾地區，布魯特祖先在歷史上雖然建立過黠戛斯汗國，但在西遷之後，始終未能建立統一的汗國政權，仍然以各部落為組織單位，散處於天山、帕米爾的山地之間以及伊塞克湖周圍、楚河和塔拉斯河流域，因而，其生產生活方式較為多元，山地間的部落以垂直遷徙遊牧為主，河谷地區的部落還從事農耕。

　　哈薩克內部社會組織結構相對更為複雜，分為七層，下自阿吾勒、阿塔、烏露、阿洛斯，上至兀魯思、玉茲、汗國，其社會內部則分為

---

① Thomas J. Barfield,*The Nomadic Alternative*,Englewood Cliffs:Prentice Hall,1993, pp.141-142.

統治階級和被統治階級，統治階級分為可汗、蘇丹、比、巴圖爾、部落頭目和牧主，被統治階級則為牧民、牧工和奴隸。[①]相較於哈薩克，布魯特的社會結構相對簡單，前文提及，布魯特社會組織由阿寅勒、愛曼、鄂拓克構成，由於各部落各自為政、並未形成統一的汗國系統，布魯特內部並不存在類似於可汗或蘇丹的統治階層[②]，諸部內部以比為首領，比以下還有阿哈拉克齊幫同管理部落事務，根據《西域聞見錄》的記載，布魯特普通遊牧民則被稱為阿拉巴圖，即奴僕。東布魯特諸部親緣關係更近、各部間統一程度更高，但並未形成統一的汗國，僅結成了鬆散的聯盟，19世紀40年代，薩爾巴噶什部首領幹爾曼試圖獨自稱汗，但並未成功，這表明，布魯特固有的部落制社會本身較難被重構。然而，俄國在19世紀中期擴張到東布魯特諸部之後，通過建構瑪納普階層，逐漸打破了原有的部落制度，通過廣泛任用瑪納普，在東布魯特地區建立了俄國式的行政機構，進而統治了這些布魯特部落。瑪納普為一種職銜，主要由各部之比擔任，但其職權超越了諸部之比，是俄國在東布魯特建立統治的產物，有關於此，後文將有詳論。

　　準噶爾政權興盛之時，哈薩克、布魯特同樣皆受到了準噶爾政權的傾襲，準噶爾政權瓦解後，在清朝追剿厄魯特頭目的過程中，哈薩克歸附於清朝並遣使入京。由於哈薩克草原北鄰俄國，俄國自18世紀時即開始向哈薩克草原擴張和滲透，並於1822年歸併了哈薩克汗國。相較於哈薩克，布魯特與俄國間的實質性往來主要開始於19世紀40年代，這與俄國逐漸入侵清朝在巴爾喀什湖以東、以南地區領土的進程有關，隨著俄國步步深入於伊犁西部地區，加之兩次鴉片戰爭使得清朝內憂外患不斷、國力急劇衰退，俄國憑藉《中俄北京條約》和《中

①《哈薩克族簡史》編寫組：《哈薩克族簡史》（修訂本），北京：民族出版社，2008年，第175-176頁。

②拉德洛夫也提及，哈薩克人告訴他吉爾吉斯人被稱為喀喇（黑）吉爾吉斯，正是因為其內部並不存在貴族階層，而哈薩克人稱其貴族為「白骨」階層。M.Radloff, Observations sur les Kirghis, *Journal Asiatique 6*, no.2, 1863, p.321.

俄勘分西北界約記》，掠奪我國西北地方四十四萬平方公里的領土，東布魯特諸部落最終被劃入俄國版圖、成為俄國屬民。

　　清朝文獻如《回疆通志》、《新疆識略》等，記載各部所處的位置時，主要以卡倫作為參照，指明各部落與卡倫間的位置關係，多數部落位於喀什噶爾、英吉沙爾、烏什、葉爾羌各城所附卡倫以外的地方（見下圖 6-1），沖巴噶什、希布察克、薩爾特、提依特、圖爾額伊格爾、岳瓦什、奈曼、喀爾提錦等部，圍繞著喀什噶爾東北方向的巴爾昌卡倫、西北方向的喀浪圭和圖舒克塔什卡倫、城西的烏帕喇特卡倫、西南方向的伊勒古楚卡倫和玉都巴什等卡倫之外地方遊牧，部分希布察克部居於卡倫以內地方。胡什齊和遷徙後的奇里克部，遊牧於烏什城外的巴什雅哈瑪卡倫和沙圖卡倫以外地方，色勒庫爾部則位於葉爾羌西南亮噶爾卡倫以外地方，薩爾巴噶什部則位於伊犁西南鄂爾果珠勒卡倫外，遊牧於伊塞克湖周圍，潘志平先生即曾根據相關文獻繪製了諸部所處位置的示意圖，表現了各部與上述卡倫間的位置關係。[①]

　　清朝統一新疆之後，在天山南北兩路修建卡倫，這些卡倫成為清朝處理邊疆事務、限定哈薩克、布魯特等部族遊牧的重要保障，由於多數部落皆被安置於卡倫以外地方，從中可見，清朝主要以喀什噶爾、英吉沙爾、葉爾羌、烏什等地卡倫線作為布魯特與清朝之間的邊界，這一邊界顯然並非清朝的疆界，而是限定布魯特活動範圍的重要界線，將布魯特各部限制於卡倫線以外地方，使之成為清朝西部邊疆的屏藩。這表現了清朝延續了自古即有的「守在四夷」的安邊政策，試圖以邊疆民族來守衛邊疆地區的安全，乾嘉年間，清朝對於布魯特的治理較見成效，但嘉慶末年以來，隨著張格爾之亂的爆發以及浩罕的擴張，諸多布魯特部落參與了叛亂，衝擊了乾嘉時期清朝所建立的布魯特統治制度。

---

①參見潘志平：《中亞浩罕國與清代新疆》，北京：中國社會科學出版社，1991 年，第 113 頁；潘志平：《清季布魯特（柯爾克孜）諸部的分佈》，《西域研究》，1992 年第 3 期。

　　由於布魯特部落眾多，各部與清朝親屬關係程度不同，因而，難以用某一概念完整地體現出布魯特地位的特殊性，上文提及，清朝文獻將其納入藩屬的範疇，又稱之為外藩，張永江稱之為名義藩部、成崇德先生則將其列為境外外藩，其他學者可能仍將提出不同的概念，過多純粹的概念辨析也並無太大意義。總的來說，清朝將布魯特納入其藩屬體制中，其地位與哈薩克相當，相較於其他中亞藩屬部族，兩部與清朝的關係更為親近，但兩部差異性也較為明顯，這主要表現在其遊牧遷徙方式及其社會組織結構方面。同時，乾嘉年間，希布察克、沖巴噶什等部落居於喀什噶爾周圍，與清朝關係極為緊密，其首領地位較高，受到清朝重用，一定意義上說，這兩部已被清朝納入回部內的治理範疇中了，地位迥然於其他部落，但嘉慶末年以來，這樣的格局因張格爾之亂的爆發產生了變遷，這兩部的地位和勢力漸為式微。

　　清朝統一新疆後，以伊犁將軍統轄新疆天山南北兩路，而伊犁將軍所轄的地區中，新疆自北而南的塔爾巴哈台、伊犁、喀什噶爾三地區實際構成了清朝西北邊境地區。天山北路，清朝設立察哈爾、索倫、錫伯、厄魯特四營環衛伊犁諸城（惠遠、寧遠、惠寧、熙春、綏定、塔勒奇、瞻德、廣仁、拱宸），「凡四營環伊犁之境，分駐遊牧」[1]，同時，自塔爾巴哈台與伊犁交界的哈布塔海沁達蘭一帶往西而南直至伊黎河南北、再轉而向南各處設立卡倫多處，分別由察哈爾、索倫、錫伯、厄魯特四營領隊大臣專轄，自北而南諸卡倫則分別與哈薩克、布魯特遊牧部落相鄰，故而，察哈爾等四營護衛伊犁諸城，發揮了戍邊作用。《西陲總統事略》有載：

> 塔爾巴哈台西南一帶卡倫八處，界連伊犁，卡倫以外，亦哈薩克遊牧。伊犁東北七百餘里與塔爾巴哈台接界之處，由哈布塔海沁達蘭一帶而南設大小卡倫二十三處，係察哈爾領隊大臣專轄，卡倫以外俱哈薩克遊牧；又西而南尾至伊黎河北岸，設大

――――――――――――――――
[1] 祁韻士：《西陲總統事略》，卷五，《城池衙署》。

小卡倫八處，係索倫領隊大臣專轄，卡倫以外俱係哈薩克遊牧；
自伊黎河南而西設大小卡倫十六處，係錫伯領隊大臣專轄，卡
倫以外隔河與哈薩克接壤，其錫伯屯牧西南，因有回子屯，每
夏秋設卡倫於達爾達木圖，以資巡察，由錫伯卡倫接連以西轉
而東大小卡倫十七處，係厄魯特領隊大臣專轄，卡倫以外，西
北係哈薩克遊牧、西南係布魯特遊牧；又厄魯特屯牧東南設卡
倫八處，界連喀喇沙爾自土爾扈特、和碩特遊牧，亦係厄魯特
領隊大臣專轄。[1]

上述文獻闡明了上述四營的屯牧位置，察哈爾等四營自北而南，
由伊犁與塔爾巴哈台交界處轉向伊犁諸城西部、西南、南部方向，各
營領隊大臣專轄所屬卡倫，卡倫以外則與哈薩克、布魯特等遊牧部落
接壤。顯然，上述四營屯牧之地實際係伊犁諸城與哈薩克、布魯特的
邊界地方，「邊界者，係指卡倫以外接界處而言」[2]，這與清朝統一新
疆後位於巴爾喀什湖地方的西北國界仍有相當的距離，故而，察哈爾、
索倫等四營所戍之邊並非國界。

較之於此，在天山南路，部分布魯特核心部落所扮演的角色類實
際似於上述四營。喀什噶爾作為邊境地區，與浩罕及拔達克山、博洛
爾等外藩部落相鄰，圖 6-1 即生動呈現出南疆布魯特諸部住牧於喀什
噶爾沿邊一帶地方的情形，清朝在南疆喀什噶爾、英吉沙爾、葉爾羌、
和闐、烏什、阿克蘇等城設立卡倫，用以與布魯特分界，但布魯特諸
部與清朝的親疏關係不同，清朝以其中的核心部落拱衛諸城，並用利
用其首領處理邊疆事務，但其他部落仍被其視為外藩部落，這些部落
與天山北路察哈爾等四營卡外的哈薩克、布魯特部落具有同等的地位。
從前文的整理中可以看出，乾嘉年間，希布察克、沖巴噶什環衛於喀
什噶爾、英吉沙爾，奇里克、胡什齊部緊鄰於烏什，同希布察克部關

---

[1] 祁韻士：《西陲總統事略》，卷三，《南北兩路疆與總敘》。
[2] 同上，卷六，《訓練》。

係密切的色勒庫爾部則住牧於葉爾羌西南卡外地方。清朝在處置天山南路的邊疆事務時,多委命於希布察克、沖巴噶什部、奇里克、色勒庫爾等部的首領,如阿奇木、阿瓦勒、額森、巴克提、胡瓦特等人皆受到了清朝任用,幫同處理外藩和邊疆事務。在一定意義上,上述布魯特核心部落實際上發揮了類似於北疆察哈爾、索倫、錫伯、厄魯特諸營的戍邊作用,但就布魯特整體而言,因其部落眾多,各部地位並不平衡,其他諸多部落仍被清朝視為外藩部落,因而,並不能夠籠統地將布魯特各部的地位等同於察哈爾、索倫等四營。

上述的分析,主要是基於乾嘉年間布魯特諸部與清朝的關係來進行的討論,整體而言,布魯特係清朝西北邊疆尤其是天山南路邊疆地區的重要屏藩,諸部地位及其與清朝的親疏關係不盡相同,在清朝西北邊疆治理中佔有重要地位。嘉慶末年及道光年間,部分布魯特部落漸離心於清朝,參與到和卓後裔的叛亂之中,在清朝平定多次叛亂的過程中,仍選擇依靠奇里克、胡什齊、沖巴噶什、希布察克等部的首領及其屬眾探報信息、擒拿叛眾頭目,從中可見,這些布魯特部落仍然在拱衛南疆城池過程中發揮了重要作用,有關於此,後文將有詳論。

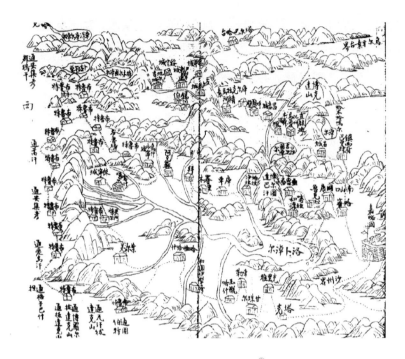

圖 6-1　布魯特分佈示意圖①

第二節　布魯特的朝貢貿易

　　乾隆年間，布魯特諸部歸附於清朝，除了懾於軍威之外，布魯特與回部開展貿易並獲得賦稅上的優惠，或許也是重要的動因。清朝統一新疆之後，歸附於清朝的布魯特、浩罕、安集延等外藩部落至回部

①該圖摘自永貴、蘇爾德撰：《新疆回部志》，乾隆五十九年（1794）南屏理抄本，編委會編：《四庫未收書輯刊》，玖輯‧柒冊，北京出版社，1998 年，第 758 頁。需要指出的是，該圖並未見載於其他版本的《新疆回部志》之中，這包括前文所提及的《西北文獻叢書》所收錄版和臺灣成文出版社影印版。

貿易者，絡繹不絕，乾隆二十五年（1760），駐葉爾羌辦事參贊大臣舒赫德有鑑於此，奏請降低對於布魯特等外藩貿易之人的徵稅比例：

> 現在回部安靜，其布魯特、霍罕、安集延、瑪爾噶朗等貿易之人，絡繹不絕。臣等照舊例收稅數次後，回城伯克等懇告云：舊例收稅稍重，彼時牲隻價賤，尚不甚累，今逆酋擾害之後，葉爾羌、喀什噶爾，羊一隻，價至十餘兩，肥馬一匹，價至五六十兩，商賈未免觀望不前，祈暫行減收等語。臣等察看情形屬實，謹擬將回人買來牲隻，十分取一暫改為二十分取一，外來商人牲隻，二十分取一暫改為三十分取一，其餘皮張緞布，仍照舊例，則貿易者多，稅課自然豐裕，奏入，報聞。①

舒赫德提及清朝平定大小和卓叛亂之後，牲隻羊、馬價格皆上漲，若仍按照舊例徵稅則稅賦較重，故而，回部伯克請將稅收降低，舒赫德奏請對於回部及外來買賣商人皆相應降低徵稅，回部商人買來牲隻的稅收，由十分之一改為二十分之一，外藩前來交易的商人則由二十分取一改為三十分取一。祁韻士也提及，「每歲遣人進馬酬賚綢緞、羊隻，商回以牲畜皮張貿易至者，稅減內地商民三分之一」②，這表明，布魯特人前往回部貿易之時，在稅收上比內地商人享有了更多的優惠，這無疑促進了外藩諸部與回部之間的貿易往來。

布魯特也前往阿克蘇、烏什等地貿易，乾隆二十五年（1760）五月，時任阿克蘇辦事大臣的舒赫德即奏：

> 五月二十七日，布魯特之瑪穆特呼里及阿特巴什部落商人，帶有牛羊、皮張，來阿克蘇貿易，內有頭目塔速爾海哈什哈，曾於乾隆二十三年入觀，此次即戴恩賞翎頂前來，臣加以撫賞，查布魯特等貿易，係此次初至阿克蘇，而回人等又皆力耕餘地，

---

① 《平定準噶爾方略》正編卷84，乾隆二十五年正月辛未。
② 《西陲總統事略》卷十一，《布魯特源流》。

米肉價值甚平，情形喜樂。[①]

舒赫德在這裡提及，此次前來阿克蘇的布魯特商人，來自於瑪木特呼里所領的阿特巴什部落，根據前文所述，可以知曉其所指應為薩爾巴噶什部，該部頭目塔速爾海哈什哈曾入京朝覲，被賞與頂戴，他率人攜帶牛羊、皮張前來阿克蘇貿易，加之阿克蘇當地維吾爾人勤勉耕作，促進了阿克蘇的米肉價格的平衡。乾隆二十六年（1761），薩爾巴噶什部另一首領車里克齊至烏什售賣羊隻，共售賣 1162 隻羊，清朝將其購買用於官兵口糧，且布魯特羊，既肥且大。[②]

布魯特在新疆開展貿易，不僅僅局限於喀什噶爾、烏什等地，他們同安集延人，還曾遠至哈密、吐魯番、巴里坤等新疆東部地區，這也引起了清朝大臣的不安，乾隆二十八年（1763）三月，時任禮部尚書的永貴即奏：「布魯特、安集延有遠赴哈密貿易者，伊等非同於回子，往來日久，難免滋事。事後，宜禁止伊等前往阿克蘇」。[③]永貴擔心布魯特、安集延商人遠赴哈密經商，日久滋事，奏請禁止其經由阿克蘇前往哈密。乾隆帝認為：「若謂其來往途次恐生事端，則初始即應禁止。今無端阻止伊等前來吐魯番、哈密、巴里坤等處貿易，伊等轉生疑慮」，即認為，若擔憂布魯特、安集延人在路途中生事，當初即應禁止，現今若突然阻止其前往新疆東部地區貿易，會使其頓生疑慮。有鑑於此，乾隆帝令寄信於哈密、巴里坤等處大臣，「以彼處各辦事大臣、官員等之意，暗中授意該處商人，凡與伊等貿易時，我方貨物俱行加價，伊等貨物均行減價，令伊等無利可圖。久而久之，伊等自行不來吐魯番、哈密、巴里坤等處貿易」。即通過暗中調節價格，使得布魯特、安集延人無利可圖，以此來阻止其前往這些地區進行貿易。

---

① 《平定準噶爾方略》續編卷 4，乾隆二十五年六月丁未。

② 《清高宗實錄》卷 633，乾隆二十六年三月戊午。

③ 《寄諭禮部尚書永貴等著不宜公然阻止布魯特等前來哈密等處貿易》，乾隆二十八年三月十五日，《乾隆朝滿文寄信檔譯編》，第四冊，第 490 頁，下同。

　　乾隆末年，因希布察克部之比阿奇木誣控鄂斯璊事件，以及伯爾克、燕起等布魯特人外逃事件，給南疆造成了一定的震盪，故而，乾隆五十九年（1794）十一月初，清朝頒佈條令，規定回人出卡貿易章程，其中多條內容皆有關於布魯特：

> 喀什噶爾參贊大臣永保等奏，請定回民出卡貿易章程，喀什噶爾貿易回人，如往充巴噶什、額德格訥、薩爾巴噶什、布庫、齊里克等處貿易者，給於出卡執照，如往各處遠部落，俱不得給與，違則拿獲發遣。
>
> 一、出卡回人，自十人至二十人為一起者，始給於執照，每起派阿哈拉克齊一員，往則約束，回則稽查，毋令羈留，如有不遵約束，枷號三月，仍重責示眾，隱匿者並究。
>
> 一、出卡回民等，如貪利擅往布魯特遠方，被人搶奪物件，查獲後仍給原主，不足示懲，請嗣後半給原主，半交阿奇木伯克等，作為公項，地隔窵遠者，應置不問，仍將違禁回民，枷號半年，不准出卡。
>
> 一、回民等被布魯特搶奪，必將實在遺失物數，報官查辦，如有捏造私增，查出不准給還，半賞飭查之人，半交阿奇木伯克等，以備充公，該管人重懲，自行失去者，俱不准官為代查。
>
> 一、布魯特等如私進卡座，及於就近處所劫奪，拿獲後俱正法。
>
> 一、回民出卡被竊，除照數追出外，查係初次行竊，照布魯特例，罰取牲畜，分賞飭查之阿哈拉克齊等，如有侵害人命，不論初次二次，抵賞辦理。
>
> 一、布魯特等竊取零星什物，應先示薄懲，發交該伯克等收管，倘再不知儆懼，照初次加重辦理。
>
> 得旨，永保等奏，請定回民出卡貿易，並布魯特等偷入卡座，

搶劫行竊治罪辦理一摺，所奏尚屬可行，著即照永保等所請行，但摺內語句太繁，殊欠明析，永保向在軍機處行走，非不曉事者可比，著嚴行申飭。[①]

該章程對回部商人及布魯特皆做出了限定，規定回部商人欲往沖巴噶什、額德格訥等布魯特部進行貿易者，清朝發給執照，欲往更為邊遠的部落，則停發執照。對於出卡的回人，嚴加管領，規定每十至二十人為一起，由一位阿哈拉克齊管領，來往途中皆加以約束和管理。對於出卡貿易而受到布魯特搶掠的維吾爾人，則根據情況，對被劫維吾爾以及行竊的布魯特加以懲處，如此，就對於維吾爾和布魯特人皆做出了約束和限定。

關於該通商條例，林恩顯先生即認為，「當時清廷為避免回人與卡外部族勾結造亂，不僅嚴限喀什噶爾貿易回人出卡地點、人數，並派「阿哈拉克齊」（aqalaqchi 首領之意）隨隊約束稽查。特別是布魯特喜善搶奪、行竊，清廷均有嚴懲章程特別防犯。」[②]說明，清朝此舉在於避免回部與卡倫外部族勾結生亂，通商條例多針對布魯特，這應與乾隆末年間所發生的多起布魯特事件相關。勞拉·紐比在研究浩罕與清朝關係時，注意到乾隆五十九年（1794）十月，永保即已奏請議定回商出卡行商條例，認為 18 世紀 90 年代，清朝限定回部商人出卡貿易、甚至向與布魯特開展貿易的維吾爾商人頒發執照的做法，實際上吸引了更多浩罕商人定居南疆，在浩罕與清朝的貿易中獲利，他們在南疆的商貿區也迅速擴展並更為繁榮。[③]美國學者米華健（James Millward）也注意到上述通商條例，提及清朝向維吾爾人商人頭目頒發出卡執照，允許其結團出卡，至帕米爾、昆侖山的布魯特部落開展貿易，儘管私

①《清高宗實錄》卷 1464，乾隆五十九年十一月乙酉。

②林恩顯：《清朝在新疆的漢回隔離政策》，臺北：商務印書館，1988 年，第 212 頁。

③Laura J.Newby,*The Empire and the Khanate:A Political History of Qing Relations with Khoqand c.1760-1860*, Leiden & Boston : Brill,2005,p.64.

自遠行貿易並不合法，但這些限定的執行也很可能殊為不易。[①]

　　布魯特諸部首領在前往喀什噶爾、烏什等地請安貢馬之時，也會被回賞物品，《回疆通志》載：「布魯特比呈進馬匹，酌賞庫貯綢緞半匹，羊一隻，造入奏銷，其所遞伯勒克馬匹，收廠諸部。」[②]這表明，布魯特之比在貢馬的過程中，被賞與綢緞半匹、羊一隻，其所貢馬匹被稱為伯勒克馬[③]，且喀什噶爾牧廠「每年應收伯勒克馬三四十匹不等」，喀什噶爾每年自內地調取綢緞，「備賞布魯特等綢緞四十餘匹」，這可表明，每年至喀什噶爾朝貢的布魯特比約四十人次。通過滿文錄副奏摺，可知清代自乾隆二十四年（1759）統一新疆直至同治三年（1864）中俄劃定疆界，布魯特各部頭目一直派人至伊犁、喀什噶爾、烏什等地請安獻馬，並在此過程中受到清朝的回賞，回賞物品多為綢緞、布匹、茶葉等物品。

　　乾隆末年以來，在遣使請安貢馬的過程中，布魯特頭目也多請求減免牲畜貿易稅，嘉慶年間，這一訴求尤為凸顯，布魯特諸部頭目在歷次貢馬過程中，幾乎皆會提出免征貿易稅的要求。這是因為，布魯特頭目在至喀什噶爾朝貢過程中攜帶商品進行交易，通常會被免稅：

> 外藩安集延、布魯特部落人至喀什噶爾貿易者，及其牲畜貨物，按三十分抽收一分，本處回子由外番部落貿易回喀什噶爾者，計其牲畜貨物，按二十分抽取一分，其不計分數者，按照部價

①James A.Millward ,*Beyond the Pass:Economy,Ethnicity and Empire in Qing Central Asia,1759-1864*, Stanford University, 1998,pp.123-124.

②和寧：《回疆通志》卷七《喀什噶爾》。

③「伯勒克」係滿文 belek 或 beleke 的音譯，其本意即為禮物，參見：胡增益主編：《新滿漢大詞典》，烏魯木齊：新疆人民出版社，1994 年，第 82 頁。布魯特部落所貢之馬被稱為伯勒克馬，哈薩克各帳所貢之馬也被稱為伯勒克。參見：Noda Jin,Onuma Takahiro,*A Collection of Documents from the Kazakh Sultans to the Qing Dynasty*, TIAS: Department of Islamic Area Studies, Center for Evolving Humanities, Graduate School of Humanities and Sociology, The University of Tokyo, 2010,p.29,pp.32-33.

折收錢文，如有隱匿稅課者，按三十分罰五分，惟外番來使及
布魯特呈進馬匹並獻納貢物者，所帶貨物，照例免稅。①

　　這說明，布魯特屬人若僅攜帶牲畜貨物至喀什噶爾交易，其徵稅
比例雖較內地商人為輕，但仍會被征以三十取一的貿易稅，但布魯特
若在獻納馬匹等貢物過程中開展貿易，則會被予以免稅，這無疑激發
了布魯特諸部的朝貢熱情。嘉慶年間，布魯特各部之所以頻繁至回部
諸城獻馬請安，很可能因為清朝滿足了其免征牲畜貿易稅的請求。然
而，道光朝以來，上述訴求卻戛然而止，諸部首領雖仍照例遣使貢馬，
但並未再提出免稅之事，想必，清朝在道光朝以來應拒絕了布魯特的
相關訴求，在徵稅方面更為嚴格。無論清朝是否給予布魯特人減免貿
易稅，布魯特諸部在貢馬過程中皆能得到回賞，這仍促使其保持著向
清朝貢馬的慣例。

　　狄宇宙（Nicola Di Cosmo）即指出：「清廷官員的職責似乎是既控
制又支持與邊外遊牧部族的商貿，同時，通過授予其物品，與其保持
政治關係。布魯特人所貢馬匹的價值，不能夠僅僅依據這些奏摺來計
算，但是其價值不可能與布魯特人受賞物品的價值相匹配。」②狄宇宙
所譯滿文檔案，對於嘉慶年間布魯特頭目前來貢馬請安事宜有所提及，
嘉慶十一年（1806）九月，當晉昌、愛星阿巡查台站時，邊卡附近之
布魯特頭目聞訊來見，晉昌等奏：「臣等親身收其貢物，賞給伊等綢緞、
布匹、刀具、火石等物，此後，遣人將其送歸遊牧地。」③晉昌、伊崇
阿、愛興阿另有相關奏摺，對於布魯特貢馬請安之事的記載更為詳盡：

　　奴才晉昌、伊崇阿、愛興阿敬奏聖上布魯特進貢馬匹事宜，奈

①和寧：《回疆通志》卷七《喀什噶爾》。

②Nicola Di Cosmo, *Reports from Northwest:A Selection of Manchu Memorials from Kashgar (1806-1807)*, Bloomington:Indiana University, Research Institute for Inner Asian Studies, 1993,p.8.

③*Ibid.*pp.23-24.

曼部六品頂戴藍翎布魯特比伊薩，胡什齊部六品頂戴藍翎布魯
特阿哈拉克齊帕拉特，奇里克部布魯特阿哈拉克齊巴達薩克以
及額德格訥部布魯特比莫洛依次來見。伊等前來問安貢馬，並
請免牲畜貿易稅，臣等為普化皇恩福佑，遂蠲免伊薩等頭目之
貿易稅。臣等令將貢馬歸入官牧草場，在按章賞給伊薩等綢緞、
羊隻之後，遣人將其送歸於遊牧地。臣等於嘉慶十一年九月二
十一日敬奏之。當年十一月二十七日受朱批曰：「知道了。」[1]（引
者譯）

上述奏摺對於嘉慶十一年（1806）時布魯特人來貢馬匹之事進行
了詳細記載，表明布魯特頭目不僅僅按例於每年春秋兩季遣人至喀什
噶爾、烏什等地貢馬請安，即使當清朝大臣巡查軍事哨所、台站之時，
亦借機向大臣貢馬，並受到了回賞，回賞物品較為多樣，除了綢緞、
布匹外，還有火石、刀具、羊隻等物；布魯特頭目按例朝貢，多部頭
目或皆以組團的形式來訪，在朝貢之時，其所提出的減免牲畜貿易稅
的請求得到了滿足。

狄宇宙也以專文論述了布魯特與清朝之間的朝貢關係[2]，他指出，
自嘉慶十一年（1806）九月至嘉慶十二年（1807）十月，共計有九支
布魯特使團來訪喀什噶爾，晉昌、伊崇阿等在奏摺中說明歷次布魯特
使團貢馬一事時，奏摺內容除使團成員不同外，其餘內容與上述引文
大致相當，如下表格即根據狄宇宙的翻譯，就此間的九支布魯特使團
成員的基本信息進行了總結：

---

[1] *Ibid.*pp.26-27.

[2] Nicola Di Cosmo, "Kirghiz Nomads on the Qing Frontier:Tribute,trade or gift
exchange？"in Nicola Di Cosmo, Don J. Wyatt(eds.),*Political Frontiers, Ethnic
Boundaries and Human Geographies in Chinese History*, Routledge, 2005,
pp.351-372.

表6-1　嘉慶十一年（1806）九月至嘉慶十二年（1807）十月布魯特朝貢使團信息表

朝貢序次	使團成員			
	所屬部落	姓名	職銜	頂戴品級
1	奈曼	伊薩	比	六品頂戴藍翎
	胡什齊	帕拉特	阿哈拉克齊	六品頂戴藍翎
	奇里克	巴達薩克	阿哈拉克齊	
	額德格訥	莫洛	比	
2	奈曼	伊曼	比	六品頂戴藍翎
		伊薩	比	六品頂戴藍翎
		雅爾門	阿哈拉克齊	
		伯克邁特	阿哈拉克齊	
3	喀爾提錦	薩底克	比	四品頂戴孔雀翎
		伯克特穆爾	比	
	胡什齊	帕拉特	阿哈拉克齊	四品頂戴藍翎
		額德格訥	阿哈拉克齊	金頂
		齊薩里特	阿哈拉克齊	
		穆澤	阿哈拉克齊	
		巴克穆爾德	阿哈拉克齊	

4	岳瓦什	阿罕	阿哈拉克齊	
		阿達伯克	阿哈拉克齊	
	薩雅克	艾利爾格	阿哈拉克齊	
5	胡什齊	帕拉特	阿哈拉克齊	六品頂戴藍翎
	奈曼	伊薩	比	六品頂戴藍翎
	額德格訥	賽都喇	阿哈拉克齊	
6	胡什齊	霍卓木呼里	比	五品頂戴孔雀翎
	提依特	巴賽克	阿哈拉克齊	六品頂戴
7	喀爾提錦	薩底克	比	四品頂戴孔雀翎
	胡什齊	霍卓木呼里	比	五品頂戴孔雀翎
8	蒙額爾多爾	阿提彥	阿哈拉克齊	金頂
	察哈爾薩雅克	愛渠里	阿哈拉克齊	
	胡什齊	伯克特木爾	阿哈拉克齊	
9	奈曼	伊薩	比	六品頂戴藍翎
	胡什齊	伯克邁特	阿哈拉克齊	
		薩里克	阿哈拉克齊	

資料來源：Nicola Di Cosmo，「Kirghiz Nomads on the Qing Frontier:Tribute，trade or gift exchange?」in Nicola Di Cosmo，Don J. Wyatt(eds.)，*Political Frontiers，Ethnic Boundaries and Human Geographies in Chinese History*，Routledge， 2005，pp.351-372.

　　根據上述信息，狄宇宙指出，諸部首領次序按照清朝所授頂戴品級降幂排列，且「朝貢使團由多部代表構成，同一部落的不同成員也可加入不同的使團中」、「該地區的地方誌通常僅說明布魯特部落每年貢馬一次，即允許諸頭目每年至喀什噶爾一次，但這些奏摺表明部分首領至喀什噶爾超過每年一次，如奈曼部伊薩比即於一年內造訪喀什噶爾達四次之多。」[1]滿文檔案為瞭解布魯特向清朝的朝貢提供了更多具體的細節，實際上，朝貢的布魯特使團中，各成員每次僅獻馬一匹，並請求清朝免征其貿易稅，相應地，清朝大臣准許其免稅請求，並回賞各成員半匹綢緞及一隻羊，「就布魯特一方而言，該交易實為一種禮物交換，而就清朝而言，這被視為朝貢，因為在其他情況下，獻馬即指代貢品。」[2]雖然貢品及回賞物品皆顯微不足道，但這一過程對於布魯特與清朝而言皆具有重要意義，對於布魯特而言，他們能夠直接獲得貿易稅的蠲免，這對於其在回部開展貿易無疑具有優惠，同時，也能夠從中得到清朝的政治軍事庇護，「對於清朝而言，通過接受布魯特朝貢並予以回賞、免稅，可以為維護邊疆穩定奠定基礎。禮物交換的核心功能存在於其過濾了附屬關係，通過含蓄地表現在禮物交換中的一種公平來實現。故而，遊牧部族政治過程的獨立，可以重構於依賴性關係中，而不會使得內部權力源頭出現明顯錯亂，也就是當地的首領。」[3]狄宇宙的分析，深入挖掘了清朝與布魯特之間的朝貢關係，為進一步解析清朝的布魯特治理政策提供了新的思考維度。

　　布魯特歸附清朝之後，通過象徵性地向清朝貢馬請安得以減免貿易稅賦，這無疑促使布魯特積極開展朝貢貿易獲得經濟上的實惠，乾嘉年間，這樣的朝貢貿易也使得清朝對歸附的布魯特部落進行了相對有效統治和控制。

---

① *Ibid*.p.361.

② *Ibid*.p.362.

③ *Ibid*.p.366.

第七章　布魯特與張格爾之亂

　　自乾隆至嘉慶年間,清朝治理布魯特的政策並未發生太大的變化,從政治上說,乾嘉年間,布魯特諸部整體趨於穩定,清朝的治理政策對於控制布魯特諸部行之有效,雖然阿其睦誣控鄂斯璊、燕起外逃、圖爾第邁莫特被枉殺等事件,在布魯特諸部以及南疆產生了一定的震盪,但並未直接引發布魯特動亂;從社會經濟角度來看,布魯特與南疆各城貿易互動頻繁,部分布魯特人居於卡內,同南疆居民一樣完全受到清朝管轄,希布察克、沖巴噶什、奇里克等緊鄰喀什噶爾、烏什的部落,其首領如阿其睦、阿瓦勒、額森等人,因有功於清朝,多受清朝重用。因此,闡述清代新疆布魯特歷史,應將乾嘉年間相關歷史置於一體。

　　然而,幾乎自嘉慶帝顒琰駕崩開始,即嘉慶二十五年(1820)八月以來,布魯特人即參與到了白山派和卓後裔張格爾、玉素普等人的叛亂之中,先是嘉慶二十五年(1820),沖巴噶什部之比蘇蘭奇、希布察克部圖爾第邁莫特之子胡則等人隨同張格爾侵犯卡倫,其後,在道光四年至道光七年(1824-1827)張格爾之亂主體階段中,薩雅克部首領阿坦台、汰劣克及諸多布魯特人皆助逆於張格爾,侵襲南疆「西四城」,產生了極大的破壞作用,即使在張格爾被擒拿治罪後,在道光末年至咸豐年間先後爆發的玉素普之亂、七和卓之亂、倭里罕之亂中,皆有布魯特人參與其中。

　　因而,討論新疆布魯特歷史,有必要分析布魯特參與和卓後裔動亂的原因,乾嘉至道光初年的歷史過渡中,圖爾第邁莫特被枉殺、蘇蘭奇被叱逐等事件,直接促使布魯特離心於清朝;嘉慶年間,南疆吏

治腐敗、地方官員品行低劣等問題，成為激發南疆地區社會矛盾的內在因素；19 世紀初期以來，浩罕汗國不斷向外擴張，其統治者對於和卓家族後裔管束或支持力度的強弱，也成為左右和卓後裔是否發動叛亂的重要影響因數，如下的章節將結合以上諸種因素進行闡釋。前人如潘志平[1]、潘向明[2]等學者對於和卓家族後裔叛亂進行了一定的研究，國外學者如貝柳、佐口透、勞拉·紐比等也對相關事件有所論述，但鮮有研究以布魯特的視角來分析相關事件的過程，本著正著重以布魯特作為中心來觀察其在多次和卓後裔叛亂中的角色。

第一節　乾嘉年間布魯特離心力的增加

前文在論述乾嘉年間布魯特諸部的歷史時，已就其中的重要人物和事件進行了討論，在乾隆四十九年（1784）之前，布魯特諸部歸附清朝後，整體較為安定，諸部首領及有功之人被清朝授予不同品級的頂戴，並定期向清朝朝貢，其中，希布察克部之比阿其睦被授為散秩大臣，並先後擔任喀什噶爾所屬回莊阿喇古、塔什密里克之阿奇木伯克，其弟額森也多次受命處置邊疆事務，並同沖巴噶什部之比阿瓦勒一同被賞與普爾錢，在乾隆三十年（1765），阿其睦、阿瓦勒同胡什齊部首領納喇巴圖、伯爾克，薩爾巴噶什部車里克齊等人率領屬部，幫助清朝平定了烏什之亂。

乾隆四十九年（1774），阿其睦及其弟額穆爾等人誣控喀什噶爾阿奇木伯克、鄂對之子鄂斯璊通信薩木薩克，卻在布魯特內部引發了動盪，導致阿其睦之子燕起、鄂布拉三外逃至浩罕。清朝駐南疆大臣在處理相關事件程序中，舉措失當，也在布魯特屬眾中留下了負面印象。

---

[1]參見潘志平：《中亞浩罕國與清代新疆》，北京：中國社會科學出版社，1991 年。

[2]參見潘向明：《清代新疆和卓叛亂研究》，北京：中國人民大學出版社，2011 年。

如在審理和處置阿其睦的過程中，烏什參贊大臣綽克托、葉爾羌辦事大臣阿揚阿分別將阿其睦親屬額森、阿三拜、昆楚克等人拿解，此舉受到了乾隆帝的斥責，「且綽克托一聞保成將阿其睦等拿解之信，即將其親屬布魯特侍衛額森、阿三拜等，一併拿解，更屬荒唐。」[1]、「又保成等奏，行知阿揚阿，查拿葉爾羌所屬色呼庫勒地方居住阿其睦之弟昆楚克，解送喀什噶爾之處，亦可不必。」[2]

在阿其睦被拿解的過程中，希布察克部屬眾也受到驚擾，他們行將外徙時，被多連追回，「從前布魯特之多連來喀什噶爾報信時，伊之屬下布魯特疑懼，將欲遷徙，多連聞信，即往追喚回。」[3]燕起外逃一月有餘時，即乾隆四十九年（1784）年五月，額德格訥部布魯特比葉爾鐵拜已將其抓獲，乾隆帝深感欣慰，並欲授予葉爾鐵拜二品頂戴和散秩大臣銜，但其後燕起卻被額德格訥部阿哈拉克齊穆拉特私放，並為喀爾提錦部布魯特比薩瑪齊所容留。[4]清朝嘉獎葉爾提拜各項也終被取消，此後，直至乾隆五十二年（1787）八月，方最終將燕起拿獲，可見，在燕起外逃之後，一些布魯特首領並未積極配合清朝追拿燕起，反而助其脫逃，這體現出此時已有部分布魯特離心於清朝。

加之，乾隆四十八年（1773）時，胡什齊部首領伯爾克外逃浩罕，這些事件，導致了乾隆末年至嘉慶初年布魯特內部局勢的不穩定。燕起、鄂布拉三、伯爾克等布魯特外逃本身即直接體現出布魯特離心於清朝。實際上，經過清朝的及時處置，相關事件自身並未產生過於嚴重的後果，如清朝追剿燕起雖經歷了波折，但終將其拿獲；鄂布拉三

---

[1]《清高宗實錄》卷1206，乾隆四十九年五月辛酉。

[2]《清高宗實錄》卷1206，乾隆四十九年五月辛酉，此處稱昆楚克為阿其睦之弟，不當，昆楚克實際為阿其睦之弟巴克提之子，故而，昆楚克當為阿其睦之侄，乾隆年間清朝漢文、滿文文獻多處皆稱昆楚克為阿其睦之弟，但也有稱昆楚克為阿其睦之侄的記載，通過考辨，顯然可見昆楚克因為阿其睦之侄。

[3]《清高宗實錄》卷1207，乾隆四十九年五月甲戌。

[4]《清高宗實錄》卷1209，乾隆四十九年六月丁未。

雖自乾隆末年至嘉慶初年一直藏身於浩罕，但他最終被浩罕伯克納爾巴圖所囚禁；伯爾克率屬眾逃離其鄰近於烏什的遊牧地，遠至浩罕，清朝雖反復與浩罕交涉，也終未能將之拿獲，雖一度有傳聞稱，大和卓波羅泥都之子薩木薩克與鄂布拉三、伯爾克相約起事，但他們終究未糾眾謀亂，清朝對於他們的追剿也最終不了了之。

　　嘉慶年間，希布察克部之比、多連之子圖爾第邁莫特因孜牙墩事件被枉殺，沖巴噶什部之比、阿瓦勒之孫、玻什輝之子蘇蘭奇因報告張格爾謀亂之事，被章京綏善叱逐，憤然遠徙，並參與了張格爾之亂。這兩大事件，直接促使布魯特人對於清朝的離心力增加，相關事件的過程，前文已有論及，圖爾第邁莫特被枉殺後，其子阿仔、熱仔、胡則、鄂斯曼外逃至浩罕，胡則及圖爾第邁莫特之堂弟岳哈西第，參與了嘉慶二十五年（1820）張格爾攻襲圖木舒克、伊斯里克卡倫一事，岳哈西第被拿獲後，在呈供中道明了相關細節。

> 二十三日，有差探之四品伯克帕拉特等，在安集延道上拿獲從逆布魯特岳哈西第，訊據供稱，是前已正法圖爾第邁莫特之堂弟，因二十年孜牙墩案內，逃至安集延愛瑪爾的地方居住。今年七月間，知張格爾帶人出了浩罕，到了那林阿薩雅克愛曼，與江噶拉齊，會同他依拉克、蒙達拉克等要搶喀什噶爾。該犯帶同五人，隨張格爾等滋事，至霍爾罕回莊，遇見官兵打敗，逃竄出卡，被獲，不知蘇蘭奇逃往何處。查該犯之二十年逃竄後，苟延殘喘，今又膽敢從逆，情實可惡，當將該犯解送喀什噶爾嚴加審訊。[①]

　　這表明，岳哈西第作為圖爾第邁莫特之堂弟，在嘉慶二十年（1815）圖爾第邁莫特因孜牙墩事件被行刑後，逃至浩罕汗愛瑪爾所屬地方居住，嘉慶二十五年（1820）年七月，在知曉張格爾逃出浩罕後，抵達

---

① 《平定回疆剿擒逆裔方略》卷1，嘉慶二十五年九月乙亥。

薩雅克部布魯特，同薩雅克部江噶拉齊、他依拉克、蒙達拉克等人搶掠喀什噶爾。

　　在隨後的事件調查中，清朝得知：「此次張格爾因在浩罕地方居住最苦，起意要搶喀什噶爾，因向浩罕伯克愛瑪爾借人，愛瑪爾不允，並將該逆拘留，張格爾乘便潛逃，赴薩雅克愛曼，會合布魯特比江噶拉齊、巴依巴哈什、蒙達拉克、他伊拉克、岳哈西第、胡則，並與蘇蘭奇素通書信，曾在掇落滾拜地方，面約謀逆」[①]。這說明，張格爾因在浩罕生活窘迫，起意搶掠喀什噶爾，但因向浩罕伯克愛瑪爾借兵未果而被愛瑪爾拘留，後張格爾乘機潛逃，與薩雅克部多人相約，岳哈西第、胡則皆參與其中。

　　關於岳哈西第為何加入張格爾行列謀亂，勞拉·紐比注意到了中國第一歷史檔案館所存朱批奏摺對於岳哈西第供詞有著更為詳細的記載，並對其供詞進行了翻譯[②]，根據岳哈西第的供述，在圖爾第邁莫特因孜牙墩事件被判死刑後，他們已經失去了圖爾第邁莫特所擁有的土地，故而懷著僥倖心理，隨同張格爾攻襲喀什噶爾，以重新擁有其長兄的土地。有鑑於此，紐比認為，「岳哈西第支持張格爾的動機，顯然並非意識形態或者宗教信仰方面的，而是實際的經濟方面的，他希望恢復其堂兄被徵收的土地。對於張格爾自身而言，合法性而非宗教，為實際的驅動力。」[③]無論如何，圖爾第邁莫特被枉殺，間接促使其親屬參與到張格爾的叛亂行動之中，導致了布魯特離心力的增加。

　　前文在寫作沖巴噶什部相關章節時，曾就該部之比蘇蘭奇參與張格爾之亂進行了一定的說明，蘇蘭奇因受章京綏善的叱逐而激變，成為了張格爾之亂的共謀者，事件發生之後，清朝對於蘇蘭奇參與其中

①《平定回疆剿擒逆裔方略》卷3，嘉慶二十五年十一月庚辰。

②Laura J.Newby,*The Empire and the Khanate:A Political History of Qing Relations with Khoqand c.1760-1860*, Leiden & Boston：Brill,2005,p.88-89.

③*Ibid*,p.89.

的緣由深感費解，喀什噶爾參贊大臣斌靜即奏稱：「蘇蘭奇串通張格爾滋事，蘇蘭奇係阿瓦勒之孫博碩輝之子，阿瓦勒在乾隆三十年平定烏什叛回時，曾經出力，博碩輝並曾賞給二品頂，蘇蘭奇襲職受封、安居已久，何以此次忽萌異志？且僅有眾三百人遽思搶掠城池，謀為不軌，亦覺太不自量。」[1]在後來的善後事宜處理過程中，清朝方才得知蘇蘭奇因係受到了章京綏善的叱逐，故而憤然逃出卡外。

道光九年（1829），欽差大臣那彥成在處理善後事宜過程中，收撫外逃布魯特，除了招撫圖爾第邁莫特之子阿仔和卓、熱仔等，還招撫了蘇蘭奇之叔拜莫拉特、蘇蘭奇之姪拜爾第阿里雅，當時，「布魯特比蘇蘭奇早已身故」，二者至喀什噶爾投順，稱「嘉慶二十五年張格爾糾眾入卡，蘇蘭奇到城報信，章京綏善不信，將蘇蘭奇叱逐，該比一時氣憤，帶人逃往浩罕。」、「至從前叱逐蘇蘭奇之回務章京綏善，任性乖謬，訊據彼時印房當差之回子玉努斯所供各情，與拜莫拉特等所稟相符。」[2]故而，蘇蘭奇原本至城報告張格爾糾眾入卡滋事，但章京綏善卻並不以為然，斥罵蘇蘭奇，激起蘇蘭奇憤怒，率領屬眾外逃浩罕，顯然，拜莫拉特、拜爾第阿里雅等人皆隨同蘇蘭奇逃往浩罕。

實際上，在嘉慶二十五年（1820）張格爾攜布魯特三百餘人侵犯卡倫事件發生後，喀什噶爾幫辦大臣色普徵額在追查沖巴噶什部的過程中，卻燒毀沖巴噶什部莊稼、營帳，該舉並不利於穩定布魯特之心，「臣色普徵額於十八日督兵進山追捕，即於十九日追至喀浪圭卡倫外十餘里蘇蘭奇愛曼鏗什拜地方，人皆逃散，遺有未收禾稼並蒙古包三十餘架，當即焚毀，絕其居食。」[3]色普徵額在追捕蘇蘭奇等人的過程中，抵達蘇蘭奇所在的沖巴噶什部所在地後，已經發現部眾皆逃散，他當即焚毀該部未收莊稼以及蒙古包，斷絕沖巴噶什部之食居，此種

---

① 《平定回疆剿擒逆裔方略》卷1，嘉慶二十五年九月丙寅。

② 《平定回疆剿擒逆裔方略》卷76，道光九年正月丁未。

③ 《平定回疆剿擒逆裔方略》卷1，嘉慶二十五年九月乙亥。

做法頗顯極端，道光初年，更多布魯特部人參與張格爾之亂，該事或許刺激了更多布魯特生變。

斌靜、色普征額在領軍追捕蘇蘭奇的過程中，濫殺所追捕到的叛亂者，「偵探前面山口內約有賊匪六七十人，即督率官兵追進山口，殺賊三十餘名，生擒二十餘名，訊據活賊僉供，原係跟隨蘇蘭奇等來搶喀什噶爾，遇見官兵接仗，逃出卡倫，不知蘇蘭奇下落，當將該匪等俱行正法。」[1]在並未訊明的情況下，即濫殺所遇「賊匪」，道光帝也對該做法加以指責：「逆首蘇蘭奇、張格爾，亦杳無下落，其所獲活賊，自應現將起釁緣由詢問明確，並查明孰為起意，孰為脅從，分別辦理，乃色普征額將卡外所獲之賊全行正法，斌靜又將前獲賊犯八十餘名全行正法，但云俱係情罪重大，並無切實犯供。恐係斌靜等因事激變，此時轉妄行殺戮，希圖滅口，邊陲種地，所關甚巨鉅。」他令伊犁將軍慶祥查辦相關事宜：「慶祥察訪真確，如實有激變及妄殺情事，即行據實嚴參，不可瞻徇諱飾。」[2]

對於此事，道光帝在諭令中多次令慶祥查明：「此案布魯特滋事前後，斌靜等奏到三次，其因何起釁，緣由總未據奏明，所獲賊匪，色普征額處，先行誅戮二十餘名，解交斌靜審辦者，又續誅八十餘人，並無一確實供詞，曷不留要犯數名以待覆訊，其中必由辦理錯謬，是以濫殺滅口，甚有可疑之處。」[3]在反復怪罪斌靜、色普征額濫殺後，道光帝將二者解職查辦「斌靜、色普征額歷次奏報含混，於所獲多犯，全行誅戮，不留一名訊取確供，其辦理錯謬，已咎無可辭，俱著先行留任於該處，聽候查辦，現已將武隆阿授為喀什噶爾參贊大臣，秀堃調為該處幫辦大臣。」[4]

---

① 同上。
② 同上。
③《平定回疆剿擒逆裔方略》卷1，嘉慶二十五年十月壬寅。
④《平定回疆剿擒逆裔方略》卷2，嘉慶二十五年冬十一月丙寅。

斌靜、巴彥巴圖的上述燒殺行為，實際上並不利於撫慰布魯特部眾，反而刺激了更多的布魯特參與張格爾及其他和卓後裔的叛亂，使得布魯特對於清朝的離心力進一步增強。

第二節　張格爾與浩罕、布魯特的關聯

18世紀末至19世紀上半期，中亞浩罕汗國進一步崛起，隨著其勢力的膨脹，領土不斷向周邊地區擴展，這一時期，布魯特多部無可避免地受到了浩罕對外擴張的影響，在費爾干納地區，額德格訥部因受浩罕的侵襲和嚴酷統治，於道光初年，選擇向東遷徙至距離喀什噶爾較近的地方，並受到了清朝的安置，相關過程，後文將有詳論。至19世紀20年代，浩罕的勢力擴及塔拉斯河、楚河流域的布魯特部落，並於該地區修建堡壘和哨所，並敢於與俄國分庭抗禮，清朝所稱的東布魯特多部，如薩爾巴噶什、薩雅克、薩婁、胡什齊等部落及其支系，皆受到了浩罕的滲透，其中的一些首領如薩爾巴噶什部提奈支系的著名首領占泰（Jantay）及其子沙布丹（Sabdan）等人甚至參與浩罕內部的權力鬥爭，還有部分布魯特首領被浩罕授予了達得華（datqa）職銜，相關內容將在後文中進行詳論。總之，在18世紀末至19世紀上半期，浩罕對於東西布魯特多部皆產生了重要影響，同時，張格爾、玉素普、倭里汗等白山派和卓家族後裔在南疆地區發動的多次叛亂中，浩罕的作用和影響不容忽視。

一、浩罕對於張格爾的管控

乾隆年間，清朝統一新疆之後，霍（浩）罕[①]首領額爾德尼及其侄

[①]乾隆年間，多寫作「霍罕」，嘉慶末年以後，則多寫作「浩罕」，「霍罕」向「浩罕」的變遷，實際上反映了該政權由清朝藩屬國向獨立汗國的演變過程。

納爾巴圖先後擔任伯克，但實際上已經開始了對外擴張的步伐，雖然清朝稱浩罕為其外藩屬部、且浩罕與清朝保持著朝貢關係，但額爾德尼、納爾巴圖在與清朝交往時尤顯桀驁，甚至試圖與清朝劃分國界線，前文在論述額德格訥部與浩罕的關係以及清朝向浩罕追索伯爾克、薩木薩克的過程時，曾有論及浩罕首領所顯現的傲慢姿態。由於地緣上的密切聯繫，清朝在處置與浩罕相關的布魯特事務以及和卓家族後裔相關問題時，皆寄希望於浩罕首領，浩罕對於薩木薩克、張格爾也起到了一定的監管作用。

　　基於浩罕對於白山派和卓後裔的管束，19—20 世紀，中西方一些學者認為清朝每年向浩罕支付了一定金額的酬金或薪俸，用於監視控制白山派和卓家族後裔。紐比注意到，中西方學者中，包括瓦里漢諾夫（Valikhanov）、納里夫金（Nalivkin）、包羅傑（Boulger）、蘭斯德爾（Lansdell）、庫羅帕特金（Kuropatkin）、庫茲涅佐夫（Kuznetsov）、弗萊徹（Fletcher）、曾問吾等人皆有相關的表述和說明[1]，如瓦里漢諾夫稱清朝約自 1756 年開始，清朝每年向浩罕支付 1000 元寶（yambu），蘭斯德爾稱清朝約自 1813 年開始，每年向浩罕統治者補助 200 元寶，包羅傑則稱浩罕在 1812 年時停止向清朝朝貢，兩三年後，清朝每年給予浩罕相當於 3500 英鎊的款額以使其監視和卓，庫茲涅佐夫稱納爾巴圖在 1797 年被清朝賞與職銜和一定金額的貨幣，弗萊徹則稱浩罕除了自清朝收受茶葉，還收到 200 至 1000 元寶。我國民國時期學者曾問吾也曾稱：

　　　大和卓博羅尼都之子孫竄伏浩罕，為回疆之亂源，前已明言之

------

[1] Laura J.Newby,*The Empire and the Khanate*,p.59,note 41.佐口透先生也曾議及西方學者的相關記載，認為清朝史料中儘管沒有明確記載，但清朝為了監視和卓，送給其藩屬國浩罕的一些財物和恩賞，可以認為是事實了。（參見：[日]佐口透：《18—19世紀新疆社會史研究》（下），凌頌純譯，烏魯木齊：新疆人民出版社，1983 年，第 489-490 頁。）故而，佐口透先生並未就相關說法做進一步的考證，而勞拉·紐比對相關說法進行了考辨。

矣。徒以乾嘉時，新疆兵威尚盛，足資鎮懾，吏治頗平，無隙可乘。又每歲賜銀萬兩與浩罕，使其監視大和卓之子。因此，自烏什亂後，閱五十餘年，回疆太平，人民康樂，下至道光初年，始有大和卓孫張格爾入陷回疆西四城之禍。[①]

即表明乾嘉年間，正因為清朝每年賞賜浩罕白銀萬兩，使浩罕監視大和卓之子薩木薩克，才使得乾嘉時期回疆在較長時期內保持太平，直至道光初年方才有張格爾之亂。

然而，紐比根據清朝文獻的記載，發現嘉慶十九年（1814）時，無論是伊犁將軍松筠還是喀什噶爾阿奇木伯克、額敏和卓之孫玉努斯，他們對於薩木薩克下落的聞訊和查辦過程，絲毫未能顯示出清朝每年向浩罕支付款額以監視和卓，而且松筠的調查，也否認了這一供給延續到 19 世紀 20 年代的可能性。[②]她在進一步的研究中發現，最早對於清朝向浩罕歲付款額以使其監視和卓的說法，源自於阿布都拉西姆（Abd al-Karim）在 1818 年的著作，這也為 19 世紀時的西方學者所援引，但其著作並未詳細記載相關信息的出處，很可能是源自道聽塗説而非文字材料，結合乾嘉年間清朝與浩罕歷任統治者額爾德尼、納爾巴圖、阿里木、愛瑪爾之間的封貢關係，浩罕向清朝朝貢的過程中，會受到清朝的回賞，而這些回賞物品很可能被西方學者認為是清朝向浩罕支付的歲幣，然而，清朝回賞浩罕只是其維繫雙方宗藩關係的一種手段，且浩罕在乾嘉年間並非每年皆向清朝朝貢，因此，清朝只是象徵性地和禮節性地向浩罕回賞物品，其意義被西方學者誤解和放大[③]，有關清朝向浩罕支付款額以使其監視和卓後裔的說法並不可靠，這一分析考辨了相關說法的真實性，較具參考價值。

①曾問吾：《中國經營西域史》卷 2，《民國叢書》第一編 81，第 302 頁。

②Laura J.Newby,*The Empire and the Khanate*,p.62.

③*Ibid*.p.62-63.勞拉·紐比提及，阿布都拉西姆的著作為：Abd al-Karim,*Histoire de l'Asie Centrale* (History of Central Asia).trans.by Schefer.

　　乾嘉年間，清朝雖然並未專門以歲幣要求浩罕監視和卓後裔，但實際上浩罕統治者對於張格爾起到了一定的約束作用，嘉慶年間，浩罕首領阿里木、愛瑪爾開始自稱為汗，正是浩罕首領對於薩木薩克之子張格爾的管束和控制，阻礙了張格爾在嘉慶年間在南疆發動大規模的動亂。紐比認識到，在嘉慶二十五年（1820）張格爾同蘇蘭奇、胡則等人侵犯清朝卡倫之前，張格爾即於嘉慶十九年（1814）試圖發動對於喀什噶爾的攻襲，只是張格爾所率屬眾尚未抵達瑪爾噶朗城時，浩罕軍隊就迫使其撤退，愛瑪爾因此向清朝提出要求，在南疆設置哈子（哈孜）伯克（qadi）[①]，向該地區的浩罕商人徵收賦稅，這一要求被清朝堅定拒絕，尤其是當時的清朝官方，對於浩罕是否存有白山派和卓向喀什噶爾發動進攻，尚表極大的懷疑。[②]清朝檔案文獻對相關事務也有所說明，嘉慶二十五年（1820）上諭檔載：

> 斌靜等奏，霍罕遣遞信字，請添阿克薩哈爾管理買賣事務，痛加駁斥一摺，所辦甚是。喀什噶爾呼岱達，向由阿奇木伯克選派，霍罕伯克從不干預，乃愛瑪爾承襲後，前次即請設海子伯克抽取稅務，業經松筠等嚴行駁斥，嗣復更換名目，先將博塔占私作為阿克薩哈爾，茲又欲令托克托霍卓接替管理，實屬貪利，妄行瀆請，自應嚴詞駁斥，斌靜等既將博塔占、托克托霍卓遣回，霍罕地方著嚴飭各卡倫不准縱令再來內地，如該伯克或再飭詞呈請，仍當嚴行駁回，務令遵守舊章，不得稍有紊越，以靖邊圍，將此諭令知之。[③]

---

①哈孜或哈子伯克（qadi），根據伊斯蘭教教法管理民政、司法、宗教事務的法官。

②Laura J.Newby,*The Empire and the Khanate*,p.73.相關漢文文獻見載於《清仁宗實錄》卷 284，嘉慶十九年二月癸巳。

③中國第一歷史檔案館編：《嘉慶道光兩朝上諭檔》第 25 冊（嘉慶二十五年），廣西師範大學出版社影印版，2000 年，第 24 頁。（亦見於《清仁宗實錄》，卷 366，嘉慶二十五年正月乙酉）海子伯克即哈孜伯克。清朝稱阿克薩哈爾為「呼岱達」，源自滿文 huuda da，其中 huuda 意為商業、商務，da 意為首領、長，「呼岱達」即意為商人首

　　這表明，嘉慶二十五年（1820）前，浩罕伯克愛瑪爾試圖在喀什噶爾添派阿克薩哈爾即呼岱達的請求受到了清朝方面的拒絕，此後，道光元年（1821）浩罕伯克遣使赴京入覲的請求也受到了拒絕。這表明，愛瑪爾極力親近於清朝，其主要目的仍在於溝通貿易，故而，對於張格爾等人進行了一定的約束。

　　漢文文獻對於愛瑪爾管束張格爾一事，也有所說明，嘉慶二十五年（1820），張格爾糾眾侵犯卡倫、殺傷官兵後，被清朝逮捕的邁瑪特里提普供言：「本年五月間，張格爾向浩罕伯克愛瑪爾借人，未允。該逆隨往沖巴噶什等部落邀約，蘇蘭奇、胡則等帶領三百餘人，同往卡倫滋擾。」[1]這表明，當年五月，張格爾即曾向浩罕伯克愛瑪爾借兵謀事，但未得應允，後來糾集蘇蘭奇、胡則等布魯特多人，至卡倫滋事。其後，伊犁將軍慶祥查辦後得知：

> 此次張格爾因在浩罕地方居住最苦，起意要搶喀什噶爾，因向浩罕伯克愛瑪爾借人，愛瑪爾不允，並將該逆拘留，張格爾乘便潛逃，赴薩雅克愛曼，會合布魯特比江噶拉齊、巴依巴哈什、蒙達拉克、他伊拉克、岳哈西第、胡則，並與蘇蘭奇素通書信，曾在掇落滾拜地方，面約謀逆。[2]

　　這其中包含了更多細節，表明張格爾係因生活窘迫而心生起事之

領，清朝將其作為浩罕的商務代理。阿克薩哈爾，即 Aksakal（Aqsakal），存在雙重含義，其中一意為白鬍子或者村落長老，另一意為貿易行會之頭領。關於新疆的阿克薩哈爾，陳慶隆先生曾有專論，參見 Chen Ching-lung, Aksakals in the Moslem Region of Eastern Turkistan, *Ural-Altaische Jahrbücher*, Vol.47, 1975, pp.41-46. 關於「呼岱達」的滿文含義，唐屹先生也曾有所闡釋，參見：Tang Ch'i〔唐屹〕, Two Diplomatic Documents from the Khokend Khanate to Ch'ing Empire in the Mid-19th century,《國立政治大學學報》，第 50 期，1984 年，第 45 頁；上述滿文詞語，參見胡增益主編：《新滿漢大詞典》，烏魯木齊：新疆人民出版社，1994 年，第 427 頁、第 152 頁。

[1]《平定回疆剿擒逆裔方略》卷 1，嘉慶二十五年九月丙子。
[2]《平定回疆剿擒逆裔方略》卷 2，道光二十五年十一月庚辰。

意，當其向愛瑪爾借兵未允後，愛瑪爾將其拘留，但張格爾卻乘機潛逃，並至布魯特薩雅克部，與眾布魯特相糾集。圖爾第邁莫特之堂弟岳哈西第被抓獲後，也曾提及：「今年七月間，知張格爾帶人出了浩罕，到了那林阿薩雅克愛曼，與江噶拉齊，會同他依拉克、蒙達拉克等要搶喀什噶爾。」[1]這表明，嘉慶二十五年（1820）年七月的時候，張格爾逃離了浩罕，隨後至薩雅克部。

朱批奏摺中所載岳哈西第之供詞，內容更為詳盡，其中提及，道光二十五年（1820）七月某日，有五個人至浩罕並對岳哈西第說，愛瑪爾帶領張格爾以及眾多隨從，在雅爾瑪雜爾周圍狩獵，張格爾乘此機會逃到了薩雅克部。[2]這表明，張格爾確實乘著愛瑪爾汗外出狩獵之時，逃離了浩罕。俄國學者納里夫金則指出，浩罕汗每年秋天皆要組織一次盛大的狩獵行動，這是一項古老的傳統，在 1818 年（另一說 1816 年）八月，愛瑪爾汗離開浩罕，在瑪爾噶朗、安集延等地周圍進行了為期多日的狩獵，他的離開，為和卓後裔張格爾逃離浩罕提供了機會。[3]他也指出了張格爾乘機逃脫，但所指出的張格爾逃走的時間並不準確，並非 1818 或者 1816 年，而應該為 1820 年。當年，張格爾、蘇蘭奇等人搶掠卡倫後，張格爾再次被浩罕所拘留：

> 我於二十五年從浩罕帶領安集延回子阿哈呼里等一百多人，又糾約薩雅克愛曼比阿坦台、張喀拉什、汰劣克、沖巴噶什愛曼比蘇蘊蘭奇等帶領五百多人一同前來搶圖舒克塔什卡倫，見有大兵追，我就逃往浩罕地方，浩罕伯克將我圈禁，以我向喀什

---

[1]《平定回疆剿擒逆裔方略》卷 1，嘉慶二十五年九月乙亥。

[2]《朱批奏摺》，民族類，第 479 冊第 5 卷，嘉慶二十年九月二十日至嘉慶二十五年十一月十一日，中國第一歷史檔案館藏，轉引自：Laura J.Newby,*The Empire and the Khanate*,2005,p.88-89.

[3]V.P. Nalivkin, Histoire du Khanate de Kokand,trans.by Aug.Dozon,Paris:Ernest Leroux, 1889,p.132.

噶爾參贊大人們討便宜，我實在不平，又逃到塔什霍爾罕。[1]

這說明，張格爾在事後逃到了浩罕，再次被浩罕伯克拘禁，因浩罕方面欲將其移交清朝，他後又逃到了塔什霍爾罕地方，塔什霍爾罕即塔什庫爾干。根據納里夫金的記載，1820 年張格爾向喀什噶爾進攻後，逃至浩罕，浩罕首領愛瑪爾將其拘執，仍為其提供衣食，其後，有人為張格爾進行了保釋，但愛瑪爾為便於對其監視，將其帶往宮廷，並為其提供居室。[2]1821 年，愛瑪爾去世，約瑟夫·弗萊徹認為，愛瑪爾汗的離世成為中國與浩罕關係的轉折點，愛瑪爾汗的主要目標在於掌控中國與中亞之間的貿易，但清朝與浩罕並未能達成協議，這也最終引發了災難。[3]當邁瑪達里汗（Mahammad Ali Khan）於 1822 年即位後，張格爾因感覺其「宏圖」夢想未受到尊重，再次逃脫，但尚未抵達奧什時，即被擒拿並被帶至浩罕關押，1822 年（道光二年）夏天，因費爾干納地區發生了前所未有的大地震，張格爾乘亂逃離了浩罕。隨後，便再次與布魯特接觸，並於兩年後，與布魯特頭目攻襲喀什噶爾。[4]

紐比結合相關史實，認為愛瑪爾汗去世後，其子邁瑪達里汗與張格爾的關係惡化，相關史實表明張格爾僅被邁邁瑪達里汗關押了數周或者數月的時間，瓦里漢諾夫也強調張格爾最終於 1822 年逃離。[5]她也注意到，《平定回疆擒剿逆裔方略》中載：「據供，張格爾兄弟二人向在浩罕，伯克看待甚薄，改扮回婦逃出，欲來喀什噶爾投誠，懇求

---

① 《張格爾供詞》，中央研究院歷史語言研究所刊行：《明清史料庚編》（下冊），臺北中華書局，1960 年，第 2055 頁。

② V.P. Nalivkin, *Histoire du Khanate de Kokand*,1889,p.142-143.

③ Joseph F.Fletcher, Altishahr under the Khwajas, Harvard University Archives,HUG FP 100.45, *Joseph F.Fletcher,Jr.Lectures and Manuscripts ca.1977-1984*,BOX 2,p.421.

④ V.P. Nalivkin, *Histoire du Khanate de Kokand*,1889,p.153-154.

⑤ Laura J.Newby,*The Empire and the Khanate*,2005,p.92.

賞地安置。」^① 根據道光四年（1824）時，清朝所獲賊犯供出的信息，可知張格爾及其弟巴布頂係因受浩罕伯克輕視，改扮女裝逃離了浩罕。根據《平定回疆擒剿逆裔方略》和《清實錄》中的記載，可以看出，道光二年（1822）、道光三年（1823），張格爾等人尚未糾眾滋事，直至道光四年（1824）八月下旬，張格爾所攜屬眾多人燒搶烏魯克卡倫後，張格爾等人的動向才再次為清朝所重視，當年九月，據喀什噶爾參贊大臣永芹奏，「據阿奇木伯克郡王邁瑪薩依特呈報，浩罕伯克屬下夷目差人報稱，張格爾由該處逃出，追至阿賴地方，不及而還」^②，這表明，張格爾由浩罕逃脫後，浩罕方面確曾追拿浩罕，但未果，此後，張格爾即糾眾侵犯卡倫，故而，根據清朝官方文獻中所載相關奏摺的時間，可以推知，張格爾很可能在道光四年（1824）七、八月間之前脫離了浩罕。

二、1822-1824 年張格爾與布魯特的糾約

（一）張格爾謀搶烏魯克卡倫前後布魯特的「助逆」作用

　　嘉慶二十五年（1820），張格爾因向浩罕愛瑪爾汗借兵未果，即由浩罕至布魯特薩雅克部，與該部之比江噶拉齊、巴依巴哈什、蒙達拉克、他伊拉克等人共謀傾襲清朝卡倫一事，上引文中已有說明，隨之，沖巴噶什部蘇蘭奇、希布察克部圖爾第邁莫特之子胡則等人也參與其中，在突襲圖木舒克、伊斯里克卡倫之後，如上文所論，雖潛逃至浩罕，但又數次逃脫浩罕，且又數次被拘禁，最終，他與其弟巴布頂乘費爾干納地震喬裝逃離。先是逃至塔什霍爾罕（塔什庫爾干），後又向北，與喀爾提錦、薩雅克等部布魯特相謀，在這些地區遊蕩兩年多後，最終在道光四年（1824）至道光七年（1827）末，攻襲喀什噶爾、葉

①《平定回疆剿擒逆裔方略》卷5，道光四年十月丙子。
②《平定回疆剿擒逆裔方略》卷4，道光四年九月甲寅。

爾羌等城，對南疆造成了極大的破壞。張格爾在逃離浩罕後，為何選擇與這些布魯特部落結盟？在此後，張格爾為何能夠發動更大規模的動亂？此處將結合相關文獻進行分析。

　　根據張格爾供詞，可知張格爾在逃至塔什霍爾罕後，又逃至托古斯托羅，與薩雅克部阿坦台、汰劣克相約：

> 浩罕伯克將我圈禁，以我向喀什噶爾參贊大人們討便宜，我實在不平，又逃到塔什霍爾罕。曾差額爾勒，上喀城稟請投降，大人們看得很好，又賞東西，又說賞我杭阿里克莊子的語，我聽見很感激，二次又差額爾勒來時，都被殺害，是以我生氣，同我兄弟巴□□塔什霍爾罕。布魯特瑪巴特、伊斯拉木，同我從浩罕逃出，帶領安集延回子巴布占等五百人前來搶烏魯克卡倫。見有大兵追趕，我又逃往塔什霍爾罕，去後，有巴大人帶兵前去拿我，我害怕，逃往托古斯托羅阿坦台家裏。大人們聽見，巴大人又木（帶）兵上托古斯托羅，將我的二十個人並汰劣克的家屬全被殺害，所以我同汰劣克逃出，於次日約人，戕害官兵的。①

　　根據張格爾後來的供述，可知其逃至塔什霍爾罕後，曾經差遣屬人額爾勒前往喀什噶爾請降，喀什噶爾大臣本允諾賞與其物品及杭阿里克莊②，但第二次遣額爾勒至喀什噶爾時，額爾勒被清朝所殺，故同其弟巴布頂逃離塔什霍爾罕，此處引文中的「□□」所載文字，應係巴布頂的名字中「布頂」二字，其後為「逃離」或相近詞語。原本追隨張格爾的布魯特瑪木特、伊斯拉木，為報復清朝，同安集延人巴布占等五百人搶掠烏魯克卡倫③，受清軍追剿後，先是逃往塔什霍爾罕，受

---

① 中央研究院歷史語言研究所刊行：《明清史料》庚編（下冊），臺北中華書局，1960年，第 2055 頁。

② 「杭阿里克」即罕愛里克、汗阿里克，前文有注解。

③ 「烏魯克」意為偉大，烏魯克卡倫是英吉沙爾所屬最重要的卡倫，位於英吉沙爾西

巴彥巴圖的追拿，又逃至托古斯托羅[①]布魯特薩雅克部之比阿坦台家中。巴彥巴圖至薩雅克部追剿張格爾，未果，殺害無辜布魯特婦孺多人，張格爾隨從以及薩雅克部另一首領汰劣克家屬全被殺害，造成了極為惡劣的影響，有關細節，後文中也將有更多論及，該事件這也是激起阿坦台、汰劣克等布魯特首領參與張格爾之亂的重要原因。

根據清朝文獻的相關記載，張格爾於道光四年（1824）八月，率眾侵犯烏魯克卡倫，根據張格爾本人的供述，此次搶掠烏魯克卡倫，主要是因為其派往喀什噶爾的使臣被殺害，其屬人為報復清朝，從而糾眾犯卡，但除了張格爾自己的供述外，清朝官方文獻似乎並未說明張格爾屬人額爾勒為清朝大臣所殺一事。道光四年（1824）八月二十二日，張格爾自帶追隨者二百餘人，「糾合奈曼部落布魯特伊斯拉木等五十人，喀拉提依特部落阿爾巴克提依等五十人，雅曼提依特部落西爾噶孜等二十五人」[②]，侵犯烏魯克卡倫，焚毀門柵、殺傷官兵，官兵傷亡三十餘人，遊擊劉恒發帶兵趕到，侵犯卡倫者死傷二十餘人，事後潰散。

在隨後的追查中，清朝逐漸明晰了該事件的前後過程，從中得知，糾同張格爾的布魯特人中，伊斯拉木係奈曼部比、享有五品頂翎的愛散之胞弟，同時，雅曼提依特部落頭人西爾噶孜，喀拉提依特部落頭人那爾巴他、阿玉巴什、巴哈提拜、西爾等人也參與其中，巴彥巴圖、色普征額，在事後的追蹤中，拿獲了喀拉提依特的頭人那爾巴他及西爾，搜查出官兵衣物、鳥槍等相關罪證，又擒獲該部頭人阿玉巴什，並供出巴哈提拜、尖胡里、圖爾底三者，巴彥巴圖、色普征額在獲悉上述六人皆屬犯卡賊目後，即將其斬梟，因念及伊斯拉木係愛薩之弟，

南 90 至 100 里處，是通往塔什庫爾幹的重要通道，參閱英吉沙縣地方誌編纂委員會編：《英吉沙縣誌》，烏魯木齊：新疆人民出版社，2003 年，第 458-459 頁。

① 即圖固斯塔老，薩雅克部遊牧地，前文有所提及。

② 《平定回疆剿擒逆裔方略》卷 5，道光四年十月乙丑。

並未將其處以極刑。隨之，巴彥巴圖又繼續追索雅曼提依特布魯特頭人西爾噶孜及其所率部眾五十餘人，最終擊斃其中四十餘人，西爾噶孜也因傷而亡。[1]喀什噶爾參贊大臣永芹在陳述巴彥巴圖等追索這些布魯特頭目時，簡單地認為：

> 巴彥巴圖、色普征額搜擒殘斃者已有百餘名內，著名賊目伊斯拉木、阿玉巴什、那爾巴他、西爾噶孜，西爾等，尤為險惡，既經次第就獲刑誅，其餘不過隨聲附和，似毋庸曠日持久、重勞兵力，即派可靠之布魯特比拜呢雜爾細心查拿，隨時解來懲辦，商同巴彥巴圖等即行撤兵增兵，嚴守卡倫。[2]

拜呢（泥）雜爾係希布察克部布魯特首領，「拜泥雜爾，乾隆三十、四十九年，因出兵並拿布魯特比阿奇木出力而奏賞六品頂藍翎，嘉慶二十一年以差委得力，奏賞五品頂。」[3]自乾隆朝至道光初年，拜呢雜爾一直係希布察克部內較為著名的首領，在乾隆三十年（1765）參與平定烏什之亂，在乾隆四十九年（1784）阿奇木誣控鄂斯璊事件之後，他也同多連一起湧現出來，共同管領希布察克部屬人，嘉慶二十一年（1816），拜呢雜爾作為希布察克部阿哈拉克齊，因處置孜牙墩之案，被賞與五品頂帶花翎。[4]圖爾第邁莫特被枉殺後，拜呢雜爾則成為該部內的主要首領，在道光初年仍幫助清朝處置張格爾之亂。

永芹此時的設想未免過於簡單化，僅認為將追隨、附和張格爾的上述布魯特頭目拿獲、誅殺即可，並依靠拜呢雜爾等人繼續捉拿，無需曠日持久派重兵處置，然而，張格爾及其屬眾在此後多年發動了更大規模的叛亂，應是永芹等人所未能料及的。實際上，永芹、巴彥巴

---

① 《平定回疆剿擒逆裔方略》卷 5，道光四年十月丙子。

② 同上。

③ 《欽定新疆識略》卷 12《布魯特》。

④ 《清仁宗實錄》卷 317，道光二十一年三月癸卯。

圖等追殺相關布魯特頭目、屬眾，非但未能震懾布魯特人，反而，刺激了更多的布魯特參與張格爾之亂。與之相類的是，巴彥巴圖拿獲布魯特人胡納克等人後，據胡納克供述，「實為貪得便宜，就帶所屬十餘人，跟隨張格爾到卡焚搶」[1]，在經確認屬實後，巴彥巴圖就輕率地將胡納克等人斬梟示眾，類似的做法應在布魯特諸部中產生了惡劣影響，以致激起更多人謀亂。

　　張格爾於道光四年（1824）八月侵犯烏魯克卡倫後，又游離於布魯特部落之中，他雖然窺伺伊爾古楚卡倫，但因卡倫守衛嚴密，再次竄逃至塔什庫爾干，遇到了奈曼部四品頂翎之比伊滿，並將伊滿執縛二十餘日，伊滿並未屈從於張格爾，並向其強調喀什噶爾百姓安居樂業、官兵強盛，張格爾因此有所醒悟，釋放伊滿並與之抱經起誓，產生投誠之意。當年十二月，伊滿遣人告知張格爾相關情形。道光五年（1825）初，張格爾遣人遞信於喀什噶爾阿奇木伯克，稱「願與伯克、阿渾抱經發誓，指給回莊，即來投誠。」[2]其後，永芹遣伯克西里木同伊滿等探聞張格爾動靜，張格爾遣博巴占遞信於永芹，稱「欲求罕愛里克回莊居住」，此當為張格爾供詞中所提及的杭愛里克莊。永芹即會見博巴占，對其加以賞賚，並欲檄諭張格爾。但張格爾卻又遊移不定，又經浩罕伯克之勸告，滿腹狐疑，後又與格得勒沙（無業遊民或土匪）四百餘人相糾集，殺害永芹所派往的伯克，本欲引誘奈曼部布魯特比，但伊滿等人並未從之，巴彥巴圖率軍前往追拿，但張格爾再次遠竄無蹤。

　　雖然一些布魯特頭目和屬人參與了侵犯烏魯克卡倫一事，但也有一部分相鄰部落的布魯特首領，因並未助逆而受到清朝嘉獎，奈曼部享有四品頂翎之比伊滿因向伯克提供張格爾的情報，被賞給三品頂帶，五品頂翎布魯特比阿布都拉伊木因未參與謀亂，被加賞四品頂帶，六

---

① 《平定回疆剿擒逆裔方略》卷 5，道光四年十一月丙申。

② 《平定回疆剿擒逆裔方略》卷 6，道光五年五月癸丑。

品頂帶布魯特比曼勃特因功被賞給五品頂帶，吐勒額依格爾部落六品頂布魯特比巴哈提拜，因追索相關賊匪，被賞給五品頂帶，其他一些奈曼部的所謂「閒散布魯特」，如多列特、住瑪喀分別被獎與六品頂翎和金頂藍翎，提拉巴爾底等八人被賞給金頂和賞銀三百兩。[①]

　　結合張格爾之亂的前後過程，似可將嘉慶二十五年（1820）至道光四年（1824）間張格爾兩次率領布魯特、安集延等部眾搶掠卡倫、殺傷官兵的過程，視為張格爾之亂的第一個階段，畢竟這一階段，叛亂者僅僅是燒搶卡倫，並未直接向喀什噶爾進攻。這一階段中，張格爾先後兩次由浩罕逃脫並侵犯卡倫，第一次逃脫後，薩雅克部江噶拉齊、蒙達拉克，希布察克部岳哈西第、胡則，沖巴噶什部蘇蘭奇等布魯特屬眾，追隨張格爾搶掠圖舒克塔什、伊斯里克卡倫，殺傷官兵；第二次脫離浩罕後，提依特部布魯特分支雅曼提依特和喀拉提依特頭目及屬眾多人燒搶烏魯克卡倫，但巴彥巴圖等人在其後的追索中，濫殺相關頭目，這也激起了更多的布魯特人參與叛亂。

　　（二）張格爾與汰劣克、阿坦台的糾集

　　上文提及，張格爾在道光五年（1825）初，雖產生了投誠之念，但最終遊移未定，再次遠竄，潛逃至托古斯托羅地方薩雅克部之比阿坦台家中，與該部之比阿坦台、汰劣克相糾集，並謀劃了更大規模的動亂，在道光六年（1826）年時攻破喀什噶爾，進而佔據南疆西四城，清朝四處調兵，在道光七年底（1828）方才擒獲張格爾，最終平定張格爾之亂。

　　論及張格爾與薩雅克部的關係，嘉慶二十五年（1820），張格爾即與薩雅克部江噶拉齊、蒙達拉克等相糾集，侵犯卡倫，道光五年（1825），張格爾與該部首領阿坦台、汰劣克相糾集，上文提及，張格爾在供詞中即指出，巴彥巴圖殺害了其隨從二十餘人及汰劣克的家屬，使得汰

---

① 《平定回疆剿擒逆裔方略》卷6，道光五年五月癸丑。

劣克加入張格爾之亂中。道光五年（1825）八月，巴彥巴圖陣亡，「巴彥巴圖帶領官兵於八月二十四日行抵阿克密依特地方，二十五日遇賊打仗，殺賊百餘名，乃於撤退時，誤入山險被圍，是夜，賊匪連來攻搶，經官兵盡力抵禦，至二十六日，巴彥巴圖帶兵突圍，退出二十餘里溝坡下，與官兵同時陣歿。」[1]道光帝對此極為震驚，連發諭旨，在人員調度、責任追究以及對於該事件的追查方面，都做出了一定的部署，由慶祥署理喀什噶爾參贊大臣事務，調派長齡擔任伊犁將軍，並令慶祥追查該事件的真相。對於布魯特人參與其中，道光帝也追問之：「此次復潛赴薩雅克部落布魯特處，勾結滋事，何以布魯特等附和者甚多」[2]，即對於諸多布魯特參與其中表示懷疑。其後，道光帝試圖用「以夷制夷」之策，追剿張格爾等人，啟用玉努斯，玉努斯在嘉慶年間因查辦薩木薩克之子玉素普斂財案被松筠治罪、遭到拘禁，釀成冤案，後被釋放，此次道光帝再次任用玉努斯，交由其查拿賊眾。[3]

　　慶祥也逐漸查明了巴彥巴圖陣亡一事，知曉了其中的過程，得知「據稱查得張格爾於七月間至薩雅克部落，同汰劣克居住，並無劫掠貿易回子之事」，故而，張格爾搶掠回商只係謠言，並非事實，在進一步的追蹤中，慶祥從逃脫的官兵口中得知了真相，道光帝結合慶祥所奏內容，在上諭中指出：

> 茲據查明張格爾於七月間至薩雅克部落居住，跟隨僅十八人。經該阿奇木瑪薩依特帶同貿易回子及小布魯特等稟報，永芹即令巴彥巴圖帶兵二百名，以查卡倫為名，前往搜拿，行至都爾伯津地方，將汰劣克及伊屬下人等之家口男女大小百餘名全行殺害，詢知張格爾已於前五六日潛匿拜巴哈什處，汰劣克帶同眾布魯特追圍官兵，力戰一夜，剿殺布魯特百餘人，官兵多有

①《平定回疆剿擒逆裔方略》卷6，道光五年九月壬寅。

②《清宣宗實錄》卷89，道光五年九月壬子。

③《清宣宗實錄》卷90，道光五年十月己未。

陣亡，巴彥巴圖旋因臂中槍傷，自刎身死。[1]

這表明，永芹聽聞張格爾在薩雅克布魯特的下落後，令巴彥巴圖前往搜拿，但巴彥巴圖卻將薩雅克部首領汰劣克及其屬下的家口百餘人全行殺害，男女老少皆如此，這也直接刺激了汰劣克領眾攻襲巴彥巴圖及其所率官兵，布魯特及清朝官兵皆有陣亡者，巴彥巴圖受傷後自刎而死。張格爾在其供詞中也提及此事，表明巴彥巴圖濫殺無辜導致布魯特生亂。汰劣克伏擊巴彥巴圖所率官兵一事，在浩罕、安集延等地也產生了極大震盪，這也是後來浩罕、安集延人隨同張格爾攻陷喀什噶爾、英吉沙爾等「西四城」重要原因。

19 世紀時，俄國學者瓦里漢諾夫指出，汰劣克等人的此次「勝利」被視為一個奇跡，張格爾於此時開始實施決定性的措施，並將其戰績告知浩罕汗及其他統治者，並向烏茲別克、哈薩克、布魯特部落的不同遊牧地遣使，並在 1825 年做好戰鬥準備，喀什噶爾的移民、浩罕的印度兵（Sepoy）、烏茲別克人、突厥人、希布察克人等都迫不及待地湧至阿帕克旗下，一些浩罕人甚至包括官員皆離開其職位加入張格爾的聖戰（Hazat）之中。[2]英國學者貝柳即指出：「1825 年，一小支中國人至納林追剿襲擊者，並洗劫了其（阿坦台、汰劣克）家園直至庫爾特卡堡（Fort Kurtka），在歸途中，他們在一個峽谷內受到伏擊並被屠殺得所剩無幾。此次勝利立即在浩罕引起了軒然大波，隨即有使者至烏茲別克、哈薩克、布魯特籌集部眾，這些地方的眾多人隨同安集延和拔達克山的投機者群集至張格爾旗下。次年春，張格爾在愛薩（Isa）達得華（Dadakwah or Datqha）所領大軍的協同下，征伐喀什噶爾。」[3]貝柳先生所指的受到伏擊的中國人即為巴彥巴圖所率部隊，愛薩實際為

---

[1]《平定回疆剿擒逆裔方略》卷 8，道光五年十二月乙丑。

[2]Valikhanof, M. Veniukof,etc,*The Russians in Central Asia*,1865,pp.201-202.

[3]H.W.Bellew, "History of Kashgar",in *Report of A Mission to Yarkund in 1873*,edited by T.D. Forsyth,Calcutta , 1875,p.182.

浩罕所領安集延地方的軍事指揮官[1]。他的闡釋，表明汰劣克家屬被害以及清軍被伏擊一事，為張格爾在浩罕、安集延、布魯特人中進行宣傳和籌集同謀者提供了基礎，次年，張格爾及其部眾之所以能夠佔據西四城，與浩罕、安集延人的幫助不無關聯。

關於張格爾為何選擇與薩雅克部之首領相糾集，弗萊徹、米華健在其研究中，均提及汰劣克係張格爾之岳父。[2]漢文文獻中並無相關說明，汰劣克與張格爾的關係仍然待考。勞拉·紐比提及巴彥巴圖濫殺布魯特屬眾一事，「巴彥巴圖令其屬下殘殺張格爾隨從二十餘人以及一些布魯特，其中包括婦女和兒童。薩雅克之首領汰劣克，因此失去了其整個家庭，遂決定報復，翌日，當巴彥巴圖及其隨軍往回喀什噶爾時，他們受到了伏擊，其部隊被屠殺僅餘一人，巴彥巴圖受重傷後，提劍自刎。」、「該事件標誌著布魯特與清朝之間關係的分水嶺，儘管部分布魯特部落堅持忠於清朝，但諸多部眾卻願意不遺餘力地支持和卓的事業。」[3]她提及了相關過程，表明了汰劣克實際為報復巴彥巴圖之濫殺行為而伏擊清軍，並且認為該事件具有標誌性的意義，引發了更多的布魯特部眾參與張格爾的行動。前吉爾吉斯斯坦總統阿斯卡爾·阿卡耶夫也曾提及相關背景，並指出阿坦台、汰劣克兄弟二人於19世紀初定居納林河地區，他們與清軍做鬥爭實際是被逼迫的，一支清軍以追蹤張格爾為名，洗劫了薩雅克部位於阿克塔拉（Ak-Tala）的定居點，而這正是阿坦台和汰劣克所統領的部落，該地遭受血洗，一百多居民失去生命，汰劣克追查負有罪責者，並將那支清軍部隊全力擊潰。汰

[1]A.N.Kuropatkin,*Kashgaria:Historyical and Geographical Sketch of the Country; its Military Strength,Industries,and Trade*, trans.by Walter E.Gowan,Calcutta:Thacker,Spink and Co.,1882,p.138.

[2]James A.Millward ,*Beyond the Pass:Economy,Ethnicity and Empire in Qing Central Asia,1759-1864*, Stanford University, 1998,p.215.Joseph Fletcher," The heyday of the Ch'ing order in Mongolia, Sinkiang and Tibet",in John K.Fairbank(ed.)*The Cambridge History of China*,Vol.10,Late Ch'ing,1800-1911,Part I , p.366.

[3]Laura J.Newby,*The Empire and the Khanate*,2005,p.94.

劣克因這一功績而在布魯特享有盛名，被授予巴圖魯頭銜。①

　　總之，巴彥巴圖的貿然行動及其濫殺無辜布魯特的行為，對於布魯特諸部產生了極大的震動，這就導致了更多的布魯特參與張格爾的叛亂行動中，繼而向喀什噶爾、英吉沙爾等城展開進攻，潘向明先生也指出：「巴彥巴圖事件直接促成了張格爾翌年入境煽起大規模叛亂。」②查明此事真相後，喀什噶爾參贊大臣永芹被革職治罪，其子被降職，清朝對巴彥巴圖做出評判：「輕率出卡、妄殺多人」，其加賞世職及應得撫恤待遇概予以停止。③

（三）布魯特幫同清朝擒剿張格爾及其追隨者

　　巴彥巴圖在領軍追拿張格爾的過程中，濫殺薩雅克部首領汰劣克之家屬百餘人，此事為張格爾糾約、誘惑更多的布魯特部眾參與其叛亂行動提供了口實，以致於張格爾在道光六年（1826）六月向喀什噶爾、葉爾羌等城發動了更大規模的襲擊，清朝政府也為此由陝西、四川、黑龍江等地調遣四萬餘兵力，方才最終平定張格爾之亂。事實上，結合巴彥巴圖、色普征額等人在張格爾先後兩次侵犯卡倫後的相關舉措，可以發現，濫殺布魯特部眾並非偶然之舉。

　　前文提及，在嘉慶二十五年（1820）張格爾糾約蘇蘭奇、胡則等人侵犯圖舒克塔什、伊斯里克卡倫後，色普征額在追查相關逃犯的過程中，行抵蘇蘭奇所在營帳後，發現其部眾已經逃散，遂焚燒其帳房，毀其莊稼；色普征額在其後的追索中，又先後濫殺包括蘇蘭奇屬下在內的布魯特百餘人，道光帝也多次斥責其濫殺行為。道光四年（1824）八月，張格爾糾約奈曼部、喀拉提依特、雅曼提依特等布魯特部眾侵犯烏魯克卡倫，巴彥巴圖、色普征額等追索到相關頭目後，對之梟首、

① Askar Akaev,*Kyrgyz Statehood and the National Epos"Manas"*,New York:Global Scholarly Publications,2003,pp.115-116.
② 潘向明：《清代新疆和卓叛亂研究》，北京：中國人民大學出版社，2011年，第116頁。
③ 《清宣宗實錄》卷92，道光五年十二月乙丑。

濫殺，並擊斃了諸多布魯特參與者。綜合來看，巴彥巴圖濫殺汰劣克家屬，則係延續了上述行為，永芹簡單地認為：布魯特頭目「既經次第就獲刑誅，其餘不過隨聲附和，似毋庸曠日持久、重勞兵力」[①]，即僅認為應將其中頭目誅殺，其餘部眾不過附和於其中，無需勞費弭眾來對待參與的布魯特部眾，巴彥巴圖、色普徵額皆受到了這一判斷的影響，這一設想，非但未能阻止更多的布魯特參與張格爾的叛亂行動，反而誘發了更多的布魯特和南疆白山派信徒參與其中。

自布魯特多部於乾隆年間歸附清朝以後，對於清朝而言，各部的地位和角色顯然不同，楊建新先生即曾指出，「由於布魯特各部當時並不是一個統一的政治實體，因此，對居住在這些地區的布魯特人在政治上的歸屬，必須進行具體分析。其中有的部落與清政府的關係並不密切，有的在較短的時期臣服過清朝，有的則完全是清朝政府管轄下的遊牧部落。」[②]正是基於布魯特各部與清朝關係上的多元性，縱向來看，具體的布魯特部落，在不同的時期與清朝的關係也不同。乾嘉年間，鄰近於喀什噶爾的希布察克部、沖巴噶什部，在較長時間內一直處於核心地位，但希布察克部之比阿其睦誣控鄂斯璊、圖爾第邁莫特被枉殺，這些事件導致希布察克部的式微，其後，沖巴噶什部地位一度上升，但沖巴噶什部阿瓦勒之孫蘇蘭奇因報告張格爾動向受到章京綏善斥責，進而同張格爾侵犯卡倫，如此也使得其部落離散。道光初年，因張格爾糾合更多的布魯特部眾參與叛亂，清朝為平定張格爾之亂，盡力爭取薩雅克、奇里克、薩爾巴噶什等部落的支持，依附於烏什邊卡內外的奇里克部在此時期地位上升，其中的一些首領為清朝平定張格爾之亂提供了重要幫助。

道光五年（1825），巴彥巴圖陣亡一事發生之後，布魯特首領那帕斯、提里斯、伊里斯曼底因並未從逆而受到嘉獎：

---

①《平定回疆剿擒逆裔方略》卷 5，道光四年十月丙子。

②楊建新：《中國西北少數民族史》，民族出版社，2003 年，第 477-478 頁。

現既查有布魯特頭人那帕斯、提里斯、伊里斯曼底，能知大義，並不甘心從逆，伊里斯曼底因先事報信，汰劣克欲加搶劫，現已率其所屬五百餘戶，移住奇里克部落，情願合力效順，聽候差遣，正可乘此機會，加以獎勵，諭以利害，庶可堅其心志。著永芹查明，即將伊三人招致，宣示諭旨，嘉其誠悃，如無頂帶，即各賞給七品頂帶，其有頂帶者，各賞給加一等頂帶。[①]

那帕斯、提里斯、伊里斯曼底作為布魯特首領，並未助逆於張格爾，並向清朝提供情報，那帕斯實際係察哈爾薩雅克部首領，其父為格岱，喀什噶爾參贊大臣常德即奏「查那帕斯現襲伊父格岱三品頂帶並賞戴花翎」[②]，而察哈爾薩雅克部首領格岱則係圖里柯依之子，圖里柯依於乾隆二十三年（1758）入覲[③]，由此推斷那帕斯係察哈爾薩雅克部屬人，因此那帕斯由於已經享有三品頂戴而被加賞二品頂戴，並由慶祥授予其本人。[④]薩雅克部伊里斯曼底因擔心汰劣克搶掠，率其所部五百餘戶至烏什卡外的奇里克部落，因此被加賞頂戴。伊犁將軍慶祥奏稱，「助逆係布魯特，來往探報、引導前行者，亦係布魯特，欲擒張格爾，非布魯特不為功，有驅策布魯特才識，使其樂為我用，方能奏功。」[⑤]這表明慶祥已經認識到布魯特的中介作用，應該利用布魯特追剿張格爾。

巴彥巴圖陣亡的過程中，一些布魯特人也跟隨其中，部分布魯特人傷亡，一些布魯特首領也因此受到撫恤，如沖巴噶什部中，該部之比占帕拉特屬下，有七人陣亡、四人受傷；別克依享有五品頂花翎，其屬下陣亡八名；塔巴魯克享有金頂藍翎，其屬下有三人陣亡，這些

---

① 《平定回疆剿擒逆裔方略》卷7，道光五年十月乙亥。
② 《平定回疆剿擒逆裔方略》卷9，道光六年正月乙酉。
③ 《欽定新疆識略》卷12《布魯特》。
④ 《平定回疆剿擒逆裔方略》卷10，道光六年三月丙申。
⑤ 《清宣宗實錄》卷91，道光五年十一月己酉。

陣亡的布魯特屬眾，按照馬步兵傷亡之例減半受到撫恤。奇里克部之比愛散克勒底並未助逆且告誡其屬下不得從逆，同時，他也看護了陣亡者的屍骸，被賞給五品頂藍翎，另有布魯特們得胡爾、愛散胡勒、托依莫特之子札那滿被賞給六品頂帶藍翎，巴里柯莫洛、胡則依被賞給金頂。①

　　道光六年（1826）正月，喀什噶爾參贊大臣常德在奏報張格爾、阿坦台、汰劣克等人的動向時，提及：「現據沖巴噶什、奇里克、吐勒額伊格爾、奈曼、西布察克、提依特、胡什齊、岳瓦什、蒙額勒多爾、布庫等部落，均遣布魯特遞馬情願效順，其為感激天恩，畏懼兵威，已可概見，當即遵照前旨曉諭收馬賞賚，現在加意操防，不時派員偵探，以備慶祥到日相機進剿。」②這表明，沖巴噶什、奇里克等多部布魯特均向清朝貢馬以表效力之願，此前，也有薩爾巴噶什部首領塔什坦伯克遣人貢馬，願意率屬效力，「薩爾巴噶什愛曼布魯特頭目塔什坦伯克遣布魯特珠滿遞馬，據稱大兵進剿時，願率屬下效順出力，如此時令其往拿，亦必盡力擒捕。」③當年三月，據慶祥所奏，塔什坦伯克遣其子莫爾台，再次表達效力之願，「薩爾巴噶什愛曼布魯特頭目塔什坦伯克遣使遞馬、探信，願效堵擒，遣其子莫爾台隨差去通事瑪勒汰來城遞馬，臣面加詢問，據稱伊父感戴大皇帝恩威，將來大兵進捕逆

---

① 《平定回疆剿擒逆裔方略》卷5，道光五年十一月己酉。根據《新疆識略》卷12《布魯特》所載《布魯特頭人表》，占帕拉特之父為胡（忽）瓦特，胡瓦特事蹟，前文已有論及，他因於乾隆年間幫同辦理遊牧事務、擒拿燕起及察哈爾薩雅克部盜馬賊占頗拉特，嘉慶初年，他也曾受委命赴哈喇庫勒追蹤玉素普和卓，被換賞四品頂戴花翎，胡瓦特病故，占帕拉特繼承該頂翎；塔巴魯克係薩賚拜之孫，海連達爾之子，薩賚拜於乾隆年間幫同平定烏什回亂，被賞給金頂藍翎，海連達爾、塔巴魯克相繼承襲該頂翎。愛散克勒底應即「愛散柯爾底」，其父為諾依海，諾依海於乾隆年間辦理泥雜爾事務被賞給六品頂藍翎，後愛散柯爾底繼承之。

② 《平定回疆剿擒逆裔方略》卷9，道光六年正月甲辰。

③ 《平定回疆剿擒逆裔方略》卷9，道光六年正月庚寅。

賊，如離其部落較近，願率眾出力，幫同堵捕。」[1]塔什坦伯克實際係薩爾巴噶什部的分支部落提奈（Tinay）的首領，係阿提克次子。

　　道光六年（1826）春，待天氣漸暖之時，清朝對於張格爾及脅從於張格爾的布魯特頭目汰劣克、阿坦台等人的追索，再度被提上議程，清朝的策略在於利用布魯特「以夷制夷」，據慶祥奏：「並據向布魯特等探問，能否出力，皆言前散秩大臣阿奇木曾經出力，屢次拿人，至今不過數十年，而子孫無一存者，報應相尋，及時榜樣，是顯為張逆所惑，殊難望其出力殲擒。」[2]有鑑於此，道光帝認為：「所奏布魯特等，以阿奇木曾經出力，子孫現無一存，此等言詞，自係為張格爾所惑，現在辦理該逆，以夷制夷，正須善用布魯特，散其黨羽、免令蔓延，若竟明言其不可恃，豈不益令解體？慶祥惟當存之於心，斷不可宣之於口，以致人心渙散。」可以看出，乾隆年間，希布察克部之比、散秩大臣阿奇木被治罪，在布魯特人中造成了一定的負面影響，慶祥歸之於張格爾以此誘惑布魯特部眾，道光帝再次強調了「以夷制夷」之策，善用布魯特，這一政策具體到實踐中，主要表現為布魯特首領受命誘降、擊斃部分附和張格爾的布魯特頭目。

　　當年三月中旬，察哈爾薩雅克部之比那帕斯及其弟薩底克等人，幫同擒捕張格爾親信赫爾巴什，赫爾巴什實際係薩雅克部拜巴哈什之弟，二者皆追隨張格爾謀亂，正值赫爾巴什至綽勒薩雅克愛曼[3]糾合該部之人時，那帕斯、薩底克即遣人報信，並領人剿堵之，清朝官兵聞

―――――――――――――――――

① 《平定回疆剿擒逆裔方略》卷 10，道光六年三月甲申。

② 《平定回疆剿擒逆裔方略》卷 11，道光六年四月庚申。

③ 綽勒（Choro）薩雅克愛曼係薩雅克部的分支部落，清朝文獻中，該部並未被單獨列為一部，而那帕斯所在的察哈爾薩雅克部則被列為布魯特十九部落中的一部。潘志平先生在《布魯特各部落及其親緣關係》（《新疆社會科學》1990 年第 2 期）文末，所附俄文文獻中所列的主要布魯特部落分支表中，綽勒即被列為薩雅克的其中一個分支，很可能是音譯而成的「綽勒」二字，正與此處所引清代文獻中的寫法相一致。綽勒薩雅克、察哈爾薩雅克部相鄰近，也表明了兩部或存在親緣關係。

信後趕至那帕斯處，那帕斯、薩底克湊集百餘人，幫同官兵一起擒捕
赫爾巴什等人，拿獲了赫爾巴什，經慶祥審訊後，得知巴彥巴圖係汰
劣克喝令、放槍所害。有鑒於那帕斯等人的功勞，已享有二品頂帶的
那帕斯被賞給大緞四匹，其弟薩底克被賞給五品頂帶花翎及銀二百兩，
噶勒奇雅因受那帕斯、薩底克委派報信，被賞給六品頂帶、銀一百兩，
傷亡的布魯特人也受到恤賞。[1]

　　四月之時，沖巴噶什部比占帕拉特、鐵雜克拜等人擊斃追隨張格
爾、汰劣克的巴斯奇斯部頭目奇比勒迪，受到了嘉獎。奇比勒迪與汰
劣克相糾集，其屬下之人曾參與伏擊巴彥巴圖所領官兵[2]，因張格爾所
率部眾人多糧缺，他受張格爾委派，試圖赴巴雅爾地方種地聚糧，占
帕拉特、鐵雜克拜，領眾設伏，擊斃奇比勒迪。因此，享有四品頂翎
的占帕拉特被賞給二品頂帶，鐵雜克拜被賞給五品頂帶花翎。[3]奇比勒
迪之子胡達巴爾底、侄伊斯瑪依爾在奇比勒迪被擊斃後，潛匿於奇里
克部附近，慶祥令與二者相熟識的奇里克部之比伊斯拉木伯克引誘二
者，將其擒獲，伊斯拉木伯克因此被賞與六品頂帶藍翎及賞銀一百兩、
大緞二匹。[4]關於上述事件，《清史稿》記載慶祥的生平時，提及：「六
年夏，張格爾遣其黨赫爾巴什潛赴綽勒薩雅克愛曼，糾合夷眾，復令
奇比勒迪至巴雅爾開渠占地，遣兵擒斬之。」[5]

　　薩爾巴噶什部塔什坦伯克與其弟伯勒底伯克、其子莫爾台也幫同
誘擒薩雅克部瑪達特，塔什坦伯克本令莫爾台前往瑪達特所居之地將
其擒拿，未料及瑪達特已經遠徙至吹、塔拉斯河地方藏匿，由於路途

---

[1]《平定回疆剿擒逆裔方略》卷11，道光六年四月乙亥。

[2]關於奇比勒迪（Bi-Chebyldy），瓦里漢諾夫在敘述巴彥巴圖遇襲一事時有所提及，指
　出巴斯奇斯（Basyz）部竭力襲擊清軍，僅有一人脫逃。參見 Valikhanof, M. Veniukof,
　etc,*The Russians in Central Asia* London:Stanford, 1865,p.201.

[3]《平定回疆剿擒逆裔方略》卷11，道光六年五月甲申。

[4]《平定回疆剿擒逆裔方略》卷12，道光六年六月庚申。

[5]《清史稿》卷386《列傳一百五十五》，北京：中華書局點校本，1977年。

艱險，難以前往捉拿，塔什坦伯克仍令莫爾台打探消息，令其弟伯勒底伯克稟報消息。後薩雅克部愛散克勒底派人來報，稱其為瑪達特妻舅，可以證明瑪達特並未助逆於張格爾，也並未參與汰劣克伏擊官兵一事，慶祥審訊被擒獲的赫爾巴什，赫爾巴什所言與之相同。[①]

當年六月，蒙額勒多爾（蒙古勒朵）部布魯特首領邁瑪呼里[②]被擒獲，嘉慶二十五年（1820），他曾跟隨張格爾燒搶卡倫，道光五年（1825），又參與伏擊清朝官兵，後居住於薩雅克部布魯特地方。喀什噶爾阿奇木伯克邁瑪薩依特，委派商伯克克奇克以及享有金頂的維吾爾人塔他里克等，通過遞信、行賞、慈惠等方式，將邁瑪呼里縛解至喀什噶爾，經慶祥奏請，邁瑪呼里被斬首梟示，其子喀喇哈滿被遣發伊犁，給察哈爾、額魯特兵丁為奴。[③]

道光六年（1826）上半年，清朝通過「以夷制夷」之策，委令布魯特首領捉拿追隨張格爾的布魯特頭目，顯然利用了布魯特諸部間的關聯性，雖然擒獲了部分布魯特頭目，但並未能夠遏制布魯特人參與張格爾之亂。奇里克部所處地方，成為了道光初年布魯特首領的重要聚集地，如薩雅克部伊斯曼底曾向清朝報告汰劣克相關消息，因恐汰劣克攻襲，率其所領五百餘戶遷徙至奇里克部。奇比勒迪子侄、蒙額勒多爾部邁瑪呼里曾助逆於張格爾，亦潛至奇里克部地方。汰劣克亦曾派遣拜密爾雜，至薩雅克部之比推莫特及其弟愛散克勒底處，表達投誠之意，慶祥遣人先後至察哈爾薩雅克、奇里克部密訪，得知那帕斯及奇里克首領薩木圖、伊斯拉木伯克、沙底伯克等，皆欲聚集屬人防禦張格爾之眾，而汰劣克投誠之說顯係飾詞，實際為試探之意。同時，清軍在行經布庫等部的過程中，諸部之比皆告稱張格爾、汰劣

①《平定回疆剿擒逆裔方略》卷 11，道光六年五月己酉。

②根據《新疆識略》卷 12《布魯特》，邁瑪呼里係列別斯之子，列別斯於乾隆年間拿獲
察哈爾薩雅克部盜馬賊占頗拉特，被賞給金頂，列別斯病故，邁瑪呼里承襲該頂戴。

③《平定回疆剿擒逆裔方略》卷 12，道光六年六月乙亥。

克、拜巴哈什、阿坦台等人已至呼爾哈特地方築城，聚兵一兩千人，
該地位於在納林河以北、毗連於托古斯托羅。[①]這也意味著張格爾等人，
正在醞釀更大規模的叛亂行動。

第三節　布魯特與張格爾侵犯「西四城」

　　就張格爾之亂的全部過程而言，嘉慶二十五年（1820）至道光六年
（1826）六月中旬之間，張格爾糾合布魯特、安集延等，燒搶卡倫、殺
害伯克、伏擊官兵等事件，星散出現於該時間段內，專論影響而言，這
些事件雖然令清朝政府震驚，但並未對南疆各城造成實質性的威脅。然
而，自道光六年（1826）六月中旬直至次年末，張格爾糾集布魯特、安
集延和白山派信徒，搶掠南疆回城，「西四城」喀什噶爾、英吉沙爾、
葉爾羌、和闐一度失守，迫使喀什噶爾參贊大臣慶祥自縊身亡，清朝於
多地調集近四萬兵力，方最終擒拿張格爾、平定叛亂。張格爾之亂不僅
產生了巨大破壞作用，而且也引發了後續更多的叛亂，玉素普和卓之亂、
七和卓之亂、倭里罕之亂等和卓家族後裔叛亂，皆可視為張格爾之亂的
延續。故而，這一階段的張格爾之亂，可以被視為主體階段。分析此間
布魯特諸部的角色扮演，有助於對張格爾之亂有新的認識。

一、張格爾糾眾佔據西四城

　　道光六年（1826）六月十四日夜，張格爾帶領眾安集延、布魯特
人五百餘人，由開齊山路進入阿爾圖什莊瑪雜，糾集千餘人，並與清
軍交戰，清軍擊斃其中四百餘人、生擒四十餘人。這也標誌著張格爾
之亂主體階段的開始，喀什噶爾參贊大臣慶祥，在事發次日晨即予以
奏報：

---

① 《平定回疆剿擒逆裔方略》卷 12，道光六年六月戊辰。

臣於十五日卯刻，將十四日派兵剿應大概情形先行具奏。當據
探報，張格爾率領安集延、布魯特五百餘人，於十四日夜，馳
至伊斯里克、圖舒克塔什兩卡相距之中，不撲卡倫，徑由開齊
山路突進。五更到阿爾圖什回莊，至伊等牌罕巴爾墳園，回子
呼為瑪雜之地，禮拜，眾回子附從甚多⋯⋯舒爾哈善身先士卒，
奮力乘勢逼戰，右嘴角中槍，鉛子透出，並未落馬，仍麾兵前
進，協領章京等合力殺賊，烏淩阿壓至梁下，短兵相接，官兵
亦間有傷亡，而勇氣倍增，共殺賊四百餘名，生擒四十餘名。
時已天晚，賊始大敗分竄，一股由東北竄出，當即分兵尾追，
一股仍竄回大瑪雜內，拼死拒守，計大瑪雜周圍五里，牆垣三
層，甚為峻固，牆外皆回屋，屋外皆樹。[1]

顯然，張格爾所領部眾，除了五百餘布魯特、安集延人外，尚有
更多維吾爾人附和其中，此次，張格爾率眾並未搶掠卡倫，而是經由
喀什噶爾西北方向的伊斯里克、圖舒克塔什之間的開齊山路，進入阿
爾圖什莊，根據《新疆識略》，「開齊」為「兩卡倫第籌巡查之路」，佐
口透先生將之解釋為「兩個警備哨所之間的聯絡之路」[2]。張格爾此次
進入阿爾圖什莊瑪雜地方，顯然利用了其自稱的牌罕巴爾[3]後裔的身份
誘惑白山派信徒，一夜間，「該逆率眾已有千人，回夷相雜」，表明了
當時張格爾借其身份糾集了更多人謀亂。事發之後，英吉沙爾大臣奏
明，「喀城回子，全行變亂，道路不通，萬分緊急。」[4]

當年七月，慶祥後在奏摺中指出，六月十四日夜交戰後的形勢，

① 《平定回疆剿擒逆裔方略》卷 12，道光六年七月癸巳。

② [日]佐口透著，李大龍譯：《清代塔爾巴哈台卡倫線和哈薩克遊牧民》，《民族譯叢》
1993 年第 5 期。

③ 「牌罕巴爾」即派噶木巴爾（Peygamber），清代文獻中又寫作「牌罕帕爾」「排罕帕
爾」，伊斯蘭教的先知、天使。

④ 《平定回疆剿擒逆裔方略》卷 12，道光六年七月癸巳。

六月十四、十五日，經過交戰，清軍將叛亂者圍入瑪雜之內，十六日時，張格爾之眾四處突圍，與清軍短兵相接，清軍擊斃多人，十七日，清軍乘地方勢衰攻入瑪雜，但發現張格爾已經逃逸。十八、十九日時，張格爾率眾糾合白帽回人（白山派信徒）達萬人，搶劫牛羊廠，並來斷台路。[①]此後，因喀什噶爾與外界通訊中斷，清廷再未接到慶祥奏摺。

　　六月二十日前後，叛亂者又攻襲英吉沙爾，英吉沙爾形勢告急。道光帝令伊犁將軍長齡發兵援助，令陝甘總督楊遇春為欽差大臣，帶兵赴南疆籌辦進剿事宜。又令烏魯木齊都統英惠於烏魯木齊調兵二千名，令達淩阿帶領，於巴里坤調兵一千名，令多隆武帶領，馳援喀什噶爾。[②]六月底，喀什噶爾、英吉沙爾形勢危急，叛亂者聚集萬餘人，喀什噶爾一時音訊不通。經慶祥寄信於葉爾羌、烏什、阿克蘇、喀喇沙爾、烏魯木齊等地大臣、都統，諸大臣因此皆知曉喀什噶爾形勢之嚴峻，伊犁將軍長齡於新疆多地徵調兵力，遣發滿漢官兵以及部分土爾扈特、和碩特蒙古兵前往喀什噶爾。同時，清朝政府開始四處舉兵近四萬人，調遣吉林、黑龍江精兵赴回疆平定叛亂，派遣涼州、莊浪、寧夏等地滿營官兵駐紮哈密這一新疆咽喉要地，陝西、四川、河南等多省也積極配合剿捕形勢，遣發滿漢官兵、調集糧餉。

　　自六月中旬以來，喀什噶爾、英吉沙爾先後告急，自六月二十一、二十二日起，兩城文報不通，六月二十六日夜，葉爾羌當差維吾爾人變亂，搶掠商民，自此開始，葉爾羌、和闐二城文報開始不通。[③]上述「西四城」的相關訊息，多經由阿克蘇、烏什、喀喇沙爾等地大臣間接奏報，故而，因通訊上的延遲，諸多信息直至當年八月以後才得以確認。當年七月底，僅得知喀什噶爾已被叛亂者圍攻，英吉沙爾、葉

---

①《平定回疆剿擒逆裔方略》卷13，道光六年七月丙申。

②《平定回疆剿擒逆裔方略》卷13，道光六年七月乙未。

③《平定回疆剿擒逆裔方略》卷15，道光六年七月甲辰。

爾羌道路梗塞，難以得知確切消息。[1]八月以來，清朝政府陸續收到多方奏摺，對於西四城形勢逐漸明晰。八月初，接到葉爾羌辦事大臣音登額、多隆武奏摺，從中得知英吉沙爾城池已被攻破、官兵被害，賊匪於六月二十六日，殺害葉爾羌所屬第七軍台官兵，並阻絕道路，向第八、九軍台聚集，葉爾羌東西兩路賊匪漸多，該城形勢吃緊。和闐領隊大臣奕湄、桂斌也確認上述信息。[2]其後，奕湄、桂斌又奏明，葉爾羌所屬十四路軍台，維吾爾人均皆變亂，管台官兵被殺害，七月初五日，和闐所屬軍台也被攻破，官兵被害，台房被拆毀，加之於和闐內部發生叛變，長清稱和闐於七月二十日失守。[3]

有鑒於西四城的危急情勢，道光帝降諭，令揚威將軍長齡廣張告示、宣諭恩威，反思回疆釀成變亂的緣由，並令長齡細加察訪近十年來回疆歷任官員，究係公廉稱職還是在任荒謬，「倘慶祥到任後，有失回眾之心及墮奸計之處，一併詳查覆奏，如巴彥巴圖有妄殺汰劣克家屬之事，汰劣克亦可量從末減也。」[4] 即探究回疆變亂的原因，並對於汰劣克予以寬免，並再次強調「以夷制夷」。九月，道光帝在諭令中再次提及汰劣克抗拒官兵，乃因巴彥巴圖妄殺其家屬，赦免汰劣克罪責：「特頒恩旨，赦其擅殺巴彥巴圖之罪，檄令效順圖功，當與各布魯特一體邀恩懋賞也。」[5]

在西四城危急之事，道光帝令嚴守「東四城」，即阿克蘇、烏什、喀喇沙爾、庫車，並強調阿克蘇為回疆適中扼要之地，必須重兵防守。西四城逐漸失守後，叛亂者又向東攻襲阿克蘇所屬軍台，七月二十一日，叛眾攻襲阿克蘇所屬都齊特軍台，官兵寡不敵眾，全軍俱歿，鄂

---

① 《平定回疆剿擒逆裔方略》卷16，道光六年七月戊申。

② 《平定回疆剿擒逆裔方略》卷17，道光六年八月壬子。

③ 《平定回疆剿擒逆裔方略》卷24，道光六年九月癸未。

④ 《平定回疆剿擒逆裔方略》卷18，道光六年八月丁巳。

⑤ 《平定回疆剿擒逆裔方略》卷28，道光六年九月辛丑。

爾古倫等在渾巴什河南岸迎剿賊匪，大獲全勝，阻礙了賊匪進一步向東攻襲阿克蘇。此後，叛亂者又於八月十五日至十八日試圖渡過渾巴什河，攻襲阿克蘇所屬察哈拉克軍台，達淩阿、巴哈布率官兵前往迎剿，再次獲勝，並擊斃賊首和卓庫爾班素皮。[①]直至當年九、十月間，綠營兵閏義和厄魯特兵丁巴蘭報稱，喀什噶爾已於八月二十五日失守，慶祥自縊身亡，城中三百餘官兵被擄，逆匪剪其髮辮、給以衣食，西四城皆被攻陷，各處衙署、民房被盡行拆毀。[②]由此，張格爾及其附和者攻克西四城，南疆形勢危急。

二、布魯特與清朝平定張格爾之亂

（一）「以夷制夷」中奇里克部的典型地位

西四城失守以後，清朝由內地調集滿漢官兵向南疆進發、征剿逆匪，同時，令東四城嚴加防範。隨著回疆形勢日益嚴峻，清朝更加意識到應善加利用布魯特人，以取得「以夷制夷」之效。道光六年（1826）十月初，道光帝即密令伊薩克遣人赴布魯特部落，許給銀物，令其阻截張格爾，並多次反思巴彥巴圖妄殺汰劣克家屬一事，強調赦免汰劣克之罪，鼓勵其防守卡隘、拿獲逆犯，並慎重對待布魯特首領，如長齡抵達阿克蘇軍營後，傳令居於烏什卡內的奇里克部布魯特首領噶爾察、庫圖魯克到營[③]，但僅有噶爾察前往，烏什辦事大臣慶廉懷疑庫圖

---

① 《平定回疆剿擒逆裔方略》卷 27，道光六年九月乙未。

② 《平定回疆剿擒逆裔方略》卷 31，道光六年十月庚申。

③ 庫圖魯克應即《新疆識略》所載之庫圖魯克霍卓，他為頷森之子，噶爾察在指稱庫圖魯克時，稱「其父頷森當年擒獲霍集占有功，曾蒙賞二品翎頂」（《平定回疆剿擒逆裔方略》卷 33，道光六年十一月乙酉），噶爾察應即為《新疆識略》中所載的噶勒察，為阿散拜（三）拜之子，阿散拜係頷森之弟，乾隆年間文獻對於頷森、阿散拜皆有提及，頷森個人地位較高，故而噶爾察與庫魯圖克為堂兄弟關係，《平定回疆剿擒逆裔方略》（卷 41，道光七年四月庚戌）載：「庫圖魯克之堂兄噶爾察」，這也進一步證明了二者的上述身份。

魯克假捏稱病，遣阿奇木伯克木薩前往查看，庫圖魯克砍傷木薩及隨從，並畏懼逃走。加之，當年七月，慶廉為抓捕盜取馬匹的布魯特人，將噶爾察、庫圖魯克圈禁數日、革去翎頂，他們本已對烏什大臣心生畏懼，故而，長齡將責任歸之於慶廉遣木薩催逼庫圖魯克，以致增其疑懼，激成事端。道光帝閱覽長齡奏摺後，令撤去慶廉辦事大臣之職、交部議處。[1]長齡謹慎處置庫圖魯克砍傷木薩一事，並將責任歸之於清朝大臣，這也得到了道光帝的認可，這應與西四城失守以來清朝政府對治理布魯特政策的反思有關，也體現出清朝於此時積極籠絡布魯特，增強其向心力，以幫助平定叛亂。

正基於此，長齡在各城廣發告示，宣諭於回部伯克及大眾，他在抵達阿克蘇後，又譯寫諭旨，將其傳令於汰劣克、阿坦台，並令噶爾察傳諭於布魯特多部：

> 抵阿克蘇後，又將節次奉到恩旨譯寫回字諭帖，傳諭汰劣克、阿坦台，令其轉傳各布魯特，同心報效，截阻張逆歸路，如能再將張格爾擒獻，定當奏請封賞，並遣噶爾察持檄傳諭沖巴噶什、巴斯奇斯、薩雅克、奈曼、額提格訥等五部落。復用揚威將軍銜，擬就告示通諭回子布魯特等順逆利害，俾從逆者，咸知自新，不從逆者，群思效順。[2]

清朝逐步意識到布魯特諸部的中介作用，故而積極爭取布魯特的支持，薩雅克部首領汰劣克、阿坦台雖然曾伏擊清朝官兵，但確係巴彥巴圖妄殺所致，清朝派遣噶爾察傳諭於沖巴噶什、巴斯奇斯等部落，沖巴噶什位居喀什噶爾西北卡外，離城較近，其比占帕拉特、塔巴魯克等曾幫助擒拿奇比勒迪等人，巴斯奇斯、薩雅克、奈曼部皆有布魯特附逆於張格爾，額提格訥即額德格訥，位於喀什噶爾與浩罕之間，

---

① 《平定回疆剿擒逆裔方略》卷33，道光六年十一月乙酉。
② 《平定回疆剿擒逆裔方略》卷34，道光六年十一月戊子。

宣諭於該部，應是為了防止張格爾逃赴浩罕而令其幫助擒拿。

奇里克部首領噶爾察、托依莫特隨即遵令，出卡傳送檄諭於奇里克、薩雅克部，據托依莫特所遣使人報稱，「前次張格爾差來三人，因伊比不肯幫助，住了一日，俱已回去，此後張格爾如再差人到來，即當遵諭拿送大營，以表恭順。」①這表明，張格爾也欲籠絡布魯特，長齡有要求，如果張格爾再次差人，當加以縛獻，同時，噶爾察派遣其次子招回庫圖魯克眷屬及手下五百多人，因而受到賞恤。當年十二月，張格爾再次遣人遞信於托依莫特，長齡奏言：

> 臣等譯看張格爾所寄該比托依莫特等信，字內稱要派薩的克都官伯克出兵，令伊等派二千人，預備槍矛火藥、馬匹口糧，俟薩的克、都官伯克到時，在索木他什地方隨同出兵。至該布魯特比等所呈回，稟成稱自其祖父以來，屢受大皇帝厚恩，不敢從逆，情願遵奉檄諭，或探聽張格爾信息，堵截要路，或俟其來時，量力擒拿、稟報。②

這表明，張格爾試圖令托依莫特準備武器、糧餉，配合其所派薩的克、都官伯克出兵，托依莫特因遵奉清朝諭令，並未從之，而是配合清軍打探張格爾信息、堵截要路，並稱其祖父以來深受清朝厚恩，表明托依莫特之祖父在乾隆年間很可能有功於清朝而受到封賞，但其祖父究竟孰為，仍待考證。除了托依莫特受到張格爾拉攏，噶爾察也聽聞了張格爾的動向，長齡同時奏報，噶爾察派其子鄂魯素報稱，「聽說張逆派出五千人往烏什，自帶四萬人由大路到阿克蘇，又說張格爾俟家眷到來，就起身等語。」表明叛亂之眾欲往烏什、阿克蘇進攻，這些信息的獲得可能亦源自於張格爾所派之人。可以看出，烏什卡內外的奇里克部成為了清朝和張格爾共同的籠絡對象，這也是張格爾之

---

① 《平定回疆剿擒逆裔方略》卷35，道光六年十一月乙巳。

② 《平定回疆剿擒逆裔方略》卷36，道光六年十二月辛酉。索木塔什即今阿合奇縣境內的蘇木塔什鄉，東臨阿合奇鎮。

亂的過程中，奇里克部在眾布魯特部落中居於核心地位的重要原因。

庫圖魯克砍傷阿奇木伯克木薩及官兵後，攜屬潛逃，噶爾察之子雖然招回其眷屬及手下五百多人，但並未將庫圖魯克本人追回，庫圖魯克與張格爾之眾相糾集，道光七年（1827）四月間，當清朝克復西四城後，根據被抓賊犯所供，庫圖魯克糾約張格爾，試圖攻襲烏什，道光帝令嚴加防範，「其獲犯所供奇里克頭人庫圖魯克被張逆勾結，前往謀搶烏什，無論虛實，總應嚴密防範。」[1]當年五月初，那彥寶、齊慎帶兵拿獲庫圖魯克及其屬下頭目六名，將其押赴喀什噶爾軍營，其餘家屬男婦一百零七人被押赴烏什，庫圖魯克之後父供稱，「庫圖魯克實因聽從張逆，勾結煽惑各愛曼六百餘戶，潛跡日久，口糧不敷，以致陸續星散。」[2]隨之，庫圖魯克及其屬下多人被正法，其家屬婦女幼孩七十六口，被發往伊犁，交與察哈爾、額魯特營為奴。庫圖魯克之堂兄噶爾察因並不知情，未受牽連，清朝令其充任奇里克部之比，奇里克部另一首領托依莫特被賞給三品頂翎。[3]是年七月，清朝官兵拿獲了幫同張格爾的布魯特大頭目集陽伯克，集陽伯克供稱，「自嘉慶二十五年起，節次糾人幫同張逆謀反攻破喀什噶爾城池，偽封總管大伯克，本年二月間聞知大兵由烏什草地前來，復敢出卡糾約各布魯特堵擋要路實為助逆主謀、罪不勝誅之犯，隨於訊明後，將該賊目淩遲曉示以昭炯戒」。[4]這表明集陽伯克被張格爾封為總管，幫同張格爾謀亂，故而，楊遇春奏請將其淩遲處死。

道光初年，烏什卡倫內外的奇里克部，成為清朝與張格爾雙方共同的籠絡對象，並與其他相鄰部落關係較為親近，該部首領眾多，前文的分析中已有多次提及。這一時期，烏什卡倫內外皆有布魯特部眾，

---

① 《平定回疆剿擒逆裔方略》卷 41，道光七年四月庚戌。

② 《平定回疆剿擒逆裔方略》卷 44，道光七年閏五月乙巳。

③ 《平定回疆剿擒逆裔方略》卷 45，道光七年閏五月庚戌。

④ 《平定回疆剿擒逆裔方略》卷 50，道光七年九月戊申。

他們應多來自於奇里克部。道光七年（1827）五月，烏什辦事大臣恒
敬即奏明卡倫內居住布魯特之情形：

> 臣恒敬馳抵烏什接印後，隨親赴各卡倫，查看卡倫內居住布魯
> 特三百九十餘戶，該頭目庫曲圭、圖爾底、鄂羅斯等帶領所屬
> 布魯特前來迎見。臣剴切曉諭利害，據稱庫圖魯克砍傷木薩時，
> 帶領附近三十餘戶逃竄，各愛曼亦有私搬出境，一時尚難查出
> 戶數，惟現在卡內之戶，半無恆產，向在各回莊傭工，嗣因滋
> 事，各回目疑懼，止工，全行逐出，以致度日維艱。臣當即逐
> 一查明發給腰牌，仍令回目各領回原莊、照舊傭工，俾資糊口。
> 其有牲畜之戶，分別責令該管頭目造具花名，隨時稽察。[1]

這表明卡倫內居住的布魯特三百九十餘戶，他們在烏什城所屬各
回莊受雇傭，恒敬向他們發給腰牌，並就有牲畜之戶造具名冊，以便
稽查，說明烏什卡倫內的布魯特於當地傭工，已與當地回人相融合，
這些布魯特也受到了清朝大臣的直接管理。此時期清朝文獻在提及噶
爾察、庫圖魯克等人時，皆強調其於卡內居住，這表明了其特殊身份。

此後，恒敬再次奏明了烏什附近所居住的布魯特情形：

> 烏什辦事大臣恒敬等言，查烏什卡倫內外布魯特戶口，向無稽
> 查，今值四城甫定、撫恤自宜周詳，除庫圖魯克等犯外，現計
> 附近居住四百零一戶均經造入冊檔，分派頭目管束，發給腰牌，
> 隨時稽查。其有牲畜者，准其就近牧放，無業者交回目分給各
> 回莊傭工，便令管束，至該管頭目，向無養贍，今擬酌給官荒
> 地畝，用示體恤。[2]

恒敬再次核查烏什附近的布魯特戶數，此次奏明烏什卡倫內外布

① 《平定回疆剿擒逆裔方略》卷 44，道光七年五月庚子。
② 《平定回疆剿擒逆裔方略》卷 47，道光七年六月丙申。

魯特達四百零一戶，並為其造冊入檔，分派頭目管轄、發給腰牌，並對於各類布魯特人皆予以體恤，或令其就近放牧，或令其至回莊傭工，甚至向布魯特頭目賞給土地。恒敬前此統計卡倫內即居住有布魯特三百九十餘戶，此次卡倫內外共計四百零一戶，表明多數布魯特人居於卡倫內，由於正值平定張格爾之亂期間，清朝政府對之加強體恤和管理，或許正是出於籠絡布魯特之心的政治目的。前文提及，乾隆年間，清朝統一新疆之後，部分布魯特首領及其屬眾於卡內居住，其中，希布察克部之比阿奇木和沖巴噶什部之比阿瓦勒，即為其中的重要代表，清人所稱的熟布魯特很可能指稱卡倫內居住的布魯特。

　　布魯特諸部或因遊牧位置及地位的不同被劃分為「生」、「熟」布魯特，這可能沿用了中原王朝以生、熟來區分不同族群的方法，如生番、熟番，生苗、熟苗等。所謂「熟布魯特」，很可能指代遊牧或居住於卡倫以內的布魯特人。齊清順先生曾言：「對於『內附』的布魯特部眾，清代文獻一般稱為『熟布魯特』，而對那些雖在新疆沿邊境內遊牧但沒有『內附』的布魯特部眾，清代文獻多稱『生布魯特』。」[1]筆者以為，以是否內附來區分生熟布魯特尚不夠具體，道光九年（1829），那彥成在奏摺中即指出，「查希皮察克愛曼部係熟布魯特，乾隆年間，賞與卡內英吉沙爾附近之地方遊牧。」[2]乾隆以來，內附布魯特部落諸多，被賞與頂戴的布魯特人也較多，但並非所有部落均被稱為熟布魯特。生熟布魯特的說法主要見諸於道光年間，結合相關語境即那彥成的說明，可以推斷，是否於卡倫內遊牧、居住可能是劃分生熟布魯特的主要標準。

---

①齊清順、田衛疆著：《中國歷代中央王朝治理新疆政策研究》，新疆人民出版社，2004年，第 224 頁。

②那彥成：《那文毅公奏議》卷 80《收撫外夷》，甘肅省古籍文獻整理編譯中心編：《中國西北文獻叢書》（二 編）第二輯《西北史地文獻》第 8 卷，綫裝書局，2006 年。

（二）清朝克復四城並拿獲張格爾

自道光六年（1826）末以來，清朝所調大軍相繼抵達南疆，道光七年（1827）二月初至三月末，清軍相繼克復喀什噶爾、英吉沙爾、葉爾羌、和闐四城，平定了張格爾之眾在回疆所發動的叛亂，此後，抓獲張格爾本人遂成為平定叛亂的主要任務。道光七年（1827）二月初，長齡、楊遇春、武隆阿等率領大軍經由阿克蘇所屬地方渾巴什河開始進剿，在進剿前，長齡等即議定已至大軍兵分兩路，一路由烏什巴什雅哈瑪卡倫經由草地向喀什噶爾進剿，另一路則由巴爾楚克軍台樹窩子向喀什噶爾征伐，其中，「經由樹窩子一路，先將附近從逆各回莊順道掃除，廓清後路」[①]，自二月初六日起，清軍在進剿過程中，獲得多次大捷，二月二十日至二十八日，清軍先後在洋阿爾巴特、沙布都爾回莊、阿瓦巴特回莊取得大捷，「殺賊至十餘萬，生擒數千名」[②]，這為進一步收復喀什噶爾、英吉沙爾等城奠定了基礎。二十九日，清軍攻破喀什噶爾，但張格爾卻已經提前脫逃。隨即，長齡駐守喀什噶爾，三月以來，楊遇春、武隆阿等領兵，進剿英吉沙爾、葉爾羌，勢如破竹，英吉沙爾城內叛眾在清軍未到之時即已投順，清軍迅即收復英吉沙爾；隨之，楊遇春領兵收復了葉爾羌；三月末，提督楊芳領兵前往和闐剿辦賊匪，克復和闐，由此，清軍自二月初至三月末，收復了西四城，但張格爾仍在外逃，故而，自三月末至當年年末，抓獲張格爾遂成為平定叛亂的主要任務。

清軍在抓捕張格爾的過程中，多部布魯特首領也積極向清軍提供信息，引導清軍。張格爾先後逃往阿賴、拉克沙、木吉、達爾瓦斯等地方[③]，喀爾提錦布魯特比薩底克即報稱，「本年五月內，伊於達爾瓦

---

① 《平定回疆剿擒逆裔方略》卷 38，道光七年二月壬申。

② 《平定回疆剿擒逆裔方略》卷 45，道光七年閏五月辛亥。

③ 拉克沙，在今塔吉克斯坦庫達喇以西約 25 公里；木吉，在今阿克陶縣西部。參見：馮志文等編著：《西域地名詞典》，烏魯木齊：新疆人民出版社，2001 年，第 265 頁、第 312 頁。阿賴係山名，界居浩罕和喀什噶爾之間，達爾瓦斯係部族名稱，位居浩

斯伯克沙依布拉伊木處，見張格爾帶同托胡塔等數十人前來送給沙依布拉木鞍彎腰刀等物，要借人與官兵打仗，該伯克未允，借給張格爾蒙古包帳房糧物，留其居住。」[1]這表明，張格爾曾向達爾瓦斯伯克請兵，但並未成功，此後，清朝雖令達爾瓦斯伯克、喀爾提錦部布魯特首領幫同堵截張格爾，但仍未將張格爾拿獲，張格爾又逃往托古斯托羅。

當年十月，奇里克部首領托依莫特、薩底伯克等即報告張格爾的動向：「張格爾帶領餘賊二百餘人逃至托古斯托羅地方，與阿坦台、汰劣克會合，意欲糾合各布魯特，再搶喀什噶爾，並分搶烏什卡倫，經阿坦台、汰劣克將張格爾留住，又據奇里克愛曼布魯特比薩底伯克、古子伯克二人親來大營，面稟各情，與前無異，並請潛往設法擒獻。」[2]這表明，張格爾在清軍收復西四城後，逃至薩雅克部布魯特處，再度產生舉事之念，阿坦台、汰劣克並未從之。伊里斯曼底本為薩雅克部之比，後因受叛亂者威脅而遷徙至奇里克地方，他於當年十一月，稟報張格爾試圖借兵糧攻襲喀什噶爾，「據伊里斯曼底告知，張逆近日聞大兵陸續撤回，分遣回子向各愛曼借兵、借糧，意欲仍來搶佔喀什噶爾，各布魯特知官兵甚眾，不敢應允，阿坦台、汰劣克雖不助逆，實無拿獻之意。」、「旋據阿坦台、汰劣克差布魯特巨滿拜、托克塔來營呈遞回稟，內稱張格爾到彼已經月餘，本要擒送大營，因跟隨二百餘人，不敢輕動。」[3]這進一步表明，張格爾此時仍欲求助於布魯特，再次謀亂，但懾於清軍兵威，布魯特首領不再敢幫同張格爾。

張格爾游奕於布魯特部落多日，並試圖於道光七年歲末（1828 年 2 月）過年之時，潛入卡倫，長齡、楊芳等，探聞消息以後，最終於除

罕西南部，今塔吉克斯坦境內。

①《平定回疆剿擒逆裔方略》卷 37，道光七年七月甲子。

②《平定回疆剿擒逆裔方略》卷 53，道光七年十一月乙巳。

③《平定回疆剿擒逆裔方略》卷 55，道光七年十二月癸酉。

夕日，在喀爾鐵蓋山拿獲張格爾，這也宣告了張格爾之亂的結束。歲末之時，張格爾糾眾，先是潛入阿爾古回莊，被黑山派信徒四百餘人持械阻攔，隨即逃出卡外，直奔阿爾圖什回莊卡外的喀爾鐵蓋山。楊芳連夜帶兵，趕至喀爾鐵蓋山，先後擊斃賊匪五百餘人，張格爾最終僅攜十餘人，棄馬登山，都司段永福及額爾古倫、胡超追及山巔，張格爾試圖自刎，胡超、段永福等奪刀，生擒張格爾及其他頭目。[1]由此，清朝正式抓獲了張格爾，隨後，張格爾被送京治罪。

國外學者強調鄂對後人、喀什噶爾阿奇木伯克伊薩克在抓捕張格爾過程中的貢獻，如瓦里漢諾夫在論及清朝最終抓捕張格爾的過程時，提及伊薩克通過在布魯特人中散佈錢財，成功爭取到了布魯特的支持，並在沖巴噶什部之比的幫助下拿獲張格爾，將其交與清朝。[2]約瑟夫·弗萊徹論及相關過程時，指出伊薩克通過派遣代理人進入布魯特所居山內，散佈清軍已經撤軍的虛假消息，並賄賂張格爾的布魯特岳父汰劣克，布魯特人因擔心受到清朝的報復，從而「背叛」張格爾，張格爾聽聞相關消息後，帶領五百人返回南疆，但當張格爾覺知被騙並欲逃脫時，楊芳將其擒獲。[3]上述說法皆強調了布魯特受到伊薩克賄賂，故而，布魯特人通過散佈虛假信息，誘惑張格爾貿然領軍入卡，從而被清軍擒拿。這樣的說法也為米華健、勞拉·紐比等學者所沿用[4]。但漢文文獻中似並無相關記載，張格爾供詞中也並未提及相關背景，其中的細節仍然待考。可以肯定的是，伊薩克確實有功於擒拿張格爾，張

---

① 《平定回疆剿擒逆裔方略》卷57，道光八年正月壬戌。

② Valikhanof, M. Veniukof,etc,*The Russians in Central Asia*,1865,p.207.

③ Joseph Fletcher," The heyday of the Ch'ing order in Mongolia, Sinkiang and Tibet",in John K.Fairbank(ed.)*The Cambridge History of China*,Vol.10,Late Ch'ing,1800-1911,Part I , p.366.

④ 參見：James A.Millward ,*Beyond the Pass:Economy,Ethnicity and Empire in Qing Central Asia,1759-1864*, Stanford University, 1998,p.215; Laura J.Newby,*The Empire and the Khanate:A Political History of Qing Relations with Khoqand c.1760-1860*, Leiden & Boston : Brill,2005,p.118.

格爾被拿獲後，道光帝令伊薩克由貝子晉封郡王，並賞給其白玉翎管、白玉扳指和大小荷包。[1]若伊薩克確如上述所言的那樣賄賂布魯特並最終幫助清軍抓獲張格爾，這也就進一步表明布魯特在抓捕張格爾過程中同樣有功於清朝。

　　回顧張格爾之亂的前後過程，不禁要反問張格爾為何能夠在短期內侵襲西四城？主要原因還是張格爾借用其和卓後裔的身份，煽惑布魯特、安集延和白山派信徒，同時，浩罕也為其提供了重要幫助。根據張格爾的供述，當他被圍於阿爾圖什回莊瑪雜內時，白山派信徒將其救出，他佔領喀什噶爾後，「阿坦（台）、汰劣克聽見了城，都來幫我，七月間，浩罕伯克帶領五千人，也來幫我。」[2]同時，英吉沙爾、葉爾羌伯克投順張格爾，也加速了西四城的淪陷，張格爾供言：「英吉沙爾的阿奇木趙通事，傷害官兵，也來投降我，葉爾羌的伯克伊布拉依木差人投降，我派托和達、約霍普等，帶領二千多人，取了英吉□爾□□爾羌、和闐三城。」[3]該文獻中的殘缺處，顯然為英吉沙爾、葉爾羌，當清軍由烏什前往西四城進剿時，阿坦台受其委派，「我所（聽）見大兵要由烏什進來，我派胡達雅爾帶領一萬人在奇克塔險路堵截，又派阿坦台等帶領布魯特截後路」。[4]瓦里漢諾夫提及，張格爾於1826年佔據喀什噶爾後，他派遣阿坦台率領布魯特人截擊清朝軍隊的糧草和物資，阿坦臺本人在張格爾所組織的決議會中具有重要影響力，張格爾將一位阿奇木伯克的女兒婚配與阿坦台。[5]瓦里漢諾夫所提及之事，或正為張格爾供詞中所指的派阿坦台帶領布魯特截後路。

---

[1]《清宣宗實錄》卷132，道光八年正月癸亥。

[2]中央研究院歷史語言研究所刊行：《明清史料》庚編（下冊），臺北中華書局，1960年，第2056頁。

[3]同上。

[4]同上。奇克塔具體地點待考，很可能是界居烏什與喀什噶爾之間要隘。

[5]Valikhanof, M. Veniukof, etc., *The Russians in Central Asia*, 1865, p.206.

　　對於布魯特參與和卓叛亂的原因，瓦里漢諾夫曾經結合布魯特的宗教信仰狀況，進行過一定的說明：

> 吉爾吉斯人是不嚴謹篤信的穆斯林人；他們的宗教信條和概念模糊不清，依舊信奉薩滿教，不識文字，因而，他們置身於捲入和卓發起的反叛事業，不能不識為出於貪婪發財致富的動機；同時，這個民族對宗教愚昧無知，又迷信十足。我在天山遇見卡爾瑪克部的一族人，這些人是富殷的吉爾吉斯人。他們闡述他們的財富源出於他們的祖先瑪米克和沙帕克效力於博羅尼都和霍集占之故，是和卓給了他們幸福和造化，他們視若神物一般，保存其中一和卓遺留下來的鐵三角架。吉爾吉斯人使我信服，當他們的牲畜發病時，支起三角架可為牲畜治病消災。
>
> 無以何說，吉爾吉斯人過去是，仍將是和卓反叛大業的積極參加者。張格爾時期，沙雅克、奇里克、巴斯子部的吉爾吉斯人是和卓們的兵卒，然而，沖巴噶什人則秘密地串通中國人，他們一首領伊茲瑪伊爾由於憎恨張格爾而獲黑山派的綽號，和卓的主要兵卒是遊牧於天山一帶的吉爾吉斯人。布庫、薩雷巴噶什和沙爾吐未直接參與叛亂。[1]

　　瓦里漢諾夫強調，布魯特屬眾雖然並非嚴謹的伊斯蘭教信徒，但和卓信仰在其中仍然具有重要影響力，參與叛亂的布魯特多是出於功利性的物質追求，故而，布魯特在較長時間內成為和卓叛亂的重要參與者。他指出薩（沙）雅克、奇里克、巴斯子諸部布魯特屬眾成為張格爾的兵卒，布庫、薩爾（雷）巴噶什、蘇勒圖（沙爾吐）這些部落並未參與叛亂，這也印證了清朝文獻中的記載。其所指的沖巴噶什首領伊茲瑪伊爾被視為黑山派一事，清朝文獻雖無記載，但客觀反映了

---

[1][俄]喬汗·瓦里漢諾夫：《六城狀況或南路（小布哈拉）中國省轄的東部六城狀況》，新疆維吾爾自治區民族研究所編譯：《喬汗·瓦里漢諾夫著作選集（選譯）》，1975 年，第 150 頁。

沖巴噶什部積極幫助清朝平定叛亂的過程。

　　張格爾據守四城最終失敗，除了清朝調集大兵予以征剿外，其內部矛盾和鬥爭，也是導致其快速失敗的重要原因，同時，張格爾的同謀者中，浩罕、安集延人扮演了重要角色。如沙布都爾回莊大捷中，清軍即擊斃安集延頭目色提巴爾第、占巴克[1]；阿瓦巴特之捷中，清軍亦擊斃安集延頭目，「賊屍中認出安集延大頭目阿瓦，子邁瑪底、那爾巴特阿渾二名」[2]；當清軍兵臨喀什噶爾城下時，仍有安集延大頭目推立汗及其侄薩木汗等人率眾拼死抵禦。[3]這說明，安集延頭目在張格爾之亂中統領叛亂者，在叛亂中發揮了重要作用。

　　清軍之所以能夠在較短時間內克復西四城，也存在著一定的基礎，道光六年（1826）末，先是和闐維吾爾人綁縛叛眾投誠，且張格爾與浩罕伯克產生矛盾，幫同張格爾的浩罕人愛薩、木薩逃回浩罕，「浩罕伯克因向張逆索地不遂，頗不和睦，愛薩亦與該逆口角，同伊弟木薩俱回浩罕，則逆裔竄逸之路，未必再向浩罕，不過亦安集延為逋逃藪。」[4]這表明，叛亂者在佔領西四城後，產生了內亂，不僅回眾投誠於清朝，而且張格爾因與浩罕伯克產生矛盾，浩罕人愛薩、木薩也背離而去。

　　愛薩、木薩為張格爾侵襲喀什噶爾等城的重要幫兇，成為清朝平叛過程中的主要征剿對象之一，前文提及，貝柳先生也曾提到愛薩同張格爾一同進攻喀什噶爾。有關於張格爾與浩罕伯克之間的矛盾，清朝文獻所載較為簡略，《清史稿》載：「先是張格爾求助於浩罕，約四城破，分所掠，且割喀城以報，及見官兵無援，悔欲背約，浩罕恚怒，自以所部攻城未下，尋引去，張格爾追擊之，受其降眾數千，遂益強。」

---

① 《平定回疆剿擒逆裔方略》卷 39，道光七年三月己亥。

② 《平定回疆剿擒逆裔方略》卷 40，道光七年四月戊申。

③ 《平定回疆剿擒逆裔方略》卷 41，道光七年四月辛亥。

④ 《平定回疆剿擒逆裔方略》卷 37，道光七年正月丁酉。

①這表明，張格爾同浩罕汗曾有約分享所掠，但後來張格爾違背約定，浩罕汗獨自攻城而未果。貝柳先生有更多說明，他指出，「張格爾入據喀什噶爾後，在眾人的簇擁下，自稱為蘇丹（Sultan），並按照浩罕模式組織其行政機構，將清朝的冠帽、頂翎替換為穆斯林式的纏頭巾，他允許多數伯克任原職，但任命其安集延黨羽擔任要職，並處死了代表清朝的郡王邁瑪薩依特。」、「六月時，邁瑪達里汗妒忌和卓的成功，他率領一萬五千人至喀什噶爾以加入到戰士隊伍（ghaza）中，但他卻因受到了張格爾的冷遇，張格爾將其視為危險的敵人。儘管如此，邁瑪達里汗仍準備奮力攻佔清朝漢城（Gulbagh）②堡壘，它位於喀什噶爾城西數百碼的地方，清朝守衛部隊仍然在那裡抵抗，但其努力結果並無收效，並在十二天圍攻城牆的過程中，失去了一千人。其熱情冷卻之快，恰如其開始熾熱一般。此後，他返回到其汗國，為了彌補未能將一個新的行政區納入其版圖的遺憾，他將令人羨慕的戰士頭銜鈐印在了貨幣上。」③這一說法與《清史稿》所載相類，但顯然更為詳盡。

---

①《清史稿》卷 386《列傳一百五十五》。

②Gulbagh 這一名稱，多見諸於國外學者的著述中，佐口透先生在其著作中也提及該名稱，將其直接譯為古爾巴赫，稱其本意為維吾爾語花園之意，是建築在回城西角的一個要塞，由清軍守衛著。（參見佐口透：《18—19 世紀新疆社會史研究》（下），第 508 頁。）金浩東指出其意即為清朝的堡壘（Manchu fort）參見 Kim Ho-dong ,*Holy War in China:The Muslim Rebellion and State in Chinese Central Asia, 1864-1877*, Stanford University Press ,2004,p.49.包羅傑在其所著《阿古柏伯克傳》中也多次提及該名稱，我國學者翻譯該書時，將 Gulbagh 翻譯為漢城，將 Yangyshar 翻譯為新城，如原文 "The Chinese constructed a fresh fort,Yangyshar,in the place of the destroyed Gulbagh" 翻譯為「中國人在被毀的漢城舊址築了一個新的城堡，即新城」，顯然係意譯。參見：[英] 包羅傑：《阿古柏伯克傳》，商務印書館翻譯組譯，北京：商務印書館，1976 年，第 55 頁。Demetrius C.Boulger,*The Life of Yakoob Beg : Athalik Ghazi, and Badaulet; Ameer of Kashgar*,London:W.H.Allen &Co.1878,p.68.通過翻檢包羅傑原書，可以發現其所指 Yangyshar 係專有名稱，與地名英吉沙爾（Yangy Hissar）並非同一詞，故而，我國學者上述翻譯較為貼切。

③H.W.Bellew, "History of Kashgar",in *Report of A Mission to Yarkund in 1873*,edited by T.D.Forsyth,Calcutta , 1875,p.182-183.

貝柳先生也指出，隨著張格爾攻陷漢城，清朝大臣因此自殺，邁瑪達里汗對於張格爾的日益成功心懷不安，他阻礙幫同張格爾的志願軍，並與愛薩在軍隊中暗中策劃一場嘩變，但其計畫被及時發覺，愛薩的明巴什職位被剝奪，政變被平息。其他反抗張格爾的密謀也逐漸顯現，但張格爾在整體上受歡迎，並受到各地穆斯林的支持。[1]這些闡述表明，浩罕伯克邁瑪達里汗曾試圖從張格爾之亂中分得一杯羹、佔有新的領地，但卻遭到了張格爾的冷落，因嫉妒張格爾佔有西四城，而試圖令愛薩等人發動政變，此即漢文文獻所指「浩罕伯克因向張逆索地、不遂」，愛薩、木薩與張格爾因口角之爭而離去，應該正基於上述背景。由於邁瑪達里汗並未從張格爾之亂中獲利，這也為1830年浩罕勢力所支持下的玉素普之亂埋下了伏筆。

第四節　那彥成善後措施中的布魯特因素

張格爾被擒獲後，清朝著手於南疆善後事宜，直隸總督那彥成被委任為欽差大臣，至喀什噶爾負責善後事宜，那彥成於道光八年四月，抵達喀什噶爾。他所採取的善後措施，主要針對流寓南疆各城的安集延人，驅逐居住十年以內的安集延人，禁止浩罕通商。同時，那彥成也積極反思布魯特參與叛亂的原因，並招撫內附的額德格訥部布魯特以及逃往在外的布魯特屬眾，並試圖賞給諸部布魯特首領以歲俸，以此安撫眾布魯特。

---

[1]*Ibid*.p.183.

一、額德格訥部內附清朝的主要過程

（一）阿濟比之孫愛散的內附

　　乾嘉年間，額德格訥部布魯特主要居於喀什噶爾通往浩罕的交通要道上，鄰近於浩罕、安集延，因而受到浩罕的侵犯。19 世紀 20 年代，浩罕的大舉擴張，威脅到了額德格訥部的生存，因而，愛散、阿里瑪卡先後率領一部分額德格訥部屬人，選擇內附清朝，並受到了清朝的安置，道光元年（1821），阿濟比之孫愛散率部內附，並被安置於阿特巴什，張格爾之亂後，另一部分額德格訥部屬人內附清朝。

　　道光元年（1821）十月，喀什噶爾參贊大臣武隆阿奏明部分布魯特人由浩罕潛回遊牧，其中一部分為上年即嘉慶二十五年（1820）跟隨蘇蘭奇的沖巴噶什部布魯特人，「有沖巴噶什愛曼之布魯特數戶，攜眷由浩罕潛回遊牧，僉稱去歲隨蘇蘭奇逃赴浩罕之人，約有二百餘戶，浩罕地方，既無可耕之田，又無牧放草場，已均失業，又兼浩罕伯克貪殘暴虐，伊等流離困頓、思念故土，自知滋事以後，俱有重罪，因不堪其苦，冒死攜眷而來等語。」[1]這表明，這部分沖巴噶什部布魯特人約有二百餘戶，到達浩罕後，生活窘迫，並受到浩罕統治者的欺壓，故而主動歸來。武隆阿認為該部分布魯特人不得已而逃至浩罕，此時，「自應聽其安居遊牧」。除了這部分布魯特人，尚有額德（提）格訥部布魯特人在首領木拉特、瑪達特的率領之下，由浩罕地方遷出，內附清朝，武隆阿說明了該部的相關信息：

　　　　木拉特是愛散之子，係安集延所屬古勒什地方居住之額提格訥
　　　　愛曼布魯特，愛散之祖名阿吉，前於乾隆年間投歸天朝，曾兩
　　　　次差人進京、瞻仰天顏，蒙恩筵宴，並賞敕書及各色物件。因
　　　　愛散所住之古勒什地方距喀什噶爾甚遠，是以給浩罕伯克作屬

---

①《欽定平定回疆剿擒逆裔方略》卷 4，道光元年十月丁亥，下同。

下，如今浩罕伯克愛瑪爾常向布魯特勒索科派，又常派出兵，難以度日。俱各攜帶妻子、鍋帳，由古勒什移在阿特巴什、碩爾阿古爾提錦等一帶地方，居住數十日，愛散差伊二人來城請安，並捧齎敕書二卷，呈驗。臣等恭閱敕書，二道均鈐蓋敕命之寶委，係乾隆年間頒發。

　　木拉特係愛散之子，愛散祖父為阿吉，阿吉兩次遣人進京入覲，受賞敕書及物品，故而，阿吉即為阿濟比，愛散之父輩應為阿濟比之子葉爾鐵拜、阿爾體拜、沙米爾扎等。愛散所呈乾隆年間之敕書二卷，應分別係乾隆二十五年（1760）和乾隆二十八年（1763）年，阿濟比遣人進京入覲時由乾隆帝所頒發的，武隆阿結合鈐印，認可了敕書的真實性，敕書內容，前文有載。乾隆年間，額德格訥部之比葉爾鐵拜令其親家蘇葉爾前往喀什噶爾告知擒拿燕起事宜時，即令蘇葉爾「攜前賞其父阿濟比之敕書為證」[1]，該敕書即阿濟比所受敕書，與愛散之子木拉特所攜敕書為同一物品，從中可知，阿濟比離世後，該敕書交由葉爾鐵拜或沙米爾扎繼承，前文提及，嘉慶二年（1797）時，沙米爾扎試圖謀搶沖巴噶什部，但受到了浩罕伯克納爾巴圖的威脅和阻截，他當時受到納爾巴圖差傳後，即派遣其子阿撒面見納爾巴圖，阿撒與此處的愛散名稱相近，二者很可能為同一人，故而，愛散之父很可能即為沙米爾扎，而木拉特則沙米爾扎之孫。愛散所領額德格訥部人本居住於古勒什，古勒什即古勒沙，位於鄂斯東南，圖巴爾拉克塔木以北不遠處。該部之人因受浩罕伯克愛瑪爾勒索財物、科派賦役、徵調兵丁，痛苦不堪，故而，愛散率部移往阿特巴什等地，並派遣木拉特、瑪達特至喀什噶爾說明情況。

　　武隆阿鑒於額德格訥部人早年即歸附清朝，此時因苦於苛政而內附，遷徙至阿特巴什地方遊牧，因該地居於卡外，故應准其在此遊牧，

---

① 《寄諭伊犁將軍伊勒圖等著葉爾提耶拜拿獲燕起即速奏聞》，乾隆四十九年七月二十七日，《乾隆朝滿文寄信檔譯編》，第十七冊，第630頁。

「至於額提格訥愛曼布魯特愛散等千餘戶，本係早年效順投歸之人，今因困於苛政，賓士千餘里，歸仁向化，移來阿特巴什等地方遊牧，該處距卡倫，在四五百里之外，且布魯特等遷居遊牧，亦各愛曼常有之事，今該布魯特遣人赴城稟報，益征恭順小心，伊等戶眾業已各安其居，自應聽其在各該處遊牧。」此處提及愛散率領的布魯特人有千餘戶，道光帝批准了武隆阿之奏請，「至額提格訥之布魯特，向年效順投歸，今因困於苛政，移歸遊牧，該處本在卡倫外數百里之外，亦只好聽從其便。」故而，這一部分額德格訥部人遷徙到了阿特巴什地方，也是第一批向內遷徙的布魯特人，該部分布魯特人即為阿濟比之後人愛散所管領。

（二）張格爾之亂後額德格訥部的內附

道光八年（1828），第二批額德格訥部布魯特人向內地遷徙，欽差大臣那彥成招撫了另一部分受浩罕欺凌的額德格訥部，並將其安置於特依劣克巴罕（即帖列克達灣、鐵列克達阪 Terek Dawan，鐵列克又作鐵葉爾里葉克、鐵勒克等，該地係鄂斯通往喀什噶爾的孔道，更接近於喀什噶爾）地方遊牧，該部首領阿里瑪卡被賞與二品頂戴。

> 那彥成、武隆阿奏言，竊查浩罕所屬之布魯特額提格訥愛曼，在各愛曼布魯特中為最強，從前乾隆年間，該比海提邁特等，隨同官兵剿滅霍集占最為出力，該愛曼遊牧在倭什地方，界鄰浩罕，全部俱為所脅。茲據喀浪圭卡倫官兵稟報，額提格訥布魯特比阿里瑪卡、巴爾底伯克、西爾瑪特、沙爾底巴拉、愛散等五名親自到卡，攜帶隨來一千餘戶，僉稱為浩罕苦累多年，情願投誠天朝，得安生計，察其情詞，實出真心。查從前該比原係三品頂翎，先行給予該比阿里瑪卡三品頂翎、巴爾底伯克四品頂翎，西爾瑪特、沙爾底巴拉、愛散五品頂翎。至阿里瑪卡，係愛曼頭人，請賞換二品頂帶，使該比等知係特恩，則歸附益堅。臣等並酌賞綢緞糧食等物，押令該比等出卡，即指與特依劣克達巴罕地方，妥為安置，查該處係浩罕來往要路，沿

卡一帶聲威既壯，浩罕羽翼頓翦，其勢愈孤，不久衰弱，愈可
必其恭順，從此邊疆永固，外定內安，於善後大局甚有裨益，
奏入。[①]

在該奏摺中，那彥成、武隆阿指出額德格訥部鄰近浩罕，為浩罕
所裹脅，受到了浩罕的欺壓，該部一千餘戶人於此時向內地遷徙，其
比阿里瑪卡等五人親自到卡倫，表達內附之意。較之於愛散所領的本
居於古勒什的額德格訥部布魯特人，阿里瑪卡所領屬人本遊牧於倭什
即鄂斯地方，這體現出二者的不同。隨同阿里瑪卡的首領中亦有一名
為愛散的首領，此愛散與上文所提之阿濟比之孫愛散可能並非同一人，
根據上引文，阿里瑪卡應係海提邁特之後人，而海提邁特與阿濟比應
同係乾隆年間額德格訥部重要首領，前文中的愛散所領部落與阿里瑪
卡所率部落應係額德格訥部的兩個不同分支。[②]

那彥成等奏請賞換阿里瑪卡二品頂帶，並賞給該部之人綢緞糧食
等物，並將該部安置在特依劣克達巴罕地方。阿里瑪卡稱「為浩罕苦
累多年，情願投誠天朝，得安生計」，表明該部受到了浩罕欺壓已有多
年，為了維持生計，率屬投誠天朝，乾隆年間，該部阿濟比雖已率屬
表達歸附清朝之意，但並未遷徙遊牧之地，此次「投誠」意在向內地
遷徙，附卡遊牧居住。那彥成在善後事宜中正著手從商貿上禁止浩罕
與內地通商，故言額德格訥部之內附，將使得「浩罕羽翼頓翦，其勢
愈孤，不久衰弱」。

對於那彥成之奏請，道光帝雖認可額德格訥部前來投誠將使浩罕

---

① 《欽定平定回疆剿擒逆裔方略》卷75，道光八年十二月癸巳，下文所引道光帝諭令
　同出於該條材料。

② 勞拉‧紐比也注意到那彥成招致額德格訥部人，認為此時內附清朝的額德格訥部首領
　係阿濟比（Hajji Biy）之孫，她之所以如此說明，或因將海提邁特與阿濟比視為同一
　人，或因將兩個名為愛散的額德格訥部首領視為同一人，但結合筆者的上述比較，
　此說並不準確，參見 Laura J.Newby,*The Empire and the Khanate:A Political History of*
　Qing Relations with Khoqand c.1760-1860, Leiden & Boston : Brill,2005,p.147.

頓失羽翼,「俾浩罕頓失羽翼,固屬甚善」,但考慮到浩罕與額德格訥部的關係,仍然謹慎視之,擔憂該部投誠會致邊釁,「惟伊歸附浩罕有年,一旦遵我檄諭前來,未必浩罕不以我納彼叛人為詞,設以此遣使致問,豈不又生邊釁?」對於將阿里瑪卡及其屬部安置於特依劣克達巴罕,道光帝認為,「該督等,當體察情形、妥為辦理,慎勿視為易易,凡撫馭之方,或通商等事,尤期經久無弊。」即仍要求那彥成以長久之計妥善安置該部,雖同意將阿里瑪卡換給二品頂帶,但仍曉諭阿里瑪卡:「將該比阿里瑪卡加恩賞換二品頂帶,與效順各布魯特愛曼一視同仁,善為撫恤爾等,當自安生計,永作藩籬,與外夷有構怨興兵之事,天朝體制,從不過問。」雖授予其二品頂帶,但仍僅將額德格訥部視為外藩,與其他布魯特部落同等相待,對於其與外夷構兵之事,並不過問。如此以應對將來之所求,「庶將來有求,不應不致稍生觖望也。」

對於道光帝安置額德格訥部的上述諭令,那彥成也進行了進一步的說明:

> 至現在投出之額提格訥布魯特愛曼,從前原係我之臣屬,被浩罕裹脅,茲因浩罕苦累,慕義來歸,本係該夷擄脅天朝所屬之部落,茲之來歸,並非該夷之亡命,前此額提格訥來時,即與該夷打仗,將其殺敗,其力即不能相敵。臣等前奏所指與特依劣克達阪遊牧地方,距卡八日路程,約有千里,原係該愛曼舊時遊牧,茲已住定三月有餘。臣等曾派人順便密加訪查,實為安靜,茲奉諭旨,賞該比阿里瑪卡二品翎頂,該比自益知仰沐天恩,倍深感激,復查各愛曼布魯特之與浩罕本非同類,又無統屬,強則相並,弱則相離,今額提格訥雖全部來歸,仍處以卡外地方,其夷人與夷人,縱有仇殺之事,向俱不相告稟。今惟當遵旨嚴守卡倫,聽其自為。[1]

---

[1]《那文毅公籌奏議》卷79,《設策擒取逆裔》。

　　那彥成安置前來投誠的額德格訥部，主要著眼於懲處和孤立浩罕，對於道光帝的憂慮，那彥成指出，額德格訥部本來即為清朝所屬部落，並非浩罕之亡命之徒，其前來投誠，源於與浩罕交戰而敗，他們已在指定地方住居三月有餘，「實為安靜」，且該部之比已被賞與二品頂帶，自當感恩，布魯特與浩罕並非同類、不相統屬，額德格訥部畢竟居住於卡外地方，即便浩罕追殺該部，該部也不會訴諸清朝，同時，那彥成表示要謹遵聖諭，嚴守卡倫，任憑該部在卡外生存和發展。英國學者愛德華・帕克（Edward H. Parker）對於此次額德格訥部遷徙也有論述，「布魯特額德格訥部主動背離浩罕的關注，遷徙至通往喀什噶爾之路中的鐵列克達阪，因為該地處於清朝邊卡之外，清帝稱他並不加以反對，只要他們對自己的行為負責。」[1]

　　道光元年（1821）和道光八年（1828），各有一千餘戶額德格訥部布魯特人，分別在愛散和阿里瑪卡的率領之下，向內地遷徙，內附清朝，愛散之屬人移至阿特巴什地方，阿里瑪卡屬人則被安置於特依劣克達巴罕。愛散與阿里瑪卡皆為額德格訥部之比，愛散係阿濟比之孫，阿里瑪卡應係海提邁特之後人。額德格訥部的內附，這表明，在 19 世紀初期，浩罕政權勢力已經極度膨脹，統治了費爾干納盆地，其周邊布魯特部落已為其所吞併。

二、那彥成安撫布魯特諸部的舉措

（一）招致布魯特逃人

　　道光八年（1828），那彥成於張格爾被擒拿後，抵達喀什噶爾，奉命處置善後事宜，善後中的重要內容即反思布魯特謀亂的原因，追溯清朝失布魯特之心的根源：

---

[1] E.H.Parker,Khokand and China, *The Imperial and Asiatic Quarterly Review and Oriental and Colonial Record*, Series 3, Vol.8(1899),p.118.

竊查乾隆年間，初定回疆，內而安輯回眾，使之安業樂居，外
而綏俟各布魯特，羈縻不絕，無事則衛我藩籬，有事則用為間
諜，寄以偵探，誠為萬世不易之良法。乃自嘉慶二十一年孜牙
墩事一案，松筠以誤聽人言，致將希皮察克愛曼世襲二品翎頂
布魯特比吐爾第邁瑪特淩遲處死，以致該比之子阿仔和卓率其
兄弟眷口逃往浩罕，各布魯特因而離心。有嘉慶二十五年，張
逆糾眾入卡，經沖巴噶什愛曼布魯特比蘇蘭奇入城報信，被回
務章京綏善斥罵趕逐，致該比氣忿出卡，轉投張逆，旋又有阿
坦台、汰劣克戕害大臣官兵之案，又係巴彥巴圖妄殺償事，失
布魯特人心之事，並非一端，是以上年張逆滋事，布魯特桀黠
者，無不從逆，善良者亦觀望兩歧，此想來之實在情形也。[①]

那彥成提及的上述事件皆使布魯特離心，松筠枉殺圖爾第邁莫特
（吐爾第邁瑪特），致使其子阿仔和卓等率屬逃往浩罕，蘇蘭奇稟報張
格爾入卡滋事，卻遭到叱逐，使得蘇蘭奇憤然出卡追隨張格爾，巴彥
巴圖妄殺汰劣克家屬及無辜布魯特，又失布魯特之心。有鑑於此，那
彥成遵照道光帝「善後總以收撫布魯特為要著」的諭令，並認為「在
在布魯特遊牧，欲收全部，須擇各布魯特素來眾人為之抱屈、又素尊
重之人，著手辦理，則雍齒，且侯大眾自可安心歸附」[②]。道光八年（1828）
十二月，那彥成奏准收撫外逃來歸的布魯特人事宜，那彥成奏言，其
至喀什噶爾以後，即令伊薩克差人傳諭圖爾第邁莫特之子阿仔（孜）
和卓及蘇蘭奇族叔拜莫拉特等人，以表收撫之意。

道光八年（1828）十月下旬，阿仔和卓遣其弟熱仔來喀什噶爾獻
馬投誠，熱仔稱其父獲罪後，他們即攜眷逃往霍罕，且張格爾犯事時，
他們並未助逆，「我哥哥阿孜和卓先差我來請安遞馬，只求恩典仍賞我

①那彥成：《那文毅公奏議》卷80《收撫外夷》，第552頁。
②同上，第553頁。

們的地方居住，再與大皇帝出力。」^①那彥成認為，「其助逆與否，原雖難深信，此時兵威之後，招之即來，其恭順情形，實無虛詐。」因此，賞與其六品翎頂，遣令其速回，並告之於阿仔和卓：「作速來城，再行賞給原住地方，並奏明大皇帝仍賞給伊父吐爾第邁瑪特二品翎頂。」那彥成上奏該項內容時，熱仔已經回至其兄所居之處，但「現因雪大封山，尚未來到」。道光帝肯定了那彥成的奏請：「既據那彥成等先行宣示朕恩，賞給熱仔六品翎頂。」^②此後，那彥成又在道光八年（1828）十二月二十八日的奏摺中提及：「又有沖巴噶什愛曼前任比蘇蘭奇之子弟拜爾第阿里雅，與希皮察克愛曼前任比吐爾第邁瑪特之子熱仔與其弟鄂斯滿等俱避罪逃往霍罕，均已陸續投回，前已奏明在案。」^③這裡提到了圖爾第邁莫特的另一子鄂斯滿也同熱仔一同來投順，那彥成並未言明後續事宜的細節，阿仔和卓及其弟有可能於次年天氣轉暖之時攜眾返回了喀什噶爾。

那彥成也就蘇蘭奇之叔、侄進行了安置：

> 其沖巴噶什愛曼，布魯特比蘇蘭奇早已身故，其族叔拜莫拉特及蘇蘭奇之侄拜爾第阿里雅於十一月見到城，據稱嘉慶二十五年張格爾糾眾入卡，蘇蘭奇到城報信，章京綏善不信，將蘇蘭奇叱逐，該比一時氣憤，帶人逃往浩罕。今接檄諭准免罪投回，帶來一百餘戶人口，在卡外喀拉塔爾地方等候。臣當即好言慰諭，宣示皇上天恩，賞給拜莫拉特三品翎頂，拜爾第阿里雅五品翎頂，並酌賞元寶綢緞、茶葉等物，令伊薩克派令曉事伯克押送出卡，指給喀浪圭卡倫外赫爾俄依地方安插。^④

---

① 同上，第 553 頁。
② 《清宣宗實錄》卷 150，道光九年正月丁未。
③ 那彥成：《那文毅公奏議》卷 80《收撫外夷》，第 556 頁。
④ 《欽定平定回疆剿擒逆裔方略》卷 76，道光九年正月丁未。

　　那彥成安撫蘇蘭奇族叔莫拉特及蘇蘭奇之侄拜爾第阿里雅，並將二者分別賞與三品頂翎和五品頂翎，並將其所帶一百多戶布魯特人口安置於喀浪圭卡倫外。那彥成也經由二者的奏報，得知蘇蘭奇因報告張格爾糾眾入卡一事，反而受章京綏善叱逐，從而率眾出逃。有鑑於此，那彥成奏請治罪於綏善，「至從前叱逐蘇蘭奇之回務章京綏善，任性乖謬，訊據彼時印房當差之回子玉努斯所供各情，與拜莫拉特等所稟相符，彼時未經參奏，綏善旋因另案革職，發往伊犁，年滿釋回，此等債事之員，應請發往黑龍江當苦差，以昭炯戒。」[①]故而，請準將綏善發往黑龍江。

（二）擬請酌賞布魯特首領以歲俸

　　隨之，那彥成鑒於圖爾第邁莫特之子以及蘇蘭奇之叔皆來歸附，額德格訥部前來內附並受到安插，其他如喀爾提錦、達爾瓦斯等部首領，亦來請安遞馬，潘志平先生指出，「那彥成這一係列措施在短時間內，相當成功，短短幾個月內，18部布魯特全部歸附清王朝。」[②]在此基礎上，那彥成請准參照乾隆年間舊例，賞給諸部頭目以歲俸：

> 查乾隆年間舊例，出力之愛曼如奇里克、沖巴噶什、希皮察克等愛曼，皆優與世襲翎頂並酌賞緞匹銀兩作為歲俸，茲欽遵聖明指示，業已收服全部，非優與翎頂酌加賞賜作為歲俸不足以示懷柔而昭鞏固。擬離浩罕附近之各愛曼及舊有勞績者，作為頭等；其次愛曼大而恭順者，作為二等；再如愛曼小而無勞績摺，作為三等。其頭等者，給與二品翎頂，元寶一錠、銀四十兩、三十兩，緞各二匹，布各二十匹；其二等者，給與三品、四品翎頂，銀二十五兩、二十兩，緞各二匹，布各十疋；其三等者，給與五六品翎頂，銀十五兩，緞二匹，布十匹，由臣等

①同上。
②潘志平：《中亞浩罕國與清代新疆》，北京：中國社會科學出版社，1991年，第111頁。

發給札付，遣人持送各愛曼，令其按年分給。[1]

　　那彥成注意到，乾隆年間，奇里克、沖巴噶什、希布察克部諸部首領，享有世襲翎頂及歲俸，前文提及，奇里克部額森、沖巴噶什部阿瓦勒、希布察克部散秩大臣阿奇木等皆享有一定的銀兩作為歲俸。那彥成試圖以此作為參照，按照各部首領的功績，將其所享頂翎及歲俸，分為三個等級。並繕列清單，陳明各部首領享有頂翎的品級及擬請給予的歲俸。

---

①那彥成：《那文毅公奏議》卷 80《收撫外夷》，第 556-557 頁。

表 7-1　那彥成奏請賞給布魯特諸部首領歲俸表[1]

編號	部落名稱	頂翎品級	首領	頭衛	擬請歲俸
1	喀拉提錦	二品	薩底克	比	每年賞元寶一錠,緞二匹,布二十匹
		四品	萬吉	比	每年賞銀二十兩,緞二匹,布十匹
2	岳瓦什	二品	阿布都熱依特	比	每年賞銀四十兩,緞二匹,布二十匹
		三品	胡里喀	比	每年賞銀二十兩,緞二匹,布十匹
		四品	木薩	比	每年賞銀二十兩,緞二匹,布十匹
		五品	拜爾克	比	每年賞銀二十兩,緞二匹,布十匹
3	額提格訥	三品	鄂布魯阿孜	比	每年賞銀二十兩,緞二匹,布十匹
		三品	阿里瑪	比	每年賞銀四十兩,緞二匹,布十匹
		四品	烏魯斯	比	每年賞銀十五兩,段二匹,布十匹
		四品	拜爾底	比	每年賞銀二十兩,緞二匹,布十匹
		五品	西里買特	比	每年賞銀二十兩,緞二匹,布十匹
		五品	愛散	比	每年賞銀十五兩,緞二匹,布十匹
		五品	薩爾特胡里	比	每年賞銀十五兩,緞二匹,布十匹

---

[1] 同上,第 557-560 頁。

4	奈曼	二品	愛散	比	每年賞銀三十兩，緞二匹，布二十匹
		三品	阿布都熱依木	比	每年賞銀二十兩，緞二匹，布十匹
5	喀拉提依特	五品	巴海	比	每年賞銀十五兩，緞二匹，布十匹
6	提依特	三品	拜哈提巴依	比	每年賞銀四十兩，緞二匹，布二十匹
7	托拉爾根	五品	別列克	比	每年賞銀十五兩，緞二匹，布十匹
8	沖巴噶什	二品	占頗拉特	比	每年賞元寶一錠，緞二匹，布二十匹
		三品	斯底克	比	每年賞銀二十兩，緞二匹，布十匹
		三品	伯克阿里	阿哈拉克奇	每年賞銀十五兩，布十匹
		五品	巴依木拉特	比	每年賞銀十五兩，緞二匹，布十匹
		五品	拜爾第	開散布魯特	每年賞銀十五兩，緞二匹，布十匹
		四品	托胡達伯克	比	每年賞銀十五兩，布十匹
		五品	巨邁	阿哈拉克奇	每年賞銀十五兩，布十匹
		五品	伯克	阿哈拉克奇	每年賞銀十五兩，布十匹
9	布格依	五品	愛散納滿	比	每年賞銀二十兩，緞二匹，布十匹
10	薩爾巴噶什	三品	塔什琅伯克	比	每年賞銀二十兩，緞二匹，布十匹
		四品	尼雅斯伯克	比	每年賞銀二十兩，緞二匹，布十匹

11	霍什奇	五品	帕拉特	比	每年賞銀十五兩，緞二匹，布十匹
12	蒙古里多爾	五品	舍氏	比	每年賞銀二十兩，緞二匹，布十匹
13	蘇勒圖	三品	阿里汰爾	比	每年賞銀十五兩，緞二匹，布十匹
14	奇里克	二品	托依邁特	比	每年賞銀五十兩，緞二匹，布二十匹
		三品	舍底伯克	比	每年賞銀二十兩，緞二匹，布十匹
		四品	喀里察	比	每年賞銀二十兩，緞二匹，布十匹
		四品	卜巴伯克	阿哈拉克奇	每年賞銀十五兩，布十匹
15	薩雅克	二品	伊里斯滿底	比	每年賞銀二十五兩，緞二匹，布十匹
		三品	玉素普	比	每年賞銀二十兩，緞二匹，布十匹
		四品	邁達特	比	每年賞銀二十兩，緞二匹，布十匹
16	巴錫奇斯	五品	達爾瓦什	比	每年賞銀十五兩，緞二匹，布十匹
17	察喀爾	二品	挑噶	比	每年賞銀二十兩，緞二匹，布十匹
		三品	噶里察	閒散布魯特	每年賞銀二十兩，緞二匹，布十匹
18	希皮察克	二品	鄂斯滿	比	每年賞元寶一錠，緞二匹，布二十匹

資料來源：《那文毅公奏議》卷 80《收撫外夷》，第 557-560 頁。

那彥成所繕列的此份清單，呈現出道光初年布魯特各部主要首領或重要人物，是瞭解當時諸部歷史的重要參考資料，其中所提及的十

八部布魯特首領共計四十三人，其中，沖巴噶什部首領共計八人，冠於諸部之首，額德格訥部共計七人，奇里克、岳瓦什部皆有四人，薩雅克部三人，這凸顯出上述部落有功之人較多。

　　那彥成所列諸部名稱與《西陲總統事略》、《新疆識略》等文獻不盡相同，他將「喀拉提依特」、「提依特」兩部同時單獨列出，將二者視為並列關係，這顯然不同於其他文獻，喀拉提依特、雅曼提依特均為提依特部的分支部落[1]，前文闡述張格爾於道光四年（1824）八月侵犯烏魯克卡倫時，曾提及兩部均有一些人物隨同張格爾犯卡。「托拉爾根」即《新疆識略》所指的圖爾額伊格爾，「布格依」應即布庫、布扈部，「霍什奇」即胡什齊部，「蒙古里多爾」即蒙額勒多爾，「巴錫奇斯」即巴斯奇斯部，「察喀爾」即察哈爾薩雅克部。相較於《新疆識略》中的記載，那彥成並未列出色勒庫爾部和諾依古特部相關人物。勞拉·紐比也認識到部分部落名稱不易識別，她發現其他地方並未提及察哈爾薩雅克與喀拉提依特，喀拉提依特可能為喀拉特列克（Qara-terek）之誤，並猜測托拉爾根實際為哲提根（Zhetigen）。[2]實際上，清代漢文文獻中提及了察哈爾薩雅克與喀拉提依特的相關內容，她猜測托拉爾根為哲提根部的說法有誤，哲提根實際為布魯特左翼中的一部，居於塔拉斯河流域，與霍索楚、啟台、薩婁等部鄰近，這在前文所附表格中（表2-1）有所提及，但該部並未與清朝產生聯繫，清代文獻中也並未提及該部。

　　厲聲先生認為：「那彥成在肅清回疆各城流寓浩罕人的基礎上，以頒發『札付』和『年俸』形式，穩定布魯特以達到邊疆的長治久

---

[1] 潘志平先生在《布魯特各部落及其親緣關係》（《新疆社會科學》，1990年第2期）一文中，援引俄文文獻，列出主要部落的分支，其中所列提依特部存在多個分支部落，喀拉提依特、雅曼提依特均為其中的分支。

[2] Laura J.Newby,*The Empire and the Khanate:A Political History of Qing Relations with Khoqand c.1760-1860*, Leiden & Boston : Brill,2005,p.147,footnote 89.

安。」①然而，那彥成的奏請並未得到道光帝的肯定，道光帝認為其所奏殊為冒昧：

> 那彥成等所奏，甚屬冒昧，從前乾隆年間平定回疆，卡外各布魯特愛曼甚多，並無賞給歲俸之事，彼時愛曼中之出力者並非無人，如必須給與歲俸，各該辦事大臣早該籌議及此，當年從無一人議及，可見此事斷不可行，何以那彥成等此次辦理善後因各愛曼陸續來城請安遞馬、極為恭順，援引乾隆年間奇里克及沖巴噶什希皮察克等愛曼，曾有世襲歲俸輒行分別等差，給予翎頂、銀兩、緞匹，發給札付，令其按年分季持照頒賞，並令烏什照依辦理……那彥成、武隆阿俱著傳旨嚴行申飭，此時業經發給札付，殊不成事，必當設法停止，著那彥成、札隆阿體察情形，妥為籌辦，據實具奏。②

道光帝認為那彥成的奏請頗為草率，因為乾隆年間並無賞給歲俸之事，卡外各布魯特雖然相繼前來歸附，但並無勞績，不過請安遞馬，並認為那彥成應該先行奏明，不應該向各部首領率行發給札付，因而令那彥成、武隆阿停止發給札付。

其後，道光帝在諭令嘉獎善後事宜中有功大臣及各城伯克的過程中，僅就上述清單中的所列的數位布魯特首領予以嘉獎，「著賞戴藍翎奇里克愛曼三品頂翎布魯特比托依莫特，著賞給二品頂帶，沖巴噶什愛曼五品頂翎布魯特比托胡達伯克，著賞給四品頂帶，巴斯奇斯愛曼六品頂翎布魯特比達爾瓦什，著賞給五品頂翎，以示獎勵。」③當那彥成等奏請按照酌賞布魯特歲俸章程招撫達爾瓦斯部時，道光帝再次強調賞給布魯特歲俸一事不可行：

---

① 屬聲：《那彥成善後制外淺析》，《新疆大學學報》（哲學社會科學版），1987 年第 3 期。
② 《欽定平定回疆剿擒逆裔方略》卷 77，道光九年二月乙丑。
③ 同上。

日前據那彥成等奏，卡外各布魯特愛曼全行歸順，聲明酌賞俸銀、俸緞，朕即以其事涉冒昧，降旨令那彥成、札隆阿設法停止。茲復據奏達爾瓦斯伯克差額爾沁、沙阿布都拉等，帶同跟役前來請安遞馬，並呈遞稟帖，情詞恭順，擬照現議酌賞布魯特歲俸章程，一體辦理。邊疆重務，全在鎮靜撫綏，即布魯特等果有誠心歸附者，亦只當就地羈縻，從無酌給歲俸之事。[①]

道光帝在此處再次說明，那彥成賞給布魯特各部歲俸一事本來已經頗為冒昧，而那彥成竟奏請以該例安撫達爾瓦斯，並不可行，只應就布魯特、達爾瓦斯實行羈縻之策，不可賞給歲俸。

道光九年（1829）四月，道光帝降諭，令撤銷賞給布魯特歲俸之札付，並結合那彥成奏陳的布魯特人物的不同背景，對布魯特首領其加以不同形式的賞賚，那彥成根據前所奉諭旨，奏言：

前奏擬酌給卡外各愛曼布魯特歲俸以示羈縻，茲萌聖謨指示，告誡嚴明，實深惶悚。至擬賞之布魯特四十三人，除乾隆年間得有翎頂，其自上年世及者十七人，此次軍營出力，經各大員獎賞翎頂者，十六人外，其餘如額提格訥之阿里瑪卡等五名，蘇蘭奇之族人拜莫拉特等二名，又辦理善後出力之托依莫特等三名，均係節次奏奉諭旨，賞還翎頂，量功加賞，有案。前請給各愛曼札付，原擬俟奉到批回之日給領，此時並未發給，現將札付交代札隆阿暫存備查，俟奉到批回之後，再行查銷。[②]

這表明，那彥成受到道光帝斥責後，內心惶恐，同時，也就其所奏陳的布魯特首領四十三人的不同背景加以解釋：其中十七人係享有世襲頂翎，另有十六人，因平定張格爾之亂有功而被賞與頂翎，阿里瑪卡、拜莫拉特、托依莫特等十人，因內附歸來或幫同處理善後事宜，

---

① 《欽定平定回疆剿擒逆裔方略》卷78，道光九年二月戊寅。
② 《欽定平定回疆剿擒逆裔方略》卷80，道光九年四月己巳。

被奉旨賞與頂翎。他也指出，所擬札付並未發給布魯特各部，並將之
備存。勞拉·紐比也認識到，清廷起初對於那彥成招撫布魯特的政策表
示歡迎，但意見逐漸發生了轉變，因為招附諸部是一回事，而使之保
持歸順則是另一回事，而且並無前例給予那些僅僅問安、貢馬的部落
首領以品級和薪俸。[1]

　　此後，道光帝在諭令中指出了那彥成之前所奏並不明晰，並令寬
免那彥成之過，將所擬札付銷毀：

> 茲據奏稱，擬賞之布魯特四十三人內，除乾隆年間賞有翎頂者
> 十七人外，此次軍營出力獎賞翎頂者十六人，其餘如額提格訥
> 之阿里瑪卡等五名，蘇蘭奇族人拜莫拉特等二名，善後出力之
> 托依邁特等三名，均係節次奏明賞給。前旨止於未經分晰奏陳，
> 其歲俸札付，亦尚未發給，所有那彥成自請交部議處之處，加
> 恩寬免，其歲俸札付，著扎隆阿詳細點明，即行銷毀，無得再
> 行存留。[2]

　　由此，道光帝對於那彥成所擬請賞給布魯特首領歲俸的章程，進
行了正式否定，那彥成所列出的四十三人，或因世襲、或因功績、或
因歸附，皆享有不同品級的頂戴，但道光帝並不認可其賞給這些人物
歲俸的奏請，表明道光帝仍以羈縻之策來安撫布魯特諸部，這也表現
出道光帝的保守。

　　潘志平先生指出，「『收服各布魯特部』，是那彥成對外策中最積極
的措施。可以設想，這一措施如得到完全實施，那清代新疆與浩罕之
間的政治形勢將是另一種面貌。」、「但那彥成這一計畫無法推行、實

---

[1] Laura J.Newby,*The Empire and the Khanate:A Political History of Qing Relations with Khoqand c.1760-1860*, Leiden & Boston : Brill,2005,p.147.

[2] 《欽定平定回疆剿擒逆裔方略》卷80，道光九年四月己巳。

現，主要是得不到清朝最高統治者的支持。」①這肯定了那彥成招撫布魯特政策的積極性，但實施過程未能得到清帝的支持。我國臺灣學者陳旺城先生，也積極評價了那彥成所制定的政策：「對布魯特的收撫，實乃那彥成制外政策中最為進取獨到的一項措施」、「所以當那彥成抵喀什噶爾後，即對來迎的卡外布魯特人優加賞犒，並予恩撫。此一招撫政策也很快就收到成效。布魯特各部全先後與清政府重修舊好，並歸順受封。只可惜，因宣宗之保守怕事，恐再遭卡外實非，使那彥成的該項措施，功敗垂成。」②那彥成對於布魯特的招撫取得了一定的收效，但因道光帝的保守怕事而使得這些措施功敗垂成。

（三）限定布魯特開展貿易

那彥成所制定的回疆善後措施中，其制外措施「以懲治浩罕為中心」③，除了對於布魯特部落及主要頭目的招撫外，其主要的措施還包括嚴禁茶葉、大黃出卡，驅逐各城所居十年內之安集延人，道光八年（1828）四月，那彥成抵達喀什噶爾後不久即奏請驅逐部分安集延人：

> 是張逆之變，實由於失布魯特之心，自壞藩籬，亦由於安集延之內外串通，遂敢鴟肆，必須全行逐出，斷不可再事姑息。第據各大臣諮覆各城寄居安集延之人，自數十戶以至百餘戶不等，人戶既多，刻下若同時逐出，恐生事端。現已委員確查，凡寄居在十年以內，與現販違禁之物者，先行逐出。其餘暫准居住，以安其心，以後，或查有偷漏大黃、茶葉出卡，或查有囤積違禁物件，或被人訐控有犯，即逐陸續查辦，不動聲色。數年之後，可以驅逐淨盡。④

---

① 潘志平：《中亞浩罕國與清代新疆》，北京：中國社會科學出版社，1991 年，第 118 頁。
② 陳旺城：《那彥成在回疆的歷史評論》，《通識研究集刊》，2008 年第 13 期。
③ 陳旺城：《那彥成經略西北評議》（1764-1833），《人文及管理學報》，2008 年第 5 期。
④ 《欽定平定回疆剿擒逆裔方略》卷 62，道光八年四月辛卯。

此後，新疆南北各城，包括伊犁、喀什噶爾、英吉沙爾、葉爾羌、和闐、烏什、阿克蘇、庫車等城大臣，皆按照那彥成的要求，統計各城安集延、布噶爾等人口戶數，並就居住十年以內者加以驅逐，對於居住十年以上的安集延人，編入當地回戶人口中，進行安置和管理。

道光九年（1829），那彥成在安撫布魯特各部的過程中，認識到布魯特與浩罕間的關聯性，認為應就其持平撫馭，一視同仁：

> 再查布魯特各愛曼強弱不同，並無統率，故其勢分而斷不能合，向所稱歸附浩罕者，因布魯特不務耕種，所需糧食非仰給與卡內，即取資於浩罕。此外別無產糧之區，如在浩罕交易，年久即為該夷所脅，任意需索，驅使惟命，是布魯特本非浩罕所屬之人，豈能堪其擾累，今各愛曼視天朝為樂土，固未可因其來歸，特加優待，亦不可麾之使去，轉與浩罕相結，惟當持平撫馭，一視同仁，在浩罕增一仇敵，卡外即多一藩籬於疆圉，益為有裨。[①]

即認為應該善於利用布魯特，既不對其特別優待，又不任其離去、與浩罕相勾結，而是使得清朝在卡外多一藩籬。有鑒於布魯特有可能私自向浩罕轉賣茶葉、大黃，那彥成也請准限定布魯特入卡貿易：「至布魯特入卡，只准販賣羊馬，易換糧布，如有別項貨物，即係安集延私貨，查明確係轉賣代銷，概行入官，照例治罪」、「外夷及布魯特販羊入卡，總由坐卡員弁稟報分別派令官兵點驗」、「再浩罕所需內地茶葉，恐布魯特貪利貿販接濟，為浩罕向用雜茶，布魯特向用副茶，嗣後布魯特易換糧布，出卡購買茶葉，每人不得過一斤，並不許賣給雜茶」。[②]即為了防止布魯特轉銷茶葉等物，就布魯特入卡貿易種類、數量均加以限制，並加強核驗。這樣的措施，無疑是在進一步禁絕浩罕

---

① 《欽定平定回疆剿擒逆裔方略》卷80，道光九年三月乙卯。
② 《欽定平定回疆剿擒逆裔方略》卷80，道光九年三月乙卯。

貿易，阻斷其由內地獲得茶葉、大黃的途徑，類似的善後措施，雖然一時打擊了浩罕，但1830年浩罕借張格爾之兄玉素普的名義入侵南疆，那彥成的這些舉措被證明是失敗的。俄國學者庫羅帕特金結合清朝在善後措施中對待浩罕與布魯特的不同政策，提及：「清朝並未採取任何措施懲治附和於張格爾並在張格爾遭受挫敗時向其提供庇護的布魯特，這較為有趣。」[①]實際上，張格爾之亂的前後過程中，道光帝以及那彥成等大臣多次反思布魯特「從逆」原因，尤其是巴彥巴圖枉殺汰劣克之家屬，成為清朝在平定張格爾之亂前後過程中的前車之鑒，故而，對待布魯特諸部更為審慎，那彥成善後措施中未懲治布魯特也就不足為怪了。

潘志平先生認為，那彥成的善後制外策並不成功，原因在於：首先，斷定浩罕專以貿易為生，從而斷貿易、禁茶葉、大黃，不切實際；其次，驅逐內地外夷，不加區別地打擊驅逐浩罕商人，不能孤立敵人，只能孤立自己，策略上不明智；再者，對布魯特的政策雖然最為積極，但卻未受到最高統治者的支持。[②]道光帝否決了那彥成關於賞給布魯特首領歲俸的措施奏請後，又斥責其派人索取張格爾之子布素魯克，道光九年（1829）正月，那彥成接旨後迅速返京，那彥成的南疆善後使命就此結束。[③]

張格爾之亂，始自嘉慶二十五（1820）年八月，終於道光七年底（1828），前後斷續歷時八年，其後，清朝又用時近兩年以處置回疆善後事宜。故而，張格爾之亂在南疆產生了巨大的破壞作用和惡劣影響，打破了新疆自乾隆年間統一以來六十餘年的政治穩定局面，此後，和卓之亂濫觴於南疆，動亂不斷。同時，天山以南尤其是西四城社會經

---

①A.N.Kuropatkin,*Kashgaria:Historyical and Geographical Sketch of the Country; its Military Strength, Industries, and Trade*, trans.by Walter E.Gowan,Calcutta:Thacker,Spink and Co.,1882,p.141.

②潘志平：《中亞浩罕國與清代新疆》，北京：中國社會科學出版社，1991年，第115-118頁。

③同上，第115頁。

濟不斷遭受摧殘，清朝為平定歷次動亂，也消耗了巨大的人力、物力。
①道光十年（1830）八月，張格爾之兄玉素普率浩罕軍隊入侵，是為玉
素普之亂；道光二十七年（1847），玉素普之子邁買的明等七和卓入侵
喀什噶爾、英吉沙爾，是為七和卓之亂；咸豐年間，鐵完庫里和卓、
倭里罕等先後多次頻繁糾眾侵犯喀什噶爾、英吉沙爾、葉爾羌等城，
直至同治三年（1864），阿古柏入侵新疆，清朝失去對新疆的控制長達
十餘年。張格爾之亂後的歷次和卓叛亂中，雖仍有部分布魯特附和其
中，但其所發揮的作用和影響力，並不如張格爾之亂中那般明顯。

---

① 王希隆：《張格爾之亂及其影響》，《中國邊疆史地研究》，2012 年第 3 期。

第八章 布魯特與浩罕勢力支持下的玉素普之亂、七和卓之亂

第一節 玉素普之亂中布魯特諸部的角色

一、玉素普之亂的爆發

張格爾之亂後，那彥成奉命擔任欽差大臣處置善後事宜，其所制定的善後措施以懲治浩罕為中心，其中最主要的措施在於禁止與浩罕通商，嚴禁大黃、茶葉出卡行銷浩罕，驅逐伊犁及回疆各城居住十年以內的安集延人，那彥成的南疆之行，始於道光八年（1828）三、四月間，止於次年二月。然而，那彥成針對浩罕的強硬措施，卻為下一次的南疆動亂埋下了隱患。

道光十年（1830）八月至十一月，浩罕假借張格爾之兄玉素普之名義，糾脅安集延、布魯特圍困喀什噶爾、英吉沙爾二城達三月之久，並試圖進犯葉爾羌，清朝為解二城之圍，不得不再次由多處大舉調集兵力，最終在十一月中旬解圍喀什噶爾、英吉沙爾，平定了此次動亂。故而，該亂係浩罕所主導，即如潘志平先生所言：「1826 年張格爾騷亂時，浩罕也參預其事，但總地說來，只是起幫兇作用。1830 年事件的元兇則是浩罕的入侵。」[1] 相較於張格爾之亂，「玉素普之亂」的前後過

---

[1] 潘志平：《中亞浩罕國與清代新疆》，北京：中國社會科學出版社，1991 年，第 122 頁。

程顯然較為短暫，其所造成的破壞和影響相對較小，此次動亂，主要源自於那彥成在善後措施中禁止浩罕通商、驅逐安集延人。專就布魯特而言，此間雖有布魯特頭目和屬眾「從逆」，但畢竟只係少數，而諸多布魯特首領則積極向清朝提供情報，為清朝瞭解浩罕軍情提供了幫助。

　　道光初年，即 19 世紀 20 年代，浩罕汗國正值擴張期，其周邊的一些布魯特部落亦受其淩虐，前文所提及的兩部分額德格訥部先後內附清朝，即主要受到浩罕的欺淩。除了該部，浩罕也向東北方向擴張，楚河、塔拉斯河流域以及納林河上游的一些布魯特部落皆受其影響，薩雅克、薩爾巴噶什、薩婁等部落首領與浩罕產生了重要聯繫，一些布魯特首領甚至任職於浩罕汗廷，被授予官銜。因而，這些部落的首領對於浩罕情勢有更多瞭解，浩罕發動「玉素普之亂」的過程中，也曾拉攏布魯特助其謀亂。分析此間布魯特的相關動態，也有助於進一步認識該時期布魯特與浩罕的關係。

　　道光十年（1830）五月，伊犁將軍玉麟即奏報，浩罕屬臣愛散糾同布魯特首領阿坦台、汰劣克等，曾試圖搶劫喀什噶爾換防兵丁。先是哈薩克公阿布拉稟告：「聽得從前跟過張格爾的浩罕人，名叫依散即愛散，現同阿坦台、汰劣克等、約同霍罕共有幾千人，在那林橋一帶等候喀什噶爾換防兵丁過彼，欲行謀劫等語。」[1]玉麟鑒於汰劣克有投順之意，對阿布拉所言半信半疑，「惟查上年春夏間，經喀什噶爾參贊大臣札隆阿奏稱，汰劣克近因釋回伊子托胡達邁瑪特，已有感悔投誠之意，恐阿布拉所稟，係外夷一面之詞，未便輕信，而又不可不密為體察。」說明汰劣克之子托胡達邁瑪特曾經被清朝拘執，後被釋回，因而產生投誠之念。《清史稿》載：「上方厪顧西陲，以玉麟悉邊務，

① 《伊犁將軍玉麟等奏探聞那林一帶布魯特勾結浩罕滋事各情形摺》，道光十年五月二十五日，臺北故宮博物院輯：《清代外交史料》（道光朝三），臺北：成文出版社，1968年，第 294 頁。

九年，特命出為伊犁將軍。疏言：『浩罕將作不靖，請緩南路邊防。阿坦台、汰劣克屢請投順，包藏禍心，添巡邊兵以備禦……近夷布呼愛曼恭順，重賞以固其心，則卡外動靜俱係。』詔如議行，並令喀什噶爾參贊大臣札隆阿為之備。」[①]玉麟在「玉素普之亂」前即對阿坦台、汰劣克存有戒備之心，二者雖然屢次投順，但卻包藏禍心，而其所稱布庫部恭順，即指代該部首領鄂勒吉拜等人，向清朝報告浩罕勾結阿坦台等欲行謀搶換防兵丁之事。

當時，布庫（布呼）部布魯特之比鄂勒吉拜則向領隊大臣湍多布稟告：

> 適有向來恭順之布呼愛曼布魯特比鄂勒吉拜前來迎接，面稟阿坦台、汰劣克、依散即愛散，又有布魯特奇布勒岱、莫德特、訥蘇普、伯庫巴薩爾、色依特、洋阿爾西及浩罕人木蘇伯克，糾約布魯特及浩罕人眾，上年就要謀搶換防兵丁，因布呼愛曼將汰劣克拿去三個多月不放，所以耽誤他們。上年冬間，仍時時商量此事，只因阿坦台、汰劣克等從前戕害了巴大人，得了便宜，又跟張格爾進卡，他們又得了便宜，竟都無罪，所以又要謀搶，這話是汰劣克的妹夫告訴我的，如今他們還不知道換防官兵去與不去的確信，我若不告訴大人前往，難保無事，我若謊言，自有天知等語。又有布愛曼之布魯特比畢爾納咱勒遣其子鐵列克瑪特來見，所稟與鄂勒吉拜之言無異，並稱我們遊牧上的人，都深知此事，無一人敢說他們，我若不告訴大人，設若他們得罪了天朝，將來大兵到時，好歹難辨，我們實在害怕，所以前來稟知大人斷不可前往等語。[②]

---

① 《清史稿》卷 367《列傳 154》。

② 《伊犁將軍玉麟等奏探聞那林一帶布魯特勾結浩罕滋事各情形摺》，道光十年五月二十五日，《清代外交史料》（道光朝三），第 295 頁。鄂勒吉拜實際為布庫部著名首領博鑾拜（Borombay）之叔父或伯父，博鑾拜於 1855 年向沙俄宣誓效忠，成為首個歸

道光九年（1829），布庫部之比卻喇即奏報過汰劣克被其擒拿之事：「扎隆阿奏，接據布庫愛曼布魯特比卻喇，遣五品頂翎巴喇特到卡稟報，汰劣克現被誘獲，當令伊薩克長齡巴喇特旋回」。[1]鄂勒吉拜所稱汰劣克曾被布庫部拿獲之事，應即為卻喇擒獲汰劣克之事。鄂勒吉拜所奏之言，得到了布庫部首領畢爾納咱勒之子鐵列克瑪特的證實。

然而，薩爾巴噶什部首領塔什坦伯克（阿提克之子）所言卻並不同：

> 但向來巡邊大臣出卡時，塔什坦伯克先來接見，此次遣其子三人前來遞馬，並極勸領隊勿輕信人言，只管前進，伊已預備二百人馬等候，護送官兵，且云阿坦台、汰劣克久已遠颺無蹤，其言均屬可疑，領隊欲留其一子，隨營行走，察其情狀，甚屬虛怯，領隊並未訊及汰劣克情形，照例筵宴、賞以綢布、遣回遊牧，復派索倫驍騎校富克吉布前赴該愛曼，令塔什坦伯克前來，查看其言語支吾，神情閃爍，不敢來見。[2]

故而，鄂勒吉拜與塔什坦伯克所奏之不同，引起了玉麟的懷疑，玉麟稱：「竊思薩爾巴噶哈什愛曼之塔什坦伯克，在各布魯特中，向來最為狡黠，張逆滋事時，曾經助逆，且與浩罕聯絡，為卡外各夷所共知，其習於詭譎，貌為恭順，向背無常，已非一日，今於巡邊官兵出卡，遣子遞馬，未敢親來謁見，並欲助人馬二百，護送官兵，亦俱為向來所未有，所云汰劣克等等早已遠颺之語，尤為欲蓋彌彰，幣眾言

附沙俄的布魯特首領，19 世紀 50 年代，考察伊塞克湖地區的瓦里漢諾夫、謝苗諾夫，皆在其著中提及博鑾拜，後文將有專論。

① 《清宣宗實錄》卷 160，道光九年九月甲辰。

② 《伊犁將軍玉麟等奏探聞那林一帶布魯特勾結浩罕滋事各情形摺》，《清代外交史料》（道光朝三）第 296 頁。塔什坦伯克（Tastanbek）係薩爾巴噶什部分支部落提奈（Tinay）的首領、阿提克之次子，阿提克見載於乾隆年間，前文有所論述，那彥成所擬欲賞賚的布魯特首領名冊中，即有塔什坦伯克，見表 7.1。

甘，未必非其誘計。」、「塔什坦伯克舉動異常於尋常，其為首鼠兩端，已可概見。」①

道光帝因此令玉麟密訪確情，並按照玉麟所請，令將南路換防官兵照從前間一年更換之例，暫停一年。同時，道光帝也令喀什噶爾參贊大臣扎(札)隆阿、阿奇木伯克伊薩克密訪「該夷」蹤跡，並令其善加利用布魯特，獲得卡外信息，「其喀什噶爾近卡各布魯特，及前此收撫之各布魯特愛曼，向皆納款輸誠，均可為我所用，伊犁卡外各布魯特如布呼等各愛曼，均極恭順，亟宜加意羈縻，卡外動靜，可以時時得其梗概。」②

其後，扎隆阿又訪獲白山派信徒試圖迎奉張格爾之兄玉素普，「訪獲阿斯圖阿爾圖什莊白帽回子迭捏雅爾、則依特、阿布拉等，妄言倡眾，以迎奉玉素普為詞，意圖謀變，除阿布拉病故不議外，將迭捏雅爾、則依特二犯，押赴回城，當眾杖斃，以昭炯戒。」③這表明，玉素普之亂之前，南疆地區即有迎奉玉素普的傳聞。

道光十年（1830）八月，浩罕即糾約安集延、布魯特人，以玉素普和卓的名義將喀什噶爾、英吉沙爾圍困，進而擾及葉爾羌，清朝隨即四處調兵三萬餘名馳援。八月初十日，即有安集延人突入喀什噶爾卡倫，戕害卡倫官兵，喀什噶爾幫辦大臣塔斯哈出卡追擊，至明約洛地方④，遇伏陷歿；葉爾羌也受危及，其所屬亮噶爾卡倫被一千餘安集延人搶劫，色勒庫爾阿奇木伯克邁瑪沙被縛；「賊匪」也欲由樹窩一帶

①《伊犁將軍玉麟等奏探聞那林一帶布魯特勾結浩罕滋事各情形摺》，《清代外交史料》（道光朝三），第 296-297 頁。

②《清宣宗實錄》卷 170，道光十年六月丙午。

③《清宣宗實錄》卷 171，道光十年七月甲子。

④明約洛，地名，曾稱烏蘭烏蘇，位於赫色爾河北岸，喀什噶爾西南七十里處，乾隆年間於此設小卡倫。蘇爾德所纂《新疆回部志》（卷四《隘卡第三十五》）所載「喀什噶爾所屬卡倫十處」，提及「西南七十里烏蘭烏素設小卡倫，瞭望布魯特地方，路通安集彥。」該「烏蘭烏素」即為明約洛。

直撲阿克蘇，截斷西四城官兵後路。

　　道光帝令伊犁、烏魯木齊軍區調集滿漢官兵，喀喇沙爾徵調土爾扈特、和碩特兵，增援喀什噶爾，也令琦善選調四川官兵馳赴肅州，並令固原提督楊芳、甘州提督胡超、陝甘總督楊遇春等，由內地馳往南疆，相機往辦進剿事宜。[1]隨之，喀什噶爾舊城、英吉沙爾城垣被圍，文報不通，情形危急，道光帝令福克精阿、富僧德，挑備吉林、黑龍江精壯馬隊、官兵，各一千五百名。令陝甘總督隨時撥解所封貯的一百六十餘萬兩餉銀，將山西等省一百萬兩解赴甘肅備用，並令鄂山籌撥伊犁一年經費。[2]清朝在調集官兵馳援喀什噶爾等城的過程中，也令阿克蘇大臣挑派官兵，設法堵禦，加意防範、嚴兵固守。當各路官兵在向回城馳援過程中，葉爾羌所屬東路軍台被「賊匪」擾亂，馬匹被劫，道路阻斷，文報不通，但葉爾羌城尚能固守，和闐諸城伯克回人則出力防堵。

二、清朝平定玉素普之亂過程中布魯特的信息探報作用

（一）布魯特諸部幫同獲悉玉素普之亂的背景

　　事發前後，一些布魯特首領積極向清朝提供了情報，烏什附近奇里克部之比庫曲圭同阿奇木伯克木薩等維吾爾人，即出卡探報，「探得霍罕安集延賊匪頭目愛散、木薩、前次從逆之喀什噶爾白帽回子伊閔察克等，勾結布魯特比阿坦台、汰劣克、沙提伯克、斯底克，帶領各愛曼布魯特等入卡滋擾，卡外仍陸續糾約，尚無從小路直撲烏什確信等情。」[3]這表明，此次動亂，係參與張格爾之亂的浩罕屬臣愛散、木薩等，糾集布魯特比阿坦台、汰劣克等人入卡滋事所致，且並未擾及

---

① 《清宣宗實錄》卷173，道光十年九月戊午。

② 《清宣宗實錄》卷173，道光十年九月庚申、辛酉。

③ 《清宣宗實錄》卷173，道光十年九月乙丑。

烏什。

玉麟則奏准嘉獎布魯特比鄂勒吉拜，「布魯特比鄂勒吉拜稟稱霍罕與汰劣克等謀逆情形，不顧與其同類結仇，尚屬恭順」[1]，並請准授予其三品頂翎，這得到了道光帝的許可，肯定了鄂勒吉拜向清朝大臣提供信息的功勞，道光帝也令玉麟不可偏信鄂勒吉拜之言，「惟鄂勒吉拜所稱卡外情形，究係一面之辭，未可盡信，該將軍等當細加體察，留心訪查為要。」[2]

當南路回城再次受擾之時，玉麟擔心叛亂者趁清軍至南路平亂時擾及北路，奏請派員帶兵征剿塔什坦伯克及浩罕：

鄂勒吉拜所稱浩罕築城聚眾之吹、塔拉斯地方近在伊犁千里之內，快馬馳行七日可到，塔什坦伯克、汰劣克等所居，均在左近，該逆夷等聚集一處，包藏禍心，若不及早剿除，不特南路逆氛難期迅掃，即伊犁西南邊卡路皆平曠，無高山大河之隔，重鎮孤懸，地險一無可恃，揆諸貪狼之性，南路逆謀亦逞，竟難保其必無覬覦伊犁之事……奴才等再四熟商，惟有仰懇天恩，於征剿南路官兵之外，另請簡派熟諳行陣之大員，管帶精兵二萬，出關後，分路直來伊犁，即由伊犁出卡，先滅塔什坦伯克部落，直下吹、塔拉各城，進剿霍罕，搗穴殲梁，與南路同時夾擊，俾腹背受敵，庶可淨掃賊氛。[3]

道光帝在該奏之後的朱批中曰：「爾等所議乃攻心之計、一勞欲逸之思」、「然可言而不可行」、「各布魯特愛曼，必應厚加體恤」，道光帝認為該議並非完全之策，殊難成行。玉麟之所以提及先滅塔什坦伯克

---

[1]《清宣宗實錄》卷173，道光十年九月癸亥。

[2]《清宣宗實錄》卷174，道光十年九月己巳。

[3]《伊犁將軍玉麟等請分兵征剿浩罕摺》，道光十年八月二十六日，《清代外交史料》（道光朝三），第306-308頁。

部落，這應與塔什坦伯克此前所供信息不同於鄂勒吉拜、勸令換防兵丁照常行走有關，因而懷疑塔什坦伯克與逆匪勾結。

　　烏什地區雖未受滋擾，但烏什辦事大臣常德仍曉諭烏什附近布魯特比等齊心效力，恐其有首鼠兩端之意，並令印務章京德英崇額等譯寫飭諭：「傳令卡內布魯特比噶爾察、庫曲圭等，持諭親赴卡外，曉諭附近胡什奇等愛曼布魯特比霍卓木、胡里姜、薩里吐爾底、托依莫特等，令其一心報效，保護身家。」①隨即，清朝得知：「賊目沙底伯克復出糾約各布魯特，而卡外各布魯特等亦因回子未盡從逆，率多觀望」，奇里克部之比托依莫特差遣布魯特那素拜、邁瑪特稟報：「阿坦台、汰劣克因攻城未破，復出卡仍回薩雅克愛曼」，這表明，阿坦台、汰劣克返回其所居部落，未再圍攻回城，奇里克、胡什齊等部布魯特首領積極向清朝提供信息，這為清朝探報敵情提供了幫助。

　　其後，布魯特首領又遣人至喀什噶爾邊外，「探得霍罕伯克並未親來，先遣愛散、伊閔察克，率眾勾結阿坦台、汰劣克入卡，攻城未破。賊目玉都克素皮帶人在樹窩子潛匿，令賊匪往阿克蘇探聽大兵信息，其餘各賊，均在喀什噶爾新城附近回莊居住，因攻城未能得手，遣人至霍罕求援，阿坦台、汰劣克復行出卡，仍回薩雅克愛曼等語。」②布魯特首領派人進一步探聞此次動亂的實情，從中知曉浩罕伯克並未親來，僅派愛散、伊閔察克等勾結布魯特首領阿坦台、汰劣克等入卡，因攻城未果，阿坦台、汰劣克返回薩雅克部，叛眾則打探清軍信息並求援於浩罕。上述信息，使得清朝對於此次動亂的原委有了進一步的認知，為明晰軍令提供了幫助，道光帝因令長齡為揚威將軍，前來馳援，並令長齡、楊芳、楊遇春，「務將博巴克、阿坦台、汰劣克，及愛散、伊閔察克、胡達巴爾底等犯，悉數就擒，應如何截其歸路，毋致竄逃，熟籌制勝之策，以杜後患。」

---

① 《清宣宗實錄》卷 175，道光十年九月丁丑。
② 《清宣宗實錄》卷 175，道光十年九月壬午。

　　時至九月，葉爾羌「賊匪」試圖竄入葉爾羌東北、毗連喀什噶爾的回莊奎里鐵里木，經葉爾羌辦事大臣壁昌率兵合力迎剿，殺斃賊匪多名，大獲勝仗。[1]葉爾羌阿奇木伯克阿布都爾滿由維吾爾人邁瑪特那裡，得知了「逆犯玉素普謀逆情形」[2]，且「伊在喀什噶爾七里河子回莊曾見玉素普」，阿布都爾滿「將所帶玉素普糾約該伯克從逆回字呈明，不稍隱諱」，被壁昌所擒獲的薩底爾則稱「玉素普等現在喀什噶爾回城」，因此，道光帝稱：「前以該犯玉素普，在布噶爾地方種地、念經度日，是以未經搜捕，此次竟敢糾約回夷，入卡逞逆、佔據回城，顯係倚恃和卓後裔，煽惑愚回，復敢書寫回字逆信，妄思勾結。」、「玉素普父子為逆種禍根，以一日不除，則邊疆給未能永靖，該都統等當設法擒拿，斷不可使竄逸，無論何人臨陣生擒，或計令縛獻，必立加懋賞。」道光帝由此判定該亂係玉素普糾約眾人，入卡滋事所致，因令擒拿玉素普父子。另據所獲「活賊」薩底爾、阿比爾供述，「玉素普已佔據回城，博巴克充偽阿奇木，派令賊目薩木薩克，及胡爾班、素皮察克等，分擾英吉沙爾、葉爾羌二城。玉素普之外甥推拉罕及莫洛、邁瑪底敏、愛散巴圖魯，率眾圍住喀什噶爾新城等語。」[3]這些供述，使得清朝對於玉素普及其他頭目的活動有了進一步的瞭解。

　　伊犁將軍玉麟也逐步探得「從逆」者相關細節：

> 探得逆酋是玉素普及其一子，尚有張格爾在布噶爾所屬布哈拉地方所生一子，年已二十，不知其名。霍罕從逆者依薩、木薩、胡什伯克，布魯特從逆者阿坦台、汰劣克、沖莫得特、奇布勒得依，並糾結巴俟斯、希布察克、沖巴噶什等愛曼人眾，說有七萬人到喀什噶爾打仗。塔什坦伯克雖未同往，劫將搶得哈薩克之馬匹，幫助賊匪，此外布魯特不肯從逆者尚多。喀什噶爾

---

① 《清宣宗實錄》卷 175，道光十年九月戊寅。
② 《清宣宗實錄》卷 176，道光十年十月丙戌。
③ 《清宣宗實錄》卷 176，道光十年十月戊子。

　　黑帽回子，多不從逆，有逃往阿克蘇者；其白帽回子，亦不盡
　　從等語。[1]

　　這表明，玉麟探知了「逆酋」係玉素普及其子，張格爾一子也參與其中，浩罕從逆者主要係愛散（依薩）、木薩、胡什伯克，布魯特巴斯奇斯（巴俟斯）、希布察克、沖巴噶什等部人眾則受到阿坦台、汰劣克等人的糾集，但布魯特「從逆」者並不多，塔什坦伯克因搶劫哈薩克馬匹幫助賊匪，也被玉麟視為「從逆」者。

　　浩罕屬臣愛散也試圖糾約奇里克部首領托依莫特，並向托依莫特寄送密信，試圖糾同其幫助攻取烏什、阿克蘇各城，並與之平分所得財物，愛散在信中曰：

　　　謹譯愛散逆信清單，浩罕巴圖魯愛散密寄信，傳知奇里克愛曼布魯特托依莫特：知道我同明伯克帶人前來，攻取喀什噶爾等處各城回城，我已經得了卡內，回子們都順了我，不多日，這幾城必得。咱們素來相好，不比旁人，你或帶領所屬，就從那裏攻取烏什、阿克蘇一帶，想來進卡後，回子們必能幫助，尚不費力；或就往喀什噶爾來，咱們同力攻打各城，將來得了城池多少、財物多少、回子多少，俱與你們出力之家平分，斷無私心相待。但是現在新城設法攻打，總不得手，砌了炮臺，就被他們城上打倒，挖了地道，隨挖出水來，總等你來出主意，若能有方法，功勞不小，得城後，你要什麼好處，都給你，不必疑心、耽誤大事，立等回信、密密速速為要等語。[2]

　　愛散在該信中明確表達糾約拉攏托依莫特之意，試圖說服托依莫特，或帶領布魯特屬眾攻襲烏什、阿克蘇，或者幫同其攻擊喀什噶爾，

①《清宣宗實錄》卷177，道光十年十月乙未。

②《浩罕巴圖魯愛散寄奇里克愛曼布魯特比密信》，《清代外交史料》（道光朝三），第328頁。

並允諾與之平分城池、財物，在該信中，愛散指出攻打喀什噶爾遇到困難，故而慫恿托依莫特幫同其攻城。然而，托依莫特並未從之，並遣人呈獻「逆信」，「自以世受國恩，不敢附逆，現惟彈壓所屬，同心效順，等候大兵進剿，隨同出力」[1]。托依莫特並未「附逆」，並表達了效力清朝之意，因此，常德賞給托依莫特等緞匹、銀兩。

除此之外，安集延人也曾勾結喀拉提錦布魯特滋事，葉爾羌辦事大臣壁昌奏及：「卡外所屬色呼庫勒地方，前有安集延勾結喀拉提錦布魯特等，將該處阿奇木邁瑪沙財物家屬，全行搶擄，嗣經舒克舒莊之五品伯克薩依特帶領兵回，剿敗賊目素都爾，將邁瑪沙並所搶人口財物等，帶赴牌斯熱瓦特達阪，不知下落。」[2]這說明，喀拉提錦部布魯特屬人被安集延人糾集，搶掠色呼庫勒阿奇木伯克財物家屬。

隨著形勢的發展，清朝逐漸明晰了此次動亂的真相，及至十月，烏什辦事大臣常德奏及：

> 探報喀什噶爾、英吉沙爾，二城守禦甚固。霍罕、安集延賊目明伯克、愛散等，假玉素普和卓之名，煽惑勾結。而從逆者，多係上次附逆、幸逃法網之犯及白帽回子、惰蘭回戶。現今被逼從逆回眾，均盼大兵前往救援，其阿坦台、汰劣克、沙提伯克、斯底克等，均已先後出卡。[3]

這就進一步明確此次事件係浩罕屬臣明伯克、愛散等，假借玉素普和卓之名，煽惑勾結眾人所致。伊犁、烏魯木齊等處所調官兵，先後於九月初至九月下旬抵達阿克蘇，容安因聞葉爾羌內有「賊目」，遷延觀望，未能及時帶兵進剿，欲由和闐進發，而據壁昌所奏，葉爾羌境內並無布魯特、安集延之人，因貽誤戰機，容安被降旨革職拿問，

---

① 《清宣宗實錄》卷177，道光十年十月丁酉。
② 《清宣宗實錄》卷177，道光十年十月癸卯。
③ 同上。

道光帝指出容安四重罪責：遷延觀望、坐失事機，此其罪一；畏葸不前，借詞支飾，此其罪二；和闐並無賊匪，致耽延時日，無謀無勇，措置乖方，此其罪三；不知緩急輕重，任意宕延，坐擁重兵，虛麋糧餉，此其罪四。[①]

（二）布魯特首領及其屬眾深入前線探報信息

　　由於喀什噶爾自八月十三日以來即音訊不通，烏什阿奇木伯克木薩令奇里克部首領托依莫特派遣布魯特薩底爾前往探報，巴爾昌卡倫為安集延頭目所把守，但薩底爾得到安集延人的准許，得以入卡探報，從中得知：

> 該逆愛散等，糾約阿坦台之叔巴依別格什，引水灌入城壕，不意數日後衝開決口，水歸大河，於城垣毫無傷損，該逆等被城上槍炮打斃數十名。又聞說霍罕伯克遣人送來一千駱駝，馱載皮襖，散給眾賊，囑令愛散、明伯克、木薩、胡什伯克等，上緊設計攻城，到明春，霍罕伯克自必率眾，親來接應。並聞喀什噶爾黑帽回子有一千多人，在城內隨同防守，其餘逃避遠莊，並未助逆，白帽回子及惰蘭回眾，俱附和安集延，從逆布魯特等，到處搶擄搜取財物。[②]

　　布魯特人薩底爾得以入卡探報信息，這體現出布魯特因其身份的特殊性，為清朝瞭解敵情帶來了便利，愛散、阿坦台之叔巴依別格什試圖引水灌城，但並未果，浩罕伯克遣人援助駱駝、皮襖，更加表明了浩罕對於此次動亂的助推作用。同時，薩底爾的探報，表明確有部分布魯特「從逆」。

　　道光帝因聽聞「逆賊」起釁根由，在於不准安集延進卡貿易，遂假借玉素普和卓名義，勾結浩罕、布魯特「助逆」，並令暗訪之。常德

---

① 《清宣宗實錄》卷179，道光十年十一月癸亥。
② 《清宣宗實錄》卷178，道光十年十月癸丑。

派令烏什阿奇木伯克木薩、卡內布魯特比庫曲圭密探起釁根由，經過探報，得知：

> 據稱安集自向借販賣貨物為生，霍罕亦資其利，近因不准安集延進卡貿易，無以資生，深以為恨，因與霍罕狼狽為奸。兼之阿坦台、汰劣克反覆無常，從中圖利，勾結布魯特等助逆等情。現在烏什卡內夷回效力，卡外附近各布魯特，均極恭順，喀什噶爾、英吉沙爾、防守甚固，該逆等攻城不得手，肆擄財物，人心渙散。阿坦台等因卡內回子未盡從逆，早經出卡，各回遊牧。其餘小部落各布魯特，經噶爾察、庫曲圭等剴切曉諭，率多觀望，賊勢愈蹙。①

由於「從逆」者中，本來即存在部分布魯特屬眾，因此，清朝大臣多次委派布魯特首領探聞相關訊息，木薩、庫曲圭的奏報，證實此次事件根由係不准安集延入卡貿易，浩罕也受其影響，故而，浩罕、安集延相互勾結，並糾約阿坦台、汰劣克等布魯特頭目謀亂。阿坦台、汰劣克因見攻城未果，逃回原遊牧地，而噶爾察、庫曲圭所領布魯特屬眾則經其剴切曉諭，亦多觀望，並未「從逆」。

部分布魯特遭受安集延「賊匪」脅迫而幫同安集延部眾，在清軍尚未抵達前線，喀什噶爾、英吉沙爾仍被圍困的情況下，布魯特首領的奏報，有助於清軍瞭解前線信息：

> 喀什噶爾卡外沖巴噶什愛曼四品頂帶花翎布魯特比托胡達伯克，六品頂帶藍翎布魯特阿里雅爾伯克來城訴稱：本年八月，霍罕安集延賊匪糾約該比等滋事，因一時嚇怕應允，只在後路供給羊面，並未敢幫同傷害官兵，賊眾因攻城受傷，未能得手，各回子亦未盡從逆，被逼之布魯特因受欺凌，俱逃散出卡。現止有一萬餘賊，一半圍城，一半搶擄財物，回子人人怨恨，俱盼

---

① 《清宣宗實錄》卷 179，道光十年十一月庚申。

> 大兵速援，喀什噶爾、英吉沙爾二城防守甚嚴，惟城內柴薪將
> 盡，是以飛報求救等情。並據將該此等加意撫綏，賞給緞匹、
> 茶葉、羊面等物，飭送出卡，交令托依莫特附近安插。[①]

沖巴噶什部托胡達伯克、阿里雅爾伯克的奏報，表明沖巴噶什部
也受到了糾約，並遭受脅迫，但僅向「賊匪」供給羊面，並未隨同攻
城，該部屬人因受欺淩而四處逃散，托胡達伯克等對其積極安撫，使
之安插於奇里克部托依莫特附近地方。同時，從中得知，十月中旬時，
喀什噶爾、英吉沙爾尚堅守城池，未被攻破，惟缺乏柴薪。

當年十月下旬，烏什差往喀什噶爾之探信布魯特米孜呼爾則告稱
玉素普及其子並未同來，進一步瞭解了此次事件的真相：

> 拿獲烏什差往喀什噶爾探信之布魯特米孜呼爾，供稱伊在喀什
> 噶爾，聽說前次伊薩克帶領官兵並黑帽回子打仗，傷壞一千多
> 賊，因此都恨他。再明巴什跟前有十幾歲小孩子，說是玉素普
> 之子，暗暗打聽，實係假的，又聽得英吉沙爾玉素普也是假的，
> 玉素普並未出來，喀什噶爾聽說有四五萬賊，看來未必有此數，
> 英吉沙爾賊數多少，伊不知道。聽說伊敏察克、玉都克素皮帶
> 著數千人，在排素巴特、樹窩子、巴爾楚克地方，堵擋官兵，
> 又說已派人往葉爾羌大路去，所有各處路口，俱有人把守等語。
> [②]

布魯特米孜呼爾應居於烏什附近，他受命前往喀什噶爾打探消息，
探得玉素普及其子並未前來，「賊眾」僅假借其名義圍攻回城。

十一月初，胡什齊部之比霍卓木胡里之弟密爾雜胡里赴喀什噶爾
偵探敵情，進一步證實了玉素普及其子並未親來的說法：

---

① 《清宣宗實錄》卷 179，道光十年十一月戊辰。
② 《清宣宗實錄》卷 180，道光十年十一月甲戌。

特派卡外胡什奇愛曼布魯特比霍卓木胡里之弟、金頂布魯特密爾雜胡里，由草地潛赴喀什噶爾偵探賊情，安慰回眾。該布魯特親入賊營，面見明伯克、愛散、博巴克，均相待甚好，後赴喀什噶爾阿勒吐什等回莊，與黑帽回子入孜巴依等相見，據各黑帽回子等稱，自從浩罕、安集延逆賊滋事，搜取財物子女，均被苦害，專盼大兵到來即可活命，至玉素普與伊子並未親來，聽說霍罕伯克亦未派人前來策應，新城雖然被圍，防守甚嚴，現在賊不甚多，大兵到時，就要逃竄等語。[1]

密爾雜胡里得以親入「賊營」，面見頭目明伯克、愛散、博巴克，這更加凸顯了布魯特在探報軍情方面存在著優勢，他從黑山派信徒口中瞭解到此次浩罕、安集延滋事，使得民不聊生，而玉素普及其子則並未親來。可以看出，上述多項情報皆由烏什附近的奇里克、胡什齊部布魯特探得，烏什辦事大臣常德也奉旨嘉獎托依莫特、庫曲圭、密爾雜胡里等布魯特首領，托依莫特「各率所屬防守烏什卡外要隘山口，同心效順」，道光帝也稱讚之：「托依莫特及眾比等合力防守，忠悃可嘉」。

十一月初，隨著清朝所調集的官兵相繼就緒，「賊勢」漸衰，多數浩罕、安集延「賊眾」聽聞大兵來剿，紛紛逃回浩罕，此次動亂大勢已去。托依莫特派其侄愛達爾伯克探報如下信息：「烏什卡外布魯特比托依莫特，遣伊侄愛達爾伯克等報稱：喀什噶爾所有霍罕、安集延賊眾，聞得大兵由葉爾羌進剿，口稱霍罕有事，必須回去，僅留圍城賊匪數百名，囑令俟賊眾出卡較遠，再隨後出去，均於十一月初九日逃竄出卡，仍回霍罕。」[2]這表明，叛眾因受清朝大軍的震懾，逐漸逃竄。喀什噶爾參贊大臣扎隆阿此後也奏明：「賊人自月初以後，漸次移營，

---

[1]《清宣宗實錄》卷 180，道光十年十一月甲申。
[2]《清宣宗實錄》卷 181，道光十年十二月辛卯。

至初十日夜全行逃遁」[①]

十一月初，胡超率軍抵達巴爾楚克，本欲取道樹窩子進剿賊匪，解圍二城，但卻聞訊樹窩子至牌斯巴特設有埋伏，「將道路挖斷，拉有柵子，阻截官兵」[②]，同時他接到楊芳諮文，令其由葉爾羌進援，故而，雙方由葉爾羌會集，共同向二城進發，十一月十四日，胡超率軍抵達葉爾羌，十五日開始向二城行進。實際上，未待胡超、楊芳率兵行抵喀什噶爾、英吉沙爾，烏魯木齊提督哈豐阿已於十一月十四日，率領滿漢官兵將二城解圍，其所率滿漢官兵於當日行抵英吉沙爾時，「賊匪先經聞風西竄，回城已空」[③]，故而，自八月初十日至十一月十四日，二城被圍困三月有餘，至此終告解圍，這也就宣告此次「玉素普之亂」的終結。

三、有關布魯特參與叛亂的更多細節

該亂被平定後，清朝對於事件的過程及其根源有了更多的瞭解，據哈豐阿所擒獲的安集延「賊目」巴拉特所供：

> 有毛拉邁瑪底、阿雅活普阿渾、吉勒達爾伯克等，同伊帶了三千餘人前來。並供伊從喀什噶爾起身，有阿克庫里、邁瑪西里普、巴圖魯伯克、胳的伯克、舒都魯伯克、博巴克、玉素普和卓、推里和卓、約洛達什伯克，俱是霍罕人，帕拉特比、薩瑪克比，共帶著七八千人，在喀什噶爾住著，同官兵打仗，阿坦台、汰劣克，並未進來，十月內玉素普和卓叫人給阿坦台、汰

① 《清宣宗實錄》卷 181，道光十年十二月甲午。
② 《清宣宗實錄》卷 181，道光十年十二月壬辰。
③ 《清宣宗實錄》卷 181，道光十年十二月丙申。

劣克送過六個馬駝子的東西等情。①

　　其所供「賊目」名單不同於前所探報的信息，這也引起了道光帝的疑惑，「至巴拉特此次所供賊目，與前此發去賊目名單，不盡相符，其阿坦台、汰劣克、玉素普和卓各犯，據各處奏報，偵探情形，有云已經入卡者，有云並未入卡者，究竟該犯等曾否入卡，並著長齡確切查明覆奏。」據巴拉特所供，玉素普和卓曾向薩雅克部首領阿坦台、汰劣克提供物品，這突顯出玉素普和卓與布魯特的關聯，但據此前所探軍情，得知玉素普和卓並未同來，因而，不同人物的供述內容並不相同。

　　臺北故宮博物院所輯《清朝外交史料》（道光朝）所載巴拉特的供詞內容更詳，關於玉素普向阿坦台、汰劣克提供物品一事，巴拉特稱：「十月裡，玉素普和卓叫人給阿坦台、汰劣克送過留個馬駝子的東西，這是我聽見的，收了沒有，我不知道，這是實話，不敢說謊。」即他只是聽說玉素普向二者提供物品，實際情況無從得知。除此之外，巴拉特還提及汰劣克、阿坦台之兄伊里斯曼（滿）底曾經勸止二人：

　　　　據巴拉特供，年二十五歲，是浩罕所屬塔什干的人，今年八月有浩罕的人舒都魯伯克、玉素普和卓，同著博巴克並帶著張格爾兒子推里和卓來到我們愛曼，說會著我們人，上喀什噶爾，同北京官兵打仗去，要不跟著你們，就搬開我們浩罕的地方，我們就會了三百餘人，跟著玉素普和卓去會合布魯特阿坦台、汰劣克，一同上喀什噶爾。阿坦台的哥哥伊里斯滿底說天朝的兵多，你們就是得了喀什噶爾各城，也保守不住，惹的官兵來了，將我們的地方洗了、奪了去，可往哪裡去住著？汰劣克聽了他哥哥的話，說是我現在病著，不能去，阿坦台也不去了。

①《清宣宗實錄》卷 181，道光十年十二月甲午。

舒都伯克不依他們，兩下裡打了一仗，都傷了好些人。[1]

　　伊里斯曼底在張格爾之亂期間因為未「從逆」而受到嘉獎，「玉素普之亂」前，他又勸阻阿坦台、汰劣克，阻止其附和浩罕人攻襲喀什噶爾，巴拉特的供述表明，阿坦台、汰劣克經勸後，並未前往喀什噶爾。

　　有關阿坦台、汰劣克等與浩罕間的往來，喀什噶爾阿奇木伯克、郡王伊薩克曾向伊犁將軍等報稟相關情形：

> 阿奇木伯克郡王伊薩克叩稟伊犁將軍、參贊、大人，本年六月初二日，薩雅克愛曼布魯特比伊里斯滿底、汰劣克等呈遞回文，內稱：五月內，浩罕伯克邁瑪特愛里差人前往布噶爾地方，將張格爾之兄和卓玉素普偷到浩罕地方。又六月底來回文，內稱和卓玉素普已到浩罕，又會同從前在喀什噶爾逃出之博巴克等，

---

① 《籍隸浩罕之安集延隊目巴拉特供詞》，《清代外交史料》（道光朝四），臺北：成文出版社，1968 年，第 354-355 頁。伊里斯滿底即前文中的伊里斯曼底，係薩雅克部首領，前文提及，張格爾之亂時，伊里斯曼底因曾受汰劣克、阿坦台之脅迫，遷徙至烏什附近的奇里克部，關於伊里斯曼底與汰劣克、阿坦台兄弟二人之間的親緣關係，《平定回疆剿擒逆裔方略》（卷 43，道光七年五月辛卯）載：「又據汰劣克、阿坦台之叔，薩雅克部落布魯特比伊里斯曼底，差遣金頂布魯特達勒倭什來營，呈遞馬匹。」表明伊里斯曼底為二者之叔。然而，本處所引巴拉特供詞，表明伊里斯曼底實際為二者之兄，這也可以通過伊里斯曼底之子愛里雅爾與二者關係來推斷，《平定回疆剿擒逆裔方略》多次提及愛里雅爾係伊里斯曼底之子，《清代外交史料》（道光朝四）（《烏什辦事大臣常德等奏黑帽回子供出之浩罕、安集延各賊目勾結滋事各情形片》，道光十年十月十五日，第 353 頁）載：「阿坦台、汰劣克亦未在卡內擾害，惟阿坦台之叔父巴依別格什、汰劣克之侄愛里雅爾伯克曾在卡內助逆」此愛里雅爾伯克應即伊里曼底之子愛里雅爾，表明愛里雅爾係汰劣克、阿坦台之侄，而伊里斯曼底即汰劣克、阿坦台之兄，故而，《平定回疆剿擒逆裔方略》所言伊里斯曼底為汰劣克、阿坦台之叔的說法有誤。法國學者斯瓦特勒娜·雅克森（Svetlana Jacquesson）所列薩雅克部的世系表中，汰劣克（Taylak）、阿坦台（Atantay）即與伊里斯曼底（Ïrïsmende）為同輩關係。（參見 Svetlana Jacquesson,*Pastoréalismes : anthropologie historique des processus d'intégration chez les Kirghiz du Tian Shan intérieur*, Wiesbaden : Dr. Ludwig Reichert Verlag, 2010,p.40），這也可表明伊里斯曼底係二者之兄的說法較為接近實際。

將喀什噶爾、葉爾羌、英吉沙爾各處朵蘭回子，共一千餘人，送與玉素普，又浩罕將三個莊子的回子，亦給玉素普，浩罕內湊普爾錢，預備馬駝，前往喀什噶爾滋事。又見和卓的圖記並浩罕伯克的圖記，送給布魯特汰劣克、阿坦台倭緞、金絲、緞袍，七月間，要往喀什噶爾去呢，給我們人馬，若要不給，就將你們殺了。又七月二十七日，伊里斯滿底遞字，內稱浩罕人不安穩，正要往喀什噶爾去時，有布噶爾阿塔里克伯克，帶著陳浩罕伯克愛里木的兩個兒子，前往吉雜克地方，言說浩罕伯克若往喀什噶爾去，我們就要取浩罕地方呢，因此，浩罕伯克不敢出來了。又沖巴噶什愛曼六品頂戴買瑪柯，提提愛曼四品頂戴花翎俾拜哈提陸續報來，和卓玉素普往浩罕來了，實有要搶喀什噶爾的心，以上報來的信，我伊薩克將那一天接的信，隨時報知參贊大人了。[1]

這說明，在「玉素普之亂」發生之前，伊里斯曼底已經多次向伊薩克稟報浩罕相關情形，自道光十年（1830）五月以來，浩罕即迎奉玉素普和卓，將其由布哈（噶）兒迎至浩罕，並給與其人馬，準備前往喀什噶爾滋事，浩罕也曾於當年六月遣人向薩雅克部請兵，試圖要脅阿坦台、汰劣克許給人馬，幫同前往喀什噶爾，浩罕使臣呈現玉素普圖記及浩罕伯克圖記，並向阿坦台、汰劣克贈送倭緞、金絲、緞袍，這或許與巴拉特所稱玉素普曾向二者送給物品有關。

然而，當亂平之後，喀什噶爾參贊大臣扎隆阿在查辦伊薩克案的過程中，卻矢口否認了伊薩克在玉素普之亂前的上述奏報，扎隆阿稱：

> 據伊薩克稟稱，探得本年五六月間，卡外布魯特、安集延等紛紛謀逆，彼此要結報信，並浩罕收留玉素普與汰劣克等送禮、約其進卡等情，俱隨時稟明札參贊，未知曾否通知將軍等語，

① 《伊薩克呈遞伊犁將軍參贊大臣稟函》，《清代外交史料》（道光朝四），臺北：成文出版社，1968 年，第 410-411 頁。

並稱因聞賊匪要赴喀什噶爾，令其子愛瑪特由阿克蘇遞稟……
伏查卡外夷情，奴才節次遵奉嚴諭，不准遣人出卡，是以自上
年即不准遣人前往，僅就布魯特前來者，令伊薩克察問，以通
消息。迨本年五月，因伊犁聞有搶謀，不得已令伊薩克差派回
子出卡察探，自是差報頻頻，其中並無汰劣克與浩罕勾結及各
布魯特紛紛謀逆之報，所有卡外情形，奴才業據伊薩克所稟，
兩次密陳聖鑒在案，惟玉素普向在布噶爾，今年為浩罕接去，
曾經據稟一二次，其稟中，亦係閃爍之詞，並無鑿鑿可信之說，
奴才業將緣由札致南北兩路各城矣。至汰劣克恭順，差人遞馬，
係據伊薩克稟報入奏，即上年呈繳拾遺馬十四匹之布魯特巴哈
提拜，亦據伊薩克稟報，卻賞而陳，現在訊據賊供，巴哈提拜、
占帕拉特、畢列克等，俱經背叛，而巴哈提拜實與伊薩克通謀
召寇，奴才亦不敢因奏其恭順遂少迴護。在伊薩克身為阿奇木
伯克，卡外夷情，是其專責，如果稟報切實，奴才何敢不據實
上聞，亦何致漫無防範。[1]

　　由於扎隆阿在亂平之後即咬定伊薩克有勾結浩罕之事，因而，堅
稱伊薩克在浩罕、安集延入卡滋事之前，未向其奏報浩罕向汰劣克等
人送給物品，勾結拉攏其入卡滋事，並稱伊薩克謊報汰劣克與浩罕相
勾結。由於清朝所獲得的諸多情報信息多由布魯特探報或者經由所擒
獲的叛亂者所供述，故而，有關玉素普是否確曾入卡以及阿坦台、汰
劣克是否跟隨滋事，存在著不同的說法，亂平之後，長齡奉命追查之，
並於道光十一年（1831）正月奏報相關內容：

　　由於本年正月初二日，奉到上諭，巴拉特此次所供賊目與前次
發去賊目名單不盡相符。其阿坦台、汰劣克、玉素普和卓各犯，

① 《喀什噶爾參贊大臣扎隆阿奏伊薩克謊稟汰劣克與浩罕勾結各情並背叛通賊並派大
臣嚴審片》，道光十年十二月初七日，《清代外交史料》（道光朝四），臺北：成文出
版社，1968 年，第 362-363 頁。

究竟曾否入卡，並著確切查明覆奏等因，欽此。奴才查玉素普本係逆裔，而汰劣克、阿坦台又係上次滋事之犯，其餘如博巴克、明巴什、愛散、木薩等，皆為著名賊目，誠屬罪大惡極，不容稽誅，疊經諮令哈朗阿、楊芳及各該城大臣嚴密查訪，奴才前將提到之黑帽回子、布魯特等隔別訊問，有稱聽從該犯等已入卡者，有稱未見過者，且有稱未來者，惟據故遠密雜爾供，聽得浩罕、安集延賊目因將茶葉、大黃、田產全行留下，氣恨不過，因此，明巴什約阿坦台、汰劣克進卡幫助，阿坦台令伊子雅爾肯拜同汰劣克帶了三百餘人行至卡倫間，愛散所約哈拉別噶什愛曼布魯特現在圍城，汰劣克憶及從前搶過哈拉別噶什的馬匹，恐其仇殺，旋即折回等語，較為詳悉。至玉素普一犯，據喀瑪勒、阿里雅爾伯克等供，曾經旁人指認，一騎馬之人為玉素普，其餘博巴克、明巴什、愛散、木薩等犯，該布魯特等均稱，皆經到喀什噶爾與官兵打仗等語。奴才查該犯等狡詐成行，蹤跡詭譎，現雖逸出卡外，難保不就近潛藏、伺我動靜，亟宜查訪明確，設法搜捕，或懸賞購線，令就傳獻，庶足以彰國法而快人心。[1]

　　道光帝注意到了不同供述之間存在著矛盾之處，因令長齡確切查明，長齡接到諭令後，經查證，得知，明巴什糾約阿坦台、汰劣克入卡，阿坦台之子雅爾肯拜及汰劣克所率之人雖曾入卡，但因遇見愛散所糾約的薩爾巴噶什部（哈拉別噶什），因先前搶馬之事而恐其仇殺，故而又出卡，這也印證了前文中諸布魯特人所探報的信息。而玉素普也曾至喀什噶爾，後又竄逸，這得到了多人的證實。長齡等在溯查起釁根由時，詢之於布魯特和維吾爾人：「皆稱由於抄沒安集延驅逐出卡，

---

[1]《大學士長齡奏明浩罕安集延等滋事各犯諮行查辦摺》，道光十一年正月十五日，《清代外交史料》（道光朝四），臺北：成文出版社，1968 年，第 416-417 頁。

因此懷恨勾結」[1]，其後常奉清又供稱：

> 賊人圍城數日後，有安集延一人，向城上告稱：且不要放槍炮，
> 那些圍城千餘賊，都已跪下，令通事來說，我們是喀什噶爾、
> 阿克蘇、伊犁等處逐出的安集延，在卡內，買賣多年，並未隨
> 張格爾造反，忽於八年間，將我們的茶葉大黃全行抄沒入官，
> 並不給價，驅逐出卡，無以為生。後來有布魯特在我們愛曼，
> 拿著茶葉，誇說這是大皇帝賞還的，我們更加氣忿，因此進卡，
> 只求將茶葉大黃給還，仍准在卡內作買賣，就是恩典等情。[2]

這一安集延人的供述，更為直接地表明了安集延入卡滋事，原因
在於張格爾之亂後，大量安集延人被驅逐出卡，其茶葉、大黃被抄沒
入官，此次安集延人圍困喀什噶爾、英吉沙爾，在於訴求入卡貿易。
布魯特部眾向安集延人炫耀其所獲茶葉，則刺激了安集延人發起動亂。
此後，長齡在抵達阿克蘇後，經詢問布魯特比，進一步證實了浩罕、
安集延入卡滋事的根由在於禁止安集延貿易、驅逐安集延人：

> 詢據布魯特比等僉稱，霍罕安集延逆賊入卡滋事，由於抄沒貨
> 物、驅逐出卡，以致懷恨勾結。與沿途所訪與論相符。復據各
> 城諮覆，均與傳訊各供無異，是起釁根由。顯係驅逐安集延，
> 查抄家財，斷離眷口，禁止茶葉、大黃所致。[3]

鑑於此，道光帝將責任歸咎於那彥成所定善後措施，「將那彥成革
去太子太保銜，拔去雙眼花翎，並革去紫韁，交部嚴加議處。」

隨著二城之圍解，追蹤此次動亂之根由、處置善後事宜遂成為該
亂之後的主要目標，而對相關過程的追查中，又衍生出所謂「伊薩克

---

①《清宣宗實錄》卷 183，道光十一年正月乙丑。

②《清宣宗實錄》卷 183，道光十一年正月壬申。

③《清宣宗實錄》卷 184，道光十一年二月壬辰。

案」，所謂伊薩克案，實際係浩罕所設反間計，欲借此除之，或送書信，或使人傳話，或公開揚言，製造伊薩克內通浩罕，欲做五城王子的輿論。[1]伊薩克為鄂對之後人，張格爾之亂期間，因率眾作戰立功，由沙雅爾伯克升為喀什噶爾阿奇木伯克，享有世襲札薩克郡王頭銜，喀什噶爾參贊大臣扎隆阿控告伊薩克在該亂中勾結浩罕、安集延，謀為內應，道光帝審慎處置之，專委長齡赴回疆處理善後事宜，並屢發諭旨，令長齡等嚴切根究伊薩克案，督令長齡同伊犁將軍玉麟「和衷共濟、審訊確情」，廣泛搜集人證，審訊有關人員，約自道光十一年（1831）正月至七月，長齡等人歷經半年有餘，終查明：「扎隆阿參奏伊薩克勾結謀逆一案，審明盡屬虛誣，並究出商同捏奏之委員」[2]。扎隆阿因誣衊伊薩克且「以無據之詞妄行入奏」、「欺君罔上」，在該案審明之前已被革職，最終被判斬監候，其他羅織罪責、構成冤獄多人亦被革職、治罪。對於伊薩克，道光帝則仍准其留軍功王爵，飭令駐京當差，其次子邁瑪特，准許其隨帶進京，令其長子愛瑪特仍回阿克蘇任阿奇木伯克。

「玉素普之亂」，歷時三月有餘，顯係浩罕、安集延借白山派和卓家族後裔的名義入卡，圍攻喀什噶爾、英吉沙爾，擾及葉爾羌，其根由在於那彥成所實施的以懲治浩罕為中心的善後措施，驅逐安集延人，禁止茶葉、大黃貿易，均成為該亂的導火索，「從逆」者試圖通過該亂訴求弛禁貿易、恢復通商。專就布魯特而言，「助逆」布魯特鮮少，烏什附近的奇里克部布魯特首領托依莫特、庫曲圭等多次遣屬探聞情報，為使清朝在二城圍困期間得知更多相關訊息提供了重要說明。

①潘志平：《中亞浩罕國與清代新疆》，北京：中國社會科學出版社，1991 年，第 131 頁。
②《清宣宗實錄》卷 193，道光十一年七月癸酉。

第二節　道光初年浩罕向布魯特的擴張

一、18 世紀中後期浩罕對布魯特部落的侵略

論及布魯特與浩罕間的關係，還應追溯至乾隆年間浩罕伯克額爾德尼試圖侵佔額德格訥部所屬鄂斯地方，前文曾有詳論，根據清代文獻，乾隆二十七年（1762），浩罕試圖侵佔鄂斯，經清朝政府的干涉，浩罕終究未能如願。清軍追剿大小和卓的過程中，胡什齊部首領納喇巴圖曾率所部聯同和卓家族成員額色尹攻襲喀什噶爾、英吉沙爾，暗中幫助清軍由黑水營解圍，納喇巴圖因受浩罕欺凌，於乾隆二十七年（1762）內附清朝，其兄呼瓦特即曾被浩罕伯克所殺害，乾隆三十年（1765），烏什之後，納喇巴圖因恐其職位受威脅，納喇巴圖又逃往浩罕，其從弟伯爾克則於乾隆四十八年（1783）也選擇逃往浩罕，該事也在南疆造成了一定的震盪，以上事件具體過程，前文皆有論述。這些內容表明，乾隆年間，額德格訥、胡什齊等部皆曾受到浩罕的威脅和欺凌。

實際上，額德格訥部和胡什齊部受到浩罕欺凌存在著一定的背景，保羅·蓋斯（Paul Geiss）指出，浩罕額爾德尼（Irclana Biy）在位時期（1751-1770），延續了前任首領阿卜都爾噶里木與布魯特部落結盟以對抗準噶爾威脅的政策，他與胡什齊部首領庫巴特比（Kubat Biy）結盟，庫巴特比所領的巨大的胡什齊布魯特部落聯盟，活動於費爾干納谷地、天山和新疆地區，阿濟比（Khaji Biy）作為額德格訥部聯盟的首領，與伊什奇里克（Ichkilik）聯盟形成了結盟。1762 年，額爾德尼正利用了上述兩大同盟之間的矛盾，佔據了鄂斯，吞併了其堡壘及周邊土地。[①]

---

①Paul George Geiss, *Pre-Tsarist and Tsarist central Asia:Communal commitment and political order in change*,London and New York:Routledge Curzon,2003,p.133-134.

這也正與清朝文獻中的記載形成了一定的對應關係，表明浩罕侵佔鄂斯、納喇巴圖率部內附清朝存在著一定的契機，前文有論及，庫巴特比（庫巴特米爾咱）很可能即為納喇巴圖之兄呼瓦特，額爾德尼借助於胡什齊部同盟與額德格訥部同盟之間的對立，殺死了呼瓦特。故而，胡什齊部和額德格訥部在乾隆年間皆曾受到浩罕欺凌。這些事件表現了浩罕試圖征服與其鄰近的西布魯特（南方吉爾吉斯）諸部落，切羅伊夫曾指出，這是浩罕試圖征服這些部落的開端，這一企圖自額爾德尼在位時期即開始，然而，在其後的六十年間並不成功，布魯特首領中，包括瑪木特呼里比（Mamatkul(Muhammad Quli) Bi）、阿爾雜默特比（Arzymat Bi）、阿濟比（Haji Bi）、納喇巴圖（Narbuta Bi）和薩提克（Satyke），皆曾抵禦浩罕的武力威脅。[①]

　　乾隆末年，東布魯特（北方吉爾吉斯）著名首領阿提克之所以遣使於俄國，也與浩罕向東布魯特諸部的擴張相關，浩罕伯克納爾巴圖試圖使阿提克臣服於浩罕，並試圖向阿提克所領的部落徵收貢賦，在此情境下，阿提克團結各部，與浩罕相對抗，並召集議事會討論對策，這也促使其向俄國派遣使臣。阿提克係薩爾巴噶什部的分支部落提奈部之比，十八世紀中後期，其威信實際得到了東布魯特諸部的認可，他在抗擊哈薩克入侵的過程中發揮過領導作用，也成為首個向俄國遣使的布魯特首領。1785 年左右，他遣使於沙俄，這與哈薩克的入侵以及薩爾巴噶什部內部矛盾相關，這也與浩罕向東布魯特的擴張也有關聯。然而，浩罕對布魯特的擴張和統治主要開始於 19 世紀 20 年代。

[①]T. Tchoroev(Chorotegin), The Kyrgyz,in Chahryar Adle and Irfan Habib (eds.) *History of Civilizations of Central Asia*,Vol. V VI,UNSECO Publishing,2003,p.120.上述布魯特首領譯名，筆者結合漢文文獻推斷而出，薩提克很可能即為薩爾巴噶什部首領阿提克，其他首領在漢文文獻中皆有提及，瑪木特呼里、阿爾雜默特曾合兵往攻浩罕，「布魯特比瑪木特呼里、阿爾雜默特欲合兵往攻額爾德尼，遣人會商齊里克齊、特木爾占，齊里克齊阻回」。（《清高宗實錄》卷 664，乾隆二十七年六月壬寅）阿濟比、納喇巴圖即分別為額德格訥部、胡什齊部首領。

二、浩罕向那林上游及吹、塔拉斯流域布魯特部落的擴張

浩罕自 19 世紀以來即大肆開拓疆土，阿里木汗（愛里木）（Alim Khan）在其統治時期（1800-1811），即已開始對外擴張，奠定了進一步開拓的基礎，王治來先生指出，阿里木汗在世時，曾進攻柯爾克孜人，至於納林河上游的克特緬·土別（克特滿圖伯）。[1]這表明，19 世紀初期，浩罕繼續侵襲其東北方向的布魯特人。阿里木汗的繼任者愛瑪爾汗（Umar Khan）統治期間（1811-1822），浩罕繼續拓展邊界，完善汗國的治理，其中浩罕對於遊牧民的控制成為浩罕成長與繁榮的關鍵因素，先後征服了哈薩克大帳和部分中帳，將其勢力擴及錫爾河（Syr Darya）下游，浩罕通過在錫爾河沿岸建設一系列堡壘鞏固其統治，這一計畫由愛瑪爾汗提出，並由其繼承者所延續，不僅僅圍繞著軍事控制和徵稅來開展，還通過建設水利工程、清真寺、神學院、巴札等，製造一種自 14 世紀以來人煙荒蕪的村落生活表像。愛瑪爾汗對於楚、塔拉斯河谷的布魯特遊牧民的政策也與上述線路的延展有關，實際是為了保護兩條經由那林河谷和伊塞克湖的商貿線路。[2]佐口透先生也指出，浩罕於十九世紀上半期大舉擴張，促使其興盛的原因在於其獨佔東方貿易的政策。[3]這也就是浩罕向楚河、塔拉斯河流域的布魯特部落擴張的大背景。

浩罕邁瑪達里汗在位時期（1822-1842），浩罕開始向北方吉爾吉斯大舉擴張，這突出地表現在浩罕於皮斯格克（今比什凱克）、楚河（吹）、塔拉斯河流域修建堡壘，清朝政府對此也有覺察。除此之外，鄰近於

---

①王治來：《中亞通史·近代卷》，烏魯木齊：新疆人民出版社，2004 年，第 187 頁。

②Susanna S.Nettleton, "Ruler,Patron,Poet: 'Umar Khan in the Blossoming of the Khanate of Qoqan,1800-1820", *International Journal of Turkish Studies*, 2,no. 2(1981-1982) , pp.127-140.

③[日]佐口透：《18—19 世紀新疆社會史研究》（下），凌頌純譯，烏魯木齊：新疆人民出版社，1983 年，第 591 頁。

浩罕的額德格訥部因受到浩罕欺凌，內附清朝。道光元年（1821）和道光八年（1828），先後各有一部分額德格訥部屬人，分別在首領愛散和阿里瑪卡的率領下，內附清朝，並受到安置，他們先後內附清朝，實際上即表明了額德格訥部受到了浩罕的侵襲。

胡延新曾指出：「十九世紀前三十年中外史籍均無浩罕征服額德格訥部的記載，但一八二八年的一條漢文史料稱：『浩罕所屬之布魯特額提格訥。』」[1]這一說法並不準確，前文在論述這兩部分布魯特內附清朝的過程中，清朝即知曉浩罕對於額德格訥部的侵襲，道光元年（1821）愛散內附時，武隆阿即奏：「因愛散所住之古勒什地方距喀什噶爾甚遠，是以給浩罕伯克作屬下，如今浩罕伯克愛瑪爾常向布魯特勒索科派，又常派出兵，難以度日。」[2]道光八年（1828），阿里瑪卡率其所領額德格訥部內附時，那彥成也曾奏及：「該愛曼遊牧在倭什地方，界鄰浩罕全部，俱為所脅」、「僉稱為浩罕苦累多年，情願投誠天朝，得安生計」，道光帝也指出，「額提格訥前此為浩罕所脅，強佔其地，現因苦於悉索，遵檄率其部眾前來投誠」。[3]這表明，道光初年，浩罕試圖吞併額德格訥部，迫使上述兩部分屬人內附清朝。

浩罕在皮斯格克（Pishket）建築軍事堡壘一事，最早見諸於道光七年（1827）清朝擒拿張格爾的過程中，哈薩克公阿布拉約於當年十一月奏報：「今年秋收後，有霍罕伯克帶人在皮斯格克築城，寄信哈薩克前去遊牧，伊並未允從。」[4]關於此，道光帝在上諭中指出，「至霍罕築城一節，雖係布魯特地方，但距伊犁、喀什噶爾均不甚遠，亦應密加訪查，以期邊圍有備無患。」此時道光帝要求密加訪查浩罕於皮

---

①胡延新：《十八至十九世紀浩罕汗國同吉爾吉斯人關係初探》，《蘭州大學學報》（社會科學版），1991年第2期。

②《欽定平定回疆剿擒逆裔方略》卷4，道光元年十月丁亥。

③《欽定平定回疆剿擒逆裔方略》卷75，道光八年十二月癸巳。

④《清宣宗實錄》卷131，道光七年十二月辛巳。

斯格克築城一事，並因阿布拉並未前往該地遊牧而對之嘉獎。勞拉·紐比也指出，阿布拉稟報浩罕向皮斯格克駐兵一事，也是浩罕向新疆北部擴張的最早信號。[1]次年五月間，德英阿經訪查後奏言：「霍罕所築之城，既據查明只係土堡，且在布魯特境內，距那林換防巡邊大路，尚有數站，自未便過事苛求，致啟外夷疑懼。」[2]鑒於此，道光帝稱「現在查明霍罕所築土堡，原係防範布魯特搶掠而設，並無別情」，並令德英阿曉諭哈薩克阿布拉，使其「各安生業，不可倚恃天朝威力，與霍罕及布魯特肇釁生事」。故而，僅將浩罕皮斯格克所築之城視為土堡，令哈薩克公勿與浩罕、布魯特發生爭端。瓦里漢諾夫也指出，浩罕所修皮斯格克、托克瑪克等城堡，是為了監視布魯特和哈薩克人。[3]

道光十一年（1831）八月，領隊大臣西朗多、湍多布在伊犁西部巡查邊界時，欲由吹（楚河）地方取道，令該地布魯特比尼雅斯伯克[4]出迎帶道，尼雅斯伯克遣人告知了浩罕的動向：

> 該布魯特訴稱，被霍罕逼勒，移住吹地方，無計脫逃，入夏以來，霍罕聞天朝來的兵多，畏懼由喀什噶爾發兵出討，查訪甚緊，派人在皮斯格克、喀喇巴勒坦、塔拉斯三處，築牆安卡，以為防守，並將脅從之布魯特、哈薩克等多人糾集在彼，作為屬下，征其租稅，若是多帶兵來征剿，他們才知懼怕，地方才

---

①Laura J.Newby,*The Empire and the Khanate:A Political History of Qing Relations with Khoqand c.1760-1860*, Leiden & Boston : Brill,2005,p.200.

②《清宣宗實錄》卷 137，道光八年六月癸酉。

③[俄]喬汗·瓦里漢諾夫：《六城狀況或南路（小布哈拉）中國省轄的東部六城狀況》，新疆維吾爾自治區民族研究所編譯：《喬汗·瓦里漢諾夫著作選集（選譯）》，1975 年，第 149 頁。

④尼雅斯伯克（Niyazbek）係薩爾巴噶什部分支部落鄂僧古爾（Esengul）部之比，其父即鄂僧古爾，其子為幹爾曼（Ormon），那彥成所列諸部布魯特首領名冊中即有尼雅斯伯克，他享有四品頂翎，見表 7-1。

得安靜，我情願巴結出力，若是兵少，斷不可去。[①]

此時正值清朝處置「玉素普之亂」的善後事宜，尼雅斯伯克所領的薩爾巴噶什部鄂僧古爾分支因受到浩罕的逼迫，移住於楚河流域，尼雅斯伯克因此聲明：「現為浩罕所制，實不能親來叩見。」[②]浩罕已經在楚河上游地區的皮斯格克、喀喇巴勒坦（哈喇巴勒圖）以及塔拉斯河上游的塔拉斯地方建築城堡，並統治著部分布魯特、哈薩克屬人，並向他們徵收租稅。上述地區屬於清朝伊犁西部邊境地區，尼雅斯伯克的稟報，表明此時浩罕已向清朝所管領的楚河、塔拉斯河上游地區擴張，一部分布魯特部落也受到浩罕的兼併。因此，當年西朗多、湍多布巡邊受阻，行至察罕烏蘇地方折回。

瓦里漢諾夫等提及，臣服於浩罕的布魯特部落每年向浩罕繳納貢賦，這種貢賦被稱為札克特（Ziaket）[③]，它其實由以下的幾種稅款構成：屯魯克札克特（Tunluk Ziaket）即煙稅，相當於每帳抽取一羊；闊伊札克特（Koi Ziaket），即羊稅，根據不同情況，每五十隻、四十隻或二十隻羊中抽取一隻；哈剌澤拉（Harazela），即向農產品徵收的稅款，每一個穀倉征羊一隻。除此之外，為維護軍隊，每帳還需要貢獻三隻羊，蘇勒圖部以及部分薩爾巴噶什部每年向浩罕軍隊提供五千五百普

---

① 《清宣宗實錄》卷 197，道光十一年九月乙亥。

② 《伊犁參贊大臣布彥泰奏領隊巡邊旋回，據述吹地方情形摺》，道光十一年八月二十七日，轉引自厲聲：《清代巡邊制度研究》，《新疆歷史研究論文選編·清代卷》（下），烏魯木齊：新疆人民出版社，2008 年，第 356 頁。

③ 札克特（Ziaket），又譯為札尕提，英文中又寫作 Zakat、Zakdi 等，即天課，意為法定施捨，為伊斯蘭教 五善功（念、禮、齋、課、朝）之一。《伊斯蘭百科全書》對其定義為：「穆斯林因其定額的特定類型的法定財產，為了窮人或其他被枚舉階級的利益所做的義務性的支付，通常按照《古蘭經》的要求，支付額定財產。」具體闡述詳見：*The Encyclopaedia of Islam*, edited by P.J.Bearman, TH.Bianquis, etc. Vol.XI Leiden: Brill, 2002, pp.406-422.

德（puds）的麥和糜。①

　　道光十二年（1832）八月，西朗多、湍多布再次領兵巡查布魯特邊界，「於八月初一日行抵吹河地方，離霍罕築城處尚有三四站，在塔拉斯河之東，其地名皮斯格克，有霍罕頭人胡什伯克把守，又有阿克胡里收索稅物，該領隊等商定無庸深入。」②浩罕已經派人在皮斯格克把守並收索稅物，這也阻礙了清軍繼續深入巡邊。八月初一日晚，薩爾巴噶什部分支部落提奈部之比塔什坦伯克、青格斯③報稱：「霍罕頭人胡什伯克等，豫備人馬，為抵禦計，並商量搶劫官兵，又稱霍罕頭目庫勒產霍卓帶人由巴雅什買克赴前途，會合哈薩克，恐欲截官兵後路。」由於浩罕頭目胡什伯克等欲謀搶清軍巡邊部隊，西朗多等令駝隊先行，未料駝隊遭遇土匪搶劫，駝夫被殺傷、口糧駝馬羊隻被劫去，因而，此次巡邊再次受阻，即行折回。道光帝稱：「皮斯格克地方窵遠，我兵巡邊不到，已閱三十餘年，久為布魯特住牧，霍罕自以所占乃布魯特地方，不知為伊犁邊界，此時自不便驟與理論，該領隊等查至吹河，探明彼處情形，即行轉回，尚無不合。」④道光帝此時已經認識到清朝已有三十餘年未能巡邊至伊犁西界，該地地處吹、塔拉斯河流域，布魯特多部在此遊牧居住，而隨著浩罕對布魯特的侵襲，清朝伊犁西界即受到了浩罕的侵佔，使得清朝巡邊一再受挫，此時，清朝的西北邊疆危機儼然已經開始顯露。

　　道光帝之所以言及清軍巡邊不及皮斯格克地方已歷經三十餘年，

---

①Valikhanof, M. Veniukof,etc,*The Russians in Central Asia*,1865,p.284.普德（pud 或 pood）係俄國舊時重量單位，每單位普德重量約相當於 16.38 千克。

②《清宣宗實錄》卷 219，道光十二年九月丁巳。

③塔什坦伯克，前文已有提及，係薩爾巴噶什部分支提奈部首領、阿提克之子，青格斯（Cingis）係索爾托洛伊（Soltonoy）之子，索爾托洛伊則係阿提克之子。參見 Daniel Prior, *The Šabdan Baatir Codex: Epic and the Writing of Northern Kirghiz History*, Leiden: Brill, 2013,p.178.

④《清宣宗實錄》卷 219，道光十二年九月丁巳。

這應與乾隆年間以來清朝對吹、塔拉斯地區巡邊制度的變遷有關，道光十年（1830）十二月，伊犁將軍玉麟即在查閱相關檔冊的基礎上，奏明乾隆朝以來對相關地區巡查措施的變遷過程：

> 計自乾隆三十年至嘉慶二年，此三十餘年中，官兵巡查布魯特邊界，俱由山塔斯、沙拉伯勒至納林河、吹河、特木爾圖淖爾，周歷查勘，見有布魯特在該處偷種地畝者，即將其田禾刨挖、牲畜入官，該夷等亦皆聞風避匿，邊圍肅清，緣夷人亦知是伊犁城內，非其所得侵入也。自嘉慶三年，兼送南路換防官兵，從此查邊之役，改道南行，其西北疆界即不過問，而巡邊之本意，漸以不講閱數年，而又有不准踐踏布魯特田禾之禁，以卡倫以外地方，不可因額魯特向與有仇，希圖泄忿，誤聽其言，致失布魯特之心。[①]

故而，自乾隆三十年（1765）至嘉慶二年（1797），清軍巡邊路線經由伊塞克湖以南、天山以北的善（山）塔斯嶺、沙喇伯勒直至納林河、楚河及伊塞克湖沿岸，並對沿線布魯特嚴加管制，對於偷種土地者嚴加監督；而嘉慶三年（1798）以來至道光十年（1830）所歷經的三十餘年間，巡邊路線改道南行，原有的按年或間年巡邊制度發生變遷，吹、塔拉斯地區無以顧及，故而，道光帝稱「我兵巡邊不到，已閱三十餘年」，儘管如此，道光帝卻言及：「茲據該將軍等奏稱，現已查明築堡情形，即不值頻年前往，至巡查布魯特邊界，係屬年例舉行，既有此次哈什塔克遇劫之事，則明歲巡邊更不可少，著照所請，循照向年規制，以查至特木爾圖淖爾為斷。」[②]道光帝並未採取實質性措施加強吹、塔拉斯地區的巡邊力度，反而要求清朝巡邊僅至伊塞克湖，

---

① 《伊犁將軍玉麟等請由出卡捕逆之便查勘吹塔拉地址有無浩罕築城聚眾等情摺》，道光十年十二月十九日，《清代外交史料》（道光朝四），臺北：成文出版社，1968年，第386-387頁。

② 《清宣宗實錄》卷224，道光十二年十月庚午。

這也就使得「清朝拱手讓出大片領土，任浩罕蹂躪」[1]，這也是近代西北邊疆危機的重要誘因，因而，浩罕即有可乘之機向這些地區擴張，統治了納林河上游、吹、塔拉斯等地區的布魯特部落。

　　美國學者尤里·布列格指出，19 世紀 20 至 30 年代，浩罕汗國統治了大部分吉爾吉斯部落併吞並了其領地，這些部落雖仍由其傳統的首領所統治，但首領們卻奉命於浩罕官方，其中部分首領被委任以汗國的行政職務。吉爾吉斯部隊成為浩罕軍隊的重要構成部分，19 世紀時，吉爾吉斯首領在浩罕汗國的政治生活中扮演重要角色。尤其是自 19 世紀 40 年代初期以來，他們通常與費爾干納的希布察克人結盟。然而，那些遠居天山和帕米爾地區的吉爾吉斯人僅在名義上認可浩罕的權威，或者毫不認可。浩罕雖然統治了部分布魯特部落，但隨著浩罕於 1876 年，原本歸浩罕管轄的布魯特部落也就歸入俄國。[2]這說明，浩罕對於布魯特諸部的統治，主要限定於與其鄰近的部落，一些受其統治的布魯特部落首領甚至在浩罕內部擔任要職，扮演重要角色。瓦里漢諾夫指出：「就對浩罕的態度來看，吉爾吉斯人可分為浩罕的臣民和承認浩罕的權力兩類；前者享有與烏茲別克人相同的權力，服軍役、出任軍事和民政官吏，後者要交納天課，需要時可充當補充兵員。」[3]這也表明不同部落的布魯特對於浩罕的態度不同，他們也因此在不同程度上受制於浩罕。

　　浩罕自 19 世紀 20 年代開始在納林河上游的托古斯托羅（Toguz-Torou）、庫爾特卡（Kurtka）[4]、珠穆翰（Dzhumgal）等地修建堡壘，試圖控制上述地區。瓦里漢諾夫指出，1831 年春，浩罕開始與

---

①潘志平：《中亞浩罕國與清代新疆》，北京：中國社會科學出版社，1991 年，第 150 頁。

②Yuri Bregel,*An Historical Atlas of Central Asia*,Leiden&Boston:Brill,2003,p.78.

③[俄]喬汗·瓦里漢諾夫：《六城狀況或南路（小布哈拉）中國省轄的東部六城狀況》，新疆維吾爾自治區民族研究所編譯：《喬汗·瓦里漢諾夫著作選集（選譯）》，1975 年，第 148 頁。

④庫爾特卡（Kurtka）位於納林河與阿特巴什河交匯處。

吉科卡門吉爾吉斯人（布魯特）發生戰爭，哈克庫里（Hak-Kuli）率領七千印度兵（Sepoy），分佈於納林河上游的薩雅克部諸營帳，擒獲了其首領阿坦台和汰劣克。塔什干的庫什伯克同時追剿布庫部，迫使該部跨越伊犁地區邊界遷至錫伯軍營所在地。[1]阿卡耶夫也指出，阿坦台、汰劣克在19世紀30年代反抗浩罕統治，他們兄弟二人曾被浩罕拘執，但浩罕汗並未懲處之，並授予其較高品級的職銜、允其返回，在19世紀30年代末，汰劣克領導了新一輪的反抗浩罕的起義活動浪潮，庫爾特卡堡最終為吉爾吉斯人所攻陷，這令浩罕統治者難以忍受，汰劣克最終為浩罕間諜所毒害。[2]

　　專就北方吉爾吉斯而言，其中的一些部落同浩罕關係密切，部分首領甚至於浩罕汗廷內任職，一些首領既被俄國授為瑪納普，又在浩罕汗國內享有達得華（Datqa）[3]職銜，這也體現出瑪納普的特殊身份。瑪納普受到了俄國與浩罕雙方的籠絡，如占泰即於1863年收到了浩罕將軍阿里木庫爾（Alimqul）的來信，要求其效忠於浩罕，占泰隨之將該信件交與俄國軍事長官庫爾帕科夫斯基（Kolpakovskii），故而，俄方讚揚占泰更為忠誠。相較於此，蘇勒圖部的部分瑪納普則選擇效忠於浩罕，根據占泰所言，瑪納普江噶拉齊（Janggharach）、邁米爾（Maymil）、提阿里（Tinali）即選擇前往浩罕。[4]

---

[1]Valikhanof, M. Veniukof,etc,*The Russians in Central Asia*,1865,p.214.

[2]Askar Akaev,*Kyrgyz Statehood and the National Epos"Manas"*,New York:Global Scholarly Publications,2003,p.116.

[3]我國學者在較早前翻譯俄文文獻時所譯成的「達得華」、「達得華」可能即為該職銜，意為長官，又作為裁判的監督官或法官助理。參見新疆維吾爾自治區民族研究所編譯：《喬汗·瓦里漢諾夫著作選集（選譯）》，1975年，第138頁；[蘇]B.C.庫茲涅佐夫：《論張格爾運動的反動性》，潘志平譯，王嘉琳校，載新疆維吾爾自治區社會科學院中亞研究所編輯：《中亞研究資料（中亞民族歷史譯叢）》（增刊），1985年，第110頁；魏長洪：《外國探險家西域遊記》，烏魯木齊：新疆美術攝影出版社，1994年，第96頁、第75頁。

[4]Akiyama Tetsu(秋山徹), "Nomads Negotiating the Establishment of Russian Central Asia:

　　18 世紀末，薩爾巴噶什部鄂僧古爾之子庫巴特（Qubat）向浩罕遣使，標誌著浩罕向東布魯特擴張領地，在 19 世紀 20-40 年代，浩罕愛瑪爾汗、邁瑪達里汗統治時期，浩罕在北方吉爾吉斯修建了一系列堡壘，薩雅克部首領梅德特（Medet）被浩罕授予達得華（daqta）職銜，服務於浩罕。[1]烏瑪塔里之叔告訴謝苗諾夫，他曾於 18 世紀末期入京朝觀，面見清帝，但薩爾巴噶什部在 19 世紀中期中斷了其對於清朝的效忠，並開始臣服於浩罕，然而，浩罕對其橫徵暴斂，因此考慮效忠俄國。[2]這表明東布魯特一些部落受到了浩罕擴張的影響，但隨著浩罕的滅亡，本受其統治的布魯特部落，最終仍臣屬於俄國。

　　道光朝中期以來，即 19 世紀 30 年代中期以來，清代文獻對於東布魯特諸部內部事務鮮有敘及，對於薩爾巴噶什部塔什坦伯克、尼雅斯伯克及其後輩占泰、幹爾曼等著名首領之事未加記載，這主要是因為浩罕、沙俄對於東布魯特諸部的勢力滲透和統治所致，故而，占泰、幹爾曼等人與清朝幾未產生關聯，他們更主要與浩罕或沙俄產生聯繫。東布魯特中的布庫部位居伊塞克湖東岸，與伊犁距離較近，道光朝中期以來的清代文獻對於該部事務的記載多於他部，對於其首領博鑾拜也有提及，但清人並不知曉布庫與薩爾巴噶什部之間的矛盾和衝突的具體起因和過程，對於其內部事務也未能明晰。這表明，道光朝中期以後，清朝對於東布魯特諸部的管理力度逐漸減弱，同治年間，隨著中俄勘界，清朝西北疆土大片淪喪，布魯特多部也被劃歸俄國。

Focusing on the Activities of the Kyrgyz Tribal Chieftains",*Memoirs of the Research Department of the Toyo Bunko*,No.71,2013,pp.149 -150.瑪納普係 19 世紀中期盛行於北方吉爾吉斯的一種頭銜，也在此基礎上形成了瑪納普統治階級，瑪納普的產生主要受到俄國的影響，後文將有詳論。

[1]Daniel Prior,*The Šabdan Baatir Codex: Epic and the Writing of Northern Kirghiz History*, 2013, p.37.

[2]P.Semenoff, *Narrative of an Exploring Expedition from Fort Vernoye to the Western Shore of the Issik-Kul Lake, Eastern Turkistan*,1869,pp.327-328.

三、浩罕對帕米爾地區的入侵

19 世紀 30 年代，浩罕除了向其東方和北方的布魯特部落擴張外，還試圖向東南方侵略葉爾羌所屬之色呼庫勒（色勒庫爾），該地區的布魯特部落也受其吞併。道光十四年（1834），長清奏：「葉爾羌所屬卡外色呼庫勒回莊，於上年九月被霍罕頭目諾爾巴依，帶領布魯特五百餘人前來擄掠，並稱欲向該莊收稅。維時霍罕額爾沁吊噶爾拜已至葉爾羌，即令阿布都爾滿向伊責問，該額爾沁極口分辯，懇求遣人出卡曉諭驅逐，該頭目諾爾巴依稍有解散。」[1]這表明，道光十三年（1833）九月，浩罕頭目諾爾巴依即領布魯特擄掠色呼庫勒回莊，欲向該莊徵稅。其後，長清派安集延人伊斯瑪伊爾訊問後，額爾沁暫留為質，並遣人回稟浩罕伯克，並撤回眾人，道光帝稱其「尚屬恭順明白」，要求葉爾羌參贊大臣加以提防、嚴巡各卡。長清後奏及，「據飭令伊斯瑪依爾，向霍罕現住葉爾羌之吊噶爾拜詢問，該伯克有無欲向布魯特抽收馬稅之事，據稱並無其事。」[2]浩罕頭目吊噶爾拜對於浩罕欲向布魯特徵稅一事，矢口否認。

另據色呼庫勒阿奇木伯克庫爾察克所報，道光十四年（1834）八月，浩罕頭目勒什噶爾、胡什伯克，派人駐紮塔哈爾瑪莊，「並稱霍罕伯克現派勒什噶爾、胡什伯克管理色呼庫勒地方，勸令庫爾察克歸順。」[3]說明浩罕再次遣人侵略色呼庫勒，並試圖令庫爾察克歸順於浩罕，鑒於此，道光帝稱：「色呼庫勒孤懸卡外，為葉爾羌咽喉要地，該夷於上年借稱向布魯特收稅，妄肆搶擄，經該大臣等飭令額爾沁、吊噶爾拜派人出卡曉諭，現在又遣人前來。直欲強佔地方，披閱該夷稟詞，實屬狡強可惡。」這說明，浩罕以向色呼庫勒布魯特部落徵稅為由，實

---

① 《清宣宗實錄》卷 249，道光十四年二月丙申。
② 《清宣宗實錄》卷 253，道光十四年六月丙申。
③ 《清宣宗實錄》卷 261，道光十四年十二月癸巳。

際為了侵略色呼庫勒地方，在此過程中，帕米爾高原的布魯特部落也受到浩罕的吞併。

道光十五年（1835）至道光十六年（1836），浩罕對於清朝的指責無動於衷，繼續侵略色呼庫勒，道光十六年（1836）四月，根據庫爾察克所報，「有霍罕頭目布古奇帶領安集延、布魯特數百人，前來滋擾，搶取牛羊，該伯克率眾抵禦，殺賊二十餘名，將牛羊奪回。」[1]這表明，浩罕頭目布古奇率屬來犯色呼庫勒，搶劫牛羊，阿奇木伯克庫爾察克領眾抵抗，奪回被搶牛羊。然而，當年十一月，浩罕頭目胡什伯克（又作列什格爾胡什伯克）率眾滋擾色呼庫勒，庫爾察克及其孫在抵禦過程中身亡，「伊什罕伯克帶領回子堵截山口，庫爾察克在山南塔什霍罕莊抵禦，殺賊十數名，因胸間中槍身死，伊次孫英提巴哈沙在山北本莊防守，亦被槍傷身死，其眷屬皆被擄去，該處回莊十四處已被搶佔大半。」[2]這表明，庫爾察克等戰死後，色呼庫勒多半已被浩罕所侵佔。

隨後，胡什伯克向葉爾羌投遞稟帖，「內稱庫爾察克傷害布魯特甚多，伊已將庫爾察克殺死，佔據地方，仍欲向喀什米爾、巴達克山諸外夷索稅各等語。」顯然，胡什伯克以庫爾察克傷害布魯特為由侵佔色呼庫勒，進而向喀什米爾、巴達克山等周邊地區徵稅。胡什伯克此後被浩罕調回，但他仍試圖誘惑布魯特附和其中，「胡什伯克於回去之便沿途逗留，在喀什噶爾、英吉沙爾卡外一帶各布魯特愛曼妄肆煽惑，復遣人致信於希皮察克愛曼布魯特比愛里雅爾，亦係勾引之詞，該布魯特比愛里雅爾素稱恭順，未肯聽從。」[3]希布察克比愛里雅爾受到胡什伯克引誘，但愛里雅爾並未聽從之。

勞拉‧紐比對於相關過程有所論及[4]，並注意到此間道光帝的態度，

---

① 《清宣宗實錄》卷 283，道光十六年五月癸未。

② 《清宣宗實錄》卷 292，道光十六年十二月壬子。

③ 《清宣宗實錄》卷 293，道光十七年正月甲辰。

④ Laura J.Newby,*The Empire and the Khanate:A Political History of Qing Relations with*

面臨浩罕入侵色呼庫勒，雖然反復指責浩罕的侵略行為，但以色呼庫勒究屬卡外地方，一再要求大臣「不許輕出邀功」、「不得輕舉妄動、出卡滋事」等，嚴禁大臣發兵出卡抗擊浩罕的入侵，由此，道光帝慣有的守成之態即在此中凸顯。勞拉·紐比指出，自清朝平定張格爾之亂以來的數十年間，見證了清朝對卡外政權政策上的巨大變遷，隨著19世紀30年代初清朝領地危機的深化，同時，由於帝國軍隊的短缺的問題日益凸顯且清朝與英國的貿易爭端漸為密集，清朝不僅不願意在卡外使用武力，而且對於僅以武力相威脅也勉為其難。[①]正由於這樣的原因，19世紀30年代以來，清朝邊界的概念發生著變遷，清朝雖然宣稱卡外之地屬其所有，但並未以武力捍衛這些領土，清朝對於西北邊疆的實際控制力逐漸限於卡內，實際上，當時的清朝在限定邊界時，應將所用的名義上的邊疆（frontier）概念轉變為更為具體的邊界（border）定義。[②]

19世紀40年代，英國和俄國在中亞地區展開勢力角逐，浩罕汗國內憂外患不斷，浩罕受布哈拉入侵，其首領邁瑪達里汗被布哈拉處死，此後，邁瑪達里汗之堂叔西爾阿里聯合希布察克和布魯特，趕走布哈拉總督，重建汗國，但希布察克領袖木素滿庫里在抵禦布哈拉的過程中地位凸顯，希爾阿里成為政治傀儡，1845年，希爾阿里被其侄木拉特所刺殺，木拉特即位不久即被木素滿庫里趕下臺，隨之，木素滿庫里擁立希爾阿里年少之子呼達雅爾為汗，自任攝政王，掌管汗國大權，汗國軍政要職為希布察克貴族所管領。直至1852年，呼達雅爾汗在其他政治力量擁護下屠殺希布察克人，木素滿庫里也被處以死刑，此後，汗國內內容仍然繼續，逐漸衰敗。[③]

基於此背景，道光二十六年（1846）二月，木素滿庫里即遣人遞

Khoqand c.1760-1860, Leiden & Boston : Brill,2005,pp.204-206.

① *Ibid*.206.

② *Ibid*.208-9.

③潘志平：《中亞浩罕國與清代新疆》，北京：中國社會科學出版社，1991年，第153-155頁。

字,「內稱欲抽七城貿易之巴達克山、喀什米爾、推依博特等外夷貨稅,並收取希皮察克布魯特租子各等語。」[1]浩罕想要從前往南疆七城的巴達克山、喀什米爾、推依博特(拉達克)商人處收取貨稅,並欲收取希布察克部布魯特租稅,這也進一步反映了浩罕的擴張並擾及希布察克部布魯特。隨之,浩罕進而安設路卡收取貨稅,又要求布魯特首領退還清朝所賞頂戴:「又於推依博特路上色列克雅爾地方,將回子邁買底敏放了卡子伯克,在彼抽收貨稅,又稱要在巴達克山路上築城安卡收稅各等情。」、「黑孜塔克布魯特邁買提玉素普等,呈出安集延呼岱達奈邁提圖書字一紙,係稱明巴什胡什伯克諭令轉傳所管布魯特等,有戴用中原人之頂帶者,俱著送還等語。因疑布魯特聚眾,亦係該呼岱達之唆使。」[2]黑孜塔克係地名(紅山),並非具體的布魯特部落名稱,該地位居色勒庫爾以北,係奈曼部布魯特遊牧地之一,邁買提玉素普可能即為奈曼部屬人,呼岱達等唆使布魯特首領送還清朝所授予的頂戴,這體現出道光末年浩罕煽惑布魯特疏離清朝,並試圖控制清朝所屬之布魯特部落。

第三節 「七和卓之亂」過程中的布魯特角色扮演

一、「七和卓之亂」的爆發過程

道光二十五年(1845)至道光二十六年(1846),布魯特頭目提拉、的瓦年等侵犯卡倫、軍台,搶掠回莊,如上事件畢竟屬小規模動亂,在較短時間內即經撲滅,其中頭目也被抓獲,提拉、的瓦年等雖並未受到浩罕的支持,但他們仍與和卓有所關聯,因而,「布魯特入卡是和

---

① 《清宣宗實錄》卷 428,道光二十六年四月戊申。
② 《清宣宗實錄》卷 432,道光二十六年七月甲午。

卓們入卡的先聲」[①]。

　　道光二十五年（1845）四月間，英吉沙爾卡外布魯特多人撲入圖木舒克卡倫、戕害官兵，並有傳聞稱，係阿克蘇、和闐、葉爾羌、喀什噶爾等城大阿訇（渾）勾結布魯特滋事。[②]英吉沙爾、喀什噶爾伯克領兵射斃「賊匪」二名，擒獲多名，此後，其餘附和者業經逃竄，地方安靜。奕經查明，「此次首逆布孜爾罕，與卡外布魯特提拉等勾結滋事」[③]，即該事件係布孜爾罕勾結布魯特提拉所致，布孜爾罕又作布素魯克（Buzurg），係張格爾之子，但實際上其本人並未前來糾眾滋事，事後清朝本來拿獲逆首胡完，並認為胡完即布孜爾罕，但經薩迎阿審問後得知，該人實際名為薩密斯，並非布孜爾罕本人，與張格爾無關、也並未「從逆」滋事。[④]瓦里漢諾夫的記載有助於進一步弄清楚事情原委，他提及提拉（梯拉）係奈曼部布魯特之人（乃蠻部族的吉科卡門吉爾吉斯人），1845 年適值浩罕希布察克時期，納米得汗擔任浩罕駐六城的阿克沙卡爾，「提拉追捕自己的敵人吉爾吉斯阿奇木伯克，這個人對希布察克不滿，逃奔天山，提拉夥同一幫人追捕阿奇木伯克，越過克茲爾闖入中國哨所境內以企抄最捷近的路到達帖列克第。中國人對這種動作極感驚恐，束手無策，無法阻止梯拉，敬奉厚禮敦請浩罕阿克沙卡爾阻止吉爾吉斯人攜帶武器闖入境內。」[⑤]按照瓦里漢諾夫的說法，奈曼部布魯特提拉實際是在抓捕其敵人的過程中闖入清朝邊卡的，以致於引起了一定的騷亂，這也表明提拉當時已經臣屬並效力於浩罕。

---

①程溯洛、穆廣文編：《維吾爾史料簡編》（下），北京：民族出版社，1981 年，第 184 頁。

②《清宣宗實錄》卷 417，道光二十五年五月壬戌。

③《清宣宗實錄》卷 418，道光二十五年六月乙未。

④程溯洛、穆廣文編：《維吾爾史料簡編》（下），北京：民族出版社，1981 年，第 185-186 頁。

⑤[俄]喬汗·瓦里漢諾夫：《六城狀況或南路（小布哈拉）中國省轄的東部六城狀況》，新疆維吾爾自治區民族研究所編譯：《喬汗·瓦里漢諾夫著作選集（選譯）》，1975 年，第 141 頁。

二十六年（1846）八月，又有的瓦年率布魯特「突入山口，搶掠回莊，拒殺軍台弁兵」[1]，清朝官兵回擊，迅即平定此亂。什克南伯克阿布都熱依木遣人報稱：「前聞奈曼等愛曼布魯特將的瓦年稱為和卓，在各城滋事」[2]，這表明的瓦年以和卓名義與奈曼等布魯特相糾集從而滋事。事後，的瓦年、朵斯巴依等雖經什克南、巴達克山伯克搜獲，但卻又令其逃脫。道光帝稱：「況的瓦年等釜底遊魂，亦不值逼令獻出，即此後竟不解送，亦無須懸賞向索。」[3]即並未再強求追索的瓦年等人。的瓦年僅在此事件中被提及，他究竟與和卓家族是否存在關聯，尚難斷定，佐口透先生指出，的瓦年的入侵，是不是1847年爆發的和卓家族末裔入侵的前哨戰，卻不得而知了。[4]但他能以和卓名義糾集奈曼等布魯特部落滋事，這本身即體現出和卓信仰對於布魯特仍具有一定的號召力。

瓦里漢諾夫指出，1845年浩罕內部發生動盪，即年幼的呼達雅爾汗升任為汗，這反射到喀什噶爾，表現為阿克薩哈爾（Aksakal）的不斷變更，布魯特不斷地大規模侵犯清朝邊卡，但曾允諾阻止他們的浩罕阿克沙卡爾，在收受賄賂後，對之視而不見。和卓們從這些動盪中獲利，並於1847年秋，利用一支主要由喀什噶爾移民及布魯特組成的軍隊，圍困喀什噶爾。[5]他所指的布魯特侵犯邊卡的事件，很可能就是上述清朝文獻所記載的相關事件，而他也指出了這些事件促成了1847

---

[1]《清宣宗實錄》卷433，道光二十六年八月丙子。

[2]《清宣宗實錄》卷436，道光二十六年十一月甲辰。

[3]《清宣宗實錄》卷441，道光二十七年四月戊午。

[4][日]佐口透：《18—19世紀新疆社會史研究》（下），淩頌純譯，烏魯木齊：新疆人民出版社，1983年，第595-596頁。

[5]Valikhanof, M. Veniukof,etc,*The Russians in Central Asia*,1865,p.217.瓦里漢諾夫指出，1831年時，浩罕向清朝要求，浩罕在南疆六城向外國商人徵稅，並在各城駐守阿克薩哈爾（Aksakal）即商業代理或商務官，浩罕也向清朝承諾，監視和卓。(pp.214-215)關於此，前文有所注釋。

年的和卓之亂。

　　道光二十七年（1847）七月中旬，「七和卓之亂」爆發，浩罕呼（胡）岱達奈瑪特糾同和卓家族後裔，並聯合安集延、布魯特以及南疆白山派信徒，共計二萬餘人，「盜搶卡倫馬匹，並竄入回莊劫掠、戕害伯克」[1]，進而圍困喀什噶爾漢城、攻破喀什噶爾回城，圍困英吉沙爾，並滋擾葉爾羌軍台。據喀什噶爾所屬地方伯克邁買特熱依木、阿布都卡哈爾、伯巴克等在事後所供信息，得知叛眾約於七月十六日到了卡倫，七月十七日攻破圖舒克塔什卡倫進入阿爾圖什莊，在七月二十日圍喀什噶爾回城，十二天后，即八月初二日，浩罕呼岱達奈瑪特趁夜間將叛匪引進城內，喀什噶爾回城失守。[2]清朝由阿克蘇、烏什、烏魯木齊、伊犁等處調集官兵一萬餘名，前往喀什噶爾、英吉沙爾增援，經英吉沙爾城內駐兵防禦以及葉爾羌兵勇抗擊，清軍連獲勝仗，清朝逐漸得知此次滋事係張格爾等人後裔所為，並聽聞張格爾之弟巴布頂之子倭里漢（罕）條列和卓（倭里）參與其中。

　　八月初，叛亂者在英吉沙爾築立炮臺，試圖攻城，經駐守清軍回擊，連獲勝仗，擊斃「賊匪」多名，並拆毀其炮臺、拿獲器械。當年九月，叛眾試圖滋擾葉爾羌軍台及東西兩路地方，均經清朝官兵擊退，葉爾羌所屬科科熱依瓦特地方一度聚集叛眾數萬人，經過清軍一日三戰，連獲勝仗、斬擒甚多。[3]九月二十九日，清軍解圍英吉沙爾，喀什

---

[1]《清宣宗實錄》卷445，道光二十七年八月己酉。

[2] 奕山：《審明投回伯克分別辦理摺》，《奕山新疆奏稿》，甘肅省古籍文獻整理編譯中心編：《中國西北文獻叢書》（二編）第二輯《西北史地文獻》（第九卷），線裝書局2006年，第570-579頁、第618-626頁，潘志平先生認為「十八日圍喀什噶爾回城」（《中亞浩罕國與清代新疆》，第158頁），實際這只是阿布都卡哈爾的說法，邁買特熱依木、伯巴克皆直接指出了喀什噶爾回城於七月二十日被圍，另噶雜納齊伯克密爾哈斯木、伊什罕伯克阿布都邁里克、六品伯克帕拉特等伯克在供述中皆提及喀什噶爾回城於七月二十日被圍，十二日後即八月初二日城破，故而，綜合而言，七月二十日喀什噶爾回城被圍的說法更可靠。

[3]《清宣宗實錄》卷448，道光二十七年十月戊辰。

噶爾回城叛亂者紛紛逃散，二城皆解圍，故而，歷時數月的此次動亂宣告終結。

後經安集延維吾爾人熱孜克所供，「此次賊首，係阿里瑪斯、玉素普和卓之子布孜爾罕、愛林伯克、巴布頂和卓之子倭里罕條列、加瑪爾密喇普、張格爾和卓之子罕和卓、斯底爾罕等，勾結滋事。」[1]故而，熱孜克所供，只係「七和卓」的一種說法，此後，經奕山探訪，「此次滋事賊首，係張格爾之兄玉素普兩子邁買的明、阿布都拉，張格爾之弟巴布頂之子倭里即倭里罕條列，由霍罕進卡滋事，實未聞有布孜爾罕、罕和卓、斯底爾罕等名目。」[2]即奕山所查明的「逆首」多不同於熱孜克所供，僅有倭里漢條列均被提及，熱孜克所供頭目共計七人，而奕山探訪後所奏報者僅包括玉素普之子邁買的明和阿布都拉、巴布頂之子倭里罕條列。

瓦里漢諾夫僅指出了其中的部分和卓頭目，其中伊善罕條勒（Ishan-Khan-Türia）即卡塔條勒（Katta-Khan），最為年長，另有倭里罕條勒（Vali-Khan-Turia），在 1857 年也主導了另一次叛亂。[3]貝柳所載的和卓頭目，包括伊善罕和卓（Eshan Khan Khoja），倭里罕（Wali Khan）、布素魯克罕（Buzurg Khan）、克希克罕（Kichik Khan）、塔瓦庫爾罕（Tawakkul Khan）。[4]庫羅帕特金的說法較為完整，其所載七和卓分別為：卡塔條勒（Katta-Turya）及其弟克希克罕（Kitchkine-Khan）、其侄倭里罕（Vali-Khan-Turya），塔瓦克爾條勒（Tavakkal-Turya）、薩比爾罕條勒（Sabir-Khan-Turya）、阿克恰爾干條勒（Ak-Tchagan-Khodja）、伊善

①《清宣宗實錄》卷449，道光二十七年十一月庚辰。

②同上。

③Valikhanof, M. Veniukof,etc,*The Russians in Central Asia*,1865,p.219.

④H.W.Bellew, "History of Kashgar",in *Report of A Mission to Yarkund in 1873*,edited by T.D.Forsyth,Calcutta , 1875,p.93.

罕條勒（Ishakhan-Turya）。[1]故而，上述中外文獻對於七和卓具體名稱多未明確，僅有庫羅帕特金的記載較為全面，但也未必盡然，他顯然將卡塔條勒與伊善罕條勒視為兩個不同人物。[2]潘志平先生實際正採納了庫羅帕特金的這一種說法，並指出，邁買的明即卡塔條勒，也有人稱之為伊山罕條勒，克希克條勒係玉素普之子，塔瓦克爾條勒、薩比爾罕條勒、阿克恰干條勒的情況不明，也有可能是自封或冒充和卓的。[3]勞拉・紐比指出，此次叛眾由玉素普和卓之子卡塔條勒（Katta Tore）和巴布頂之子倭里罕（Vali Khan）所領，玉素普和卓另一子克希克罕（Kichik Khan）也參與其中，塔瓦庫爾條勒（Tavakkul Tore）、張格爾之子布素魯克罕（Buzurg Khan）及卡塔條勒的兒子愛克木汗（Hakim Khan）和阿希木汗（Qasim Khan）可能也在其列。她也認識到諸種記載尚存迷惑之處，尤其是一些和卓的名字甚至有兩到三種寫法，至於布素魯克及卡塔條勒的二子是否捲入其中，並不明確，可以確定的是，卡塔條勒、倭里罕、克希克罕、塔瓦庫爾條勒確實附和其中。[4]

　　故而，綜合可見，由於文獻記載上的不足，19世紀以來，中外學

---

[1] A.N.Kuropatkin,*Kashgaria:Historyical and Geographical Sketch of the Country; its Military trength, Industrie s,and Trade*, trans.by Walter E.Gowan,Calcutta:Thacker,Spink and Co.,1882,p.144.

[2] 咸豐二年（1852）七月，和卓後裔再次入卡，滋擾小阿爾圖什莊，《清文宗實錄》（卷70，咸豐二年八月壬寅）載：「據稱夷匪鐵完庫里霍卓與倭里罕霍卓，在喀什噶爾卡外阿克薩伊里方會合，並有賊目克奇克霍卓、卡提條列霍卓、依善罕等，由霍罕逃出，同聚一處。」這一記載顯然也未將卡提條勒與伊善罕作為同一人，具體二者是否為同一人，說法不一。

[3] 潘志平：《中亞浩罕國與清代新疆》，北京：中國社會科學出版社，1991年，第158頁。

[4] Laura J.Newby,*The Empire and the Khanate:A Political History of Qing Relations with Khoqand c.1760-1860*, Leiden & Boston：Brill,2005,p.224. 勞拉・紐比在參閱瓦里漢諾夫和貝斯姆別耶夫（Beisembiev）的研究的基礎上，指出塔瓦庫爾條勒（Tavakkul Tore）據稱為先知後裔，因而也被視為和卓，他最初來自於白沙瓦（Peshawar），也被稱為薩義德·阿哈默德和卓（Sayyid Ahmad Khoja），這無疑有助於弄清楚塔瓦庫爾條勒的身份。同時，她也將塔瓦庫爾條勒與鐵完庫里視為同一人（Ibid.p.233）。

者皆難以完全確定所謂七和卓的具體名稱，七和卓之亂後，四品噶雜納奇伯克密爾哈斯木曾供述：「此次進卡滋事，倭里罕條勒係巴布頂之子，特瓦里克不知他是什麼人，邁買的明、阿布都拉係玉素普之子，薩比爾係安集延回子。」①他作為該亂的親歷者，所述具有較高的可信度，他指出了七和卓中的五人，其中的特瓦里克應即塔瓦庫爾條勒，薩比爾即薩比爾罕條勒，二者雖然稱為和卓，但並非白山派和卓家族成員，密爾哈斯木當時也未知塔瓦庫爾條勒的身份，根據勞拉·紐比的研究，塔瓦庫爾條勒來自於白沙瓦，密爾哈斯木稱薩比爾實際係安集延人，上述五人應該確實參與了七和卓之亂，玉素普另一子克希克罕可能也參與其中。

二、布魯特諸部在清朝平定「七和卓之亂」中的作用

倭里漢條列也試圖糾集奇里克、胡什齊部布魯特滋事，烏什卡外奇里克部布魯特之比愛吉伯克即曾受到倭里漢條列所寄密信，「令其糾眾攻城」②，愛吉伯克隨之將此呈遞於清朝大臣，隨之，胡什齊部布魯特之比木薩拜也遣人稟報，「倭里漢條列差人糾約，情詞相同」，這表明，愛吉伯克、木薩拜皆曾受到倭里漢條列的誘惑，但他們並未附和其中。奕山也曾告諭愛吉伯克、木薩拜及沖巴噶什五品頂翎布魯特比沙伯克等人，令其幫同擒獻邁買底明等頭目，「該布魯特等均稱他們鬧事，實在最大，若是跑到我們愛曼上，我們就捆綁了送來，還要討大皇帝的賞呢。」③正基於此，愛吉伯克、木薩拜等呈獻倭里罕之密信，奕山奏請賞予二者四品頂戴，「奇里克愛曼布魯特比愛吉伯克、胡什奇愛曼布魯特比木薩拜以上二名，自軍興以來，均經逆酋寄信，糾約不肯附從，復將逆信呈獻，並差人偵探賊情，木薩拜設法置辦鷹馬，遣

①奕山：《奕山新疆奏稿》，第 621 頁。
②《清宣宗實錄》卷 447，道光二十七年九月癸巳。
③奕山：《奇里克愛曼來詞恭順、厚加獎賞片》，《奕山新疆奏稿》，第 538-539 頁。

令伊子強坎赴喀什噶爾偵探賊蹤。均屬尤為恭順，查該比等現無頂帶，擬請賞給四品頂戴花翎。」[1]這也得到了道光帝的允准，二者均被賞給四品頂戴花翎。

及至清軍平定該亂後，居於那林河上游的薩雅克部，遣四品頂翎布魯特比托胡達邁買特、五品頂翎布魯特比入斯唐木、六品頂翎布魯特比阿什呈遞伯勒克馬，他們言及：

> 我們前在那楞橋北住站時，聽說和卓帶領人馬從浩罕出來，到喀什噶爾搶了回城。後來，又聽說和卓帶領人馬幾次與大兵打仗，被大兵大敗，帶領手下人逃出卡子。向浩罕大道上去了，我們知道大兵到了喀什噶爾，因此，我們愛曼比凱里底伯克、阿底雅爾比、倭斯曼比商量著，派我們來請安遞馬來的。我們先來受大皇帝的恩典，要和卓到我們愛曼，我們就捆住來獻呢。[2]

這表明，薩雅克部各首領也與亂平之後積極向清朝表達恭順之意，並稱願意效力擒拿和卓。

除此之外，經奕山奏准，烏什卡倫內布魯特首領密爾雜胡里、托依莫特受鐘翔差遣、偵探消息，被加賞頂戴，胡什齊部木薩拜之子強坎因隨同密爾雜胡里偵探敵情，也被賞給頂戴：

> 卡內六品頂戴藍翎布魯特頭目密爾雜胡里、卡內五品頂戴花翎

---

① 奕山：《請獎布魯特愛吉伯克等摺》，《奕山新疆奏稿》，第 565 頁。

② 奕山：《布魯特回眾來營呈遞馬匹片》，《奕山新疆奏稿》，第 554 頁。以上所提及的薩雅克部各比多為汰劣克、阿坦台之近親，結合斯瓦特勒娜‧ 雅克森（Svetlana Jacquesson）的研究及其所列薩雅克部的世系表，上述部分人名可與之相印證，據此推斷，其中倭斯曼比即為汰劣克之子 Osmon，五品頂翎布魯特比入斯唐木即 Ïstam，凱里底伯克即 Keldibek，入斯唐木則係凱里底伯克之叔父（參見 Svetlana Jacquesson, *astoréalismes : anthropologie historique des processus d'intégration chez les Kirghiz du Tian Shan intérieur*, Wiesbaden : Dr. Ludwig Reichert Verlag, 2010,pp.39-40）。

> 布魯特頭目托依莫特，以上二名之軍興以來，設法前往喀什噶
> 爾一帶偵探賊情，均屬奮勉出力，密爾雜胡里擬請賞換四品頂
> 帶花翎，托依莫特擬請賞換四品頂戴。卡外胡什齊愛曼布魯特
> 強坎經伊父木薩拜差同密爾雜胡里前往喀什噶爾偵探賊情，實
> 屬勉力報效，擬請賞戴六品頂戴。[1]

此後，道光帝降旨允准之，密爾雜胡里由所享六品頂戴藍翎賞換四品頂戴花翎，托依莫特由所享五品頂戴花翎賞換四品頂戴，強坎被賞給六品頂戴。

與上述所提及的布魯特人物相類的是，奇里克部二品頂翎布魯特比伊斯拉伊木，因「自軍興以來，屢次偵探賊情，盡夜賓士」，奕山請准賞其子阿洪以六品頂戴，奇里克部之比吐爾底愷，因「設法偵探稟報賊情」被賞給五品頂戴，奇里克部四品頂戴首領伯巴克因「屢次稟告賊情」被加賞三品頂戴，胡什齊部無頂戴之布魯特比托依莫特[2]因「幫探賊情」，被賞給六品頂戴。這說明，在清朝平定「七和卓之亂」的過程中，烏什附近的奇里克、胡什齊部布魯特的多位首領皆因偵探敵情受到嘉獎，這類似於「玉素普之亂」的過程中布魯特首領所發揮的積極作用。

除了這些人物，岳瓦什部四品頂翎布魯特比阿布都熱依木曾解救阿爾古回莊六品阿奇木伯克阿布都卡哈爾，在喀什噶爾回城失陷之後，阿布都卡哈爾雖經藏匿，但仍被安集延人搜出，帶至呼岱達奈瑪特跟前，奈瑪特向其索要銀錢，但其家中財物已經被眾賊匪搶去，無以贖

---

① 奕山：《請將出力人員摺（附旨）》，《奕山新疆奏稿》，第 562-564 頁。
② 自張格爾之亂以來，奇里克、胡什齊部多位人物皆名為托依莫特，張格爾之亂期間，奇里克部首領托依莫特因有功於清朝平定叛亂，被賞給二品頂戴；「七和卓之亂」期間，奕山奏請賞賚的布魯特人物中有兩人皆名為托依莫特，其中一人為「卡內五品頂戴花翎布魯特頭目」，後被賞給四品頂戴，另一托依莫特為胡什齊部之比，本無頂戴，因探信被賞給六品頂戴。故而，托依莫特實際指代了三個不同的布魯特首領。

命，故而，他向與其熟識的阿布都熱依木之弟、五品頂翎布魯特帕拉特求助，央求帕拉特轉告其兄向奈瑪特說情，帕拉特應允三天后，阿布都熱依木果然將之保出，並將其進行安置。[1]這表現出布魯特部落首領在其中的調解作用，同時，根據阿布都熱依木、阿布都卡哈爾、伯巴克的供述，可知叛眾在攻陷喀什噶爾回城後，多向喀什噶爾回莊之伯克索要財物，故而，搶掠伯克財物或許也是此次動亂的重要動機。

布魯特提拉曾於道光二十五年（1845）撲卡滋事，其弟參與了「七和卓之亂」，在科科熱依瓦特之戰後，奕山奏及投誠維吾爾人巴海曾供述：「今日打仗，賊匪有二萬有零，賊目倭里罕、特瓦克、庫魯罕、密爾哈色木帶領，再賊頭毛拉買邁特帶著一萬多賊，在鐵里木莊住著，前一天，布魯特提拉之弟，又帶了五百賊，前往鐵里木去了等供。」[2]這表明提拉之弟曾率所屬五百餘眾附和叛匪。另據被清軍拿獲的從逆維吾爾人烏舒爾所供：「二十七日，有毛拉邁買底帶領騎馬賊八百餘名，由英吉沙爾前來托布拉克住下，二十八日早晨先有哈塔霍卓、特瓦克里霍卓，帶領馬步賊一萬二千餘，由察木倫回至托布拉克後，已飯時，又有布魯特提拉之弟納爾奇保蘭巴圖魯帶領騎馬賊五百餘，步行賊四百餘，亦由察木倫回至托布拉克，該賊匪相見後，毛拉邁瑪底即折回，齊往英吉沙爾而去。」[3]烏舒爾供出叛眾逃散情形，這裡指出提拉之弟係納爾奇保蘭巴圖魯，他曾領兵與叛匪相糾集，可以看出，納爾奇保蘭亦係其中的重要頭目。

另據曾跟隨呼岱達奈瑪特的維吾爾人烏斯滿所供，科科熱依瓦特之戰過程中，一些附和叛匪的布魯特頭目在與清朝官兵交仗時傷亡，岳瓦什部布魯特頭目賽里克托克索巴巴圖魯、薩雅克布魯特頭目賴里托克索巴巴圖魯等均被擊斃，沖巴噶什部布魯特比愛麻爾達特哈巴圖

①奕山：《審明投回伯克分別辦理摺》，《奕山新疆奏稿》，第 575-578 頁。

②奕山：《審問差往投誠報信回子巴海與以賞賜片》，《奕山新疆奏稿》，第 519-520 頁。

③奕山：《官兵獲勝賊匪分散英吉沙爾城解圍》，《奕山新疆奏稿》，第 520-521 頁。

魯的腿被官兵的炮打傷[①]，其餘的布魯特、安集延也傷亡較多，他還提及「和卓被太拉克的兒子並布魯特愛林伯克帶著跑出卡子去了」[②]，布魯特頭目愛林伯克曾率領布魯特、安集延與清軍交仗，係此次叛亂的重要頭目，前文安集延人熱孜克所供述的主要頭目中即包括愛林伯克及眾和卓後裔，邁木特所指太拉克是否即係汰劣克，難以確知。可以看出，「七和卓之亂」的過程中，確實有部分布魯特頭目附和叛眾，但仍有諸多布魯特首領為清朝官兵偵探信息，並受到了清朝的嘉獎。

三、「七和卓之亂」後的和卓叛亂及斯底克之亂

張格爾和玉素普之亂後，南疆保持相對平靜僅十多年時間，白山派和卓家族後裔又對南疆所發動了新一輪的動亂，「七和卓之亂」堪為新一輪動亂之始，該亂之後，相繼又產生了倭里罕之亂、鐵完庫里之亂，直至同治初年阿古柏佔據新疆，使得清朝對新疆失去統治達十多年。可以發現，布魯特與和卓家族的聯繫仍未終止，和卓信仰仍為部分布魯特首領參與叛亂的動因。倭里罕、鐵完庫里自咸豐二年（1852）至咸豐十年（1860）間，先後多次糾眾竄擾卡倫，侵襲喀什噶爾、英吉沙爾等地，甚至再次攻陷喀什噶爾回城，同治三年（1864）阿古柏入侵新疆，也挾持張格爾之子布素魯克，利用和卓名義佔據新疆。

①這些布魯特首領都擁有一些浩罕所授頭銜，也表明他們在此前已經受到浩罕的統治。托克索巴（toqsaba）係浩罕內部的一種軍銜；巴圖魯（baatir）這一頭銜則較為常見，意為勇士、英雄；達特哈（dadkhah）係官銜，前文有所提及，我國學者又譯為「達特華」、「達得華」等，地方長官，也負責與外國統治者通信。

上述名詞的相關解釋，參見：*Islamic Central Asia:An Anthropology of Historical Sources*, edited by Scott C.Levi and Ron Sela,Bloomington&Indianapolis:Indiana University Press, 2010,p.268.對於達特哈，貝斯姆別耶夫解釋為：「公平正義的訴求者」，浩罕的中級榮譽頭銜。見 *The Life of 'Alimqul:A Native Chronicle of Nineteenth Century Central Asia*,Edited and translated by Timur K.Beisembiev, London and New York: outledge Curzon,2003,p.18.

②奕山：《奕山新疆奏稿》，第 636-637 頁。

其中，咸豐二年（1852）五月，鐵完庫里糾眾入卡，被追剿後竄逸，六月初，鐵完庫里再次糾眾，竄擾烏什畢底爾卡倫，倭里罕糾眾，由圖舒克塔什卡倫竄擾小阿爾圖什莊，其後不久，又由伊蘭瓦斯卡倫滋擾阿爾古莊。當年七月，鐵完庫里、倭里罕，糾同由浩罕逃出的克奇克霍卓、卡提條勒（邁買的明）、伊善罕等，滋擾小阿爾圖什莊。[1] 咸豐五年（1855）六月，倭里罕、鐵完庫里竄擾玉斯圖阿爾吐什莊，清朝在阿斯圖阿爾吐什莊拿獲玉散霍卓依善等十三人。[2]咸豐七年（1857）五月，倭里罕、鐵完庫里等再次糾眾入卡謀亂，佔據喀什阿爾、英吉沙爾回城，圍困兩城之漢城，進而擾及葉爾羌、巴爾楚克，達三個多月之久。[3]咸豐十年（1850）五月，阿布都熱依木糾集布孜爾罕之子，結黨進卡，由喀浪圭卡倫竄入，滋擾喀什噶爾，又於阿爾古莊放火滋事，阿布都熱依木係斜黑阿訇之子，斜黑曾於咸豐七年（1857）迎請倭里罕，被治罪後，其子外逃。[4]此間，少數布魯特附和其中，如咸豐二年（1852）六月初，倭里罕糾約布魯特二百餘人，自圖舒克塔什卡倫竄至小阿爾圖什莊。[5]相較於此前的和卓叛亂，倭里罕、鐵完庫里叛亂期間，布魯特在其中的作用顯然較小，絕非動亂的主流因素。

同治三年（1864），新疆多地如庫車、烏魯木齊、伊犁等地皆爆發人民起義，自此直至1877年的十多年時間裏，新疆地區一直陷入動亂

[1]《清文宗實錄》卷66，咸豐二年七月己未；卷67，咸豐二年七月庚午，卷70，咸豐二年八月壬寅。

[2]《清文宗實錄》卷174，咸豐五年八月癸巳，玉散霍卓依善係浩罕呼達雅爾汗的妹夫，在當時以種痘為生。參見 Laura J.Newby,*The Empire and the Khanate:A Political History of Qing Relations with Khoqand c.1760-1860*, Leiden & Boston：Brill, 2005, p.233.

[3]《清文宗實錄》卷228，咸豐七年閏五月壬寅、戊申；卷233，咸豐七年八月辛亥、乙卯；卷234，咸豐 七年八月己巳、丁丑；卷235，咸豐七年九月丙戌、戊子。

[4]《平定陝甘新疆回匪方略》卷十一，咸豐十年六月十五日壬申、七月初二日戊子、八月初一日丁巳、九月十六日辛丑。

[5]《清文宗實錄》卷67，咸豐二年七月庚午。

狀態，清朝也一度失去對於新疆的控制。在此過程中，希布察克部布
魯特之比斯底克（Siddiq Beg）也曾佔領喀什噶爾，建立政權，並迎請
布素魯克。斯底克，又作思的克、司迪克等，其父為愛里雅爾，道光
二十五年（1845），提拉率眾撲卡時，曾誣衊愛里雅爾勾結其中。[①]咸
豐七年（1857）十一月，斯底克因守卡有功被清朝賞給二品頂戴。[②]咸
豐十年（1860），斯底克因率眾拿獲聚眾鬧事之安集延人而受到嘉
獎。[③]瓦里漢諾夫認為斯底克為乾隆年間布魯特散秩大臣阿奇木（阿
其睦）的後人，「布魯特人的首領阿奇木因在 1758 年戰事期間為帝國
建立了功業被中國人授封為塔什密里克的當權者（阿奇木伯克），他的
後代薩底克別克，繼 1857 年叛亂之後，因忠實效力獲紅珠官帽，深為
喀什噶爾辦事大臣所器重。」[④]當然，此說似僅見於瓦里漢諾夫，薩
底克是否為阿奇木之後人，難以確知。1864 年，斯底克（Siddiq Beg）
聯合金相印等人，佔據喀什噶爾，形成以喀什噶爾為中心的政權，「南
路喀什噶爾回目金相印亦糾徒眾，勾結布魯特叛回思的克同叛，連陷
葉爾羌、和闐各城。」[⑤]

　　其後，斯底克派人至浩罕迎請張格爾之子布素魯克，以利用其
影響力統治喀什噶爾，金浩東論之：「斯底克伯克希望利用和卓的宗
教影響力來重整周圍回莊的穆斯林支持力量，佔有喀什噶爾漢城和

---

① 《清宣宗實錄》卷 419，道光二十五年七月庚辰。

② 《奏為希皮察克愛曼布魯特世職斯底克守卡出力請賞二品項戴事》，咸豐七年十一月
　初一日，中國第一歷史檔案館藏：《朱批奏摺》，檔案號：04-01-12-0489-153。

③ 《清文宗實錄》卷 325，咸豐十年七月己酉。

④ [俄]喬汗・瓦里漢諾夫：《六城狀況或南路（小布哈拉）中國省轄的東部六城狀況》，
　新疆維吾爾自治區民族研究所編譯：《喬汗・瓦里漢諾夫著作選集（選譯）》，1975 年，
　第 104 頁。

⑤ 魏光燾：《勘定新疆記》卷一，《武功記》，甘肅省古籍文獻整理編譯中心編：《中國
　西北文獻叢書》（二編）第二輯《西北史地文獻》第 3 卷，線裝書局，2006 年，第 191
　頁。

回城。」①浩罕重臣阿里木庫里（Alim Quli）雖准許布素魯克至喀什噶爾，但卻派遣一位浩罕軍官陪同布素魯克一同前往，此人不是別人，正是阿古柏（Ya'qub Beg），阿古柏及其黨羽進入喀什噶爾，這令斯底克頗為不滿，但斯底克也別無選擇，因為布素魯克在喀什噶爾頗受歡迎。此後，斯底克及其布魯特屬眾被迫撤離喀什噶爾，阿古柏領兵擊敗斯底克，迫使其逃亡，後來，斯底克與阿古柏又達成了一定的和解，斯底克在阿古柏手下擔任地方官並統領布魯特士兵。②包羅傑實際也指出了斯底克後來的去向，1865 年，斯底克與阿古柏雖宣誓結盟，但斯底克及其所領布魯特軍隊並未甘於此，他最終逃亡，直至 1877 年，斯底克再度現身，進攻喀什噶爾，在與清朝軍隊的抗爭中負傷，最終到達塔什干。③斯底克作為清末喀什噶爾地區較為著名的布魯特人物①，

---

①Kim Ho-dong ,*Holy War in China:The Muslim Rebellion and State in Chinese Central Asia,1864-1877*,Stanford University Press ,2004,p.49.

②*Ibid*.pp.83-85.

③[英]包羅傑：《阿古柏伯克傳》，商務印書館翻譯組譯，北京：商務印書館，1976 年，第 70、84-87、213、222 等頁。關於「斯底克」，哈薩克斯坦學者帖木兒·貝斯姆別耶夫（Timur K.Beisembiev）對其生平有過一定的總結，他認為 Sadyq Töra 應即本文所指的「斯底克」，他指出，SadyqTöra 生於 1837 年，後來他成為 1864 年反抗清朝起義的頭領，並於當時邀請白山派和卓自浩罕返回。由於僅為阿古柏的可憐的對手，他返回到費爾干納，與其兄阿斯蘭·條勒（Arsa Töra）及哈薩克的杜格拉特（Dughlat）和阿爾根(Arghyn) 部落，站在阿里木庫里（'Alimqul）一方,抵禦塔什干。1865 年末，SadyqTöra 試圖奪回喀什噶爾大權，但卻被阿古柏軍隊所擊潰。1867 年，他抵達布哈拉並為埃米爾服務。1868 年，他在反抗埃米爾的起義中崛起，並支持阿卜杜勒·瑪里克（'Abd al-Malik Töra）反抗其父即曾哈拉的埃米爾穆札法爾（Emir Muzaffar）的叛亂。1877 年，在阿古柏死後，他在喀什噶爾承擔其活動，與中國人鬥爭，在戰爭中受傷後返回到俄國突厥斯坦。1888 年，他住居於阿姆河沿岸的奇姆肯特縣（Chimkent uyezd）。（參見 *The Life of 'Alimqul:A Native Chronicle of Nineteenth Century Central Asia*,Edited and translated by Timur K.Beisembiev, London and New York:Routledge Curzon,2003,p.32.）這一論述雖然更為細緻，對於 SadyqTöra 在中亞地區的逃亡經歷有更為充分的說明，但貝斯姆別耶夫的這一說法也存在問題，本處所引書係貝斯姆別耶夫對於浩罕重臣阿里木庫里自傳進行的翻譯和注解，上述內容見諸於他的注解之中，阿里木庫里所指的 SadyqTöra 實際係哈薩克汗國末代汗王克涅薩

他在動亂中一度佔據喀什噶爾，試圖利用布素魯克實行統治，這也再次體現出布魯特與和卓家族的關聯性，但這也是布魯特與和卓家族互動交往的尾聲了，隨著阿古柏入據新疆並建立政權、布素魯克受到阿古柏的驅逐，和卓家族在新疆的歷史也就基本宣告終結，自「和卓時代」開始直至此時，布魯特在天山南路所產生的影響力也貫穿著和卓家族歷史的始終。

上述與和卓相關的歷次動亂之後，清代新疆布魯特的主要歷史基本接近尾聲，隨著同治初年中俄劃定邊界，部分布魯特劃歸俄國，另一部分則仍屬於清朝，清朝所管領的布魯特部落在近現代逐漸演變為跨居兩國甚至多國的跨國民族。19世紀50至60年代，隨著沙俄勢力的擴張和滲透，東布魯特（北方吉爾吉斯）諸部與俄國之間的聯繫逐漸加強，布庫、薩爾巴噶什等部落首領逐漸向俄國宣誓效忠，俄國也逐漸在這些地區建立了統治。而此時的清朝，內憂外患不斷，也無暇顧及東布魯特諸部，故清朝鮮有記載其內部事務。

熱（Kenesary Kasymov,該書中又作 Qancha-Sary Töra）之子，克涅薩熱則係阿布賚子孫，因反抗俄國統治，並試圖恢復汗位元系統，並入侵東布魯特（北方吉爾吉斯）部落，最終為蘇勒圖部和薩爾巴噶什部布魯特聯合剿殺，故而 SadyqTöra 顯然為哈薩克人，而本文在此處所言及的斯底克本為布魯特首領，根據清朝文獻及瓦里漢諾夫的說明，斯底克應係希布察克部布魯特之首領，其父為愛里雅爾，他並非克涅薩熱之子，貝斯姆別耶夫的上述說明中，部分內容雖然與斯底克本人的生平相吻合，但其他內容也有可能係克涅薩熱之子 SadyqTöra 的生平，故而，貝斯姆別耶夫可能誤將二者身份混淆。

① 《克孜勒蘇柯爾克孜自治州志》對其事蹟有所記載，參見：克孜勒蘇柯爾克孜自治州史志辦編：《克孜勒蘇柯爾克孜自治州志》,烏魯木齊：新疆人民出版社,2004年，第 1477 頁。

第九章　俄國對東布魯特（北方吉爾吉斯）諸部統治的建立

第一節　19 世紀鬆散的東布魯特聯盟及其與俄國的關係

一、聯盟關係的加強

　　張格爾之亂後，隨著俄國軍隊在七河流域的出現並深入於布庫部遊牧地，加之，張格爾之亂本身也對於清朝造成了極大的危害，瓦里漢諾夫提及，這直接破壞了清朝對布魯特的影響力[1]，這促使俄國自道光中期逐漸在東布魯特建立統治。

　　乾隆年間，東布魯特諸部已經結成了一定的聯盟關係，這在 19 世紀 40 年代盛極一時，保羅·蓋斯（Paul G. Geiss）指出，北方吉爾吉斯諸部僅結成了鬆散的聯盟關係，幹爾曼在 19 世紀 40 年代，曾試圖聯合東布魯特諸部結成聯盟，但此願最終落空。[2]薩爾巴噶什部鄂僧古爾分支首領幹爾曼（Ormon）宣告自己為東布魯特諸部落之汗，清代文獻對其本人並無記載，僅對其父尼雅斯伯克（Niyazbek）略有記載，那彥

---

[1]Valikhanof, M. Veniukof,etc,*The Russians in Central Asia* ,1865,p.193.

[2]Paul George Geiss, *Pre-Tsarist and Tsarist central Asia:Communal commitment and political order in change,2003*,pp.108-110.

成提及薩爾巴噶什部塔什坦伯克和尼雅斯伯克，分別享有三品和四品頂翎。[①]尼雅斯伯克即為鄂僧古爾之子，塔什坦伯克（Tastanbek）係阿提克之子，二者分別為鄂僧古爾分支和提奈分支的家族成員，占泰（Jantay）則為塔什坦伯克之侄。

幹爾曼在宣稱自己為汗後，任命占泰和托洛格爾迪(Torogeldi)為其主帥，由於二者皆來自薩爾巴噶什部，其他北方吉爾吉斯部落並不願意認可幹爾曼的統治。[②]雖然如此，幹爾曼仍作為「汗」，在十多年時間裏，統治了薩爾巴噶什部和以伊塞克湖、楚河河谷為中心的其他東布魯特部落。[③]後來，因諸部間的矛盾和鬥爭，東布魯特聯盟終究未能形成，19 世紀中期，東布魯特內部政治分裂勢頭漸長，幹爾曼強迫薩雅克部和布庫部承認其權威性，但並未成功，他本人也在 1854 年與布庫部的一次戰鬥中被屠殺。[④]

幹爾曼死後，東布魯特事務的統領權即轉移至提奈分支，較之於幹爾曼，阿提克之孫占泰雖然並未達到幹爾曼的政治地位和高度，但其所在家族的政治地位在數代人之間穩固提升，其父喀喇伯克（Qarabek）鮮為人知，阿提克的實際權力傳位於占泰之叔塔什坦伯克，在塔什台伯克的安排下，在對喀喇伯克的周年紀念宴會上，占泰升任為汗。他不僅在薩爾巴噶什部享有較高威望，在東布魯特其他部落以及哈薩克同樣如此。儘管他被幹爾曼稱作首席顧問，但二者通常關係緊張。[⑤]占泰在提奈內部被升任為「汗」，但這一職銜顯然與幹爾曼所宣稱的汗位

①那彥成：《那文毅公奏議》卷 80《收撫外夷》，第 557 頁。

②T. Tchoroev(Chorotegin), *The Kyrgyz*,in Chahryar Adle and Irfan Habib (eds.) *History of Civilizations of Cen tral Asia*,Vol. V ,UNSECO Publishing,2003,p.119.

③Daniel Prior, *The Šabdan Baatir Codex: Epic and the Writing of Northern Kirghiz History*, 2013, p.296.

④T. Tchoroev, *The Kyrgyz*,2003,p.119.

⑤Daniel Prior, *The Šabdan Baatir Codex: Epic and the Writing of Northern Kirghiz History*, 2013 , p.297-299.

不同，占泰升任為汗，顯示出他在提奈分支內部的權威性，但 19 世紀末期，隨著幹爾曼、占泰的先後離世以及俄國對東布魯特的統治，占泰之子沙布丹(Shabdan)服務於俄國，東布魯特諸部事務的統領權最終轉移到沙布丹之手。

19 世紀 40 年代，東布魯特多部攜手，抵禦哈薩克汗國最後一任汗王克涅薩熱（Kenesari）（肯尼薩爾）的入侵，表現出軍事上的聯合，並成為東布魯特歷史上的標誌性事件。1846 至 1847 年，克涅薩熱反抗俄國的統治，並向東侵襲伊塞克湖附近的布魯特部落，俄國在 19 世紀 20 年代加強了其對於哈薩克草原的控制，並於 1822 年廢除哈薩克的汗位系統、瓦解了哈薩克汗國，克涅薩熱因此反抗俄國，試圖恢復汗位系統。克涅薩熱吞沒了哈薩克草原及其周圍地區，這促使布魯特諸部首領與俄國進行合作，其中包括布庫部的博鑾拜、薩爾巴噶什部幹爾曼和占泰、蘇勒圖部的江噶拉齊，1847 年，在占泰領導下，諸部布魯特合力剿殺了克涅薩熱，叛亂因此平定。[①]

關於克尼薩熱暴亂，捷連季耶夫指出，俄國統治哈薩克汗國之後，在哈薩克草原上設立州、鄉州分為鄉，鄉長叫蘇丹，同時，建立了哥薩克新村，這引起了蘇丹們的不滿，阿布賚之子凱西姆和他的兒子肯尼薩爾父子二人夢想回到阿布賚時代，恢復汗王稱號並自立為汗，1838 年開始反叛俄國統治，而在 1837 年，即有蘇丹卡普開始發動騷亂，另兩名巴圖魯伊謝泰和朱拉曼等人與之聯合，肯尼薩爾的叛亂，客觀上促使俄國在 1838-1840 年加強了俄國在西伯利亞草原的工事和防線。[②]這表明，肯尼薩爾反叛俄國統治存在著大背景，同時期的其他蘇丹也發起了反叛。捷連季耶夫也指出，1847 年，當肯尼薩爾征服塔什干後，

---

① Akiyama Tetsu(秋山徹), *Nomads Negotiating the Establishment of Russian Central Asia: ocusing on the Activities of the Kyrgyz Tribal Chieftains*,2013,p.146.

② [俄]M.A.捷連季耶夫著：《征服中亞史（第一卷）》，武漢大學外文系譯，北京：商務印書館，1980 年，第 105-106 頁、第 125-126 頁。

又開始收拾卡拉吉爾吉斯人:

> 1847 年,他竄到了他們的阿拉套山區,他把被俘的婦女和兒童
> 當著他們的丈夫和父親的面放到大鍋裡煮,引起了當地人民的
> 狂怒,因此他就在這裡一個峽谷中遭到了慘敗,三千人全軍覆
> 沒,肯尼薩爾本人和全部捷連古人(他的衛隊和劊子手)都被
> 殺死。他的頭顱骨送到了戈爾恰科夫公爵處,保存在「肯尼薩
> 爾暴動」檔案裏。[1]

捷連季耶夫描述了肯尼薩爾對布魯特的殘暴侵略行徑,這也導致
肯尼薩爾及其三千軍隊受到伏擊、遭遇慘敗,肯尼薩爾本人被殺死。
王治來先生論及,肯尼薩爾之子斯迪克雖然繼續反抗,但也並未長久
堅持, 1847 年是一個引人注目的年代,象徵著俄國對哈薩克人征剿的
終結。[2]

巴布科夫也提及,肯尼薩爾試圖恢復汗的稱號,1847 年,他向伊
塞克湖、楚河上游的吉科卡門吉爾吉斯人進行了侵襲。

> 但是肯尼薩爾在這裡遭到了不幸:他的五千人的先頭部隊,在
> 胡代緬達·加津率領之下,被酋長阿爾曼所率領的吉科卡門吉爾
> 吉斯人擊潰。隨後肯尼薩爾本人也被吉科卡門吉爾吉斯人誘入
> 賣陶山谷(現時托克馬克附近),在該處被俘之後,受到了殘酷
> 的折磨和嘲弄,然後同他的兩個兄弟、兩個侄子和十五個蘇丹
> 一起被殺死了。[3]

---

[1] 同上,第 242 頁。

[2] 王治來:《中亞通史·近代卷》,烏魯木齊:新疆人民出版社,2004 年,第 227-228
頁。此處提及的斯迪克即肯尼薩爾之子,與前文中所提及的 1864 年迎請布素魯克的
希布察克布魯特首領斯底克並非同一人,這在前文中有所論及。

[3] [俄]伊·費·巴布科夫著:《我在西西伯利亞服務的回憶(1859-1875 年)》,王之相
譯,北京:商務印書館,1973 年,第 37-38 頁。

巴布科夫也描述了肯尼薩爾受到布魯特伏擊從而身亡的過程，這裡的阿爾曼即本著中所提及的幹爾曼，這也表明了肯尼薩爾最終因入侵布魯特而遭受失敗的過程，幹爾曼在伏擊肯尼薩爾的過程中也起到了領導作用。

可以想見，當東布魯特在 19 世紀中期再次遭受外敵入侵時，此時的薩爾巴噶什部首領率領諸部進行了積極抵抗，最終剿殺入侵者，這也促進了各部間的團結、統一，並在客觀上迎合了俄國的需要，幹爾曼等人也贏得了俄國的嘉獎。幹爾曼試圖獨自稱汗、統領東布魯特諸部落，也正是基於這樣的背景。自乾隆朝到清末，東布魯特的諸多要務皆由薩爾巴噶什部所主導，正如丹尼爾·普萊爾所言，薩爾巴噶什部作為一個整體，在北方吉爾吉斯的關鍵性政治和軍事事件中處於核心位置。[1]正是這樣的地位，使得東布魯特在建立聯盟方面具備了一定的基礎，並形成了鬆散的聯盟，這一特點也是清代其他地區布魯特所不具備的。

東布魯特鬆散聯盟的存在，表明了諸部整體上間的關聯性，就諸部具體關係而言，薩爾巴噶什部實際為蘇勒圖部的親密盟友，佔據伊塞克湖西部、楚河上游各支流地區，薩爾巴噶什部男性與薩婁部女性之間存在著聯姻，並在多代人之間延續，如阿提克之妻、喀喇伯克之母即為薩婁部伯迪克（Berdike）的女兒，阿提克又將喀喇伯克婚配於伯迪克的孫女，她也就是占泰之母。[2]尤金·疏勒通過族源傳說來闡述諸部間的關係，認為這些族源傳說多與動物相關，多個布魯特部落皆起源於英雄塔蓋伊，蘇勒圖、薩爾巴噶什、布庫人皆稱其為塔蓋伊正室所生之人，而薩雅克人卻為塔蓋伊之妾所生，因此，薩雅克為其他部落所蔑視，以致頻頻為他部所奴役，相關傳說也表明了這些部落間的

[1] Daniel Prior, *The Šabdan Baatir Codex: Epic and the Writing of Northern Kirghiz History*, 2013, p.23.

[2] *Ibid*.p.186.

親緣關係。布庫部還盛行一個與鹿相關的傳說，認為布庫部因薩爾巴噶什人與鹿的結合而產生。[①]

二、東布魯特內部矛盾及俄國勢力的滲透

東布魯特內部也存在著一些矛盾，其中尤以薩爾巴噶什部和布庫部之間的不和為著，清代文獻並不明確兩部間的聯繫與區別，《新疆識略》將薩爾巴噶什和布庫作為同一部，其他多種文獻甚至未提及布庫部。瓦里漢諾夫認為，布庫、薩爾巴噶什、蘇勒圖等部同屬於右翼中的塔蓋伊，維尼科夫將薩爾巴噶什和布庫同列為塔蓋伊所屬的次級分支柯爾哲（Kylzhyr）的兩個組成部分[②]，更表明兩部之間的密切關係。這表明，薩爾巴噶什與布庫兩部之間的關係本來較為親密。

雖然如此，但兩部之間逐漸產生了不和，並在 19 世紀中期爆發戰爭。俄國考察家謝苗諾夫（P.Semenov）曾率團於 1856 至 1857 年考察天山地區，他指出，薩爾巴噶什部首領幹爾曼死於與布庫首領博鑒拜（Burambai）的戰爭中，但兩部實際存在著聯姻，幹爾曼之女即嫁與博鑒拜之子。謝苗諾夫認為兩部間的血腥衝突，源自於薩爾巴噶什部欲征服布庫部，兩部間開戰，最初由兩部屬民個體間因買賣、交易中的口角之爭引起，有時是因設定部落領地間的界碑而產生。[③]瓦里漢諾夫也提及，薩爾巴噶什與布庫部之間存在著殊死世仇，薩爾巴噶什部向布庫部的進攻，導致了大規模的屠殺。[④]1853 年，兩部爆發戰爭，幹

①Eugene Schulyer, *Turkestan* , Vol. II , London : 1877，p.138.

②Lawrence Krader,*Peoples of Central Asia*,Indiana University,1963,p.267.

③P.Semenoff,*Narrative of an Exploring Expedition from Fort Vernoye to the Western Shore of the Issik-Kul Lake, Eastern Turkistan*,trans.by E.Morgan, The Journal of the Royal Geographical Society of London, Vol. 39,1869,pp.323-325.

④Valikhanof, *The Russians in Central Asia*, 1865,p.285.

爾曼獲勝，博鑾拜失去了其最為鍾愛的營地，並被迫撤離。[1]1854年，兩部再戰，斡爾曼被博鑾拜長子克里奇（Klych）所刺死，但薩爾巴噶什部仍然取得了勝利，博鑾拜失去了其位於伊塞克湖東岸的大片領地，並被迫遠徙至伊塞克湖東北地區，薩爾巴噶什部將整個伊塞克湖盆地據為己有。[2]其後，斡爾曼之子烏瑪塔里（Umotaali）率部多次洗劫布庫部，在1856年的一次突襲中，俘獲博鑾拜家族中多位女眷。[3]博鑾拜在鬥爭中失去了其位於伊塞克湖南岸的大片耕地和果園，這令其傷心不已。故而，兩部間的鬥爭，突出地表現為斡爾曼所在的鄂僧古爾薩爾巴噶什部與布庫部間的衝突，衝突的大背景為斡爾曼稱汗之後強迫布庫部認可其汗位，但並未能如願。

除此之外，布庫部的分支部落黑底克（Kydyk）也受到了薩爾巴噶什部的伏擊，損失慘重。黑底克係布庫部的一個強有力的氏族，其首領薩瑪卡拉（Sam-kala）本臣屬於博鑾拜，但他與博鑾拜發生爭執，率所屬三千人攜帶武器，試圖經由伊塞克湖東南方向的佐卡走廊（Zauka Pass）越過天山，薩爾巴噶什部本秘密地允許這部分叛眾通過該走廊，但最終對他們進行了伏擊，黑底克部完全受到殲滅，其所有畜牧群皆被搶掠，大量屬眾遇害或受到俘虜，只有小部分人得以逃脫並返回博鑾拜處。然而，博鑾拜相較於其所失去的耕地、果園以及被俘的女眷，並未對黑底克部所受損失太過悲傷。[4] 該事件表現了薩爾巴噶什部與布庫部之間矛盾的進一步發展，這也更加削弱了布庫部的實力。

需要指出的是，俄國學者所指的布庫部首領Burambai（Borombay），

①P.Semenoff, *Narrative of an Exploring Expedition from Fort Vernoye to the Western Shore of the Issik-Kul Lake, Eastern Turkistan*,1869,p.325.

②Peter.P.Semenov,*Travels in the Tian'-Shan' 1856-1857*,trans.and edit.by Colin Thomas,etc., London:The Hakluyt Society,1998,p.173.

③*Ibid*.p.144.

④P.Semenov, *Travels in the Tian'-Shan' 1856-1857*, trans.and edit.by Colin Thomas,etc., London:The Hakluyt Society,1998,pp.144-145.

即為漢文文獻中的「博鑾拜」，首先，二者發音相近；其次，相關中外文文獻可以相互印證：道光十四年（1834），布魯特首領博鑾拜引導清朝官員赴黑底克愛曼拿獲布魯特盜馬賊姜噶什等，被賞給三品頂戴花翎。[①]《軍機處錄副奏摺》載：「伊犁將軍特依順保奏請賞拿獲逞兇賊首之布呼愛曼布魯特比博鑾拜等頂翎事」[②]，二者所指事件相同，且明確說明博鑾拜係布呼（布庫）部首領。道光二十七年（1847），博鑾拜因功被加級賞與翎頂。[③]謝苗諾夫稱，他見到 Burambai 所戴的清朝所授官帽上有紅頂[④]，清朝所授頂戴為紅色者，惟有一品和二品的頂戴，所用材質分別為紅寶石和珊瑚，而清朝授予布魯特首領的頂戴品級最高者為二品，故而，可以推斷，1847 年時，博鑾拜應被加級賞與了二品頂戴。光緒年間，博鑾拜之孫托克托遜率屬由俄國逃歸清朝，《新疆圖志》稱托克托遜博蘭（鑾）拜被賞與珊瑚頂戴[⑤]，這正印證了謝苗諾夫的描述。

　　同樣地，結合類似考證，可以對同時期布庫、薩爾巴噶什部其他人物與清朝的關係有進一步的瞭解，限於篇幅，不再專列相關文獻。因地理位置上的關係，東布魯特諸部事務受伊犁將軍、大臣的節制，而其他布魯特部落所屬事務，則多由喀什噶爾、葉爾羌等大臣節制，這也體現東布魯特的特殊性。托克索拜係博鑾拜近支族弟，其父為鄂勒吉拜，在清朝平定張格爾之亂的前後過程中，鄂勒吉拜多次向清朝大臣提供情報，被清朝授予三品頂戴，鄂勒吉拜離世後，托克索拜繼承三品頂戴。布庫部屬人畢爾納雜勒及其子鐵列克瑪特，也曾向清朝彙報薩雅克部汰劣克等人的動向，該部人物卻喇曾扣押汰劣克達三個

① 《清宣宗實錄》卷 260，道光十四年十一月乙丑。

② 《奏請賞拿獲逞兇賊首之布呼愛曼布魯特比博鑾拜等頂翎事》（道光十四年十一月四日），《軍機處錄副奏摺》，檔號 03-2632-016，中國第一歷史檔案館藏。

③ 《清宣宗實錄》卷 447，道光二十七年九月甲午。

④ P.Semenoff, *Narrative of an Exploring Expedition from Fort Vernoye to the Western Shore of the Issik-Kul Lake, Eastern Turkistan*,1869,p.326.

⑤ 袁大化、王樹枬等：《新疆圖志》卷 16，《藩部一》，東方學會，1923 年。

多月。這些人物與鄂勒吉拜、博鑾拜的關係並不明確，但顯然也配合了清朝平定動亂。與之相類，阿提克之子塔什坦伯克也曾配合清朝追索叛亂者。這表明，薩爾巴噶什部、布庫部皆曾積極幫助清朝平定張格爾之亂。19 世紀 40 年代末以來，清代文獻對於東布魯特諸部並無更多的記載，尼雅斯伯克之子幹爾曼、塔什坦伯克之侄占泰等人，皆未見載於清朝文獻，這是因為幹爾曼、占泰及其後人烏瑪塔里、沙布丹，主要與浩罕、俄國開展交往，從而與清朝疏遠。

　　論及布魯特與俄國之間的交往，最早還要追溯到 18 世紀 80 年代，阿提克作為布魯特首領，首次遣使於沙俄，切羅伊夫（T. Tchoroev）指出：「薩爾巴噶什部落首領阿提克比，於 1785 年派遣其使臣阿布都喇曼·庫楚克至俄國，面見了沙俄女皇葉卡捷琳娜二世。」[1]他之所以遣使於俄國，這與浩罕的擴張有關，同時，這也與提奈同鄂僧古爾分支之間的矛盾有關，二者同為薩爾巴噶什部重要分支部落，在兩者的鬥爭中，提奈部處於下風，這就激發了阿提克遣使於俄國。[2]但俄國勢力向布魯特部落的滲透，主要發生於 19 世紀 40 年代，捷連季耶夫指出，「大帳剩下的部族（阿德班部、杜拉特部和賈萊爾部）和沿阿拉套山脈北坡遊牧、保持獨立的野石帳吉爾吉斯人，於 1845 和 1847 年都先後臣服俄國。」[3]這表明，哈薩克大帳的一些部落和部分布魯特在 1847 年左右臣服俄國，這應與克涅薩熱叛亂的平定有關，而東布魯特主要部落還是在 19 世紀 50-60 年代正式臣服於俄國。

　　19 世紀 40 年代，東布魯特諸部幫助俄國平定了克涅薩熱的叛亂後，占泰、幹爾曼等人受到了俄國的嘉獎，俄國對於東布魯特諸部的影響力漸增，這突出地表現為，東布魯特諸部之比廣泛地被俄國任命

①T. Tchoroev, *The Kyrgyz*, 2003, p.120.

②Daniel Prior, *The Šabdan Baatir Codex: Epic and the Writing of Northern Kirghiz History*, 2013, p.298.

③[俄]M.A.捷連季耶夫著：《征服中亞史（第一卷）》，武漢大學外文系譯，北京：商務印書館，1980 年，第 108 頁。

為瑪納普（manap），這一職銜主要在 1847 年克涅薩熱之亂後，普遍盛行於東布魯特諸部，被視為封建貴族階層，根據地位的不同分為大瑪納普、中瑪納普和小瑪納普，幹爾曼、博鑾拜等人皆被稱為大瑪納普。薩爾巴噶什、薩雅克、布庫、蘇勒圖、胡什齊等部首領皆被授予該頭銜，瑪納普逐漸成為了這些部落首領的代名詞。[1]值得注意的是，這一職銜僅見於東布魯特諸部，係俄國勢力擴張背景下東布魯特所呈現出的獨特之處。俄國通過廣泛任命瑪納普，建立了密集的軍事防禦網路，俄國逐漸滲透於東布魯特諸部。俄國在北方吉爾吉斯的軍事擴張及其所建立的統治，很大程度上依賴於各部瑪納普，瑪納普階層也成為北方吉爾吉斯社會中的重要群體。[2]以丹尼爾·普萊爾、秋山徹為代表的國外學者，在近年來多有論及，關於此，後文將有專論。

在此情境下，博鑾拜率先歸附於俄國，瓦里漢諾夫稱，1855 年，博鑾拜作為布庫部的大瑪納普，率其屬眾一萬餘人，向俄國宣誓效忠，次年，俄國即遣考察團至伊塞克湖周圍進行地理考察。[3]謝苗諾夫提及了相關背景，認為布庫部雖然實力強大，但要面臨薩爾巴噶什部和哈薩克大帳的攻襲，他們雖然名義上依賴於清朝，但並未從清朝那裡得到資助或支持，由此，博鑾拜訴諸於俄軍，向俄國尋求援助，以抵禦鄰近部落的入侵，故自願率屬歸附於俄國。[4]博鑾拜的「歸附」，實際是以寄信於俄國西伯利亞當局的形式表達效忠之意，隨後，以謝苗諾夫、瓦里漢諾夫為代表的俄國考察團多次考察天山、伊塞克湖等地，俄國在其後的十多年時間裏，方完成對於東布魯特的「征服」，占泰所

---

①秋山徹，2010，"クルグズ遊牧社會におけるロシア統治の成立：部族指導者「マナプ」の動向を手がか りとして"，《史學雜誌》，119(8)：6-7。

②Akiyama Tetsu(秋山徹),*Why Was Russian Direct Rule over Kyrgyz Nomads Dependent on Tribal Chieftains "Manaps"*, Cahiers du monde russe,56(4),2015,pp. 625-649.

③Valikhanof,*The Russians in Central Asia*,1865,p.88.

④P.P.Semenoff,*Djungaria and the Celestial Mountains*,trans.by John Michell,The Journal of the Royal Geogaphical Society of London, Vol. 35,1865,p.219.

率領的薩爾巴噶什部提奈分支，則於 1862 年向俄國宣誓效忠，斡爾曼之子烏瑪塔里直至 1867 年才勉強開始效忠俄國，成為最後一位投附俄國的東布魯特首領。[①]

同治年間，因中俄勘界，清朝的一些布魯特部落被劃歸俄國，根據《新疆圖志》，蘇勒圖、察哈爾、薩雅克、巴斯奇斯、薩爾巴噶什諸部投歸俄國，[②]其中的察哈爾應即察哈爾薩雅克，薩爾巴噶什、薩雅克、蘇勒圖則確係東布魯特所屬部落，實際還應包括布庫部。

自東布魯特歸附清朝以來，諸部即存在著較多的關聯性，哈薩克的多次入侵，客觀上促進了東布魯特的聯合與合作，逐步構建了一個鬆散的東布魯特聯盟，阿提克、斡爾曼、占泰等首領先後湧現出來，斡爾曼更是在 19 世紀 40 年代獨自稱汗，但並未能如願，這也激發了內部矛盾，突出地表現為薩爾巴噶什與布庫之間的鬥爭。19 世紀後半期，夾雜於清朝、俄國和浩罕之間的東布魯特，呈現出了多元化的特點，一些首領既享有清朝所授頂戴，又被俄國任命為瑪納普職銜，還有一些布魯特首領則供職於浩罕，東布魯特歷史的變遷過程直觀反映了沙俄勢力的滲透過程。

第二節　瑪納普與俄國在東布魯特諸部統治的建立

一、學界對瑪納普的關注度

東布魯特諸部西鄰哈薩克、浩罕，北鄰俄國，俄國在 19 世紀 20 年代歸併哈薩克汗國之後，又進而向東侵入東布魯特（北方吉爾吉斯）諸部，1847 年東布魯特幫同俄國平定克涅薩熱（肯尼薩爾）叛亂之後，

[①]Daniel Prior, *The Šabdan Baatir Codex: Epic and the Writing of Northern Kirghiz History*, 2013, p.299.

[②]袁大化、王樹枏等：《新疆圖志》卷 16，《藩部一》，東方學會，1923 年。

俄國逐步在東布魯特地區建立了統治，步步深入於清朝西北邊疆地區，並最終通過不平等條約掠奪清朝巴爾喀什湖以東、以南的大量領土。俄國勢力擴及東布魯特的過程中，在布魯特首領中廣泛設立瑪納普（Manap）這一職銜，進而利用瑪納普們逐步建立了統治，這一節內容旨在討論瑪納普這一職銜產生的相關背景，及其在俄國建立統治過程中所發揮的作用。

國內學界在清代新疆布魯特歷史研究方面，主要利用清朝文獻中的相關記載，更多討論與清朝關係較為親近的部落和人物的歷史，東布魯特眾多事務並未見載於清朝文獻，國內學者也較少討論東布魯特各部歷史及其內部事務。專就瑪納普而言，國內學者幾乎未就對其加以系統、深入的論述，清朝文獻中似並未記載這一名稱，近年來，部分國內學者雖然有所提及，但並未加以更多討論；[1]相對全面的闡釋，還要數《中國少數民族文化大辭典·西北地方卷》中對於瑪納普的說明：

> 瑪納普：舊時柯爾克孜族氏族統治者的代名詞。這一專用名詞與柯爾克孜薩爾巴額什部落朵洛斯比的兒子瑪納普有關。當時僅指個人，後來逐漸形成一個專用名詞在廣大柯爾克孜地區流傳，成為一種氏族統治者的代名詞，與「比」這一官名通用，在意義上無任何差別。18世紀，只有創造英雄業績的「比」才被成為「瑪納普」。到了19世紀，「瑪納普」開始成為世襲的官銜，一般都擁有大量的牲畜、財物和土地。根據其社會地位和血緣關係，「瑪納普」分為「大瑪納普」，「中瑪納普」和「小瑪

---

① 如馬文華在《18—19世紀布魯特人的社會經濟概況》（《新疆大學學報》（哲學社會科學版），1990年第3期）一文中，所引述的俄國論著雖提及這一名詞，但並未做專門討論；曹盟在《19世紀吉爾吉斯民族社會轉型研究》（《貴州師範大學學報》，2007年第1期）一文中、焦一強在《影響吉爾吉斯斯坦政治轉型的部族主義因素分析》（《俄羅斯中亞東歐研究》，2010年第3期）一文中，皆議及19世紀時瑪納普在北方吉爾吉斯的存在，並稱其為封建貴族、大牧主，但所論並不詳盡。

納普」。[①]

這一名詞解釋論及瑪納普的源起、性質及其地位，相較於國內學者的其他闡釋，更顯充分，但畢竟僅作為名詞被收錄該著之中，並未加以更為深入的討論。

相較於國內學界，國外學者自 19 世紀中期開始，即注意到瑪納普存在於東布魯特各部，這首先體現俄國學者瓦里漢諾夫、謝苗諾夫等人的記載中，他們曾親身與薩爾巴噶什、布庫等部的著名瑪納普有過接觸，這些記載，為深入認知瑪納普的歷史提供了重要參考，尤金·疏勒、巴托爾德對於瑪納普的活動也有所說明。20 世紀以來，國外學者在討論 19 世紀中後期布魯特與沙俄、浩罕的關係，以及東布魯特（北方吉爾吉斯）內部的社會結構時，多涉及相關的議論和分析，但這些研究仍顯零散。近年來，美國學者丹尼爾·普萊爾[②]、日本學者秋山徹（Akiyama Tetsu）[③]等，在多篇論著中，結合俄文文獻以及吉爾吉斯史

[①] 鐵木爾·達瓦買提主編：《中國少數民族文化大辭典·西北地方卷》，北京：民族出版社，1999 年，第 221 頁。

[②] 參見 Daniel Prior:*The Twilight Age of the Kirghiz Epic Tradition*, Ph.D. dissertation, Indiana University, Bloomington,2002; "Heroes ,Chieftains,and the Roots of Kirghiz Nationalism", *Studies in Ethnicity and Nationalism*Vol.6, Issue 2,2006, pp. 71–88; *The Šabdan Baatir Codex: Epic and the Writing of Northern Kirghiz History*, Leiden: Brill, 2013;"High Rank and Power among the Northern Kirghiz:Terms and Their Problems, 845-1864",in Paolo Sartori,(ed.)*Exploration in the Social History of Modern Central Asia (19th to Early 20th Century)*, Leiden: Brill,2013,pp. 137-179,etc.

[③] 參見秋山徹:「20 世紀初頭のクルグズ部族首領権力に関する一考察：シャブダン·ジャンタイの葬送儀式の分析をてがかりとして」,『内陸アジア史研究』,(24) 83-104，2009 ;「クルグズ遊牧社會におけるロシア統治の成立：部族指導者「マナプ」の動向を手がかりとして」,『史學雜誌』119(8) 1-35, 2010 ;「クルグズ遊牧社會におけるロシア統治の展開：統治の仲介者としてのマナプの位置づけを中心に」,『スラヴ研究』,(58)29-59, 2011 ;「ロシア統治下におけるクルグズ首領層の権威について：遊牧世界とイスラーム世界の間で」,『東洋史研究』71(3) 29-57 2012 ; "Nomads Negotiating the Establishment of Russian Central Asia:Focusing on the Activities of the Kyrgyz Tribal Chieftains",*Memoirs of the Research Department of the*

詩，對於瑪納普這一頭銜在 19 世紀布魯特社會中的歷史進行了相對深入、全面的解析，他們的這些研究，為進一步認知 19 世紀東布魯特的歷史和社會結構，提供了重要參考。

東布魯特諸部首領被廣泛授予瑪納普頭銜，客觀反映了沙俄勢力向布魯特的擴張以及道光朝以來清朝無暇顧及東布魯特諸部的歷史事實。俄國在東布魯特諸部建立統治的過程中，很大程度上依賴於瑪納普，對於瑪納普階層的分析，有助於解析東布魯特諸部社會結構的變遷，總結其起源和發展的歷史，也可為深入認識東布魯特在 19 世紀的歷史發展帶來更多啟發。故而，本節主要在參考國外學者研究的基礎上，對於瑪納普做出一定的評述，並討論俄國是如何借助瑪納普階層在東布魯特地區建立統治的。

二、瑪納普的產生背景

18-19 世紀時，柯爾克孜族（吉爾吉斯）在清朝文獻中被稱為布魯特，今北方吉爾吉斯地區相當於清朝的東布魯特，主要包括薩雅克、薩爾巴噶什、蘇勒圖、布庫、霍索楚、啟台、薩婁等部落，分佈於天山中部伊塞克湖周圍、納林河上游地區以及楚河、塔拉斯河流域，這些部落於乾隆二十三年（1758）歸附於清朝，受到清朝駐伊犁的將軍、大臣的節制，其部落首領被清朝授予不同品級的頂戴。布魯特在新疆其他地區也有分佈，這些部落位於費爾干納、阿賴、帕米爾地區，並散處於南疆喀什噶爾、英吉沙爾、葉爾羌、烏什、阿克蘇等城卡倫內外地方，這些歸附於清朝的布魯特部落則多受喀什噶爾、葉爾羌等大臣的節制，由清朝駐南疆的大臣頒給各部落首領二品至七品不同等級的頂戴。

關於各部落首領，清朝文獻中，《西域圖志》載：「諸頭目不相統

屬，推一年長者有事則告，俾與聞而已。」①《西域聞見錄》載：「布魯特，回子之一部落也，地界安集延、喀什噶爾之間，地廣人眾。稱其君曰比，或有管領一二十愛曼者，或有管領二三十愛曼者，愛曼人戶即其阿拉巴圖。雖皆為布魯特，而其比不一，各君其地，各子其民，力敵勢均，不相統轄，不蓄一領，如其比死，立其比之子，若弟他人，不得與也。」②這些記載，闡述了布魯特內部的社會結構，各部落首領為比，各比分領其屬民，互不統攝，《西陲總統事略》載：「大首領稱為比，猶回部之阿奇木伯克也，比以下有阿哈拉克齊，大小頭目皆由喀什噶爾參贊大臣奏放，給以翎頂二品至七品有差。」③這表明，比、阿哈拉克齊皆為布魯特首領的名稱，但翻檢清朝相關文獻，並未發現任何有關瑪納普這一職銜的記載。19 世紀初期以來，清朝在東布魯特的影響力漸小，清代官私修文獻對於東布魯特內部事務的記載也愈發不足，加之，19 世紀 20-50 年代之間，和卓家族後裔在南疆多次發動叛亂，西方列強在東南沿海對清朝發動的兩次鴉片戰爭也使得清朝國勢漸衰，清朝更無暇顧及東布魯特內部事務的具體情形，清代文獻對瑪納普並無記載也就不足為怪了。

　　前文提及，18 世紀中後期，東布魯特因面臨著浩罕勢力的擴張和哈薩克的入侵，諸部空前團結，並湧現出了阿提克這一首領，他統領諸部抗擊哈薩克，並成為首個向沙俄派遣使臣的布魯特首領，在 1785 年，派遣使臣前往莫斯科面見了葉卡捷琳娜二世，但其所遣使臣受到俄國拘押並最終客死異鄉，故而，東布魯特與俄國間的關係並未因此次遣使而獲得實質性進展。此後，直至 19 世紀 40 年代，因東布魯特各部聯合抵禦哈薩克末代汗王克涅薩熱的入侵、剿殺了克涅薩熱，從而幫同俄國平定了克涅薩熱的叛亂，該事件具有標誌性意義，此事直

①《西域圖志》，卷45，《藩屬二‧東布魯特》。
②椿園七十一：《西域聞見錄》，卷三《布魯特》。
③祁韻士：《西陲總統事略》，卷十一《布魯特源流》。

接拉近了東布魯特與俄國之間的距離，俄國效仿哈薩克由成吉思汗後裔成員蘇丹所組成的貴族階層，在吉爾吉斯部落中建構了瑪納普這一貴族階層，這也使得瑪納普這一職銜盛行於東布魯特各部，他們也成為俄國在東布魯特建立直接統治過程中的合作者（collaborator）和中間人（mediator），為俄國瓦解部落制度、建立俄式行政單位發揮了重要作用。此後，瑪納普這一職銜盛行於東布魯特各部，諸部瑪納普為俄國統治的逐步建立，發揮了重要作用。薩爾巴噶什部鄂僧古爾分支的首領幹爾曼雖自主稱汗於東布魯特，但並未受到認可，東布魯特鬆散的聯盟也在內亂中瓦解。1855 年初，布庫部首領博鑾拜因其在與鄂僧古爾部的鬥爭中處於下風，率先帶領所部向沙俄宣誓效忠，其後，東布魯特即北方吉爾吉斯多部相繼投附於俄國，最終俄國於 19 世紀 60 年代吞併了東布魯特各部。

此處所討論的瑪納普這一職銜，即主要出現在 19 世紀中期，尤其是北方吉爾吉斯諸部平定克涅薩熱之亂的前後過程中。該事件對於北方吉爾吉斯產生了重要影響，俄國的勢力進一步滲透於諸部落之中，進而擴及天山地區，並與浩罕產生了對抗。沙俄帝國在其殖民擴張的過程中，為了尋求統治地方社會而非片面地整合被統治地區，總是尋找那些能夠擔任合作者的角色，如伏爾加—烏拉爾地區的塔塔爾人、哈薩克汗國的知識份子和傳統地方精英等皆起到了相類的作用。[1]正是在這樣的背景之下，當俄國在 19 世紀中後期深入於東布魯特時，也力圖在當地尋找為其所用的合作者，有意或無意地製造或加強了瑪納普這樣一個類似於哈薩克蘇丹的貴族階級。[2]

西方學者中，較早注意到瑪納普這一頭銜的，還要數 19 世紀 50—60 年代考察北方吉爾吉斯部落的謝苗諾夫和瓦里漢諾夫，他們注意到

---

[1] Akiyama Tetsu(秋山徹), "Why Was Russian Direct Rule over Kyrgyz Nomads Dependent on Tribal Chieftains 'Manaps'", 2015 , p. 626.

[2] *Ibid.*p.627.

瑪納普作為首領盛行於各部落中，而幹爾曼、占泰、博鑾拜等皆被稱
為大瑪納普或高級瑪納普，雖然他們並未就瑪納普這一頭銜加以系統
地解析，但仍觀察到了瑪納普所扮演的一些角色。法國學者斯瓦特勒
娜‧雅克森（Svetlana Jacquesson）也指出，她在研究吉爾吉斯人歷史的
過程中，總結了俄國旅行家在與瑪納普直接會面過程中的相關評論，
她認為，俄國旅行家的相關記錄雖然僅為隻言片語，其可靠性尚存疑，
但這些內容確實為重構瑪納普的畫面起到重要作用。[①]實際上，也正是
如此，在類似的記載中，謝苗諾夫認為瑪納普具有司法斡旋權，並參
考最為接近的審判做出最終裁決，若當事人歸屬於不同部落，他們將
訴諸不同的瑪納普，最終會由兩部的瑪納普和審判員組成會議，做出
最終判決。[②]瓦里漢諾夫也多次提及布庫部的高級瑪納普博鑾拜，他對
於瑪納普這一職銜的內涵和起源有一定的說明：

> 喀喇吉爾吉斯人由瑪納普或長老所統領，他們一度是由選舉產
> 生，儘管現在成為世襲性的。「瑪納普」一詞，從古希臘語的意
> 義上說，字面含義為暴君。最初，它是一個以兇殘和無情品性
> 著稱的長老的專有名稱，從他開始，這一稱呼遍及所有的吉爾
> 吉斯統治者。可以看出，瑪納普們並非貴族血統，除此之外，
> 吉爾吉斯人擁有比，以示區別，比依照人們的習慣法做出判決，
> 但很難說他們遠離公正。[③]

[①]Svetlana Jacquesson, *Pastoréalismes : anthropologie historique des processus 'intégration chez les Kirghiz du Tian Shan intérieur*, Wiesbaden : Dr. Ludwig Reichert Verlag, 2010,p.42. 相較於丹尼爾‧普萊爾和秋山徹對於瑪納普的研究，斯瓦特勒娜‧雅克森更傾向於研究俄國統治東布魯特後瑪納普在土地分配和管理制度中的作用，而前兩者則更傾向於歷史性的考證，強調瑪納普的社會政治地位和作用。

[②]P.Semenoff, *"Narrative of an Exploring Expedition from Fort Vernoye to the Western Shore of the Issik-Kul Lake, Eastern Turkistan"*,trans.by E.Morgan, The Journal of the Royal Geographical Society of London, Vol. 39,1869,p.324.

[③]Valikhanof, M. Veniukof,etc,*The Russians in Central Asia*,1865,pp.278-279.

　　儘管瓦里漢諾夫在此注意到吉爾吉斯人中存在瑪納普，但所做闡釋仍然較為有限。他也根據瑪納普和平民在身份上的區別，將吉爾吉斯社會描述為一個分層明晰的社會：

> 至於社會地位，人們被劃分為兩個等級：領主（manap）和平民（kara-bukhary），瑪納普作為某一帳內最古老祖先的直系後裔，最初作為家族之父領有父權，但隨著時間的逐漸推移，其權力漸增並最終轉化為領主和奴隸間的專制關係。[①]

　　丹尼爾·普萊爾結合俄國學者的記載和研究指出，無論是清朝文獻還是浩罕文獻，皆未洞察到吉爾吉斯瑪納普現象的起源。[②]惟有吉爾吉斯人的傳統口頭或書面文獻，方對於瑪納普的起源有著更為直接的記載。自十九世紀起，「瑪納普」這一名稱，被記憶為薩爾巴噶什部的一個宗譜分支祖先的名字，其名字後來被抽象為一個普通名詞。這一個名為瑪納普的人物為朵洛斯（Doolos）之子，他在薩爾巴噶什部吉爾吉斯中較為著名，但實際上，如同所有的有關吉爾吉斯民族歷史傳說一樣，所有相關信息的推論，僅能夠追溯到沙俄時代以來。[③]這表明，瑪納普本為薩爾巴噶什部傳說中一個首領的名稱，後來在沙俄統治時期被取而用於作為一種頭銜。

　　巴托爾德提及，拉德洛夫在 19 世紀 60 年代考察北吉爾吉斯地區時，有人向其說明瑪納普是 18 世紀後在吉爾吉斯人那裡出現的，薩爾巴噶什部一位比名為瑪納普，他成為其所在部落的首領，他死後，所

---

① Ch.Valikhanov,*Sobranie socinenii v pyati tomakh.Alma-Ata:Glavnaya redaktsiya Kazakhskoi sovetskoi entsiklopedii*,1985,p.38, reprinted in David Sneath,*The Headless State:Arisocratic Orders,Kinship Society,and Misrepresentations of Nomadic Inner Asia*, New York:Columbia University Press,2007,p.86.

② Daniel Prior,"High Rank and Power among the Northern Kirghiz:Terms and Their Problems,1845-1864",in Paolo Sartori,(ed.)*Exploration in the Social History of Modern Central Asia (19th to Early 20th Century)*, Leiden: Brill,2013,p.143.

③ *Ibid*.p.145.

有的比都被稱為瑪納普，拉德洛夫本人似乎並不相信這種說法。[1]斯瓦特勒娜·雅克森結合多年的田野調查，她對於吉爾吉斯人的世系和宗譜系統具有較為深入的研究，她就指出瑪納普（Manap）確曾為薩爾巴噶什分支一位元首領的名字，但薩爾巴噶什部在各部鬥爭中，於天山地區佔據統領性的地位，這也就是一位首領的名字會被整個北方吉爾吉斯地區所選用的原因所在，首領不再被稱為比而是被稱為瑪納普，這一事實意味著政治體系中的權力運行模式發生了轉變。[2]她的研究，進一步驗證了吉爾吉斯人傳說中的相關說法，她也指出，瑪納普這一名稱盛行於北方吉爾吉斯，這與薩爾巴噶什部的統領地位相關。

關於瑪納普的產生時間，原始文獻中似並無明確說明，學者們僅能夠通過有關記載進行推斷。丹尼爾·普萊爾在研究中指出，根據巴托爾德本人的研究，就瑪納普這一名稱而言，在克涅薩熱在 1847 年死於吉爾吉斯人手中之前，這一名稱並未被證實，該事件發生後，文獻中才提及之，蘇聯歷史學家貝加馬里·札姆噶契諾夫（Begamaaly Dzhamgerchinov）將該名稱已知的最早使用時間追溯到 1844 年，而後續的研究者，也未能將文獻中對瑪納普這一名稱記載追溯到 19 世紀 40 年代以前。[3]上述說法雖然並不統一，但皆強調了瑪納普產生於 19 世紀 40 年代。

瓦里漢諾夫在考察吉爾吉斯地區時，曾與博鑾拜就布魯特的世系及瑪納普進行過交流，博鑾拜稱瑪納普是沙俄所授予的修飾性頭銜，其他的布魯特首領，在論及俄國人時，多用瑪納普來稱呼自己。[4]故而，

---

① [蘇]巴托爾德著，張麗譯：《中亞歷史：巴托爾德文集第 2 卷第 1 冊　第 1 部分（下）》，第 590 頁。

② Svetlana Jacquesson, *Pastoréalismes : anthropologie historique des processus d'intégration chez les Kirghiz du Tian Shan intérieur*, 2010,p.33.

③ Daniel Prior,"High Rank and Power among the Northern Kirghiz:Terms and Their Problems, 1845-1864",2013,p.147.

④ *Ibid.*p.157.

瑪納普的產生很大程度上受制於沙俄，也有說法稱，瑪納普是沙俄為了在北方吉爾吉斯人中構建一個類似於哈薩克蘇丹的階層所製造的名稱。丹尼爾・普萊爾指出，「19 世紀早期，對於吉爾吉斯而言，是一個決定性的時期，除了比或者氏族長老之外，一個新的世襲性的首領階層產生了，他們並非汗，而是被稱為瑪納普，這一名稱，習慣性地被解釋為 18 世紀薩爾巴噶什部一位首領的名字，他得以聚集大量財富和權力，並將之轉繼於其子。」[①]

丹尼爾・普萊爾本人在研究中，根據博鑒拜的察合台文書信，推論瑪納普一詞源自於突厥語，他注意到，1845 年，博鑒拜曾寄信於俄國軍事長表達效忠俄國之意，在該信中，他稱呼自己為瑪納普，而信的末尾所鈐印的印章中則用其頭銜「比」，這表明，瑪納普並非類似於比（Biy）、汗（Khan）或者巴圖魯（Batir）、達特華（Datkha）的頭銜，它們通常出現於個人姓名之後，該信也顯示出早期使用瑪納普名稱者，是如何基於特定場合的政治背景，就不同的術語做出協調的。[②]這說明，與博鑒拜處於同時期的布魯特首領，既作為比，又被授為瑪納普，他們以不同形式求得兩種稱呼上的平衡。

三、瑪納普的主要職能及其地位變遷過程

在布魯特社會結構中，瑪納普的產生時間明顯晚於「比」和「阿克沙卡爾」（aksakal）（老者，長老），有學者對類似職銜所管事務進行了區分，「比」被視為較大親系單元的首領，像阿克沙卡爾那樣，要成

---

①Daniel Prior, "Heroes,Chieftains,and the Roots of Kirghiz Nationalism", *Studies in Ethnicity and Nationalism*, Vol.6(2),2006,p.75.

②Ibid.pp.149-150.布魯特部落首領稱為比；汗存在於哈薩克大帳、中帳、小帳中，布魯特並未形成統一的政治單元，並不存在汗；巴圖魯、達特華主要為 19 世紀浩罕所授予的頭銜，巴圖魯為英雄、勇士之意，達特華（達得華），意為地方長官，又負責與外國統治者溝通。

為比，需要在社會中受尊重並熟知傳統法，土耳其學者塔瑪拉‧奧爾瑟克（Tamara Ölçekçi）指出，「比」最初與瑪納普在法律意義上沒有區別，但「比」後來逐漸失去了其固有的社會角色和地位，並受制於瑪納普。[1]斯瓦特勒娜‧雅克森也指出，比是按照習慣法所確定的宗派的名稱。[2]

大衛‧施尼斯（David Sneath）注意到俄國學者所翻譯的漢文文獻中對布魯特比的描述，即前引文中椿園七十一所言：「各君其地，各子其民，力敵勢均，不相統轄，不蓄一須，如其比死，立其比之子，若弟他人，不得與也。」他議及，這雖然表明古代吉爾吉斯存在著貴族階層，但這並不能夠為世系社會模式所接受，而且被輕視甚或拒絕，同時，他指出蓋斯的觀點類似於摩爾根，即部落制社會不能夠容忍真正的世襲貴族階層，蓋斯指出，比是由其部落之人所選定的，瑪納普這一高級職銜（大致相當於王公）則是一種新近產物，與比相比較，瑪納普不可能更有權勢，並稱吉爾吉斯社會並不存在占統治地位、同族通婚且類似於哈薩克的汗或者王公世襲血統。[3]

顯然，大衛‧施尼斯是在就蓋斯的觀點進行考辨，實際上，蓋斯在其著作中指出，現有的證據表明，作為首領的比與瑪納普之間並無真正的差異，因為瑪納普也為其他影響力較小的首領所使用，那些依賴於大瑪納普（aga/senior manap）的被稱為次級瑪納普（minor manap），因為村級（aiyls）首領可能被稱為小瑪納普（cholok/small manap）。蓋斯也就椿園的上述記載進行了解讀，指出相關記載表明，各部落統領權父子相傳，其他部落屬人無法稱為首領，其次，漢文文獻強調了 17

---

①Tamara Ölçekçi, "Manaplar ve Kırgız Tarihindeki Rolleri(Roles in Manap and KyrgyzHistory)", *Bilig*,Vol.67,2013, p.113.

②Svetlana Jacquesson, *Pastoréalismes : anthropologie historique des processus d'intégration chez les Kirghiz du Tian Shan intérieur*,2010,p.33.

③David Sneath, *The Headless State: Arisocratic Orders, Kinship Society, and Misrepresentations of Nomadic Inner Asia*,New York:Columbia University Press, 2007, p.85.

世紀時的布魯特部落大小相等，因而一個部落不能統治其他部落，但這並不適用於 19 世紀的部落情況，固有的部落間的平衡已經不復存在。他同時推論，準噶爾政權瓦解後，布魯特諸部大小相當，並不存在一個部落統治其他部落，而且山地環境也對此形成了限制，這種平衡直至 18 世紀末 19 世紀初方被打破，有權勢的瑪納普將其勢力擴及鄰近部落。浩罕在布魯特部落中日益增強的勢力，則在其中發揮了重要作用。由於統領權的延伸並不符合習慣法，瑪納普身份也被視為非法佔有，故而幹爾曼在 19 世紀 40 年代遭受其他部落首領的敵對。[①]蓋斯結合漢文文獻的內容進行了解析，指出了瑪納普產生的時代背景及其變遷過程，表明瑪納普的產生是在布魯特各部落平衡性被打破的情況下所產生的。

丹尼爾・普萊爾指出，吉爾吉斯人缺乏或者淡漠於貴族制度，布魯特首領在不同時代承擔不同的頭銜，將部落作為權力基礎，正基於吉爾吉斯人缺乏成吉思汗後裔的白骨（white bone）貴族，這就使得俄國人稱之為喀喇（黑）吉爾吉斯。[②]同時，他指出，占泰是第一代承擔瑪納普稱號的布魯特貴族，瑪納普也成為布魯特社會體系嚴重分層化的縮影。瑪納普因其世系和對大眾擁有的專制權力而著稱，從而處於東布魯特社會的頂峰，在世系上，瑪納普獨有的血統類似於吉爾吉斯的「白骨」階層。在 19 世紀 40 年代以前，幾乎沒有證據可以表明瑪納普存在著有別於「比」的這一階層。沙俄出於外交目的和間接統治，才授權這一頭銜的使用。它由北吉爾吉斯傳至南吉爾吉斯，自吉爾吉斯人效忠俄國開始，至 19 世紀 70 年代才完成普及。[③]這表明，布魯特內部本不存在貴族階層，19 世紀 40 年代以來，瑪納普因擁有集權成為

①Paul George Geiss, *Pre-Tsarist and Tsarist central Asia:Communal commitment and political order in change*,2003,p.110-113.

②Daniel Prior, *The Šabdan Baatir Codex: Epic and the Writing of Northern Kirghiz History*, Leiden: Brill, 2013,p.28.

③Ibid.p.43.

布魯特的貴族階層，瑪納普的產生，標誌著東布魯特內部嚴重分化。秋山徹也認為，俄國當局在統治吉爾吉斯人的過程中，以哈薩克遊牧民的社會結構來對待吉爾吉斯人，哈薩克以白骨階層為貴族，在吉爾吉斯則以瑪納普作為其特定的貴族階層。[①]

捷克學者帕泰・克凱色爾（Petr Kokaisl）指出，瑪納普是布魯特封建世系貴族的代表，世系成員給予他們司法權力和軍事指揮權，這一機構主要存在於現今北吉爾吉斯領土的家族中。最富有的瑪納普擁有大量牧群和廣闊的遊牧地，19 世紀末，一群有影響力的比出現，瑪納普失去了其影響力，大多數世系成員實質上是擁護沙俄政權的瑪納普們的奴隸，瑪納普機構在 20 世紀蘇聯時期被取消。[②]秋山徹指出，蘇聯時期，瑪納普被視為階級敵人，但蘇聯解體後，對於瑪納普的重新評價得以開始，尤為顯著的是，以英雄為中心的歷史敘述稱讚瑪納普為國家和民族的偉人。[③]同時，沙俄在北方吉爾吉斯建立統治的過程中，逐漸面臨著與浩罕汗國的直接對抗，吉爾吉斯人也夾雜於沙俄與浩罕汗國之間，一部分吉爾吉斯人也受到浩罕的籠絡，俄國便利用瑪納普，防止布魯特逃亡，並將東自伊塞克湖西岸、西至塔拉斯盆地的遊牧地，分配給各瑪納普，占泰即監視薩爾巴噶什部，防止該部布魯特逃脫，並向浩罕報告一切軍事行動，瑪納普被部署於俄國的軍事防禦網路中，並從基層層面融入軍事指揮結構中。[④]

---

①Akiyama Tetsu(秋山徹), "Why Was Russian Direct Rule over Kyrgyz Nomads Dependent on Tribal Chieftains 'Manaps'", 2015, p. 631.

②Petr Kokaisl, "The lifestyles and changes in culture of Afghan Kyrgyz and Kyrgyz", *sian Ethnicity*, ol.14, No.4, 2013, p.412.

③Akiyama Tetsu(秋山徹), "Nomads Negotiating the Establishment of Russian Central Asia: focusing on the Activities of the Kyrgyz Tribal Chieftains",*Memoirs of the Research Department of the Toyo Bunko*,No.71,2013,p.142.

④*Ibid.*pp.147-148.

　　上文提及，1847 年克涅薩熱之亂的平定，拉近了俄國與北方吉爾吉斯首領間的距離，此後，俄國派遣考察團深入天山吉爾吉斯地區，並通過西伯利亞軍隊威懾吉爾吉斯人。當時，伊塞克湖南岸和東岸的布庫部與薩爾巴噶什部鄂僧古爾支系的首領幹爾曼發生了大規模衝突，處於下風的布庫部首領博鑾拜因此率先歸附於俄國，瓦里漢諾夫指出，1855 年，博鑾拜作為布庫部的大瑪納普，率其屬眾一萬餘人，向俄國宣誓效忠，次年，俄國即遣考察團至伊塞克湖周圍進行地理考察。[1]謝苗諾夫提及了相關背景，認為布庫部雖然實力強大，但要面臨薩爾巴噶什部和哈薩克大帳的攻襲，他們雖然名義上依賴於清朝，但並未從清朝那裡得到資助或支持，由此，博鑾拜訴諸於俄軍，向俄國尋求援助，以抵禦鄰近部落的入侵，故自願率屬歸附於俄國。[2]博鑾拜的「歸附」，實際是以寄信於俄國西伯利亞當局的形式表達效忠之意，隨後，以謝苗諾夫、瓦里漢諾夫為代表的俄國考察團多次考察天山、伊塞克湖等地，俄國在其後的十多年時間裏，方完成對於東布魯特的「征服」，占泰所率領的薩爾巴噶什部提奈支系於 1862 年向俄國宣誓效忠，薩爾巴噶什部鄂僧古爾支系首領幹爾曼死於與布庫的戰爭中，其子烏瑪塔里（Umotaali）直至 1867 年才勉強開始效忠俄國，成為最後一位投附俄國的東布魯特首領。[3]這也標誌著俄國在東布魯特地區正式建立了殖民統治，並設立軍政機構來對東布魯特地區實行直接統治。俄國為了統治哈薩克草原和吉爾吉斯地區，以塔什干為中心設立了突厥斯坦總督府，下設錫爾河州（Syr Daria Oblast）和七河州（Semireche Oblast）等。

　　俄國自 1867 年直接統治北方吉爾吉斯地區以來，瓦解了遊牧部落

---

①Valikhanof et al.,*The Russians in Central Asia*,1865,p.88.

②P.P.Semenoff, "Djungaria and the Celestial Mountains",trans.by John Michell,*The Journal of the Royal Geographical Society of London*, Vol. 35,1865,p.219.

③Daniel Prior, *The Šabdan Baatir Codex: Epic and the Writing of Northern Kirghiz History*, 2013, p.299.

制度，效仿農業區的統治機制，逐步建立了州（oblast）、縣（uyezd）及鄉（volost）三級行政機構，以七河州統轄巴爾喀什湖以東、以南的廣大地區，七河州下設立維爾尼（Vernyi 阿拉木圖）縣、托克瑪克縣、伊塞克湖縣，托克瑪克縣主要管理伊塞克湖西部以及楚河、塔拉斯河流域的吉爾吉斯人，該縣下轄的十四個鄉，主要以布魯特部落名稱、人名或地名作為鄉名，如阿提克鄉、薩爾巴噶什鄉、提奈鄉、薩雅克鄉、蘇勒圖鄉、鄂僧古爾鄉、巴噶什鄉等。俄國三級行政單位的建立過程中，瑪納普也發揮了重要的作用，布魯特被納入俄國統治機制的過程中，瑪納普作為其中的中間人，俄國在托克瑪克修建堡壘的過程中，瑪納普與俄國人通力合作，浩罕也對瑪納普進行拉攏。[1]更為重要的是，俄國通過這些鄉級行政單位將作為傳統首領的瑪納普納入其官僚系統，在俄國選舉鄉長的過程中，一部分瑪納普急切地希望擔任鄉長，如蘇勒圖部的拜提克（Baytik），另一部分瑪納普並未親身擔任鄉長，而是由其部落內部的次級首領擔任，他們自身退居幕後工作，如薩爾巴噶什部提奈支系的沙布丹（Shabdan）、特米爾（Temir）支系的托洛格爾第（Torokeldi）等。[2]然而，一些瑪納普並未能適應新秩序，如面臨俄國通過組建新的行政機構來弱化瑪納普的作用時，烏瑪塔里作為最後歸附俄國的布魯特首領，因抵抗俄國統治，他並未能擔任任何官職，僅僅作為普通牧民。[3]

　　這是因為，擔任了俄國任命的鄉長職務，就需要拋棄作為傳統部落首領期間所享有的權威和行動自由，這突出的表現在俄國對於「巴

---

[1]秋山徹：「クルグズ遊牧社會におけるロシア統治の成立：部族指導者「マナプ」の動向を手がかりとし て」，2010 年，8-9 頁。

[2]Akiyama Tetsu(秋山徹), "Nomads Negotiating the Establishment of Russian Central Asia:Focusing on the Activities of the Kyrgyz Tribal Chieftains" ,2013,pp.150-151.

[3]Daniel Prior:*The Twilight Age of the Kirghiz Epic Tradition*, Ph.D. dissertation, 2002, p.170.

里瑪塔」（barimta）[1]行為的禁止方面，巴里瑪塔實際上也是瑪納普權威性的來源。然而，沙布丹享有巴圖魯（Batur）頭銜，其本人卻在配合俄國禁止巴里瑪塔的過程中更為靈活，他參與到俄國的軍事行動中，參與了 1868 年俄國對發動叛亂的薩雅克部首領奧斯曼・汰劣克（Osmon Taylaq）的追剿，也參與到 1876 年俄國對浩罕的征服過程中，故而，他就將巴里瑪塔轉化為俄國允許的軍事行動，沙布丹本人因此獲益，受到了俄國當局和吉爾吉斯人雙方的認可和接受，由此他被授為陸軍上校並作為惟一的吉爾吉斯瑪納普參加了 1883 年沙皇亞歷山大三世的加冕禮。[2]其所在的提奈支系也因此受益於俄國，與俄國關係親密該支系的瑪納普在處理俄國與鄂僧古爾支系首領烏瑪塔里之間的關係時，成為了斡旋者，烏瑪塔里本人堅持抵制俄國的統治，在 1867 年最後歸附俄國，他所在支系最終受到俄國的驅逐。正因此，提奈支系在協調俄國與吉爾吉斯地方及俄國與浩罕的關係時皆發揮了重要作用，該支系超越了鄉級行政單位的職能，其瑪納普享有特殊的角色，除了沙布丹外，來自於該支系的其他人物也作為縣長的初級助理，如占泰屬下呼達雅爾（Khu-dayar）之子蘇倫拜（Sooronbay）、沙布丹長兄瑪納普拜（Manapbay）等，他們受到俄國優待，俄國授予其沖額敏（Chong Kemin）地區的遊牧地。[3]

然而，自 1867 俄國直接統治東布魯特地區開始直至 1917 年俄國爆發革命之間的階段中，瑪納普作為地方合作者的職務發生了一定的變遷，秋山徹即將瑪納普職位的變遷劃分為三個階段，即（1）1867

---

[1]巴里瑪塔（barimta），在哈薩克、吉爾吉斯等中亞遊牧民族歷史上流行的對其他部落或民族的報復性突襲和劫掠行為，受到傳統習慣法的允准。

[2]秋山徹：「ロシア統治下におけるクルグズ首領層の權威について：遊牧世界とイスラーム世界の間で」『東洋史研究』，2012 年，39-40 頁。

[3]Akiyama Tetsu(秋山徹), "Nomads Negotiating the Establishment of Russian Central Asia: focusing on the Activities of the Kyrgyz Tribal Chieftains" ,2013,pp.152-158. 秋山徹：「クルグズ遊牧社會におけるロシア統治の成立：部族指導者「マナプ」の動向を手がかりとして」，2010 年，21-22 頁。

年俄國開始直接統治吉爾吉斯直至 19 世紀 80 年代到完成殖民統治的
階段；（2）19 世紀 80 年代到 1905 年俄國勢力全然滲透到吉爾吉斯社
會的階段；（3）1905 年至 1917 年，俄國開始實行大規模的移民安置政
策的階段。[①]在第二、三階段中，部分俄國統治者一度試圖排除瑪納普
在地方的影響力，並試圖掀起反瑪納普的鬥爭、流放瑪納普，但俄國
最終發現瑪納普仍能夠佔據要職並控制地方社會，這實際是由於帝俄
在吉爾吉斯地區統治能力的微弱所致。[②]俄國建立的州、縣、鄉三級行
政單位，實際上是統治定居地區農民的機制，俄國試圖由平民選舉出
的鄉長來替代既存的部落首領即瑪納普，由鄉長來作為俄國實行直接
統治過程中新任的官方中間人，鄉長受制於縣長，他們皆聽命於俄國
當局的直接命令。雖然俄國政府試圖由此削弱瑪納普在地方的影響力，
但上述規制在不同地區的實行程度並不同，如托克瑪克縣的行政官即
仍然繼續任用瑪納普作為中間人，一部分瑪納普仍擔任鄉長。

　　19 世紀 70 年代以來，在俄國軍事官員的頭腦中，瑪納普逐漸被視
為特定於吉爾吉斯人的貴族階層，認為瑪納普係吉爾吉斯人祖先塔蓋
伊（Tagay）的後裔，這與哈薩克蘇丹係成吉思汗後裔的說法相對應，
這樣的認識也逐漸紮根於俄國軍事官員意識之中。在此背景之下，俄
國軍事當局雖然未官方性地認可瑪納普的職位，但日益將其作為吉爾
吉斯貴族階層並仍然利用瑪納普作為中間人，即並未過多限制影響力
而是逐漸將其建構為統治階級。[③]19 世紀 80 年代以來，上述情形發生
了轉變，俄國軍事當局將瑪納普視為其實行殖民統治的障礙，試圖組
織平民發動反瑪納普的鬥爭，將其作為鬥爭對象，羅織瑪納普罪責，
將其視為平民的剝削者，對其展開審查，調查那些因向平民徵稅而涉

---

①秋山徹：「クルグズ遊牧社會におけるロシア統治の展開：統治の仲介者としてのマ
　ナプの位置づけを中心に」，2011 年，32 頁。

②Akiyama Tetsu(秋山徹), "Why Was Russian Direct Rule over Kyrgyz Nomads Dependent
　on Tribal Chieftains 'Manaps'", 2015,p. 628.

③*Ibid*.pp.631-635.

及腐敗的瑪納普，然而，多數審查無功而返，鮮有瑪納普確有罪責。此後，以占泰之子沙布丹為代表的一些瑪納普仍為俄國所用，他作為吉爾吉斯瑪納普的代表，於 1883 年受俄國政府邀請，出席了沙皇亞歷山大三世的加冕禮，其本人也被授為陸軍上校。

19 世紀 90 年代，俄國建立阿特巴什區（Atbash District）以加強對處於帝國邊緣的鄉級行政單位的監視，該區長官試圖繼續引領反瑪納普鬥爭，認為瑪納普操縱地方系統和人民法庭，成為平民和俄國政府間的障礙，並進而欲以此為由流放瑪納普，但並未收到預期效果，沙俄政府對此即持否定態度，而瑪納普在地方勢力深厚，難以撼動。[1]與此相類的是，在 20 世紀初，俄國試圖將帝國內的其他地區的俄國人口遷徙安置至東布魯特地區，移民安置局在安置移民的過程中，需要由遊牧民中徵收土地，並由此推動土地改革，將遊牧民轉為定居者，但瑪納普作為土地領主，成為了移民安置的障礙，故而，移民安置局試圖由此再次掀起反瑪納普的高潮，主張將平民由瑪納普的控扼中解放出來，但俄國地方警局仍然需要依賴於瑪納普維持地方秩序[2]，他們並未配合移民安置局的移民安置進程，也並未支援反瑪納普活動，相反的是，瑪納普作為中間人的角色，受到了俄國地方當局的認可，沙布丹作為 19 世紀末期最為著名的瑪納普，他也被授予大量土地。

俄國軍事當局之所以在 19 世紀末至 20 世紀初依賴於瑪納普實現對北方吉爾吉斯地區的直接統治，這是因為俄國政府與吉爾吉斯普通民眾之間存在著一道鴻溝，普通民眾並不信任俄國當局，而是選擇信任瑪納普。秋山徹指出，俄國軍事當局自 19 世紀 80 年代開始一度將瑪納普視為其實行殖民統治的障礙，但逐步發現他們實際無法限制瑪納普的權力，相反的是，瑪納普實際上有助於彌補俄國軍事當局在地

---

①*Ibid.*pp.641-642.

②秋山徹：「クルグズ遊牧社會におけるロシア統治の展開：統治の仲介者としてのマナプの位置づけを中心に」，2011 年，51-52 頁。

方統治的弱點，其弱點主要表現在帝俄的多層統治結構所呈現的矛盾中，也體現在沙俄中心與邊緣的不和諧性之中，這就有必要使瑪納普成為其合作者。然而，這並不意味著俄國主動雇傭、保護或培養瑪納普作為其合作者，而是很大程度上被動地依賴於瑪納普，這是因為他們多少需要適應於他們。帝俄末期，瑪納普由合作者變為反抗者，瑪納普以及七河州南部的吉爾吉斯牧民也參與了1916年的中亞人民大規模起義中，這最終加速了帝俄的瓦解。[1]秋山徹的深入論述，認識到了瑪納普與俄國間關係的變化和發展過程，這也是其他研究者所未能議及的內容，表明瑪納普階層已經深植於北方吉爾吉斯社會中，成為吉爾吉斯重要的統治階級。

　　正如蘇聯時期的學者楚庫巴耶夫（A.A.Chukubayev）所言，19世紀末期，吉爾吉斯社會統治階級由瑪納普、拜（bay）、比和騎士（atkamenirs(horsemen)）構成，瑪納普是社會中最有權力的社會成員，擁有大量的牲畜群，大瑪納普統治依附於他們的中級瑪納普，中級瑪納普則統領小瑪納普和騎士。拜最初為任何富有的牲畜領主，但隨著貿易的發展以及貨幣系統的完善，拜這一名稱開始適用於商人和篡奪者。拜則被封為兩大群體：庫多魯（Kurdoluu）或貴族，即世襲性的拜，以及最初源自於普通人的阿薩克（asayk）拜。比或者地方法官受制於瑪納普和拜，俄國在吉爾吉斯建立統治後，氏族貴族的代表，即那些擁有大量牲畜並掌控著公社耕地外延區域的人，也被視為比。除了上述統治階級外，其他人口則是為瑪納普或拜服務的人，還有一些遊牧民因失去牧群而被迫從事農業勞作。[2]這些論述表明，19世紀末，吉爾吉斯社會內部出現了進一步的階級分化，但瑪納普逐漸成為最重要的統治階級。與此相類的是，大衛‧蓋里特（David Gullet）也指出，

①Akiyama Tetsu(秋山徹),*op.cit*.pp.647-649.

②A.A.Chukubayev,B.Dzhamgerchinov, "The Social,Economic and Political Effects of Russian Influence in Kirgizia（1855-1917）",*Central Asia Review*,1957,Vol.Ⅴ, No.3, p.238-239.

19 世紀下半期，在吉爾吉斯社會結構中，除了瑪納普和比，還產生了「拜」這一階層，三者相比較而言，瑪納普為部落首領，比則是按照習慣法解決爭端的法官，富裕的牲畜領主則被稱為拜，蘇聯時期，上述三類群體被視為吉爾吉斯社會的階級敵人，其中瑪納普被視為擁有最強的控制力，他們在俄國殖民統治期間權力漸增，他們在軍隊中被授予職務，擁有諸多的權威統治人民；比則在群落內部，根據習慣法擁有廣泛威信，拜則聚集大量資本。[①]

　　上述說法表明，俄國兼併了東布魯特後，布魯特原有的社會結構體系逐漸被打破，內部社會結構進一步多元化，瑪納普、拜、比、騎士構成了統治階級，而統治階級內部也存在著不同的層級和類別，瑪納普則成為統治階級中的最有權勢者。這與俄國統治東布魯特後，布魯特在生產方式、商貿發展、社會生活上因受俄國影響所產生的變遷密切相關。

　　雅克森更著重於從社會和經濟的角度來看待瑪納普所扮演的角色，她指出，吉爾吉斯人的民族史敘述中，強調將瑪納普作為儀式領域內的核心人物，瑪納普的允諾對於組織盛大宴會（feast）而言十分必要，同時，瑪納普對於土地領有權具有至高的裁決權，瑪納普可以為其他瑪納普割讓牧場或者是禁止其利用部分土地，這一旦付諸實施，使用者們將會依賴於瑪納普的保護。[②]她也議及，當俄國在東布魯特建立殖民統治後，瑪納普被視為大人物，他們中的一部分人同時充任鄉級行政官，另一些人則置身於殖民管理之外，但無論是否處於行政框架內外，這些人實際上成為了新建立的殖民單元的統治者。[③]這也進一步表

①David Gullet,*The Genealogical Construction of the Kyrgyz Republic:Kinship,State and "tribalism"*,Folkestone :Global Oriental, 2010,p.55.

② Svetlana Jacquesson, *Pastoréalismes : anthropologie historique des processus d'intégration chez les Kirghiz du Tian Shan intérieur*, 2010,pp.46-47.

③Svetlana Jacquesson, "Reforming pastoral land use in Kyrgyzstan: from clan and custom to self-governmentand tradition",*Central Asian Survey*,Vol.29,No.1,2010,p.109.

明了瑪納普在東布魯特地區受俄國殖民統治時期所扮演的角色。

瑪納普也參與到社會事務中，拉德洛夫指出：

> 每個比對於其所領的特定數量的家庭行使直接的行政和司法職
> 能，他們可以在議事會中相遇，但只是為了處置那些滋擾到不
> 同比所屬臣民的事務，或者是有共同興趣的事務。這些議事會
> 由大瑪納普（Aga manap）（主要瑪納普）來主持，根據民族法
> 典，他自己沒有職權，沒有比和瑪納普的協助，他無以行事。
> 所有這些人的任命均由俄國政府批准，他們效力多年後，俄國
> 政府或授其勳章，或給其在騎兵部隊中的官位。[1]

這說明，瑪納普的產生，係俄國政府任命的結果，而大瑪納普雖
然可以主持議事會，但其職權仍受到限制，瑪納普的產生與俄國殖民
統治下所產生的新的行政單位的過程密切相關。雅克森議及，在各級
行政單位建立之後，瑪納普雖然享有一定的地位，但他們中的一部分
人實際上並未直接擔任相關行政職務，而是更多地爭取到了人們的信
任，各級行政單位長官並不敢違背瑪納普的意願，這是因為，鑒於鄉
級行政機構的數量，地方政府的機構中不可能只存在瑪納普或者近似
於瑪納普的職務。[2]這說明，殖民時期，瑪納普的作用和影響並未體現
在其直接參與各級行政機構的管理中，而是在體現在社會階級之中。

俄國之所以能夠在東布魯特構建瑪納普這一階層，這與東布魯特
諸部自 18 世紀以來即開始結成鬆散的聯盟有關，較之於天山南路以及
費爾干納地區的布魯特部落，東布魯特各部在地理分佈上更為集中、
親緣關係更為緊密、所處地位相對獨立，在抵禦準噶爾、哈薩克、浩
罕等外敵入侵的過程中達成了團結統一的狀態。19 世紀中期以來，東

---

[1] M.Radloff, "Observations sur les Kirghis", *Journal Asiatique 6*,no.2, 1863,p.322.

[2] Svetlana Jacquesson, *Pastoréalismes : anthropologie historique des processus d'intégration chez les Kirghiz du Tian Shan intérieur*, 2010,pp.93-94.

布魯特與清朝關係漸漸疏遠，俄國的影響力逐漸深入該地區，東布魯特所結成的鬆散聯盟，為俄國建立統治創造了條件，俄國利用瑪納普打破了各部之間的固有平衡，部落制度逐漸瓦解，取而代之的是俄國的三級行政機構，瑪納普的許可權超越了諸部之比，成為布魯特社會的貴族階層，俄國依靠其所任命的各級瑪納普，最終在東布魯特地區建立了統治。

俄國於 1867 年在北方吉爾吉斯建立直接統治後，瑪納普階級一直作為俄國實行殖民統治的重要合作者，雖然俄國當局的一些部門試圖削弱瑪納普的影響力，但由於沙俄在當地的統治能力較弱，仍需要依靠瑪納普的幫助，這種局面一直維持到 1917 年俄國革命的爆發。沙布丹本人作為 19 末 20 世紀初聲明最為顯赫的吉爾吉斯瑪納普，深得俄國信任，他即斷言瑪納普系統終將消失、由瑪納普所領導的吉爾吉斯遊牧民社會體系終將瓦解，故而令其四子各謀生業，他 1912 年離世後，吉爾吉斯人按照習俗為其舉行了聲勢浩大的葬禮和紀念宴會，在俄國當局的干涉下，其本人的陸軍上校職銜未再繼續傳承，其所獲得的土地也未被其子繼承，但實際上，沙布丹本人仍然作為一種象徵存在於吉爾吉斯人腦海中，這也促使沙俄政府末期俄國殖民當局與地方吉爾吉斯人溝通。[1]1917 年，瑪納普階級也最終伴隨著沙俄帝國的滅亡而最終消解。

總的來說，瑪納普係19世紀40年代以來流行於東布魯特各部落的，主要是在俄國的推動下所產生的，瑪納普的流行，衝破了固有的部落制度，瑪納普的權力超越了諸部之比，管轄範圍逐漸跨越了部落間的界限，成為布魯特社會的貴族階層，俄國依靠所任命的各級瑪納普在東布魯特地區建立了統治。19 世紀後半期，俄國在北方吉爾吉斯地區建立統治的

①秋山徹：「20 世紀初頭のクルグズ部族首領權力に する一考察：シャブダン・ジャンタイの葬送儀式の分析をてがかりとして」『內陸アジア史研究』，2009 年，24，93-94 頁。

過程中，需要像在其他中亞地區一樣尋找到社會精英或貴族階層作為中間人與合作者，在此過程中，瑪納普便成為俄國統治北方吉爾吉斯的合作對象。面對吉爾吉斯人的遊牧社會體系，俄國先是扶持瑪納普成為吉爾吉斯社會的貴族階級，由此衝破遊牧部落制度的限制，在此基礎上，進行了行政制度改革，建立了州、縣、鄉三級行政機構，並在 1867 年實現了對於北方吉爾吉斯地區的直接統治，一些瑪納普擔任了鄉長，而沙布丹所領的薩爾巴噶什部提奈支系則較具權勢。

19 世紀 80 年代至 20 世紀初，部分俄國統治結構和官員試圖審查、流放、鎮壓瑪納普並掀起反瑪納普鬥爭，但因俄國在北方吉爾吉斯地區的統治力量仍然薄弱且不同層級統治機構間對於鎮壓瑪納普的意見並不一致，一些地方機構也在很大程度上依賴於瑪納普實行統治、維護治安，故而，反瑪納普運動最終未果。沙俄統治末期，隨著沙布丹的離世，瑪納普勢力逐漸衰微，最終也參與到反抗俄國統治的運動中，隨著俄國革命的爆發，瑪納普階級最終在北方吉爾吉斯漸漸消亡。瑪納普係 19 世紀吉爾吉斯社會的特殊歷史產物，存在著諸多典型特徵，深入討論其歷史演變歷程，有助於對吉爾吉斯近現代社會和歷史發展進程有更多的認知，仍值得對其做進一步的研究。

第三節 中俄不平等條約的簽訂及柯爾克孜跨國民族的形成

道光朝以來，南疆地區多經戰亂，和卓後裔先後發動了多次叛亂，造成了極其惡劣的影響，清朝政府不得不四處徵調軍隊平定叛亂，耗費了大量的兵力、物力、財力，加之，1840 年，鴉片戰爭爆發以後，清朝逐漸淪為半殖民地半封建社會，西方列強屢屢通過不平等條約迫使清朝割地、賠款，清朝國力漸衰。在風雨飄搖之中，清朝西北邊疆危機不斷，這主要來自於俄國對於我國西北地方的入侵和掠奪。俄國

在 19 世紀 20 年代即吞併了哈薩克汗國，此後，在 19 世紀 40 年代，逐漸通過任用布魯特首領並授予其瑪納普職銜，逐步在東布魯特各部建立了統治。俄國之所以侵入哈薩克並籠絡布魯特首領，實際上是為了侵吞清朝西北邊疆的領土。因此，俄國借助於第二次鴉片戰爭，在 1860 年與清朝所簽訂的《中俄北京條約》（《北京續增條約》）中，迫使清朝以伊犁地區常住卡倫線作為中俄邊界，這就使得清朝喪失了巴爾喀什湖以東、以南的大片領土，並以伊塞克湖作為中俄界湖，隨之，在 1864 年的《中俄勘分西北界約記》中，俄國迫使清朝邊界繼續內撤，中俄邊界改定為伊犁西北常駐卡倫線以及天山山脈，伊塞克湖完全淪入俄國的領土範圍之內，這也正式宣告了伊塞克湖周圍的布魯特部落成為俄國屬民。

關於中國西北邊界，《中俄北京條約》規定：「西疆尚在未定之交界，此後應順山嶺、大河之流，及現在中國常駐卡倫等處，及一千七百二十八年，即雍正六年，所立沙賓達巴哈之界牌末處起，往西直至齋桑湖淖爾湖，自此往西南，順天山之特穆爾圖淖爾，南至浩罕邊界為界。」[1] 這表明，中國的西北邊界已由巴爾喀什湖向內收縮至伊犁地區常駐卡倫線，並向南延伸至伊塞克湖以及清朝與浩罕的邊界。「這一走向是以中國境內遠離邊界的常住卡倫及內湖齋桑湖、特木爾圖淖爾為標誌，故其利害關係甚重。」[2] 該約的簽訂，導致中國喪失大片領土，並使清朝在此後的勘界中處於不利地位。此後，中俄雙方繼續勘定中國西北邊界，1864 年，中俄所簽訂的《中俄勘分西北界約記》，進一步明晰了西北邊界，伊塞克湖由界湖轉為俄國的內湖，清朝邊界繼續內縮，轉以常駐卡倫線向南續接天山山脈為界，其中第三條規定：

> 格根等向西流水之處，為俄國地；溫都布拉克等向東流水之處，

---

① 王鐵崖編：《中俄舊約章彙編》（第一冊），北京：生活‧讀書‧新知三聯書店，1957 年，第 150 頁。

② 王希隆：《中俄關係史略》，蘭州：甘肅文化出版社，1995 年，第 216 頁。

為中國地。自此往西南，由喀喇套山頂行，至畢爾巴什山，即
順向南流水之達喇圖河，至特克斯河。過特克斯河，順那林哈
勒哈河，靠天山嶺為界。自此往西南，分晰回子部落、布魯特
部落住牧之處，由特穆爾圖淖爾南邊之罕騰格爾、薩瓦巴齊、
貢古魯克、喀克善等山，統曰天山之頂，行至蔥嶺，靠浩罕界
為界。

第五條內容則確定了定界之後人隨地歸的原則：

今將邊界議定，永固兩國和好，以免日後兩國為現定邊界附近
地方住牧人丁相爭之處，即此次換約文到之日為准，該人丁
向在何處住牧者，仍應流域何處住牧，俾伊等安居故土，各守
舊業。所以地面分在何國，其人丁即隨地歸為何國管轄；嗣後
倘有原住地方越往他處者，即行撥回，免致混亂。

這表明，天山山脈以北，伊犁常駐卡倫線以西的四十四萬多平方
公里的土地被劃歸俄國[1]，遊牧於天山北路、伊塞克湖周圍、納林河上
游的多個布魯特部落也就正式劃歸俄國。

清朝文獻中即稱布魯特十九部落，其中五部投附俄國，《勘定新疆
記》記載：

四城舊有卡倫，皆附近數十里、百數十里內安設，卡倫外為布
魯特十九部落，錯雜而居。在喀城西北者，五部落：蘇勒圖、
察哈爾、薩雅克、巴斯奇斯、薩爾巴噶什，其名也，不知何時
投附俄羅斯，其沖巴噶什、希布察克、提依錦、圖爾額依格爾、
嶽百什、額勒德訥、色勒庫爾、奇里克、胡什齊、諾依古特、
薩爾特、奈曼、哈爾提錦、蒙額勒德十四部落，向附安集延，
其頭目來謁錦棠，願仍歸中國，宗棠以喀城形勢介蔥嶺支幹之

---

[1] 《沙俄侵略中國西北邊疆史》編寫組編著：《沙俄侵略中國西北邊疆史》，北京：人
民出版社，1995 年，第 191 頁。

中，安集延、布魯特，地居西偏逾山而東，乃達喀城，本中外天然界，盡請南自英吉沙爾、北至布魯特界，按照卡倫地址，改築邊牆於衝要，間以碉堡，則形勢完固，界畫分明。[1]

這表明，蘇勒圖、察哈爾薩雅克部（察哈爾）、薩雅克、巴斯奇斯、薩爾巴噶什部被劃入俄國，其他十四部則仍願歸屬於清朝管轄，這一說法與《新疆圖志》、《清史稿》中的記載相同，《新疆圖志》載：「同治間，安集延偽怕夏竄陷南路，伊犁亦失，布魯特在喀什噶爾城西北五部蘇勒圖、察哈爾、薩雅克、巴斯奇斯、薩爾巴什（薩爾巴噶什）已投附俄羅斯。」[2]《清史稿》載：

> 迨同治三年，布魯特叛酋田拉滿蘇拉滿與庫車土匪馬隆等句結為亂，逆回金相印等乘之，新疆淪陷十有餘年。光緒四年，欽差大臣左宗棠遣劉錦棠收復南八城，駐軍喀什噶爾，有布魯特頭目來謁錦棠，願仍歸中國。自言部落十四，蓋即向之西布魯特也。而東布魯特接伊犁邊者，又有五部：曰蘇勒圖，曰察哈爾，曰薩雅克，曰巴斯特斯，曰薩爾巴噶什，已投附俄羅斯矣。光緒初，俄人併吞浩罕後，西部亦大半為俄所脅收。其附近中國卡倫，喁喁內向，代為守邊，可紀者僅千餘家而已。[3]

這裡提及的投附俄國的布魯特部落與上述說法相同，其所稱「其附近中國卡倫，喁喁向內，代為守邊，可紀者僅千餘家而已」，表明清末左宗棠收復新疆後，清朝範圍內的布魯特屬眾僅有千餘戶。實際上，俄國通過劃界，不僅僅將上述五部納入其版圖，同時，前文所提及的其他東布魯特部落無可避免地也被劃入俄國，這包括伊塞克湖東岸的布庫部，其首領博鑾拜在1855年即率屬最早投誠於俄國，還包括楚河、

---

①魏光燾：《勘定新疆記》卷四《武功記》（四），收入《中國西北文獻叢書》二編第二輯《西北史地文獻》第三卷，線裝書局，2006年，第217頁。

②袁大化、王樹枏等：《新疆圖志》卷16，《藩部一》，東方學會，1923年。

③趙爾巽等：《清史稿》卷529，《屬國傳四》。

塔拉斯河流域的多個部落胡什齊、啟台和薩婁等部。1884 年，清朝在新疆建省以後，對新疆內的布魯特進行了管理，在北疆地區，對布魯特部落的管理和哈薩克族一樣，實行千、百戶長制，在南疆，和維吾爾族一樣，實行鄉約制度，設置鄉約管理布魯特人，部分地方仍保留著原有的比、阿哈拉克齊等名目。[①]潘志平先生指出，中俄劃界後，留在新疆境內的其實只有沖巴噶什、胡什齊、奈曼、希布察克、岳瓦什、奇里克六部。他借助於《新疆圖志》等文獻中的記載，整理了這幾個部落的具體位置及其所轄遊牧地。[②]

巴布科夫參與了 1864 年中俄勘定西北邊界的全部過程，俄方堅持以常駐卡倫線作為中俄國界，將布庫、薩爾巴噶什等部劃歸俄國，這正順應了俄國統治這些部族的意願，巴布科夫稱：

> 上述的劃分國界線，在這一關係上對我國也有極其重大的利益，即這個國界從南方起把勃沽和沙雷巴什部族的吉科卡門吉爾吉斯人的全部牧區都包括進來，而且除了一些微不足道的例外，差不多把該部族全部保持在俄國屬管之下。因此，這些遊牧部族，他們大多數特別是沙雷巴什部族當時是以兇惡癖性著稱的，終於同中國人分離並永遠脫離他們的勢力範圍，而這卻大大便利了我們對他們進行監視。[③]

勃沽即布庫部，沙雷巴什即薩爾巴噶什部，這表明，俄國將這些布魯特部落正式劃歸俄屬，是為了使其與清朝脫離關係從而正式對這些部落進行監視和統治。

光緒年間，八十多戶俄屬布庫部屬民因不堪忍受俄國統治，歷經

---

①《柯爾克孜族簡史》，烏魯木齊：新疆人民出版社，1985 年，第 106-107 頁。

②潘志平：《清季布魯特（柯爾克孜）諸部的分佈》，《西域研究》，1992 年第 3 期。

③[俄]伊·費·巴布科夫著：《我在西西伯利亞服務的回憶（1859-1875 年）》（上冊），王之相譯，北京：商務印書館，1973 年，第 204 頁。

艱險，在首領托克托遜的率領之下逃赴伊犁，受到清朝政府的安置和
管理，而托克托遜即為前文提及的布庫部著名首領博鑾拜之孫，《新疆
圖志》載有相關內容：

> 又有光緒十四年自俄之逃布魯特八十戶，現居伊犁地方，歸將
> 軍管轄云。查檔案，布魯特百戶長托克托遜呈稱布民托克托遜
> 等係布胡而特一族後輩子孫，托克托遜之高祖博蘭拜因於國家
> 出力，仰蒙大皇帝天恩，賞珊瑚頂戴，博蘭拜病故，因伊子薩
> 爾丕克年幼，蒙恩給伊近支弟托克索巴賞給珊瑚頂戴，管撫部
> 民，薩爾丕克長大成人，又蒙賞給紅頂，薩爾丕克之子即係百
> 戶長托克托遜，其時年方十七歲，仰蒙賞給五品頂戴，從前博
> 蘭拜所管布胡而特一族，至今生齒繁多，現在共有二十二個博
> 羅斯人均歸俄國所管，在熱海地方遊牧，托克托遜等亂後，在
> 俄屬為民十九年，光緒九年，大兵到喀喇沙爾，隨遣托克托遜
> 胞弟庫西克赴該處投誠，又赴喀什見張師上，稟請由俄屬索出
> 等情，及庫西克旋回，已被俄人將布民搬赴阿特巴什等處，九
> 年，托克托遜帶許多戶逃赴烏什、土魯番地方，在阿克蘇山住
> 數年，由冰嶺搬赴伊犁，走至阿古牙孜地方，即光緒十四年，
> 由納林郭勒出來，俄兵夜間劫去三十多戶，現在珀爾日瓦拉蘇
> 牙孜屬下為民，其戶在中屬者，共有八十餘戶，不歸哈薩管，
> 蒙恩照準另立一百戶長充當官差云云。按熱海即特穆爾圖淖爾，
> 博羅斯猶哈薩克之言鄂拓克也。[1]

布胡而特顯然即指布庫部，博蘭拜即為布庫部首領博鑾拜，無論
是瓦里漢諾夫還是謝苗諾夫，都曾提及過這一人物，前文已有說明。
此處引文稱博鑾拜為托克托遜之高祖，顯然並不準確，根據引文，博
鑾拜離世時，托克托遜年之父為薩爾丕克，薩爾丕克則係博鑾拜之子[2]，

---

①《新疆圖志》卷 16，《藩部一》。

②謝苗諾夫指出博鑾拜有四子，分別為長子克里奇（Klych）、次子埃米爾扎克（Emirzak）、

故而，博鑾拜應為托克托遜之祖父。托克索巴即托克索拜，《清宣宗實錄》中也有記載，其父則為鄂勒吉拜，前文均有提及。引文中提及托克托遜在俄為其屬民十九年，直至光緒九年（1883）開始投誠清朝，這應自 1864 年新疆內亂且當年中俄勘界、伊塞克湖劃歸俄國算起，直至 1883 年，托克托遜率屬歷經波折，直至光緒十四年（1888），最終率領剩餘的八十餘戶布庫部人至伊犁地區落居，清朝設置百戶長管理這部分人。這一個案，體現出清末之時部分俄國布魯特屬民經歷艱險逃赴清朝的歷程。

中俄劃界之前，布庫部主要遊牧於伊塞克湖東岸，本來即臨近於伊犁西南邊卡，道光年間，博鑾拜及其族人也與清朝存在諸多互動，其後人率屬投附清朝，表明他們應受到了俄國的壓制，並且心係於清朝。1916 年，中亞人民因反抗俄國徵兵而爆發起義運動，大量俄屬布魯特、哈薩克、塔塔爾等民族之人選擇越界逃赴新疆地區，他們受到了楊增新政府的安置，楊增新通過勸回、遣返、撫恤、安插等措施處置這些流民，這應屬民國年間新疆地區所發生的較大規模的跨國人口遷徙運動。民國年間，住居我國的布魯特人最終被命名為柯爾克孜族，新中國成立後，柯爾克孜族被識別為我國五十五個少數民族之一，我國的柯爾克孜族與主要居住於中亞吉爾吉斯斯坦的吉爾吉斯人也就成為了同源跨國民族。

蘇聯時期的民族學學者亞布拉姆罕（S.M.Abramzon）曾於 20 世紀 50 年代考察過我國新疆地區的柯爾克孜族，據其考察，天山地區的柯爾克孜部落由沖巴噶什、奇里克、胡什齊、薩爾巴噶什、蒙杜斯等部落構成，一些奇里克部落由俄國遷至新疆境內，而胡什齊部與奇里克部關係密切，當時沖巴噶什部和奇里克部皆約有 10000 人，胡什齊部

三子特爾克曼（Tiurkmen）、克奈（Knai），並無薩爾丕克，或許謝苗諾夫的記載並不準確。參見：Peter.P.Semenov,*Travels in the Tian'-Shan' 1856-1857*,trans.and edit.by Colin Thomas,etc., London:The Hakluyt Society,1998,p.145.

則有 5000-6000 人；新疆南部還分佈著希布察克、奈曼、提依特和凱薩克部，其中希布察克部人數最多，約有 10000 人，奈曼部係阿克陶縣柯爾克孜族主體部落，約有 3000-4000 人，塔什庫爾干地區分佈著人口較少的部落，如提依特部約有 1200 人，而凱薩克部約有 700-800 人。北疆地區的特克斯盆地，則分佈著布庫、薩雅克、薩婁、蘇勒圖和薩爾巴噶什等部落，其中布庫部約有 6000-7000 人。[①]他的調查結果，反映了新中國初期新疆地區柯爾克孜族分佈的整體概況，具有一定的參考價值，這說明，清朝時即具有較大影響力的希布察克、沖巴噶什、胡什齊、布庫等部落人數相對較多，這應與他們自清朝以來在新疆地區長期住居、遊牧有關。

我國在 1958-1961 年也組織學者對我國的柯爾克孜族社會歷史進行了調查，考察了新疆烏恰縣、阿合奇縣、阿克陶縣、特克斯縣、額敏縣以及黑龍江富裕縣柯爾克孜族的社會經濟和文化生活，並在此基礎上撰寫了調查報告。[②]根據上述調查，絕大多數柯爾克孜族分佈在新疆地區，只有少量柯爾克孜族分佈在東北地區。其中烏恰和阿合奇兩地的柯爾克孜部落較為多元，沖巴噶什、希布察克、奇里克、岳瓦什、薩雅克、薩爾巴噶什、胡什齊等多個部落在兩地皆有分佈，阿圖什地區主要分佈著胡什齊部和沖巴噶什部，北疆地區的特克斯縣主要分佈著布庫部的眾多分支部落，額敏縣分佈著薩爾巴噶什、蒙古什等部落，這樣的分佈格局，應與清末民國時期柯爾克孜人的遷徙歷史存在著重要關聯。

蘇聯解體以前，中亞地區的吉爾吉斯人為蘇聯國民，蘇聯解體後，吉爾吉斯斯坦共和國成立，吉爾吉斯人佔據了該國人口的大部

---

①S.M.Abramzon,The Kirgiz of the Chinese People's Republic,*Central Asian Review*, 1956, Vol.XIXNo.4,pp.196-207.

②新疆維吾爾自治區叢刊編輯組、《中國少數民族社會歷史調查資料叢刊》修訂編輯委員會：《柯爾克孜族社會歷史調查》（修訂本），北京：民族出版社，2009 年。

分，同時，吉爾吉斯人在烏茲別克斯坦、哈薩克斯坦、塔吉克斯坦也有分佈。[①]我國柯爾克孜族與中亞吉爾吉斯人歷史起源相同，但清末以後的歷史發展軌跡不同，柯爾克孜族成為跨居我國和中亞國家之間的跨國民族。

---

①馬曼麗：《中亞研究：中亞與中國同源跨國民族卷》，北京：民族出版社，1995年，第 140 頁。

結　語

　　本著所討論的布魯特（柯爾克孜），在我國古代有著悠久的歷史，清代以前即一直活躍於我國北方民族歷史之上，其祖先發源於葉尼塞河流域，後逐漸向西遷徙於天山地區，並最終於 18 世紀初在準噶爾部的干涉之下完成了西遷歷程。在古代歷史上，柯爾克孜人作為一個重要民族，先後受到過多個政權或民族的統治，雖然他們在歷史上也曾建立過點戛斯汗國，但整體而言其勢力畢竟相對較小，因而，適時攀附於周邊較大政權或者勢力便成為其求得生存的重要手段。

　　天山地區的柯爾克孜人主要於葉爾羌汗國時期正式登上歷史舞臺，並聯合哈薩克勢力與葉爾羌汗國相抗衡，成為天山北路的重要政治勢力，雖然多次與葉爾羌汗國發生戰爭，但在 17 世紀 40 年代前後，即阿不都拉哈汗時期，發生了轉變，此時，大量柯爾克孜人遷徙至天山南路地區，諸多首領得到了阿不都拉哈汗的重用，擔任多地阿奇木伯克，柯爾克孜人依附於葉爾羌汗國，開始落居天山以南地方，這也為此後柯爾克孜人勢力的增長奠定了基礎。

　　當伊斯蘭教蘇菲派納克什班底教團進入葉爾羌汗國後，柯爾克孜人又捲入了和卓家族的鬥爭之中，並幫助阿不都拉哈汗鎮壓白山派和卓，在葉爾羌汗國被準噶爾政權歸併之後，柯爾克孜首領也一度左右天山南路的政治走勢，如阿爾祖穆罕默德參與迎請達涅爾和卓、殺害阿克巴錫汗、包圍葉爾羌等。國內外學界有研究表明，白山派、黑山派名稱的正式確立，與柯爾克孜人參與兩派間的鬥爭存在著重要關聯，雖然學界對這兩派名稱起源的說法仍不統一，但並不能夠否認柯爾克孜人在和卓家族產生分立過程中所產生的影響力。在準噶爾政權的末期，希布察克部首領烏瑪爾・米爾扎、胡什齊部首領庫巴特・米爾咱

（呼瓦特）等布魯特首領成為白山派、黑山派和卓共同的拉攏對象，乾隆二十年（1755），在布拉呢敦奉清朝之命招撫黑山派所掌控的天山南路過程中，烏瑪爾‧米爾扎、庫巴特‧米爾咱在內的眾多柯爾克孜首領靜觀大勢，見風使舵，由支持黑山派轉而支持布拉呢敦和清軍。當大小和卓於天山南路發動叛亂時，布魯特首領再次捕捉時機，堅定地幫助清軍平定叛亂、統一新疆，故而得到了清朝的信任。清朝統一新疆後，希布察克、沖巴噶什、胡什齊等部首領即受到清朝重用，這些部落也與清朝關係較為親近。

清代新疆布魯特的歷史，主要集中於乾隆年間清朝統一新疆至同治初年中俄勘界間的歷史階段，在這近百年期間，布魯特諸部與清朝的親疏關係，在橫向和縱向兩個角度皆呈現出不同的狀態和特點。

從橫向上說，清代新疆布魯特部落數目近二十個，諸部在地理位置上相對分散，散佈於伊塞克湖周圍、納林河上游、楚河和塔拉斯河流域、天山和帕米爾地區以及南疆多城卡倫內外，各部落與南疆喀什噶爾、英吉沙爾、葉爾羌、烏什等城距離的遠近，也在較大程度上決定著其與清朝關係的親疏，乾隆朝以來，希布察克、沖巴噶什、奇里克、胡什齊等部距離上述回城較近，甚至居於卡倫以內地方，因而與清朝的關係尤顯親近；從縱向上說，不同的歷史時期，同一部落與清朝的親疏關係亦顯不同，這通常受到其主要首領功過、是非的影響，一些關鍵性的事件往往成為導致這一部落整體地位變遷的轉折點。如乾嘉年間，希布察克部的政治地位一度居於諸部之首，但該部先後受到阿其睦誣控鄂斯璊以及圖爾第邁莫特被枉殺這兩大事件的影響，政治地位漸為式微；而政治地位一直較為顯赫的沖巴噶什部，則因蘇蘭奇被綏善叱逐並最終參與張格爾之亂而部落離散、地位漸衰；胡什齊部首領伯爾克的外逃成為該部歷史的重要轉捩點。

專就縱向角度來說，在影響布魯特諸部與清朝親疏關係的主要事件中，布魯特與和卓家族的關聯性成為了貫穿這些事件的一條隱性線索，布魯特與和卓家族後裔的來往，延續了和卓時代雙方所建立的互

動關係。

　　和卓家族白山派與黑山派名稱的產生，即與不同布魯特部落對兩派的支持相關，西方學界對此多有討論，雖然仍存爭議、並無定論，但仍可以看出布魯特在其中所扮演的角色。清朝統一新疆的過程中，一些布魯特首領因有功於清朝追剿大小和卓而受封賞，阿奇木（阿其睦）、阿瓦勒、納喇巴圖等皆因功而使其所在部落享有較高地位，然而，阿奇木誣控鄂斯璊、圖爾第邁莫特被枉殺，皆與和卓後裔相關，前者係阿奇木捲入薩木薩克通信白山派教徒事件而受牽連，後者係圖爾第邁莫特捲入黑山派阿訇孜牙墩的滋事事件而被松筠枉殺。張格爾之亂的前後過程中，沖巴噶什部蘇蘭奇因受章京綏善叱逐而附和張格爾，薩雅克部首領阿坦台、汰劣克因巴彥巴圖妄殺其親屬而參與張格爾之亂，除此之外，奈曼、察哈爾薩雅克、巴斯奇斯、奇里克等部也皆有布魯特首領、屬眾附和叛亂者。此後的玉素普之亂、七和卓之亂中，也皆有部分布魯特「助逆」，這表明和卓信仰的作用始終貫穿於清代布魯特的歷史過程。相應地，在清朝平定和卓後裔叛亂的過程中，一些部落及其首領因積極幫同清朝平定叛亂而受到嘉獎，其所在部落的政治地位也因此獲得提升。

　　和卓家族不僅是影響布魯特各部落與清朝親疏關係的重要因素，也是關係南疆治亂的重要因素，自乾隆年間至同治初年的百年間，和卓家族與清朝間的關係，同樣成為貫穿於清代南疆歷史發展的重要線索。故而，被視為「外藩」的布魯特各部落的興衰，實際與南疆治亂安危的起伏過程存在著共通性。

　　除了上述因素外，浩罕與俄國同樣是左右布魯特諸部歷史走向的重要因素，準噶爾政權興盛時期，浩罕與布魯特、哈薩克等部族為反抗準噶爾部的擴張而結成了一定的同盟，諸多布魯特部落也因受到準噶爾部的壓迫而遷居費爾干納谷地，乾隆朝先後平定準部和回部之後，其中的一部分部落得以返歸其舊時遊牧地，並與清朝保持著密切的關係，另一部分部落仍然留居於費爾干納地區，受到浩罕的統治。

　　就在清朝統一新疆之後，浩罕與布魯特之間的關係即發生了變化，原有的同盟關係逐漸破裂，額爾德尼伯克在位時期，浩罕即開始向周邊地區擴張，乾隆二十七年（1762），阿濟比所領的額德格訥部領地鄂斯因此受到浩罕侵略，在清朝的干涉之下，浩罕最終向阿濟比歸還鄂斯地方；和卓時代即聲名顯赫的胡什齊部首領呼瓦特（庫巴特·米爾咱），卻於同時期被額爾德尼所殺，這也就是其弟納喇巴圖選擇內附清朝的主要原因，納喇巴圖及其從弟伯爾克先是歸附清朝，並被安插於烏什卡外地方遊牧，一度與清朝關係較為親近，並在清朝平定烏什之亂中立下軍功，但納喇巴圖與伯爾克卻先後在乾隆三十年（1765）、乾隆四十八年（1783）率屬投附浩罕，這與他們試圖在費爾干納地區恢復舊有勢力有關；除此之外，奇里克部由費爾干納遷至烏什地區，也應與浩罕的擴張有關，東布魯特首領瑪木特呼里、阿爾雜默特等試圖派兵攻襲浩罕，很可能也是受到浩罕的欺凌。納爾巴圖在位時期，浩罕也試圖令薩爾巴噶什部首領阿提克率東布魯特諸部臣屬於浩罕，但並未果，有說法表明這也是促使阿提克向俄國遣使並求助於俄國的重要原因。道光初年，額德格訥部因難以忍受浩罕的欺凌，其中兩部分屬眾先後於道光元年（1821）和道光八年（1828）內附清朝，張格爾之亂、玉素普之亂、七和卓之亂的爆發皆與浩罕勢力的支持相關，邁瑪達里汗在位時期，浩罕向楚河、塔拉斯河、納林河上游、色勒庫爾地區的布魯特部落擴張，進而統治了這些部落。故而，浩罕對於布魯特多部歷史走向的影響顯而易見。

　　相較於浩罕對於布魯特諸部的影響，俄國勢力的滲透主要發生於19世紀40年代以後，而且其影響主要輻射於東布魯特（北方吉爾吉斯）諸部。東布魯特諸部因親緣關係較近、地理分佈上相對更為集中，在面臨哈薩克和浩罕的侵略和擴張過程中形成了鬆散的同盟，這也成為東布魯特諸部的典型特徵。薩爾巴噶什部首領阿提克雖然於1785年向俄國派遣使臣，但此事並未對俄國勢力向東布魯特諸部的滲透產生實質性的影響。直至19世紀40年代，在薩爾巴噶什、蘇勒圖、布庫等部首領幹爾曼、博鑾拜等幫助俄國平定了哈薩克汗國末代汗王克涅薩

熱的叛亂之後，俄國向東布魯特的擴張才獲得實質性進展。該事使得俄國對於東布魯特諸部充滿了好感，幹爾曼、博鑾拜、占泰等人受到了俄國的表彰，同時，俄國效仿哈薩克汗國的貴族制度，試圖在東布魯特多部建立貴族階層，這也就催生了瑪納普這一職銜，俄國將布魯特首領授為不同級別的瑪納普，旨在打破布魯特固有的部落制度，利用瑪納普建立其在東布魯特諸部的統治。俄國利用瑪納普阻截布魯特逃人、在東布魯特建立俄式三級行政體制，最終促使布魯特首領宣佈效忠於俄國，俄國通過派遣軍隊建立據點，派遣考察團深入天山地區考察，逐漸掌握了東布魯特諸部的內在關係及其基本情況。俄國在這些地區建立統治並獲悉其具體信息後，便利用中俄不平定條約，迫使清朝西北邊界線大幅內撤，大片領土淪入俄國版圖。

自道光初年以來，隨著浩罕的擴張以及沙俄的入侵，布魯特多部先後受到了浩罕和沙俄的統治，這也就增加了布魯特諸部的多元複雜性，東布魯特各部落在 19 世紀 20 年代以來漸離心於清朝，這也就是清朝文獻對於此後東布魯特各部內部事務記載較少的重要原因。道光朝以來，西方列強借助於鴉片戰爭盤剝、掠奪中國，清朝內部又內亂不斷，南方地區爆發太平天國農民起義運動，北方地區又有捻軍之亂、回民起義等，頻繁的內憂外患導致清朝國力漸衰。因而，清朝無力顧及西北邊疆的經營治理且又漸趨保守，最終使得西北邊疆大片領土淪喪，布魯特多部最終劃歸俄國的過程，也成為我國西北疆土喪失過程的縮影。

筆者通過這一研究，整理了清代新疆布魯特近百年的歷史，對乾嘉年間主要部落的人物及其事蹟進行了專題研究，論述了部分布魯特部眾參與張格爾之亂、玉素普之亂、七和卓之亂的具體情形，對布魯特首領率其屬眾幫助清朝平定這些叛亂的過程進行了闡釋。布魯特與清朝的關係無疑是貫穿全文的主線，同時，布魯特與浩罕、俄國所產生的關聯，雖始自於乾隆年間，但主要表現在道光初年以來的時段，以上所涉及的內容都見諸於本著的寫作中。

　　國內外學者對於清代新疆布魯特歷史有一定的研究，但多顯零散，本著主要結合中外文文獻，嘗試著進行更為系統的研究，並以諸部重要人物和事件研究為主。筆者雖然參考了大量經過譯編的滿漢文檔案文獻和英文文獻，但這些文獻中所包納的可用信息仍然較為有限，因不通曉滿文和俄文，暫不能夠閱讀滿文錄副奏摺原檔、也無力閱讀俄文文獻，故而，這也在一定程度上限制了本著的寫作，一些人物和事件的具體細節仍然未能考證清楚；因個人學識和學術視野的限制，本著主要內容以史實的考據作為基礎，在理論闡釋和建構方面仍顯薄弱，故而，本著仍有待於來日做進一步修訂和完善。也正基於此，本著難免存在疏漏之處，仍需求教於方家，誠摯歡迎學界同仁予以批評和指正。

參考文獻

一、史　籍

[1]　皇朝中外一統輿圖[M].早稻田大學圖書館藏.同治二年刊印本.

[2]　嘉慶重修一統志[M].北京：中華書局影印版.1986。

[3]　欽定外藩蒙古回部王公表傳[M].文淵閣四庫全書.第454冊史部第212冊，臺灣商務印書館影印版.1986。

[4]　清世祖實錄[M].北京：中華書局影印.1985。

[5]　清聖祖實錄[M].北京：中華書局影印.1985。

[6]　清世宗實錄[M].北京：中華書局影印.1985。

[7]　清高宗實錄[M].北京：中華書局影印.1985。

[8]　清仁宗實錄[M].北京：中華書局影印.1986。

[9]　清宣宗實錄[M].北京：中華書局影印.1986。

[10]清文宗實錄[M].北京：中華書局影印.1986。

[11]清穆宗實錄[M].北京：中華書局影印.1987。

[12]清德宗實錄[M].北京：中華書局影印.1987。

[13]清朝通志[M].商務印書館影印版.1935。

[14]烏什直隸廳鄉土志[M].西北文獻叢書.第一輯.西北稀見方志文獻.第61卷，蘭州：蘭州古籍書店.1990。

[15]曹振鏞等撰.欽定平定回疆剿擒逆裔方略[M].北京圖書館出版社影印本.2006。

[16]長齡.長文襄公自定年譜[M].續修四庫全書.第 557 冊.上海古籍出版社影印版. 1995。

[17]椿園七十一.西域聞見錄[M].早稻田大學圖書館藏.乾隆四十二年刻本。

[18]傅恆等撰.欽定皇輿西域圖志[M].中國西北文獻叢書編輯委員會編.西北文獻叢書.正編.第一輯.西北稀見方志文獻.第 58 卷.蘭州古籍書店，1990。

[19]傅恆等撰，鐘興麒等校注.西域圖志校注[M].烏魯木齊：新疆人民出版社. 2002。

[20]傅恆等撰.皇清職貢圖[M].乾隆朝內務府刻本.哈佛大學哈佛燕京圖書館藏。

[21]傅恆等撰. 欽定西域同文志[M]. 文淵閣四庫全書影印版. 第 235 冊經部第 229 冊.臺灣商務印書館影印版. 1986。

[22]傅恆等撰. 平定準噶爾方略[M]. 北京：全國圖書館文獻縮微複製中心. 1990。

[23]和寧. 回疆通志[M]. 臺北：文海出版社影印版. 1966。

[24]李恢垣. 漢西域圖考[M].臺北樂天出版社影印版. 1974。

[25]馬大正，吳豐培主編.清代新疆稀見奏牘彙編（道光朝卷）[M].烏魯木齊：新疆人民出版社，1996。

[26]米爾咱·馬黑麻·海達爾著.蒙兀兒史——拉失德史[M].新疆社會科學院民族研究所譯，王治來校注，烏魯木齊：新疆人民出版社.1983。

[27]苗普生主編.清代察合台文文獻譯注[M].烏魯木齊：新疆人民出版社.2013。

[28]那彥成. 那文毅公奏議[M]. 甘肅省古籍文獻整理編譯中心編.中國西北文獻叢書[M].（二編）第二輯，西北史地文獻第 8 卷. 線裝書局. 2006。

[29]祁韻士.皇朝藩部要略[M].中國西北文獻叢書編輯委員會編.西北文獻叢書[M].正編第三輯，西北史地文獻第 20 卷.蘭州古籍書店.1990。

[30]祁韻士.西陲要略[M].早稻田大學圖書館藏.光緒八年刻本。

[31]阮明道主編.西域地理圖說注[M].阮明道漢文箋注、劉景憲滿文譯注.延吉：延邊大學出版社，1992。

[32]松筠.松筠新疆奏稿[M].中國西北文獻叢書[M]（二編）第二輯，西北史地文獻第 9 卷.線裝書局.2006。

[33]松筠等.欽定新疆識略[M].臺北：文海出版社影印版.1965。

[34]松筠等.西陲總統事略[M].早稻田大學圖書館藏.刊印本。

[35]蘇爾德.新疆回部志[M].西北文獻叢書[M].正編第四輯，西北民俗文獻第 2 卷.蘭州古籍書店.1990。

[36]臺北故宮博物院輯.清代外交史料（道光朝）[M].臺北：成文出版社.1968。

[37]臺灣中央研究院歷史語言研究所刊行.明清史料庚編（下冊）[M].臺北:中華書局.1960。

[38]魏光燾.勘定新疆記[M].中國西北文獻叢書[M]（二編）第二輯，西北史地文獻.第 3 卷.線裝書局，2006。

[39]魏源.聖武記[M].道光二十四年刊印本.早稻田大學圖書館藏。

[40]新疆社會科學院歷史研究所編.清實錄新疆資料輯錄（1-12 冊）[M].烏魯木齊：新疆大學出版社.2009。

[41]徐松.西域水道記[M].道光年間刻本.早稻田大學圖書館藏。

[42]徐松著，朱玉麒整理.西域水道記（外二種）[M].北京：中華書局.2005。

[43]奕山.奕山新疆奏稿[M].甘肅省古籍文獻整理編譯中心編.中國西北文獻叢書[M].（二編）第二輯，西北史地文獻（第九卷）.線裝書局.2006。

[44]永貴撰，蘇爾德增補.回疆志[M].成文出版社影印版.1968。

[45]永貴，蘇爾德撰.新疆回部志[M].乾隆五十九年（1794）南屏理鈔本，編委會編.四庫未收書輯刊.玖輯‧柒冊.北京出版社.1998年。

[46]袁大化，王樹枏等.新疆圖志[M].東方學會.1923。

[47]趙爾巽等.清史稿[M].北京：中華書局點校版.1977。

[48]趙雲田點校.乾隆朝內務府抄本《理藩院則例》[M].北京：中國藏學出版社.2006。

[49]中國第一歷史檔案館，中國邊疆史地研究中心合編.清代新疆滿文檔案彙編（1-283冊）[M].桂林：廣西師範大學出版社.2012。

[50]中國第一歷史檔案館編.嘉慶道光兩朝上諭檔[M].廣西師範大學出版社影印版.2000。

[51]中國第一歷史檔案館編.乾隆朝上諭檔[M].中國檔案出版社影印版.1998。

[52]中國第一歷史檔案館等編.清代邊疆滿文檔案目錄[M].廣西師範大學出版社.1999。

[53]中國第一歷史檔案館譯編.乾隆朝滿文寄信檔案譯編（1-24冊）[M].嶽麓書社.2011。

二、研究文獻

1、著作

[1]　國家民委全國少數民族古籍研究室編寫.中國少數民族古籍總目提要‧柯爾克孜族卷[M].北京：中國大百科全書出版社，2008。

[2]　哈薩克族簡史編寫組.哈薩克族簡史（修訂本）[M].北京：民族

出版社. 2008。

[3] 柯爾克孜族簡史編寫組. 柯爾克孜族簡史[M]. 新疆人民出版
　　社. 1985。

[4] 柯爾克孜族簡史編寫組. 柯爾克孜族簡史（修訂本）[M]. 北京：民
　　族出版社. 2008。

[5] 克孜勒蘇柯爾克孜自治州史志辦編. 克孜勒蘇柯爾克孜自治州志
　　[M]. 烏魯木齊：新疆人民出版社. 2004。

[6] 新疆維吾爾自治區叢刊編輯組,《中國少數民族社會歷史調查資料
　　叢刊》修訂編輯委員會. 柯爾克孜族社會歷史調查（修訂本）[M].
　　北京：民族出版社. 2009。

[7] 英吉沙縣地方誌編纂委員會編. 英吉沙縣誌[M]. 烏魯木齊：新疆
　　人民出版社. 2003。

[8] 準噶爾史略編寫小組. 準噶爾史略[M]. 北京：人民出版社. 1985。

[9] 曾問吾. 中國經營西域史[M]. 上海書店. 1989。

[10]程溯洛、穆廣文編. 維吾爾族史料簡編[M]. 北京：民族出版
　　社. 1981。

[11]戴逸主編. 簡明清史（第一、二冊）[M]. 北京：人民出版社. 1984。

[12]馮爾康. 清史史料學[M]. 瀋陽：瀋陽出版社. 2004。

[13]馮承鈞原著，陸峻嶺增訂. 西域地名（增訂本）[M]. 北京：中華
　　書局. 1982。

[14]賀繼宏、張光漢主編. 中國柯爾克孜族百科全書[M]. 烏魯木齊：
　　新疆人民出版社. 1998。

[15]胡增益主編. 新滿漢大詞典[M]. 烏魯木齊：新疆人民出版
　　社. 1994。

[16]黃松筠. 中國古代藩屬制度研究[M]. 長春：吉林人民出版
　　社. 2008。

[17]李大龍. 漢唐藩屬體制研究[M]. 北京：中國社會科學出版

社.2006。

[18]林恩顯.清朝在新疆的漢回隔離政策[M].臺北：商務印書館，1988年。

[19]劉正寅，魏良弢.西域和卓家族研究[M].北京：中國社會科學出版社.1998。

[20]羅運治.乾隆帝統治新疆政策的探討[M].臺北：里仁書局.1983.

[21]馬大正主編.中國古代邊疆政策研究[M].北京：中國社會科學出版社.1990。

[22]馬曼麗主編.中亞研究——中亞與中國同源跨國民族卷[M].北京：民族出版社.1995。

[23]馬曼麗，張樹青.跨國民族理論問題綜論[M].北京：民族出版社.2005。

[24]苗普生.伯克制度[M]。烏魯木齊：新疆人民出版社。1995。

[25]潘向明.清代新疆和卓叛亂研究［M].北京：中國人民大學出版社.2011。

[26]潘志平.浩罕國與西域政治[M].烏魯木齊：新疆人民出版社，2006。

[27]潘志平.中亞浩罕國與清代新疆[M].北京：中國社會科學出版社.1991。

[28]孫喆.康雍乾時期輿圖繪製與疆域形成研究[M].北京：中國人民大學出版社.2003。

[29]譚其驤.中國歷史地圖集[M].北京：中國地圖出版社.1996。

[30]鐵木爾·達瓦買提主編.中國少數民族文化大辭典(西北地方卷)[M].北京：民族出版社.1999。

[31]萬雪玉，阿斯卡爾·居努斯.柯爾克孜族：歷史與現實[M].烏魯木齊：新疆大學出版社.2005。

[32]王力.清代治理回疆政策研究[M].北京：民族出版社.2011。

［33］王鐵崖編.中俄舊約章彙編（第一冊）［M］.北京：生活·讀書·新知 三聯書店.1957。

［34］王希隆.中俄關係史略（1917年前）［M］.蘭州：甘肅文化出版 社.1995。

［35］王希隆，汪金國.哈薩克跨國民族社會文化比較研究［M］.北京： 民族出版社.2004。

［36］王治來.中亞通史·近代卷［M］.烏魯木齊：新疆人民出版社.2004。

［37］王鍾翰.中國民族史［M］.北京：中國社會科學出版社.1994。

［38］魏良弢.葉爾羌汗國史綱［M］.哈爾濱：黑龍江教育出版社，1994。

［39］魏長洪.外國探險家西域遊記［M］.烏魯木齊：新疆美術攝影出版 社.1994。

［40］謝曉鐘.新疆遊記［M］.蘭州：甘肅人民出版社.2003。

［41］楊建新.中國西北少數民族史［M］.北京：民族出版社.2003。

［42］章伯鋒編.清代各地將軍都統大臣等年表(1796-1911)［M］.北京： 中華書局.1965。

［43］張永江.清代藩部研究：以政治變遷為中心［M］.哈爾濱：黑龍江 教育出版社.2001。

［44］鄭天挺，戴逸主編.中國歷史大辭典·清史卷（上）［M］.上海：上 海辭書出版社.1992。

［45］鐘興麒編著.西域地名考錄［M］.北京：國家圖書館出版社.2008。

2、論文

［1］阿斯卡爾·居努斯.關於清朝的布魯特政策［A］.新疆社會科學院歷 史研究所編.新疆歷史與文化（2008）［C］.烏魯木齊：新疆人民出 版社.2010。

［2］阿斯卡爾·居努斯.中國與吉爾吉斯斯坦邊界演變［J］.新疆大學學

報（哲學社會科學版）.2008（2）。

[3] 艾萊提·托洪巴依.「散吉拉」和柯爾克孜族部落譜系[J].西北民族
　　研究.1998（2）。

[4] 安瓦爾·巴依圖爾.略論阿帕克和卓[J].民族研究.1982（5）.

[5] 曹盟.19世紀吉爾吉斯民族社會轉型研究[J].貴州師範大學學
　　報.2007（1）。

[6] 陳超.布魯特首領車里克齊擁護清朝統一的事蹟[A].谷苞主編.新
　　疆歷史人物（第三集）[C].烏魯木齊：新疆人民出版社.1990。

[7] 陳海龍，馮㻞.東西布魯特分界考[J].清史研究.2013（4）。

[8] 陳慶隆.「和卓」考釋：語源及語義的分析[J].中央研究院歷史語
　　言研究所集刊.1969（40下）。

[9] 陳慶隆.堅昆、點戛斯與布魯特考[J].大陸雜誌.1975（5）。

[10]陳慶隆.論白山黨（Aktaglik）與黑山黨（Karataglik）[J].邊政研
　　究所年報.1971（2）。

[11]陳旺城.那彥成經略西北評議1764-1833）[J].人文及管理學
　　報.2008（5）。

[12]陳旺城.那彥成在回疆的歷史評論[J].通識研究集刊.2008（13）。

[13]陳殷宜.從《柯爾克孜族簡史》的撰寫探討「同源民族」之「人」、
　　「族」區分[J].國立台中技術學院·人文社會學報.2002（1）。

[14]成崇德.論清朝的藩屬國——以清廷與中亞「藩屬」關係為例[J].
　　雲南師範大學學報（哲學社會科學版）.2014（4）

[15]竇忠平.1697—1760年布魯特與清朝政治關係研究[D].新疆大學
　　碩士論文.2010。

[16]竇忠平.布魯特在清藩屬體系中的地位[J].新疆地方誌.2010（1）.

[17]杜榮坤，郭平梁.柯爾克孜族的故鄉及其西遷[J].新疆社會科
　　學.1982（2）.

[18]耿琦.清代駐守新疆「侍衛」職任考述[J].清史研究.2015（4）。

[19]韓中義.略論新疆黑山派早期發展史（16-18 世紀）[J].西北史地.1999（1）。

[20]何星亮.柯爾克孜族的制度文化[J].西北民族學院學報（哲學社會版）.1995（2）。

[21]胡延新.十七世紀葉尼塞吉爾吉斯及其西遷[J].甘肅民族研究.1986（4）

[22]胡延新.十八至十九世紀浩罕汗國同吉爾吉斯人關係初探[J].蘭州大學學報（社會科學版）.1991（2）。

[23]焦一強.影響吉爾吉斯斯坦政治轉型的部族主義因素分析[J].俄羅斯中亞東歐研究.2010（3）。

[24]李琪.民族學視閾下的柯爾克孜（吉爾吉斯）人及其跨國[A].西北民族論叢[C].第 11 輯。

[25]李晶.試析乾隆朝治理南疆政策得失——以阿其睦、燕起事件為中心[J].昆明學院學報.2014（5）。

[26]厲聲.那彥成善後制外淺析[J].新疆大學學報（哲學社會科學版）.1987（3）

[27]厲聲.清代新疆巡邊制度[A].馬大正等主編.西域考察與研究[C].新疆人民出版社.1994。

[28]劉義棠.伯克制度研究[J].國立政治大學學報.1965（11）。

[29]劉正寅.喀什噶爾和卓家族世系[J].元史及北方民族史研究集刊.1989-1990（12-13）。

[30]馬曼麗.葉尼塞吉爾吉斯的西遷與中亞吉爾吉斯民族的形成[J].西北史地.1984（4）。

[31]馬汝珩.略論新疆和卓家族勢力的興衰（上）[J].寧夏社會科學.1984（2）。

[32]馬文華.18——19 世紀布魯特人的社會經濟概況[J].新疆大學學報（哲學社會科學版）.1990（3）。

[33]馬文娟. 淺析乾隆朝對布魯特的政策及演變[J]. 昌吉學院學報. 2009（6）。

[34]苗普生. 略論清朝政府對布魯特統治[J]. 新疆社會科學. 1990（6）。

[35]潘志平. 布魯特各部落及其親緣關係[J]. 新疆社會科學. 1990（2）

[36]潘志平. 清季布魯特（柯爾克孜）諸部的分佈[J]. 西域研究. 1992（3）。

[37]潘志平. 1759-1911 年新疆的變亂 [J]. 西域研究. 1994（3）.

[38]齊清順. 那彥成的南疆之行和清朝統治新疆政策的調整[J]. 喀什師範學院學報. 1988（5）。

[39]齊清順. 清朝對新疆沿邊「歸附」各部的「羈縻」政策及其檢討[A]. 中國民族史學會. 第三次學術討論會論文集[C]. 北京改革出版社. 1991。

[40]孫宏年. 清代藩屬觀念的變化與中國疆土的變遷[J]. 清史研究. 2006（4）。

[41]萬雪玉. 近三十年國內柯爾克孜族研究的回顧與反思[J]. 西域研究. 2010（1）。

[42]王希隆. 準噶爾時期天山北路農業勞動者的來源和族屬[J]. 民族研究. 1993（5）。

[43]王希隆. 張格爾之亂及其影響[J]. 中國邊疆史地研究[J]. 2012(3).

[44]王希隆. 乾隆、嘉慶兩朝對白山派和卓後裔招撫政策得失述評[J]. 蘭州大學學報（社會科學版）. 2014（2）。

[45]小沼孝博，新免康，河源彌生. 國立故宮博物院所藏 1848 年兩件浩罕來文再考[J]. 輔仁歷史學報. 2011（26）。

[46]趙毅. 清代「包沁」小考[J]. 西部蒙古論壇. 2013（4）。

[47]周軒. 乾隆帝關於布魯特的詩篇[J]. 新疆大學學報(哲社版). 2008（6）。

3、翻譯文獻

[1] 〔俄〕A.N.庫羅帕特金著·淩頌純等譯.喀什噶利亞[M].烏魯木齊：新疆人民出版社.1980 年。

[2] 〔俄〕B.B.巴爾托里德著.李琪譯.十八、十九世紀的天山吉爾吉斯人[A].西域史論叢（第 2 輯）[C].烏魯木齊：新疆人民出版社.1985年。

[3] 〔俄〕M.A.捷連季耶夫著.武漢大學外文系譯.征服中亞史（第一卷）[M].北京：商務印書館.1980。

[4] 〔俄〕M.A.捷連季耶夫著.新疆大學外語系譯.征服中亞史（第二卷）[M].北京：商務印書館.1983。

[5] 〔俄〕M.A.捷連季耶夫著·西北師範學院外語系譯·征服中亞史（第三卷）[M]·北京：商務印書館·1986。

[6] 〔俄〕迪牙科夫著.王日蔚譯.柯爾克斯族考[A].西北民族宗教史料文摘新疆卷[C].甘肅省圖書館.1985。

[7] 〔俄〕喬汗·瓦里漢諾夫著.新疆維吾爾自治區民族研究所編譯.喬汗·瓦里漢諾夫著作選集[M].1975。

[8] 〔俄〕伊·費·巴布科夫著. 王之相譯. 我在西西伯利亞服務的回憶（1859-1875 年）[M].北京：商務印書館.1973。

[9] 〔美〕巴菲爾德著. 袁劍譯. 危險的邊疆：遊牧帝國與中國[M].南京：江蘇人民出版社.2011。

[10] 〔美〕約瑟夫·弗萊徹.1800 前後清代的亞洲腹地[A].載於〔美〕費正清編. 中國社會科學院歷史研究所編譯室譯. 劍橋中國晚清史（1800-1911 年）（上卷）[M].北京：中國社會科學出版社.1993。

[11] 〔日〕佐口透著.李大龍譯.清代塔爾巴哈台卡倫線和哈薩克遊牧民[J].民族譯叢.1993（5）

[12] 〔日〕佐口透著.淩頌純譯.18——19 世紀新疆社會史研究[M].烏

魯木齊：新疆人民出版社. 1983。

[13] [日]佐口透著. 章瑩譯. 新疆民族史研究[M]. 烏魯木齊：新疆人民出版社. 1993。

[14] [蘇]B.C.庫茲涅佐夫. 潘志平譯，王嘉琳校. 論張格爾運動的反動性[A]. 新疆維吾爾自治區社會科學院中亞研究所編輯・中亞研究資料（中亞民族歷史譯叢)》（增刊）[C]・1985。

[15] [蘇]巴托爾德. 羅致平譯. 中亞突厥史十二講[M]. 北京：中國社會科學出版社. 1984。

[16] [蘇]瓦西里・弗拉基米羅維奇・巴托爾德著.B.A.羅莫金、斯塔維斯基整理. 張麗譯. 中亞歷史：巴托爾德文集第 2 卷第 1 冊 第 1 部分（上、下）[M]. 蘭州：蘭州大學出版社. 2013。

[17] [蘇]伊・亞・茲拉特金著. 馬曼麗譯. 準噶爾汗國史（1635-1758）[M]. 北京：商務印書館. 1980。

[18] [英]包羅傑. 商務印書館翻譯組譯. 阿古柏伯克傳[M]. 北京：商務印書館. 1976。

[19] [英]奈伊・伊萊阿斯. 陳俊謀、鐘美珠譯. 和卓傳導言評介[A]・中國社會科學院民族研究所歷史研究資料組. 民族史譯文集（第 8 集）〔C〕. 1978。

4、外文文獻

[1] Abramzon，S.M.The Kirgiz of the Chinese People's Republic[J]，*Central Asian Review*，Vol.XI No.2，pp.196-207.

[2] Alikuzai，Hamid.*A Concise History of Afghanistan-Central Asia and India in 25 Volumes*[M]. Vol.10，Trafford Publishing，2015.

[3] Anderson，Malcom.*Frontiers Territory and State Formation in the Modern World*[M].Black-well Publishers Ltd.，1996.

[4] Barfield，Thomas J. *The Nomadic Alternative*[M].Englewood Cliffs:

Prentice Hall，1993.

[5] Barthold，V.V. History of the Semirechye[A].in *Four Studies on the History of Central Asia*[M].trans.by V. and T. Minorsky. Vol.I，Leiden: E.J.Brill，1962.

[6] Barthold，W. Kirgiz[A]. *Encyclopaedia of Islam*[M]. ed. by C.E. Bosworth，etc.Vol. V .Leiden:Brill，1986.

[7] Bearman，P.J. Bianquis，TH. etc.eds.*The Encyclopaedia of Islam*[M]，Vol.XILeiden:Brill，2002，

[8] Beisembiev，K.Timur .ed.&trans.*The Life of 'Alimqul:A Native Chronicle of Nineteenth Cent-ury Central Asia*[M]. London and New York:Routledge Curzon，2003.

[9] Bernshtam，A.The Origin of the Kirgiz People[A].in *Studies in Siberian Ethnogenesis*[C].ed.by H. N. Michael，University of Toronto Press，1962，pp.119-128.

[10] Boulger，Demetrius C. *The Life of Yakoob Beg : Athalik Ghazi，and Badaulet; Ameer of Kashgar*[M].London: W.H.Allen &Co.，1878.

[11] Bregel，Yuri. *An Historical Atlas of Central Asia*[M]. London & Boston: Brill，2003.

[12] Chen，Ching-lung(陳慶隆).Aksakals in the Moslem Region of Eastern Turkistan[J]. *Ural-Altaische Jahrbücher*，1975(47):41-46.

[13] Chukubayev，A.A. Dzhamgerchinov，B. *The Social，Economic and Political Effects of Russian Influence in Kirgizia（1855-1917）*[J]. *Central Asian Review*，1957，Vol. V ，No.3，pp.235-246.

[14] Di Cosmo，Nicola(狄宇宙). *Reports from Northwest:A Selection of Manchu Memorials from Kashgar (1806-1807)* [M]. Bloomington：Indiana University，Research Institute for Inner Asian Studies，1993.

[15] Di Cosmo，Nicola(狄宇宙).Kirghiz Nomads on the Qing Frontier:

Tribute，trade or gift exchange[A].in Nicola Di Cosmo，Don J. Wyatt. eds. *Political Frontiers，Ethnic Boundaries and Human Geographies in Chinese History*[C]. Routledge，2005:351-372.

[16] Fletcher，Joseph . The heyday of the Ch'ing order in Mongolia，Sinkiang and Tibet[A].in John K.Fairbank(ed.)*The Cambridge History of China*.Vol.10，Late Ch'ing，1800-1911，Part I [M]． 1978:351-408.

[17] Fletcher，Joseph F.Altishahr under the Khwajas[M]，*Joseph F.Fletcher，Jr.Lectures and Manuscripts ca.1977-1984*，BOX 2(Unpublished manuscripts). Harvard University Archives，HUG FP 100.45.

[18] Fletcher，Joseph F. The Naqshbandiyya in Northwest China[A]，ed.by Jonathan N.Lipman，in *Studies on Chinese and Islamic Inner Asia*[C]. ed.by Beatrice Forbes Manz.Variorum，1995. Folkestone :Global Oriental，2010.

[19] Forsyth，T.D. *Report of A Mission to Yarkund in 1873*[M].Calcutta，1875.

[20] Geiss，Paul George.*Pre-Tsarist and Tsarist central Asia:Communal commitment and political order in change*[M].London and New York: Routledge Curzon，2003.

[21] Gullet，David. *The Genealogical Construction of the Kyrgyz Republic: Kinship，State and「tribalism」*[M].Folkestone: Global Oriental，2010.

[22] Hatto，Arthur T. *The Manas of Wilhelm Radloff* [M]. Wiesbaden: Harassowitz，1990.

[23] Howorth，Henry H. *History of Mongols:From 9th to 19th Century*[M]，art II，Division II.London:Longmans，Green and Co.1880.

[24] Jacquesson，Svetlana.*Pastoréalismes : anthropologie historique des processus d'intégration chez les Kirghiz du Tian Shan intérieur*[M]. Wiesbaden : Dr. Ludwig Reichert Verlag，2010.

〔25〕Jacquesson，Svetlana.Reforming pastoral land use in Kyrgyzstan: from clan and custom to self-government and tradition，*Central Asian Survey*，Vol.29，No.1，2010，pp.103-118.

〔26〕Kim， Ho-dong(金浩東)，*The Muslim Rebellion and the Kashghar Emirate in Chinese Asia*，*1867-1877*[D]， Ph.D.Dissertation.Harvard University，1986.

〔27〕Kokaisl，Petr .The lifestyles and changes in culture of Afghan Kyrgyz and Kyrgyz[J].*Asian Ethnicity*.2013，14(4):407-433.

〔28〕Krader，Lawrence.*Peoples of Central Asia*[M].Indiana University， 1963.

〔29〕Kuropatkin，A.N. *Kashgaria:Historyical and Geographical Sketch of the Country;its Military Strength， Industries，and Trade*[M]. trans.by Walter E.Gowan，Calcutta:Thacker，Spink and Co.，1882.

〔30〕Kuznetsov，Dmitry.*Kyrgyzstan:Fight for Democracy，First President Askar Akayev's Vision and His Opponents' Policy*[M].trans.by Anna Trusevich and Veronica Geminder.Berlin:Cor-InA，2011.

〔31〕Lansdell，Henry.*Russian central Asia including Kuldja，Bokhara，Khiva and Merv*[M].London，1885.

〔32〕Levi，Scott C.and Sela，Ron.eds. *Islamic Central Asia:An Anthropology of Historical Sources*[M].Bloomington&Indianapolis:Indiana University Press， 2010.

〔33〕Millward，James A. *Eurasian Crossroads:A History of Xinjiang* [M]. New York:Columbia University Press，2007.

〔34〕Millward，James A.*Beyond the pass:Commerce，ethnicity and the Qing Empire in Xinjiang，1759-1864*[D].Stanford University， 1993.

〔35〕Nalivkin，V.P. *Histoire du Khanate de Kokand*[M]. trans.by Aug. Dozon，Paris:Ernest Leroux，1889.

[36] Nettleton，Susanna S. Ruler，Patron，Poet: 'Umar Khan in the Blossoming of the Khanate of Qoqan 1800-1820[J]. *International Journal of Turkish Studies*， 1981-1982，2(2):127-140.

[37] Newby，Laura J.The Begs of Xinjiang:Between Two Worlds[J]. *Bulletin of the School of Oriental and African Studies*. 1998， 61(2): 278-297.

[38] Newby，Laura J. *The Empire and the Khanate:A Political History of Qing Relations with Khoqand c.1760-1860*[M]. Leiden & Boston : Brill，2005.

[39] Noda，Jin (野田仁). Takahiro，Onuma(小沼孝博).*A Collection of Documents from the Kazakh Sultans to the Qing Dynasty*[M]. TIAS: Department of Islamic Area Studies，Center for Evolving Humanities，Graduate School of Humanities and Sociology.The University of Tokyo，2010.

[40] Noda，Jin(野田仁).*The Kazakh Khanates between the Russian and Qing Empires:Central Eurasian International Relations during the Eighteenth and Nineteenth Centuries*[M].Leiden&Boston:Brill，2016.

[41] Ölçekçi，Tamara.Manaplar ve Kırgız Tarihindeki Rolleri[J].*Bilig*. 2013(67): 111-128.

[42] Parker，E.H. Khokand and China[J]. *The Imperial and Asiatic Quarterly Review and Oriental and Colonial Record*. 1899， 3(8): 114-125.

[43] Prior，Daniel G. High Rank and Power among the Northern Kirghiz: Terms and Their Problems，1845-1864[A].in Paolo Sartori， (ed.) *Exploration in the Social History of Modern Central Asia (19th to Early 20th Century)*. Leiden: Brill，2013，pp. 137-179.

[44] Prior，Daniel.Heroes，Chieftains，and the Roots of Kirghiz Nationalism[J]. *Studies in Ethnicity and Nationalism*. 2006，6(2):71-88.

〔45〕Prior ，Daniel.*Twilight Age of the Kirghiz EpicTradition*[D].Ph.D dissertation，microfiche.Indiana University.2002.

〔46〕Radloff，M. Observations sur les kirghis [J]. *Journal of Asiatique* . 1863，6(2):309-328.

〔47〕Saguchi，Toru (佐口透).The Revival of the White Mountain Khwajas，1760-1820(from Sarimsaq to Jihangir). *Acta Asiatica*.1968(14):7-20.

〔48〕Saguchi，Toru(佐口透) .The Eastern Trade of Khoqand Khanate[J]. *Memoirs of the Research Department of the Toyo Bunko*. 1965(24): 47-114.

〔49〕Schulyer，Eugene.*Turkestan:Notes on a journey in Russian Turkestan，Khokand，Bukhara and Kuldja*. Vol. I & II [M]，London : 1877.

〔50〕Schwarz，Henry G. The Khwajas of Eastern Turkestan[J].*Central AsiaticJournal*.1976，20(4):266-296.

〔51〕Semenoff，P. Narrative of an Exploring Expedition from Fort Vernoye to the Western Shore of the Issik-Kul Lake，Eastern Turkistan[J]. trans.by E.Morgan，*The Journal of the Royal Geographical Society of London*. 1869(39):311-338.

〔52〕Semenoff，P.P.Djungaria and the Celestial Mountains[J].trans.by John Michell.*The Journal of the Royal Geographical Society of London*. 1865(35):213-231.

〔53〕Semenov，Peter.P.*Travels in the Tian'-Shan' 1856-1857*[M].trans.and edit.by Colin Thomas，etc. London:The Hakluyt Society，1998.

〔54〕Shaw，Robert.*A Sketch of the Turki Language as Spoken in Eastern Turkestan(Kashghar and Yarkand)*[M]. Part 2.Calcutta:Bapist Mission Press，1880.

〔55〕Shaw，Robert Barkley. The Khojas of Eastern-Turkistan，summarized from the Tazkira-I-Kh-wajan of Muhammad Sadiq Kashghari[J]. ed.

by N. Elias，Published as a supplement to the *Journal of Asiatic Society of Bengal*.1897，Vol. LXⅥ，Part Ⅰ.

[56] Sneath，David.The Headless State:Arisocratic Orders，Kinship Society，andMisrepresentations of Nomadic Inner Asia[M].New York: Columbia University Press，2007.

[57] Tabyshalieva，A. Kyrgyzstan[A].in Madhavan K. Palat and Anara Tabyshalieva(eds.) *History of Civilizations of Central Asia*[M].Vol.Ⅵ，UNSECO Publishing，2005，pp.263-287.

[58] Tang，Ch'i〔唐屹〕.Two Diplomatic Documents from the Khokend Khanate to Ch'ing Empire in the Mid-19th century.國立政治大學學報.1984(50)：1-47.

[59] Tchoroev，T. (Chorotegin).The Kyrgyz[A].in Chahryar Adle and Irfan Habib.eds. *History of Civilizations of Central Asia*[M].Vol.ⅤⅥ，UNSECO Publishing，2003:109-125.

[60] Tetsu，Akiyama(秋山徹). Nomads Negotiating the Establishment of Russian Central Asia:Focusing on the Activities of the Kyrgyz Tribal Chieftains[J].*Memoirs of the Research Department of the ToyoBunko*. 2013 (71):141-160.

[61] Tetsu，Akiyama(秋山徹). Why Was Russian Direct Rule over Kyrgyz Nomads Dependent on Tribal Chieftains 'Manaps'[J].*Cahiers du monde russe*. 2015， 56(4):625-649.

[62] Togan，Isenbike.Islam in a Changing Society:The Khojas of Eastern Turkistan[A]，in *Muslim in Central Asia:Expressions of Identity and Change*[C]，ed.by Jo-Ann Gross，Durham and London:Duke University Press，1992，pp.134-148.

[63] Togan，Isenbike. Differences in Ideology and Practice:The Case of the Black and White Mountain Factions[J]，*Journal of Sufism*， 2001(3): 25-37.

［64］Valikhanof，M. Veniukof，etc.*The Russians in Central Asia: Their Occupation of the Kirghiz Steppe and the Line of the Syr-Daria or Their Political Relations with Khiva，Bokhara，and Kokan .Also Descriptions of Chinese Turkestan and Dzungaria*[M]. trans. by John and Robert Michell，London:Stanford， 1865.

［65］Yudin，V.P. The Moghuls of Moghulistan and Moghulia[J].*Central Asian Review*，1966，Vol.14，No.3，pp.241-251.

［66］秋山徹.「20 世紀初頭のクルグズ部族首領権力に関する一考察：シャブダン・ジャンタイの葬送儀式の分析をてがかりとして」[J].『内陸アジア史研究』. 2009（24）:83-104.

［67］秋山徹.「クルグズ遊牧社会におけるロシア統治の成立：部族指導者「マナプ」の動向を手がかりとして」[J]，『史学雑誌』.2010，119(8)： 1-35.

［68］秋山徹.「クルグズ遊牧社会におけるロシア統治の展開：統治の仲介者としてのマナプの位置づけを中心に」[J].『スラヴ研究』. 2011（58）:29-59，.

［69］秋山徹.「ロシア統治下におけるクルグズ首領層の権威について：遊牧世界とイスラーム世界の間で」[J].『東洋史研究』. 2012，71(3)： 29-57.

國家圖書館出版品預行編目資料

清代新疆布魯特歷史研究（1758-1864）/ 張峰峰　著
-- 2019.02 初版. -
　臺北市：蘭臺出版社 -
　ISBN： 978-986-5633-76-9　　　　　　（平裝）
　1. 歷史　2.史料　3.清代 4.新疆維吾爾自治區.
　676.12　　107022235

明清史研究 5

清代新疆布魯特歷史研究（1758-1864）

著　　者：張峰峰
執行編輯：楊容容
執行美編：陳勁宏
封面設計：陳勁宏
出 版 者：蘭臺出版社
發　　行：蘭臺出版社
地　　址：台北市中正區重慶南路 1 段 121 號 8 樓之 14
電　　話：(02)2331-1675 或(02)2331-1691
傳　　真：(02)2382-6225
E—MAIL：books5w@gmail.com 或 books5w@yahoo.com.tw
網路書店：http://5w.com.tw/、http://store.pchome.com.tw/yesbooks/
　　　　　博客來網路書店、博客思網路書店
　　　　　三民書局、金石堂書店
經　　銷：聯合發行股份有限公司
電　　話：(02) 2917-8022　　　傳　真：(02) 2915-7212
劃撥戶名：蘭臺出版社　帳號：18995335
香港代理：香港聯合零售有限公司
地　　址：香港新界大浦汀麗路 36 號中華商務印刷大樓
C&C Building，36，Ting，Lai，Road，Tai，Po，New，Territories
電　　話：(852)2150-2100　　　傳　真：(852)2356-0735
經　　銷：廈門外圖集團有限公司
地　　址：廈門市湖里區悅華路8 號4 樓
電　　話：（592)2230177　　　傳　真：(592)-5365089
出版日期：2019 年 2 月　初版
定　　價：新臺幣　680 元整

ISBN　　978-986-5633-76-9